U0587787

中國古代史學叢書

［清］顧炎武 撰

譚其驤 王文楚 朱惠榮 等 校點

肇域志

叁

上海古籍出版社

肇域志（三）

譚其驤　王文楚　朱惠榮等校點

大同府

古名雲中、雲州。〔旁注〕元爲大同路。本朝改爲府。 府城，洪武五年，大將軍徐達因舊土城南之半增築。〔旁注〕包以磚。 周十三里。 景泰年間，巡撫都御史年富於府城北別築北小城，周六里。天順年，都御史韓雍續築東小城、南小城，各周五里。 金史有牛皮關、武周山、方山、奚望山、盛樂城、御河、鬬鷄臺、平城外郭〔一〕、鹽場、如渾水、桑乾河、紇真山。有遼帝后像，在華嚴寺。 禹貢冀州。 國朝改置大同府，革幷豐、弘等州，割蔚州並縣來屬，領州、縣凡十有一，置行都司，大同前、後二衛守焉，並治大同縣。 其西置大同左、右、雲川、玉林、威遠、平虜、井坪七衛、所，其東置陽和、高山、天城、鎮虜四衛，以障蔽邊徼云。〔眉批〕三面臨邊，最爲要害。 會典：大同川原平衍，尤當虜衝。國初於鎮城外分東、中、西三路，北設大邊、二邊，遠近聯絡，歲久多圮，不能捍虜騎，遂棄不守。二邊以內，殆爲虜巢，大同勢益急。嘉靖中，雖再更兵變，而五堡竟成，備禦亦少固焉。今大虜款塞，貢市不絕，內備漸修飭，以直虜庭，故禁令特詳云。 東連上谷，南達并、恒，西界黃河，北控沙漠。京師之藩屏。 地方數百里，爲西北之巨鎮。〔旁注〕藩封：代王府、廣靈王府、潞城王府。 其民鄙樸，少禮文，好射獵。

黃河，自古東勝州界南來，歷廢武州西北二百五十里，南流入太原府保德州界。 桑乾河，在府南六十里。源出馬邑縣北十里洪濤山下，與金龍池水合流，東南入盧溝河。〔旁注〕由馬邑之南東流，過應州，北通保安州，兩河東流，會盧溝河，入海。自大同古定橋，歷保安州，至盧溝橋務里村，長八百餘里，可以舟行。漢五原郡，〔旁注〕本秦上郡北境。漢置郡。在府西北四百二十里。隋初置豐州，唐爲九原郡。〔旁注〕寰宇記九原有前後鷄延城及郎君城〔二〕。國朝棄於胡。東勝州，在府西北五百里。唐爲榆林郡隋改勝州〔三〕，治榆林縣。唐改東勝州〔四〕，或爲榆林郡。遼廢，後復置。國初省。勝州境〔五〕。〔旁注〕西臨黄河，北望陰山。方輿勝覽。唐書李景略傳：豐州北扼回紇，使來中國，豐爲通道。七寶山，在今府北四百餘里。山下有古城，傳云是漢五原城。〔旁注〕或云：金築以屯兵。黑山，在府西北四百五十里。與雲内州夾山東西相連。今胡地。石碌山，在府城北五百里，故平地縣東四十里。山出石碌。今胡地。大鹽濼、没越濼，俱在府城西四百里古豐州境。沙井，在府西北四百里古豐州西北。其外即界濠〔六〕，舊沙陀也。王昭君墓，在豐州西六十里。北地多白草，此冢獨青。官山，在府西北五百餘里。山上有九十九泉，黑河出其下。〔旁注〕流爲黑河。今胡地。黑河，在府西北四百里古豐州界。源出官山，西流入雲内州界，至東勝州，入黄河。紫河，〔旁注〕在府西北四十里。源出豐州西北黑峪口，西流至雲内州，東合黑河。高闕塞，在豐州西北，〔旁注〕府城西北五百里。黄河之西。史記：趙武靈王築長城，自代傍陰山下，至高闕。漢武元朔二年，車騎將軍衛青渡西河，至高闕，破匈奴。勝州境〔七〕。史記：秦却匈奴，樹榆爲塞。金河，在府西北五里，〔旁

注〕古雲内州金河縣東南一百五十里。西流入天瑞泊。〔旁注〕其泥色似金，故名〔八〕。 居延川〔九〕，在雲内州境。〔旁注〕一名居延澤，漢蘇武嘗困於此。 東受降城，在勝州東北八里。〔旁注〕府城西北五百餘里，古東勝縣東北八里。本漢雲中郡。在榆林縣東北八里。元屬振武軍。 寰宇記曰：此城東南至朔州四百里，西至中受降城三百里。 中受降城，在今府城西北五百餘里。〔旁注〕去東受降城一百餘里〔一〇〕。本秦、漢九原郡、縣，地在榆林。漢元朔二年，更名五原。 唐貞觀初，置雲中都督府，後置横塞軍。 遼置雲内州。 舊領雲川、柔服二縣，元省入州。 西受降城，在豐州西北八十里。〔旁注〕府城西北五百餘里，去中受降城一百餘里〔一一〕。〔眉批〕唐書盧坦傳：元和八年，西受降城爲河徙浸毀。宰相李吉甫請移兵於天德故城。坦與李絳議，以爲西城張仁愿所築，制匈奴上策，城當磧口，居虜要衝；美水豐草，邊防所利。今河流之決，不過退就二、三里，奈何捨萬代永安之策，徇一時省費之謀。況天德故城僻處确瘠，其北枕山，與河絶遠，烽堠警備，不相統接，虜之唐突，勢無由知。是無故而蹙國二百里，非利也。及城使周懷義奏利害，與坦議同。遂不從。 三城皆唐朔方總管張仁愿所築。 開元初，西城爲河所圮。 總管張説於故城東別置新城〔一二〕。 寶曆初，振武節度使張惟清徙東城於綏遠烽南。〔旁注〕天德軍理此城。 天瑞泊，在雲内州西。 金河泊，〔旁注〕在府西北五百里古東勝州境〔一三〕。 上承紫河，南流入黄河。 寧邊州城，在府城西北三百里，廢東勝州南三百里。 遼置州。 金置鎮西軍。 元省入武、東勝二州。〔旁注〕朔州志：即今之寧邊河墩是也。 君子津，在府西北五百里古東勝州界。 屬冀州道。 五判。 雙化嶺，在府城西三十里。 盤踞百餘里。 採掠山，在城東北四十里。 其山多産藥材，上有採掠大王廟及採掠觀。 在胡地。 如渾水，一名御河。 源出

府城東北四十餘里開山口，與得勝河兩源合流〔一四〕，經府城東門外，有金大定中所立邊元中碑。其水南流，灌溉城外園圃，與武州川水會注桑乾河。兔毛河，在府城西二百里駱駝山，流過古東勝州，入黃河。滄頭河，在府城西一百二十里，威遠衛南一百五十里。奄遏下水海，在府城西北二百里〔一五〕。今在邊外，水潮無常，納大淵、小淵、大匯、小匯四河及銀水海諸細流。

【校勘記】

〔一〕平城外郭　「平」，底本作「於」，川本同，滬本作「于」，據金史地理志、明統志卷二一改。

〔二〕九原有前後鷄延城及郎君城　「及」，底本作「乃」，川本、滬本同，滬本並將「鷄延城乃郎君城」誤作另一條。據本書下文大同府另條及明統志卷二一改。按寰宇記卷三九：豐州九原縣，「今九原有前鷄延城、後鷄延城」。不載「及郎君城」，此四字衍，或爲後人竄入。

〔三〕隋改勝州　底本「勝州」作「豐勝州」，川本、滬本同。隋書地理志：榆林郡，「開皇二十年，置勝州」。元和志卷四：勝州，開皇二十年，割雲州置勝州，「大業五年，以勝州爲榆林郡」。明統志卷二一：東勝州城，「隋初置勝州，治榆林縣，後改榆林郡」。隋無「豐勝州」之名，此「豐」字衍，據刪。

〔四〕唐改東勝州　川本、滬本同。按舊唐書地理志、新唐書地理志、元和志卷四、寰宇記卷三八皆作「勝州」。遼史聖宗紀開泰六年仍作「勝州」，遼史道宗紀清寧四年作「東勝州」，則稱東勝州在遼，不在唐。紀要卷四四：東勝城，「遼所置東勝州也」。
〔五〕唐爲榆林郡勝州境　「勝」，底本作「豐」，川本、滬本同。按舊唐書地理志、新唐書地理志、元和志卷四皆作勝州榆林郡，而原州稱九原郡，載於新唐書地理志、元和志卷四，此「豐」爲「勝」字之誤，據改。
〔六〕其外即界濠　「即」，底本作「接」，據川本、滬本及明統志卷二一改。
〔七〕勝州境　川本同，滬本無此三字。按與下文「史記：秦却匈奴，樹榆爲塞」等句相連，疑脱「榆林塞」三字。
〔八〕其泥色似金故名　底本「故」下無「名」字，川本同，據滬本及明統志卷二一補。
〔九〕居延川　「川」，底本作「州」，川本同，據滬本及明統志卷二一改。
〔一〇〕去東受降城一百餘里　「城」，底本脱，川本、滬本同。寰宇記卷三九：中受降城，「東至東受降城三百里」。元和志卷四同，據補「城」字，此記里數「一」爲「三」字之誤。詳校勘記〔一一〕。
〔一一〕去中受降城一百餘里　「城」，底本脱，川本、滬本同。舊唐書張仁愿傳：神龍三年，突厥入寇，仁愿請奪漠南之地，於河北築三受降城，「以拂雲祠爲中城，與東、西兩城相去各四百餘里，皆據津濟，遥相應接」。通鑑卷二〇九：景龍二年，「朔方道大總管張仁愿築三受降城於河上」。胡三省注引宋白曰：東受降城，「西至中受降城三百里」。據補「城」字。本書所記里數「一」爲「三」字之誤，上文所記中受降城去東受降城里數同誤。
〔一二〕總管張説於故城東别置新城　「故」，底本作「西河」，川本同，滬本作「河西」，據元和志卷四、寰宇記卷三九改。「新城」，底本作「東城」，川本同，據滬本及元和志、寰宇記改。
〔一三〕古東勝州　「古」，底本脱，川本、滬本同，據萬曆山西通志卷五、圖書集成職方典卷三四三補。
〔一四〕與得勝河兩源合流　川本、滬本同。萬曆山西通志卷五、圖書集成職方典卷三四三無「與得勝河」四字。

〔一五〕在府城西北二百里　「里」，底本作「步」，據川本、滬本及明統志卷二一、萬曆山西通志卷五改。

大同縣　漢平城。〔旁注〕唐雲中縣。遼析雲中縣地置。　編户三十六里。全設。　代府並郡王十一同城。　有山西行都司並大同前衛、後衛、朔州衛，雲中、〔旁注〕府東。　甕城口〔旁注〕東南七十里。二驛。　督、撫、巡按、巡道、兵備、糧儲户部、總兵駐劄。　地衝，民疲，虜寇出没不常。　兵馬錢糧屯聚此地。　白登山，在東七里。上有白登臺。〔旁注〕即匈奴冒頓單于圍漢高帝處。武州〔旁注〕金史作「周」〔一〕。山，在西二十里。　武州川出其西白羊山溪谷中，引爲石渠，流至府城南十五里，東南流，合如渾水，又名合河，入桑乾河。〔旁注〕一名黑河。　紇真山，在東北五十里。〔旁注〕紇真，猶漢言千里。其山冬夏積雪。故諺曰〔二〕：紇真山頭凍殺雀，何不飛去生處樂。一名紇干山〔三〕。　方山，在北五十里。上有元魏二陵及方山宫故基。　牛皮嶺，在東六十里。有牛皮關。　秦築長城，在北一十里。〔旁注〕土色皆紫，故稱紫塞。　定襄城，在西北二十里。〔旁注〕漢定襄郡、唐定襄縣皆置此。有陰山道、青坡道，皆出兵路。　盛樂縣，在西北。本漢定襄郡之盛樂縣，後魏拓跋力微都此〔四〕。　唐置振武軍。　遼爲振武縣。　其北七十里有黑沙磧，即此。　後魏都平城，在北郭外，其宫垣尚存。〔旁注〕水經：魏土地記曰：雲中有盛樂城，一名石盧城。　高柳城、參合波〔五〕，在縣界。　白羊城，在府城西一百四十里，即大同舊衛城。〔眉批〕雲中城在府北郭外。　後漢〔旁注：漢字疑。〕建此爲西京〔六〕。　其門東曰迎春，南曰朝陽，西曰定西，北曰拱極。有宫垣，古城之北〔七〕。唐爲雲中郡。其近又有故高柳城、參合坡〔八〕。單于臺，在府西北百餘里。漢武帝元封元年，勒兵十八萬騎，出長城，北登單于臺。〔旁注〕保安殿，在府城内。金大定五年建。開山口，在東北四十里。自此而西，有小石大石二口。又折而南，有黑峪尖峪二口。

高山衛城，在府城西八十里。洪武初設衛始築。宣德初，以衛調附天城衛，其城遂廢。玉林衛城，在府城西北二百四十里。洪武初設衛始築。宣德初，以衛調附大同右衛，其城遂廢。

大同左衛、雲川衛，俱在府西南一百二十里。大同右衛、玉林衛，俱在府西北一百二十里。〔旁注〕有小峪口、兔毛河口。玉林山，在右衛城西二十里。羊圈海，在右衛城東南五里。陽和衛、高山衛，俱在府東北一百二十里。有虎峪口〔九〕，威寧、將軍、貓莊口，大小白栝二峪口〔一〇〕，陽和前後二口。〔旁注〕斷頭山，在陽和衛城北二百三十里。威寧海，在陽和衛城西北二百二十里。在邊外。馬邑河，在陽和衛城西來，繞城北，東流萬錦灘，園圃藉以澆灌。天城衛、鎮虜衛，俱在府東北一百八十里。有白陽口〔一一〕，榆林、磚磨、水磨等口。威遠衛，在府西一百八十里。晚霞山，在天城衛東南。日落後，凡山最高者不照，惟此山中有霞。其形似蓮花，又名蓮花山。神頭山，在天城衛東南六十里。天河，在天城衛南一里，流至城北，時常泥濘，北狄知此不敢過，因名。〔眉批〕魏書釋老志：沙門曇曜白帝，於京城西武州塞，鑿山石壁，開窟五所，鐫建佛像各一。高者七十尺，次六十尺，雕飾奇偉，冠於一世。

【校勘記】

〔一〕金史作周 「周」，底本作「州」，川本同，據滬本及金史地理志改。
〔二〕故諺曰 底本無「曰」字，川本同，據滬本及明統志卷二一補。
〔三〕紇干山 「干」，底本作「于」，川本同，據滬本及明統志卷二一改。
〔四〕拓跋力微 「力」，底本作「刀」，川本同，據滬本及魏書帝紀一、明統志卷二一改。
〔五〕參合波 川本同，滬本作「陂」，下文作「坡」。按古有參合城、參合陂、參合陘，此處與高柳城並列，疑應爲「參合城」。
〔六〕後漢 底本於此旁注「漢字疑」三字，川本同，滬本眉批：「『後漢』二字原校改作『遼』。『漢字疑』三字，原校删。」明統志卷二一「後漢」作「後魏」，是。
〔七〕古城之北 「古」，底本作「占」，川本、滬本同，據萬曆山西通志卷一四、圖書集成職方典卷三四八改。
〔八〕參合坡 「坡」，川本、滬本同，萬曆山西通志卷一四作「陂」，疑此「坡」爲「陂」字之誤。
〔九〕虎峪口 「虎」，底本作「鹿」，據川本、滬本及明統志卷二一改。
〔一〇〕大小白栝二峪口 川本、滬本同。「栝」，明統志卷二一、圖書集成職方典卷三四五、清統志卷一四六作「括」，萬曆山西通志卷二四、紀要卷四四、方輿考證卷二四作「括」。
〔一一〕白陽口 「陽」，底本作「楊」，川本、滬本同，據明統志卷二一、萬曆山西通志卷二四改。

懷仁縣 府南〔旁注〕西南。七十里。編户九里。裁減。〔旁注〕隋大業初，置大利縣。遼析雲中縣置。

有西安驛。〔旁注〕新府志：城中。原在東南三十里疙疸頭堡。　荒僻，近虜。　城周三里六步。　府志：調安東中屯衛後所守禦。本志同。　金史：有黃花嶺、錦屏山、清涼山、金龍山、早起城、日中城。　清涼山，在縣西十五里。有磚塔及利國鐵冶。　金龍山，在縣南七十里。有泉，與馬邑金龍池脈相通〔一〕，故名。　錦屏山，在縣西南二十五里。舊有瓷窑及鐵冶。　鷄鳴城，在縣南三十里。俗以早起城呼爲鷄鳴城。　遺址微存。　灰泉，在縣東二十五里。元大德乙巳夏，大同地震，有聲如雷。　懷仁縣地裂二所，湧水盡黑，漂出松柏朽木，即此泉也。　莎泉，在縣。後魏嘗以此名縣。　縣東十五里有海子，周迴三十餘里。其西北有泉，深不可測，禱雨輒應。　偏嶺口，在西南五十里。過北有大峪小峪蘆子阿毛四口。

【校勘記】

〔一〕金龍池　「池」，底本作「祠」，川本同，據滬本及明統志卷二一、紀要卷四四改。

渾源州　府東南一百二十里〔一〕。　編户十四里。　裁減。〔旁注〕漢平舒、崞二縣地〔二〕。唐渾源縣。

城周四里二百二十步，其形如龜。〔眉批〕居并、代之間〔三〕，俯雲、朔之塞。州幅員最廣，三面負山，峻嶺崇岡，環列如障。異日者大虜闌入，亦稱次衝，蓋庶幾四塞之國焉。本志。　八山旋而環繞，八水合而渾流。府志。　有上盤鋪、〔旁注〕治南。王家莊〔旁注〕州南九十里。府志：一百二十里。二驛。　磁窑口巡檢司。〔旁注〕州南十七里。　邊荒，煩，貧。　舊有亂嶺關巡檢司，〔旁注〕州東四十里。革。　府志：調安東中屯衛中、前二所守禦。　王家莊堡，嘉靖初建。　故城在州西二十里，後唐時徙今治。　恒山，在州南二十里。即北嶽。〔旁注〕爲并州鎮山。漢避文帝諱，改常山。水經謂之玄嶽〔四〕。　柏山，在州東南十里。與恒山相連。　渾河，在州東南十里。源出嘆土峪，分流至州西北，匯爲大澤，西流入神溪。〔旁注〕繞城北，西流入應州境。　神溪水，在州西北七里〔五〕。溪中有孤石，方畝，高丈餘。上有律吕神祠。〔旁注〕周圍泉水混出，旁有受水池，雖隆冬不冰，俱西南流。　祠下水曲折而西北，入桑乾河。　崞川，在州西南。源出應州安西鎮〔六〕，折而北流，入桑乾河。　滱水，在恒山南七十里，西南合温泉水。〔旁注〕温泉，出暄谷〔七〕。其水温熱若湯，浴之能愈百疾。　亂嶺關，在東四十里。路通蔚州，置巡司。　瓷窑口，在州南一十里。與大寨頭關俱置巡司。近又有李峪、大小淩雲二口。〔旁注〕淩雲口，在州西五十里。　恒山北嶽，在州南二十里，即北嶽也。水經謂之玄嶽〔八〕。書稱：舜十有一月朔〔九〕，巡狩，至于北嶽。即此。五代，山後諸州陷於契丹，乃即曲陽致祭，而附以飛石之説。迨我國朝弘治壬戌，詔於渾源州重建北嶽廟。先是，馬文升疏正祀典，謂周禮載恒山爲并州之鎮，在正北。一統志亦載恒山在渾源州南二十里，即北嶽。則北嶽當在渾源州無疑，宜修治其廟，於兹行禮。

【校勘記】

〔一〕府東南一百二十里　「南」，底本作「北」，川本、滬本同，據明統志卷二一、萬曆山西通志卷二改。

〔二〕漢平舒嶂二縣地　「漢」，底本作「澤」，據川本、滬本及漢書地理志、明統志卷二一改。

〔三〕居并代之間　「并」，底本作「井」，滬本同，川本及萬曆山西通志卷二四作「并」。按利病書卷四五云：「今大同者，雲中之東境，定襄之南境，代郡之北境，而九原之南鄰也。」又云：「漢書地理志，并州所屬十郡，而雲中、定襄、五原、代、雁門已居其五。」此作「并」是，據改。

〔四〕水經謂之玄嶽　底本「玄」下脱「嶽」字，川本同，據滬本及水經㶟水注、明統志卷二一補。

〔五〕在州西北七里　底本「州」下脱「西北」二字，「七」下衍「十」字，川本同，滬本作「在州西七十里」。圖書集成職方典卷三四三作「在州西北七里」。按本書下文另條云：「神溪水，在州西北七里。」紀要卷四四渾源川下云：「西流至城北五里之神溪。」清統志卷一四六云：「神溪水，在渾源州西北鳳凰山下。」又云：「鳳凰山，在渾源州西北七里。……神溪水發源其麓。」當以本書另條所記爲是，據删補。

〔六〕在州西南源出應州安西鎮　川本、滬本同。明統志卷二一：「嶂川，在渾源州東北，發源至應州西安鎮，折而北流，注桑乾河。」萬曆山西通志卷五：「嶂川，源出渾源州東北二十里，流逕州西南一十五里古嶂縣麻家莊，合渾河。」圖書集成職方典卷三四三同，又云：「至應州西安鎮，折而北流，注桑乾河。」據此，本書「西南」爲「東北」之誤，「出」爲「至」字之誤；或「州」下脱「東北」二字，「源出」改繫於「在州」之上，「應州」上脱「至」字。

〔七〕暄谷　「暄」，底本作「宣」，川本、滬本同，據水經㵋水注改。

〔八〕恒山北嶽至水經謂之玄嶽　川本同，滬本無。又，底本「玄嶽」誤爲「立嶽」，川本同，據本書上文及水經㶟水注、明統志卷二一改。

〔九〕舜十有一月朔　「朔」，底本作「北」，連下讀，川本同，據滬本及尚書舜典改。

應州　府東南一百二十里。〔旁注〕漢陰館。後周、唐金城縣〔一〕。　編户二十里。裁減。　荒僻，近虜，頗疲。〔眉批〕金史：治金城縣。有黄瓜堆、復宿山、桑乾河、渾河、崞川水、黄花城。　南山之麓，平坡峻阪，林木深秀。府志。

城舊在東八里，自晉王李克用徙築於天王村，即今城。周五里八十五步。有安東中屯衛。〔旁注〕洪熙元年〔二〕，自朔州調此。左、右、中、前、後五千户所。　安銀子驛。〔旁注〕舊在州南三十里安銀子村，今移治西北。

舊有安銀子遞運所，革。　中、前二所守渾源州，後所守懷仁縣。　東界渾源，西接山陰。　黄花嶺，在州西北三十里，山陰縣北四十里。　龍灣山，在州南〔旁注〕西南。四十里。上有龍池，旱禱多應。西南爲茹越嶺，連繁峙縣界。　大小石峪水，俱自州南山流至州西舊城外，合入桑乾河。　香峯山，在茹越口、龍灣之南。　渾河，在州東二十里。　龍首山，在州東北三十里。南跨雲中。〔旁注〕州北延袤千里，此爲山首，山之南跨雲中。　雁門山，在州西南。　有三岡、四鎮：東趙霸岡，西黄花岡，南護駕岡；東安邊鎮，南大羅鎮，西司馬鎮，北神武鎮。　北樓口，在州東南四十里。〔旁注〕南通繁峙縣朗嶺關，在此口中，往來通行人。　過東有黄沙徐峪、康峪三口，過西有牛槽大石、小石三口。　小石口置巡司。　茹越口，在州南四十里。〔旁注〕茹越山，州南三十里，壁列如屏。南通繁峙縣，有巡檢司。西接胡峪口。〔旁注〕胡峪口，在州西南六十里。南通代州，有巡檢司。二口俱置巡司。其間有時峪、箭桿峪〔三〕、明樞峪〔四〕、狼峪、神堂峪、水峪、馬峪等十三口。漢鹵城縣，在州界。漢縣，屬代郡，後漢屬雁門郡。金鳳城，在州東北天王祠前。後唐明宗生於此。中有金鳳井。廢泊城，在州治西大定街北。應州故城，在州東十里。〔旁注〕八里。天寶初，大同節度使王忠嗣築〔五〕。唐李克用遷城於天王村南，此城遂廢。金城廢縣，在州城内。本漢雁門郡陰館縣，漢末廢。唐始置金城縣，爲州治。〔旁注〕五代唐以應州置彰國軍節度使。遼、金、元因之。國朝省入州，即衛治。

【校勘記】

〔一〕後周唐金城縣　川本、滬本同。廣記卷一九：「應州，唐末置，後唐天成元年升彰國軍節度。」金城縣，附郭縣，「後唐明宗其縣人也，故置彰國軍，而以金城爲望縣。」則唐末置金城縣，此云「後周」，誤。

〔二〕洪熙元年　「洪熙」，底本作「洪武」，據川本、滬本及紀要卷四四改。

〔三〕箭桿峪　「桿」，底本作「捍」，川本同，據滬本及明統志卷二一、紀要卷四四改。

〔四〕明樞峪　「樞」，川本、滬本同，圖書集成職方典卷三四五作「福」，未知孰是。

〔五〕王忠嗣　「嗣」，底本作「祠」，川本同，據滬本及新唐書王忠嗣傳、清統志卷一四六改。

山陰縣　州西六十里。〔旁注〕漢陰館縣地。金、元置山陰縣。　編户七里。裁減。　有守禦千户所。　山陰驛。〔旁注〕治西南。　僻，疲，近邊。　城周四里二十步。　東界應州，北接大同。〔眉批〕九嶺拱圍，二河經帶，東西長川，坦然平闊。　金史：有黄花嶺、桑乾河。　龍門山，在縣南三十里〔一〕。亦名隘門。上有御射臺，後魏文成帝嘗射於此。有碑記，其陰刻從臣姓名。　黄水河，在縣北半里。源出龍灣等峪，流經應州西北八里，入桑乾。澇則泛，旱則涸。　黄昏城，在縣北黄花嶺後〔二〕。俗呼日没城爲黄昏城。此城並前鷄鳴、日中城爲三，俱後魏文帝築。　忠州城，在縣西南十五里。又名山陰古城，金築。　佛宿山，在縣南三十五里。一名覆宿山。山下有何家泉。　黄花嶺，在縣北四十里。　龍灣峪口，在西南四十里。過東有沙家五人赤石盆子四峪，過西有東寺西寺白樹棘料石門寬峪水峪七口。

【校勘記】

〔一〕在縣南三十里　底本脱「南」字，川本同，據滬本及萬曆山西通志卷五補。

〔二〕在縣北黄花嶺後　底本脱「北」字，川本同，據滬本及明統志卷二一補。

朔州　府西南二百八十里。　漢馬邑。　隋鄯陽。〔旁注〕鄯陽縣，倚郭。本朝省入州。　編户八里。裁減。磚城周七里。〔旁注〕新府志：一千二百六十丈。有朔州衛五千户所。城東驛。冀北分守駐劄。僻，疲，近虜。北通雲中，南接寧、雁。舊有朔寧遞運所，嘉靖四十三年革。神池口巡檢司，革。〔眉批〕金史：治鄯陽縣。有桑乾河、太和嶺、天池、雁門關、霸德山。三答蒐山〔一〕，在州西北二十五里〔二〕。山半有泉，名三答蒐泉〔三〕，歲旱，禱雨有應。神武尖山，在州東南一百餘里。即武州山之別峯也。魏賀拔氏宗族居於此。東靈山，在州西一百餘里舊武州境。金初，蕭融爲武州刺史，嘗於此建臺亭，以備遊觀。牟那山，在州北三百里。隋大同城舊墟在此。其近有耳觜城及秦長城。七里河，在州北七里〔四〕。源出洪濤西北山下，流經北山酸刺村〔五〕，東南合灰河。神池，在州西南九十里。東南有古城遺址。漢末大亂，匈奴侵邊，自定襄以西，盡雲中、雁門之間遂空。建安中，魏武王集荒郡之人，立新興郡。晉懷帝時，劉琨表以拓跋猗盧爲大單于〔六〕，封代公，徙馬邑。即此。翠峯山，在州西南七十里。東連石碣峪，北接馬騣山，南通寧武軍山口，西至陀羅臺，山盤踞二百餘里。管涔山，〔旁注〕府志：燕京山一名管涔山。在南一百一十里。〔旁注〕唐置管州於此。今屬靜樂縣。有天池，在山上，汾水出焉。天德山，在州北。〔旁注〕境外。漢李陵自居延行至天德山；遼太祖平党項，遂破天德，掠吏民以東；皆此。夾山，在州北三百四十里。遼天祚避女真，奔夾山，即此。寧武軍山口，在南一百二十里。南連靜樂縣分水嶺〔七〕，灰河出其下。灰河，在州南三里〔八〕。源出寧武軍山口，北流至洪崖村，〔旁注〕紅兒。伏流十五里，至塔底村南湧出，經州城南，至馬邑，入桑乾河。〔旁注〕俗呼爲南河，灰河爲北河。秦馬邑城，在州東。〔旁注〕晉地記云〔九〕：秦人築此城，將成而崩者數矣。忽有馬周旋馳走反復，父老異之，因依以築城，乃不崩〔一〇〕，故名馬邑。又沁水縣亦有馬邑城。武州城，在州西一百五十里〔一一〕。本趙武州塞。漢爲雁門郡武州縣。晉改縣曰新城。後唐李克用生神武川之新城，即此。遼、金爲武州，治寧遠縣。

【校勘記】

〔一〕三答莬山　「莬」，底本作「魏」，川本、滬本作「巍」，據萬曆山西通志卷五、圖書集成職方典卷三四三改。

〔二〕在州西北二十五里　底本脱「五」字，據川本、滬本及萬曆山西通志卷五補。

〔三〕名三答莬泉　底本脱此五字，據滬本及萬曆山西通志卷五、圖書集成職方典卷三四三補。滬本「莬」作「巍」，誤。

〔四〕在州北七里　底本脱「在」字，川本同，據滬本及萬曆山西通志卷五補。

〔五〕流經北山酸刺村　「北山酸刺村」，川本、滬本同。萬曆山西通志卷五作「北酸刺村」，無「山」字，圖書集成職方典卷三四三作「酸刺村」，無「北山」二字，清統志卷一四八同，未知孰是。

〔六〕拓跋猗盧　「猗」，底本作「倚」，川本、滬本同，據晉書劉琨傳、魏書帝紀一、元和志卷一四改。

〔七〕分水嶺　「分」，底本作「汾」，川本、滬本同，據明統志卷二一、圖書集成職方典卷三四五改。

〔八〕灰河在州南三里　底本脱「灰河」二字，「里」上空缺「三」字，川本同，滬本作「□河在州南□里」，眉批：「河上闕文當作灰，里上闕文當作三，據紀要。」據滬本眉批及明統志卷二一、紀要卷四四補。

〔九〕晉地記　「地」，底本作「帝」，川本同，據滬本及明統志卷二一改。

〔一〇〕乃不崩　「乃」，底本作「及」，川本同，據滬本及明統志卷二一改。

〔一一〕在州西一百五十里　「一百」，底本脱，川本、滬本同，據明統志卷二一、萬曆山西通志卷一四補。

馬邑縣　州東四十里。後唐寰州。編户五里。裁減。有守禦千户所。僻，疲，近虜。廣武驛。〔旁注〕東南五十里雁門關下。新府志：西門外。城周四里。新府志：六百四十丈。〔眉批〕金史：有洪濤山、灅水，又曰桑乾河。太和嶺，在縣東南五十里〔一〕。嶺北口西山上有佳吉寨，宋楊將軍屯兵之所。灅水〔二〕，源出縣西北洪濤山，即桑乾之源也。漢書謂之治水。水經謂之漯涫水。廣武城，在縣南八十里。韓王信與匈奴屯廣武以南，漢兵大破之，即此〔三〕。漢爲縣，屬太原郡。余觀谷，在南山。遼主延禧與金戰於奄遏下水海，師潰，走山陰，居此谷。紫金山，在縣南五十里。高二十餘里，連亘數百里。洪濤山，在縣西北十五里。一名漯頭山〔四〕，灅水出焉，俗名洪濤泉。山下有桑乾河。金龍池，在縣西北。雁門關，在東南七十里。山巖峭絶，中有一路，盤旋至絶頂，置關。南通代州，有戍兵防守。近此關有楊六郎寨。

【校勘記】

〔一〕在縣東南五十里　「東」，底本作「西」，川本、滬本同，據明統志卷二一、萬曆山西通志卷五、紀要卷四四改。

〔二〕灅水　「灅」，川本、滬本同。王先謙水經注合校本、楊守敬水經注疏㶟水作「㶟」，云：㶟字爲正，灅字訛舛。下同。

〔三〕即此　底本脱「此」字，川本同，據滬本及明統志卷二一補。

〔四〕漯頭山　川本、滬本同。「漯」，漢書地理志、水經㶟水注、明統志卷二一、紀要卷四四皆作「累」。

蔚州　府東南二百五十里〔一〕。編户二十五里。全設。〔旁注〕秦代縣。漢封代王於此，爲代國。唐興唐縣。五代晉改靈仙縣。元屬上都路宣德府。洪武四年改屬。〔眉批〕萬山環拱，諸關固阻。金史：治靈仙縣，北有桑乾河、代王城、薄家村。元倚郭。國初，省靈仙縣入州。永樂六年十月戊子，改蔚州衛，隸北京行後軍都督府〔二〕。當三關、兩鎮之間，爲畿輔肩背，雲、谷襟喉。來臨州志序。　蔚州衛。左、右、中、前、後、中中、中左、中右八千户所。〔旁注〕府志只五千户所。　初隸山西行都司，永樂七年，改隸萬全都司。　蔚州馬驛。〔旁注〕治東南。

衝，煩，近虜。　舊有九宫口、石門口、美峪三巡檢司，革。　磚城，周七里一十三步。　介在宣、大之間。　太白山，在州東南三十里。上有奇石，形如馬頭，俗名馬頭山。旁有石洞，産紅土，可爲印色。　山西五里有三奇石，名靈仙山。〔旁注〕宣府志：靈仙山，在州西南二十五里。　永寧山，在州東南五十里。金章宗遊獵，嘗駐於此。　滋水，有二：一在州西南三十里南馬莊，一名神水泉。金時置鐵板一片，十竅，分流灌田。東北入壺流河。〔旁注〕葫蘆。一在靈丘縣西南枚迴嶺〔三〕。懸流五丈，湍激之聲，震動山谷。東流入溏河。九宫山，在州東南三十里〔四〕。有九宫口，通易州，今置巡司。過東有永寧等口。小五臺山，在東三十里。高是山，在州西北七十里。滋水出焉。山出石炭。其東三十八里有枚迴嶺，山麓相接。石門山，在州西南三十里。通靈丘縣。襄山，在州北八十里。西接應州。嘔夷河，〔旁注〕見下。出高是山。葫蘆河，在州北。其水上槽狹，下流闊，有似葫蘆。源自廣靈縣豐水而來，下流入定安縣西界〔五〕。〔旁注〕即壺流河。壺流河在州北二里。源出廣靈縣壺泉〔六〕，自西南而來，繞城北，東南流入定安縣西界。隘門關，在西南四十里。今名石門口，置巡司。過東有龜峪，南通廣昌縣。代王城，〔旁注〕方圓二十里。在州東二十里。府舊志言：漢時爲代縣，文帝封代王，國於此者，非也。有辯。九宫口巡檢司，在九宫山，革。美峪口巡檢司，在美峪關。石門峪巡檢司，在石門峪山内。神通溝巡檢司，在州東南一百里。萬曆三十九年置。

【校勘記】

〔一〕府東南二百五十里　「二」，川本、滬本同，明統志卷二一、紀要卷四四作「三」，此「二」蓋爲「三」字之誤。

〔二〕隸北京行後軍都督府　「後」，底本作「復」，川本、滬本同；「軍」，底本作「事」，川本、滬本作「軍」。按明史兵志二：「永樂元年，罷北平都司，設留守行後軍都督府。」又後軍都督府在京所轄有蔚州左衛。據改。

〔三〕枚迴嶺　底本作「放回嶺」，川本、滬本作「放迴嶺」。按本書下文及明統志卷二一、圖書集成職方典卷三四四作「枚迴嶺」，清統志卷一四六作「枚迴山」，據改。

〔四〕在州東南三十里　川本、滬本及萬曆山西通志卷五同，滬本夾注：「宣府志：東四十里。」其下正文並多「金章宗清暑處」六字。明統志卷二一作「在蔚州東三十里」。

〔五〕源自廣靈縣豐水而來下流入定安縣西界　底本脱「水」字，川本同，滬本無此文，據本書下文及明統志卷二一補。

〔六〕廣靈縣　「靈」，底本作「陵」，川本、滬本同，據本書下文廣靈縣壺流河條及萬曆山西通志卷五、圖書集成職方典卷三四三改。

廣靈縣　州西五十里。　唐安邊縣地，後改興唐。後唐置廣靈縣。　編户八里。裁減。

〔眉批〕居并、代之脊，當蔚、渾之衝。　近邊，民貧。　城周四里。〔旁注〕府志：二里一百八十步。　直峪山，在縣西南一十五里。下有小河，注壺流河。　加斗山，在縣東南二十里。上有圮城。　九層山，在縣西北二十五里。上有九層崖。　巧八山，在縣北三十里。其山居中，四圍七山相向，故名。其東南十五里有滴水崖，泉脈自穴中出，滴水成池。　林管山，在縣西南四十里。下有泉，名石家泉〔一〕，入壺流河。上有勒漢砦。　樺山，在縣東北四十里。上有三分砦。　白羊山〔二〕，在縣西五十里。舊有白羊寺遺址。下有小河，注壺流河。豐水，在治東南。平地一山，山下亂泉湧出，東流爲葫蘆河〔三〕。又有樺澗嶺〔四〕、火燒嶺二口，皆在縣北。林關口，在西南四十里。路通靈丘縣，置巡司，過東有直峪口，過西有唐山口。又有樺澗嶺〔四〕、火燒嶺二口，皆在縣北。壺流河，古名滋水。源出縣西三十里莎泉山下，其水名莎泉〔五〕。東注合壺川山下，其水名神泉。二水合流，其形如壺，故名。流經蔚州城北，注順聖川，入桑乾河。淶源泉，在縣南半里。東流，合拒馬河，入紫荆關〔六〕。壺山，在縣東南一里。平地一山，山下有亂泉湧出，其水與壺流河水合流如壺，山故以此名。上建豐水神祠。作疃池，在縣城西。方十畝。其水潛縮，中約五畝，遇雷雨動作，則水湧漲。千夫山，在縣西北五里。産花斑石。一名千福山〔七〕。平舒城，在縣西十里〔八〕。漢縣。今平水村是。

【校勘記】

〔一〕石家泉　川本、滬本及萬曆山西通志卷五同。紀要卷二一作「百家泉」，清統志卷一四六作「石夾泉」。

〔二〕白羊山　底本脱「山」字，川本同，據滬本及萬曆山西通志卷五補。

〔三〕葫蘆河　底本脱「河」字，川本同，據滬本及萬曆山西通志卷五補。

〔四〕樺澗嶺　「澗」，底本作「欄」，川本、滬本同。據紀要卷四四、圖書集成職方典卷三四五、清統志卷一四六改。

〔五〕源出縣西三十里莎泉山下其水名莎泉　二「莎」字，底本作「沙」，川本、滬本同，據紀要卷四四、圖書集成職方典卷三四五、光緒山西通志卷四三山川考一三改。

〔六〕紫荆關 「荆」，底本作「金」，川本、滬本同，據本書下文廣昌縣飛狐道條及萬曆山西通志卷五、紀要卷四四改。

〔七〕千福山 「福」，底本作「佛」，據川本、滬本及紀要卷四四改。

〔八〕平舒城在縣西十里 底本「城」作「山」，「縣」下脱「西」字，川本同，據滬本及紀要卷四四、清統志卷一四六改補。

廣昌縣 州東南一百五十里。 編户四里。 裁減。〔旁注〕元飛狐縣。本朝改今名。〔眉批〕四山圍繞，二水合流。東近紫荆，南出倒馬。兩關之肩背，二鎮之咽喉。 有守禦千户所。〔旁注〕初隸山西行都司，永樂六年，改隸萬全都司。 史記樊噲傳〔一〕：破得綦毋卬、尹潘軍於無終、廣昌〔二〕。正義曰：在蔚州飛狐北七里。 倒馬關驛。〔旁注〕南七十里走馬店。 香山馬驛，在縣治東南〔三〕。東至易州淶水縣塔崖驛八十里，至紫荆關五十里，南至倒馬關七十里。 近邊，民貧。 城周三里一十八步。〔旁注〕府志同。 香山，在縣西南十五里。上有古寺，松柏葱鬱。 插箭嶺，在縣南三十里。〔旁注〕設守備一員。 鐵嶺，在縣東三十里。 彫窩崖，在縣東六十里。〔旁注〕宣府志。 舊有銀洞，今塞。 拒馬河，源出縣南三里七山下，即淶水之源也。世傳楊彦朗拒敵兵於此，故名拒馬河。流經紫荆關，入保定府易州界。 木瓜澗，在縣東南四十里。 唐乾寧間，李克用與劉仁恭戰於此。 白石山，在縣東南二十五里。有白石谷口，路通保定府唐縣，過東有浮圖峪口。 淶水，出縣東南流，入保定府易州界，一名拒馬河。 七山，在縣西南三里。其峯有七。 黑石嶺，在縣北五十里。今爲戍守之地。驛馬嶺，在縣西五十里。倒馬關，在南七十里。路通保定府唐縣，有戍兵。過西十里有岳嶺口。〔旁注〕飛狐廢縣治〔四〕。後周置，隋改今名。其北有飛狐道。飛狐道，在縣北，入嬀州懷戎縣界，爲紫荆、倒馬關要衝。自縣直北入紫荆，抵易州一百八十里。漢酈食其説高祖塞飛狐之口，即此。其東十里有飛狐洞。〔眉批〕孝文紀：匈奴三萬人入雲中，以中大夫令免爲車騎將軍〔五〕，屯飛狐〔六〕。淮南子：北至飛狐、陽原。注：陽原蓋在太原。或曰：代郡廣昌東五阮關是也。〔旁注〕晉書劉琨傳：琨率衆赴段匹磾〔七〕，從飛狐入薊。後漢書〔八〕：王霸將弛刑徒六千餘人，與杜茂治飛狐道。堆石布土，築起亭障，自代至平城三百餘里。注：飛狐道，在蔚州飛狐縣北，通嬀州懷戎縣，即古之蜚狐口也。銅山冶，在縣。舊置爐鑄錢，唐至德以後廢。元和間復鑄，今亦廢。

【校勘記】

〔一〕樊噲傳　「傳」，底本作「城」，據川本、滬本及史記樊噲列傳改。

〔二〕破得綦毋卬尹潘軍於無終廣昌　「綦毋卬」，底本作「雞母卵」，川本同，滬本作「綦母卭」；又，底本「軍」作「君」，「軍」下脱「於」字，川本、滬本作「軍」，「於」字不脱。據史記、漢書樊噲傳改補。

〔三〕在縣治東南　底本「治」上空格缺字，川本同，據滬本補「在縣」二字。

〔四〕飛狐廢縣治　川本、滬本作「飛狐廢縣，即今縣治」。萬曆山西通志卷一四：「飛狐廢縣，即廣昌縣治。」紀要卷四四：「飛狐城，今縣治。」此「廢縣」下「治」上蓋脱「即今縣」或脱「即今廣昌縣」。

〔五〕令免　「免」，底本作「勉」，川本同，據滬本及漢書文帝紀改。
〔六〕屯飛狐　「屯」，底本作「之」，川本同，滬本作「軍」，據漢書文帝紀改。
〔七〕段匹磾　底本作「段□磾」，川本同，據滬本及晉書劉琨傳補改。
〔八〕後漢書　底本脱「書」字，川本同，據滬本及後漢書王霸傳補。

靈丘縣　州西南一百六十里。　編户十里。裁減。〔眉批〕四圍皆山。　有太白驛。〔旁注〕治東南。　近邊，地衝，民貧。有礦盜，參將防守。　城周五里。〔眉批〕太白巍山，在縣南二十里。其山極高峻，迴繞十八盤，雪積，春暮不消。　惡道山，在縣東北二十里。山路危險，故名。　龍泉山，在縣東北二十里。下有龍泉。　銀釵嶺，在縣東二十五里。連廣昌縣界。　黑龍河，源出縣西四十里黑龍谷，南入滱河。　靈丘故城，在縣東十里。其西三十里有蕭太后城，南二里有楊六郎城。其城惟南面。　敧城。水經注：靈丘縣有興豆亭〔一〕，敧傾不正，故世以敧城目之。水側又有莎泉亭。　隘門山，在縣東南二十里。壁立直上，極險隘，滱河所經之處。後魏於此置義倉。宋設關。　滋水，出西南枚迴嶺。懸流五丈，湍激之聲，震動山谷。　石銘陘，在縣西。水經云〔二〕：滱水東南流入此陘，有石銘，其上云：「冀州北界。」〔三〕故謂之石銘陘。　御射臺。水經注云：在靈丘北阜，上有御射石碑。　趙武靈王墓，在縣東南三十里。漢志云：武靈王所葬之地，因名靈丘縣。　秀嶺驛，在靈丘縣東四十里，廣昌縣西四十五里秀嶺下，隸後軍都督府。

【校勘記】

〔一〕興豆亭　「興」，底本作「歆」，川本、滬本同，據水經滱水注改。

〔二〕水經云　「云」，底本作「之」，川本、滬本同，據萬曆山西通志卷一四改。圖書集成職方典卷三四八作「水經注曰」。按水經滱水注：滱水「東南流，山上有石銘，題言冀州北界。」則作「水經注」是。

〔三〕冀州北界　「冀」，底本脱，川本、滬本同，據水經滱水注補。

潞安府

古名上黨、昭義、隆德。　舊爲潞州，嘉靖十一年升〔一〕。　磚城，周一十九里五十八步。　後府志：二十四里。縣志：二十里有奇。　禹貢冀州。〔眉批〕上黨之地，四塞之固，東帶三關，西爲國蔽。後漢書。　肘京、洛而履蒲津，倚太原而跨河朔。唐杜牧云。　盤踞太行之上，爲天下之脊，當韓、晉之喉。州志。　潞州山川高險，而人俗勁悍。五代史。　潞土狹而人勤，厥地高寒，歲止一入，業於機杼之功，商采贏利。　宗姓蕃衍，軍校錯居。　啓聖宫，一名飛龍宫，在府治西。唐玄宗別駕時故宅。按唐景龍二年，玄宗以衛尉少卿兼潞州別駕。府志：在府治内。本唐玄宗爲潞州別駕時故第。開元十一年，將幸太原，次潞州，改故第爲飛龍宫。後更名啓聖宫。　北連遼、沁，南控三川，居天下之脊，當河朔之喉。　黄帝封其支子於潞，至商時，爲黎國。書西伯戡黎是也。後爲赤狄潞子國。晉滅潞子嬰兒，復立黎侯。元潞州，屬平陽路。本朝洪武九年，直隸山西布政司。上黨縣倚郭，本朝省入州。濁漳水，在州西南二十里。源出長子縣發鳩山〔二〕，東北流至州境，經襄垣、黎城，與清漳水合。屬冀南道。二判。藩封：瀋王府〔三〕，陵川王府，平遥王府，黎城王府，稷山王府，沁水王府，沁源王府，遼山王府，清源王府，内丘王府，廣宗王府，唐山王府，永年王府，靈川王府，宜山王府，宿遷王府，吴江王府，雲和王府〔四〕，定陶王府，福山王府。

【校勘記】

〔一〕嘉靖十一年升　「十一年」，萬曆山西通志卷二、明史地理志、紀要卷四二皆作「八年」。

〔二〕發鳩山　「鳩」，底本作「鳩」，川本同，據滬本及元和志卷一五、萬曆山西通志卷五改。

〔三〕瀋王府　「瀋」，底本作「藩」，據川本、滬本及萬曆山西通志卷一一、明史諸王世表三改。

〔四〕雲和王府　底本缺，據川本、滬本及萬曆山西通志卷一一、明史諸王世表三補。

長治縣　嘉靖十一年置〔一〕。編户一百七十七里。全設。瀋府並郡王十五同城。潞州衛。〔旁注〕潞安衛左、右、中、後、中左五千户所。瀋陽中護衛。分巡冀南道駐劄。淳，饒，頗煩。壺關山，在東南十三里。柏谷山，〔旁注〕百穀。在東北十三里。與太行、王屋相連。寰宇記曰：太行、王屋相連。風洞泉谷，巖壑幽邃，最稱嘉境。昔神農嘗百穀於此，因名。山上建廟，每仲春上甲日致祭。〔旁注〕一統志作柏谷山。

【校勘記】

〔一〕嘉靖十一年置 「十一年」，川本、滬本同。按萬曆山西通志卷二：長治縣，嘉靖八年「升潞州爲府，始立縣。」明史地理志、紀要卷四二同。

長子縣 府西南五十里。編户九十三里。全設。〔旁注〕本周史辛甲所封之地。左傳：晉人執衛行人石買于長子。即此。晉末慕容永稱帝於長子〔二〕，僞號西燕。〔眉批〕其地半平，四顧皆山環水繞。有漳澤驛，南門外。舊有固益遞運所，萬曆六年革。煩，僻，民頑。城周五里一百八十步。梁山，在縣東二十里。山下有水，名梁水，東北流入長治縣界，合濁漳。慈林山，在縣東南三十里。與紫雲山連。紫雲山，在縣東南四十里。與壺口接。刁黃山〔三〕，〔旁注〕嶺。在縣西五十里。山多雜木，與發鳩山相連。按五代史，李存孝伏兵刁黃嶺，即此。傘蓋山，在縣西南五十里。神農井，在縣東南五十五里。後魏風土記：神農井，在長子縣羊頭山，即神農得佳穀處。發鳩山，在縣西五十里。〔旁注〕山海經曰：發鳩之山，漳水出焉，東流注于河。又名鹿谷山。羊頭山，在縣東南五十里。藍水，在縣北二十五里。自屯留縣盤石山發源，東流，經縣東南三十里，入長治界，合清漳，東南流，經縣界，入府境，東流，與濁漳水合。長平關，在南四十里。秦白起坑趙卒處。丹朱城，在治西南。唐十道圖：堯長子丹朱所築。古長子縣治在此。今遺址微存。

【校勘記】

〔一〕慕容永　「永」，底本作「水」，川本同，據滬本及魏書慕容永傳改。

〔二〕刁黄山　「刁」，底本作「刀」，川本、滬本同。又，底本、川本有旁注「嶺」字，滬本無「山」字，徑作「刀黄嶺」。按明統志卷二一作「刁黄嶺」，萬曆山西通志卷五作「刁黄山」，紀要卷四二作「刁黄山」，下云：「亦曰刁黄嶺，刁一作彫。」「刀」，據改作「刁」。下同。

屯留縣〔一〕　府西六十里。編户六十二里。全設。有余吾驛。〔旁注〕縣西二十里。有城。今縣兼有余吾之地及寄氏之半。　僻，簡，疲，頑。　唐武德五年，自霍壁村移治於此。　城周四里二十步。　左傳襄十八年：晉人執衛行人石買于長子，執孫蒯于純留。注：長子、純留二縣，今皆屬上黨郡。　史記秦始皇本紀：王弟長安君成蟜將軍擊趙〔二〕，反，死屯留。〔眉批〕東西寬而南北下，其形如瓶。

三嵕山，〔旁注〕高三十里，盤據二十餘里。在縣西北四十五里。一名麟山，又名靈山〔三〕。有三峯高峻。書：湯伐三嵕〔四〕。世傳爲后羿射九烏之所。山下有水，名三嵕〔五〕。唐書：屯留有三嵕山。　盤石山，在縣西南九十里。下藍絳二水出焉〔六〕。　絳水，在縣西南八十里。源出盤秀山下，〔旁注〕之陰。流經縣治北，又東流三十里，入潞城縣交漳村，合濁漳水。漢余吾縣，在西北十八里。藍水，在縣西南九十里。源出盤秀〔旁注〕巖岫盤曲，孤峯峻拔。金史：屯留有盤秀山。之陽，流經長子縣界，合於濁漳。

【校勘記】

〔一〕屯留縣　「留」，底本作「流」，川本同，據滬本及明統志卷二一、明史地理志改。

〔二〕成蟜　「蟜」，底本作「嶠」，川本同，據滬本及史記秦始皇本紀改。

〔三〕靈山　「靈」，底本作「雲」，川本、滬本同，據萬曆山西通志卷五、康熙屯留縣志卷一改。

〔四〕湯伐三嵕　底本訛作「湯三代嵕」，川本同，據滬本及尚書湯誓、明統志卷二一改。

〔五〕名三嵕　川本及萬曆山西通志卷五同，滬本作「亦名三嵕」。

〔六〕藍絳二水　「絳」，底本作「綘」，川本同，據本書下文、滬本及明統志卷二一、萬曆山西通志卷五改。

襄垣縣　府西北九十里。編户八十里。全設。〔旁注〕舊在甘泉水北半里。金天會間，徙築甘水之南。有虒亭驛。〔旁注〕縣西北六十里。虒亭遞運所。〔旁注〕亭鎮即故銅鞮縣。五巑山巡檢司。〔旁注〕縣西南七十里五巑山之陽。〔眉批〕背韓山而面濁漳，內平夷而外高峻。地僻，糧完，簡，刁。城周六里三十步。仙堂山，在縣東北五十里。上有仙堂寺。因山岡有琉璃巖，巖中有石如人。又有石九，圈如車輞。環水其中，旱澇不涸不盈。前有空地，生石子藥丸，去則復生。五巑山，在縣西南七十里。〔旁注〕五峯環立，爲南北往來之衢。上有巡檢司。鹿臺山，在縣南二十里。按金史，山名鹿臺。上有文王廟，基址猶存。下有濁漳，流入縣境。涅水，在縣北六十里。源出沁州覆甑山，東流入縣界，會小漳水，至縣南入濁漳水。虒亭，在縣西北六十里。今爲鎮。古晉虒祁宮，平公所築。漢地理志，銅鞮有虒亭。左傳昭公八年：叔弓如晉〔一〕，賀虒祁也。虒祁，宮名。虒音斯。今爲虒祁鎮。宋史向拱傳：與巡檢陳思讓逆戰於虒亭南。

【校勘記】

〔一〕叔弓如晉　「叔」，底本作「奴」，據川本、滬本及左傳昭公八年改。

潞城縣　府東北四十里。古潞子國。編户九十二里。全設。僻，簡，民頑。城周四里八步。〔旁注〕本志：十步。元至正十四年展築，計五里有奇。風洞，在縣西北五里〔一〕。伏牛山，在縣東南一十五里。唐張説述聖頌：玄宗在潞州時，黃龍再見此山〔二〕。潞水，在縣東四十五里微子城發源〔三〕，西流合濁漳。三垂山，在縣西南二十里。唐十道記曰：晉將軍王廣、趙柔敗劉聰將喬乘於此山下〔四〕。〔旁注〕五代唐莊宗亦伏兵於此破梁夾寨。交漳水，在縣西三十五里交漳村。濁漳水與絳水至此交流，故名。又東流一百八十里，至彰德府林縣界，合清漳水。微子城，在縣東十里〔五〕。相傳殷微子封於此。微子嶺，在縣東北二十里。上有三仁廟，下有微子村。漢潞縣，在縣東北四十里。後魏改刈陵縣，移沁水〔旁注〕潞、沾。北〔六〕，此城遂廢。其地名曰故城。武軍城，魏書載。壺口關。左傳哀公四年：齊伐晉壺口。杜預曰：壺口關，在潞城。今廢。

【校勘記】

〔一〕風洞在縣西北五里　川本、滬本同。圖書集成職方典卷三三一：「風洞山，在縣北四十里。」疑此「風洞」下脱「山」字。

〔二〕唐張説述聖頌玄宗在潞州時黄龍再見此山　川本、滬本同。按全唐文卷二二一張説上黨舊宮述聖頌並序無此文。同卷張説黄龍再見曰：「皇帝臨潞州，景龍三年六月十五日，黄龍再見於伏牛山。」疑「玄宗」爲「中宗」之誤。

〔三〕在縣東四十五里微子城發源　「東四十五」，川本、滬本同。萬曆山西通志卷五作「東一十五」，同書卷一四：「微子城，潞城縣東北十五里。」此「四」疑爲「一」字之誤。

〔四〕晉將軍王廣趙柔敗劉聰將喬乘於此山下　「劉聰」，底本作「劉總」，川本、滬本及明統志卷二一作「劉聰」。按寰宇記卷四五：「前趙劉聰遣將喬琮攻晉上黨太守龐和於壺關，晉北將軍王廣、韓柔救之，聰將喬琮敗之於三垂。」方輿考證卷二四引寰宇記文同。紀要卷四二：「劉聰將喬乘攻晉上黨太守龐和於壺關，晉北將軍王廣、韓柔馳救，敗喬乘於三垂。」此「總」爲「聰」字之誤，據改。

〔五〕東十里　川本、滬本同，明統志卷二一作「東北十五里」，萬曆山西通志卷一四同，此「東」下蓋脱「北」、「十」下脱「五」字。

〔六〕沁水潞沾北　川本同，滬本「沁」下注：「一作潞，一作沾。」紀要卷四二潞城縣：潞城，「後魏改刈陵縣，移治漳水東。」清統志卷一四二引府志：「後魏改刈陵，移治漳水北。」則此「沁」乃「漳」字之誤，注文亦誤。

壺關縣　府東二十五里。　編户九十六里。全設。〔眉批〕羣峯環合，宛然一壺。山形似壺，嘗置關於此，故以名縣。　僻，簡。　按一統志：編户九十六里。今分平順縣，此數不准。　唐貞觀十七年，徙縣治於進流川，築今城，周二里二百四十步。　壺關山，在縣西北五里。山形似壺。漢於此置關。　馬駒山，在縣東一百一十里〔二〕。　唐書：上黨有馬駒山。　大王山，在縣東南二十三里。後魏書：望氣者言，此山有王氣，太武疊石爲三峯壓之。後唐玄宗果潛於此。　大峪嶺，在縣西南三十里。上有鐵礦。　趙屋嶺，在縣南六十里。上有鐵礦，及産赤白石脂。　三壅山，在縣東南九十里。其山三處壅障，因名。山下出水，名壅水，東流入河南林縣界。　羊腸坂，在東南一百一十里。長三里，盤曲如羊腸。　漢地理志：壺關有羊腸坂。　十八盤隘，在東南八十五里。　正梯隘，在東一百十里。　槲林隘，在東南一百二十里。　壺水，源出壺關山下，北流經府城北，西注濁漳。進流川，在縣西南三里。一名清流川。益陽城，在故縣東南二十里，今爲城頭村。陽護城，在故縣東二十六里〔二〕，今名陽護村。照城，在縣東七十里，今名照城村。三城俱西燕慕容永所築，遺址不存。照城今入平順。

【校勘記】

〔一〕在縣東一百一十里　川本、滬本同。萬曆山西通志卷五：「馬駒山，在壺關縣東一十里。」清統志卷一四二引舊志同，此「一百」蓋爲衍文。

〔二〕在故縣東南二十里至在故縣東二十六里　二「故縣」，川本、滬本同。明統志卷二一、萬曆山西通志卷一四、圖書集成職方典卷三四五無此二「故縣」，當爲衍文。又「二十里」，圖書集成同，明統志、萬曆山西通志皆作「六十」。

平順縣　府東北七十里。故青羊山地。〔旁注〕府志：本潞城之青羊里。嘉靖八年析置。〔旁注〕城周二百五十丈有奇。編户三十一里。〔旁注〕府志：二里。無丞。〔眉批〕山連萬疊，水分兩河。夏言疏。有虹梯關、玉峽關二巡檢司。山僻，民貧。嘉靖七年，潞州盜陳卿等據青羊山爲亂，巡撫河南副都御史潘塤討平之〔一〕。敕遣兵科給事中夏言往勘。奏於青羊山立縣，〔旁注〕青羊山即縣治。割壺關、潞城、黎城附近里社屬之。升潞州爲潞安府。龍門山，在縣北八十里。舊屬黎城。

【校勘記】

〔一〕潘塤　「潘」，底本作「陳」，川本、滬本同。按明史潘塤傳：嘉靖七年，巡撫河南，潞州陳卿據青羊山爲亂，乃敕塤會剿，「官軍奮擊，大破之。」此「陳」爲「潘」字之誤，據改。

黎城縣　府東北一百十里。　編户四十九里。　全設。〔旁注〕古黎侯國。宋天聖三年，徙治白馬鎮。　城周四里七十五步。　僻，煩。　吾兒峪巡檢司，〔旁注〕土人云：今已改爲偏店。　嘉靖二十三年，移設堡内，兼聽河南巡撫衙門管轄。　巡撫河南都御史李宗樞疏曰：　山西黎城境上有吾兒峪隘口，初議築堡，以居民阻撓而止。　因退築羅家郊。　臣等以爲：　是峪逼近故關，連亘三省，據險防守，實不可緩〔一〕。　蓋自黎城抵故關，有溝七十二，可爲戰地。　羅家郊雖已修築，然退入峪内二十餘里，旁溪小徑，尚或可通，終非久計。　尤必築垣於峪外，則内而羅家郊，外而同峪諸隘口，皆保障於中。　一遇有警，發兵外守，前以故關大溝爲戰地，中以吾兒峪爲門户，後以羅家郊爲堂室，重關疊峙，不獨中土鞏固，而北直隸、山東亦有賴矣。　上從之。　漳河，在縣南十七里。　壺口故關，在縣東北三十里。　即今吾兒峪。　漢書：　上黨郡有壺口關。　唐書：　黎城東有壺口故關。　白巖山，在縣北十五里〔二〕。　玉泉水，在西北五十里。　山下有三石竅，水湧出合流，入河南涉縣界〔三〕，合清漳水。　吾兒峪關，在東北二十八里，設巡司於堡内，兼聽河南巡撫衙門管轄。〔旁注〕即河南涉縣偏店巡司，當删其一〔四〕。

黎侯城，在縣東北十八里。〔旁注〕本志：二十、二十五。商書：西伯戡黎。即其地。春秋時，潞酆舒逐黎侯，奪其地。晉荀林父滅潞，立黎侯而還。亦此地也。〔旁注〕左傳宣十五年注：上黨壺關縣有黎亭。

故縣城，在今縣西北八里。宋天聖三年，遷治白馬鎮，其城廢。今址尚存。

【校勘記】

〔一〕實不可緩　底本脱「不」字，川本、滬本同，據明世宗實録卷二八三補。

〔二〕在縣北十五里　底本脱「縣」字，川本同，據滬本及明統志卷二一、萬曆山西通志卷五補。

〔三〕入河南涉縣界　「入」，底本作「於」，川本同，據滬本及明統志卷二一、紀要卷四二改。萬曆山西通志卷五作「至」，亦是。

〔四〕吾兒峪關至即河南涉縣偏店巡司當删其一　川本同，滬本無。按正文已載於上文，此係重出。

汾州府

古名西河、介州。〔旁注〕元爲汾州，屬太原路〔一〕。洪武九年，直隸山西布政司。元西河縣倚郭，本朝幷入州。

府城周九里一十三步。增築東外城，亦周九里十三步。南外城半之。縣志：四關：城東九里，西三里，南五里十三步，北二里五分。禹貢冀州。本汾州。萬曆二十三年，升汾州府，領州二，縣九。三十二年，改沁州並所屬沁源、武鄉直隸，今領州一，縣七。〔眉批〕西河魏土，文侯所興，有段干木、田子方之遺風，漂然皆有節概，知去就之分〔二〕。漢楊惲報孫會宗書。〔旁注〕藩封：慶成王府，永和王府。本汾州千户所，弘治五年，升汾州衛。汾河，在府東三十五里。自太原府祁縣〔三〕，流經平遥、介休，西至孝義，東南出靈石口，入於河。黄河，自太原府興縣流入，經永寧州、寧鄉縣〔四〕，南入平陽府石樓縣界。屬冀南道，萬曆九年，自汾州升爲府〔五〕。汾陽驛。府東郭。

【校勘記】

〔一〕太原路　「路」，底本作「府」，川本、滬本同，據元史地理志、明統志卷二一、紀要卷四二改。

〔二〕漂然皆有節概知去就之分　「漂」、「分」，底本作「凛」、「義」，川本、滬本同，並據漢書楊惲傳改。

〔三〕祁縣　底本作「郊縣」，據川本、滬本及明統志卷一九改。

〔四〕經永寧州寧鄉縣　底本無「經」字，川本同，滬本有。按清統志卷一四四：「黄河自太原府興縣南流入臨縣西，又南歷永寧州及寧鄉、石樓二縣。」滬本是，據補。

〔五〕萬曆九年自汾州升爲府　川本、滬本同。按本書上文云：「本汾州。萬曆二十三年，升汾州府。」明史地理志同，此云「萬曆九年」，當誤。

汾陽縣〔旁注〕萬曆二十三年新設。編户九十五里。全設。慶成、永和二郡王同城。有汾州衛。〔旁注〕左、右、中三千户所。黄蘆嶺巡檢司。〔旁注〕府西六十里。會典：州〔一〕。分守冀南道駐劄〔二〕。萬户山，在府西二十里。延衺二十里。平易可居。白彪山，在府西北二十五里。石壁巉崖，峯巒聳秀，泉壑層折，村墟連附，爲一方勝境。黄蘆嶺，在府西六十里。〔旁注〕爲石、隰往來大路。石室山，在府西三十里。山多巖洞，可居。萬谷河，在府東北五十里。一名文水，又名文谷河。禹門河，在府西十里。會西山諸溪水，從河口而出，伏沙潛注，東流與衆水合。謁泉山，在西北四十里。山有湯泉，又名湯泉山。上有石室，相傳爲子夏退老之居，今俗通呼爲子夏山。宋史欽宗紀：靖康元年，都統制折可求師潰於子夏山〔三〕。金鎖關，在城西三十五里。臨汾宫，在州東十五里。隋煬帝大業四年，建以避暑。

【校勘記】

〔一〕會典州　川本同，滬本作「會典：府作州」。按明會典卷一三九關津二：汾州黄蘆嶺巡檢司。底本、川本、滬本皆是。

〔二〕冀南道　「冀」，底本作「易」，據本書上文、川本、滬本改。

〔三〕折可求　「折」，底本作「析」，川本、滬本同，據宋史欽宗紀改。

孝義縣　府東南三十五里。　三國魏中陽縣。〔眉批〕史記趙世家：武靈王十年，秦取我中陽〔一〕。惠文王十四年，與秦會中陽。注：西河有中陽縣。〔旁注〕俗名向陽峽，巖險插天，中斷如闢，延袤二十餘里，爲汾、石咽吭。漢、晉皆置關守之。洪武初，置巡檢司，尋罷。隆慶元年九月十五日，北虜自此入犯〔二〕。　編户三十里。　全設。　地僻，民饒。〔眉批〕民多儉嗇，健訟，好事鬼神，亦頗尚義。　城周四里三十〔旁注〕十三。步〔三〕。　隋爲汾州永安縣。唐貞觀元年，以縣名與涪州永安縣同，時有縣人鄭興有孝行，遂改爲孝義。

烏鷄山，在縣西七十里。下有龍池。　玉泉山，在縣西南七十里。下有泉如漱玉，因名。〔旁注〕通吉、隰往來之路。　其水引縣南，灌南曹、五樓諸村民田〔四〕。　高唐山，在縣西九十里。下有温泉，其地名温泉鎮，爲吉、隰諸州往來之道。　上殿山，在縣西一百六十里。峯巒峻拔，爲吉、隰諸山之冠。上有突厥祠。　勝水，一名孝河。源出狐岐山之麓，流經縣西十五里，至縣東南入於汾。　狐岐山，在縣西八十里。一名薛頡山。勝水出其下。　上殿山，在西一百六十里〔五〕。　汾河，在縣東十五里。　土京水，一名西陽水，在西十五里。〔旁注〕源出縣西南一十五里土京谷〔六〕。　合勝水，入汾河。　高唐山，在西九十里。下有温泉鎮，爲吉、隰諸州通衢。　魏文侯墓，在縣西五里。　白壁關，在縣西二十里。　温泉縣，在縣西九十里高唐山之西。　元至元三年，廢縣，置巡檢司。　自高唐迤南爲南温泉，屬靈石；迤北爲北温泉，屬孝義。　今巡檢司亦廢。此地去二縣俱遠，盗賊藏匿，議者欲復設巡檢云。

【校勘記】

〔一〕中陽　川本、滬本同。按史記趙世家：「武靈王十年，『秦取我中都及西陽。』」集解引徐廣曰：「太原有中都縣，西河有中陽縣。」則此「中陽」當爲「中都及西陽」。

〔二〕俗名向陽峽至北虜自此入犯　川本、滬本同。按此節與紀要卷四二汾陽縣金鎖關文同，圖書集成職方典卷三三八汾州府汾陽縣金鎖關文略同，此係上文汾陽縣金鎖關錯簡。

〔三〕三十　底本作「四十」，據川本、滬本改。

〔四〕五樓　「五」，底本作「王」，川本同，據滬本及萬曆山西通志卷五改。

〔五〕上殿山在西一百六十里　川本、滬本同。按本書上文已列，此係重出。

〔六〕源出縣西南一十五里土京谷　「出」，底本作「水」，川本同，據滬本及紀要卷四二改。

平遥縣　府東八十里。〔旁注〕古陶地，帝堯初封於陶，即此。漢平陶。　編户五十七里。全設。

〔眉批〕强悍自用，緩公而急於私。人多耕織，少商賈，健訟，尚侈。　有洪善驛。〔旁注〕東門外。　舊有洪善遞運所，萬曆六年革。　普同村巡檢司。〔旁注〕舊有普同關，今移治洪善鎮，在縣東北二十五里。　衝，刁，多盜。　本志：城周十二里八分四釐。　源祠水，在縣東南一十五里。平地湧出，灌田百頃，西入汾水。以源上有祠〔一〕，故名。　中都水，源出縣東二十里中都谷橫嶺下。西流，合源祠水，經城南，入鄔城泊。後因洪善驛決堤取水，遂北流，循縣城東而西入於汾，故又名城東水。　鹵澗水，在縣東南二十里。源出朱坑，流經縣東，爲二十四池，溉田。亭岡水，在縣南二十八里。石巖中出。圖經：此水自亭岡谷北横流〔二〕，入中都河。麓臺山，在南四十七里。〔旁注〕縣南七十里，東南四十七。一名蒙山，又名謁戾山。山海經云：龍首山西三百里曰麓臺山〔三〕。嬰澗水，在縣東三十里。流經縣東南，合中都水，入汾。水經云：謁戾山之陰〔四〕，嬰侯之水出焉〔五〕。侯甲水。冀州圖：侯甲水起平遥縣北，入太原界。普同關，在南五十里。漢京陵城，在縣東七十里〔六〕。〔旁注〕七里。屬太原郡。唐於縣治南置京陵府。屈頓城，在縣西北二十五里。城冢記：晉武帝於堤側屈曲爲頓。後因汾水注溢，浸壞不存。中都堰，在縣東南一里。其河古迹南流，國朝泛漲北流，衝塌東北城，後築堰，建中都河祠。蔚州城，在縣西北二十五里。後魏遷蔚州民居此，置蔚州。後周廢〔七〕。羌城，在縣西北四十里。漢建安中築，以居羌人。又按十六國春秋云：劉氏之先，有羌城之號。趙滅之，其城遂廢。

【校勘記】

〔一〕以源上有祠　「祠」底本作「池」，川本、滬本同，據明統志卷二一、萬曆山西通志卷五改。

〔二〕此水自亭岡谷北横流　底本脱「横」字，據川本、滬本及明統志卷二一補。

〔三〕山海經云龍首山西三百里曰麓臺山　川本、滬本同。山海經西山經：龍首之山「又西二百里，曰鹿臺之山」。所記有異。

〔四〕謁戾山　底本作「房山」，川本、滬本同，據山海經北山經、水經汾水注、明統志卷二一改。

〔五〕嬰侯之水出焉　「侯」，底本作「潤」，川本、滬本及明統志卷二一同，據山海經北山經、水經汾水注改。

〔六〕七十里　川本、滬本同，萬曆山西通志卷一四、圖書集成職方典卷三四一作「七里」，同本書注文，此「十」字衍。

〔七〕後周廢　「周」，底本作「州」，據川本、滬本及紀要卷四二改。

介休縣　府東南七十里。　編户四十五里。全設。　有義堂驛〔一〕。〔旁注〕舊會典作棠，本志同。北關。〔眉批〕人多業醫。　衝，刁，事煩。　關子嶺巡檢司。〔旁注〕縣東南六十里沁源界。　城周八里。　狐岐山，又名洪山，在縣東南二十五里。石洞水出其下。禹貢：治梁及岐。注云：岐山在汾州介休縣。　獅鼻山，在縣東南四十五里。山有一巖，高空七十餘丈，下有巨石伏如獅鼻。　天峻山，在縣東南一十五里。以介子推隱此，故名。有廟在焉。漢郡國志：萬泉縣一十五里亦有介山〔二〕，俗傳以介子推得名〔三〕。按左傳僖二十四年：介子推隱而死，晉侯求之不獲，以綿上爲之田。〔旁注〕注：西河介休縣南有地名綿上。定六年，趙簡子逆宋陳寅，飲之酒於綿上。介休縣舊名綿山，綿上即介休東南山也。南跨靈石，西跨沁源，盤踞深厚，是以求而弗得。若萬泉，雖近於絳，周圍僅十里，未必不獲。蓋其特然孤立，故名爲介，後遂附會，以爲推隱之處耳。介山，在縣東南二十五里。接靈石界。介子推所隱。　雀鼠谷，在縣西南三十里〔四〕。〔眉批〕舊唐書劉武周傳：太宗追及宋金剛於雀鼠谷，一日八戰，皆破之。〔旁注〕唐玄宗開元中，北巡并州，經此。〔眉批〕楊復恭傳：假子彦博奔太原，收復恭骸骨，葬於介休縣之抱腹山。　鄔城泊，在東北二十里。即昭餘祁。　鬭子嶺〔五〕，在南六十里。　中都城，在縣東北五十里，杜注：在南。　平遥縣西二十里〔六〕。　左傳昭公二年：晉人執陳無宇於中都。〔旁注〕注：中都，晉邑，在西河介休縣東南。　漢高帝立子恒爲代王，都中都。　漢地理志有中都縣。　鄔城，在縣東北二十七里。〔旁注〕三十里鄔城店。　左傳：魏獻子以司馬彌牟爲鄔大夫。即此。　漢置縣，後魏徙於武陵，遂廢〔七〕。　西谼谷，在縣西南三十里。　東谼谷，在縣東南四十里。　内有黑龍池，名白牛泓〔八〕。　沂陽谷，在縣西四十里。有水出谷中，名沂陽水。　汾河，流經本縣二十里橋頭村迤西義棠鎮西南，入雀鼠谷。　唐太宗自介休追宋金剛數十里，至張難堡，今名張蘭堡。　介山，在縣東三十里。相傳晉介子推隱於此山。

【校勘記】

〔一〕義堂驛　「堂」，川本、滬本同，萬曆山西通志卷三、圖書集成職方典卷三四〇作「棠」，與本書注文合，此「堂」蓋誤。

〔二〕漢郡國志萬泉縣一十五里亦有介山　川本、滬本同。漢書地理志汾陰縣：「介山在南。」水經汾水注：文穎曰：介山在皮氏縣東南，「晉太康記及地道記與永初記，並言子推所逃，隱於是山，即實非也」。寰宇記卷四六萬泉縣：唐武德三年置，介山在縣南一里。晉太康地記曰：晉文公臣介子推匿此山，「號爲介山」。今按介子推所隱，乃綿山也。即本書所云俗傳之介山，見於漢書地理志諸書，不載於續漢書郡國志，且萬泉縣爲唐置，非漢縣，應爲「汾陰縣」之誤，「萬泉縣」下又脱「南」字。

〔三〕以介子推隱此至俗傳以介子推得名　川本、滬本同。按以此文所言，乃指介山而言，萬曆山西通志卷五記同，即冠名介山是也，應繫於下文介山下。此乃錯簡，下文所記「按左傳僖公二十四年」至「以爲推隱之處耳」，並同屬。

〔四〕在縣西南三十里　「三十里」，川本同，滬本作「二十里」，「二」下注「一作三」。按萬曆山西通志卷五作「三十里」，明統志卷二一、紀要卷四二均作「二十里」。

〔五〕關子嶺　底本作「子嶺關」，川本、滬本同，據本書上文及萬曆山西通志卷二四、圖書集成職方典卷三三八、明史地理志乙正。

〔六〕平遥縣西二十里　「西」，川本及萬曆山西通志卷一四同，滬本及清統志卷一四四作「西北」。「二十」，川本同，滬本及萬曆山西通志作「十二」。

〔七〕後魏徙於武陵遂廢　川本、滬本同。魏書地形志：太原郡鄔縣，「二漢、晉屬，後罷，太和十九年復」。清統志卷一四四：鄔縣故城，「北齊時廢」。此誤。

〔八〕東𢓊谷在縣東南四十里内有黑龍池名白牛泓　「白」，底本作「曰」，川本、滬本同，滬本眉批：「按黑龍池、白牛泓非一水，此似當作又有白牛泓。」按萬曆山西通志卷五：「白牛泓，在介休縣南五十里東𢓊谷。」紀要卷四二東𢓊谷下云：「巖頂有泉，倒流如瀑布，謂之懸泉，流爲白牛泓，浚深莫測。又有黑龍池，水色常黑。其下流皆注於汾河。」清統志卷一四四亦分列黑龍池、白牛泓爲二水，黑龍池下云：「在介休縣南四十五里。」白牛泓下云：「在介休縣南五十里，即東𢓊谷懸泉所匯也。」此處「曰」，據改作「白」。

靈石縣　府南一百里。〔旁注〕府東南一百二十五里。萬曆二十四年，自平陽改屬。編户二十五里。無簿。仁義驛。縣南四十里仁義鎮。瑞石馬驛。〔旁注〕南門外。舊有瑞石遞運所，萬曆六年革。靈石口巡檢司。〔旁注〕在縣北四十五里冷泉鎮。〔眉批〕南有郭家溝之天險，北有靈石口之巖關，表裏山河，阨塞隩要。本志。僻在萬山間，財貨不通，山田瘠薄，其人勤苦，其風樸野。本志。地衝，民淳，簡。城周三里一百八步。舊有剋胡寨巡檢司，革。〔旁注〕當是臨縣〔一〕。尖陽山，在縣東南七十里。山極峻險。綿山，在縣東三十里。與沁水、介休地界相連。有介子推墓。仁義河，在縣南四十里。源出沁源縣境，經尖陽山，民引渠灌田，至仁義驛西南二十里，入汾。小水河，源出縣東北四十里綿山白口谷。居民引渠溉田，經縣城北，入於汾〔二〕。宋老生寨，在縣西南三十里。高四里。與秦王嶺相對。蓋老生所築以拒唐兵之處。其近有賈胡堡，唐義兵次霍邑屯此。後因神語，從微道進。唐書高祖紀：次靈石，營於賈胡堡。隋虎牙郎將宋老生屯於霍邑，以拒義師。八月辛巳，敗宋老生於霍邑。丙戌，下臨汾郡。陰地關，在南二十里汾水西。縣東南有高壁嶺、汾水關，皆險固之處。

【校勘記】

〔一〕舊有剋胡寨巡檢司革　底本旁注「當是臨縣」，川本、滬本同。按下文臨縣内已有此條，此係錯簡。

〔二〕尖陽山在縣東南七十里至經縣城北入於汾　此一百字底本錯簡於上文介休縣介山下，川本、滬本同，據萬曆山西通志卷五、康熙平陽府志卷五乙正。

臨縣　府西北三百一十里。　唐臨泉。〔旁注〕元臨州，屬太原府。洪武二年，改爲縣，仍屬〔一〕。　編户十七里。　裁減。　近邊，僻，簡。　萬曆二十四年，自太原改屬。　城周六里五步。〔眉批〕東接離石，南通孟門，西抵天塹，北控汾、蔚，表裏山河，實晉陲之保障。　舊有剋胡寨巡檢司，革。　榆林河，在縣東五里。　源出縣東北五十里黃龍山下〔二〕，西流入湫河。　剋胡寨渡，在縣西北一百八十里黃河東岸。　路通陝西葭州。　古置浮梁，今以舟濟。　金大定平西夏，築城屯兵。　歷元，基廢。　國朝洪武五年，置巡檢司。　其南二十餘里有曲峪村渡，又南三十里有郭家塔渡，南四十里有堡於谷渡〔三〕，俱通葭州。　又南十二里有索達安渡，路通陝西吳堡縣。　王官城，在縣東南十八里。　左傳：秦伯伐晉，取王官。　即此。　黃雲山，在縣東北三里。　榆林河出其下，流入黃河。　湫水，在南三里。　西南流入黃河。　黃河，在縣西一百一十八里。

【校勘記】

〔一〕元臨州至仍屬　「臨州」，底本作「臨縣」，川本同，滬本作「臨州」。按元史地理志臨州下云：「元中統二年，仍改臨泉縣，直隸太原府。三年，升爲州。」明史地理志：臨縣，元臨州，「洪武二年降爲縣」。此「縣」爲「州」字之誤，據改。

〔二〕源出縣東北五十里黃龍山下　川本、滬本同。按本書下文云：「黃雲山，在縣東北三里，榆林河出其下。」萬曆山西通志卷五：「榆林河，源出臨縣東北黃雲山下。」紀要卷四二、清統志卷一四四均謂榆林河出黃雲山下。清統志云：「按黃龍山在縣東五十里，黃雲山在縣東北三里，兩山相距甚遠，今榆林河距縣不過五里，則源出黃雲無疑。舊志沿縣志之訛，以黃雲爲黃龍，非是。」本書據舊志、縣志，有誤。

〔三〕堡於谷渡　川本同，滬本「於」作「于」。按紀要卷四二作「堡子峪渡」。疑「於」當作「子」，因與「于」形近而誤。

永寧州　府西南一百七十里。　漢離石。　唐石州。〔旁注〕元石州，屬太原府。本朝因之，省附郭離石縣入州。　編户四十一里。　無同。　城周九里三十步。　隆慶中，以城廣人稀，乃截其東南之半築之，長一千二十丈。　有玉亭、〔旁注〕治東。　青龍、〔旁注〕青龍鎮。　吴城〔旁注〕吴城鎮。　三驛。　青龍渡、〔旁注〕在青龍鎮，州西一百二十里。　赤堅嶺〔旁注〕州北二百里。　二巡檢司。　山僻，民淳，糧完，近邊。　舊爲石州，隆慶年改，自太原改屬。〔眉批〕石州臨縣，山居荒僻，猶隱然有忠信悃愊之意。　土瘠民貧，野曠人稀，其民勤於業農，拙於服賈。　北有方山，南有孟門，黃河帶其西，蘆嶺峙其東。　重山合抱，大川四通。　吕梁山，在州東北一百里，俗名穀積山，與交城接界。　禹貢：治梁及岐。　春秋：梁山崩。　吕氏春秋：龍門未開，吕梁未發〔一〕，河出孟門之上。　皆謂此。〔眉批〕莊子音義：吕梁，司馬云：河水有石絶處也。今西河離石西有此，世謂之黃梁。　北川河，在州西門外。　源出赤堅嶺。　東川河，源出石窟村。合流入黃河。方輿：離石山，今名赤洪嶺。又云：離石水，從方山縣界流入。高歡大破爾朱兆於赤洪嶺，即此水之岸也。〔眉批〕後漢書順帝紀：永和五年，徙西河郡居離石。仙洞山，在州西南五十里〔二〕。又名白馬仙洞。其洞深遠，洞中有澗〔三〕，旱禱即雨。上有龍祠。南山，在州西一百二十里古孟門之南，故名。上有靈泉，自石穴流出，遇旱取水，禱之輒應。上有靈泉寺。官菜園渡，在州西南一百七里黃河東岸〔四〕。

【校勘記】

〔一〕龍門未開呂梁未發　「開」、「發」，底本作「闢」、「鑿」，川本、滬本同，據呂氏春秋愛類改。

〔二〕在州西南五十里　「西南」，川本、滬本同，明統志卷一九作「東北」，萬曆山西通志卷五、圖書集成職方典卷三三七作「東」，此誤。

〔三〕洞中有澗　「澗」，底本作「潤」，川本、滬本同，滬本眉批：「潤，當作龍淵。據紀要改。」按此條敍述與明統志卷一九同，明統志作「洞中有澗」，據改。

〔四〕一百七里　「七」，底本作「十」，川本、滬本同，據萬曆山西通志卷五、圖書集成職方典卷三三八改。

寧鄉縣　州西南五十里。〔旁注〕府西二百二十里。編户十三里。裁減。近邊，僻，簡，民頑，糧欠。自太原改屬。城周五里一百八十步。後周平夷縣，金泰和間改名〔一〕。〔眉批〕

左蟠黑嶺，右跨黃河，泉關扼其南，石峽吭其北。土瘠民貧，俗尚敦樸。卧龍岡，在縣城東阜民坊〔二〕。北自石州界迤邐而東，抵汾州界。盤踞五十餘里。蕉山，〔旁注〕本志無。在縣東南三十里。下有蕉泉水，西流合車轍泉。樓子山〔三〕，在縣東南三十里。其峯重疊，狀類層樓。清水河，源出縣南三十五里。流經永寧州，合赤洪水，入黃河。三交口渡，在縣西一百五十里黃河東岸。

【校勘記】

〔一〕金泰和間改名　「金」，底本作「今」，川本同，據滬本及明統志卷一九、紀要卷四二改。按金史地理志：寧鄉縣，「舊名平夷，明昌六年更名。」此云「泰和間改名」，蓋誤。

〔二〕阜民坊　「坊」，底本作「房」，川本同，據滬本及萬曆山西通志卷五改。

〔三〕樓子山　川本、滬本及萬曆山西通志卷五同，明統志卷一九、紀要卷四二、清統志卷一四四均作「樓子臺山」。

遼州

古名樂平、儀州、遼山。〔旁注〕元屬平陽路。洪武九年，直隸山西布政司。遼山縣附郭，本朝幷入州。編户三十里。裁減。有南關驛。十八盤巡檢司。山僻，地瘠，俗儉。屬冀南道。城周四里三十步。禹貢冀州。〔眉批〕山川險峻，地少平夷。元地理志。面臨漳水，背倚太行。其俗剛悍，樸實無文，務力耕而寡織紡。　箕山，在州東南七十里。山有石室，壁中文字，人莫能識。唐以此山名州。　紫羊山，在州東二十里。　遼陽城，在州北三里。乃顓頊氏之子祝融所築。周圍五里餘。唐武德三年，因近枯河，漲潦而摧。今有祝融廟在內。　平城廢縣，在州境。隋置，屬并州。金廢爲鎮，後復置，改曰儀城。　地居太行絕頂。　遼陽山，在州東三里。　後魏以此山名縣。　漳水，有二源：一自和順縣西儀城，流經州南一里而東；一自和順縣石堠嶺，流經州東七十里而南；至交漳村合流，入潞安府黎城縣界。〔旁注〕漳河有二〔一〕：一出和順縣西一百里八賦嶺，名小漳水，流經榆社縣，合黃花嶺水，至武鄉縣西五里〔二〕，合湼水，至襄垣縣東北三十五里，合濁漳〔三〕。一出榆社縣西北六十里黃花嶺，至縣西南，合儀川河。

黃澤關，在州東南太行山頂。　千畝原，在東南三十里。　平城縣，隋置。金廢爲鎮，後復置，改爲儀城。

【校勘記】

〔一〕漳河有二　底本脱，川本同，據滬本及萬曆山西通志卷五、圖書集成職方典卷三六五補。

〔二〕武鄉縣　「武」，底本作「五」，據川本、滬本及明統志卷二一、萬曆山西通志卷五改。

〔三〕合濁漳　底本作「河水、濁漳」，川本、滬本同。按河水不經此。紀要卷四三武鄉縣：「漳水，源出遼州八賦嶺，流經榆社縣，至縣西五里合湼水，又東南流，至潞安府襄垣縣東北三十五里，入於濁漳。」即本書所述小漳水逕流，此「河水」二字衍，據刪。

榆社縣〔一〕　州西一百里。編户三十二里。裁減。有黄花嶺巡檢司。山僻，簡。城周三里二百步。秀容山，在縣治東南三里。爲縣鎮山。其勢迤邐而西。黄花嶺，在縣西五十里。漳水經其下，西南流入武鄉縣界。馬陵關，在縣西北，即田忌破龐涓處。武鄉水，來自武鄉縣，經縣界，流入和順縣。〔旁注〕源出和順縣西南一百里孫臏坡，南入榆社縣界。箕城，在縣東三十里。唐箕州治此。武鄉廢縣，在縣西北二十里。晉置，屬上黨郡。唐武德三年廢。偃武廢縣，在縣境。唐初置，屬榆州，尋省。古寨，在縣東南二里。高三丈，臨東南俱有澗溝。旁有洞，洞中深暗。自古土人避兵於此。

【校勘記】

〔一〕榆社縣　「社」，底本作「杜」，川本同，據滬本及明統志卷二一、萬曆山西通志卷二、紀要卷四三、明史地理志改。下同。

和順縣　州北九十里。〔旁注〕春秋晉大夫梁餘子食邑〔二〕。編户二十九里。裁減。有八賦嶺巡檢司。僻苦，瘠嗇。舊有黄榆嶺、松子嶺二巡檢司，革。城周二里三百二十二步。〔眉批〕地居絶頂，羣山四圍。合山，在縣東四十里。下有郎君、娘子二泉。九京山，在縣北五〔旁注〕西北五十〔二〕。里。一名九原山。檀弓：趙文子與叔譽觀乎九原。即此。松子嶺，在縣北三十里。嶺極崎嶇。梁榆水〔三〕，源出縣西儀城石堠嶺，流經縣東南，合清漳。水神水，源出縣東七十里涉河谷〔四〕，北流，經樂平縣東南八十里水神谷，合沾水。儀川河，有二源：一出縣東四十里武鄉嶺下；一出縣東北狼兒嶺下，俱經縣東北三景村，合流入漳水。石堠嶺，在縣北四十里。其下漳水出焉。八賦嶺，在縣西一百二十里。兩山對峙若八字，又名八縛嶺。孫臏坡，在縣西一百二十里。山勢盤曲，西接馬陵關道。〔旁注〕世傳孫臏伏兵處。萬水泉，源出縣東六十里合山，東流入漳水。漚麻池，在東北三十里李陽村。石勒嘗與李陽爭此。黄榆嶺關，在縣東太行山頂。和順古城，在縣治東北。與今縣城相倚。垣迹猶存〔五〕。義興廢縣，在縣境。唐初置，尋省。趙王臺，在縣西二里。一山突起，上有臺。相傳趙襄子避暑宫故址。

【校勘記】

〔一〕梁餘子　「餘」，底本作「榆」，川本同，據滬本及左傳閔公二年、明統志卷四二改。

〔二〕西北五十　川本、滬本同。明統志卷二一作「西北五里」，圖書集成職方典卷三六五同，萬曆山西通志卷五作「北五里」，同本書正文，此「五十」誤。

〔三〕梁榆水　「榆」，底本原作「榆」，復改作「餘」，川本、滬本作「餘」。按水經清漳水注、萬曆山西通志卷五、明史地理志、紀要卷四三、清統志卷一五九均作「梁榆水」，據改。

〔四〕源出縣東七十里涉河谷　「十」，底本脱，川本、滬本同，據萬曆山西通志卷五、圖書集成職方典卷三六五補。

〔五〕垣迹猶存　「猶」，川本同，滬本作「微」，同萬曆山西通志卷一四。

沁州

古名義寧。唐改陽城郡。〔旁注〕元屬平陽路。洪武九年，直隸山西布政司。銅鞮縣附郭，本朝省入州。編户五十七里。裁減。有守禦千户所及沁陽馬驛。衝，煩，民貧，僻〔一〕。屬冀南道。城周六里三十步。西臨漳河。禹貢冀州。〔眉批〕居萬山中，其地磽瘠，氣候遲煖而早寒。銅鞮按其前，龜山鎮其後〔二〕。鼉山，在州西二十里。下有池，名鼉池，流入漳河。后泉山，在州西南四十里。山下有水，名后泉水。甲水城，在州北十里〔三〕。本後魏陽城縣。隋開皇十八年，改置甲水縣，後廢。今名甲水村。斷梁城〔四〕，在州東北。下臨深壑，三面絶澗，廣袤二里。見水經注。銅鞮山，在州南四十里。一名紫金山〔五〕。石梯山，在州西南七十里。〔旁注〕水經：銅鞮西有石梯山。護甲山，在西南。涅水出焉。聖鼓山，〔旁注〕嶺。在州東北五里。上有大石，擊之，其聲如鼓。下有水，流入漳河，一名小河。龜山，在西北五里。伏牛山，在西北三十里。銅鞮城，在州南。〔旁注〕四十里。漢縣。〔旁注〕本晉大夫羊舌赤邑。漢爲縣，屬上黨郡。今名故縣村。〔眉批〕左傳成九年：鄭伯如晉，執諸銅鞮。昭二十八年：樂霄爲銅鞮大夫〔六〕。史記絳侯世家：轉攻韓信軍銅鞮。正義曰：括地志云：銅鞮故城在潞州銅鞮縣東十五里。閼與城，在州西北二十里。〔旁注〕史記：趙奢大破秦軍，解閼與之圍。又韓信擒代河夏説〔七〕。即此地。漢地志曰〔八〕：涅有閼與聚，俗呼嗚蘇村。漳河有二：一自伏牛山西谷發源，經州城西南流；一自古甲分水嶺下發源，經武鄉縣東南，流入潞州界。〔旁注〕一出州三十里伏牛山西谷，一出州西北滑山，流至交口，與下廟水合，名西漳河，又名小漳河。俱經州城西二里，合流，經襄垣縣褫亭鎮，至縣西南十里甘村，合入濁漳。駐蹕臺，在州東北一百八十步。宋太宗太平興國四年，征北漢，駐蹕於此，刻石碣曰：「太宗皇帝駐蹕之臺。」

【校勘記】

〔一〕僻　川本同，滬本作「疲」。

〔二〕龜山鎮其後　「龜山」，底本脱「山」字，川本同，滬本作「鼉山」，據明統志卷二一、萬曆山西通志卷二四補「山」字。

〔三〕在州北十里　「十」，川本、滬本及萬曆山西通志卷一四同，明統志卷二一、紀要卷四三作「七十」。

〔四〕斷梁城　底本脱「梁」字，川本同，據滬本及明統志卷二一、萬曆山西通志卷二四補。

〔五〕紫金山　「金」，底本作「荆」，川本同，據滬本及明統志卷二一、萬曆山西通志卷二四改。

〔六〕樂霄　底本作「樂寧」，川本漫漶，據滬本及左傳昭公二十八年改。

〔七〕韓信擒代河夏説　「河」，川本作「和」，滬本無「代河」二字。按史記淮陰侯列傳：「破代兵，禽夏説閼與。」集解引李奇曰：「夏説，代相也。」此處「河」字疑衍，或係「相」字之誤。

〔八〕漢地志　川本、滬本同。續漢書郡國志：「涅有閼與聚。」此「漢地志」爲「續漢志」或「續漢書郡國志」之誤。

沁源縣　州北〔旁注〕西。二百里〔一〕。　編户五十五里。裁減。　有綿上巡檢司。　山僻，土瘠，民貧。　城周二里一百一十九步。　漢穀遠縣。　琴泉山，在縣東六十里。下有靈泉，西流入沁河。　靈空山，在縣東六十里。〔旁注〕下有五龍潭。　靜草蒐山，在縣西北七十里，與靈空山連。勢高風寒，少生草木。　綿山，在北一百里。　沁河，出綿山東谷，流入平陽府岳陽縣界。〔旁注〕其源有二：一出縣西北綿山東谷，南流；一出縣東北馬圈溝，南流；俱至交口村合流，至縣城東，經沁水縣東古端氏縣界，至懷慶濟源縣，入黄河。　青龍河，在東二十里青龍山溝〔二〕，西南流入沁河。　有柴店關。　綿上廢縣，在縣北八十里綿山下。　有介子推廟。　石勒城，有三：一在武鄉縣北原上半里，周四百六十步，晉永嘉末，勒屯兵於此；一在襄垣縣西北九十里城底里，乃勒取上黨積草城也；一在黎城縣東南八十里，周四里六十步，亦勒築以貯糧。俱存遺址。〔旁注〕勒置武鄉郡。

【校勘記】

〔一〕州北二百里　「北」，川本、滬本同。萬曆山西通志卷二作「西」，圖書集成職方典卷三五一：沁源縣，「東北達沁州一百二十里」。明史地理志：沁源縣，「沁州西，少南」。此「北」爲「西」字之誤，注文作「西」，是。

〔二〕在東二十里青龍山溝　底本「在」上旁注「出縣」兩字，川本、滬本同。明統志卷二一、萬曆山西通志卷五、圖書集成職方典卷三五一所載青龍河逕流，略同本書正文，此旁注係後人竄誤，據删。

武鄉縣　州東北六十里。編户四十八里。裁減。有權店驛。〔旁注〕縣西七十五里。權店遞運所。

山瘠，衝，煩。城周三里。鞞山，在縣東北一里。相傳石勒微時，於此聞鞞鐸之音，故名。胡甲山，在縣西北九十里。一名護甲。其山有道，國初置巡檢司。羊徑山，在縣東一百里。東接太行山。爛柯山，在縣西五十里。清谷水〔一〕，水經曰：清水出武鄉縣西，名清谷水。涅水，在西一百里。源出護甲嶺之南，流經縣西五里東段村，入漳河。昂車關〔二〕，在縣北。〔旁注〕西北三里。今廢。漢涅氏縣，〔旁注〕涅城。在縣西七十里。漢涅縣，屬上黨郡〔三〕。今俗呼故城村。本志：五十五里。

【校勘記】

〔一〕清谷水　「清」，底本作「青」，川本、滬本同。按水經濁漳水注：「清谷口水，源出東北長山清谷。」萬曆山西通志卷五作「清谷水」，引水經注文同。據改。下同。

〔二〕昂車關　「昂」，底本作「昻」，川本、滬本及明統志卷二一同。按舊唐書地理志武鄉縣有昂車關。紀要卷四三亦作「昂車關」，並云：「唐置，一作卬車關，亦曰芒車關，聲相近也。」清統志卷一五八同。據改。

〔三〕漢涅氏縣至屬上黨郡　底本「漢涅氏縣」旁注「涅城」二字，川本同，滬本無。「屬上黨郡」下，滬本有「魏書地形志陽城縣有涅城」十一字。按西漢名涅氏縣，載於漢書地理志，東漢名涅縣，載於續漢書郡國志，此處不予區別。

澤州

古名高都、長平。　編户一百七十三里。無判。　隰川、宣寧二郡王同城。　寧山衛。　星軺馬驛。〔旁注〕州南六十里〔一〕。　太行驛。〔旁注〕州治東南。　星軺遞運所。　横望嶺、〔旁注〕州南八十里。　柳樹店二巡檢司。　禹貢冀州。〔旁注〕元屬平陽路。洪武九年，直隸山西布政司。　元晉城縣倚郭。本朝省入州。　民淳，糧完。　屬冀南道。　舊有太行遞運所，萬曆六年革。　磚城周七里三十步。

〔旁注〕藩封：　宣寧王府，代府。　隰川王府，代府。　全有太行之險固，爲河北藩垣。〔眉批〕南倚太行、王屋，西連底柱、析城，羣峯周圍，絶險千里。　〔旁注〕肘京洛而履蒲津，倚太原而跨河朔。　唐杜牧賀平澤潞頌。　河東藩廠〔二〕。唐書。

〔眉批〕近太行之麓，水土深厚，語音辨正，士多文學。

司馬山，在州北一十里。上有晉司馬懿碑。　硖石山，在州東南三十五里。其山兩石拱峙，壁立如門。下有嵌巖，長丈餘，廣倍之。夏秋發暴雨，中罅若雷鳴。　天池嶺，在州東三十七里。其巔石崖壁立如城，南北二石門，中可容千人。昔嘗設寨避兵。　磨盤寨，在州南九十里。太行山，在州南三十里。自此東西一帶諸山，雖各因地立名，皆太行也。〔旁注〕迤邐東北，跨陵川、壺關、潞城、黎城、遼州、和順、武鄉諸州、縣，外亘三省，連綿極遠，隨地異名，析城、王屋即其支也。〔眉批〕范雎説秦王曰：北塹太行之道，則上黨之兵不下。後漢書章帝紀：元和二年三月，北登太行山，至天井關。天井關，在州南太行山頂。白水，源出州南三里湖泓，東南流，合丹水。丹水，在州東北三十里。舊號泫水。源出高平縣北發鳩山〔三〕，東南流，至州，合白水，穿太行山，入沁河。〔旁注〕上黨諸山之水建瓴而下，每暴雨，頃刻漲高二三丈，滾赤土如丹色，故名。漢高都縣，在東三十里。巴公鎮，在州北三十五里。周世宗自將兵禦北漢主，陣於巴公原〔四〕。〔旁注〕親犯矢石，以敗漢兵。即此地。源漳水，在州東北三十里。東流，合丹水。天井溪，源出州南四十五里天井關。北流，注白水。世號北流泉。碗子城，在州南九十里太行山絶頂。今屬〔旁注〕元時屬。懷慶府河内縣。其近羣山迴環，兩崖相夾，中立小城，隱若鐵甕，經行者須扶策徒步。即宋太祖肩石之處。國朝正統間，寧山衛指揮胡剛鑿石平險，以免推車之患〔五〕。

【校勘記】

〔一〕州南六十里　「州」下底本空缺「南」字，川本、滬本同，據寰宇通志卷八一補。

〔二〕河東藩廠　川本、滬本同，滬本眉批：「廠，疑當作蔽。」

〔三〕源出高平縣北發鳩山　川本、滬本同。明史地理志：高平縣，「西北有仙公山，丹水出焉」。明統志卷二一同。

又明史地理志：長子縣，西南有發鳩山，「濁漳水發源於此」。明統志卷二一同。則丹水源出高平縣仙公山，濁漳水源出長子縣發鳩山，此疑誤。後高平縣發鳩山同。

〔四〕陣於巴公原　「陣」，底本作「障」，據川本、滬本及明統志卷二一改。

〔五〕以免推車之患　「推」，川本、滬本及萬曆山西通志卷一四同，紀要卷四三作「摧」。

高平縣　本志：州北九十里。〔旁注〕州志八十三。　漢泫氏縣。〔旁注〕晉大夫趙浣采邑。　編户一百六十一里。無簿。　長平馬驛。〔旁注〕縣北三十里。　喬村驛。〔旁注〕縣南三十里。　城周四里。通志：四里一百五十步。〔眉批〕四面皆山，中有平地，曰高平。方輿勝覽。　秦、晉脣齒，河朔咽喉。題名記。　太行險固，東洛藩垣。郡志。　介於澤、潞之間，三面名山盤踞，河水東流，其中平坦。　其民勤於桑田。　土人嘗自云：高平之地，上有萬條桑〔一〕，下有千張機。　僻，煩，民富。　舊有長平遞運所，萬曆六年革。　羊頭山，在縣北四十里。上有石，狀如羊頭。　神農嘗五穀於此。　發鳩山，在縣北五十里。爲丹水之源。　翠屏山，在縣東北三十里。　空倉山，在縣西南四十五里。相傳秦白起詭運糧置倉於此，以紿趙括。　兩壁高山，中通小徑，爲盜賊劫奪之所。　萬曆三十四年，奏立空倉堡巡檢司，建石城一座，商旅便之。　游仙山，在縣南一十五里。　丹河，即泫水，見州。　頭顱山，在縣西南五里。秦白起坑趙降卒四十萬，築臺於壘中，因山爲臺。　長平關，在縣北。　光狼城，在縣西二十里强營村。史記：白起攻趙，拔光狼城。　長平城，在縣西北三十里。〔旁注〕秦白起破趙處。北齊置長平郡，尋廢。故關城，在縣北二十五里。秦時城，後廢。泫氏，在縣北二〔旁注〕三〔二〕。十里王報村。今名舊縣。〔旁注〕竹書：晉烈公元年，趙獻子城泫氏。蓋州城，在縣東十里米山鎮。唐武德初置，天寶間廢〔三〕。周世宗戰場，在縣南三里横澗橋外，世宗敗北漢主劉崇於此。

【校勘記】

〔一〕上有萬條桑　「條」，川本同，滬本作「株」。

〔二〕三　川本、滬本同，萬曆山西通志卷一四、圖書集成職方典卷三六二作「二十里」，同本書正文，此處注文作「三十」，誤。

〔三〕天寶間廢　川本、滬本同。舊唐書地理志：高平縣，武德元年置蓋州，「貞觀元年廢蓋州」。此云「天寶間廢」，蓋誤。

陽城縣　州西一百里。〔旁注〕州志：九十。編户九十四里。無丞。地僻，煩，俗儉。城周三里一百八十步。〔眉批〕邑北重岡複嶺，横峙曲抱，以南三十里外，則皆山矣。承平民利樵采，有變未免爲逋逃藪。東西通道，坡坂崎嶇，騎僅散行，車輿不至。史山，在縣東北三十里。產鐵。其西五里有金裹谷堆，堆下亦有鐵鑛。羊腸坂，在縣東南四十里。下有棲龍潭。嶕嶢山，在縣西三十里。有濩澤縣故址。南則濩澤出其下。通典曰：嶕嶢山，在濩澤縣。水經注曰：澤水歷嶕嶢山，下與黑嶺水合。　桑林，在縣西南五十里，近析村城〔一〕。世傳成湯禱雨於此。　王屋山，在縣南八十里。其西南跨垣曲縣境。　析城山，在縣西南七十五里。　太行支山。禹貢：底柱、析城，至于王屋。即此。下有神池，其深莫測。世傳與濟瀆通，因建祠。　濩澤，在縣西北十里。　墨子謂舜漁於濩澤，即此。其西白澗嶺下有濩澤泉，東北流，合沁河。　漢濩澤城，在縣西三十里。　漢縣，屬河東郡。唐初，改澤州治。今名澤城村。唐初澤州，尋移端氏。

【校勘記】

〔一〕析村城　川本、滬本同，萬曆山西通志卷一四作「析城山」，此蓋誤。

陵川縣　州志：州東北一百二十里。　編户九十三里。無簿。　城周二里三十二步。〔旁注〕隋析泫氏縣置。　地僻，事簡。　在太行之巔。〔眉批〕介羣山之中，山高土瘠。州志。　城周二里二百二十三〔旁注〕二。步〔一〕。　熊耳山，有二：一在陵川縣東北四十里，一在沁水縣東北一百二十里。　馬武山，在縣東五十里。　漢馬武嘗屯兵於此。　九仙臺，在縣西南六十里古賢山。　周圍相拒三里，高千仞，三面泉流。　蒲水，在西北二十里。〔旁注〕發源聖宮山，西流，南下入於長平。　西流，入丹水〔二〕。　淅水〔三〕，在縣東北四十里。　東流，經壺關縣界，入河南〔旁注〕一作河内。　林縣，注於滏陽。

【校勘記】

〔一〕城周二里二百二十三步　底本「三」下旁注「二」字。川本作「城周二里二百三十步」，無旁注。滬本無此句，但於上文「城周二里三十二步」下夾注「一云二百三十二步」。萬曆山西通志卷二四作「二里一百三十步」，圖書集成職方典卷三五七作「二里二百三十二步」，從圖書集成所記，底本「二十三」爲「三十二」倒誤。

〔二〕蒲水至西流入丹水　川本同，滬本無「西流，南下入於長平」八字，另於「入丹水」句上有「南折」二字。

〔三〕淅水　「淅」，底本作「浙」，川本同，據滬本及紀要卷四三、清統志卷一四五改。

沁水縣　州西二百里。〔旁注〕州志：西北一百七十里。　編户五十四里。無簿。　城周二里一百步。

東烏嶺巡檢司。〔旁注〕縣西北四、五十里。　〔眉批〕山峭厲而水清冽。學璧記。　其地形延廣而袤短，達州治，視諸縣獨遠，然於諸縣中獨爲呰窳，寡積聚。離城百里爲端氏，去邑綿邈〔一〕，頗稱不便云。州志。

民刁，疲。

嵬山，在縣東九十〔旁注〕一百。里。一名隗山。與羣山連綿不斷。

石樓山，在縣〔旁注〕西。南。〔旁注〕里許。下有濯纓泉，流入杏谷水。

杏谷水，源出縣西三十五里陝溝村。流至縣城東，〔旁注〕北，南流〔二〕。與梅谷水合。

梅谷水，源出縣西北三十五里梅谷村，流至縣東，與杏谷水合，經鄭莊村，入沁河。

沁河，在縣東五十里〔三〕。源出沁州沁源縣綿山，經岳陽縣，東流至本縣，南流經懷慶府界，入黄河。

蘆河，在縣西四十里。源出鹿臺山，西流，至陽城縣東十八里，入沁河。〔旁注〕鹿臺山，在縣西南三十里。水經注云：澤水又東，得陽泉水口，出鹿臺山，山上有水，淵而不流。

漢沁水縣，在

西〔旁注〕縣南。三十里。今名故城村。端氏縣，在縣東九十里〔四〕。國朝革。史記：趙、韓、魏三家分晉，封晉君之子於端氏。漢屬河東郡。唐初，徙澤州治此。金分端氏、沁水爲二縣。元并入沁水，以端氏置巡檢司。國朝革。王離城，在縣東北五十六里。秦王離攻趙，據險築此。四面懸絶。馬邑城，在縣東二十里。相傳白起與趙括戰時，牧馬於此。其地峻險，南臨小澗，北距大川，今名馬圈溝。

【校勘記】

〔一〕去邑綿邈　川本同，滬本「去邑」作「古邑」，從上讀。

〔二〕北南流　川本作旁注，繫於本書下文梅谷水條「流至縣東」之「東」字旁，滬本列入梅谷水條正文，作「流至縣東北，南流與杏谷水合」。萬曆山西通志卷五無此注文，疑誤。

〔三〕在縣東五十里　底本、川本無「縣」字，據滬本及明統志卷二一、紀要卷四三補。

〔四〕在縣東九十里　底本脱「東」字，川本同，據滬本及明統志卷二一、紀要卷四三補。

鹽池，用扒遍打，即沉水底。風力滚蕩，逼以烈日，映水視之，如編貝然，顆粒潔白，遂成斗形。歲旱粒細而芒，霖雨過多，日色不烈，則青頭色。諺云：南風生，鹽紅白。若東北、西南風，則塌花不浮，池如沸粥，謂之粥發，其味苦澁，刮棄畦外。俟風轉，别上水種。國朝和氣旁薄，池底淤泥，滋生鹽根，形如水晶，上結鹽板，光潔堅厚，勝載夫役。板上水約三寸，五、六月間，晒以烈日〔一〕，鼓以南風，翻騰浪花，落板即成顆粒，古謂之漫生鹽，今謂之塌花鹽。更時霖小雨，則色愈鮮明，故曰顆鹽，及時撈採。若遇大雨，鹽復解散。秋冬時，池冷地枯，不能生鹽。間或有之，硝鹺相雜，味亦不正。又聞巫咸河水入池，則鹽不生。澮水、湧金二泉，爲幻化鹽花之腴。蓋巫咸水最濁，澮、金二泉清冽而甘，滷脈惡濁喜清，故俗以巫咸水爲無鹹河。　女鹽池，在解州西北七里。據地高阜。唐開元中，置女鹽監於解，時或生鹽，淡苦不可食。水溢生魚，水減生硝，亦名硝池。吞吐姚暹、中條諸谷澎湃之浪，水漲則没民田室廬，或犯禁牆，爲鹽池患。故築硝池堰以殺其勢。　六小池，在女鹽池西北四里。一曰蘇老，二曰賈瓦，三曰金井，四曰熨斗，五曰永小，六曰夾凹。淤泥蔓草，水溢則奔趨女鹽池，爲鹽池患。　苦池，在安邑縣東。　姚暹渠，舊名永豐渠。源出夏縣東北巫咸谷。五里至夏縣南門外，又西五十里至下留村〔二〕，又四十里合苦池水，西流，由三家莊入安邑縣治，穿西城而出，又三十里至張格，又三十里至解州北境，又西六十里至臨晉五姓湖〔三〕，又西達蒲州，入黄河。隋大業間，都水監姚暹因渠水數犯鹽池，鳩工修浚，鹽人德之，乃更今名。嘉靖十五年六月，淫雨水漲，池決安邑三家莊，衝激黑龍堰，浸没南禁牆五十丈，遂犯鹽池。又決解州張格、奔勝、長樂，將犯西禁牆。運使詹瑩請於巡按御史沈鐸，命副使張雲鵬督築黑龍堤岸及禁牆。詹瑩亦督知事段尚絅修築張格堤防，疏渠下流，導水西去。相度渠道，臨晉曾本營以下，渠勢稍高，故水逆行。詹瑩議欲浚渠深至八、九尺，俾水順下。衆謂大工之餘，民不堪命，姑俟暇裕爲之。瑩謂姚暹渠俯瞰鹽池，不啻數丈，自夏縣抵臨晉，繞池而西，不下數百里，一決即無池矣。要害之地，莫此爲甚。若浚深一丈，高因堤防〔四〕，選官巡視，鹽池可以無患。湧金泉，出夏縣牆下村，經流安邑陶村，西入黑龍潭。水極清甘，能滋養滷脈，鹽池得之，則結秀生花，與淡泉並云。巫咸水，出夏縣東五里巫咸谷，西入黑龍潭。濁液淤澱，最妨滷脈。靜林澗，在六小池西南十五里。源出中條山頂，北流經紅臉溝，可溉民田。餘流入臨晉洫水灘。澗東三里有張公泉。此二水，舊築底張堰以障之，不使入女鹽池。胡村澗，在張公泉東五里〔五〕。源出中條山陰。又東五里爲桃花澗，源出中條山頂。又東二里爲小水澗，源出白龍谷。又東一里爲荻子谷水。皆北流入女鹽池。堡子谷水，在大水澗東二里〔六〕。源出中條山，北流入鹽池南溝。金盆水，亦出中條山，趨鹽池南溝，溝水數犯南禁牆，故築金盆堰以防之。又其東有小龍五澗、二郎、三郎諸谷水，皆出中條山陰，北趨禁牆，故築鹽房、常平、西姚三堰以逼殺之〔七〕。長樂灘，在鹽池北七里峨嵋坡陰。周圍二十里。北抵姚暹渠。堤決水潰，即犯長樂、七郎、卓刀諸堰，徑衝西禁牆，直犯鹽池。解城東灘，有數泉，又受北灘以上諸水，切近禁牆，亦遇烈風霪雨，輒潰決，尤爲鹽池要害。故築卓刀堰以殺水勢。解城北灘，西高東下。女鹽池決，則洪濤巨浪，經犯鹽池。故東築永安堰，又東築七郎堰，以殺水勢。東膏腴灘，在長樂灘西北數里。西爲西膏腴灘，又西北十五里爲西辛莊灘。東起賈村，西接臨晉境諸灘。若姚暹堤決，水即南趨女鹽，或湧北灘，爲鹽池患。洗馬灘，在西辛莊北二十五里，東北爲南扶灘，西北爲衛諸灘。衛諸西北十里爲三婁灘〔八〕，東二十里爲羅權灘〔九〕，又北十五里有小張塢灘〔一〇〕。諸灘爲半花鹻地，不可耕，且爲鹽池害。黑龍潭，在安邑縣東南十八里。與鹽池相鄰，深不可測。或曰：鹽池利害，全係此水，故有黑龍堰。唐開元中，嘗於此置龍池宫。黄河，在蒲津門外。禹導河積石，至于龍門。經河津、滎河、臨晉而來，南流至華陰，東折至芮城南二十里，走平陸，至底柱，過孟津等處，爲逆河，入於海。縣北五里有大安池，居民引以溉田，餘流入黄河。西北三十里嫣、汭二水，在歷山下，東西相距二里，南流者爲嫣，北流者爲汭，合流入黄河，即堯釐降二女處。西二十里蒲萄澗，南入黄河。其西北有地皇泉，流經魏文侯故城，合通澤泉，亦可溉田，伏流如沙〔一一〕。少東有龍泉，在古魏城中西北隅。又東北有鹿跑泉，一名靜深泉，在中莊里平地上，清澈見底，大旱不減，霖雨不溢，居民引水溉田。大抵諸水皆黄河之湧溢也。鹿跑泉北三十五里有恭水，源出甘棗山，流入黄河。北二十二里有奧祝泉，在中條山北麓石巖流出。東北三十五里有湼泉〔一二〕，出中條山清涼寺古洞中，南入河。一名湼澤。黄河由平陸南三里東流五十里至砥柱、三門、磧津，達於垣曲。水經云：禹因鑿砥柱山以通河，三川既決，謂之三門。縣北五里有三汊澗，其源出中條山，東、西二溝，流與澗合，故名。可溉田，餘流南入黃河。河東二十里有聖人澗，一名沙澗，發源傅巖，南入黃河。呂氏曰：鹽池之成，亦黃河北自蒲州折而東向，轉曲之間，漸漬蓄匯，有此奧衍。今陝西花馬鹽池，亦近黃河折流之處，恐或然也。故唐博士崔敖曰〔一三〕：鹽池乃黃河陰潛之功，浸淫中條，融爲巨浸。蓋有所見矣。涑水河，在聞喜縣南十餘步。源出絳縣橫嶺山乾洞〔一四〕，伏流盤束地中而復出〔一五〕。西流經縣治南，稍東合甘泉，引爲四渠，曰東外、喬寺、觀底、蔡薛，溉田。西流經夏縣界西三十里，即司馬温公所居地。又西至安邑縣北二十里，又西入猗氏縣境，南入臨晉五姓湖，過蒲州孟盟橋，入黃河。智伯曰「絳水可以灌安邑」〔一六〕，是也。是水舊經解州三婁里〔一七〕，數爲鹽池患。巡鹽御史曾大有導之北去〔一八〕。中條山，在鹽池之南五里。西起蒲州雷首，延袤數百里，迤邐而東，直接太行。南跨芮城、平陸諸縣。北跨臨晉、安邑、夏縣、聞喜。迤西有王官谷。東二十里有靜林寺。又東十五里爲桃花洞。東上八里爲直岔嶺。少東爲荻子谷。又少東爲五龍谷，在解池正南五里。谷口西上，南十里爲橫嶺，即中條山脊，五代漢防宋巡邏之路。又東爲堡子谷。又東爲仙女洞，其中積水成潭，又名黑龍潭。潭東十里爲大虎谷，谷中有將軍堡，堡有鳳凰嘴。嘴西過連雲棧，至橫嶺，有陽闕寨。又東南爲檀道山，其下爲檀道谷，中有盎漿泉，不流而止，路通河南靈寶洹津渡。又東南爲白徑嶺，雙石壁立，左右參天，中不容軌，名石門，即秦敗晉師於石門處，路通陝州大陽渡。又東十五里爲分雲嶺，嶺顛出雲，東西分布，世傳尸鹽澤者也。稍西有風谷洞，若半井，投葉即飛，其風出，則飛沙拔木。其旁又有鹽風洞，洞口若盆，仲夏應候風出，其聲隆隆，俗謂之鹽南風。鹽花得此，一夕成鹽。其上有天井山。又東爲車輞谷，谷有銀沙洞，有禁。又東爲二郎谷。又東爲虞坂，一曰鹽坂，俗名青石槽，在安邑東郭南，即晉荀息假道伐虢處。坂東爲巫咸頂，俗名瑶臺頂。其旁有巫咸谷，谷中有水，名巫咸水。又東十五里爲柳谷，唐陽城隱於此。又東二十里爲鳳皇山。其東爲湯山，上有湯廟，産銅，在聞喜縣南八十里。湯山東爲秦王嶺。又東二十里爲盤盤山，在聞喜縣南五十里。又東二十里爲紫金山、鳳皇原。由東而北，爲峨嵋嶺，高二里，土厚，宜五穀，在聞喜縣東。由北而西，爲玉鈎山，在安邑縣東北二里，狀如玉鈎。又西爲鳴條岡，即湯伐桀之地。北爲峨嵋坡，東自曲沃，西抵黄河，其陽跨聞喜、夏縣、安邑、猗氏、臨晉、滎河。又北爲孤山，下爲安邑之相里〔一九〕。又北爲稷神山，在稷山縣南五十里，上有稷神廟。又南爲紫金山，在池北二十里，舊産人參。峨嵋坡，在池東五里鹽池北岸。逍遥坡，在運城西北四十五里，爲女鹽池北岸。雷首山南迤東三十里，爲舜所耕之歷山，在芮城縣北〔二〇〕。歷山東北三十里爲青龍汭，汭有龍泉洞〔二一〕。東二十里爲甘棗山。甘棗東十里爲石鍾洞，頂懸一石如鍾，水注其下。又東五里爲清涼寺。又東十里爲娥英廟〔二二〕。又東爲虞芮二君祠〔二三〕，下有相讓閒田。又東爲吴山，中條山之支〔二四〕，在平陸縣西北五里。其山高平，上皆民田，南有吴泰伯廟，故名。蓋虞仲受封於此，並記其先泰伯而稱吳耶？東爲傅巖，即傅説隱處。旁有聖人澗。澗東十里爲砥柱峯，又名三門，在黃河中流。其形如柱，高二丈餘，東岸爲磧津，西有禹廟。又東四十里爲箕山，山下有許由冢。清澗在箕山之南，即巢父洗耳處〔二五〕。東北爲王屋山。鹽運司，舊在解州。元至元二十九年，徙於路村，更村名爲聖惠鎮，始築城，周九里十三步。西場鹽仍由池西北隅出解州。國朝雖置鹽運司於路村，東、西兩場各有場門出鹽。成化九年，御史王臣築禁牆後，遂塞古之東、西二場門。路村專利，人甚不便。二十二年，御史吳珍奏復開二場門，乃置西分司於解州〔二六〕。西場由池西南〔二七〕，鹽出解州。東場由池東北，鹽出安邑。並新添中場，由池北，鹽出路村。分司官各照場放支，鹽利均而商賈便。禁門四：一在池北，與運城南門相對，中場鹽車由此出入；一在池東，去安邑縣五里許，東場鹽車由此出入；一在池西，去解州十里許，西場鹽車由此出入；一在池南，近西姚村，僻遠，人迹罕到，其門已塞，止存禁樓。巡檢司三：長樂巡檢司，在城西三十里姚家莊；聖惠巡檢司，在城東二十里；鹽池巡檢司，在池南西姚村。

【校勘記】

〔一〕晒以烈日　「晒」，川本、滬本作「曝」。

〔二〕又西五十里至下留村　「五」，底本脱，川本、滬本同，據利病書卷四八、康熙平陽府志卷一五補。

〔三〕五姓湖　「五」，底本、川本作「王」，據滬本及寰宇通志卷七九、利病書卷四八改。下同。

〔四〕高因堤防　川本、滬本同，「因」，疑當作「固」。

〔五〕在張公泉東五里　底本「泉」下空缺「東」字，川本漫漶，據滬本及利病書卷四八、康熙平陽府志卷五補。

〔六〕大水澗　「水」，底本作「小」，川本、滬本同，據利病書卷四八、康熙平陽府志卷五改。

〔七〕蠶房常平西姚三堰　底本「平」上空缺字，川本、滬本同，據利病書卷四八、清統志卷一五四補「常」字。

〔八〕三婁灘　「三」，底本作「之」，川本、滬本同，據利病書卷四八、康熙平陽府志卷一五改。

〔九〕羅權灘　「權」，川本、滬本同，康熙平陽府志卷一五作「父」。

〔一〇〕又北十五里有小張塢灘　底本「里」下脱「有」字，據川本、滬本及利病書卷四八、康熙平陽府志卷一五補。

〔一一〕伏流如沙　川本同，滬本作「伏地如沙」，利病書卷四八作「伏流入沙」。

〔一二〕洹泉　「洹」，底本作「涇」，川本、滬本同，利病書卷四八作「洹」。明統志卷二〇：「洹泉，在芮城縣東北三十五里。」紀要卷四一：芮城縣，「洹泉，縣東北三十五里。出中條山，南入大河，一名洹澤」。此「涇」爲「洹」字之誤，據改。本條下文「涇澤」改爲「洹澤」。

〔一三〕崔敖　「崔」，底本、川本作「雀」，據滬本及利病書卷四八改。

〔一四〕源出絳縣横嶺山乾洞　「出」，底本作「由」，川本同，據滬本及紀要卷四一改。「絳縣」，底本作「夏縣」，川本、滬本同，據紀要卷四一、清統志卷一五五改。

〔一五〕伏流盤束地中而復出　「復」，底本作「後」，川本同，據滬本及利病書卷四八、紀要卷四一改。

〔一六〕絳水可以灌安邑　川本、滬本及利病書卷四八同。史記魏世家：「汾水可以灌安邑，絳水可以灌平陽。」與此說異。

〔一七〕三婁里　「三」，底本作「之」，川本、滬本同，據利病書卷四八、清統志卷一四〇改。

〔一八〕曾大有　「大」，底本、川本作「火」，據滬本及利病書卷四八、清統志卷一五四改。

〔一九〕相里　底本作「桐里」，川本同，據本書後文解州、滬本及利病書卷四八改。

〔二〇〕芮城　「芮」，底本作「汭」，據川本、滬本及利病書卷四八改。

〔二一〕爲青龍汭汭有龍泉洞　川本、滬本同，本書後文解州另條及利病書卷四八作「爲青龍洞，洞有青龍泉」。

〔二二〕娥英廟　「娥」，底本作「峨」，川本、滬本同，據本書後文解州另條及利病書卷四八、清統志卷一四〇改。

〔二三〕虞芮二君祠　「芮」，底本、川本作「汭」，據本書後文解州另條、滬本及明統志卷二〇、利病書卷四八改。

〔二四〕中條山之支　「之」，底本作「山」，川本同，據本書後文解州另條、滬本及利病書卷四八改。

〔二五〕巢父　底本作「巢義」，川本同，據本書後文另條、滬本及利病書卷四八、清統志卷一五四改。

〔二六〕乃置西分司於解州　「乃」，底本作「及」，川本、滬本同，據利病書卷四八改。

〔二七〕西場由池西南　「西南」，川本、滬本同，利病書卷四八作「西北」。

舜都蒲坂。地記云：蒲州河東縣二里故蒲坂城，舜所都也。城中有舜廟，城外舜宅、舜井及二妃壇。故老傳云：即釐降二女於嬀、汭之所。考之地理志，河東郡東山中有二泉，南流者嬀水，北流者汭水，二水異源，合流出谷，西注河。史記謂舜爲冀州人，耕歷山，漁雷澤，陶河濱。歷山在河東，雷澤在蒲州西南首陽山下，河濱在蒲州河東縣三十里，南去歷山不遠。今懷來、歷城、餘姚皆有舜井、舜祠，誤矣。

禹都安邑，其先崇伯國也。帝王世紀載安邑爲禹都。東坡指掌圖云：夏后氏都在安邑。其陽城爲禹避商均之處，非都也。然亦非今之安邑縣，當在夏縣、安邑之間爲是。舊有夏城，在夏縣西北十五里，乃禹時建都所築，今謂之禹王城。城内有青臺〔一〕，高百尺，立禹廟其上。又湯伐桀鳴條之野。括地志云：出蒲州安邑縣北三十里南坂口，即古鳴條陌也。鳴條戰地在安邑西。

【校勘記】

〔一〕青臺　「青」，底本作「清」，川本、滬本同，據本書後文及寰宇通志卷七九、利病書卷四八、紀要卷四一改。

祖乙初都於相，有河決之害，乃自相遷都於耿。歷祖辛，至陽甲，商道寖衰，耿又圮於河水，乃自耿遷都於亳。據通鑑補注：耿在河津縣，即耿鄉。及考一統志與舊通志，則耿在吉州南。今吉在萬山中，初非建都之所；且傳至盤庚，又有河決之害，以吉州之地觀之，河決之害，豈能及乎？意吉州與河津接境而誤傳之歟？恐當從河津爲是。

河至積石西南，流入塞，數轉折東流，過雲中、西河，又南流過河東，出龍門，又東迴過砥柱，抵洛界。河之入中國也，自北而南。其下龍門，經砥柱也，自西而東。全晉之地，二面帶河，當其一曲，三門、七津，皆禹功次第。累代祭西海、西瀆大河，俱在蒲坂。國朝洪武初，正海嶽之號，廟祀因之。謝琚敕修廟記曰：西海濱在遐荒，去中國極遠，人迹罕至。自唐迄今，望祭於河東之蒲州。神廟與河瀆共垣而中分之，河神居左，海神居右，禮所謂先河而後海也。

大禹浚川之功，惟河爲大，而龍門最艱。夏書言：導河積石，至于龍門。是也。水經曰：河水南出龍門口。玉海曰：梁山之北有龍門山，大禹所鑿。河口廣八十步。尸子曰：昔龍門未鑿，吕梁未闢，河出於孟門之上。慎子曰：河之下龍門，流駛如竹箭，駟馬弗能及。余嘗出河津，登龍門，山嶽徘徊，横出天漢。大河自西北山峽中來，至此，山斷河出，兩壁屹立，巨浪奔濤，日夕衝激，響振巖谷。

底柱，在平陸東界。大河自蒲津西來，至是微折而南，至平陸，東流五十里，至底柱，達於垣曲。禹貢曰：東至于底柱。是也。水經注曰：禹鑿底柱山以通河，河水分流，包山而過，山見水中若柱然，故曰底柱。三穿既決，謂之三門，曰神門、鬼門、人門。蔡氏書傳乃謂三門爲底柱。蓋底柱，三門之中山也。隋書：大業七年，底柱山崩，壅河，逆流數十里。今觀底柱屹然中流，上無土木，而河廣僅如三門，奚有崩摧？疑距河兩岸皆山，當時或崩，人遂誣爲底柱，而舊史書之也。

國初，民無他嗜〔一〕，率尚簡質，中産之家，猶躬薪水之役，積千金者，宫牆服飾，窘若寒素。後則靡然向奢，以儉爲鄙。平陽席采薇之烈，遼、沁處山谷之僻，固未盡改其素。太原、潞、澤，則已漸流於侈矣。若汾州兩府並建，宗支繁衍，常禄所入，輒競紈綺潤屋廬以自多。細民連姻宗貴，轉相倣效，至有以千金爲婦飾者。大同商旅輻輳，貨物踊貴，亦以藩府有世禄之供，將士襲常餼之養，雖曰窮邊絶徼，殆與内郡富庶無異，而浮侈尤甚。昔人有言：山西厥土磽瘠，故民多貧，厥俗勤儉，故用僅足。今地利所出，不及於曩昔，而奢靡之風，乃比於東南，將何以爲繼也？

綾：太原、平陽、潞安三府及汾、澤二州俱出。紬：出潞安府，澤州間有之。帕：平陽、潞安府、澤州俱出，惟蒲州及高平縣米山出者尤佳。鐵：各處多有冶，惟陽城尤廣。青鐵：交城縣有冶，今革。黄鐵：交城、靜樂縣有冶。青鑌鐵：大同府境舊雲内州出。銅：代州鳳游谷及垣曲縣北山俱出。又潞安府臨、興二縣有爐。錫：交城、平陸、陽城俱出。瓷器：霍、吉、隰三州及臨汾、趙城、汾西、岳陽、河津等縣俱有窑〔二〕。

愚觀晉之世霸，恭儉不失，以殷富稱。今物産遠謝昔年，殆風俗奢靡，有以致之。然太原以北，未秋先霜，物早凋瘁；至三關、雲中，則風氣剛烈，五穀之種亦多。禾宜春時布種，虜復非時擾之。一畝之田，一牛之畜，皆與虜共矣，又豈直風俗漸靡使然哉！

【校勘記】

〔一〕民無他嗜　底本作「無民他嗜」，據川本、滬本乙正。

〔二〕霍吉隰三州　「霍」，底本作「雀」，據川本、滬本及明統志卷二〇改。

新唐書宗室李暠傳：檢校太原以北諸軍節度使〔一〕。太原俗爲浮屠法者，死不葬，以尸棄郊飼鳥獸，號其地曰黄阬〔二〕。有狗數百頭，習食胔，頗爲人患，吏不敢禁〔三〕。暠至，遣捕羣狗殺之，申厲禁條，約不再犯，遂革其風。

史記曹相國世家：擊趙相國夏説軍於鄔東。徐廣曰：鄔縣在太原。

吕氏春秋：古龍門未開，吕梁未發，河出孟門，大溢逆流，名曰鴻水。禹乃疏河決江，爲彭蠡之障〔四〕，所活者千八百國，此禹之功也。

首陽山詩：采苓采苓，首陽之巔。論語：伯夷、叔齊餓於首陽之下。史記：伯夷、叔齊，孤竹君之二子，讓國逃去，隱於首陽山，采薇而食之，遂餓死於首陽山。馬融云：首陽山，在河東蒲坂縣華山之北，河曲之中。按夷、齊冢廟在蒲之蒲坂首陽山之南，馬融、顔師古之説同。而高誘以爲洛東南二十里之首陽，杜預、阮籍咸以爲然。即今二山咸有夷、齊冢廟。九域志兩從之。

淮南子注：首陽山，在蒲坂縣南，河曲之中，伯夷所隱。

顏氏家訓：吾嘗從齊主幸并州，自井陘關入上艾縣，東數十里有獵閭村。後百官受馬糧在晉陽東百餘里亢仇城側。並不識二所本是何地，博求古今，皆未能曉。及檢字林、韻集，乃知獵閭是舊巤餘聚，巤音獵。亢仇舊是⿰石曼⿰谷九亭，上音武安反，下音仇。悉屬上艾。時太原王劭欲撰鄉邑記注〔五〕，聞之大喜。

任昉述異記：鹽田，在河東郡。有一大澤，澤中產鹽，引水沃之，則自成，號曰鹽田，取之無盡，不沃則無也。

莊子：孔子觀於呂梁，縣水三十仞，流沫四十里。司馬彪注云：呂梁，河水有石絕處也。今西河離石西有此縣絕，世謂之黃梁。呂氏春秋云云。

禹貢：壺口雷首〔六〕，至于太岳。通考注云：壺口山，在今文成郡吉昌縣。太岳，在今平陽郡霍邑縣，即霍山也。雷首，在今河東郡河東縣。

漢書成帝紀：陽朔二年秋，關東大水，流民欲入函谷、天井、壺口、五阮關者，勿苛留。應劭曰〔七〕：天井在上黨高都，壺口在壺關，五阮在代郡。

隋書：崔賾從登太行山，詔問：何處有羊腸坂？賾對：漢書地理志上黨壺關縣有羊腸坂。帝曰：不是。又答曰：皇甫士安地書云：太原北九十里有羊腸坂。帝曰：是也。因謂牛弘曰〔八〕：崔祖濬所謂問一知二。

淮南子注：今太原晉陽西北九十里，通河西上郡，關曰羊腸坂。

【校勘記】

〔一〕太原　「原」，底本作「平」，川本、滬本同，據本書下文及新唐書李暠傳改。

〔二〕黄阬　「阬」，底本作「阸」，川本、滬本同，據新唐書李暠傳改。

〔三〕吏不敢禁　「吏」，底本作「更」，川本、滬本同，據新唐書李暠傳改。

〔四〕疏河決江爲彭蠡之障　底本「疏河決江」作「決流疏河」，「彭蠡」作「彭澧」，「障」作「漳」，川本、滬本同，據呂氏春秋愛類改。

〔五〕王劭　「劭」，底本作「邵」，川本同，據滬本及顔氏家訓勉學、隋書王劭傳改。

〔六〕壺口　底本作「河口」，川本同，據本書下文、滬本及尚書禹貢改。

〔七〕應劭　「劭」，底本作「邵」，川本同，據滬本及漢書成帝紀顔師古注引應劭曰改。

〔八〕牛弘　「弘」，底本作「泓」，川本、滬本同，據隋書崔頤傳改。

太原　晉水，源出縣西南一十里懸瓮山下。二泉：北曰善利泉，南曰難老泉。疏爲二池：南曰大池，流經奉聖寺前，名流盃池；北曰八角池。分爲三河。其北派，流經北神橋，入安仁、賢輔、古城、金勝等村，爲北河，即智伯遏水以灌城者，名智伯渠；至唐貞觀中，長史李勣架汾水東引，令民汲飲，後名晉渠，今廢。其中派，入大池，流經南神橋〔一〕、晉源都、東莊，爲中河；又一支派名陸堡河，流入大寺等村。其南派，流入索村等處，爲南河。俱總會於清水河，入汾。其北渠，舊引入縣城，通流街衢公館；今渠道俱存，而水不行。晉陽城，在縣北。城即古城南面，唐叔虞始封。又曰：子燮父徙都之所，一名唐城。後智伯引水灌城，不浸者三板，即此城也。晉刺史劉琨展築。其中又有三城：其一曰大明城，董安于所築，北齊於此置大明宫；其一城，東魏靜帝置晉陽宫其内〔二〕，隋更名新城；其一城，開皇十六年築，名倉城。其在汾河東岸曰東城，唐貞觀十一年，長史李勣築。至德宗時，引晉水架汾，瀦爲東隍，以省守埤萬人。又釃汾環城，植柳固堤。建中四年，節度馬燧亦引晉水架汾，至城東爲池。武后時，長史崔神慶以二城隔汾，乃於其間跨水聯堞，合而一之，名曰中城。宋太宗嘗御此城，受劉繼元降，始隳其城。又西面外有羅城，以禦西山之水，俗呼爲長龍城。其近有羅城鎮。〔旁注〕宋史太祖本紀：開寶三年，親征太原，築長堤，壅汾水灌之。太宗本紀〔三〕：太平興國四年五月戊子，以榆次縣爲新并州。乙未，築新城。丙申，幸城北〔四〕，御沙河門樓，盡徙餘民於新城〔五〕，遣使督之。既出，即命縱火。丁酉，以行宫爲平晉寺，廢隆州，隳其城。三角城，在縣西北二十里義井村，一名徒人城，又名提胡城。趙襄子所築，以處刑徒，虞其逃亡，内置却敵，外安龍尾，爲三面，故名三角城。久廢，其址尚存。平晉故城，在縣東北二十里。周圍四里餘，内有故碑，字多剥落，宋永利監在焉。今廢不存。〔旁注〕爾雅：晉有潛丘。注：今在太原晉陽縣。

府志：在太原縣東南八里舊城内〔六〕。相傳宋修惠明寺浮屠，陶土爲瓦用〔七〕。王陵城，在汾水東舊縣東南鄭村，今名黄陵村。晉祠鎮，在縣西南十里。宋舊鎮。

【校勘記】

〔一〕南神橋　「南」，川本、滬本同，萬曆山西通志卷四作「大」。

〔二〕晉陽宫　「宫」，底本作「城」，據川本、滬本及元和志卷一三、嘉靖太原縣志卷一改。

〔三〕太宗本紀　「宗」，底本作「宋」，川本漫漶，滬本作「宋太宗紀」，據宋史太宗紀改。

〔四〕幸城北　「幸」，底本作「辛」，川本漫漶；「幸城北」，滬本作「新城成」，據宋史太宗紀改。

〔五〕盡徙餘民於新城　「徙」，底本作「從」，川本漫漶，據滬本及宋史太宗紀改。

〔六〕在太原縣東南八里舊城内　「東南」，底本作「東西」，川本、滬本同，據嘉靖太原縣志卷一改。

〔七〕陶土爲瓦用　「土」，底本作「工」，川本、滬本同，據嘉靖太原縣志卷一、清統志卷一三六改。

榆次　信都城，在縣東十八里。宋圖經：縣東鄉嘗名信都，今來暮鄉是也。武觀城，在縣西南二十里陳侃村北。一名武館城。水經云：洞渦水至武觀城西北〔一〕。謂此也。晉謂之故郛。今廢無迹。廢臺，在縣東南五十里張平村。土地記云：冉閔爲并州刺史，嘗置臺壁以禦秦。今存。長寧壁，在縣東南二十五里〔二〕，後魏李長寧居此，故名。今長寧寨是也。其東南十里有區堂壁，後魏傅區堂居此，故名。今福堂寨是也。

【校勘記】

〔一〕洞渦水至武觀城西北　「西」，底本作「而」，川本、滬本同。水經洞渦水注：西南流，「逕武觀城西北」。此「而」爲「西」字之誤，據改。

〔二〕二十五里　「五」，底本脱，川本、滬本同，據萬曆山西通志卷一四、圖書集成職方典卷三〇三補。

太谷　〔旁注〕紫金山，在縣東南一百餘里。極高，長約十里。山石多五色，有水泉大池。東巖有銀洞、金寨。西北山梁又有風洞口，面三角。風恒出其中，深不可量。回馬河〔一〕，在縣東南二十五里。源出榆社黃花嶺下，流至縣境，合咸陽谷水，西流經清源、祁縣，注於汾。象谷河，在縣東北二十五里。源出榆社恤張嶺，下過縣，西北流入清源縣界〔二〕。洛漠城，在縣西北十五里。城壕記曰〔三〕：秦王翦伐趙所築。寰宇記謂之蘿摩亭。唐玄宗幸太原，嘗於此置永豐頓，立青城宮。金大定中，改爲登豐，今登豐村是也。咸陽城，在縣西南七里。相傳秦伐趙所築，以咸陽兵戍之，故名。今其地猶名咸陽村。副井城，在縣西南七里副井村側，亦趙戍地。萬年頓，在縣西北十里，舊名龍泉頓。晉陽記曰：唐玄宗開元十年幸此改名。〔旁注〕太原。次龍泉頓。時北都留守杜暹奏〔四〕：龍泉地主姓唐，名萬年。姓符國號，字表天長，請改爲萬年頓。帝從之。今廢。武林堡〔五〕，在縣東南。臨象谷水，有戍。三面石崖，皆唐初置。青城宮，在縣西北，唐玄宗時建。

【校勘記】

〔一〕回馬河　「回」，底本作「四」，川本同，據滬本及明統志卷一九改。

〔二〕西北流入清源縣界　底本脱「縣」字，川本同，據滬本及元和志卷一三補。

〔三〕城壕記曰　川本「記」上缺字空二格，滬本作「□□記曰」，據乾隆太谷縣志卷四補「城壕」二字。

〔四〕北都　「北」，底本作「以」，據滬本及萬曆山西通志卷一四、圖書集成職方典卷三〇三改。舊唐書杜暹傳：開元二十年，「上幸北都，拜暹户部尚書」。

〔五〕武林堡　川本、滬本及萬曆山西通志卷一四、圖書集成職方典卷三〇三同，明統志卷一九、乾隆太谷縣志卷四作「武村堡」。

祁　龍舟水，源出縣東南一百六十里，武鄉縣界胡甲山之西北，名胡甲水。北流出龍舟谷，名龍舟水。龍舟一作隆州。〔旁注〕會合諸泉，轉折西流，經縣北而西入汾，名昌源河。下流多沙土，俗呼沙河。東經本縣昌源水〔一〕，引渠亦名昌源，溉六支等都至賈令鎮南諸鄉村田。西南經平遥縣長壽等村，引渠名長壽。又經侯村，名侯甲水，至介休縣北張南村溉田，流入汾。　通光水，源出縣東南嶺山北上莊東南溝中，流出谷口，益以太谷縣胡城谷水，北流經縣東東管等村，名胡溪河。至西北合昌源河，入汾。　照昭。餘池，在縣東南七里祁城村。周禮所云昭餘祁，即此。世遠涸鹵，元至元十一年，浚得細水爲照餘池，歲溉民田及隍下樹木〔二〕，旁建成湯廟，後池水復涸。祁城有二：一在縣東南十五里，爲古祁氏之邑，今上下故縣二村是也。一在縣東南七里，漢置縣，後魏徙今地，遺迹尚存。　隆舟城，在縣東南三十里團伯鎮，五代時劉繼元築以拒周戍。河東記云：宋太平興國四年春，次隆舟。〔旁注〕州。即此地也。　趙襄子城，在縣西六〔旁注〕北八。里。圖經云趙襄子所築，今爲趙城趙武村，無迹可考。村東有土臺三所，亦云襄子所築。　禿髮城，在縣東北十五〔旁注〕二十。里。相傳爲禿髮烏孤所築。今爲大賈村，遺址不存。　沙村，在縣西五里。相傳爲燕慕容垂所築。

【校勘記】

〔一〕東經本縣昌源水　川本、滬本同。萬曆山西通志卷四：龍舟水，「北流出龍舟，入涺源」。圖書集成職方典卷二九三：胡甲水，「北流經龍舟谷，俗名龍舟水，亦名昌源水」。此疑有誤。

〔二〕歲溉民田及隍下樹木　「及隍」，底本脱，川本、滬本同。明統志卷一九：「元浚鑿得細水溉田及浸隍下樹木。」圖書集成職方典卷二九三：「歲溉民田及隍下樹木。」據補。

清源　陶唐城，在縣東南三、四十里〔一〕。陶唐氏自涿鹿徙居於此。〔旁注〕或云陶唐造曆之所。

俗又謂姚城。涂陽城，在縣東南二十里。晉祁氏邑。魏獻子以知徐吾爲涂水大夫，謂此。遺趾不存，今名屠賈村。梗陽城，在縣南一百二十步，周六里。左傳：晉中行穆子見梗陽之巫皋。即此。〔旁注〕魏獻子分祁氏田爲七縣，以魏戊爲梗陽大夫。史記趙世家：惠文王十一年，秦取梗陽。正義曰：括地志云：梗陽故城在并州清源縣南百二十步。隋初於此置清源縣，分爲南關。

【校勘記】

〔一〕在縣東南三四十里　底本脱「南」字，據川本、滬本及萬曆山西通志卷一四補。按萬曆志作「四十里」。

交城　西谷水，在縣西北。源出龍王嶂山〔一〕，至榆城合文谷水。文谷水，出縣西北狐突山後，流入汾。又出盂縣，經平定州承天山洮水〔二〕。步渾水，出縣西北五十里狐突山前步渾谷，經縣城東流入汾。塔莎水，出縣東北五十里塔莎谷，南流經縣城，東南入汾。孔河，出縣北一百二十里龍樹山，〔旁注〕青崖寨下。南流經板栅屯、馬蘭城〔三〕，〔旁注〕村即馬蘭城，在北九十里。東注於汾。古交城，在縣東北九十里故交村，當孔水、汾水交流之處，故名。隋交城在其西，唐長史王及善徙縣於南山却波村。馬蘭城，在縣北九十里孔河之上。里人謂之馬蘭村。漢、魏、北齊嘗爲牧馬之處。靈川故縣〔四〕，在縣東北七十里。〔旁注〕靈川，唐先天二年分置，開元二年并入。

唐嘗爲縣，後廢。大通鐵冶，在縣西北八十里。舊設都提舉司、鐵冶所、巡檢司，今俱廢。〔旁注〕三交墓〔五〕，在縣西南汾水上。金大定中，汾東岸崩，得古墓，有鼎十餘，鐘磬各數十。鼎大者幾三尺，其中寶物猶存。鐘磬小者僅五寸許，大至三尺，凡十有二。蓋音律之次，後世之制以厚薄，而此以大小。其制度皆周器，非秦、漢以後所作。

【校勘記】

〔一〕龍王嶂山　「嶂」，底本作「暉」，川本同，據本書上文交城縣、滬本及萬曆山西通志卷四改。

〔二〕又出盂縣經平定州承天山洮水　川本同，滬本無此文。按本書上文云：文谷水出交城縣西北，東南流入汾水。既入於汾水，又何以復東出經交城縣之東平定州、盂縣？圖書集成職方典卷二九四：「太谷水，在平定州西北四十里，發源盂縣界南，東流至承天都，合桃水。」又云：桃水，「又名洮水」。則此文乃指太谷水而言，且脱水名，文有舛訛，又錯簡於此。

〔三〕板栅屯馬蘭城　「板栅屯」，川本、滬本同，萬曆山西通志卷四、圖書集成職方典卷二九三無「屯」字。又底本「馬」上衍「蘭」字，川本、滬本同，據本書下文及萬曆山西通志、圖書集成删。

〔四〕靈川故縣　「靈川」，底本作「盧州」，川本、滬本同，據舊唐書地理志、新唐書地理志改。下注文「靈川」，底本作「盧峪」，改同。

〔五〕三交墓　「三」，底本作「班」，川本、滬本同，據明統志卷一九、萬曆山西通志卷一四、圖書集成職方典卷三〇三改。

盂　仇猶城，在縣東北一里。〔旁注〕縣東半里，周圍九里。韓非子曰：智伯欲伐仇猶，道不通行，因鑄大鐘遺之。仇猶大悦，除道而納之。赤章曼伯數諫，不聽，斷轂而馳，仇猶遂亡。城址尚存。

皋牢城，在縣東二〔旁注〕三。十里。〔旁注〕武家山，周圍五里，有遺址存。舊經云：皋牢城在上艾北界。

撫城縣，在縣西一百二十里烏河上川凌井村〔一〕。唐武德三年，改名烏河縣。貞觀元年省，廣明元年廢。遺址存。

【校勘記】

〔一〕凌井村　「凌」，川本及圖書集成職方典卷三〇三同，滬本作「陵」。

靜樂　岑峯山，在縣東五十步。城跨其上，南麓在城内，北麓在城外。石峽山，在縣南。〔旁注〕六十里，有二小山，形如日月，汾水繞之。晉人以屈産之乘，假道於虞，蓋此地。黑風山，在縣西北五里。汾水西。山側有一竅，秋冬出黑風，上有神祠。〔旁注〕每歲三月十八日，有司奉敕祭焉。桃子山，在縣東南五十里。有泉一泓，旱禱即應。〔旁注〕宋宣和初，建祠於上。屹嵯山，〔旁注〕本志無。在縣東北六十里。北接刁胡山，西通磨官谷。〔旁注〕峪。懸鐘山，在縣東七十五里，以狀類。上有石寨，名馬寨。刁胡山，〔旁注〕本志無。在縣東北八十里，從磨官谷入路。臨春山，在縣南一百二十里天池村。其高百丈，下有泉，流入雁門村，注於汾。龍和山，在縣西南一百二十里，樓煩鎮西三十里。峭壁嵯峨。蘆芽山，在縣北一百五十里。其南有神林山，其西南有荷葉平山，俱形勢險峻，迤邐抵岢嵐州界。汾河，源出靜樂縣北，有二：一出縣北管涔山天池，一出林溪山龍眼泉。至支鍋石村合流，至縣北寧化所五里〔旁注〕寧化南四十里〔一〕。禹之孫昌寧公所定，名定河。至縣城西南流，下樓煩鎮，入歷故交〔二〕、陽曲、太原、清源、交城、文水、祁、汾、介休、孝義、靈石、汾西、霍、趙城、洪洞、臨汾、襄陵、太平、絳、稷山、河津、滎河諸州縣界，合入黄河。〔旁注〕文水志曰：河舊從北安都折而西〔三〕，歷河南都入汾陽縣境。萬曆三十九年，河東遷，從縣韓武西都入本境，向東南内林西都入平遥縣境，歷靈石縣，注於黄河。其所經州縣，多引渠灌田。羊兒河，源出縣西五十里鹿徑嶺下，東流入汾。嵐河，在縣西南六十里汾陽都，接嵐縣界，由古石門中流入汾。碾河，源出縣東北一百二十里市子山下，及懸鐘山北七十里馬寨側水，合流經縣南二里，入於汾。監河，源出靜樂縣南一百四十里獨石河村，流至樓煩南，入於汾。天池，在靜樂縣寧化所北一百四十里管涔山，俗名祁連泊〔四〕。池潛通桑乾泉，天旱不涸，陰霖不溢，其下流與汾水合。隋開皇間，建寺池上，至今禱祈有應。池東更有一池，清可鑑物，與天池通。池西有溝，名老馬溝。三堆城，在縣内。有堆阜，因名。隋時所築。林溪鎮城，在縣北一百五十里。世傳隋煬帝避暑之地，因建宮焉。金天會間，改宮爲聖壽寺。天池城，在縣北一百五〔旁注〕六。十里。唐龍紀中，李克用表置天池縣，宋熙寧中省。趙武靈王城，在縣南三里天柱山左臂迤下處。東、南、北俱跨山上，西臨汾水，其城壘猶存。城中有趙王廟，今廢。故鎮城，在縣東六十五里。基址尚存。襄陽城，在縣北九十里，古寧化軍南十八里。遺址微存。樓煩城，在縣南七十里。宋、金置郡、置縣，元省爲巡檢司，國朝因之。今南址尚存，北址水衝矣。

【校勘記】

〔一〕至縣北寧化所五里寧化南四十里　川本同，滬本作「至縣北寧化所南四十里，一云五里」。紀要卷四〇：靜樂縣，汾水「流經寧化所東五里」。此「五里」上蓋脱「東」字。

〔二〕故交　底本脱「交」字，川本、滬本同，據萬曆山西通志卷四補。

〔三〕河舊從北安都折而西　「河」，川本、滬本同。光緒山西通志卷四〇：「汾河，舊由北安都折而西，歷河南都入汾陽境。」此「河」上脱「汾」字。

〔四〕俗名祁連泊　「俗」，底本作「谷」，川本、滬本同，據明統志卷一九、圖書集成職方典卷二九四改。

平定州　〔旁注〕洮水，在州西九十里。出壽陽縣太平谷，東流經州境，至亂柳受南川、嘉水，會石門河、青玉峽，至承天都合澤發水，由石峽東流入冶河〔一〕。故關水，在州東五十里，東流出井陘故關，入冶水。綿水，出綿山東麓，平地湧出，高可丈餘。北流入澤發水。松溪西水，在州東南一百二十里。出樂平松子嶺，繞晉盤山下，北流入冶河。嘉水，出嘉山靈源公祠下龍井旁，流經州城中，出西郊，北流合洮水。　南川水，出七里嶺〔二〕，至亂柳山入洮水〔三〕。　太谷水，在州西北四十里。發源盂縣界，東南流，至承天都合洮水。　郗家泊，在州北八〔旁注〕五。里。　陽勝水，在州南二十五里。源出侯神嶺，東流至南郊村〔四〕，與南川水合。　澤發水，源出州東九十里古承天軍，一名皐漿水，又名畢發水。平地突起，下赴絶澗，縣流千尺，土人謂之水簾洞，即井陘冶河之源也。金趙秉文、元吕介軒俱有懸泉賦，碑在故關隘口。　廣陽城，在州南三十里。古上艾縣，後魏爲石艾縣，唐改爲廣陽縣。至宋，徙治榆關。〔旁注〕廢城基址猶存，今爲寧艾都新城村。　又州西南八十里有古廣陽城，今名廣陽村。　平潭城，在州西北二十五里。遺址略存。世傳以爲趙簡子所築。　賽魚城，在州西三十里。　唐武德八年建爲受州治。貞觀八年州廢，又名廢受州城。　承天軍城，在州東北九十〔旁注〕八十五。里承天山上。妬女祠在焉〔五〕，俗謂娘子關。唐建承天軍，爲太原、恒山之界。後唐莊宗會趙王鎔於承天軍，即此地也。宋太平間廢，今名承天都。　董卓壘，在州東北九十里。〔旁注〕漢董卓爲并州牧，駐兵於此。東有碑刻，唐李諲撰，今剥落不存。

【校勘記】

〔一〕冶河　「冶」，底本作「治」，川本、滬本同，據明統志卷一九、紀要卷四〇改。下同。

〔二〕七里嶺　底本「七」下有「百」字，據川本、滬本及萬曆山西通志卷四删。

〔三〕亂柳山　「山」，川本、滬本同，萬曆山西通志卷四、圖書集成職方典卷三九四作「村」，疑此「山」爲「村」字之誤。

〔四〕南郊村　「南」，底本作「西」，川本、滬本同，據圖書集成職方典卷二九四、清統志卷一四九改。

〔五〕妬女祠　「妬」，底本作「古」，川本、滬本同，明統志卷一九、紀要卷四〇作「妬」。舊唐書狄仁傑傳：「高宗將幸汾陽宮，以仁傑爲知頓使，并州長史李沖玄以道出妬女祠。」此「古」爲「妬」字之誤，據改。

樂平　洞渦水，源出縣西四十里陡泉嶺；至平定州，合浮化水；西流至壽陽縣界，俗呼爲冷泉河，合黑水；經榆次東一十五里合流村，合大涂水；又西五里，合源渦水；又西南流至太原縣北移村王名都，注於汾。五代唐汴人攻太原，營於洞渦。元時，榆次民引爲渠，若王村、張慶村、永康鎮皆賴溉田。又自永康河引至徐溝縣界遼西村，分爲二渠，凡安仁都、偃武村、懷仁村、王郝〔一〕、陳胡村，皆藉灌溉。宋李繼勳等征太原，與北漢戰於洞渦河，大破之，即此地。石甕潭，在縣東七十里東山峽間。上覆巨石，有竅通楊趙水，〔旁注〕楊趙水，在縣東七十里。源出白巖山。北流過皋落山，與沾水合。深不可測。旁建賢王祠。〔旁注〕顯聖祠。禱雨即應。倉角城，在縣南三十里。又名陽豪城。皋落墟，在縣東七十里。古有東山皋落氏之墟，漢置縣，今爲皋落村。又垣曲縣西北七十里亦有皋落里，有古城在焉，名皋落城。春秋時，晉獻公使太子申生伐皋落氏，謂此也。通典曰：垣曲縣東北有王屋山，沇水所出〔二〕。通考曰：皋落即周、召分陝之地。縣界東北六十里有邵原廟與古棠木。

忻州　〔旁注〕通志：九原山，在城西。其仞有九，故名九原，又名九龍岡。忻口諸山，在州北五十五里。〔旁注〕州舊志：忻口山，在州北五十里。山名甚多。踞滹沱曲，〔旁注〕滹沱水曲，山夾路口。鎮堡在焉。程侯山，在州北四十里。程嬰匿孤處。一名金山，有采金穴。〔旁注〕山海經云〔一〕：忻水東歷程侯北。山下舊有采金穴，故謂之金山。石緑洞在山半西南，其深叵測。浮屠山，在州西北四十五里温村，與龍池梁、石佛嵎相連。西南有白龍頭，兩崖石窑險阻，可避兵。龍門山，在州西北五十〔旁注〕四十五。里。〔旁注〕北接雲中山。南接陀羅山。山峯相夾如門，故名。又名白雲山。陀羅山，在州西北五十里。大嶺山，在雲中山西二十里。北連崞縣黄嵬山，西界靜樂。一名蒙寶山。〔旁注〕寶。落霧山，在州西六十里，一名羅霧山。相連有馬鞍、清水等山。五峯山，在州西七十里，陀羅山之西平原。五石峯屹立如指。峯有絶險，可避兵。獨擔山，在州西南二十里。相傳産玉芝、雲母石，又名雲母山。水經云：北俗謂雲母爲土丹，故訛爲獨擔，理或然也。唐貞觀十八年〔二〕，命薛遵度采雲母於此山，封山神爲靈顯王，碑存。後獨擔山，在獨擔山北麓。

【校勘記】

〔一〕王郝　「王」，川本、滬本同，萬曆山西通志卷四作「玉」，未知孰是。

〔二〕沇水所出　「沇」，底本作「流」，川本同，滬本作「沸」，據通典卷一七九改。

〔旁注〕南七里。有泉名玉泉。繫舟山，在州南三十五〔旁注〕二十三。里。靈記云：五臺有四埵，各去臺百二十里。南繫舟山號爲南埵。上有銅環鐵軸，昔帝堯遭水，繫舟於此。今俗謂禹治水繫舟，有石如環軸，曰繫舟嵬。一名小五臺。〔旁注〕五代時，薛雲居此，下有薛雲谷。金元德明隱居讀書於此，趙秉文改曰讀書山。白馬山，在州西南六十里。北連大嶺山，西南界靜樂。〔旁注〕山海經曰：白馬之山，牧馬水出焉。嶽按〔三〕：山海經曰：山陽産玉石，陰産銅鐵。州無之。通志載盂縣有山水同名者，亦東北入滹沱。彼地産鐵，疑經所載指盂也。石嶺關山，在州南四十里，東連繫舟。廣峪山，在州東南二十五里。内有石巖，祀黄堂神，即尹鐸也。七峯山，在廣峪山東。其峯有七。上有龍王寨，絶險可避兵。雲中水，河出雙尖山髮髻尖，合流經横河雲内口，水經云雲内鎮〔四〕；入肆樓城之西，東流經兩截山，〔旁注〕州西北二十里。故肆州，一名肆慮川〔五〕，經州北三十里，東北入滹沱河。〔旁注〕雲中水，府志一名四樓川，又名忻水，與州南牧馬水合，入滹沱河。牧馬水，出白馬山西南，與嵐水合流，經城南七里，東北過定襄，入滹沱河。〔旁注〕按水經云：白馬之山，牧馬水出焉。盂縣亦有此水。嵐水，出西山，流經獨擔山，南入牧馬水。洛陰水〔六〕，在興縣南麻會鎮東南，北流入牧馬河〔七〕。〔旁注〕通志載：經洛陰城北盂縣東北，西流陽曲灣入汾者，非忻之洛陰也。忻水俱北折而東北入真定河，無西南流者。肆州故城，在州西北二十五里河管村東南〔八〕。後魏時建，址存。平寇縣故城，在州東十里故郡都。後周建〔九〕，址湮。北羅城，在州西北五十里西高都村南。址存。忻口故城，在忻口堡西半。址存。〔旁注〕通志：在州北五十里。相傳漢高祖出平城圍，還師駐此而築。今半爲民居，半爲築堡。其水東有貓寨，元時設官兵戍守，今爲避寇之所。　孟良城，在州西北七十里蒲閣寨東。又雲内口東有教場，址存。　六郎城，在州南四十里石嶺關北。宋楊延昭駐兵於此，址存。　美良川，在州西五里。相傳唐太宗與秦瓊戰尉遲恭於此，馳逐跳澗者三，今名三澗溝。　肆慮川，在州西北五十里。又名肆樓川，今俗名四六奇村〔一〇〕，史作肆盧川。　石嶺關，在州南四十里。〔旁注〕石嶺關在山東，與繫舟山相連，南北徑行大路。設巡司，界陽曲縣。巡撫魏公允貞改甃石城，地隘民少。　赤塘關，在州西南五十里路村一都，〔旁注〕馮路川，爲通晉陽西路。東南入省城。右二關，前代皆戍兵，今廢，赤塘僅存址矣。　忻口，在州北五十五里。兩山中夾沱水，實晉陽門户。萬曆二十九年，魏公建議石甃，險峻可守。　雲内口，在州西七十里龍門山北，雲中水所經也。口有岱岳殿碑，載宋孟良常守此口。國朝洪武初，命巡檢朱德亮守之，亦名寨西口。西自蒲閣寨通靜樂、岢嵐、石、隰等路，北自沙溝寨通寧化、寧武等邊。嘉靖三十一年，裁革巡檢司。三十四年九月，虜自寧化等處寇郡，由此北出，實爲要地。　忻，在春秋爲晉地，以西來岡勢逶迤者九，故名九原。漢爲太原陽曲縣地。東漢末，西羌大擾，居民流徙，此地遂空。建安中，曹操驅集寨下流民聚九原界，置新興郡，統九原、定襄、雲中、雁門等縣，治九原。晉改爲晉昌郡。後魏置肆州秀容縣。周又置平寇縣，移肆州於雁門。隋初復立新興郡及雲州銅川縣，尋廢郡及平寇縣，止存雲州，領秀容、銅川二縣。開皇十八年，始改爲忻州。大業四年，廢州及銅川縣，止存秀容，屬樓煩郡。唐初復名新興郡，領秀容。武德元年，復爲忻州。四年，析秀容置定襄縣。貞觀五年，又置懷化縣於境北處思結部落，尋廢。天寶初，改定襄郡。乾元初，復爲州，屬太原府。五代因之。宋置團練使。金復爲定襄郡，置刺史，屬河東北路。元初改爲九原府，置宣撫司，尋復爲忻州，領秀容、定襄縣。國朝因之，以秀容幷入，止領定襄一縣。舊隸冀寧道，萬曆二十一年，改隸寧武道。

【校勘記】

〔一〕山海經　川本、滬本同。按本書下文記忻水云云，不載於山海經。寰宇記卷四二忻州秀容縣：「程侯山，一名金山，在縣西北三十里。水經注云：忻水東歷程侯山北，山甚層鋭，其下舊有采金處，俗謂之金山。」新定九域志卷四忻州：「金穴，水經注云，程侯北山下有采金穴。」此「山海經」爲「水經注」之誤。

〔二〕唐貞觀十八年　底本「年」下有「中」字，川本、滬本同。寰宇記卷四二忻州：雲母山，「唐貞觀十八年，敕使薛遵度采雲母、玉芝於此山」。此「中」字衍，據删。

〔三〕嶽按　川本、滬本同，滬本眉批：「嶽字疑衍。」

〔四〕水經云雲内鎮　川本、滬本同，按今本水經注無此文。下牧馬水引水經云「白馬之山，牧馬水出焉」同。

〔五〕故肆州一名肆慮川　川本同，滬本作「故肆州，故名肆樓川，俗呼肆慮川者，語之訛也。」

〔六〕洛陰水　「陰」，底本作「陽」，據川本、滬本及明統志卷一九、紀要卷四〇改。下同。

〔七〕在興縣南麻會鎮東南北流入牧馬河　川本、滬本同。光緒山西通志卷四三引忻州志：「洛陰水，出鬧溝、朱家溝、柳林溝，合流經麻會鎮東南，北流入牧馬河。」則洛陰水源出忻州南，經由州南麻會鎮，北流入牧馬河，此「興縣」爲「忻州」之誤。

〔八〕河管村東南　底本「河」下有「館」字，川本同，據滬本及清統志卷一五〇刪。

〔九〕後周建　川本、滬本同，圖書集成職方典卷三〇三作「後周廢」，此「建」蓋爲「廢」字之誤。

〔一〇〕四六奇村　川本同，滬本無「奇」字。

代州　〔旁注〕舊唐書裴行儉傳：頓軍於代州之陘口〔一〕。

雁門山，在州東北三十五里。雁出其門，故名。一名雁門寨。其東有過雁峯，巍然特高。其北與應州龍首山相望。山下有水，東南流，經州城外東關，名東關水，合入滹沱。代谷。梅福曰：代谷者，恒山在其南，北寨在其北，上谷在東，代郡在西，是其地也。水經謂近祁夷水火澤〔二〕。鳳凰山〔三〕，在州南三十里。相傳隋仁壽二年鳳見此。又名嘉瑞山〔四〕。〔旁注〕本志：拓拔珪時，鳳見山，左右有天柱、玉案、玉女、會仙四峯。唐孫思邈、宋休休子嘗棲焉。

三里河，在州西南三里，故名。源出三里村，經西關，南流入滹沱。七里河，〔旁注〕本志作柳村河。在州西七里。源出上田都，經七里堡，南流入滹沱。羊頭神河二，在州西一〔旁注〕二。十里。一自黑龍池發源，流經羊頭神之東，曰東河。一自黃龍池發源，流經羊頭神之西〔五〕，曰西河。俱南流入滹沱。谷〔旁注〕峪。口河，在州東南五十里。自五臺縣楊林嶺發源，流經谷〔旁注〕峪。口村，故名。居民多引溉田。九龍河，在州西北三十五里，南流合滹沱。〔旁注〕西峨河，在州西南十里許。源出荆山，北流入於滹水。廣武故城有二。一在州西十五里，在句注陘南口之南，秦縣〔六〕，屬雁門郡。高祖械繫婁敬於廣武，即此。〔旁注〕隋避煬帝諱，因改爲雁門。見下。後魏自此移置於上館城，〔旁注〕今廢。一名古雁門城，〔旁注〕又見下。即雁門故縣也。〔旁注〕在州西北四十里。漢廣武縣，隋改雁門，有東西陘二關，今廢。一在馬邑縣南八十里。韓王信與匈奴屯廣武以南，漢兵大破之，即此。漢置縣，屬太原郡。〔旁注〕平城廢縣，在雁門縣之西。漢名樓煩，在州西三十五里，即古樓煩邑。葦州。十三州記曰：代郡故城。盧植説：初置築時，方就板幹，自移西南五十里大澤中〔七〕，自設結葦爲九門，於是就以爲城，周旋七里〔八〕。今飛狐縣界上是。雁門廢縣，在州北四十里。本漢廣武縣，隋避諱，改雁門。有東陘西陘二關，元省。〔旁注〕通阜監〔九〕，在州城中。金世宗鑄錢於此。今改太僕寺。豹突泉，在州北四十里雁門關西門外。平地湧出，其勢雄猛。北流出塞口，入桑乾河。〔旁注〕晉王李克用墓，在州西八里柏林寺側。殺子谷，在州東北二十里。秦太子扶蘇死於此。

【校勘記】

〔一〕頓軍於代州之陘口　「陘」，底本作「隘」，據川本、滬本及舊唐書裴行儉傳改。

〔二〕水經謂近祁夷水火澤　川本、滬本同。水經㶟水注：「祁夷水又東北，熱水注之。水出綾羅澤，澤際有熱水亭。」此「火澤」爲「綾羅澤」或「熱澤」之誤。

〔三〕鳳凰山　「凰」，底本作「皇」，川本同，據滬本及萬曆山西通志卷四改。

〔四〕嘉瑞山　「山」，底本作「關」，川本同，據滬本及萬曆山西通志卷四、圖書集成職方典卷二九四改。

〔五〕流經羊頭神之東至流經羊頭神之西　二「神」字，川本、滬本同，萬曆山西通志卷四作「城」，未知孰是。

〔六〕在句注陘南口之南秦縣　底本作「陘口於南漢置縣」，川本、滬本同，據明統志卷一九、紀要卷四〇改。

〔七〕自移西南五十里大澤中　底本「澤」下衍「門」字，川本同，據滬本及晉十三州記刪。

〔八〕周旋七里　底本脱「周」字，川本、滬本同，據晉十三州記補。

〔九〕通阜監　川本、滬本同。金史食貨志：大定二十年，「名代州監曰阜通」。按作「阜通」是。

五臺　中臺，高四十〔旁注〕三十九。里。頂平廣，周六〔旁注〕五。里。〔旁注〕與西、北二臺接。有五溪發源，一溪左注清河，三溪右由西臺下出峨口，入滹沱。水經云：峨谷之水，出於中臺〔一〕。即此也。臺上西北隅，水深丈餘，古今見者，深淺不定。　萬年冰〔二〕，臺東麓有冰數丈，經夏不消。　臺東南支山，今稱菩薩頂。頂西北有太華池，取水禱雨輒應。正東左畔去臺五里有雨花池〔三〕，前三十里有飯仙山〔四〕，即中臺案也。　東南有鷲峯，西側有甘露池。　東臺，高三十八里。頂平廣，周三里。〔旁注〕東溪之水，北注滹沱。支山東南延四十里，入阜平縣界，西北延二十里，入繁峙縣界。　龍泉關在臺東南六十里。關之東即直隸，關之西即山西。頂東畔有那羅延洞，僅容人身側入。洞中風寒，盛夏有冰，內雲霞或燈光時出。又東有樓觀谷，内有習觀巖。西北去臺十五里有華巖嶺、仙人洞。東南嶺畔二十里有明月池，〔旁注〕臺西南。人傳以紗帛障目下睹，或見月在水中〔五〕。〔旁注〕昔人晦夜見皎月燈池。西南有青峯，一名大羅頂。南連望聖臺。〔旁注〕大會谷在臺東，衆溪交會，滹沱之源出此。臺下有東谷池。西南石上有羅侯顯迹，又有善財庵。又東去臺有温湯池、温泉寺。〔旁注〕臺東南七十里。西臺，高三十五里。頂平廣，周二里。〔旁注〕支山西北延四十里，至繁峙縣界。頂上有魏孝文帝人馬迹。〔旁注〕石上印文如人馬足迹，俗以爲魏帝至此。北有秘魔巖洞，天陰，中有聲如風。西嶺畔有薩埵崖〔六〕、捐身崖。〔旁注〕秘魔之西。去臺西北有八功德水，東北下有文殊洗鉢池。〔旁注〕臺東北谷。南臺，高三十七里。頂平廣，〔旁注〕若覆盂。周二〔旁注〕一。里。〔旁注〕支山南延六十里，至嶺巖寺。南去七十里麓畔有聖僧巖，〔旁注〕臺南七十里。又名滴水巖。西南二十里西崖畔有三賢巖，又名七佛庵。東三十里交口下有聖鐘山，狀如覆鐘。〔旁注〕臺南八十里。西北一十五里有清涼嶺，嶺西北有清涼泉，上有羅漢洞。東北有竹嶺。東南十里有金閣嶺。北臺，高四十里〔七〕。頂平廣，周三〔旁注〕四。里，名掖〔旁注〕叶。斗峯。〔旁注〕支山北延四十里，至繁峙縣川前，有衆溪發源，注清河。頂南畔有羅侯臺，臺頂有黑龍池，即天井。〔旁注〕亦名金井池，池側有龍王祠。南下二十里有白水池，與天井連。〔旁注〕樓觀谷後。其泉若乳，山人多取洗眼。其水經繁峙縣峨谷口入滹沱。其麓有七佛池，南又有飲牛池。東北有寶陀峯，又名寶山，產銀、石碌，又產天花菜。東北二臺麓有金剛窟，〔旁注〕在樓觀谷左崖。又名曰金剛洞，去二臺各二十里。

昔佛陀波利入此不出。〔旁注〕品字泉，在泰戲山〔八〕，即滹沱源。西流由北臺之陰，諸溪競注，過繁峙城北，經代州、五臺、忻州、定襄、盂縣，入真定、平山，在繞臺山三面〔九〕。慮虒水〔一〇〕，源出縣西北一十五里王村。流環東南，又名縣河，與縣東北虒陽河合清水河，入滹沱。〔旁注〕本志：發源大王村石板山下，流至黃松坪，與清水河合。天順間，知州李華令民引渠〔一一〕，名曰豐樂，自本村東流，至六安都溉田。泉巖河，在縣西北三十里泉巖村。平地發源，流至東冶村，入滹沱河。虒陽河，在縣東四十里。平地發源，流經獨擔山下，入清水河。〔旁注〕本志：發源小虒陽平地，流至河口村，與清水河合。清水河有二〔一二〕：一源出縣東北一百六十里華巖嶺，西南流經梵仙山下〔一三〕，過石角〔一四〕，合虒陽河、慮虒水，入滹沱。〔旁注〕本志：發源五臺山華巖之麓，流至河門口，與滹沱河合。一源出嵐縣北五十里雙松山，流經樓煩鎮界，八十里入汾。虒慮城，在縣南。漢置縣，屬太原郡。西晉末，南單于鐵佛劉武居於新興虒慮之地，即此。張公城，在縣北五里。十六國時，石勒將張平所築。有碑剥落。清涼寺，在縣東北八十里。清巖嶺，置僧會司。大顯通寺，在縣東北一百二十里。〔旁注〕清涼山志：東臺〔一五〕：那羅延窟，見上。笠子塔，臺頂。觀音坪，北麓一里許。華巖谷，西北。棗林，東北。五王城，東北數十里。天城，五王城側。大會谷，上。華林，東南一十里。温湯泉，上。馬跑泉，東南六十餘里。龍泉關，上。舊路嶺，東南五十餘里。棲賢谷，西南。觀音洞，棲賢谷口。化竹林，西南二十里支山〔一六〕。青峯、化竹林南，今名大螺頂。現聖臺，青峯南。明月池，上。石佛嶺，明月池南二十里。南臺：仙花山，即南臺之山名。普賢塔，古南臺南二里。石罅神龜二，俱在仙花山南半麓。石城，南二十里，四山峭壁若城。白龍城，東南麓。插箭嶺，東二十里。萬本平，中臺南四十里。龍宫聖堆，近娑婆寺。聖鐘山，上。聖鐘崖，上。中臺：右竹林，西南三十里。虒陽嶺，西南三十餘里，虒陽河發源於此。志公洞，西南四十里，清涼石南。法華洞，志公洞前。七佛洞，西南二十里。千佛洞，東北崖。金閣嶺，西北。天盆谷，金閣之左，山若仰盆。蛇溝，天盆北，舊名車溝，若車箱形。海螺城。天盆之東。西臺：魏帝人馬迹，上。八功德水，臺北。二聖對譚石，獅子踪，對譚石下。牛心石，東。文殊洗鉢池，上。鳥門，臺西北隅。龍窟，西半麓。石門，西南谷中。李牛谷，西北三十里。禪堂溝，西北。峨谷，西五十餘里。板魔巖，西四十餘里。龍洞，石拓魔巖。薩埵崖，上。香山。中西二臺之間。北臺：黑龍池，上。説法臺，東。隱峯塔，生陷獄，後半麓。羅漢臺，上之次東一級平臺。華巖嶺，臺之東南二臺之間。樓觀谷，東南二十餘里。金剛窟，上。白水池，上。玉泉，樓觀谷口。紫霞谷，臺南。龍門，南麓。金沙泉，龍門之側。九女泉，臺後七里。藏真谷，臺西北。大黄尖，北二十里。卓錫泉，文岫山，西北四十餘里。寶陀山，北四十里。泰戲山，東北七十里。山海經。品字泉。上。中臺：靈鷲峯，上。甘露泉，峯右。大寶塔，靈鷲之前。五峯之中，清涼第一勝境。佛足碑，大塔左。文殊髮塔，大塔東。般若泉，大塔前左。鳳林谷，臺東南谷。西天洞，鳳林谷北嶺。梵仙山，東南三十里。井溝，梵仙山西。楊柏谷，井溝南。九龍岡，臺南。令公塔，在九龍岡。宋楊業戰死於五郎收骨建塔（一七）。竹林舍利塔，臺南竹林寺。清涼谷，南四十餘里。清涼石，谷西畔。清涼泉，谷北巖。羅漢洞，清涼寺北巖。清涼橋，臺南溪上。萬年冰，上。寒山石，東南三里。玉花池，東南麓。伽藍溝，西北。萬聖澡浴池，中北二臺之間。太華池，上。祈光塔，西南隅，臺中舍利塔（一八）。獅子窩。西南嶺。清涼山志又云：古志以大黄尖爲北臺，叶斗峯爲中臺，翠巖峯爲南臺，則一山連屬。後以錦繡峯雲瑞顯彰，且與四峯鼎立，故定以爲南臺，則翠巖居中，叶斗爲北矣。況大黄尖乃叶斗支山，比之叶斗，殆若培塿，固不足以當五峯之列。監谷傳以中臺，高於北臺者，則誤以古當今也。滹沱河，源出繁峙縣東泰戲山，即孤山。列如品字，名三泉。西南流三里，至故福都合玉斗泉，亦名青龍泉。西流數里，合三泉都之三泉，亦列如品字。又西流至沙磵東，合北樓口水，又西流至新興村〔一九〕，合華巖嶺水，至縣城北，經代州、崞縣、五臺、忻州、定襄、盂縣入真定府平山縣界。所經州縣，居人多引渠溉田。

【校勘記】

〔一〕水經云峨谷之水出於中臺　川本、滬本同。按今本水經注無此文，清趙一清據唐、宋總志所引酈道元書原文，增補已散佚的滹沱水亦無此文。

〔二〕萬年冰　川本同，滬本「萬」上有「有」字。

〔三〕正東左畔去臺五里有雨花池　「去臺」，底本作「五臺」，川本同，滬本作「五十」，據萬曆山西通志卷四、方輿考證卷二二引名勝志改。

〔四〕飯仙山　川本、滬本同，滬本眉批：「飯，一作梵，下文可證。」按萬曆山西通志卷四、圖書集成職方典卷二九四作「飯仙山」，光緒山西通志卷三五作「梵仙山」。

〔五〕或見月在水中　底本脱「月」字，據川本、滬本及萬曆山西通志卷四補。

〔六〕薩埵崖　「埵」，底本作「捶」，川本、滬本同，據本書下文及康熙五臺縣志卷二、圖書集成職方典卷二九四、光緒山西通志卷三五改。

〔七〕高四十里　「四十」，川本、滬本同，萬曆山西通志卷四、康熙五臺縣志卷二、圖書集成職方典卷二九四作「三十八」，此蓋誤。

〔八〕泰戲山　「泰」，底本作「秦」，川本同，據滬本及紀要卷四〇改。下同。

〔九〕在繞臺山三面　川本同，滬本無「在」字。按「在」字疑衍。

〔一〇〕慮虒水　「虒」，底本作「虎」，川本同，據滬本及萬曆山西通志卷四、康熙五臺縣志卷二改。

〔一一〕知州李華　「華」，底本作「革」，川本、滬本同，據康熙五臺縣志卷二、紀要卷四〇改。

〔一二〕清水河有二　川本同，滬本「河」下有「源」字。按「河」下疑脱「源」字。

〔一三〕西南流經梵仙山下　「梵」，底本作「麓」，川本、滬本同，據本書下文及萬曆山西通志卷四、光緒山西通志卷三五改。

〔一四〕石角　川本、滬本及萬曆山西通志卷四同，康熙五臺縣志卷二、清統志卷一五一作「石觜」，光緒山西通志卷四三同。

〔一五〕清涼山志東臺　底本脱此六字，據川本、滬本補。

〔一六〕西南二十里支山　底本缺「支」字，川本同，據滬本補。

〔一七〕宋楊業戰死於五郎收骨建塔　川本同，滬本「於」下有「此」字。

〔一八〕臺中舍利塔　川本同，滬本「中」下有「有」字。

〔一九〕合北樓口水又西流至新興村　「合」，底本作「今」，川本、滬本同；「北樓口水又西流至新」九字，底本缺，川本、滬本同，並據萬曆山西通志卷四改補。

繁峙　華巖嶺水，在縣東南一百里，西北入滹沱河。　黑龍池，在縣東南九十里半山中，暗然若墨。西流三十里入巖頭河，經海子村等處，北流與滹沱河合。　峨河，在縣西二十里。發源本縣黑龍池，經巖頭、庵頭等村，十五里西出峨口。　平刑關，本瓶形。縣東北一百四十里，接靈丘縣界。通京孔道，前設巡檢司。嘉靖十九年，設守備一員，領軍五百把守。　平刑嶺口，去關城三里，近修城垣。　團城子口，在縣東北一百十二里，接渾源州界，近修築邊城。　太安嶺口，在縣東北一百十里，通渾源界。嘉靖十六年，達賊從磁窑口入，搶掠至三泉村，由舊路回。此三晉要地，近築邊牆。　葫蘆頭口，在縣東北一百里，亦衝要之口，近修築邊牆。　凌雲口，在縣東北八十里，近修邊城。　北樓口，在縣東北一百一十里，接應州界。前設巡檢，今革者〔二〇〕。嘉靖十五年八月，達賊從盤道梁入，搶掠至冶口村回。二十三年〔二一〕，添設遊擊。二十六年，又設守備防禦。今改遊擊爲參將，領兵三千守禦。　小石口，在縣東北四十里，接應州界。嘉靖九年，達賊從大小石口入，搶掠至新興等村，由舊路回。近設守備一員。　茹越口，在縣北十里，〔旁注〕茹越山，在縣北十里。通應州界。前設巡檢司，今革。正德十二年，達賊從嶹峪口入，至馬蘭前口回。近修小邊牆。馬蘭口，在縣西北二十里，通山陰縣界。正德十二年，達賊從三門山入，搶至本縣回。嘉靖二十年，從代州掠歸。三十七年，屢從本口入，知縣王三益斬獲酋首一級。大石口，在縣東北五十里，接應州界。〔旁注〕北史魏毗陵王順傳：賀力眷等聚衆作亂於陰館，順討之，不克。乃自白登南入繁峙故城，阻㶟水爲固，以寧人心。繁峙界南、北二山之中，北控十口，南連五臺。十口舊在山前，今在山後，謂之後口，實全晉咽喉也。嘉靖三十三年，設平刑關守備一員總領之。至三十六年，北樓新設守備一員，分淩雲迤西六口屬之，而平刑止隸其四。西北樓舊有遊擊一員〔三〕，領兵三千，以備宣大三關調遣。後蒙巡撫魏□改爲參將，專備入援，總管十口。其地延袤三百餘里，村莊百餘座，舊晉、代二藩爭占爲莊，至動兵革，後皆勘革還林，謂之禁山。林木封植，爲山西籬藩。十口形勢，大石、小石、茹越、馬蘭爲最衝，賊入數次；北樓、淩雲次之。平刑四口，皆總於長柴嶺、磁窑口，若二處不守，則四口皆不足恃矣。其南五臺一帶，本縣居民甚少，舊時多係四野流民，自行開墾，遂爲村落，亡命不逞之淵藪也。往往爲他郡豪右及振武衛官侵爲己業。間有不得其平者，則投獻王府。邇來礦徒交集，尤爲隱憂。山内有峨口、南峪口、白坡頭三路，皆可通龍泉關，至北直隸地方。舊沿途添設錢糧，以爲入援之備。然道路紆迴數百里，恐緩不及事。大抵縣治十八里〔四〕，而東西南北周圍數百里，軍民雜處，地方窵遠，最爲難治。有志化理者，宜於此加意焉。　通志：泰戲山以五峯獨立於平川之内〔五〕，又名大孤山。其東又有小孤山。

【校勘記】

〔一〕今革者　川本、滬本無「者」字。按「者」字疑衍。

〔二〕二十三年　「二」，底本作「三」，川本同，據滬本改。

〔三〕西北樓舊有遊擊一員　川本、滬本無「西」字。按「西」字疑衍。

〔四〕大抵縣治十八里　川本、滬本「治」下有「雖」字，底本疑脱「雖」字。

〔五〕泰戲山　「泰」，底本作「秦」，川本同，據滬本及紀要卷四〇改。

岢嵐州

武州城，在州東一百一十里〔一〕，朔州西一百五十里。周圍五百二十步〔二〕。本趙武州塞，漢爲雁門郡武州縣，晉改縣曰新城，遼、金爲武州，治寧遠縣。漢書：武帝誘匈奴入武州塞。即此。國朝洪武初仍置州，隸大同府，後革。今城見存，爲鎮西衛北流堡〔三〕。

【校勘記】

〔一〕在州東一百一十里　「東」，底本脱，川本同，據圖書集成職方典卷三〇三補。滬本作「西」，誤。

〔二〕周圍五百二十步　「五百二十」，川本、滬本同，萬曆山西通志卷一四作「五里二百」，疑此誤。

〔三〕北流堡　川本、滬本同，萬曆山西通志卷一四、圖書集成職方典卷三〇三作「屯留堡」，此蓋誤。

興　合河廢縣。通考曰：唐合河縣，以蔚汾、嵐漪二水西與黄河合，因以爲名。在縣西北六十里。唐貞觀中置，至宋廢。〔旁注〕元豐中遷今治，改名蔚汾〔一〕。金興定二年改興州。城址尚存。

【校勘記】

〔一〕元豐中遷今治改名蔚汾　川本、滬本同。紀要卷四〇興縣：「合河城，縣西北六十里，唐縣治此。宋元豐中徙治蔚汾水北，即今治也。」清統志卷一三六引舊志：「宋元豐中徙治蔚汾水北。」則非改名「蔚汾」，此文舛誤。

保德州　舊芭州，在州境黄河西北，今沙漠地。故城址磑磨猶存。〔旁注〕蘇武廟、李陵碑在焉。今保德人大都皆芭州磑臼、窟它村人徙居於此。元初置此州，後省入保德。水寨，在州東北二十里義門村黄河中流，巋然屹立，高二十八丈，周圍二十八丈。元史：至元二十四年十一月，弛太原保德河魚禁。

寧武守禦千户所　在寧武關。弘治十一年建。城周七里一百二十步。人性愚魯，尚射獵。

偏頭守禦千户所　在偏頭關。成化十一年建。城周九里八步。地多沙陡，人尚强梁，從軍者衆，其風奢靡。

八角守禦千户所〔一〕在偏頭關東南九十里。嘉靖三年建。城周一百五十四丈〔二〕。

老營守禦千户所　在偏頭關東北九十里。嘉靖十五年建。城周九百九丈八尺。鄙樸少禮，習兵好射。

【校勘記】

〔一〕八角守禦千户所　「八角」，底本作「八伯」，川本同，滬本作「八百」。清統志卷一四七：「城樓八座，故名。」據萬曆山西通志卷二四、紀要卷四〇改。

〔二〕城周一百五十四丈　「一百」，川本、滬本作「六里」，圖書集成職方典卷二九六作「九百九丈八尺」，疑此誤。

巡撫耿如杞疏〔一〕：寧武西山，林木茂密，綿亘可百數十里，名爲阻虜禁林，其實虜不由此。姦民盗材木，浮巨筏，販鬻於陝西、河南、山東、北直之間，年利無算。臣又細詢土人云，盗者先伐大木，仆地令乾，徐以刀鋸取其材。經今二百餘年，其既砍在地，取之不盡。臣謂宜募人將已伐者搬運出山，召商賣販，而酌取其税。其未成材者，挨年采取。官與民交利，而山亦不至於童。五臺之杉，尤爲佳木，可得善價。秋水時至，寧武木浮南河而下，五臺木浮滹沱而東下，必有趨之如流水者。晉之鐵礦，隨在而足。往例撥軍開煉，而爲之建營房，益幫糧，然得不償失。宜并收之官，召人開冶，薄取其税，即數十斤取其一斤，猶爲有益。凡火器點放操演，必實置鉛子始準，而鉛最重，費最多，又一放不可復收。談兵者侈言火器而苦不精，鉛少故耳。晉山多出鉛，設法采煉，省餉亦復不貲。若夫舉世所諱言者，銀礦也。不知開礦之害，惟用内臣武弁，害乃大耳。若付良有司，豈其至此？夏縣、繁峙，諸礦日滋，羣盜竊取，而國家不得毫釐之用。夫敲骨吸髓，取之煢煢小民者，非此物耶？忍於剥民，而虚慕投珠抵璧之風，豈不迂乎？

後漢書鄧訓傳：永平中，理滹沱石臼河〔二〕，從都慮至羊腸倉。注引水經注云：汾陽故城，積粟所在，謂之羊腸倉，在晉陽西北。石磴縈委，若羊腸然，故以爲名。今嵐州界羊腸坂是也。

金史食貨志：大定十八年，代州立監鑄錢，命震武軍節度使李天吉、知保德軍高季孫往監之，而所鑄斑駁黑澀不可用。詔削天吉、季孫等官兩階，解職，仍杖季孫八十。更命工部郎中張大節、吏部員外郎麻珪監鑄。其錢文曰「大定通寶」，字文肉好，又勝正隆之制，世傳其錢料微用銀云。二十年，名代州監曰阜通。張大節傳：知太原府。西山有晉叔虞祠，舊以施錢輸公使庫，大節還其廟，以給營繕。

後漢書周舉傳：遷并州刺史。太原一郡，舊俗以介子推焚骸，有龍忌之禁。至其月，咸言神靈，不樂舉火。舉移書於子推廟云：春中寒食一月，老小不堪。今則三日而已。

宋歐陽修言：河東嵐、石之間，山荒甚多，汾河之側，草地亦廣。其間水甘草軟，最宜牧養，乃唐樓煩監地。臣往年出使，嘗行威勝以東及遼州、平定軍，其地率多閒曠。河東一路，水草甚佳，地勢高寒，必宜馬性。

漢書郊祀志：祠天封苑火井於鴻門。如淳曰：地理志：西河鴻門縣有天封苑火井祠，火從地中出。成帝紀：陽朔二年秋，關東大水，流民欲入函谷、天井、壺口、五阮關者，勿苛詰之。應劭曰：天井在上黨高都，壺口在壺關，五阮在代郡。

【校勘記】

〔一〕耿如杞　「杞」，底本作「祀」，川本同，據滬本及明史耿如杞傳改。

〔二〕石臼河　「臼」，底本作「印」，川本、滬本同，據後漢書鄧訓傳改。

陽曲　秦爲太原郡狼孟縣地。漢置陽曲縣，在今縣東北八十里忻州定襄縣境。後漢末，移治太原縣北四十五里。魏武帝徙陽曲縣民於太原北狼孟南境，築城居之，而狼孟縣至晉亦廢。後魏以陽曲縣屬永安郡，又移其南八十里今之石城。隋以陽音近楊，惡其曲名，改名陽直；又徙治汾陽故城，改曰汾陽縣〔二〕。大業初，復曰陽直縣，移治東木井城。唐於故陽曲城分置汾陽縣，尋省陽直縣，改汾陽爲陽曲，因舊名也。又分置羅陰縣，後省。宋初，徙州治於縣南唐明村，移縣治於西郭外。金天會中，移置郭下。大定間，割榆次之西北鄉屬焉。阪泉山，在縣東北八十里罕山西北，有白龍黑龍二池[二]。黄帝戰於阪泉，即此山。其東北名兩嶺，接盂縣界。乾燭谷，即天門關。其東北崖楊廣道，隋魯王圍廣所[三]。西湖，在南關後西北角，周圍有水養魚。關王廟在水中立，名爲水晶宫。三交城，在城西北五里[四]，晉大夫鳴犢城也。古城，在城西北六七里，尚有遺址。烈石泉，在縣西北四十里。山下發源[五]，與汾水合流溉田。烈石池，在烈石廟牆西。一圓池内徐徐水出，入於汾，不相合。惟清水一泓，流二十餘里，方與汾水合，始渾。諺云：清水半壁，渾水半壁。宋史太宗紀：太平興國四年正月辛卯，命雲州觀察使郭進爲太原石嶺關都部署，以斷燕、薊援師。

【校勘記】

〔一〕汾陽縣　「陽」，底本脱，川本、滬本同。隋書地理志：汾陽縣，「舊曰陽曲，開皇六年改爲陽直，十六年又改名焉」。元和志卷一三：陽曲縣，後魏移於今縣南四里陽直故城，「隋開皇三年改爲陽直縣，十年又移於今縣東北四十里汾陽故縣，十六年改陽直縣爲汾陽縣」。此脱「陽」字，據補。

〔二〕白龍黑龍二池　「池」，底本作「祠」，川本、滬本同，據萬曆山西通志卷四改。圖書集成職方典卷二九三作「白龍黑虎二池」。

〔三〕隋魯王圍廣所　川本、滬本及圖書集成職方典卷二九三同，滬本眉批：「隋無魯王，圍煬帝於雁門者有始畢可汗，疑是突厥之訛。」

〔四〕在城西北五里　底本「五」上衍「十」字，川本、滬本同，據明統志卷一九、萬曆山西通志卷一四、圖書集成職方典卷三〇三刪。又上引三書皆無「西」字。

〔五〕山下發源　「山」，底本作「上」，川本、滬本同，據萬曆山西通志卷四、圖書集成職方典卷二九三改。

榆次　春秋晉魏榆，後爲祁氏之田。魯昭公二十八年，晉滅祁氏，析爲涂水邑。戰國名榆次，屬趙。秦莊襄王二年，蒙驁伐趙，取之。宋太平興國四年，平劉繼元，毀并州城，徙治於此，更爲并州。七年，復徙陽曲之唐明鎮。罕山北峙，涂水南縈。左枕太行之麓，右跨汾河之滸。壤沃人稠，要衝繁富。侯洪遺愛碑。大河横其前，諸峯壘其後。深溝巨澗，乃險阻之區；曲塞懸窑，爲避兵之所。舊志。罕山，在縣北五十里。自太行連絡而下，層巒起伏，視諸山獨爲壯麗，邑中一形勝也。鷹山，在縣東南八十里，涂水出焉。麓臺山，在縣東南三十五里。高數十仞，頂平衍，因謂之臺。又云鹿蹄山。上建智伯祠。洞渦水，在縣南三里許。源出樂平縣西四十里陡泉嶺，至平定州會浮化水，西流至壽陽縣界會黑水，經榆次東十五里合流村會大涂，又西七里會源渦水，居民引之溉田數百頃，逕太原縣界，注於汾。〔旁注〕至萬曆三十三年，徙於駱家營，由徐溝縣入汾。宋李繼勳征太原，與北漢戰於洞渦河，大破之，即此地。澗河水，在縣北十五里。源出壽陽李家山，西南會蒜谷、赤坑、白龍諸水，流經太原縣界，注於汾。宋紹聖三年，縣令桑安世〔旁注〕世安。自聶店開渠至聶村〔一〕，轉流而西，抵使趙村，溉田數十餘頃。又引注入城，通流縣署，爲水碓磑。今水道湮塞。　木瓜水，在縣東南六十里。源出遼州舊平城縣木瓜嶺，合八縛水，西流入洞渦水。　八縛水，出八縛嶺下〔二〕，西流縈回而來，下流至傾城西，會木瓜水。　榆次古城，在今縣城外，周廻二十一里，乃漢時遺址。　藺交，在縣東南四十里〔三〕，傳爲藺相如所居。當秋深時，地獨無霜，五穀發衍。　鬭城，在縣城南，長五百四十七丈。〔旁注〕六百五十三。　驛城，在縣北二十里，周三里許。　聖賢寨，在磚井村後。　谷頭寨，在縣北十五里。　麓臺寨，即麓臺村。四圍即溝爲塹，旁有曲徑可通，中平衍，民居鱗集。辛丑之變，投以免難者數千人。　楊壁寨，在縣東南三十里楊壁村。中平如砥，四面限以深溝。東有路，僅容旋軌。　訓谷寨，在縣東北二十里。　梗陽鄉，在縣西南九十里。戰國策：周佼以西周善於秦而封於梗陽。即此。隋初，析爲清源縣地。　隋皇泰二年，劉武周引突厥擊唐并州，襲榆次，陷之。　唐廣德三年，僕固懷恩反，使其子瑒圍榆次〔四〕，旬餘不拔。　宋靖康元年，金將粘没喝使銀朮可圍太原，詔种師中由井陘道引兵救之。師中進次平定軍，乘勝復榆次、壽陽等縣。五月辛未，抵壽陽之石坑，爲金將完顏活女所襲。五戰三勝，回趨榆次，至殺熊嶺敗績，死之。　地列四等，水平沙鹹，乃秦邢公鳳毛〔旁注〕隆慶中知縣。丈定，至今賴之。

【校勘記】

〔一〕桑安世　川本、滬本同，圖書集成職方典卷二九三作「桑世安」，本書旁注「世安」，是。

〔二〕八縛嶺　「嶺」，底本脱，川本同，滬本作「山」，據紀要卷四〇、圖書集成職方典卷二九三補。

〔三〕藺交在縣東南四十里　「藺交」，底本作「蘭交」，川本同，滬本「交」下有「城」字，滬本眉批：「蘭，疑藺字之訛。」「南」，底本作「北」，川本、滬本同，並據萬曆山西通志卷一四、圖書集成職方典卷三〇三改。

〔四〕使其子瑒圍榆次　「瑒」，底本作「湯」，川本、滬本同，據新唐書僕固懷恩傳改。

壽陽　賀魯城，在縣西〔旁注〕北。三十里北定都。春秋晉大夫趙簡子所築，又名故盧城。基址微存。　受州故城，在縣東北隅。其基本晉壽陽縣。唐武德三年，徙受州於此，復增築之。貞觀中，州廢。今基址尚存。　燕州城，在縣西二十五里西安都。方志圖云：北齊置州於此。今謂煙竹村。　西張寨，在縣西北五十里。

太谷　鳳皇山，在縣南一十里。〔旁注〕高五里，盤踞四十里。山形如鳳，故名。　回馬谷〔一〕，在縣東南三十里。〔旁注〕府志：與回馬谷略同。本志作回馬谷〔二〕。谷中有馬陵關，通古邢州路。谷中出葡萄，味甚美。有水，即回馬河。五代梁伐太原，刺史張歸厚軍自馬陵關入。　象谷，在縣東北五十二里。闊三百步，長四十六里。土地記曰：晉陽東南一百里，至山甚近。又有蔣谷大道，度軒車嶺，路通於武鄉縣。谷中有水，即象谷河。四卦谷，在縣東南二十五里。谷長二十里。谷中有泉，分流四派，故名。妬女祠，在縣西北十里龍泉鄉萬年頓。唐高宗幸汾陽宫，并州長史李沖玄以道出妬女祠，盛服過者，致風雷之變，更發卒數萬，改馳道。狄仁傑諫曰：「天子行幸，風伯清塵，雨師灑道，何妬女避？」帝壯之曰：「真丈夫哉！」遂止其役。是日，天氣晴明，絶無變異。

【校勘記】

〔一〕回馬谷 「回馬」，底本脱，川本同，據滬本及萬曆山西通志卷四、乾隆太谷縣志卷一補。

〔二〕府志與回馬谷略同本志作回馬谷 川本同，滬本無此十四字，乾隆太谷縣志卷一同，此當係後人竄入。

清源 汾河，在縣東五里。水經云：南經梗陽故城。是也。涂水，在縣東南三十里。自太原縣界西南入汾水，與洞渦水合。象谷水，在縣東南三十里。自榆次縣界西北經徐溝入清源境，入祁縣界。白石水，在縣西五里。源出白石峪，曲流十里，南入汾。清源水，在縣北五里。源出西山下，平地湧出，清可鑒髮，邑因以名。一名平泉，一名不老池。東南入汾。

壽陽　方山，在縣北四十里。　芹泉河，在縣東二十里。一名桃水。其源有二，一出鴉兒峪，一出太平峪。合而東流，入平定州界〔一〕。　洞渦水〔二〕，在縣南五十里。俗呼冷泉。旁有龍潭。　宋靖康元年，金將粘沒喝使銀术可圍太原，詔种師中由井陘道引兵救之〔三〕。師中進次平定，乘勝復榆次、壽陽等縣。五月辛未，抵壽陽之石坑，爲金將完顏活女所襲。五戰三勝，回趨榆次，至殺熊嶺敗績。

【校勘記】

〔一〕平定州　底本作「平州」，川本、滬本同。紀要卷四〇：平定州，「洮水（「洮」爲「桃」字之誤）在城東，其上源即壽陽之芹泉也」。圖書集成職方典卷二九四：「桃水，在平定州西九十里，出壽陽縣太平谷。」此脱「定」字，據補。

〔二〕洞渦水　底本作「渦水」，川本、滬本同。紀要卷四〇：洞渦水，在壽陽縣南五十里，「一名冷泉河」。圖書集成職方典卷二九三：「洞渦水，在壽陽縣南五十里，俗呼冷泉。」此脱「洞」字，據補。

〔三〕詔种師中由井陘道引兵救之　底本脱「由」字，川本同，據滬本、本書上文榆次縣補。

交城　文谷水，在縣西北。源出孝文山後，經流文水縣峪口、開柵二村入汾。古開二渠溉田。　步渾水，在縣西北。源出馬鞍山前步渾谷，經流磁窑溝，至縣城東流入汾河。　永樂十年，此水與塔莎水泛漲，衝圮城垣，居民請築瓦窑、磁窑溝口二堰以防之。　汾河，出管涔山，經縣之故交村，即汾、孔交流之處，流至城東南一十五里過大陵城，合文谷水，入靈石口，入河。大陵城，在縣西南十里。〔旁注〕趙武靈王夢處女鼓瑟而歌，即此。漢爲大陵縣〔一〕，衛綰生於此。後魏廢。見文水高氏碑。唐開元濮州鄄城尉林諤撰文，太原府參軍房璘妻渤海高氏書丹，字迹圓活，爲世所珍。石壁山，一名龍山，在縣西北二十里。疊巘周圍環抱，南有石崖〔二〕，峭削千仞，列嶂儼然如壁。後魏建永寧禪寺，有唐元和年李逢吉所撰甘露壇碑。呂梁山，俗名縠積山，在縣西北一百五十里，接永寧界。禹貢：治梁及岐。是也。呂氏春秋云：龍門未開，呂梁未發〔三〕，河出孟門之上。即此。晉書劉元海載記：東嬴公騰使將軍聶玄討之，戰於大陵，玄師敗績。

【校勘記】

〔一〕大陵縣　「陵」，底本作「寧」，川本、滬本同，據本書上文及漢書地理志改。

〔二〕南有石崖　「有」，底本作「省」，川本、滬本同，據圖書集成職方典卷二九三、光緒山西通志卷三七改。

〔三〕龍門未開呂梁未發　「開」、「發」，底本作「闢」、「鑿」，川本、滬本同，據呂氏春秋愛類改。

盂　春秋時，在太原府東北八十里置大盂城，即今黄嵐村。爲晉太子之封邑〔一〕，後爲趙盾食邑。趙衰四子：同爲原大夫，括爲屏大夫，嬰爲樓大夫，盾爲煩大夫。盾卒，子朔爲大夫，將下軍，爲司寇屠岸賈所誅，以其地與祁奚。故本縣有祁邑鄉。晉頃公十二年，奚孫盈家臣祁勝與鄔臧通室，執而將殺，公怒而滅祁盈。時魏獻子代政，分其地爲七，以一封孟丙爲盂大夫，左傳司馬彌牟爲鄔大夫，今太原縣。賈辛爲祁大夫，今祁縣。司馬烏爲平陵大夫〔二〕，今文水縣。魏戊爲梗陽大夫，今清源縣。知徐吾爲涂水大夫，今榆次縣。韓固爲馬首大夫，今壽陽縣。孟丙爲盂大夫，今盂縣。後貪大鍾之惠，〔旁注〕孟丙非仇猶，此誤。國爲智伯所滅。見淮南子及韓非傳。戰國屬趙，置原仇城。因仇猶故名。城東二十里又置皋牢城。圖經云：即上艾之北界，今村猶名皋牢村，故址存焉。秦屬太原郡。漢以原仇西百里置盂縣，疑即撫城縣地。或曰即大盂城，未知孰是。屬太原郡。後魏永安年，分縣西百里置撫城縣〔三〕，今淩井村，故址存焉。屬定襄郡。舊治省入石艾，屬樂平郡。見魏史。盂之境土〔四〕，分爲二矣。隋開皇十六年，分石艾復爲原仇，屬遼州，即今之縣也。大業初，復改爲盂縣，屬并州。見隋史。唐武德三年，割榆次壽陽地，置受州於壽陽城之東北隅，以盂縣隸焉。時改撫城縣爲烏河縣，屬并州。六年，遷受州於平定之賽魚城〔五〕，以烏河縣省入。盂縣之境土，至是復全矣。八年，廢受州，復屬并州。見唐志。五代、宋皆因之。金貞祐中，升爲盂州，元亦因之。國朝洪武中，復改爲縣。黄毛山，在縣東北一百五十里。上方圓，廣闊五、六十畝。巉巖峻拔，異木森然。中有百靈泉，下有黄毛巖。藏山，在縣北四十里，程嬰、公孫杵臼藏孤處也。山高數百丈，四面峯巒環拱，林木陰翳，怪石巉巖，水泉拖練，百鳥雜喧，真天下之奇觀也。山下有祠，祠旁有洞。洞口所砌藏孤之處，石脂流鎔，若天成然。山半別有一洞，即土人禱雨處也。内盤石龍圍匝，皆有魚鱗甲，若盆形然。上有水珠，下滴於内。萬花洞，在縣東北七十里，六嶺關西南，塔内東北崖半。進洞一里許，小河一道。又一里，又有小河一道。及至窮日到彼，約有七、八十里。有一大河，洶湧北流，深不可測。怪石峭削，若花樣然，不可盡紀，故名萬花。　滹沱河，在縣北一百二十里梁家砦前。源出繁峙縣東泰戲山，三泉列如品字。西南流三里，至故福都合五斗泉〔六〕。又三里，合三泉都之三泉，亦列如品字。又至東沙岡合北樓口水，又西至新興村合華巖嶺水，至天城口，經本縣。兩山相夾，其勢洶湧。　龍潭，在縣北五十里龍花河。瀦水爲潭，亦名興龍泉。北流龍花口入滹沱河。　諸山之水，皆入滹沱河。縣北之水，自龍花口而入。縣西烏河之水，自天城口而入。縣南之水，自平定經井陘、平山而入。縣東之水，自平山而入。　盂邑城，春秋時在縣東百步許，爲仇猶城。趙建原仇城，即今城也。又於縣東二十里建臯牢城。漢於原仇西百里建盂縣城。後魏永安年，分縣西百里建撫城城，舊城廢省入石艾。今平定廣陽村。　隋開皇六年，分石艾復爲原仇城，亦今城也。

【校勘記】

〔一〕爲晉太子之封邑　底本「之」上有「于」字，川本同，據滬本及明統志卷一九删。

〔二〕司馬烏爲平陵大夫　底本「烏」作「鄔」，「陵」作「陸」，川本同，據滬本及左傳昭公二十八年改。

〔三〕後魏永安年分縣西百里置撫城縣　川本、滬本同。按魏書地形志不載。紀要卷四〇：「烏河城，在盂縣西百二十里，「或云隋末置撫城縣，唐武德初改曰烏河。」」此處疑誤。下文同。

〔四〕孟之境土　底本缺「孟」字，川本同，據本書下文、滬本補。

〔五〕受州　「受」，底本作「壽」，川本同，據滬本、本書上下文及新舊唐書地理志、元和志卷一三改。

〔六〕至故福都合五斗泉　底本脫「至」字，川本同，據滬本補。

祁　賈令堡，在縣北十五里。安寨，在縣東南三十里子洪鎮雙泉山頂。嘉靖間設。來遠寨，在縣東南七十里來遠鎮東山頂。嘉靖間設。

徐溝　洞渦水，源出樂平縣，經榆次縣永康鎮，先在太原縣北格等村流，今移本縣良隆、流村〔一〕、同戈等村漫流。

【校勘記】

〔一〕流村　川本同，滬本作「劉村」。

保德州　唐屬嵐州。即岢嵐州〔一〕。宋淳化四年，析憲州即靜樂縣。置定羌軍，景德二年改保德軍。尋立爲州〔二〕，與河西麟州、即神木縣。府州、即府谷縣。豐州相表裏，以控制夏人，屬河東道。金置附郭保德縣，隸府州〔三〕。元辛卯年，復爲州。至元三年，省幷隩州、即河曲縣。芭州在河套。

隸焉，屬太原路。國朝初，亦爲州。洪武七年改縣，九年復爲州。石梯山，在州東北二十里。山上一墩，墩下一堡，正在石梯中，有一夫當關，千人莫逾之勢。扼而守之，能令北虜不得西下。第孤懸小堡，須有以援之，乃可久也。山底即水寨山渡口，居恒屯三、五人於此，亦足以防他盜，譏非常，慎毋棄以資敵可焉。倒廻谷，在州東北三十五里。溝上有橋，見河曲。天橋峽，在州東北三十五里。上闊一十二丈五尺，中闊七尺，下闊八丈五尺，共長九十丈。冬月積冰成橋，民呼爲天橋。通志云：黄河岸陿可橋，激浪如雷則雨。是也。得馬水關，在州東北一百里。洪武九年置巡檢司，即今河曲縣，巡檢司久廢。

【校勘記】

〔一〕唐屬嵐州即岢嵐州　川本、滬本同。按新舊唐書地理志載，嵐州治宜芳縣，即今嵐縣北嵐城。明史地理志：岢嵐州，本岢嵐縣，洪武八年升爲州，治今岢嵐縣。則非一地，此誤。

〔二〕析憲州置定羌軍至尋立爲州　川本、滬本同。按九域志卷四保德軍：「淳化四年析嵐州地置定羌軍，景德二年改保德。」宋史地理志同，「二年」作「元年」，此「憲州」爲「嵐州」之誤。二書並不載「尋立爲州」，疑誤。

〔三〕隸府州　川本、滬本同。金史地理志：河東北路領保德州。此云「隸府州」，誤。

太原縣　古晉陽也，本唐叔虞所封之地。春秋：晉荀吴敗狄于大鹵。即此。三晉既分，地入於趙。秦爲太原郡。漢爲晉陽縣，屬太原郡。後魏志云：晉陽本唐國，堯始都於此。舜分爲并州，復省入冀。周職方爲并州，二漢、魏、晉因之。齊河清四年，移晉陽縣於汾東，而於城中置龍山縣。隋開皇十年，省龍山縣，徙晉陽縣於城中，而於城東置太原縣。大業十二年，移太原縣入府城。唐貞觀十一年，展築東城，遂置太原縣於汾水東。唐建北都，並爲赤縣，歷五代不改。宋太祖建隆四年圍河東，以晉陽縣爲平晉軍，不克而還。太宗太平興國四年平太原，隳其城，〔旁注〕太平興國四年五月甲申劉繼元降。丙申，幸城北，御沙河門樓，盡徙餘民於新城，遣使督之。既出，即命縱火。五年四月癸未，壅汾河晉祠水灌太原，隳其故城。廢晉陽縣，並罷軍名，置平晉縣於故城東北行營之次。呂惠卿淨明寺碑云：因北漢劉繼元降，毀太原舊城歸平晉縣，以榆次爲并州，遷其民於新邑。即此也。咸平四年，置永利監兼領縣事。金大定中廢監，止立縣。貞祐四年，廢平晉縣。元復置，隸太原路。國朝仍爲平晉縣。〔旁注〕天文分野書同。洪武四年，移縣治於汾河西故唐城基之南。八年，改爲太原縣。汾水，源出靜樂縣，經府城西流入本縣南屯等村，由西南馬村流入清源縣界。至夏泛漲，多没禾稼。洞渦水，源出樂平縣，經榆次縣永康鎮流入本縣北格等村，合於汾。五代時，汴人攻太原，營於洞渦。臺駘澤，一名晉澤，在縣南一十里。晉水下流，匯而爲澤，中產蒲魚，民人利之。澤廣二十里，今爲汾水所沫，盡成民田。其旁有昌寧公廟，即臺駘神也。唐叔虞祠，在縣西南懸甕山麓晉水發源處。叔虞始封爲唐侯，至子燮，因晉水更國號曰晉，祠亦以名。地形志云：晉陽有晉王祠。即此。昔智伯遏水以灌晉陽，後人因之，蓄爲池沼，建祠水側，結飛梁於池上。北齊天保中，大興營建，爲北都之勝。〔旁注〕北齊祖鴻勳傳：高祖曾徵至并州〔一〕，作晉祠記。北齊王晞〔二〕，天保初，行太原郡事。嘗詣晉祠，賦詩曰：日落應歸去〔三〕，魚鳥見留連。北史：後主改爲大崇皇寺。〔旁注〕北齊書：後主天統五年四月甲子，以晉祠爲大崇皇寺。武平七年十月甲子，出兵大集晉祠。唐高祖起兵，嘗禱於此。太宗親製銘文。〔旁注〕金石録：高祖初起兵，禱於叔虞祠。至貞觀二十年，太宗爲立碑。唐書：王威、高君雅謀，因禱雨晉祠以圖高祖。舊唐書劉文靜傳：將大會於晉祠，王威、高君雅潛謀害高祖。又有飛白書刻碑石。後晉天福六年封興安王。〔旁注〕後晉高祖天福六年正月戊寅，詔曰：全晉奧區，興王重鎮。唐叔之英靈未泯，臺駘之古廟猶存。朕頃在并門，長承陰助，永言正直，宜用封崇。唐叔虞宜封興安王，臺駘宜封昌寧公。通鑑：唐昭宗天復二年，汴軍圍晉陽〔四〕，營於晉祠。注：晉陽有晉王祠。誤。宋天聖間，改封汾東王。太宗既下河東，即加完繕，作亭以庇善利、難老二泉與祠下泉，分灌民田及治水碾磨。元至元初，修建寢廟。國朝改稱唐叔虞之神。有司歲以三月二十五日致祭。晉源神祠，在縣西南十里晉祠内〔五〕。舊名女郎祠。宋天聖間，加號昭濟聖母，國朝改稱晉源神。〔旁注〕宋史：太祖開寶二年三月乙巳，攻太原，臨城南，謂汾水可以灌其城，命築長堤壅之，決晉祠水注之。汾水川祠，一名臺駘廟，在晉澤南。風洞，在縣西三里許風谷口。〔旁注〕北齊書段韶傳：突厥從北結陣而前，東距汾河，西被風谷。即此也。今謂文風谷。有甄甃洞一穴，方五丈許。上有亭三間已壞，惟洞尚存。有司每以三月致祭，否則多風。〔旁注〕

唐邕傳：顯祖嘗登童子佛寺，望并州城。童子寺在今太原縣西山。永利監，在縣東北二十里舊縣城中。今廢。晉水四渠，汾河十一渠，洞渦河四渠。本縣水利比之鄰邑最廣，所繫甚重。國初設主簿一員以專理之，後革罷。晉水每霸於豪强，汾水專利於渠甲，弊也久矣。嘉靖二十二年，參政蘇□均晉水之利，隨畝灌溉，而買水賣水之弊革，至今稱便，雖百世無改可也。五代劉知遠〔六〕、劉崇相繼爲太原節度使，及周郭威弑其主贇而自立，劉崇乃稱帝，是爲北漢。崇没，子鈞立。宋太祖率兵徙盤陀谷伐漢〔七〕，攻圍久不下。時宋師屯甘草池，會暑雨疾作，不克而還。甘草池，今當五窑頭迤南一帶，其地尚多甘草。鈞没，養子繼元立。至宋太宗太平興國四年，始取太原，繼元出降。議者謂宋興歸德，爲商星分野；太原居西北，爲參星分野。昔高辛氏二子不相能，堯乃遷閼伯於商丘，主火，而商爲宋；遷實沈於大夏，主水，而參爲晉。自古參商不相見，故國家盛則此地後服，衰則此地先叛，不宜列以方鎮，宜削奪之。乃下詔毁其城，徙其民於唐明，降州爲平晉縣，至今幾六百年矣。嗚呼！參商之説，信然否耶？繼元降於太平興國四年，所謂盛則後服是也。金人以東北夷虜，長驅而有中原，則所謂衰則先叛者，不在西北，而在東北矣。太宗號稱明哲，而乃輕信其説，毁其城郭，遷其人民，焚其廬舍，使歷代藩鎮之地，莽爲丘墟，豈不深可嘆耶？國初自平晉遷築縣城之始，建議者不依於濠堞具在之所，而乃别築於山衝奔之處〔八〕，豈以爲古昔宫禁之地，故避而不敢歟？抑以今邑爲南關村落，而重遷其民歟？或其時已爲晉府封地，而有司不能專敷？是未可知也。又曰：太原形勢之地，左環汾水，右擁蒙山，周、秦以來，皆爲雄鎮。高齊興霸，李唐肇基，五代之世，晉、漢遞興。而北漢歷世且一十有九年，周世宗、宋太祖皆親征不下，非地形之險固，人心之忠勇，能若是乎？太宗惡其不服，焚蕩毀滅，比之咸陽一火，夫何異哉？今之省城，舊稱唐明鎮，宋徙其民，遂成都會，仍稱晉陽，蓋借名耳。

【校勘記】

〔一〕高祖曾徵至并州　「至」，底本作「主」，川本、滬本同，據北齊書祖鴻勳傳改。

〔二〕北齊王晞　「晞」，底本作「唏」，川本同，據北齊書王晞傳改。滬本無此四字。

〔三〕日落應歸去　「去」，底本作「主」，川本同，據滬本及北齊書王晞傳改。

〔四〕汴軍圍晉陽　「軍」，底本作「君」，川本同，據滬本及通鑑卷二六三改。

〔五〕在縣西南十里晉祠内　「内」，底本脱，川本、滬本同，據萬曆山西通志卷一〇、圖書集成職方典卷三〇一補。

〔六〕劉知遠　「知」，底本作「智」，川本同，據滬本及舊五代史漢書高祖紀改。

〔七〕宋太祖率兵徙盤陀谷伐漢　川本、滬本同，滬本眉批：「徙，當作從。」疑是。

〔八〕而乃别築於山衝奔之處　川本同，滬本「山」下有「口」字，疑是。

文水　隱泉山，在縣西南二十五里。山壁峭立，有泉隱而不恒流，因以名山。一名陶山，一名湯泉山，一名子夏山，以子夏退老西河之上而名也，一名商山。有石窟，號隱堂洞〔一〕。其洞深不可測，常有風聲如輕雷，亦曰子夏室。去地百餘丈，其東有馬跑泉。文谷〔旁注〕峪。河，在縣北二十里。源出交城縣狐突山，後經文谷口，南流入於汾，通筏，溉田。〔旁注〕永寧州孝文山。一出交城縣西野山半巖龍口〔二〕，一出本縣土安都泊泊河，三水合流，從本縣文峪口開栅向東南流入於汾。馬西寨，在隱泉山上。堰石爲城，周三里，乃天然之險也。開栅堡，在開栅鎮〔三〕，城周四里。宋靖康元年秋七月，都統制折可求與張思正屯汾州。思正等領兵十七萬，與張灝夜襲金婁室軍於文水，小捷。明日戰，復大敗，死者數萬人。可求師潰於子夏山，民皆渡河南奔，州縣皆空，遂失太原。新志：隱堂洞在隱泉山隈，去地百餘丈，躡石棧而上，最爲險峻。其洞深四丈許，高三丈餘。洞内復有一窟，方廣丈餘，深不可測。俗傳直通陝西，然未敢有深入者。古城，在縣東十里，今舊縣都即其地也。後魏建文水城，隋、唐因之。宋元符間圮於水，因徙治張沱里，即今治。白石河，在縣東北三十里。源出清源縣白石山下，經流本縣武安都，西南流入於汾。沙河，在縣東南四十里。源出祁縣南豐，北流入本縣雲州村，入於汾。廻馬河，在縣東五十里。源出榆次縣，流入本縣東白高車，南入汾水，合流而去。泌水，在縣北八里龍泉村北，由東南注文峪河。其水平地湧出，溉田十數頃。寰宇記謂之神福泉，旱禱有應。舊唐書盧簡求子汝弼傳：李克用奏爲節度副使。太原使府有龍泉亭，簡求節制時，手書詩一章在亭之西壁。

汝弼復爲亞帥，每亭讌集，未嘗居賓位，西向俯首而已。

【校勘記】

〔一〕隱堂洞「堂」，底本作「唐」，川本、滬本同，據明統志卷一九、萬曆山西通志卷四改。下同。

〔二〕交城縣西野山半巖龍口　川本、滬本同。光緒山西通志卷四一引文水縣志：文峪河，「一出交城縣西山半崖龍口」。此「野」字疑衍。

〔三〕開柵堡在開柵鎮　「柵鎮」，底本作「東西都」，川本同，據滬本及清統志卷一三六改。

太原縣　城北惠明寺塔碑，宋元豐八年呂惠卿撰並書。碑陰大字題曰：普慈王植、安陽韓孝彦、西河文大方、臨川王安禮祀神歸憩此。辛亥三月十四日。水經注：晉陽縣，故唐國，成王封叔虞於此。縣有晉水，後改名爲晉。山海經曰：縣雍之山，晉水出焉。〔旁注〕北齊書楊愔傳〔一〕：入晉陽西懸甕山讀書。今在縣之西南。昔智伯遏晉水灌晉陽，其川上溯〔二〕，後人踵其遺迹，蓄以爲沼。沼西際山枕水，有唐叔虞祠。水側有涼堂，結飛梁於水上。左右雜樹交蔭，希見曦景。宋仁宗時，諫官范鎮言：并州素無火災，自建神御殿，未幾而輒焚。天意若曰，祖宗御容，非郡國所宜奉安者。近聞下并州復加崇建，是徒事土木，重困民力，非所以答天意也。自并州平七十七年，故城父老，不入新城。宜寬其賦輸，緩其徭役，以除其患。使河東之民，不忘太宗之德，則陛下孝思，豈特建一神御殿比哉？

【校勘記】

〔一〕楊愔　「愔」，底本作「清」，川本、滬本同，據北齊書楊愔傳改。

〔二〕其川上源　「源」，底本作「厥」，川本同，據滬本及水經晉水注改。

河曲　翠峯山，在縣南八十里。形如覆斗，高二十里，盤踞九十五里。山頂有松柏蒼翠，故名。巍然特秀，爲邑之鎮。　赤崖，在縣西北四十里河會村，古名赤崖村。其土色赤，故名。崖上有居民窑窨數十處，自古避兵之地，最爲險要。其山尚有蛤蚌遺殼，皆腐壞不完，至今存之，意必昔龍門未鑿，洪水泛濫之時所遺泄者。不然，數千仞之高山，何以有是水中之物耶？按先儒朱子謂：龍門未鑿時，黃河之水，一派西滚入關、陝，一派東滚往河東，河水不由正道。兹益信矣。　黃河，在縣西五里。其河東北自東勝州境流入本縣界，轉而西流八十里至平泉村，復轉而南流九十里至天橋，出天橋峽口〔一〕，南流經保德、興、臨、石州等處，至蒲州東折，經芮城、平陸等縣，入河南澠池等縣界〔二〕。　大澗河，在縣南一百步。其源出自朔州，自縣西流七里入黃河。　天橋峽口，在縣西南二十五里。黃河兩岸，極爲狹隘，東西闊六十尺，石壁峭立，波浪激蕩。〔旁注〕黄河之水，平時無聲。若天將陰雨，其水激浪如雷，聲聞數十里。冬月積冰成橋，邑人呼爲天橋。弘治間，文總制欲於此立橋，疏上不報，事遂已。正德十四年，傳奉聖旨，又欲立橋，都御史張檜督度不可，事又寢。禹迹，在縣西南七里。黄河中有花水，東西兩岸橫亘如道路然。相傳禹治水時，曾經此過，今有古祠，在河岸東。按先儒李氏謂：禹鑿龍門，起於東受降城之東，自北而南。今河曲南去龍門五百餘里，西北去受降城五百餘里，禹於此地，在所必由。況地如天橋峽口、石城、龍口等處，皆山勢逼窄，石壁峭立，河水阻礙之區。疏鑿之功，安能已乎？產氣砂；花斑石，白質青色，可作圖書；紅石可點書；乾泥以覆土屋，陰雨不漏，勝於瓦屋。河曲在前代爲腹裏地，與東勝、五原、豐、芭等州爲鄰。今東勝諸州，皆廢爲草地，故河曲爲晉之西陲邊鄙之地也。沙泉河，在縣南六十里。源出鎮西衛五所境，經流本縣界，西流保德境入黄河。〔旁注〕倒廻溝，在縣西南二十五里保德境。溝上有橋，即金和尚敗元速不臺處。太子灘、娘娘灘，在縣北九十里黄河中。石佛河，在縣東南五十里，接岢嵐州長流溝水，西流經保德州界，入黄河。

【校勘記】

〔一〕出天橋峽口　底本「出」上有「於」字，川本同，滬本無。萬曆山西通志卷四：黄河，「西流九十里至天橋子」。圖書集成職方典卷二九四：黄河「復轉西流九十里至天橋子。」此「於」字衍，據删。

〔一〕入河南澠池等縣界　「澠」，底本作「沔」，川本同，據滬本及紀要卷四六改。

五臺　通鑑注：五臺在代州五臺縣，山形五峙，相傳以爲文殊示現之地。華嚴經疏云：清涼山者，即代州雁門五臺山也。以歲積堅冰，夏仍飛雪，曾無炎暑，故曰清涼。五峯聳出，頂無林木，有如壘土之臺，故曰五臺。古傳云：山在長安東北一千六百餘里，代州之所管，山頂至州城一百餘里。其山左鄰恒山，右接天池，南屬五臺縣，北至繁峙縣，環基所至五百餘里。靈記云〔二〕：五臺山有四埵，去臺各一百二十里。據古經所載，今北臺即是中臺，中臺即是南臺，大黄尖即是北臺，栲栳山即是西臺，漫天石即是東臺。惟北臺、中臺，古時無異，東臺、西臺，古今無別〔三〕。無恤臺，恒山頂是也。昔趙襄子名無恤，曾登此山觀代國。下瞰東海。西瞢薹山，有宮池古廟，隋煬帝避暑於此而居，因天池造立宮室，龍樓鳳閣，遍滿池邊，號爲西埵。南繫舟山，上有銅環，船軸猶在。昔帝堯遭水，繫舟於此。世傳文殊見於南臺，號爲南埵。北有覆宿堆，即夏屋山也。後魏孝文皇帝避暑，往復宿此。下見雲州，謂之北埵。中臺稍近西北，有太華泉〔三〕，有古寺二十餘處。東臺去太華泉四十二里〔四〕，臺上遥見滄、瀛諸州。日出時，下視大海，猶陂澤焉。有古寺十五處。西臺去太華泉四里。危嶝干雲，喬林拂石，有古寺十一處。南臺去太華泉八十里，最爲幽寂，有古寺九處。北臺去太華泉十二里，有古寺八處。唐末所添寺，不在其數。會昌五年，敕毁天下佛寺，五臺僧多亡奔幽州。李德裕召進奏官謂曰：汝趣白本使，五臺僧爲將，必不如幽州將；爲卒必不如幽州卒。何爲虚取容納之名，染於人口？獨不見近日劉從諫招聚無算閑人，竟有何益？張仲武乃封二刀付居庸關曰：有遊僧入境則斬之。魏書：漢孝明帝遣郎中蔡愔、博士弟子秦景等使於天竺，寫浮屠遺範。愔仍與沙門攝摩騰、竺法蘭東還洛陽。明帝令畫工圖佛像，置清涼臺及顯節陵上。愔之還也，以白馬負經而至，因立白馬寺於洛城雍關西〔五〕，摩騰、法蘭咸卒於此寺。清涼臺當在洛陽，志以爲此山，非也。筆麈〔六〕：五臺山寺，元太后弘吉剌氏所立也。創寺之役，大集民夫，冒險入谷，伐木運石，死者萬人。蓋令寶地珠林，留爲勝賞，而工費之艱，傷殘民命乃如此。是以有漏之緣，斃無辜之命也。如來大悲，其謂之何！五代史東漢世家：五臺山僧繼顒於柏谷置鐵冶〔七〕，募民鑿山取礦〔八〕，烹銀以輸。劉氏仰以足用，即其冶建寶興軍。宋史夏國傳：趙德明請修供五臺山十寺。元昊表遣使詣五臺山供佛寶〔九〕，欲窺河東道路。回鶻傳：遣尼法仙等來朝，獻馬，仍許法仙遊五臺山。日本傳：遣二僧靈仙、行賀入唐，禮五臺山，學佛法。

【校勘記】

〔一〕靈記云　川本、滬本同。按紀要卷三九、方輿考證卷二二引通鑑注均作「靈山記」云云。此處疑脱「山」字。

〔二〕古今無別　「無」，川本同，滬本作「有」。

〔三〕有太華泉　底本「泉」上有「山」字，據川本、滬本、本書下文及方輿考證卷二二刪。

〔四〕東臺去太華泉四十二里　「泉」，底本作「東」，川本、滬本同，據本書上下文及方輿考證卷二二改。

〔五〕雍闗　川本、滬本同。按中華書局點校本魏書釋老志校勘記〔二〕：「『闗』乃『門』之訛。」

〔六〕筆塵　底本無，據川本、滬本補。

〔七〕鐵冶　「鐵」，川本、滬本同，新五代史東漢世家作「銀」。

〔八〕募民鑿山取礦　「礦」，底本作「礪」，川本同，據滬本及新五代史東漢世家改。

〔九〕元昊表遣使詣五臺山供佛寶　「寶」，底本作「實」，川本同，據滬本及宋史夏國傳改。

靜樂　蘆芽山〔一〕，在縣北百五十里汾水之西。其山前有荷葉平山，後有林溪山，右有神林山，連鎮諸州，迤延數百里。最上一峯，突入霄漢，故五月飛雪，而千載凝冰。時或山上晴，山下雨。有所生香草甚異，名蘆芽異香。有樹木，有梵宇，有奇泉怪石，乃五臺山之比肩而齊名者也。　管涔山，在縣北百六十里，朔州南百二十里。其山中高兩低，如山字然。唐置管州於此。一名燕涼山〔二〕。以與林溪山龍眼泉盤曲相連，故山海經云：管涔之山，汾水出焉。陂西爲分水嶺，寧武一帶並大同、宣府取道焉。　兩嶺山，在縣東七十里，乃管涔山東北支轉南折北盤據之兩脊也。西北諸郡並榆林、寧夏取道焉。國初置巡檢司。　鹿徑嶺山〔三〕，在縣西六十里，爲蘆芽西出支南度者也。岢嵐、偏、老、河曲、保德諸城取道焉。孝文山，在樓煩西南，距縣一百八十里，鎮於樓煩、交城、永寧間，爲一帶山水之宗。又見交城。社干河〔四〕，在縣南十五里，汾河西之溝水也，南入於汾。源在嵐縣梅家莊深處，興、嵐、臨縣、永寧州於此取道焉。巡檢司，國初有三：一設於兩嶺山，今移舊址稍東順水村；一設於古樓煩縣城中；其一設於娑婆隘，弘治十年移天門關，屬陽曲縣矣〔五〕。北史魏本紀：晉懷帝封穆帝爲代公，帝乃從劉琨求句注陘北地。琨乃徙馬邑、陰館、樓煩、繁畤、崞五縣人於陘南，更立城邑，盡獻其地。魏高宗和平六年二月丁丑，行幸樓煩宫。隋煬帝大業三年八月壬午，車駕發榆林。癸巳，入樓煩關。史記周勃世家：還攻樓煩三城。正義引括地志云：在并州崞縣界。韓王信傳：匈奴復聚兵樓煩西北。灌嬰傳：受詔别降樓煩以北六縣。趙世家正義曰：林胡、樓煩，今嵐、勝之北。匈奴傳正義曰：括地志云：嵐州，故樓煩胡地也。漢書地理志：雁門郡樓煩縣。魏青龍元年，并州刺史畢軌遣將軍蘇尚、董弼與鮮卑軻比能戰於樓煩〔六〕。魏書地形志：雁門郡原平縣有樓煩城。後漢書注：樓煩故城在今代州崞縣東北。東魏丞相歡遊汾陽之天池。後主獵於天池。注：天池在汾陽縣北燕京山上，方里餘。燕京山謂之管涔山。晉楊光遠言：吾昔在代北，以紙錢祭天池而沉，人皆言當爲天子。宋史：真宗咸平五年十二月癸未，遷麟州内屬人於樓煩。

【校勘記】

〔一〕蘆芽山　「蘆」，底本作「盧」，川本同，據本書下文、滬本及紀要卷四〇改。

〔二〕燕涼山　川本、滬本同，滬本眉批：「涼，或作京。」按紀要卷四〇：管涔山，「一名燕京山」。圖書集成職方典卷二九四：管涔山，「一名燕涼山」。則兩者皆是。萬曆山西通志卷四：管涔山，「一名燕梁山」。則又作「梁」。

〔三〕鹿徑嶺山　「鹿」，底本作「虎」，川本同，據滬本及圖書集成職方典卷二九四、光緒山西通志卷三六引舊通志改。

〔四〕社干河　「干」，底本作「于」，川本、滬本同，據圖書集成職方典卷二九四、光緒山西通志卷四〇改。

〔五〕弘治十年移天門關屬陽曲縣　「移」，底本作「於」，川本同，滬本作「改爲」。明史地理志靜樂縣：「東北有沙婆嶺巡檢司，後移於陽曲縣天門關。」清統志卷一五〇：沙女婆嶺隘，明洪武初置巡司，「弘治十年移巡司於太原府陽曲縣天門關」。則此「於」爲「移」字之誤，據改。

〔六〕畢軌　「畢」，底本作「盧」，川本、滬本同。三國志魏書明帝紀：青龍元年，并州刺史畢軌「以進軍屯陰館，遣將軍蘇尚、董弼追鮮卑」。此「盧」爲「畢」字之誤，據改。

平定州　浮化山，一名浮山。其山有二：一在州西八十里，曰西浮化；一在州東五十里，曰東浮化。二山相去百餘里，對峙境内，上各有媧皇廟。綿山，在州東九十里娘子關，一名紫金山，澤發水出焉。介子推避文公處。中有介子廟、妬女祠。愚按通志：介山在介休縣東南二十五里。以介子推隱此，故名，有廟在焉。漢郡國志萬泉縣一十五里亦有介山〔二〕，俗傳以推隱得名。舊通志兩存其説。考綿山即介休東南山也。南跨靈石，西跨沁源，盤據深厚，延亘極遠，是以求而弗得。若萬泉雖近於絳，周圍僅十里，未必不獲，疑出附會。

承天山，在州東八十五里，即承天軍。山形秀拔，中有老君洞丹爐遺址，唐裴晉公、韓昌黎題名石壁。洞門左有大曆元年修承天城碑。按裴晉公傳：貞元間，爲彰義軍節度、淮西宣慰，表求韓愈爲行軍司馬。今石壁上題二公名，疑即其時也。又苗生云：老君堂後岸石上刻「韓愈吴丹過此」六字，疑是往鎮州宣諭王廷湊時題名。

故關山，在州東九十里。兩山險隘，關居其中。隘口有巡檢司，裁革。蓋晉之咽喉，即古井陘口。〔旁注〕舊唐書穆宗紀：長慶元年十月丁丑，裴度奏自將兵取故關路，進討王廷湊。

晉盤山，在州東南四十里。北與東浮山對峙。

浮化水，出西浮化山，合洞渦水，入壽陽縣界。

井陘關，舊名井陘故關，即漢韓信擊趙，下井陘口也。國朝正統二年〔二〕，改置故關巡檢司，今裁革。

盤石關，在州東北七十里，一名石門口，通真定府平山縣界。

娘子關，即古葦澤城。唐平陽公主駐兵於此，故名。國朝嘉靖二十一年，建置城守，設百户一員。地屬本州承天都，官校屬真定府。俗傳因妬女祠得名者，非是。

甘桃口，今築城名曰却胡。建新固關，設守禦千户一員。地屬本州東面都，官校屬真定府。

白城口，在州東南一百四十里。通真定府贊皇縣界，今設畿内民兵防守。

厭谷口，在州東南一百四十里。通真定府元氏縣界，今設畿内民兵防守。

柏井城，在州東五十里，漢韓信所築。史稱「未至井陘口三十里而舍」〔三〕，即其地也。唐長慶初，河朔之亂，裴晉公駐兵承天軍，分兵置守。宋太祖開寶中，改置柏井寨，命太子賓客、殿中侍御史、雲騎尉李漫守禦〔四〕。國朝嘉靖二十一年，重修爲柏井堡。四面據河，地勢高二十丈，方二里許。東北隅樂平縣，建倉糧草場，以備客兵給餉。〔旁注〕通鑑：唐穆宗長慶元年十月，裴度自將兵出承天軍故關，以討王廷湊。唐光化二年，朱全忠遣氏叔琮攻破承天軍〔五〕。四月〔六〕，氏叔琮取澤、潞，其別將白奉國破承天軍。七年七月〔七〕，莊宗會趙王王鎔於承天軍。〔旁注〕五代史唐本紀：梁將白奉國破承天軍。會趙王王鎔於承天軍。王鎔傳：會莊宗於承天軍，奉觴爲壽。後漢高祖天福十二年，帝自將東迎晉王及太后，至壽陽縣，聞已過恒州數日〔八〕，乃留兵戍承天軍而還。四月，契丹襲擊承天軍，戍兵驚潰，契丹焚其市邑，一日狼煙百餘舉。帝曰：此虜將遁，張虛勢也。遣親將葉仁魯將步騎三千赴之。會契丹出剽掠，仁魯乘虛大破之，復取承天軍。宋太祖乾德元年，王全斌等攻河東樂平縣，拔之，置平晉軍〔九〕。靖康元年，太原圍不解，詔种師中由井陘與姚古犄角。師中進次平定軍，乘勝復壽陽、榆次。即此。太平興國四年，廢承天軍爲寨。嘉靖二十年，復修爲承天寨。葦澤城，在州東北九十里，即娘子關。隋開皇中，置葦澤縣，大業中廢。遞運所，在下城東關長樂坊。洪武初建，今廢。平潭驛，舊在州西二十里平潭鎮，今移置下城西關。柏井驛，在州東五十里柏井鎮。地屬本州東四都，驛屬樂平縣。故關巡檢司，在故關隘口。守禦千户所，在下城東北隅。國初隸山西都司，永樂十七年改隸後軍都督府，屬真定井陘道。屯田在直隸唐山縣。序云：嘉靖辛丑，虜入犯太原，候騎薄其城下，畿輔震驚。守臣奏立新固關爲外拒，於黄榆、馬陵諸山築長城數百里，刁斗之聲相聞，視山西如徼外。然戍守之費不可勝算。東浮山，相傳爲女媧氏鍊石補天之處，其鍊石竈尚存。山多産石炭，勝他産，而所産諸色石亦可燒云。元左丞吕思誠土風記：平定，古并州之城。三卿分晉，地入於趙。秦屬上黨。漢曰上艾，屬於常山〔一〇〕。晉及魏改屬樂平。樂平，漢沾縣也。後魏改上艾曰石艾。隋初屬遼州，大業中割屬并州〔一一〕。唐復以屬遼州，又屬受州。受州廢，還隸并。後石艾爲廣陽，徙治榆關。宋初，用兵攻河東，首下之，遂升爲平定軍，以樂平隸。熙寧七年，廢遼州，省平城、和順二縣入遼山縣，以隸軍。元豐八年，復遼州，縣還舊隸。金大定中，升爲州。今爲冀寧支邑，而樂平隸焉。樂平東南六十里古受州，又名賽魚。西北三十里承天軍，東北九十里廣陽，西南八十里葦澤縣故關，東八十里廣陽，東五里古上艾也。冠山、嘉山，西八里；蒲峯獅子山，西北二十五里；白鷄山，東北二十里。黑水、嘉河，源在嘉山。嘉河經於城中桃水〔一二〕，下入澤發。澤發一名阜漿，曁懸泉俱在承天軍。流杯池，城南二里許，趙閑閑修禊所也〔一三〕。妬女祠，在懸泉上。唐高宗幸汾陽，道出妬女祠下者，此也。妬女，或曰介之推妹也。州之境，東距井陘一百里，西抵壽陽一百里，盂州北九十里，遼州南一百里，東北達京師一千里。其土瘠，其民勞，其俗質樸，其風慓悍。

【校勘記】

〔一〕漢郡國志萬泉縣一十五里亦有介山　川本、滬本同。按續漢書郡國志河東郡汾陰縣「有介山」，乃指汾陰縣，非萬泉縣。據舊唐書地理志載，武德三年置萬泉縣，續漢書郡國志斷無此記。寰宇記卷四六：萬泉縣，「介山，一名孤山，在縣南一里」。亦與本書不符。圖書集成職方典卷三〇九：萬泉縣，「介山，在縣東十五里」。此「漢郡國志」四字疑衍，「縣」下脱「東」字。

〔二〕正統二年　川本、滬本同。萬曆山西通志卷二四：井陘關，「洪武三年置故關巡檢司」。明史地理志同，此爲「洪武三年」之誤。

〔三〕未至井陘口三十里而舍　川本、滬本同。史記淮陰侯列傳作「未至井陘口三十里，止舍」。

〔四〕李漫　川本、滬本同，光緒山西通志卷四七作「李温」，此「漫」，疑爲「温」字之誤。

〔五〕朱全忠遣氏叔琮攻破承天軍　川本、滬本同。通鑑卷二六一：唐光化二年，「葛從周乘破幽州之勢，自土門攻河東，拔承天軍，别將氏叔琮自馬嶺入，拔遼州樂平」。此誤以「氏叔琮攻破承天軍」。

〔六〕四月　川本、滬本同。通鑑卷二六二：唐光化四年，氏叔琮拔澤、潞，「别將白奉國會成德兵自井陘入，己未，拔承天軍」。此「月」爲「年」字之誤。

〔七〕七年七月　川本、滬本同。舊五代史唐書王鎔傳：莊宗復奉唐朝正朔，稱天祐七年，「八年七月，鎔至承天軍，與莊宗合宴同盟，奉觴獻壽」。此「七年」爲「八年」之誤，上脱「天祐」二字。

〔八〕聞已過恒州數日　「聞」，底本作「間」，川本同，據滬本及通鑑卷二八六改。

〔九〕平晉軍　「晉」，底本作「定」，川本、滬本同。宋史太祖紀：乾德元年，王全斌攻北漢樂平縣，拔之，「以樂平縣爲平晉軍」。紀要卷四〇同。又九域志卷四：「太平興國四年以并州平定縣置平定軍。」此處混淆，「定」爲「晉」字之誤，據改。

〔一〇〕屬於常山　川本、滬本同。漢書地理志太原郡統有上艾縣，續漢書郡國志常山國：「上艾，故屬太原。」此曰漢「屬於常山」乃指西漢而言，誤。

〔一一〕大業中割屬并州　川本、滬本同。隋書地理志太原郡統有樂平縣，乃大業三年後之制。寰宇記卷五〇樂平縣：隋開皇十六年置遼州，「縣屬焉。大業二年省遼州，以樂平屬并州」。則樂平縣於大業二年屬并州，大業中屬太原郡，此誤。

〔一二〕嘉河經於城中桃水　川本、滬本同。圖書集成職方典卷二九四平定州：嘉水「流經州城中，出西郊北合桃水」。此「桃水」上疑脱「合」字。

〔一三〕趙閑閑修禊所也　底本「修」上缺一「閑」字，川本同，據滬本補。

崞　通考云：景德三年，省唐林縣，以郡爲雁門郡，防禦。其地三面臨邊，自古匈奴入寇之路，最號要害，與忻州相應援，置十三砦守之。靖康後，陷於金。古崞城基址宏大，門巷依然，今之治城，乃其西隅也。　樓煩城，在縣西北二十里〔一〕。地理志：雁門郡有樓煩縣。即此。今有樓煩寺。〔旁注〕西北二十五里。　原平城，在縣南四十里，即漢原平縣。　雲中城、唐林城。並見上。　石門關。唐書崞下云：中，有石門關，即今崞城也。天福元年，契丹主破唐兵，告敬瑭曰：「始吾自北來，謂唐必斷雁門諸路。」注：雁門有東徑、西徑之險，崞縣有陽武、石門之隘〔二〕。　黄嵬山，在縣西南七十里，跨寧化界。　太子崖，在縣西南六十里。相傳扶蘇賜死於此。一名殺子谷。　滹沱河，在縣東一里。源出自繁峙孤山之陽，至忻口，復流而東，與衛河合流，至直沽入海。　陽武河，在縣南二十里。源出自太子崖，東流入滹沱。　其水支分溉田，頗爲民利。　唐李萼説顔真卿曰：朝廷遣程千里將精兵十萬出崞口〔三〕，賊據險拒之，不得前。今當引兵先擊魏郡，執其守將，分兵開崞口，以出千里之師。〔旁注〕舊唐書田悦傳：邢曹俊謂悦：宜於崞口置兵萬人，以遏西師。　其地半瘠半厚，陽武峪風起，飛砂壓唐林等村，近沱河者又多鹻，水地特十分之一，餘皆乾燥，全仗雨澤，不宜久旱，尤苦霜降之早也。　堡三十一：段家、南高、玄岡、榆灣、焦家寨、西莊、陽武、神山、橋溝、茹莊、天寧、大常、懷化、辛莊、半坡〔四〕、雙山、南賈、上封、同樂、貴茹、崇仁、横道、白石、斑聶、天涯寨、茹岳、蔡家、天元、以上土堡。原平、清安、清和。以上磚堡。　寧武關，在縣西北一百二十里，即古寧武軍地。國朝成化二年，巡撫都御史李侃請即古寧武口置關，設都指揮領軍守備。後設總兵鎮守，今又設整飭兵備管糧通判。　利民口，在縣西二百里。設參將、守備等官。　神祠口〔五〕，在縣西一百八十里。設守備官。　陽防口，在縣西北一百四十五里。設防守官。　土棚口，在縣西北一百九十里。設防守官。　黄花梁口，在縣西北一百三十里。　雕窩梁口，在縣北八十里。　燕兒水口，在縣北六十里。　王野梁口，在縣北五十五里。牛心寺口，在縣北五十里。嘉靖二十年七月内，大虜擁衆從小蓮花口、火燒溝入，由山頂牛心寺、宋家溝、白九川、廟嶺口南下。至本月，從此口出。可通大舉，宜增添官軍戍守。夾柳林口〔六〕，在縣西北六十里。嘉靖二十年七月内，大虜從本口盤道梁入，由宋家溝口、白九川、段家堡、廟嶺、黄草梁南下。至本月内，由舊路回。此口最爲要害，可通大舉，當添軍戍守。宋家溝口，在縣北五十里。白九川口，在縣西北四十五里。平山梁口，在縣西北三十五里。廟嶺口，在縣西三十里。玄岡口，在縣西南八十里。石佛峪口，在縣西三十里。郎嶺口，在縣西北四十里。石匣口，在縣西北四十五里。弔橋嶺口，在縣北二十里。陽武峪口，在縣西南六十五里，有太子崖。正德九年，虜賊從此出入。羅漢洞口，在縣西南七十里。蘆板寨口，在縣西南六十里。正德九年，虜賊從此出入。寧武關記曰：山西有瀕塞要害之關三，雁門、偏頭及新置寧武是也。寧武，其名橐蓮臺，按地志即古寧武軍口，今因以名關。是關與雁門、偏頭東西相距數百餘里，若鼎峙之狀。北控雲中，南聯太原，旁達朔、應、忻、崞、岢嵐、靜樂諸州縣。雖山勢旁薄綿亘，而中原隰相因，有平衍可通之道，非若彼二關之峻險固阻也。往歲北虜猖獗，輒經此入寇。我境内有一二武臣，嘗請設堡屯卒，以謹防禦，而未果行。近朝廷念山西邊事之殷，乃命太監鄭公同、僉都御史李公侃、署都督僉事王公信鎮撫其地，而兼督諸關戍務。既至，綏輯兵民，政令誕新。爰躬歷邊徼，以飭弛弊。至今置關之地，周視形勢，曰：此誠吾疆之一缺障也。釋今弗圖，安保無曩時入寇之患乎？遂僉議宜建一城爲關，而選將提師守備，與彼關等。又慮二役之浩，不免以煩衆也，並疏區畫之略以聞。詔下有司，如議。乃以成化丁亥三月始事，明年告成。周圍四里許，基五丈，面廣半之，高三丈有奇。環爲埤堄，而門其東、西、南三面。前翼瓮城。城之内建守帥廳事，藩、臬、行司，走傳有驛，糧儲有倉，積芻有場，棲卒有廬，其諸戰守之具，靡不畢備。歲調卒釐爲二番，兵民總四千人，騎千有奇，各以指揮以下分隸部伍，而請專敕都指揮同知田春領其事。後魏文成帝大明元年三月〔七〕，畋於崞山。戊辰，還平城。泰始四年五月乙卯〔八〕，畋於崞山。孝文帝太和元年，如崞山。三年四月丙申〔九〕，如崞山。國朝武宗正德十三年巡邊，道崞縣，至代州，自偏頭渡河，西幸榆林。

【校勘記】

〔一〕在縣西北二十里　川本、滬本同。萬曆山西通志卷一四：樓煩城，「崞縣東十五里太陽都」。圖書集成職方典卷三〇三同，與此載異。

〔二〕崞縣有陽武石門之隘　「隘」，底本作「險」，川本、滬本同，據通鑑卷二八〇胡三省注改。

〔三〕崞口　川本、滬本同，兩唐書顔真卿傳作「崞口」。下同。

〔四〕大常至半坡　川本、滬本同，光緒山西通志卷四六作「太常」、「半阯」，此「大」、「坡」疑爲「太」、「阯」之誤。

〔五〕神祠口　川本、滬本同。紀要卷四〇：「神池堡，在寧武關北三十里。」光緒山西通志卷四六：「陽方口之西爲神池口。」此「祠」疑爲「池」字之誤。

〔六〕夾柳林口　川本、滬本同。紀要卷四〇：「盤道梁堡西曰夾柳樹堡。」光緒山西通志卷四六：「故戍在寧武境者，夾柳樹堡、鵰窩梁堡、小蓮花堡，舊隸盤道梁營。」此「林」疑爲「樹」字之誤。

〔七〕後魏文成帝大明元年三月　川本、滬本同。按此録自通鑑卷一二八，以南朝宋孝武帝大明元年紀北魏文成帝太安三年事。魏書高宗文成帝紀：太安「三年正月壬戌，畋於崞山」。「三月」爲「正月」之誤。

〔八〕泰始四年五月乙卯　川本、滬本同。按此録自通鑑卷一三二，以南朝宋明帝泰始四年紀北魏獻文帝皇興二年事。魏書顯祖獻文帝紀：皇興二年「五月乙卯，田於崞山。」

〔九〕四月丙申　「四」，底本作「三」，川本、滬本同，據魏書高祖孝文帝紀、通鑑卷一三五改。

嵐　緑水河，在縣東四十里。源自雙松嶺東偏而下〔一〕，受兩崖之匯。行四十里，繞縣東北，一折而東南行，再折而東入汾河。雨集則澎湃澒洞，建瓴而注，雨止隨涸，雖泉流涓涓，微細難引。沿溪之地，亦無資灌溉。而汾、寧以上，通偏、老諸邊，皆取道焉。三國志牽招傳：大興郡所治廣武〔二〕，井水鹹苦，民皆擔輦遠汲流水，往返七里。招準望地勢，因山陵之宜，鑿原開渠，注水城内，民賴其益。

【校勘記】

〔一〕源自雙松嶺東偏而下　「自」，底本作「出」，據川本、滬本改。

〔二〕大興郡所治廣武　川本、滬本同。三國志魏書牽招傳：出爲雁門太守，「郡所治廣武。」紀要卷四〇亦引作「雁門太守，郡治廣武」，此「大興」蓋爲「雁門」之誤。

定襄　滹沱河水，源出繁峙縣東泰戲山，一名孤山。列如品字，名三泉。合玉斗泉、北樓口、華巖嶺諸水，西流出繁峙縣北，經代州、崞縣，至忻口，東折入定襄，繞縣治，抵五臺，入真定。牧馬河水，源出忻州西南白馬山，至牛尾莊合諸水，出州南東流，南環定襄如帶，東北入滹沱河。山海經云：白馬之山，牧馬水出焉〔一〕。即此。雲中水，由安義、藍臺經西營、羊房村〔二〕，東北入滹沱河。三會泉，在叢蒙山麓。一龍涎泉，一吕布池，一娘娘池，並出合流，歷四時不涸。

【校勘記】

〔一〕山海經云白馬之山牧馬水出焉　「山海」，底本缺，川本、滬本同，據本書前文忻州下引載及山海經北山經補。下「馬」字，底本脱，川本同，據滬本、本書前文忻州下引載及山海經北山經補。

〔二〕藍臺　「臺」，底本作「屋」，川本同，據滬本及光緒山西通志卷三定襄縣藍臺鎮，同書卷四三引忻州志雲中水經「安義、藍臺」改。

靜樂　天池，在縣北燕京山上。水經注：池在山原之上，其水澄渟，若朝那之湫淵，與桑乾泉潛流通注。故老言，嘗有人乘車，風飄墮池，有人獲車輪於桑乾泉。今池側有祠。唐置天池縣，咸平省入靜樂。

趙城　霍渠，源出縣東南四十里，即霍泉。唐貞元間，引分二渠，名北霍、南霍。以十分爲率，趙城縣得水七分，洪洞縣得三分。宋、金間定水利〔一〕，俱有碑存。北渠分三節，南渠分五道：一即南霍，一曰九成，與南霍一道，以上下流，俗呼異〔旁注〕二。名〔二〕：一曰小霍；一曰大霍；一曰清水。説文：女媧，古之神聖女，化萬物者也。媧皇墓有二冢，東西相距四十九步，各高二丈。

【校勘記】

〔一〕宋金間定水利　「間」，底本脱，川本、滬本同，據萬曆山西通志卷四、康熙平陽府志卷一三補。

〔二〕俗呼異二名　川本、滬本同，萬曆山西通志卷四作「俗呼二名」，注文是。

太平　太平故縣，在縣北二十五里太平關。後魏太平真君中，自晉城移臨汾縣置此，因關爲名，改曰太平縣〔一〕。唐貞觀七年，徙縣於敬德堡，此地今名故城鎮。子奇壘，在縣東三十里臨汾里。按十六國春秋：後秦王姚興遣弟子奇爲征虜將軍，同狄伯支率四萬人伐魏，攻平陽，陷之，遂據柴壁。魏軍大至，子奇大敗，死於汾水。狄伯支等將四萬人，皆爲魏所擒。今此壘西臨汾水〔二〕，上有柴村，或曰柴莊。白波壘，在縣東南三十五里永固村。漢靈帝中平五年〔三〕，黄巾餘賊郭太於汾河西白波谷築壘以寇太原。後黄巾滅，其壘遂廢。今名永固村。

【校勘記】

〔一〕自晉城移臨汾縣置此至改曰太平縣　川本、滬本同。元和志卷一二：太平縣，「後魏太武於今縣東北二十七里太平故關城置泰平縣，屬平陽郡。周改泰平爲太平縣，因關名」。寰宇記卷四七載同，與「晉城臨汾縣」無關，且魏名泰平，北周改名太平，此並誤。

〔二〕今此壘西臨汾水　「水」，底本作「土」，川本、滬本同，據萬曆山西通志卷一四改。

〔三〕漢靈帝中平五年　「五」，底本作「六」，川本、滬本同。後漢書靈帝紀：中平五年二月，「黄巾餘賊郭太等起於西河白波谷，寇太原、河東。」此「六年」爲「五年」之誤，據改。

曲沃　晉城有三：一在太平縣南二十五里，舊傳晉士蔿所築，晉獻公都之，故墟尚存。漢置臨汾縣於此，後移於太平關，又名臨汾故縣。一在曲沃縣西南二里〔一〕。左傳成公六年：晉人謀去故絳〔二〕，徙于新田。即此地。至今其地産棗，投水則沉，比他産者加重，名晉棗。一在澤州東三十里。韓、魏、趙三分晉地，置晉公於此，以奉晉祀，故名。漢爲高都縣，隋爲丹川縣，唐初移治於源漳水北。武德三年，於此置晉城縣，貞觀初移置於澤州，其城遂廢。今名高都村。

【校勘記】

〔一〕曲沃縣西南二里　「西」，底本脱，川本、滬本同，據明統志卷二〇、萬曆山西通志卷一四、康熙平陽府志卷三一補。

〔二〕晉人謀去故絳　底本脱「故」字，川本、滬本同，據本書下文絳州及左傳成公六年補。

蒲州　中條山，在州東南一十五里，以其中狹而延袤不絕，故名。〔旁注〕中條者，以其居河曲之間，延亘不絕，故名。又以南北狹薄，亦名薄山。其陽跨芮城、平陸，其陰跨解州、安邑、夏、聞喜、垣曲諸縣。解州境有膽礬窟二處，又有桃花、玄女二洞及谷口、蒼龍等泉〔一〕。至夏縣境有石洞〔二〕，石崖上書「玉溪頭」三字，相傳司馬温公嘗修書於此。首陽山，在州南四十五里，一名雷首。禹貢：壺口、雷首，至于太岳〔三〕。又名方山。殷伯夷、叔齊隱此，没，葬山麓，墓祠俱存。〔旁注〕夷齊墓，在州西南四十五里首陽山下。冢相去十步，前建寺。山海經曰：雷首山南有古冢，陵柏蔚然，俗謂之夷齊墓〔四〕。即此。首陽宫，在首陽山上。歷山有二：一在蒲州東南一百里〔五〕。相傳即舜耕處，上有舜廟。〔旁注〕本志：歷山在蒲坂縣南三十里，乃舜所耕處，有濄、汭二水出焉。上有舜井、舜廟。山下二泉，名濄、汭，東西相距二里。南流者爲潙，北流者爲汭，合流入黄河。即堯釐降二女處。一在垣曲縣西北一百五十里瞽瞍村。其嶺名舜王平。東西十餘里，南北十里。舜所耕之地，至今荆棘不生。〔旁注〕按一統志，山東濟南、濮州，直隸延慶州，皆有歷山，並稱舜所耕地。

九峯，在州東南一百二十里純陽宫之上。其峯有九，形勢秀拔，高下列序。

玉簪山，在州東南一百二十里永樂鎮純陽宫之側。方春，桃杏夾溪，松竹並茂，人比之武陵源。

雷澤，在州西南四十五里雷首山下，即舜所漁處也。其水南流入黄河。

神龍潭，源出州東南一十五里中條山水谷口。其旁有谷口泉、蒼龍谷泉，俱入黄河。

泓龍潭，在州東三〔旁注〕四。十里中條山北。〔旁注〕龍祥觀後。流五里入姚暹池。上有泓龍神祠。

舜井有二：一在蒲州東南二里。〔旁注〕門外舜廟中。東西二井相距四步許，有舜祠。宋真宗名爲廣孝泉。〔旁注〕宋地理志曰：蓋即史所謂匿空旁出者。公府泉脈皆鹹，此水獨甘〔六〕。王欽若撰碑〔七〕。

峨眉原，在州東五里〔八〕。綿亘跨臨晉、猗氏之地。張説文集有周故通道館學士張府君墓志云：景龍三年十月十六日，克葬曾王父、曾王母於河東之普救原。宋史薛顔傳：爲陝西轉運使。河中浮橋，歲爲水所敗。顔即北岸釃上流爲支渠，以殺水怒。因取渠水溉其旁田，民頗利之。張燾傳：爲陝西都轉運使。蒲津浮橋壞，鐵牛皆没水中。燾以策列巨木於岸以爲衡，縋石其杪，挽出之，橋復其初。撰碑一，在垣曲縣北五十里。旁建廟。

瀑泉，在中條山。自天柱峯東懸流百尺而下，出王官谷入河。

古護堰，在州北一里古北灘之西。東起灘角，西抵河岸，長四百餘步。前人用石築壘，以防黄河之決。虞都故城，在州城外。東南與州城相連，周九里一百三十步。内有虞帝陵寢，其近有虞坂。永樂城，在州南一百二十里。後周置永樂郡，後省入芮城。唐初置縣，屬河中府。宋罷縣爲鎮。〔旁注〕即今永樂渡。蒲坂，在州東五里〔九〕。自蒲州至滎河、河津、黄河岸側凡八寨，曰汾陰、胡壁、趙村、薛戍、薛堡、連柏、西倉、禹門，俱元至正末築。以薛堡居中制諸營，移中軍其上，更名武壁。周圍一千二百步，面臨絶澗，北開一門，今存遺址。

【校勘記】

〔一〕又有桃花玄女二洞　「桃」，底本作「姚」，川本同，據滬本及明統志卷二〇改。「玄」，底本作「去」，川本、滬本同，據明統志卷二〇改。

〔二〕至夏縣境有石洞　「石洞」，底本作「洞石」，川本、滬本同。萬曆山西通志卷四：中條山，「至夏縣境有洞，石崖上書『玉溪頭』三字」。康熙平陽府志卷五同。圖書集成職方典卷三〇九：夏縣，「玉溪洞，縣東南七里，中條山谷間有石洞」。則此「洞石」爲「石洞」之倒誤，據以乙正。

〔三〕至于太岳　「岳」，底本作「華」，川本、滬本同，據尚書禹貢改。

〔四〕山海經曰至俗謂之夷齊墓　川本、滬本同。按山海經無此文。水經河水注：闞駰十三州志曰：雷首山，夷齊所隱也，「山南有古冢，陵柏蔚然，攢茂丘阜，俗謂之夷齊墓。」則此「山海經」爲「水經注」之誤。

〔五〕蒲州東南一百里　「一百」，川本、滬本同，明統志卷二〇、萬曆山西通志卷四、康熙平陽府志卷五、圖書集成職方典卷三〇九皆作「三十」，此誤。

〔六〕宋地理志曰至此水獨甘　按引文「蓋即史所謂匿空旁出者」云云，不載於宋史地理志，當誤。底本脱「此」字，川本同，據滬本補。

〔七〕王欽若撰碑　底本脱「撰碑」二字，川本同，滬本五字全脱，據明統志卷二〇、萬曆山西通志卷四補。

〔八〕州東五里　「東」，川本、滬本同，康熙平陽府志卷五、圖書集成職方典卷三〇九作「南」，此「東」爲「南」字之誤。

〔九〕在州東五里　「東」，底本作「十」，川本同，據滬本及明統志卷二〇改。

臨晉　桑泉，在縣東北十三里。汲之不竭，決之不流，既湮復出。瀵泉，在縣西三十里。其泉有五，郃陽有四，此有其一。異出同源，故名曰瀵。其大如車輪，常時沸湧。爾雅泉根云：瀵，大出尾下〔一〕。郭璞山海經注云：河東汾陰縣有瀵水，源在地底，濆沸湧出，其深無限。〔旁注〕河東西潛流相通，里人因立神淵廟。桑泉城，在縣東北一十三里。春秋僖二十四年：〔二〕晉公子重耳濟河入桑泉。即此。隋置桑泉縣。西魏改猗氏爲桑泉縣，後周復爲猗氏。隋析猗氏爲桑泉。唐天寶初移今治，故廢爲古城。

【校勘記】

〔一〕瀵大出尾下　「大」，底本作「水」，川本、滬本同，據爾雅釋水改。

〔三〕春秋僖二十四年　川本、滬本同。按「晉公子重耳濟河入桑泉」，載於左傳僖公二十四年，非「春秋」。

榮河　〔旁注〕商王祠，在縣北十里，配以伊尹、仲虺。宋開寶六年敕修。　湯王陵，在縣北四十里百祥村西。元癸未年，淪於汾河，以石柩遷於別地。國初因建陵寢於陵墓之東〔一〕，以便歲時致祭。正德元年，少卿喬宇題准致祭於祠〔二〕。按皇覽曰：湯冢在濟陰，今曹縣南十八里曹南山有湯王陵是也。又正義云：洛州偃師縣東六里有湯冢，近桐宮。此有陵，未知孰是。

【校勘記】

〔一〕國初因建陵寢於陵墓之東　底本脱「陵寢」、「墓」三字，川本、滬本同，據萬曆山西通志卷一四補。康熙平陽府志卷三二作「明初建寢殿於陵之東」，圖書集成職方典卷三二五同，文意相符。

〔二〕正德元年少卿喬宇題准致祭於祠　川本、滬本同，川本旁注：「其陵寢皆淪没，微址猶存。」滬本句下有「其陵寢皆湮没，猶存微址而已」。按康熙平陽府志卷三二：「正德元年，少卿喬宇奏改致祭於祠。」圖書集成職方典卷三二五同。又圖書集成職方典卷三二一作「正德四年，少卿喬宇奉命來祀，題准增修，有司春秋致祭」。「元年」作「四年」，「題准」下脱「增修」二字。

河津　〔旁注〕三秦記：龍門山，在河東界。禹鑿山，斷如門一里餘，黃河自中流下，兩岸不通車馬。每暮春，有黃鯉魚自海及諸川爭來赴之，得上者便化爲龍〔一〕。又林登云：龍門之下，每暮春有黃鯉魚逆流而上，一歲中登龍門者不過七十二。初登龍門，即有雲雨隨之，天火自後燒其尾，乃化爲龍。其龍門水復前湧，下流七里，深三里。或云：不能登龍，即被點額而退。辛氏三秦記曰：河津一名龍門，巨靈迹猶在，去長安九百里。江海大魚，俱集門下，數千不得上，上則爲龍，故云曝鰓龍門。

薛瑄龍門記：出河津縣西郭門，西北三十里，抵龍門下，東西皆層巒危峯，横出天漢。大河自西北山峽中來，至是，山斷河出，兩壁儼立相望，神禹疏鑿之勞，於此爲大。由東南麓，穴巖構木，桴虚駕水爲棧道〔二〕，盤曲而上。瀕河有寬平地，可二、三畝，多石少土。中有禹廟，宫曰明德，制極宏麗。庭多青松奇木，根負土石，突走連結，枝葉疏密交蔭，皮幹蒼勁偃蹇，形狀殺然，若壯夫離立，相持不相下。宫門西南一石峯，危出半流。步石磴，登絶頂，有臨思閣，以風高不可木，甃甓爲之。俯視大河奔湍，三面觸激，石峯疑若摇振。北顧巨峽，丹崖翠壁，生雲走霧，開闔晦明，倏忽萬變。西則連山，宛宛而去，東視大山，巍然與天浮。南望洪濤漫流，石洲沙渚，高原缺岸，煙村霧樹〔三〕。太華、潼關、雍、豫諸山，仿佛見之。〔旁注〕龍門倉，唐開元二年置。因千石墟、馬鞍塢二渠溉田良沃，畝收十石，故置倉收貯，漕發至京，以省關東之運。今廢。

雙營渡，在縣西南三十五里。西通夏陽，即韓信以木罌渡河處。我朝太祖由葫蘆灘入關中，亦此。

【校勘記】

〔一〕有黃鯉魚自海及諸川爭來赴之得上者便化爲龍　底本「黃」下有「黑」字，「得上」作「上得」，川本、滬本同，據三秦記刪改。

〔二〕桴虛駕水爲棧道 「桴」，底本作「浮」，川本、滬本同，據薛瑄遊龍門記改。

〔三〕煙村霧樹 「樹」，底本作「林」，川本同，據滬本及薛瑄遊龍門記改。

解州 鹽池，在州東三里，接安邑縣界。東西長五十五里，南北闊七里，周圍一百四十四里。每以五、六、七月，鹽花成結。唐大曆中，賜名寶應靈慶池〔一〕，舊建鹽池神廟。宋崇寧、元符間，遣觀察使王仲先於池東、西、南三面築七郎等十一堰圍之，以殺水勢。國朝置都轉運鹽使司於旁。 硝池，在州西北十五里。其名有六：一曰苦池，其水苦；二曰金井池，三曰圓池，四曰南北池，其水俱淡；五曰夾凹池，六曰蘇老池，其水皆鹹。姚暹渠，在鹽池北十里，舊名永豐渠。源出夏縣巫咸谷，西經安邑、解州。隋大業間，都水監姚暹重開中渠，因號焉。又西入臨晉境之五姓湖，達於蒲州之黃河。然山水暴漲，則橫決潰堤，爲鹽池患，故有姚暹堰。

【校勘記】

〔一〕賜名寶應靈慶池 底本脫「名」字，據川本、滬本及明統志卷二〇、利病書卷四八補。又，底本脫「靈」字，川本同，滬本並脫「應靈」二字。按本書下文蒲州有「寶應靈□池」，川本同，滬本作「寶應靈慶池」，舊唐書代宗紀亦作

「寶應靈慶池」，據補。「靈慶」，明統志卷二〇、利病書卷四八、清統志卷一五四作「慶靈」。

安邑　舜陵，在縣西北十里〔旁注〕二十。本志：三十。鳴條岡之陽。陵高三丈〔一〕，甃以甓，方廣四十餘步，内外地共百餘畝，古柏皆大可十餘圍。東南有守陵大雲寺。按史載，舜南巡崩於蒼梧之野，葬於九疑。禮記亦云，舜葬蒼梧之野，二妃未之從也。元次山嘗謂九疑深險，舜時年一百一十歲，何爲來此？司馬温公亦云：舜既倦勤，薦禹爲天子，豈復南巡，遠渡湘水？孟子謂舜卒於鳴條，湯與桀戰於鳴條，正在此地，當以孟子之言爲正。唐書姜師度傳：師度爲河中尹。先是，安邑鹽池漸涸，師度發卒開拓，疏決水道，置爲鹽屯，公私大收其利。後漢書章帝紀：元和三年八月乙丑，幸安邑，觀鹽池。注：許愼曰：河東鹽池，長五十一里，廣七里，周百一十六里。

【校勘記】

〔一〕陵高三丈　「丈」，底本作「尺」，川本、滬本同，據康熙平陽府志卷三二、圖書集成職方典卷三二五改。

平陸　虞城有二：左傳桓十年注：虞國在河東大陽縣。一在縣東北六十里，即虞公故城；一在孝義縣東北十八里司馬村，昔晉滅虞、虢，遷其人於此，築城居之。 顛軨坂，在縣東北五十里。左傳僖二年：冀爲不道，入自顛軨，伐鄍三門。〔旁注〕注：河東太陽縣東北有顛軨坂。 金鷄堡，在縣南二里。前臨黄河，其頂高峻，形勢如雞。〔旁注〕店頭鎮之西有古城遺址，延袤七里許。 城内西北隅積石如丘，俗傳爲十二連城。蓋春秋時巖城，巖城即上陽也。城在崇岡之上，丹壁屹立，蒼巖峻聳，南臨大河〔一〕，北望中條，而太華、函谷，髣髴見之。世傳爲金雞堡。 閒田，在縣西五十里，即虞、芮二君相讓之地，俗呼讓畔城，至今其田無耕者。 許由墓，在縣東箕山之西〔二〕，清澗之上，去箕山二十餘里。崇九丈，周八十一步。二冢南北並列，其一或即巢父冢也。〔旁注〕按一統志直隸行唐縣、河南登封縣俱有箕山，並稱許由隱處。 顛軨亦作寘軨。穆天子傳：天子自寘軨，乃次於洍水之陽。

【校勘記】

〔一〕南臨大河 「臨」，底本作「縣」，川本同，滬本無此文，據圖書集成職方典卷三二四、光緒山西通志四九改。

〔二〕箕山之西 「西」，川本、滬本同，明統志卷二〇、萬曆山西通志卷一四作「麓」，康熙平陽府志卷三二、圖書集成職方典卷三二五作「側」。

芮城 芮伯城，在縣西十五里〔旁注〕本志：二十里。 鄭村里。周同姓芮伯國。至魯桓公三年，芮伯萬爲母所逐，出居于魏。今名鄭村，遺迹猶存。 魏侯城，在縣北五里，即古魏國。晉獻公滅之，以封大夫畢萬。漢於此置河北縣，屬河東郡。俗又名河北城。

絳州　成王滅唐，封弟叔虞侯於唐，在河汾之東，地方百里。子燮父嗣封，因晉水改國曰晉。一再傳成侯服人，徙曲沃。五世穆侯費生徙絳〔一〕，再傳至昭侯徙翼。至曲沃武公并晉，又都翼。獻公九年，士蒍城絳，以深其宮。自獻而下，惠、懷、文、襄、靈、成，傳至景公十五年，徙新田，以新田爲絳，而以絳爲故絳〔二〕。姑射山，在州西北四十里。莊子：藐姑射之山，有神人居焉。即此。馬首山，俗名馬頭山，在州西北四十里，與姑射隔一峪。史記：趙盾田於首山。即此。上有龍祠，禱雨輒應。鼓山，即鼓堆，在州西北二十五里。周四里，高五丈。穹窿而圓，狀如覆釜，人馬踐履有聲，故以鼓名。下有泉池。唐高祖克霍邑，進攻臨汾郡，犒軍，宿山上。〔旁注〕堆之西山曰馬首。其東長陸纚屬，相傳以爲晉之九原。其北水出澤掌，別名清泉。見上。澮，在州南五里。出翼城縣澮高山，西南過絳縣，與絳水合。西過虒祁宮〔三〕。〔旁注〕左傳昭八年：晉侯方築虒祁之宮。注：虒祁，地名，在絳西四十里，臨汾水。又西南至州橫橋入汾。北窑莊西有冰窑溝，溝北土洞二，其色青，其質堅。臘月積冰，其中封固，留一孔，可容一人出入，以便取水。其冰經夏不化。汾水淤竭，不能濟方舟，且與田不相涉，未有引而用之者。溉田自桔槔而外，惟取給於鼓堆泉耳。一遇旱魃作祟，而爭溉者鬬狠輕生，往往而是。居園池，在州治後，引鼓堆泉水注此。唐刺史樊宗師有記。　州有鼓堆清、濁二泉，合流而下，漸成大溝。溝上之地，水不能及。隋正平令梁軌謂：水，動物也，順之固下，激之則上。乃相地之宜，建閘激水，灌田甚多。樊宗師記所云「水本於正平軌」者也。　龍谷水，在州東北十八里。隋令梁軌鑿渠溉田。　汾水自北而南，曲折而西，少曲而北，直衝南城。南門外舊有東西館肆羅列。轉西大街一道，漸爲汾齧，將迫城垣。隆慶中，宋公應昌創砌石堤，自禹廟起，至城西角止，三百餘丈。

晉城有二：一在州東北二十五里。獻公九年夏，士蔿城絳，即此。漢爲臨汾縣。遺址微存。一在州東南五十里。左傳成六年〔四〕：景公謀去絳，將居郇、瑕氏之地。韓獻子曰：不如新田，有汾、澮以流其惡。遂居新田。注：今平陽絳邑縣是。水經云：在絳、澮之間。　柏壁城〔五〕，在州西南二十里。元魏明帝置柏壁鎮，至太武廢鎮，置東雍州。北齊斛律光屯兵處。〔旁注〕後周廢東雍州，改絳州，移治稷山縣之玉壁城〔六〕。州地多崇岡峻嶺，西南邐迤二十里，有巨坂，尤高峻，古柏壁關也。上有秦王堡，深溝巨壑，絶巖陡險，南北斷壁，截然千仞。中有舊途，相去百餘步，下而復上。其顛實古關門遺址。秦王堡，在柏壁。

劉武周將宋金剛進逼絳州，復陷龍門，關中大震。唐王曰：賊勢如此，難與爭鋒。宜棄大河以東，謹守關西而已。秦王請曰：太原王業所基，國之根本，河東殷實，京邑所資。願假臣精兵三萬，必平武周，克復汾、晉。於是發關中兵以益秦王，秦王引兵自龍門渡河，屯柏壁，與金剛相持。金剛屢敗，食盡北走，秦王追及，大破之。　唐世鑄錢，天下諸爐九十九，惟絳州三十。其餘或隔江嶺，或没寇虜，而當時鑄錢，率倚於絳。

【校勘記】

〔一〕穆侯費生　川本、滬本同。按史記晉世家索隱：「鄒誕本作『弗生』，或作『瀆王』。」

〔二〕而以絳爲故絳　底本「故」下有「二」字，據川本、滬本及明統志卷二〇删。

〔三〕西過虒祁宫　「祁」，底本作「斯」，川本同，據滬本及明統志卷二〇改。

〔四〕左傳成六年　底本脱此五字，川本作旁注，據滬本、本書前文曲沃縣及左傳成公六年補。

〔五〕柏壁城　「壁」，底本作「璧」，據川本、滬本及明統志卷二〇、萬曆山西通志卷一四改。下同。

〔六〕玉壁城　「壁」，底本作「璧」，據川本、滬本及明統志卷二〇、萬曆山西通志卷一四改。

稷山　廉城，在縣東北十里。趙將廉頗守之所築。故址微存，今名廉城村。高歡城，在縣西五里。齊神武與韋孝寬對壘處。〔旁注〕即平隴鎮也。玉壁城，在縣西南十二里。爲後周重鎮。魏王思政刺并州時築，守六年。東魏高歡圍攻，遇大雪，軍士多死，乃解去。既而思政遷荆州，舉晉州刺史韋孝寬代守。歡又悉山東之衆圍攻，晝夜不息。孝寬隨機拒之，凡五十餘日。歡困發疾，士卒死者七萬人，共爲一冢，遂解圍而去。因以玉壁爲勳州，孝寬爲刺史。隋罷爲高梁縣，後徙汾北。其城故址尚存。華谷城，在縣西北十二〔旁注〕二十。里。齊斛律光攻勳州時所築。今名華谷村。

絳縣　車廂城，在縣南十里。春秋晉侯城聚邑而處羣公子之所〔一〕。俗名車箱城。絳侯封國，在縣西二十里。漢周勃封。

【校勘記】

〔一〕車廂城至春秋晉侯城聚邑而處羣公子之所　「車」，底本作「率」，川本、滬本同，據本書下文及萬曆山西通志卷一四、康熙平陽府志卷三一改。又，底本脱下「城」字，川本同，據滬本及史記晉世家補。

垣曲　亳城，在縣西十二里。韻府云：絳州垣曲縣西有亳原，湯於此誓衆。其地周圍一百四十步，至今民不敢耕。按三亳皆在河南，此蓋傳者之誤。　古陽壺城，在縣南二里，〔旁注〕里許。臨大河。左傳襄公元年：春，晉人圍宋彭城，以五大夫在彭城者歸，置諸瓠丘。注云：瓠丘，晉地。垣曲縣東南有壺丘。水經云：清水東南逕陽壺城東，即垣曲縣壺亭。清〔旁注〕青。廉城，在縣西五十〔旁注〕四十。二里。後魏割聞喜縣東清〔旁注〕青。廉山北置縣曰清廉。隋廢，復置。唐廢。

隰州　穀城，在州東南十〔旁注〕北四。里。九域志：神農嘗五穀於此。合桑村別有嘗穀臺故址。　横城，在州南三十里。隋漢王諒反，遣其將吴子通築此城。　高唐廢縣，在州廢温泉縣東南一十五里。唐武德初，置北温州及高唐縣〔一〕。貞觀初，州廢，縣省。　常安廢縣，在州北三十里。唐初置縣，貞觀初省入蒲縣〔二〕。其北五十里有蒲子村，乃晉公子重耳所居。　龍泉縣，在州北二里。後周置龍泉郡，隋廢。　温泉廢縣，在州北二百里。本後魏新城縣地，唐於縣東南三十里置北温州及温泉縣，元省入隰州。　宋史司馬池傳：時議者以蒲坂、竇津、大陽路官運鹽回遠，乃開峪口道，自聞喜逾山而抵垣曲，咸以爲便。池謂人曰：昔人何爲舍徑而就迂？殆必有未便者。衆不以爲然。未幾，山水暴至，鹽車人牛盡没入河，衆乃服。　金史從坦傳：上言：中條之南，垣曲、平陸、芮城、虞鄉〔三〕，河東之形勢，陝、洛之襟喉。可分陝州步騎萬二千人爲一提控，四都統分戍四縣，此萬全之策也。又曰：平陸産銀、鐵，若以鹽易米，募工鍊冶，可以廣財用，備戎器。小民傭力爲食，可以息盜。　後漢書靈帝紀：熹平四年，遣守宫令之鹽監，穿渠，爲民興利。注：前漢地理志及續漢郡國志並無鹽監，今蒲州安邑縣西南有鹽城〔四〕。　金史完顔伯嘉傳：伯嘉言：河中、晉安，被山帶河，保障關、陝，此必爭之地。今雖殘破，形勢猶存。若使他人據之，因鹽池之饒，聚兵積糧，則河津以南，太行以西，皆不足恃矣。完顔訛可傳：元兵攻河中，河中主將懼軍力不足，截故城之半守之。元兵築松樓，高二百尺，下瞰城中。土山地穴，百道並進。力盡乃陷。

【校勘記】

〔一〕北温州　「温」，底本作「隰」，川本、滬本同。新唐書地理志：温泉縣，「武德三年置北温州，并置新城、高唐二縣」。寰宇記卷四八：温泉縣，「唐武德三年於縣東南置北温州及温泉縣」。圖書集成職方典卷三二四亦作「北温州」，此「隰」爲「温」字之誤，據改。後文温泉廢縣改同。

〔二〕貞觀初省入蒲縣　「初」，底本作「中」，川本、滬本同。新唐書地理志：蒲縣，貞觀元年省「昌原、仵安、常安」。明統志卷二〇、萬曆山西通志卷一四皆作「貞觀初」，此「中」乃「初」字之誤，據改。

〔三〕虞鄉　「虞」，底本作「虜」，川本同，據滬本及金史從坦傳改。

〔四〕今蒲州安邑縣西南有鹽城　底本脱「西南」二字，川本同，據滬本及後漢書靈帝紀李賢注補。又「鹽城」，李賢注作「鹽池」，滬本「鹽城」下有「監也」二字。

洪洞　寶崖，縣東七里，在秦壁村東北〔一〕。四壁巉絶，北俯澗河，屹然孤聳，中央低凹。嘉靖二十年築堡，里人修爲山城，以防虜變。汾河，在縣西二里。發源太原，經於太岳。禹貢曰：既修太原，至于岳陽。是也。其水渾濁，沿河居民多鑿渠灌田。夏秋水漲，亦多崩決湮没之患。其源二〔二〕：出靜樂縣管涔山天池，林溪山龍眼泉，至支鍋石村合流，南發過楊縣〔三〕，西下臨汾，至滎河縣入於黃河。　澗河，在縣南一里。郡志曰：大澗河，其源二：一出岳陽縣北安吉嶺，一出縣西北金堆里千佛溝〔四〕。西南流至故岳陽村，二水相合，經洪洞西流入汾，至西門外合汾水。沿河居民多引水灌田。夏秋暴漲亦傷稼。弘治十七年，知縣鄭選築長堤捍之。通志曰：合流至洪洞郭盆村，引渠曰潤源，至李保里仍入本河。至故縣村引渠，沃陽渠是也。　霍水，〔旁注〕泉。在縣東北三十里。發源廣勝寺下霍山南麓，下流成河。唐貞元間，居民導之分兩渠，一名南霍〔五〕，一名北霍。其源發於霍山下，逕周壁、馮堡入惠遠橋下，西注於汾。　南霍渠，源出趙城縣廣勝寺下。〔旁注〕湧泉〔六〕。趙城得七分，洪洞得三分。　通霍渠，縣北五里，即南霍渠下流。一名小霍渠。　副霍渠，在縣北三里南洞村。　利澤渠，在縣北。通利渠，在縣西北三十里，汾河西。　潤源渠，縣東三十里。　清泉渠。　沃陽渠，縣東三十里。　眾利渠。　高梁亭。史記：齊桓公率釐公討晉亂，至高梁而還。應劭曰：高梁在平陽縣〔七〕。杜預曰：高梁亭在平陽縣西南〔八〕。　地道記：梁城去縣五十里，叔向邑。今廢。

【校勘記】

〔一〕秦壁村東北　「北」，底本脱，川本、滬本同，據康熙平陽府志卷五、圖書集成職方典卷三〇八補。

〔二〕其源二　底本「其」上有「水經曰」三字，川本同，滬本無。按萬曆山西通志卷四：大澗水，「一出縣北安吉嶺，一出縣西北金堆里」。康熙平陽府志卷五記述與本書同，非水經文，乃明、清記述。據滬本删。

〔三〕楊縣　川本、滬本同。寰宇記卷四三：洪洞縣，本漢楊縣，「唐義旗初改爲洪洞縣」。此處既以明地記述，又錯入古地，古、明相混。

〔四〕一出縣西北金堆里千佛溝　「北」，底本作「與」，川本同，滬本作「一出」，據紀要卷四一改。

〔五〕一名南霍　「霍」，底本作「渠」，據川本、滬本及紀要卷四一改。

〔六〕湧泉　川本同，滬本無此二字。疑誤。

〔七〕高梁　「梁」，底本作「陽」，川本、滬本同，據本書上下文及圖書集成職方典卷三二四改。

〔八〕高梁亭在平陽縣西南　底本「陽」上脱「平」字，川本、滬本同，據本書上文及史記齊太公世家集解引杜預曰補。下文襄陵縣高梁亭改同。

聞喜　横嶺，在縣東南九十里。山脊横亘，下有三泉，出白石下，俗名白石河。與垣曲接界。龍頭堡，在縣東北四〔旁注〕五。十里。後周明帝嘗徙絳州治於此。峨嵋嶺，在縣北三里許。以漸而高，行二十餘里，四圍丘隴，中爲平原，所謂晉原者也，晉城在焉。土厚宜五穀。至絳州南約十里而盡，東起曲沃，西至黄河，〔旁注〕其廣五十餘里。其間高下險夷不等，大率皆土嶺，而間有石。稷王山，在縣西北五十里，與稷山縣接界。后稷始播穀於此，陵廟在焉，稷山主之。其下有姜嫄祠墓，聞喜主之。唐渠，按唐地理志，縣東南三十五里有沙渠，即今寺頭等村所引以溉田者，因以名其寺。又儀鳳二年，詔引中條山水於南坡下，西流經一十六里溉涑陰田〔一〕。萬曆元年，知縣王象乾欲修復之，以妨民居，不果。　王公渠。　羅公渠。　周陽城。史記田蚡傳：孝景後三年，封蚡弟勝爲周陽侯。正義曰：絳州聞喜縣東二十里周陽故城。漢書注：聞喜縣東二十九里。〔旁注〕水經曰：涑水又過周陽邑南。注云：其城南臨涑水，北倚山原。　乾河。　史記曰：伐韓，到乾河。山海經曰：水冬乾而夏流，實惟乾河。注：今河東聞喜縣東北有乾河口，因名乾河里〔二〕。今有溝無水，亦無復里名。　清原。　左傳僖三十一年：晉蒐于清原。杜預曰：河東聞喜縣北有清原。成十八年：大夫逆于清原。後漢馬融廣成頌曰：采清原。注云：清原地在河東聞喜縣北。

【校勘記】

〔一〕詔引中條山水於南坡下西流經一十六里溉涑陰田　「坡」，底本作「城」，川本、滬本同，據新唐書地理志改。又，底本「流」下衍「者」字，據川本、滬本及新唐書地理志删。

〔二〕注至因名乾河里　川本、滬本同。史記白起列傳：伐韓，「到乾河。」集解引郭璞曰：「今河東聞喜縣東北有乾河口，因名乾河里。」則爲史記集解引郭璞曰，非「山海經注」，此誤。

襄陵　史記魏世家：文侯三十五年，齊伐我，取襄陵。　唐高祖武德二年，僕射裴寂言：

襄陵地廣，東分浮山縣。遂徙襄陵於汾水西宿水店。宋天聖元年，移於晉橋店，即今治。藐姑射山，在縣西一十二里三嶝山之北〔一〕，以姑射仙人，故名。山下出泉，派分十二官河，灌臨汾、襄陵二縣民田若干頃。建祠崇祀，敕封爲平水泉之神，即今之龍祠云。白石坂，在縣西南三十五里。山路崎嶇，人迹罕至。弘治十三年，知縣李高開廣爲大路，通隰、吉等處，商樵便之。汾水，在縣東一里。源出靜樂縣〔二〕，經臨汾流入縣境，南逾太平，至滎河入於河。晉水，在北門外。〔旁注〕本平水，至此爲晉水。源出姑射山，東入汾。三交水，在縣東南二十五里。源出崇山，合鄧、梁二水爲三，西入於汾。又名巢溪。高石河，在縣北二里。源出平水泉，東入於汾。劉元海城，在縣北。晉永嘉末，元海僭號，初據蒲子縣，後築此城以遷都焉。其城東北角突出，名曰渣石樓。高梁亭。史記：齊桓公討晉亂，至高梁而還。應劭曰：高梁，晉地，在平陽縣。杜預注曰：高梁亭在平陽縣西南。地道記：梁城去縣五十里，叔向邑〔三〕。

【校勘記】

〔一〕在縣西一十二里　「一十二」，底本作「十一二」，據川本、滬本及康熙平陽府志卷五乙正。

〔二〕靜樂縣　「縣」，底本作「山」，川本、滬本同，據萬曆山西通志卷四、康熙平陽府志卷五改。

〔三〕高梁亭至叔向邑　川本、滬本同。按此已叙列於本書上文洪洞縣，康熙平陽府志卷三一同，此係錯入。

浮山　秦王嶺，在縣東北四十里。舊志：唐太宗爲秦王時，南破宋老生，從霍山東分兵，詭道潛行至此，以扼其前鋒，後人因呼秦王嶺。　洪嶺，太行山之别名，在縣東五十里。南抵壺口，北連上黨、恒、霍，綿亘數千里，乃三晉之形勝也。　銀洞嶺，在縣南三十五里，與龍角山相連。其下有銀鑛、朱砂、片緑出焉。今禁不敢開。其旁有淺洞，出金，居民取土淘之。　河上公堆，在縣南三十五里，與龍角山連。相傳河上公修煉於此，遺迹尚存。後人建小石塔於上。　浮山，在縣西四十里。相傳洪水時，此山隨水消長，故縣取以爲名。澤州亦有浮山。　澇水，源出縣北四十里烏嶺下，一名黑水。其旁有小澗溝合入，流經府城北，又名高河，西入汾。洪武十一年，知府徐鐸引入城西北，廣浚其址，周圍三百八十步，深五丈，分爲二池，名曰永利，以便汲飲。　潏水，源出壺口山下，西北流，合高梁水入汾。唐時引此水及高梁水入百金泊溉田。　懸泉，又名鳴泉，在縣東北二十里北堯山西巖。懸崖涓滴，戛然有聲。西流成溪，甘涼透骨，湛然不淆，號曰清溪。又西北與黑水合流，達高梁，入於汾。

曲沃　紫金山，在縣南十三里。東達太行，西極隘口。高五里，盤踞百里。古志云産銅，今無。鄉人取其沙，淘於水，有微金，得名或在此。　澮河，在縣南三里。源發太行山東烏嶺，經本縣河底、韓村等里，西流入於汾。　汾河，在縣西八十里。源出靜樂縣管涔山，經本縣高縣、南莊等里，西流絳州，至榮河縣，入於黄河。清水河，在縣南十里。合絳縣景明諸水，北流入澮。合水，在縣北二十里。源出太尖山，與温泉諸水合而成流，西入於汾。九原，在縣東北鄍底村〔一〕。檀弓：晉趙文子與叔譽觀於九原。王官城，在縣西南二里，人號晉城。一統志云：左傳晉景公謀去故絳，徙於新田。即此。南對紫金山。極高處有中城，有外城。其南面爲澮水衝没，東、西、北遺址尚存。東接河底，西界臨城，南抵澮水，北包鳳城，周圍三十餘里。絳邑城，在縣東南二里。隋開皇十年〔二〕，移治絳邑古城，即此。今廢。晉鐵嶺關，在縣西南五十里，即今隘口村，遺址尚存。蒙坑，在縣北四十里蒙城鎮北。魏書：將軍安同曰〔三〕：臣受遣詣絳，見汾東有蒙坑，東西三百餘里，徑路不通。五代時，王峻引兵趨晉州，晉州南有蒙坑之險，峻憂北漢兵據之，聞前鋒已過，喜曰：吾事濟矣。即此。

【校勘記】

〔一〕鄍底村　「鄍」，川本同，滬本作「鄍」，圖書集成職方典卷三二四作「郾」，未知孰是。

〔二〕隋開皇十年　底本「十」下有「一」字，川本、滬本同。寰宇記卷四七：曲沃縣，隋開皇十年，「移於絳邑故城，即今治也」。此「一」字衍，據删。

〔三〕安同　「同」，底本作「固」，川本、滬本同。魏書安同傳：臣受遣詣絳，「見汾東有蒙坑，東西三百餘里，徑路不通」。此「固」爲「同」字之誤，據改。

夏　中條山，在縣東五里。東則太行，西則太華，此山居中，因名。有路曰虞坂。鳴條山，在縣西二十里。北連聞喜，南連安邑，即湯與桀戰之地。稷神山，在縣西五十里。上有稷神廟。涑水，在縣西三十里，即司馬温公所居故地。發源絳縣，經聞喜、夏縣、安邑、臨晋、猗氏縣界，至蒲州東南入黄河。邑人導其水以溉田。姚暹渠，在縣南關外，舊名永豐渠。隋大業間，都水監姚暹重開，故名。其源出自巫咸谷，若山水暴漲，則流入鹽池，故歷代修築。青臺，在禹城中，高百餘尺。俗傳禹妃塗山氏女，因禹治水八年於外，築臺望思之。禹廟在上。然禹治水之時尚爲臣，未建都，恐非是。古之王者，有靈臺以望氛祲，此或是歟？酒池，〔旁注〕縣西北三十里。池下王村里。在禹舊城。桀爲酒池，一鼓而牛飲者三千人，即此。居人發土，間有獲當日銅鑄引酒筒及帶鈎之屬。按夏禹建都安邑，後魏神䴥元年，分安邑之東爲夏縣，今縣西北三十里池下王村里，夏一代陵寢在焉。因桀酒池，故以名村。按一統志，惟禹陵在浙江紹興府會稽山，禹巡狩崩而葬焉。少康陵在河南開封府太康縣西。除二帝外，自啓而下，未著其處。今存諸陵，高丘纍纍，即啓以下夏家一代帝王之陵寢也。金大定五年，建朝元觀於其側，以爲修奉香火之地。〔旁注〕有敕碑，大定十一年立。惜無人爲請於朝，載諸祀典。舊志失考，今補志於此，以俟後之良有司舉焉。白沙河，在南關外。源出中條山巫咸谷，會入姚暹渠。

絳縣　絳山，在縣西北二十里。草木不生，土色皆赤，故名，縣之得名以此。太行山，在縣東二十里。絳水，發源城西溝中，至楊村灌田。涑水，發源縣東南十五里，自陳村谷出，伏龍地中，至柳莊復出。居民灌田外，西流聞喜，至蒲州入河〔一〕。澮水，發源縣東北，由大交鎮西與諸水合。〔旁注〕出縣東北四十五里大交鎮東，流至鎮西與諸水合。至絳州境，西入於汾。帶溪水，發源縣東南一十五里太陰山，經陳村分流入縣。南麓寨，在縣東北三十五里。周圍約二十餘畝，重門陡絶，上可避兵。郇王寨，在郇王村東。四面峭絶，上可避兵。

【校勘記】

〔一〕蒲州　「州」，底本脱，川本、滬本同，據萬曆山西通志卷四補。

趙城　霍山，一名太岳，在霍州東南二十里。南接趙城，北跨靈石，東抵沁源，古爲冀州之鎮，今爲中鎮。其東有峯，上圓，名觀堆峯〔二〕，去縣東北四十里。入山五里許，有中鎮廟。蜚廉墓。皇甫謐曰：去彘縣十五里有蜚廉冢。史記：蜚廉爲紂石北方，還，無所報，爲壇霍太山而報，得石棺，銘曰：帝令處父，不與殷亂，賜爾石棺以華氏。死，葬於霍太山。水經注曰：霍太山上有蜚廉冢，山上有岳陽廟，甚靈。烏雀不棲其林，猛虎常守其庭。此則禹貢岳陽也。

【校勘記】

〔一〕觀埠峯　「埠」，底本作「縋」，川本、滬本同，據本書上文霍州及萬曆山西通志卷四、康熙平陽府志卷五改。

太平　姑射山，在縣西十五里。與鄉寧接境，自北而南，列如屏障。九原山，在縣西南二十五里。晉大夫多葬此。趙文子與叔譽觀於九原，即是。又見曲沃。古晉城，在縣南二十五里。晉獻公都。左傳：士蔿城絳，以深其宮。史記：獻公始城絳，都之。即此。按周武王少子唐叔，成王時封於唐。唐叔子燮父，徙居晉水旁，改曰晉侯。子武侯，歷成、厲、靖、僖、獻、穆，自晉陽徙於絳。穆侯子文侯，文侯子昭侯，封其叔父成師於曲沃，而曲沃始大。昭侯子孝侯，歷鄂侯、哀侯、小子侯，至哀侯弟緡，曲沃伯稱滅晉。王命曲沃伯以一軍爲晉侯，是爲武公。武公子獻公即位之九年，徙都於此。自獻而下，而惠、而懷、而文、而襄、而靈、而成，至景公十五年，以韓厥之謀，遷新田。城故址周九里十三步。其左爲北柴里，右爲趙康里，人民繁富。太平故城二：一在縣北二十五里，今爲故城鎮。其北爲襄陵縣故關里，即古太平關也。一在縣東北三十里，即移於關東者，今爲北故縣里。豁都峪，在縣西北二十五里侯村〔二〕。北渠始開於金皇統四年，灌田十四村，餘水入於汾河。尉壁峪，在縣西北一十五里尉村。北渠始開於金皇統四年，灌田十六村，餘水入於汾河。以上兩峪，皆從姑射山出。每夏秋大雨水漲，勢若建瓴，人爭灌溉，爲利甚溥，又謂之雷鳴水。

【校勘記】

〔一〕侯村　底本「侯」上衍「西」字，川本、滬本同，據康熙平陽府志卷一三、圖書集成職方典卷三二一刪。

岳陽　草峪嶺，在縣東南七十里。南控羣峯，北連霍岳。沁河，在縣東北九十里〔一〕。二源：一出沁源縣西北綿山，一出沁源縣東北馬圈溝。東南流古端氏縣〔二〕，合流入河。

【校勘記】

〔一〕沁河在縣東北九十里　「東北」，康熙平陽府志卷五、圖書集成職方典卷三〇八同，川本、滬本及紀要卷四一無「北」字，當誤。

〔二〕東南流古端氏縣　「南」，底本作「北」，據川本、滬本改。滬本作「東南流入古端氏縣境」。

翼城　翼在禹貢冀州之域。冀，天下之中，自唐、虞及夏、殷皆都焉。春秋疏：堯治平陽，舜治蒲坂，禹治安邑。三都相去二百餘里，俱在冀州。翼，其畿内地也。在高辛氏爲唐，丹朱封於此，因其名，今邑唐城村是也。至周成王五年，唐亂，滅之，以封其弟叔虞。唐在河、汾之東，方百里。虞遷都翔臯山下，山形如翼，翼城之名，所由來也。唐叔子燮父徙居晉水旁〔一〕，幷理故唐城，是爲晉侯。竹書紀年云：宣王十六年，晉遷於絳。詩譜云：晉穆侯遷都於絳〔二〕。史記云：晉昭侯封成師於曲沃，邑大如翼。翼，晉舊都也。至孝侯改絳爲翼，孝侯至緡侯時皆稱翼。〔旁注〕左傳隱五年：曲沃莊伯以鄭人、邢人伐翼。注：曲沃，晉别封成師之邑，在河東聞喜縣。翼，晉舊都，在平陽絳邑縣東。迨曲沃武公伐翼侯緡，滅之，盡幷晉地，始都晉國。武公子獻公立八年，士蔿説公殺諸公子，而城聚都之，命曰絳，始都絳。水經云：獻公北廣其城，方二里，命之爲絳。自穆侯遷都於絳翼，翼已爲晉都矣。至孝侯改絳爲翼，地實未遷。及武公滅緡侯，始都晉國。晉亦翼地，獻公雖始都絳，但廣其城，遷亦不遠。則孝侯改絳爲翼，與獻公改翼爲絳，皆翼地也。翼始終當爲晉都，迄三國分晉，遂不復都矣。春秋翼屬晉，戰國屬韓，後屬趙，秦、漢皆爲河東郡地。漢高帝封周勃於絳，即此地。東漢復名翼城。三國魏始置平陽郡，晉仍舊，翼屬之〔三〕。後魏孝明帝熙平二年，置北絳郡〔四〕，北絳縣屬焉。隋開皇三年，罷郡爲晉州，十六年改爲翼城縣，隸絳州〔五〕。義寧元年，復置翼城郡。唐武德元年，郡廢，置澮州，二年改爲北澮州〔六〕，四年州廢，翼城縣仍隸絳州〔七〕，九年省小鄉入翼城縣。天祐二年，復名澮川。後唐長興元年，徙治王逢寨，州名因之，即今縣治也。宋改爲翼城縣，隸絳州。金興定三年，改翼州，置隆化縣，即今隆化村。元復爲翼城縣，隸絳州。本朝洪武二年，改屬平陽府。澮高山，在縣東南十五里。一統志云：形如鳥翼，又名翔臯，下有灤泉。括地志云：澮水出焉。羊角山，在縣東北三十里。一統志云：以形似名。唐武德三年，有吉善行者，言於羊角山下見白衣父老曰：爲吾語唐天子，我爲老君，而祖也。詔以其地立廟。山有二峯，西北峯屬浮山，東南峯屬翼城。上有春秋時羊角哀、左伯桃廟〔八〕，開元十八年敕修。有水名華池〔九〕，歲旱民多禱焉。烏嶺山，在縣東七十里。山有東西通道，二嶺相對，曰東烏、西烏，以山色黑，故名，翼、沁之險要也。穆天子傳云：天子西絶鈃隥，乃遂西南至於鹽〔一〇〕。舊乘云，即此山也。唐會昌三年，武宗伐澤、潞，晉絳行營節度使石雄代李彦佐之明日〔一一〕，引兵逾烏嶺，破五寨，即此地。南有關子門，嶺之蹊徑，險隘尤甚。舊有石門，今廢矣。八寶山，在縣東北二十五里。山有八峯。漢文帝時河上翁隱此，至今人呼河上翁堆。佛山，在縣東七十里。澮水南源出焉。蜀山，在縣北二〔旁注〕三。十里。有鑄錢爐，舊迹尚存。按代宗實録：大曆四年正月丁酉，關内道鑄錢等使第五琦上言：請於絳州汾陽、銅源兩監，增置五爐。疑即此地。丹山，在縣北二十里。出丹砂，雨後人多拾之者。又曰丹陵，即丹朱封地。出烏嶺者曰澮河，又一源出佛山下，合流而西入汾河。今邑東南居民多導以溉田。史記魏世家：武侯九年，翟敗我於澮。韓世家：懿侯九年，魏敗我澮。即此澮也。春秋：晉景公謀去故絳〔一二〕，欲居郇、瑕。魏獻子曰：不如新田，有汾、澮以流其惡。遂居新田。水經云：蓋在絳、澮之陽。括地志云：澮高山在翼城東北，澮水出焉。又水經云：澮水出河東絳縣東澮交東高山〔一三〕。注云：澮出翔高山，亦曰河南山，西逕翼城南。其水又西南合黑水嶺〔一四〕，水導源東北黑水谷，西南流逕翼城北。右引北川水，出平川，南流注之，亂流西南入澮水。澮水又西南與諸水合，謂之澮交。又有高泉水，出東南近川，西北趨澮交注澮。又南，紫谷水東出白馬山，西與田川水合。水出東溪，西北至澮交入澮。有范壁水出于壁下，並西北流，至翼廣城。二水合而西北流，至澮交入澮。澮水又西南與絳水合。出翔皋者曰灤水，又名靈泉。分流三渠〔一五〕，溉東南十二村田，至李村與澮水合。唐嗣聖間，令張懷器導之。本朝弘治間，流涸，數年復出矣。出絳邑東賀村者曰賀水，溉邑馬宣莊田，西與灤水合。水經所云有賀水東出近川，西南至澮交入澮者，是也。丹朱者，堯之子。堯禪天下於虞，堯子丹朱避舜於房陵。舜讓，不克。朱遂封於房，爲虞賓。括地志云：故唐城在絳州翼城縣西二十里，即堯裔子所封。舊志云：丹朱封於丹淵，即翼丹陵，疑亦房陵也。唐城，丹朱所封都也，在唐城村。晉城，叔虞始封所徙都也，在故城村。武子莊，魏武子食采地也。左傳：晉獻公滅魏，畢萬爲右，即以魏賜之。卜偃曰：畢萬之後必大。萬，盈數也；魏，大名也，以是始賞，天啓之矣。萬孫名犨，爲魏武子，世世食采於此。按史記正義云：魏在陜芮城縣北。皮牢城，趙地也。史記：周顯王七年，魏敗韓、趙之師於皮牢。趙世家曰：魏敗我師於澮，取我皮牢。後復歸於趙。赧王五十六年，秦王齕敗趙，拔皮牢。皆此地。今爲牢寨村。北絳城，後魏所置北絳縣也，在今北絳村。隆化城，北齊隆化元年置鎮於此，以御周師。金興定三年置隆化縣。元廢。今在隆化村。

【校勘記】

〔一〕唐叔子燮父徙居晉水旁　「子」，底本作「於」，川本同，據滬本、本書上文太平縣及史記晉世家正義引宗國都城記改。

〔二〕晉穆侯遷都於絳　底本「絳」下衍「翼」字，川本、滬本同，據水經澮水注引詩譜刪。

〔三〕晉仍舊翼屬之　川本、滬本同。按晉書地理志平陽郡統縣十二，無「翼城」。寰宇記卷四七翼城縣：「本漢絳縣地，屬河東郡，自漢至魏不改。」此誤。

〔四〕後魏孝明帝熙平二年置北絳郡　川本、滬本同。魏書地形志：「北絳郡，孝昌三年置。」此記置年誤。

〔五〕隸絳州　「絳州」，底本作「北絳郡」，川本、滬本同。按本書上文記隋開皇三年罷北絳郡，十六年何得復有「北絳郡」？寰宇記卷四七：翼城縣，隋開皇十六年，「改爲翼城縣，屬絳州。」則此「北絳郡」爲「絳州」之誤。據改。

〔六〕北澮州　底本作「昆簿州」，川本同，滬本作「昆薄州」。舊唐書地理志：「武德元年改爲澮州，二年改爲北澮州。」新唐書地理志同。此「昆簿州」爲「北澮州」之誤，據改。

〔七〕四年州廢翼城縣仍隸絳州　底本「州廢」下有「爲」字，川本、滬本同。元和志卷一二翼城縣：武德四年「廢澮州，縣屬絳州」。新唐書地理志：絳州翼城縣，「武德四年北澮州廢，縣皆來屬」。此「爲」字衍，據刪。

〔八〕左伯桃　「桃」，底本作「縚」，川本、滬本同，據太平御覽卷四〇九、圖書集成職方典卷三〇八改。

〔九〕華池　「華」，底本作「莘」，川本、滬本同，據康熙平陽府志卷五、圖書集成職方典卷三〇八改。

〔一〇〕鹽　川本、滬本及朱謀㙔水經注箋汾水引穆天子傳同。王先謙合校水經注：「官本刊誤曰：『鹽』，當作『盬』。」是也。

〔一一〕晉絳行營節度使石雄代李彦佐之明日　底本脱「明日」二字，川本、滬本同，據通鑑卷二四七補。

〔一二〕晉景公　「景」，底本作「悼」，川本、滬本同，據本書上文絳州及左傳成公六年改。

〔一三〕澮水出河東絳縣東澮交東高山　底本「交」上脱「澮」字，川本同，據滬本及水經澮水注補。

〔一四〕澮出翔高山至其水又西南合黑水嶺　川本、滬本同。「翔」，楊守敬水經注疏澮水作「詳」。熊會貞按：「影鈔宋本作『詳』，御覽六四引此作『詳』，又寰宇記作『祥高』。名勝志作『翔高』，祥、翔與詳，並音同。」「黑水嶺」，水經注疏作「黑水」，云「朱(本)水下衍『嶺』字，全、趙、戴删」。

〔一五〕分流三渠　「三」，川本、滬本同，圖書集成職方典卷三一一作「二」，未知孰是。

蒲縣　五鹿山，在縣北五十里。高八里，盤踞十里，近隰〔一〕。蒲豪民盜開獲利，互相告爭，累年不結。　蒲子山，在縣東北五十里。世傳堯師蒲伊子隱於此。　第一河，在縣西。源出七佛峽，水流轉折，至大寧縣入黄河。　左傳莊二十八年：蒲與二屈。注：蒲，今平陽蒲子縣。

【校勘記】

〔一〕近隰　「隰」，底本作「濕」，川本同，據滬本、本書前文隰州及清統志卷一五七改。

蒲州　雷首之北，析城之西，南枕河曲，北涉汾水。詩傳。全晉列藩，三河外屏，條山峙其左，紫淵居其右；前瞻巨嶽，却眺隆脽〔一〕；唐、虞之所興，神祇之攸館。王欽若。北接汾、晉，西連同、華。元史。黄河北來，太華南倚。總水陸之形勢，壯關、河之氣色。唐元載中都議。舊城，周圍幾二十里。金哀宗八年，元兵侵河中府，金將懼兵力不足，截故城之半以守，今州城是也。東關城，即舊城所截之餘。嘉靖二十年，分守河東道參議郭時叙、知州趙統重建。中條山，在州東南十五里，即雷首山。禹貢：壺口、雷首，至于太岳。傳云：雷首，山名。地理志：在河東郡蒲坂縣南。即此山。蓋北條北境之山。歷代相傳爲中條者，以其居河曲之間，延綿不絶，故名。又南北狹薄，亦名薄山。形勢險峻，行旅不通，上有谷口、蒼龍等泉〔二〕。〔旁注〕舊唐書：龜博從父起在河中〔三〕，於中條山谷中起草堂，與山人道士遊，朔望一還府第，後人目爲「郎君谷」。首陽山，在州南四十五里。即雷首山之陽，南與太華對峙爭高，峯巒巉崒。〔旁注〕左傳宣二年：宣子田于首山。殷伯夷、叔齊隱於此，祠墓在焉。西京述紀賦與太華仙掌辨皆云：太華、首陽本爲一山，巨靈擘開，以通河流。其説荒誕。蓋自有天地，即有山川，縈紆相連，自然之勢也。涑水渠，在州東三十里，源出絳縣横嶺山〔四〕。唐貞觀十七年，刺史薛萬徹開。經猗氏、臨晉，入姚暹渠，至本州大澗，入黄河。旱則斷流。以其盤束於地，故名曰涑。姚暹渠，在州東三十里。源出夏縣巫咸谷，經安邑、解州、臨晉，流至州南大澗，入黄河。旱則斷流。因都水使者姚暹開渠，故名。大水澗，在州南十五里，北入姚暹渠。嬀汭泉，在州東南五十里歷山之中〔五〕。爾雅曰：水北曰汭〔六〕。亦小水入大水之名。蓋兩水合流之内，故從水從内〔七〕。又二泉下南流者曰嬀，下北流者曰汭，異泉而合流也。乃舜所耕之地，釐降二女於嬀汭，嬪於虞，即此。上有舜廟，周宇文護所造〔八〕。陶邑，在州北三十里黄河東岸。舜陶於河濱，河濱器皆不苦窳，一年所居成聚，二年成邑，故名。唐貞元元年，馬燧敗李懷光於陶城，即此。蒲坂，即今州。應劭曰：秦始皇東巡，至蒲，見長坂，故加反云。鐵人二，在州治前，東西對立，各高四尺。考唐王昌齡詩，爲玄宗幸蒲坂所鑄。蒲津橋，按東魏屯軍蒲坂，造立浮橋渡河。又西魏大統四年，造浮橋。唐開元九年，新作蒲津橋。宋祥符四年二月丁卯，改蒲津橋曰大慶，即今河西關名。元豐六年八月十一日，命河中府修浮梁、堤岸。其爲關、爲橋，皆此津也。鐵牛，唐開元九年以前與東西二魏，其浮橋舊制，皆横絙百丈，連艦千艘，辮修笮以維之，繫圍木以距之〔九〕，敗則輒更，甚爲勞費。開元十二年，於河兩岸開東西門，各造鐵牛四，鐵人四。其牛並鐵柱連腹入地丈餘，前後鐵柱三十六，鐵山四，夾岸以維浮梁。宋祥符四年二月甲子，真宗次河中，渡河橋，觀鐵牛，作詩。治平三年四月己丑，初，河中府浮梁用鐵牛八維之，一牛重數萬斤；後水暴漲，絶梁，西牛没於河〔一〇〕。僧懷炳以二大舟實土夾牛維之〔一一〕，用大木爲權衡狀鈎牛，徐去其土，舟浮，牛出，已得其三；邦有輕薄者流言爲甚易，乃止其一。得牛而梁復成，詔賜懷炳紫衣。古城，在州東，與今治城相連，周圍九里一百二十五步〔一二〕。其雉堞敵臺，宛然猶存，惟缺西面。按五代漢紀：郭威討李守貞，刳長壕，築連城圍之。金紀：元主自將攻河中，詭可截故城之半以守〔一三〕。即此城。但未審是所築或所截者。

西關城栅，州城西〔一四〕。五代漢乾祐元年，漢將郭威遣白文珂克河中西關城栅於河西〔一五〕。蓋城在黃河西岸以護浮梁者〔一六〕，爲其嘗屬於河中，故録之。

河曲，在州南六十里黃河之曲。春秋文十二年：晉人、秦人戰于河曲。注：在河東蒲坂縣南。

樂李山寨，即金將侯小叔屯軍之處。侯衆兵畢會，登城以復河中。今廢。

雙市門，在東古城。即金元帥左都監侯小叔復河中府，殺元石天應於此門。

中條諸寨〔一七〕，乃金侯小叔設立以禦元兵之處。今廢。

鸛鵲樓，在州西南城上，即戍樓也。當時有鸛鵲巢其上，因名。

風后塚，在州南六十里風陵鄉趙村。有軒轅廟址。風后乃其臣，没，葬此地，至今號風陵焉。〔旁注〕宋書柳元景傳：僞帥何難於封陵堆列三營〔一八〕。北齊書孫搴傳：高祖西討，登風陵，命作檄文〔一九〕。

娥皇女英塚，在州南一十五里蒼陵谷。世傳舜南巡狩，崩，葬於蒼梧之野。二妃追之不及，至洞庭山，淚下染竹成斑，死爲湘水神。其説荒誕，當以葬於此者爲是。

伯夷叔齊墓，在州南五十里首陽山〔二〇〕。二冢對峙，古柏森森，東負崇山，西面大河，前祠堂，設像以祀焉。

河瀆神廟，在州南門外偏西。自宋、金已有，元至正間奉敕建。

西海神廟，在河瀆廟之西。其建置與河瀆廟同。

虞帝廟，在州東門外。宋大中祥符四年，真宗祀后土，車駕次河中府，謁舜廟，命本府修飾牆垣，帝作贊紀之。改舜泉坊爲廣孝坊，令王欽若撰記於泉側。五月庚子，詔於舜泉側建廟。　禹王廟，在州西門外黄河東岸。元至大三年建。　舜微時，耕歷山，人皆讓畔；漁雷澤，人皆讓居；陶河濱，器不苦窳；作什器於壽丘；就販負夏〔二一〕。按古志載虞帝遺迹甚詳，其歌薰有臺，其釐降有泉，其旁出有井，以至曰耕、曰漁、曰陶，〔旁注〕水經：河水又南逕陶城西。注云：舜陶河濱，皇甫士安以爲定陶，不在此也。然陶城在蒲坂城北，城即舜所都也，南去歷山不遠〔二二〕，或耕、或陶，所在則可，何必定陶方得爲陶也。　莫不各有其地。而齊省、浙東，爭相援引，蓋以孟子有東夷之語也。不知此乃對文王西夷而言，猶云東方、西方耳。故曰地之相去千有餘里，正以蒲坂、岐周言也，明者自能辨之。　周顯王四十年，秦伐魏，取汾陰、皮氏，拔焦。汾陰，今榮河。皮氏，今河津。　漢文帝十六年，新垣平言：周鼎在泗水中，今河決通於泗，而汾陰有金寶氣，意鼎出乎？於是治廟汾陰，欲祠出鼎。　武帝元光中，河東太守番係言：漕從山東西，歲百餘萬石〔二三〕，更砥柱之限〔二四〕，敗亡甚多而煩費。穿渠引汾溉皮氏、汾陰下，引河溉汾陰、蒲坂下，度可得五千頃。故盡得河堧棄地，民茭牧其中〔二五〕，度可得穀二百萬石以上。穀從渭上，與關中無異，而砥柱之東，可無復漕。上以爲然，發卒數萬人作渠田。數歲，河移徙，渠不利，田者不能償種。久之，河東渠田廢。　元鼎四年十一月，立后土祠於汾陰脽上〔二六〕，上親祠之〔二七〕。如淳曰：脽者，河之東岸如人尻脽，故以名云〔二八〕。　天子東幸汾陰，汾陰男子公孫滂洋等見汾旁有光如絳，上遂立后土祠於汾陰脽上，上親望拜，如上帝禮。成帝元延四年三月，幸河東，祠后土。既祭，遊龍門，登歷山觀。晉灼曰：歷觀，在河東蒲阪縣〔二九〕。章帝元和三年八月己丑，幸安邑，觀鹽池。説文云：河東鹽池，袤五十一里，廣七里，周百一十六里。在今蒲州虞鄉西。靈帝熹平四年六月〔三〇〕，遣守宮令之鹽監，穿渠，爲民興利。注：今蒲州安邑縣西南有鹽成監〔三一〕。郡國志：河東安邑：鹽池在西南。魏都賦：墨井鹽池。注：在猗氏南，東西六十四里，南北七十里〔三二〕。魏文帝太和二十一年四月，幸龍門，使以太牢祭夏禹，命修其廟。幸蒲坂，使以太牢祭虞舜，命修其廟。唐玄宗開元元年，河中尹姜師度以安邑鹽池漸涸，疏決水道，置爲鹽屯。公私大收其利。前代鹽皆自生，開元中，姜師度爲尹而池涸，故唐格自開元後遂有畦夫營種之課。張席論鹽漫生之利，遂罷畦夫。肅宗乾元元年，置河中府解縣紫泉監。代宗大曆十二年，河中府安邑有鹽池，與解爲兩池，生乳鹽，賜名寶應靈慶池〔三三〕。宋真宗大中祥符三年十月庚戌，賜寶鼎行宮名曰奉祇，前殿曰穆清。四年二月丁巳，至寶鼎縣奉祇宮。戊午，齋穆清殿。庚申，詔改奉祇宮曰大寧。壬戌，御朝覲壇，受朝賀，肆赦，酺宴羣臣穆清殿。

【校勘記】

〔一〕隆脽　底本作「龍雕」，川本、滬本作「隆雕」，滬本眉批：「雕，當作脽。」按清統志卷一四〇引王欽若廣孝泉記作「却望隆脽」。據改。

〔二〕蒼龍　「龍」，底本作「陵」，川本、滬本同，據明統志卷二〇、萬曆山西通志卷四、康熙平陽府志卷五改。

〔三〕龜博從父起在河中　川本、滬本同。按舊唐書王龜傳云：「及從父起在河中……從人目爲郎君谷。」此所引與之相合，惟「博」字疑衍，或係「傳」字之誤，「龜」上當增「王」字。

〔四〕源出絳縣橫嶺山　「絳」，底本作「峰」，川本同，據滬本及明統志卷二〇、萬曆山西通志卷四改。

〔五〕州東南五十里歷山之中　「五」，底本作「二」，川本、滬本同，據康熙平陽府志卷五、圖書集成職方典卷三〇九改。

〔六〕爾雅曰水北曰汭　川本、滬本同。按今本爾雅無此文。太平御覽卷六四引地記：「南流者曰媯水，北流曰汭水。」則出於地記，非爾雅。

〔七〕故從水從内　底本脱「從水」二字，據川本、滬本及説文解字水部補。

〔八〕宇文護　「護」，底本作「讓」，川本同，據滬本及周書晉蕩公護傳改。

〔九〕繫圍木以距之　川本同，滬本「圍」作「維」。

〔一〇〕西牛没於河　川本同，滬本「西牛」作「四牛」。按鐵牛東西各四，「西牛」亦是「四牛」。明統志卷二〇古迹「鐵牛」下云：「唐開元中，鑄八牛，置東西岸各四牛……今西岸缺其一。」康熙平陽府志卷三一、圖書集成職方典卷三二四作「西牛」，是也。

〔一一〕懷炳　「炳」，底本作「丙」，川本、滬本同，據康熙平陽府志卷三一、圖書集成職方典卷三二四改。下同。

〔一二〕古城在州東與今治城相連周圍九里一百二十五步　川本、滬本同。萬曆山西通志卷一四：「虞都古城，蒲州城外東南，與州城相連，周圍九里一百三十步。內有虞舜陵寢。」康熙平陽府志卷三一：「虞都古城，蒲州城外東南，與州城相連。內有舜陵寢。」此「古城」上疑脱「虞都」二字，它文或疑有誤脱。

〔一三〕詵可　底本、川本作「誂可」，據本書上文蒲州、滬本及金史完顏詵可傳改。

〔一四〕州城西　底本脱，川本、滬本同，據康熙平陽府志卷三一、圖書集成職方典卷三三四補。

〔一五〕白文珂　底本作「白文河」，川本、滬本同，據舊五代史漢書隱帝紀、周書太祖紀、白文珂傳改。

〔一六〕黄河西岸　「西」，底本脱，川本、滬本同，據康熙平陽府志卷三一、圖書集成職方典卷三三四補。

〔一七〕中條諸寨　底本「條」下衍「即」字，川本同，據滬本及金史侯小叔傳删。

〔一八〕封陵堆　「堆」，底本作「自」，川本、滬本同，據宋書柳元景傳改。

〔一九〕命作檄文　「檄」，底本作「徼」，川本同，據滬本及北齊書孫搴傳改。滬本此句下多「亦名封陵」四字。

〔二〇〕在州南五十里首陽山　「十」，底本脱，川本、滬本同。本書前文蒲州載：「夷齊墓，在州西南四十五里首陽山下。」自相牴牾。康熙平陽府志卷三二、圖書集成職方典卷三三五：「伯夷叔齊墓，州南五十里首陽山。」此「五」下脱「十」字，據補。

〔二一〕就販負夏　底本倒作「就負販夏」，據川本、滬本及史記五帝本紀乙正。

〔二二〕歷山　「山」，底本、川本作「上」，據滬本及水經河水注改。

〔二三〕歲百餘萬石　「萬」，底本、川本作「百」；「石」，底本、川本作「擔」，並據滬本及史記河渠書改。

〔二四〕砥柱之限　「砥」、「限」，底本作「底」、「險」，川本、滬本同，據史記河渠書改。下「砥柱」改同。

〔二五〕民茭牧其中　底本「民」上衍「禁」字，川本、滬本同，據史記河渠書删。

〔二六〕脽上　「脽」，底本作「雕」，川本、滬本同，據漢書武帝紀改。下同。

〔二七〕上親祠之　「祠」，底本、川本作「事」，滬本作「祠」。按漢書郊祀志云：「春幸汾陰，祠后土。」作「祠」是，據改。

〔二八〕如淳曰至故以名云　川本、滬本同。按漢書武帝紀顔師古注：「如淳曰：『脽者，河之東岸特堆掘……』師古曰：『脽者，以其形高起如人尻脽，故以名云。』」

〔二九〕在河東蒲阪縣　「蒲阪縣」，底本作「蒲坂雲山上」，川本、滬本同。漢書揚雄傳顔師古注引晉灼曰：「在河東蒲陂縣。」據以删改。

〔三〇〕熹平　「熹」，底本作「嘉」，川本、滬本同，據後漢書靈帝紀改。

〔三一〕鹽成監　川本、滬本同。按後漢書靈帝紀：「遣守宫令之鹽監，穿渠，爲民興利。」李賢注：「前書地理志及續漢郡國志並無〔鹽〕監，今蒲州安邑縣西南有鹽池〔監也〕。」「鹽成監」疑當作「鹽池監」。

〔三二〕魏都賦墨井鹽池至南北七十里　「墨井」，川本同，滬本作「黑井」，誤。文選魏都賦李善注：「河東猗氏有鹽池，東西六十四里，南北七十里。」續漢書郡國志河東郡安邑鹽池劉昭注：「魏都賦注曰在猗氏六十四里。楊佺期雒陽記曰：『河東鹽池長七十里，廣七里。』」未知孰是。

〔三三〕寶應靈慶池　底本、川本「池」上均空缺「慶」字，據滬本及舊唐書代宗紀補。

臨晉　漢、晉皆爲解縣。後魏太和十一年，改曰北解縣。蓋分解州爲南解縣，後改爲綏化縣〔一〕。隋開皇十六年，新置桑泉縣〔二〕。唐天寶十二年〔三〕，更名臨晉。按漢書：左馮翊縣有臨晉，故大荔，秦獲之，更名。有河水祠〔四〕。非此也。

中條山，廣四十里，高十五里，西濱黄河，東接鳴條、太行，綿綿可千餘里。山脊以南屬芮城，以北屬本縣。方山，在中條山東，與縣治對。甘棗山，在方山東。山海經曰：薄山之首曰甘棗。即此。歷山，在甘棗山東。即舜所耕處。五老峯，一名玉峯，在虞鄉城西南十里〔五〕。王官谷，在縣南七十里中條山〔六〕。有王官廢壘，因名。春秋：秦伐晉，取王官及郊。唐司空圖隱王官谷。即此。深十里，有懸泉瀑布，居人引爲磯磑，利民甚溥。桑落泉，在城東北七里。唐改泉縣〔七〕。因縣有民劉姓者，宿擅工釀，泉畔多植桑，秋深葉落，水清甚，采挹釀酒，色清白若調漿。今此法無人知者，泉亦不茂。黄河，在縣西三十里。北至河津龍門，南流滎河，過縣入蒲州，至潼關，折而東流。涑水河，在縣東南二十里。發源夏縣東山，由聞喜、猗氏經流本縣觀底諸村，入五姓湖，西注黄河。姚暹渠，在縣南五十里。五姓湖，在縣西南三十五里五姓村。村有五姓，因名。湖周圍四十里，即涑水、姚暹渠經流所鍾之地。西流至蒲州，入於河。每夏，荷花盛開，爛若披錦，雜以緑蒲紅蓼，足稱佳勝。綏化故城，在縣西南三十里五姓湖北。後周置綏化縣〔八〕，今猶以此名鄉。〔旁注〕州志：即解梁城，在後魏爲北解，後周爲綏化。解梁古城，在縣東南二十里。〔旁注〕左傳：晉侯賂秦伯以河外列城五，東盡虢略，南及華山，內及解梁城。頽垣尚存，東西二村號城東、城西，即西漢之解縣〔九〕，魏明帝之北解也。郇城，在縣東北十五里。文王第十五子所封，今亭東村南小蓋堡是其處。左傳成公六年：晉人謀去故絳，諸大夫皆曰：必居郇、瑕氏之地。郇、瑕，即郇城也。令狐城，在縣東十五里令狐村。春秋：晉人、秦人戰于令狐。左傳：晉公子濟河，圍令狐，入桑泉，取臼衰。注：

桑泉在河東解縣西。解縣東南有臼城。王官廢壘，在縣東南七十里州志：南六十里。中條山王官谷。左傳文三年：秦伯伐晉，濟河焚舟，取王官及郊。司空圖山居記云：谷之名，以有王官廢壘在其側。據此，則王官城去谷不遠，唐時已廢矣。唐時，河東府額亞於關中，而河中府有府三十三。今所知者，唯臨晉奉信府在縣治東；甘泉府即小蓋堡，舊曰嶷山府；平川府在縣西一十一里，即今鵶樊北里；通閏府在縣東南二十里，即今府張村；瀵水府在縣西三十里，即瀵店；又中立府在縣北二十五里〔一〇〕，有府南、府東村名，其自莫詳。小蓋堡，在縣東北一十三里。周一十二里九十四步，平如砥掌，三面深谷，北面入路止容一車，即郇城也。舊志云：晉永嘉中，雜虜爲寇，有尚小蓋者帥村民保守於此，後遂爲堡。龍飛堡，在縣西北三十六里。相傳唐高祖駐軍於此。實録云：義師聚臨晉渡。是也。

【校勘記】

〔一〕蓋分解州爲南解縣後改爲綏化縣　川本、滬本同。元和志卷一二：虞鄉縣，「本漢解縣地也，後魏孝文帝改置南解縣，屬河東郡。周明帝武成二年廢南解縣，別置綏化縣」。寰宇記卷四六略同，此説誤。

〔二〕新置桑泉縣　「新」，川本、滬本作「析」。

〔三〕天寶十二年　川本、滬本及元和志卷一二同。按兩唐書地理志「十二」均作「十三」。

〔四〕河水祠　「水」，底本作「近」，川本同，據滬本及漢書地理志改。

〔五〕在虞鄉城西南十里　「西」，底本脱，川本、滬本同；「十」，底本作「七」，川本、滬本同，並據康熙平陽府志卷五、康熙臨晉縣志卷三補改。

〔六〕中條山　底本無「中」字，川本、滬本同。按本書下文王官廢壘下云：「在縣東南七十里中條山王官谷。」康熙平陽府志卷五王官谷下云：「王官谷，臨晉縣南七十里中條山中。」據補「中」字。

〔七〕唐改泉縣　川本同，滬本作「唐改山泉縣」。按本書上文：「隋開皇十六年，新置桑泉縣。」舊唐書地理志臨晉下云：「隋分猗氏置桑泉縣。武德三年，分置温泉縣。九年，省温泉并入桑泉。天寶十三年，改爲臨晉縣。」明統志卷二〇桑泉城下云：「隋置桑泉縣。」本書上文所云與舊唐書、明統志相符；此云「唐改泉縣」或「唐改山泉縣」，疑有脱誤。又，圖書集成職方典卷三〇九載：「桑泉，在臨晉縣東北十五里。」不及隋桑泉縣事，或此「唐改泉縣」四字衍誤。

〔八〕後周置綏化縣　「縣」，底本作「郡」，川本、滬本同，據康熙平陽府志卷三二、圖書集成職方典卷三三四改。

〔九〕即西漢之解縣　「解縣」，底本作「解梁」，川本、滬本同，據漢書地理志、元和志卷一二改。

〔一〇〕中立府　川本、滬本同。按新唐書地理志載河中府有府三十三，無「中立府」，此誤。

滎河　后土祠，在縣北十里。漢文帝治汾陰廟。武帝元鼎四年，立后土祠於汾陰脽上〔一〕，親祀之。其後宣帝及唐玄宗、宋真宗皆躬祀之。其坤元殿、秋風樓、洗妝樓、碑亭、廊室，制度壯偉，規模宏敞，左跨羣山，右帶洪濤，巍然勝景也。其東別建大寧宮一所。　銘碑，俗稱蕭牆，在城内察院東。高丈餘，闊三丈餘，光澤堅厚，上鐫二聖配享銘，覆以重檐斗栱。　大寧宮，在蕭牆北，宋祥符四年建。真宗祀汾陰，駐蹕於此。内有穆清殿，真宗祀回〔二〕，大宴羣臣於上。又有延慶亭，爲致齋之所。歲久並廢。鐵人，在蕭牆前，四個，高各六尺。相傳爲真宗所鑄，頂焚爐之具。后土祠及東嶽祠上鐵柱各二。秋風辭亭，在后土廟後，有漢武帝秋風辭石刻，今廢。復建層樓於大殿前，覆秋風辭石刻，額曰「秋風樓」。循蜚紀曰：太古巨靈氏出於汾脽，握火象，持化權，揮五丁之士，驅陰陽，反山川，居無恒處，而迹纏於蜀。宋史鎮王元偓傳：乘輿度蒲津橋〔三〕，上登鄈丘亭，目元偓曰：橋道頓置嚴謹，卿之力也。脽上，在榮河縣。脽者，河東岸特堆掘〔四〕，長四五里，廣一里餘，高十餘丈，巨靈坐處，以形高起如人尻脽，故以名云。漢舊儀作葵上。漢書武帝紀注：師古曰：脽者，以其形高起如人尻脽，故以名云。一説此臨汾水之上，地本名鄈，音與葵同，彼鄉人呼葵音如誰，故轉而爲脽字耳，故漢舊儀云葵上。

【校勘記】

〔一〕脽上　「脽」，底本作「雎」，川本、滬本同，據漢書武帝紀改。下同。

〔二〕真宗祀回　「回」，底本作「四」，川本、滬本同。按宋史禮志七：真宗大中祥符四年，帝至寶鼎縣奉祇宫，祀后土地祇。帝還次，詔改奉祇曰太寧宫，宴羣臣於穆清殿。此所記與宋史相符，「四」當是「回」之誤。據改。

〔三〕乘輿度蒲津橋　「乘」，底本作「采」，川本同，滬本作「乘」；「津」，底本、川本、滬本作「淳」，滬本眉批：「淳，當作津。」並據宋史鎮王元偓傳改。

〔四〕特堆掘　「掘」，底本作「崛」，川本、滬本同，據漢書武帝紀顔師古注引如淳曰改。

猗氏　峨眉坡，在縣北門外。東連聞喜，西遥入陜〔一〕。涑水河，在縣南六里。源出絳縣絳水，始自乾澗，伏流盤束地中而復出。西流經聞喜縣，經本縣南境，合姚暹渠，入五姓湖。弘治十六年，監察御史曾大有因害鹽，具疏浚河八十里。本府同知許莊督工，引稍北，由孟盟入河。舊有渠，今堙，踪迹猶存。

【校勘記】

〔一〕西遥入陜　川本、滬本同，康熙平陽府志卷五、圖書集成職方典卷三〇九作「西入蒲坂」。按陜州位於猗氏縣東南，蒲坂在猗氏縣西南，以方位而言，圖書集成所記是，此「陜」爲「蒲坂」之誤。

萬泉　本汾陰縣地，後魏道武天賜元年，赫連勃勃僭號夏州，東侵河外。縣人薛通率宗族千餘家，西據汾陰城八十里，築城自固，因名薛通城。唐武德三年〔二〕，割稷山、安邑、猗氏、汾陰、龍門五縣村莊，於薛通故城置萬泉縣。元至元三年，并入猗氏。十四年，縣人皇甫祐以户數滿千，訴於省部。十六年，復立萬泉縣。

【校勘記】

〔一〕武德三年　「三」，底本作「二」，川本、滬本同，據兩唐書地理志、元和志卷一二、寰宇記卷四六改。

解州　中條山，在州南五十里。西起蒲州雷首，延袤數百里，迤邐而東，直接太行。南跨州之芮城、平陸諸縣，北跨臨晉及州之安邑、夏、聞喜，勢巉巖峻拔。自山之王官谷東二十里至紅臉溝，爲州西境。溝西上有靜林寺，在山翠微〔一〕，古柏森蔽。寺東十五里爲桃花洞，在州西南七里。洞東三里爲白龍谷口。東上八里爲直岔嶺。少東爲荻子谷。又少東爲五龍谷，在州正南五里。其東岫有石巖，巖水懸下如噴雪，其上有「酒島」字。谷口西上南十里爲橫嶺，即中條山脊。東有墩迹，五代漢防宋巡邏之路。其下爲弓張溝，又東爲堡子谷。又東爲仙女洞，亦名玄女洞；以其中積水成潭，又名黑龍潭，雩禱有應。潭東十里爲大虎谷，谷中有將軍堡，堡後有鳳凰嘴；嘴西過連雲棧至橫嶺有陽關寨，寨下有膽礬窟，其旁有百藥草。又東南爲檀道山，其下爲檀道谷；谷中有盎漿泉，不流而止；東亦有膽礬窟，路通河南靈寶洹津渡。又東南爲白徑嶺，雙石壁立，左右參天，中不容軌，亦名石門，即秦敗晉師於石門處，路通陝州太陽津渡。又東十五里爲分雲嶺，嶺顛出雲，東西分布，世傳尸鹽澤者也。宋宣和間，有成寶公廟，今廢。嶺下爲風谷洞，若半井，投葉即飛，其風出則飛沙摧木。其旁又有鹽風洞，洞口若盆，每仲夏應候風出，其聲隆隆，俗謂之鹽南風，鹽花得此，一夕成鹽。其上有天井山。谷口舊有風神祠〔二〕。又其東爲車輞谷，谷有銀砂洞，有禁。又其東爲二郎谷，嶺多古洞。又東爲虞坂，一曰鹽坂，俗曰青石槽，在安邑東郭村南，即晉荀息假道於虞以伐虢〔三〕，伯樂逢騏驥困鹽車處。國朝御史張士隆開修，可通鹽車。坂東爲巫咸頂，俗曰瑶臺頂，商相巫咸、巫賢所隱處，孤峯峭拔，蒼翠摩天。其下有巫咸祠，旁有巫咸谷，谷中有水，亦名巫咸水，在夏縣東五里。又東十五里爲柳谷，唐陽城所隱處。又東二十里爲鳳凰山。其東爲湯山，上有湯廟，其下有郭璞書堂，山亦產銅。在聞喜縣南八十里。湯山東爲秦王嶺，其上有鎮風塔、蠶姑廟。又東二十里爲盤山，在聞喜縣南五十里。又東二十里爲紫金山，又爲鳳凰原。由東而北爲峨嵋嶺，高二里，形如峨嵋，土厚，宜藝五穀。在聞喜縣東。由北而西爲玉鈎山，在安邑縣東北二十里〔四〕。狀如玉鈎。又西爲鳴條岡，即湯伐桀之地。北爲峨嵋坡，東自曲沃，西抵黄河，其陽跨聞喜、夏、安邑、猗氏、臨晉、滎河，州之北境亦倚其勢焉。又北爲孤山，其下爲安邑之相里。又北爲稷神山，在稷山縣南五十里，上有稷神廟，后稷始播穀於此，山陽多夏、聞喜之地。又南爲紫金山，在州北三十里，舊產人參。　峨嵋坡，在州東五里鹽池北岸。　逍遥坡，在州西北二里，爲女鹽池北岸〔五〕。　雷首山南迤東三十里，爲舜所耕之歷山，在州之芮城縣北。歷山東北三十里爲青龍洞，洞有青龍泉，旱禱必雨。洞東二十里爲甘棗山。甘棗山東十里爲石鐘洞，頂懸一石如鐘，水注其下。又東五里爲清涼寺。又東十里爲娥英廟。又東爲虞芮二君祠，下有所讓閒田。又東爲吴山，中條之支，在平陸縣西北五里。其山高平，上皆民田，其南麓有吴泰伯廟，故名。蓋虞仲封此，並祀其先泰伯而稱吴邪？東爲傅巖，殷傅説隱處，旁有聖人澗。東十里則爲砥柱峯〔六〕，又名三門，在黄河中流，其形如柱，高二丈餘。砥柱旁有老君爐，其東岸爲集津，西有禹廟。又東四十里爲箕山，山峯高峻，其形類箕，故名。山下有許由塚。清澗在箕山之南，即巢父洗耳處。東有白玉竅，號錫窟。東北爲王屋山。解梁故城，在州西六十里。

【校勘記】

〔一〕在山翠微　川本、滬本同，光緒山西通志卷三一引運司志作「高峙翠微」，此「在山」蓋爲「高峙」之誤。

〔二〕谷口舊有風神祠　「谷」，底本作「各」，川本、滬本同，據利病書卷四八改。

〔三〕荀息　「荀」，底本、川本作「旬」，據滬本及左傳僖公二年改。

〔四〕二十里　底本「二」下脱「十」字，川本、滬本同，據本書上文安邑縣及寰宇記卷四六、明統志卷二〇補。

〔五〕在州西北二里爲女鹽池北岸　底本脱「西」，川本、滬本同，據康熙平陽府志卷五、圖書集成職方典卷三〇九補；「池」，底本脱，川本同，據滬本及上引二志補。

〔六〕砥柱峯　「峯」，底本作「嶧」，川本同，據滬本及明統志卷二〇改。明統志「砥」作「底」。

安邑　中條山，在縣南二十里。西自蒲坂迤邐而東，接連太行、王屋諸山，盤踞數千里。帝王世紀：禹都安邑。周初，封畢公高之後於魏。晉獻公滅魏，賜大夫畢萬，其孫魏絳自魏徙安邑。後三分晉，爲魏國。惠王徙大梁，秦取其地。分雲嶺，即中條最高處。嶺顛出雲，東西分布，世傳尸鹽澤者也。涑水河，源出絳縣橫嶺山乾洞〔一〕，距縣北三十五里。經猗氏、臨晉西入五姓湖，過孟盟橋，入黃河。姚暹渠，舊經縣城内。隆慶四年，縣令袁弘德改由城北，西入五姓湖，達黃河。東郭灘，在縣東南十餘里。其地數十頃，中有大堰〔二〕，奉旨不許開種。苦池灘〔三〕，在縣東一十三里。夏縣東山、巫咸谷諸水皆西匯於此，以達姚暹渠。古魏城二，東西相連，在縣西門外一里許。本魏文侯所築，後惠王徙大梁。項羽封魏王豹於河東，亦都此。韓信以木罌渡軍，襲安邑，入此城，擒魏豹。今遺址尚存。古城，在縣西一里。魏文侯所築，東西兩壘對峙。韓信虜魏豹於此，亦名魏豹城。韓信城，在縣南五里，信屯兵處。穆天子傳：戊子，至於鹽池。己丑，天子南登於薄山寘軨之磴。今軨橋西南懸絶，中央有兩道。乃宿於虞。

【校勘記】

〔一〕乾洞　川本、滬本同，滬本眉批：「洞，當作河，或作澗。」按本書上文猗氏縣：「涑水始自乾澗。」下文聞喜縣：

「涑水源出絳縣横嶺山乾河。」紀要卷四一：乾河，「世謂之乾澗。」光緒山西通志卷四一涑水下注：「志作乾洞，誤，據方輿紀要引改。」

〔二〕中有大堰　「中」，底本脱，川本、滬本同，據康熙平陽府志卷一三、圖書集成職方典卷三一〇補。

〔三〕苦池灘　「池」，底本作「地」，川本、滬本同，據本書上文夏縣及康熙平陽府志卷一三、紀要卷四一改。

夏　後魏太武帝神䴥元年，別置南安邑城〔一〕，在禹都舊城之西四十里。分安邑東境立夏縣城〔二〕，在禹都舊城之南一十五里。　中條山，在縣東五里。　雲谷山，在縣東南三十里。數峯崇聳，盤踞數十里，即中條山最高處。中有大谷，遇旱時，谷中雲起，分南北夾山而行，絡繹不絶，俄然四集蔽空，則霖雨數日，故名。　鳴條岡，在縣西二十里，北連聞喜，南接安邑。今呼爲峨嵋嶺。　稷王山，在縣西七十里，與稷山縣接界，后稷始播穀於此。　柳谷，在縣南十五里中條山内，唐陽城寓居之地，韓昌黎文集可考。集覽以城所隱爲張掖郡之柳谷者，誤。　瑶臺山，在縣東五里，高一里許，商相巫咸、巫賢所居。隋書名巫咸山。後漢書注作咸山。孤峯峭拔，蒼翠摩空。　巫公父子墳、祠在山麓。　巫谷，在瑶臺左，白沙河所出。　虞坂，在縣南十五里中條山，俗名三橋坡。平陸縣，古虞國，此路通平陸，故名。即春秋晉人「假道於虞以伐虢」者，伯樂逢騏驥困鹽車亦此地。　温泉山礦洞，在温谷里，產銀礦。嘉靖末，河南亡命集衆渡河盜砂，每冬，調平陽衛軍分布黃河各隘口並礦山防護。萬曆二十五年，欽差太監張忠駐夏采礦。

三十三年停止。　三岔山礦洞，在縣東二十五里。　巫咸河，一名白沙河。發源中條山，出巫咸谷，經邑南關外，西流三十餘里，南轉，會入姚暹渠。自前朝以來，率爲邑患，而近年尤劇。萬曆十四年七月，大水潰決北堤，飄没南關民居數百家。　横洛渠，發源縣東北周村里方山諸谷，流至縣西北尉郭，會縣北趙村、北津諸河，至禹王城西南，會於白沙河。　青龍河，在縣北三十里，會横洛渠。　李綽堰，舊名永豐渠，在縣南。發源平陸縣，至夏縣王谷口而出〔三〕，北流合夏縣史家谷、鵬崖溝等八澗水，至卓義橋會爲一；西轉三里許，名爲姚暹渠；下流南轉，會巫咸河；至蒲州孟盟橋，與涑水會，入黄河。隋大業間，都水監姚暹重開，故名。其曰李綽者，亦以興築之人得名耳。夏月暴雨，河水漲滿，堤潰渠決，水入鹽池，則鹽花不生。　蓮花堰二，俱在牆下村南，防湧金泉水流入鹽池。　匙尾堰、中花堰、軒轅堰二，以上諸堰，皆防姚暹渠水崩決之患〔四〕。　禹王廟，在縣西十五里。有元至正十四年歐陽玄紀碑。　青臺，上臺臺南復築一土阜爲案，其外爲大門，臺上爲重門，入門爲大殿，後爲寢殿。祀塗山氏，殿東。　司馬温公墓，在縣西北二十里。其左有祠堂，有碑亭，其前村名司馬村〔五〕。然予嘗至曲阜之周公廟，自魯之羣公下至頃公皆得袝祀。而夏人立禹廟，且不及啓與少康，此闕典之有待者也〔六〕。

【校勘記】

〔一〕後魏太武帝神䴥元年別置南安邑城　川本、滬本同。按魏書地形志：南安邑縣，「太和十一年置。」紀要卷四一同，此紀年誤。

〔二〕分安邑東境立夏縣城　川本、滬本同。元和志卷六夏縣：「後魏孝文太和十一年，別置安邑縣，十八年改爲夏縣。」寰宇記卷六夏縣：「魏孝文太和元年，析安邑縣置夏縣。」紀要卷四一夏縣：「後魏太和十一年，別置南安邑縣，後周改爲夏縣。」則夏縣爲後魏太和時改安邑縣，或南安邑縣置，或後周改置，此誤。

〔三〕王谷口　「王」，川本、滬本及康熙夏縣志卷一同，康熙平陽府志卷五、圖書集成職方典卷三〇九作「巫」。

〔四〕皆防姚暹渠水崩決之患　「患」，底本作「處」，川本同，據滬本及康熙夏縣志卷一改。

〔五〕其前村名司馬村　川本同，滬本「名」作「爲」。

〔六〕然予嘗至曲阜之周公廟至此闕典之有待者也　川本同，滬本繫於上文禹王廟條之「歐陽玄紀碑」句下。按文義，滬本是。

聞喜　三嵕山〔一〕，在縣。司馬相如上林賦：淩三嵕之危。郭璞三蒼注曰：三嵕山在聞喜。景山。隋地理志：聞喜有景山。蓋與三嵕山皆中條支山。水經注曰：涑水又與景水合，水出景山北谷。山海經曰：景山南望鹽販之澤，北望少澤。郭璞曰：鹽販之澤即今解縣鹽池也〔二〕，少澤今無考。涑水，源出絳縣横嶺山乾河，伏流盤束地中而復出〔三〕；西流逕城南門外；西南逕夏縣、安邑、猗氏、臨晉，合姚暹渠，入五姓湖；過蒲州孟盟橋，入黃河。智伯曰：絳水可以灌安邑。水經注曰：汾水灌平陽，或亦有之；絳水灌安邑，未識所由也。今考其勢，當謂此水亦源於絳，古亦稱絳水也。洮水。舊志云：後漢書郡國志：聞喜邑有洮水。今未詳。按水經注：涑水至周陽，與洮水合。子産言：臺駘能宣汾、洮〔四〕。司馬彪云：洮水出聞喜縣，故王莽以縣爲洮亭也。然則涑水殆亦洮之兼稱乎？沙渠水，出縣東南五十里白石村，西北流，會南山諸水，至呂莊入涑水，俗名呂莊河。見水經注。避暑城，在縣北三十五里晉原鄉。晉獻公築以避暑。周圍九里十三步〔五〕。東南隅有基址，土人相傳古禹王廟，瓦礫存焉。〔旁注〕其旁有梨園故址，唐太平樂府教坊也。𨛔城。唐書宰相世系表：非子之支孫封𨛔鄉，因以爲氏。今聞喜𨛔城是也。後去邑從衣爲裴。稷山縣，古聞喜封内地也。左傳：晉侯治兵于稷。杜預注：在今聞喜。後漢書：聞喜有稷山亭。唐改爲稷山縣。

【校勘記】

〔一〕三嵏山　底本、川本作「三瓊山」，據滬本及上林賦改。下同。

〔二〕解縣鹽池　底本作「解鹽池」，川本、滬本同。水經涑水注引山海經郭景純曰：「鹽販之澤即解縣鹽池也。」圖書集成職方典卷三〇九引同。此「解」下脱「縣」字，據補。

〔三〕盤東地中　底本、川本作「鹽東地中」，滬本作「鹽東池中」，均不可解，據本書上文猗氏縣及紀要卷四一改。

〔四〕臺駘能宣汾洮　川本、滬本同。水經涑水注：「臺駘，汾、洮之神也。」與此引文異。
〔五〕周圍九里十三步　底本脱「里」字，據川本、滬本及清統志卷一五五補。

里。　芮城　中條山，在縣北十五里，高二十里。西起首陽，東接太行。　方山，在縣西北三十里。　百二十盤，在縣正北。山之陰，石磴盤旋而下，故名。　甘棗山，在縣東北二十五里〔一〕。　直岔嶺，在甘棗山東。　檀道嶺，在直岔嶺東。以上皆中條山之分名也。　黄河，自蒲州南下，至潼關，東折過縣境，入平陸、孟津。　蒲萄澗，在縣西二十里鄭村。有泉五眼，俗謂五股泉。　閒田，在縣東六十里平陸縣界内，有虞芮二君廟。　劉良臣曰：武侯浮西河而下，正今黄河自吉、蒲州南下至潼關一帶。今人多以爲汾之西河，蓋因古以汾爲西河郡而誤。汾之西河在上流，當時分地屬趙境内，武侯安得以趙之山河爲魏之寶邪？　又曰：魏侯故城，地理志謂在河北縣，水經注謂南去大河二十里，北去首陽山十餘里〔二〕，處河、山之間，正今之魏城也。　朱文公詩傳曰：雷首之北，汾水之南，指解州而言，却隔一山耳。　一統志乃謂在平陸縣北五里。　蓋以戰國時山南、山北、河内、河東皆屬魏，又因安邑爲魏絳之邑，即其近似者而云然，皆未的知其處。至於芮，不得其説，乃曰魏之附庸，胥失之矣。　前、後魏皆在芮地。　薛一鶚曰：按史記，晉獻公滅魏，以其地賜大夫畢萬，即今魏城也。其孫悼子徙治於霍，莊子徙治於安邑。傳至惠王，遷都於大梁。

【校勘記】

〔一〕二十五里　川本同，滬本「二」作「三」，夾注：「一作二。」圖書集成職方典卷三〇九作「三十里」，紀要卷四一作「二十里」。

〔二〕北去首陽山十餘里　底本脱「去」字，川本同，據滬本及水經河水注補。

平陸　中條山，在縣北四十五里。分雲山，在縣西北四十里。清涼山，在縣東北六十里，乃中條山一脈〔一〕。其山絶頂曠闊，四望無際，俗謂「四州屹塔」，蓋可以極目蒲、解、絳、陝。橫嶺，在縣北四十五里中條山〔二〕。左右所峙名石山〔三〕，而嶺則橫於其間。西通解州，東達夏縣，南北自縣至運司爲一百里〔四〕，名車輞峪。舊行鹽車，今徑路險仄，不可以車，察利害者一留意焉，則一勞永逸，其視青石槽近且便矣。吴山，在縣北五里。自中條山連絡南下，形跨川原，下建吴泰伯祠。虞坂坡，在縣東十里許。自盤南而北，古行鹽路，坡勢起伏，行者邅迍；又每以暴水衝裂，益成崎嶇。歲時疏之，亦可以稱便矣。黄河，在縣南三里。自河津龍門至蒲州，南至於潼關，東至芮城，逾平陸，東至於底柱，又東過垣曲，下孟津。鹽坂，在縣東北七十里中條山。伯樂逢騏驥困鹽車，即此處。今名青石槽。傅巖，在縣東二十五里聖人澗之上。兩山之峽，乃説所築故墟。其地有祠。三門山，在縣東五十里黄河中。水經云：禹鑿河道，三門既決〔五〕，謂之三門。史記正義曰：禹鑿此山，三道河水，故曰三門也。綱目：山有三門，禹鑿以通河，南曰鬼門，中曰神門，北曰人門，故謂之三門集津。底柱峯，在三門東迤南黄河中流。孤峯峭立，斷壁巉巖，高數仞，石形如柱，故名。禹貢：東至于底柱。即此也。孔安國曰：底柱山，河水分流，包山而過，石見水中如柱然也〔六〕。大河自蒲津西來，至是微折而南，至平陸，東流五十里，至底柱，達於垣曲。蔡氏書傳乃謂三門爲底柱，誤矣。隋書：大業七年，底柱山崩，壅河，逆流數十里。今觀底柱屹然中流，上無土木，而河廣僅如三門，矣有崩摧〔七〕？疑踞河兩岸皆山，當時或崩，人遂誣爲底柱，而史氏書之也。老君爐，在底柱側黄河中。世傳老子煉丹於此，險不可升。上流有列石，蓋老子於此渡河。張店堡，在縣東六十里，即虞城故址。東扼顛軨，西控鹽坂。太陽渡，在縣南二里。左傳僖五年八月：晉侯圍上陽。即古巖城，在太陽渡北岸。十二月，晉滅虢。其渡河蓋此處云。茅津渡，在縣東二十里。春秋文三年〔八〕：秦師伐晉，濟河焚舟，取王官及郊，晉師不出，遂自茅津濟，封殽尸而還。其先爲沙澗渡，後更爲沙澗茅津渡云。白浪渡，在縣東一百八十里黄河岸北，自城東上永泉、十八盤、椅子石、三峯寺、交口處。太王子仲雍生季簡，季簡生叔達，叔達生周章、虞仲。及武王克商，求泰伯、仲雍之後，得周章以爲吳君，別封其弟虞仲於周之北故夏墟，在河東太陽縣。今夏縣有太陽故關，即平陸縣東北六十里虞城。後虞仲國於吳，其支庶封於此，故亦謂之西吳。古焦國，在縣東北五里許。武王克商，封神農之後於焦。今有神農廟。左傳僖二年〔九〕：虞師、晉師滅下陽。注：下陽，虢邑，在河東太陽縣。

【校勘記】

〔一〕乃中條山一脈　「中」，底本脱，川本、滬本同，據康熙平陽府志卷五、圖書集成職方典卷三〇九補。

〔二〕在縣北四十五里中條山　川本、滬本同，康熙平陽府志卷五作「縣北四十五里中條之脊」，此「中條山」下蓋脱「之脊」二字。

〔三〕左右所峙名石山　川本、滬本同，「名」疑當作「多」。

〔四〕一百里　「里」，底本作「路」，川本、滬本同，據康熙平陽府志卷五改。

〔五〕三門既決　「門」，川本、滬本同，本書上文「鹽池」引水經此句作「川」，水經河水注作「穿」。

〔六〕石見水中　川本、滬本同。按尚書禹貢孔傳、水經河水注「石」均作「山」。

〔七〕矣有崩摧　「矣」，川本、滬本同，據本書上文「底柱峯」條疑作「奚」。

〔八〕春秋文三年　川本、滬本同。按下文云「秦師伐晉」事載於左傳文公三年，非「春秋」。

〔九〕左傳僖二年　川本、滬本同。按下文云「虞師、晉師滅下陽」事及杜預注載於春秋僖公二年，非「左傳」。

稷山　春秋晉高梁邑。漢爲聞喜縣地。後魏置東雍州〔一〕，移治柏壁。西魏置高涼縣〔二〕，屬龍門郡，後移治玉壁。時東魏高歡交兵，韋孝寬守之，歡攻弗克，因升勳州，以旌其功。隋開皇十一年，遷治汾水之北，屬絳州。唐武德中，改爲稷山縣〔三〕，屬河中府。後唐同光三年〔四〕，復隸絳州。　左傳僖九年：齊侯以諸侯之師伐晉，及高梁而還。注：高梁在平陽縣西南。十五年：明年，其死于高梁之墟。注：高梁在平陽楊氏縣西南。二十四年：使殺懷公于高梁〔五〕。注同，無「氏」字。考晉書，平陽但有楊縣，今一統志楊縣在洪洞。　姑射山，在縣北二十里。上有姑射洞。　汾河，在縣南二里。　高涼城二〔六〕：一在縣東南三十里，後魏孝文帝築；一在城北里許，故址猶存，俗呼古城。　禹迹圖，在城東北隅保真觀内。石横二尺五，爲方七十一，竪三尺，爲方八十一，共方五千七百五十一。每方折地百里。志禹貢山川名、古今州郡名、山水地名，刊刻極精緻〔七〕。今壞。

【校勘記】

〔一〕後魏　底本作「後漢」，川本同，據滬本及明統志卷二〇、紀要卷四一改。

〔二〕西魏置高涼縣　「高涼」，底本作「高梁」，川本、滬本同。按寰宇記卷四七：「稷山縣……本漢聞喜縣地……後魏孝文帝於今縣東南三十里置高涼縣，屬高涼郡。周文帝移高涼縣於玉壁。」明統志卷二〇、紀要卷四一稷山縣下亦稱「後魏置高涼縣」。稷山乃「高涼」，非「高梁」，據改。

〔三〕唐武德中改爲稷山縣　川本、滬本同。隋書地理志：稷山縣，「後魏曰高涼，開皇十八年改焉。」元和志卷一二同。此紀年誤。

〔四〕後唐同光三年　「三年」，川本、滬本同。按寰宇記卷四七、舊五代史郡縣志作「二年」，此「三」爲「二」字之誤。

〔五〕使殺懷公于高梁　底本「高梁」上脱「于」字，據川本、滬本及左傳僖公二十四年補。

〔六〕高涼城二　「高涼」，底本作「高梁」，川本、滬本同。按紀要卷四一絳州龍門城下云：「高涼城在縣東南三十里。後魏大和中，分龍門縣置高涼縣……隋遷縣治汾水北，改曰稷山縣。或作高梁，誤也。」據改。參見校勘記〔一二〕。

〔七〕刊刻極精緻　底本「精」下空缺「緻」字，川本同，據滬本補。

垣曲　左傳襄二十三年：齊侯伐晉，取朝歌，入孟門，登太行，張武軍於熒庭，戍郫邵。此其地也。中條山，在縣南里許，西連蒲坂，東抵黄河。歷山，在縣北五十里。顛有舜王坪，廣三十餘里，石礙數百尚存，俗傳即舜耕處。濟源山，在縣東十餘里。遥連王屋、天壇，及於濟源。王屋山，在縣東北六十里。書傳云：在河東垣曲。臯落嶺，在縣西北四十五里。亳清河，在郭南數武。發源横嶺，東入黄河。但值大雨，狂瀾澎湃，夾岸田地並南城多被衝壞。湛水河，在縣東半里許。按通志略：湛水出河内軹縣，唐省入河陽濟源縣。其水南行，至絳州垣曲縣南入黄河。舊名舜清，今正之。其爲害與亳清同。沇水河〔一〕，按通志略：出河東垣縣界王屋山；垣，今爲垣曲。東至温縣，爲濟水。又東南至鞏、成臯間入河〔二〕。臯落城，在縣西五十里。文獻通考云：垣有古臯落城，即周、召分陜之地。左傳閔二年：晉侯使太子申生伐東山皋落氏。今立爲鎮。　古邵城。左傳：齊戍郫邵。後魏置邵郡於陽壺城，西魏置邵州於今治，後周置邵郡於亳城，隋置爲邵原郡，唐復改爲邵州，皆取召公食采之義。　垣曲監。文獻通考：熙寧八年，建垣曲監，歲鑄錢二十六萬貫。今治北進賢坊即其地。　上畝原，在縣東北三十五里。通志〔三〕：紹興十年，岳飛使梁興渡河，會太行忠義、兩河豪傑，大敗金人於垣曲。即此地。　濟民渡，在縣西南五里黃河岸，與澠池縣南村相對〔四〕。洪武二年，設舟楫以渡往來。

【校勘記】

〔一〕沇水河　「沇」，底本作「流」，川本、滬本同，據通志地理略改。

〔二〕成皋　「成」，底本作「城」，川本、滬本同，據通志地理略改。

〔三〕通志　底本作「通鑑」，川本、滬本同。按通鑑斷至五代，未記此事。方輿考證卷二七「上畝原」下引文與此同，「通鑑」作「通志」，據改。

〔四〕與澠池縣南村相對　川本、滬本同，康熙平陽府志卷六作「與澠池縣南對」，圖書集成職方典卷三一三同，此「村」字蓋衍。

霍州　彘谷，在州南五里，即彘水之源。　汾河，在城西。　彘水，源出州南谷中，西流溉田，經城南入汾。霍泉，發源霍山南麓，分南麓、北麓二渠〔一〕，以溉本州、趙城、洪洞三處田。轟轟澗，源出汾西縣東十五里，流經城西南，入汾。史記：智伯攻趙襄子，襄子奔保晉陽。原過從，後，至於王澤，見三人，自帶以上可見，自帶以下不可見。與原過竹二節，曰：「爲我以是遺趙無恤。」原過既至，以告襄子。齊三日〔二〕，親自剖竹，有朱書曰：「趙無恤，余霍太山山陽侯天使也〔三〕。三月丙戌，余將使汝反滅智伯。汝亦立我百邑〔四〕。余將賜汝林胡之地。」後果與韓、魏滅智伯。使原過主霍太山祀。

【校勘記】

〔一〕分南麓北麓二渠　川本、滬本同，康熙鼎修霍州志卷一作「分南霍、北霍二渠」，此云「南麓、北麓」，恐未確。

〔二〕齊三日　底本作「齊王曰」，川本同，據滬本及史記趙世家改。

〔三〕霍太山山陽侯　底本作「霍太山之陽侯」，川本、滬本同，據史記趙世家改。

〔四〕汝亦立我百邑　底本作「亦立我百霍邑」，川本同，據滬本及史記趙世家改補。

鄉寧　鄂山，在縣東三十里。鄂侯城，在縣南里許。未詳鄂侯爲何人。屈家溝，在縣北四十里。古所稱産良馬處。倚梯城，在縣西南八十里。東北據高嶺，西南瞰黄河，絶壁百餘丈。後魏文帝西巡至此。禹門，在縣西一百里。

永和　仩北山，在縣東北三十五〔旁注〕三十。里。雙山，在縣東南二十五里。兩山對峙，故名。　索陀川，在縣東北。西入芝河〔一〕。　榆林川，在縣西北三十里。南流入芝河。　黃河，在縣西南七十里。北自石樓，經本縣，南入大寧〔二〕。　永和關渡，在縣西北七十里黃河岸。路通陝西延川縣，抵榆林，有巡司。爲秦中要路，官渡。　鐵羅關渡〔三〕，在縣西南七十里黃河岸。路通陝西宜川縣。官渡，今廢。　興德河〔四〕，在縣西六十五里。無官渡，惟方筏。其上爲老牛坎，水甚陡。　狐譎城，在縣西二十五〔旁注〕三十。里。漢置縣。唐徙於仙芝谷，城遂廢。

【校勘記】

〔一〕芝河　川本、滬本及康熙平陽府志卷五同。按舊唐書地理志：永和縣，「武德二年，移治於仙芝谷西。」紀要卷四一、圖書集成職方典卷三一〇、清統志卷一五七、光緒山西通志卷四〇皆稱仙芝河。

〔二〕南入大寧　底本脱「入」字，川本同，據滬本及康熙平陽府志卷五、圖書集成職方典卷三一〇補。

〔三〕鐵羅關渡　「鐵」，底本作「錢」，川本同，據滬本及康熙平陽府志卷五改。

〔四〕興德河　川本、滬本同。按康熙平陽府志卷五：「興德關，永和縣西六十里，路通陝西延安府，有渡。」圖書集成職方典卷三一三同，清統志卷一五七、光緒山西通志卷四九記載略同。此「河」爲「關」之誤。

左傳僖十六年：秋，狄侵晉〔一〕，取狐、廚、受鐸。注：平陽臨汾縣西北有狐谷亭。臨汾縣在今絳州，而鄉寧亦爲漢臨汾縣地。

唐書：義旗初建，高祖自太原起兵，西赴關中，途經霍邑。時隋將宋老生陳兵據險，義師不得進，乃屯於賈胡堡。會霖雨積旬，餽運不給，高祖患之。忽白衣老人詣軍門請見，曰：「余霍山神也，遺語大唐皇帝，若向霍山東南傍山取路，八日雨止，我當助爾破之。」高祖初哂之，遣人東南視，果有微道。高祖笑曰：「此神不欺趙襄子，豈當負吾邪？」及八日，雨霽。高祖大悦，以太牢祭其山。

升庵集：劉向言殷湯無葬處，羅泌路史遂附會其說。按楊誠齋揮麈録云〔二〕：殷湯葬寶鼎縣，即今滎河。尚書注：桐宮在湯墓側〔三〕。

北齊書封子繪傳：晉州北界霍山舊號千里徑者，山坂高峻〔四〕，每大軍往來，士馬勞苦。子繪啓高祖，請於舊徑東谷別開一路，高祖從之。

後周書武帝紀：天和五年，齊將斛律明月寇邊，於汾北築城，自華谷至於龍門。六年三月己酉，齊國公憲自龍門渡河，斛律明月退保華谷，憲攻拔其新築五城。

史記孝武紀：始立后土祠汾陰脽上〔五〕。駰案蘇林曰：「脽，音誰。」如淳曰：河之東岸特堆掘〔六〕，長四五里，廣二里餘，高十餘丈。汾陰縣在脽之上，后土祠在縣西，汾在脽之北，西流與河合也。

【校勘記】

〔一〕狄侵晉　底本脱「狄」字，川本同，據滬本及左傳僖公十六年補。

〔二〕揮麈録　底本作「揮麈錦」，川本同，滬本作「揮麈錦」，按楊誠齋有揮麈録二卷，據改。

〔三〕桐宮　底本作「銅宮」，川本同，據滬本及尚書太甲上改。

〔四〕山坂高峻　「坂」，底本作「坡」，川本同，據滬本及北齊書封子繪傳改。

〔五〕始立后土祠汾陰脽上　底本脱「立」字，據川本、滬本及史記武帝本紀補。

〔六〕特堆掘　「掘」，底本作「堀」，川本、滬本同，據漢書武帝紀顔師古注引如淳曰改。

河津　本耿鄉城，殷故都也。書序曰：祖乙圮于耿，盤庚自耿遷亳〔一〕。〔旁注〕左傳閔元年：晉滅耿。注：平陽皮氏縣東南有耿鄉。杜預曰：皮氏東南耿鄉是也〔二〕。晉獻公滅耿，以其地爲大夫趙夙采邑。今改爲皮氏縣。　龍門山，在縣西北二十五里。兩山壁立，中通河流，形如門闕，亦名禹門。辛氏三秦記曰：河津名龍門〔三〕。河出龍門，目其廣不及八十步，與陝西韓城梁山並峙〔四〕。　黄河，在縣西一十五里。北自龍門山出，西南入滎河境。　汾河，在縣南八里。東自稷山界來，西南流，至滎河汾陰后土祠下，入於河。　隆慶四年，東徙至胡盧灘入河。　冀亭遺址，在縣北十五里。左傳僖二年：冀爲不道。注：冀，國名，平陽皮氏縣東北有冀亭。　三十三年〔五〕：臼季使過冀，見冀缺耨，其妻饁之，敬，相待如賓。言於文公，以爲卿，復與之冀。　京相璠曰：今皮氏有冀亭，古冀國所都也。杜預曰：皮氏縣北有冀亭。今俗謂之上亭、下亭，又謂之興亭，或其地也。雲中堡，在龍門山上，前代避兵之所。今存，名曰雲中城。文中子：登雲中之城，望龍門之闕。即此地也。畫墁録：周太祖宿師河中逾年，嘗登蒲坂以望城中，乃言曰：「克城日，當盡誅之。」幕僚進曰：「若聞此言，守愈堅矣。」乃下令曰：「非貞守者，餘皆免。」一日城開，乃即其地爲普救寺。

【校勘記】

〔一〕盤庚自耿遷亳　「盤庚」，底本作「盤耿」，川本同，滬本無「盤庚自耿」四字。按尚書盤庚上：「盤庚遷于殷。」孔傳：「亳之别名。」據改。

〔二〕杜預曰皮氏東南耿鄉是也　川本、滬本同。按本書上文引左傳閔元年注「平陽皮氏縣東南有耿鄉」，實爲杜預原注，此乃重出而省略「平陽」、「縣」三字。

〔三〕河津名龍門　「津」，底本作「洋」，川本、滬本同，據辛氏三秦記改。

〔四〕與陝西韓城梁山並峙　底本「與」上衍「西」字，「與」下脱「陝西」二字，川本、滬本同，據康熙平陽府志卷五、圖書集成職方典卷三〇九删補；「韓城梁山」，底本倒誤「梁城韓山」，據川本、滬本及康熙平陽府志、圖書集成乙正。

〔五〕三十三年　底本缺，川本同，據滬本及左傳僖公三十三年補。

大同府〔一〕

五原廢郡，在府城西北四百二十五里。本秦上郡北境。漢爲五原郡，治九原縣。隋初，置豐州〔二〕，後改五原郡。唐復爲豐州。國朝省。寰宇記：九原有前後雞延城及郎君城。宣寧廢縣，在府城西北八十里。本遼宣德縣，置德州昭聖軍。金廢州，改縣曰宣寧，屬大同府。元因之。國朝省。平地廢縣，在府城西北五百里。金立平地㮚，元置爲縣〔三〕。元至元二年，省入豐州，三年，置平地縣，屬大同路。國朝省。〔旁注〕本朝未立。天城廢縣，在府城東北一百八十里。本雲中縣地，後魏置廣牧縣，遼改曰天城。金屬大同府〔四〕。富民廢縣，在府城西北五百餘里古豐州境。本漢朔方臨戎縣地，隋置富民縣〔五〕，唐廢。遼復置。河濱廢縣，在府城西五百餘里。隋榆林縣地，唐析置此縣，屬勝州。縣東北有河濱關。後廢，遼復置〔六〕，屬東勝州。白登廢縣，在府城東北一百二十里天城衛東南。遼置長青縣〔七〕。金改白登。國朝省。至今猶有土城舊址數處。後魏宮垣〔八〕，在府城北門外。有土臺東西對峙，蓋雙闕也。後爲天王寺。遼、金宮垣，在府城西門。有二土臺，蓋宮闕門也。路寢之基猶存。平城外郭，在府城東五里。本秦、漢平城縣。晉劉琨依猗盧爲代王，都平城，即此。其外郭乃西魏築，在今無憂坡上，南北宛然。稒陽塞，在府城西北五百餘里古豐州境。漢有稒陽縣，屬五原郡。後漢書：竇憲出雞鹿塞，鄧鴻出稒陽塞〔九〕，遂至燕然山。〔旁注〕蘇武城，在府西北五百餘里。武使匈奴時居此。李陵臺，在府城北五百里古雲内州〔一〇〕。臺高二丈餘。唐地志：雲中都護府有燕然山，山有李陵臺。蓋陵不得歸，登此以望漢。其近有拂雲堆，堆上有祠。方山顛有雙陵。按北史，魏孝文帝母馮太后與帝遊方山，有終焉之意，孝文乃營壽陵於此，並建永固石室。王昭君墓，在府西北五百里，古豐州西六十里。塞草皆黄，惟此獨青。

【校勘記】

〔一〕大同府　底本無「府」字，川本同，據滬本補。

〔二〕豐州　底本作「豐縣」，川本同，據滬本及明統志卷二一改。

〔三〕金立平地臯元置爲縣　底本下重出「金立平地臯」五字，川本、滬本同，蓋爲衍文，因删。

〔四〕金屬大同府　「金」，底本作「今」，川本、滬本同，據明統志卷二一改。

〔五〕隋置富民縣　川本、滬本同。隋書地理志不載「富民縣」，唐、宋諸地志亦不録，此蓋有誤。

〔六〕後廢遼復置　「廢遼」，底本無，川本、滬本同。明統志卷二一：河濱廢縣，唐置，「後廢，遼復置。」圖書集成職方典卷三四八同。此脱，據補。

〔七〕遼置長青縣　底本脱「置」字，川本同，據滬本及明統志卷二一補。

〔八〕後魏　底本作「後漢」，川本、滬本同，據本書上文大同縣及明統志卷二一改。

〔九〕後漢書竇憲出雞鹿塞鄧鴻出稒陽塞　底本沿引明統志卷二一稒陽塞下説明，「後漢書」作「漢書」，「雞鹿塞」作「雞唐塞」，「鄧鴻」作「鄧隲」，川本、滬本同。按後漢書竇憲傳云：「憲與耿秉出朔方雞鹿塞；度遼將軍鄧鴻出稒陽塞。」又，鄧禹傳云：「禹少子鴻，肅宗時，爲度遼將軍；永元中，與大將軍竇憲俱出擊匈奴。」並據改補。

〔一〇〕在府城北五百里古雲内州　「雲」，底本作「靈」，川本、滬本同，滬本眉批：「靈，當作雲。」按明統志卷二一李陵臺下作「雲」，據改。又「府城北」，萬曆山西通志卷四同，明統志作「府城西北」。

渾源州　龍山，一名封龍山，在州西南四十五里。有文殊巖、大雲禪寺。夏時雨過，山氣上騰如虹。東北五里有玉泉山〔一〕。其東連柏山，山之東北有惠嶺，秀麗可愛，下有黑龍池。其東有五峯山，上有三陽洞，皆爲勝概。金末，李冶、元好問、張德輝嘗遊此山，號「龍山三老」。孫臏山，在州東南六十里。上有孫臏寨，其西山麓有龐涓寨〔二〕，相距數里，俗傳二將聚兵處。南麓下有石洞，鑿千佛。五峯山，在州東三十里。山形如掌，五峯如削。龍角山，在州北二十五里。雙峯並出，狀如龍角。馬鞍山，在州西北，與晝錦山連。晝錦山，在州西北二十五里。元工部尚書孫公亮祖塋。橫山，在州西二十里。故崞縣在其左。〔眉批〕故名。地脈自馬鞍山來，伏爲高原，結城基，兩水夾之，雨則暴漲，且地瀉鹵，不堪居。後唐乃東相地，築今城。其代州之崞，蓋晉劉琨徙民於彼，仍原名耳。

渾源河，在州東南十里。出嘆土峪，繞城北，西流至應州境龍首山，折而北，入桑乾，逾盧溝，而東入於河。　亂嶺關水，在州東四十里。西流至新莊，西南流。　遠望谷水，在州東南十里。出峪即伏，至顧册村，匯澤西流。　神谿水，在州西北七里。中有孤石，方畝，高丈餘。上有律吕祠，周環泉水歕出；旁有煖水池，隆冬不冰，俱西南流。　崞川水，在州東北二十里。西南流。　磁窑口水〔三〕，在州南二十里。東西分流，一引入城。〔旁注〕今塞。　李峪水，在州西南十里。西流。　乳泉水，在州西二十里横山嘴側。南流，又名西神谿水。以上八水合而渾流，故曰渾河。注桑乾。　淩雲口水，在州西南三十里。北流，亦入渾河。　滱水，在州南七里，出翠屏山。山海經云：滱水出高氏山〔四〕。蓋古今異名也。東南合温泉，〔旁注〕在州東南一百里。入靈丘界，注唐河。　嘔夷河，在州東南五十里鎗峯嶺。東南流，經靈丘，注衛河〔五〕。周禮職方：并州，川曰嘔夷。又名唐河。寰宇記：出靈丘縣西北高是山。　故崞縣城，在州西一〔旁注〕通志：四。十五里。〔旁注〕新志：二十。隤垣尚存，肇自西漢。右有横山如郭。　恒山，其頂名天峯嶺。嶺下建北嶽觀。觀側有飛石窟，上建后土祠鎮之。觀前風如虎吼，名虎風口。觀東南五十里有潛龍泉，歲旱禱雨有應，能愈疾，上建龍泉觀。觀之東有夕陽巖，巖下有通玄谷。巖東面有碧峯嶂，東南有古老嶺〔六〕，嶺下有白虎峯。觀之北峯頂百餘步有琴棋臺、會仙府、聚仙臺、得一庵。又東北有白雲堂。初入山，有道名步雲路。行數里，有翠雪亭。上亭坡名望仙嶺〔七〕，東半崖有集仙洞，東北有紫芝峪，西南有石脂圖〔八〕。山前榜曰步雲路，逶迤而上，有亭焉，曰望仙。又上，亦覆以亭，曰翠雪。更上之，則亭其旁，曰茶亭。進而覆以屋，以通人行，曰虎風口。又折而上，則庵其旁，曰得一庵。轉左曰三清廟，而嶽廟則抗而俯視其下矣。他若碧峯院〔九〕、集仙洞、白雲堂、紫芝峪、潛龍泉、琴棋臺、會仙府、夕陽巖、白虎峯、果老嶺、石脂圖、白龍洞，皆其勝處也。潛龍泉，凡禱雨暘輒應。唐開元間，賜建龍泉觀，後廢，而或建或修。至弘治間，大同知府閻鉦請於撫院，以本廟香錢築臺二十餘丈，偉壯淩空，遡覽清嘯，則孫登之鳳音藉勢而飛蕩矣。按舊志：趙孝成王以龍兑、汾門、臨樂易葛、武陽、平舒於燕〔一〇〕。引地道記云：曲陽西北四百五十里，出磁峽口，忽得平川，故名謂平舒，即州舊城也。考漢地理志，平舒屬代，趙業已滅代，平舒所自有不應易之於燕。尹耕謂平舒爲廣靈。廣靈鄰上谷，與燕接壤，其説近是。永樂二十九年，北虜入寇，調安東中屯衛中所、前所官軍，創建衛所，駐劄守禦。中所屯西照寺軍砦，前所屯中嘴巖、雙泉巖。弘治二年，設守備一員，操練備禦。隆慶初年，修許家等堡六十四座〔一一〕。

【校勘記】

〔一〕東北五里有玉泉山　底本「五」下衍「百」字，川本、滬本同，據萬曆山西通志卷五、紀要卷四四、圖書集成職方典卷三四三刪。

〔二〕其西山麓有龐涓寨　「龐涓」，底本、川本作「龐湏」，據滬本及萬曆山西通志卷五、紀要卷四四改。

〔三〕磁窑口水　「磁」，底本作「滋」，川本同，據本書下文渾源州、滬本及紀要卷四四改。

〔四〕高氏山　川本、滬本同，本書下文及山海經北山經、明統志卷二一均作「高是山」。

〔五〕注衛河　「衛」，川本、滬本及圖書集成職方典卷三四三同，萬曆山西通志卷五作「魏」，與本書下文馬邑縣記嘔夷河同。

〔六〕古老嶺　川本、滬本及萬曆山西通志卷五同，滬本眉批：「古，或作果。」按本書下文作「果老嶺」，圖書集成職方典卷三四三、光緒山西通志卷三八引大同府志同。

〔七〕上亭坡名望仙嶺　「亭」，底本作「高」，川本、滬本同，據萬曆山西通志卷五、圖書集成職方典卷三四三改。

〔八〕石脂圖　底本「石脂」下衍「芝」字，川本、滬本同，據本書下文及明統志卷二一、萬曆山西通志卷五删。紀要卷四四作「石脂岡」。

〔九〕碧峯院　「院」，川本同，滬本作「境」，滬本眉批：「境，或作嶂。」本書上文及明統志卷二一、紀要卷四四作「嶂」。

〔一〇〕趙孝成王以龍兑汾門臨樂易葛武陽平舒於燕　「汾門」，底本作「龍門」，川本、滬本同。史記趙世家：孝成王十九年，「趙與燕易土：以龍兑、汾門、臨樂與燕；燕以葛、武陽、平舒與趙。」此文所云，與史相違，「龍門」爲「汾門」之誤，據改。

〔一一〕修許家等堡六十四座　「六十四」，川本、滬本作「六十六」。

朔州　燕京山，在州南一百二十里。天池，在燕京山原之上，方一里許。其水雖旱不涸，潦不溢，淵深叵測，潛通桑乾河。　梁郡城，在州西二十里。後魏爾朱榮所築〔一〕。　太平城，在州境。後魏置神武郡。北齊改曰太平。後周廢郡。城内有統萬所送二大釜，各受二百石。　鄯陽廢縣，在州城外西北隅古城内。本秦馬邑縣地。北齊置招遠縣，爲廣安郡治。隋改名鄯陽，爲朔州。遼、金、元因之。國朝省。　句注塞，趙襄子約代王遇於句注之塞。

【校勘記】

〔一〕爾朱榮　底本「朱榮」上空缺「爾」字，川本同，據滬本及魏書爾朱榮傳補。

馬邑　桑乾河，源出縣北洪濤山下，與金龍池水合流，經山陰、應州、大同縣界，東南入蘆溝河。又按水經，其河源自太原汾陽北之天池，伏流至朔州馬邑縣雷山之陽，匯爲七泉：曰上源，曰玉泉，曰三泉，曰司馬洪濤，曰金龍池，曰小蘆，曰小浦。七泉合而爲一，是謂桑乾河。由縣治之西，東南流。朔州北有七里河，西北下峪有獵河，南山有灰河及雁門關、太和嶺，凡水自南而北者悉歸之。過應州，則渾源水自東來〔二〕。又沿弘州之襄山至順聖，則葫蘆河水注之。經廣靈、靈仙、定安而西，以至灅陽之楊河，懷來之潙河，又滑石之水自東北來者及山西之水皆合，是爲合河。至宛平縣境，分而爲二：一從葫蘆溝東南入海；一從金口、絡都城東合白河入海。此河之源委也。馬邑城，在朔州東。晉地記云：秦築此城，數成數崩。忽有馬周旋馳走不舍，父老異之，依以築城，乃不崩，故名。金龍池，在縣西北十里洪濤山下。有泉一泓，後魏以來〔二〕，深不可測，嚴冬不冰。池有二龍，時化爲馬，一驪一黄，遇天陰晦輒出。民間牝馬遇之，生駒，神駿或有角，如鹿茸然。嘔夷河，源出渾源州東南五十里槍峯嶺〔三〕。至金峯，石溝堂山之水自西北來合流〔四〕，東南經靈丘、廣昌、倒馬關、定州界，注魏河，入海。周禮職方曰：并州，川曰嘔夷。又名唐河。寰州城，在縣關西迤南。五代唐置寰州，遼改爲縣〔五〕，城基俱在。

【校勘記】

〔一〕渾源水　「渾」，底本作「潭」，川本、滬本同。本書前文渾源州記：渾源河「西流至應州境龍首山，折而北，入桑乾」。萬曆山西通志卷五作「渾源水」，此「潭」爲「渾」字之誤，據改。

〔二〕後魏　底本脱「後」字，川本同，據滬本及明統志卷二一補。

〔三〕槍峯嶺　「槍」，底本作「滄」，川本、滬本同，滬本眉批：「滄峯，一作鎗峯。」據萬曆山西通志卷五、圖書集成職方典卷三四三改。按本書前文渾源州及紀要卷四四作「鎗峯」或「槍峯」。

〔四〕金峯石溝堂山　底本「金」作「今」，「石」作「口」，川本、滬本同。按光緒山西通志卷四三山川考十三滱水（即嘔夷河）下云：「由槍峯至金峯，石溝堂山之水自西北來會。」據改。

〔五〕遼改爲縣 川本、滬本同。遼史地理志：「統和中，以寰州近邊，爲宋將潘美所破，廢之。」此誤。

蔚州 弘州城，在州西北九十里。漢爲代郡陽原縣地，後魏置長寧縣。北齊屬長寧郡。隋改開陽縣，屬馬邑郡。唐爲安邊郡。遼置弘州。元以附郭襄陰縣省入州。國朝州廢，〔旁注〕本朝未立。有城，改爲戍堡。靈仙廢縣，在州城内。本唐興唐縣。五代梁改曰隆化。晉改今名。遼因之。國朝省入州。定安廢縣〔一〕，在州東七十里。〔旁注〕東北六十里任家莊。本漢代郡東安陽縣地。唐末置此縣。李克用伐劉仁恭，次蔚州，晨霧晦冥，占不利深入，會風雹大作，燕軍解去，即此。金改爲州。國朝省。〔旁注〕本朝未立。

【校勘記】

〔一〕定安廢縣 「定安」，底本倒作「安定」，據川本、滬本及遼史地理志乙正。

大同府

禪房山，在府城西南六十里。上有寺塔，皆創自遼。葫蘆海，在府城北二百里。鳳臺，在府城内西北隅。左右二臺各高數丈。元大德十一年地震，摧其左。延祐間〔一〕，右臺亦摧。今其地名鳳臺坊。八疙疸，在府城南三里。元魏寇謙之告斗，建淨輪壇之所。單于臺，在府城西北百餘里〔二〕。漢武帝元封初，嘗引兵十八萬騎，登此臺。

【校勘記】

〔一〕延祐　底本作「延德」，川本、滬本及清統志卷一四六同。按史無「延德」年號，據圖書集成職方典卷三四八、光緒山西通志卷五五改。

〔二〕在府城西北百餘里　底本無「在」字，川本同，據滬本及紀要卷四四補。

渾源州　石峽峯葫蘆，在州城南磁窑口石峽上，有張閎詳刻「紈扇風葫蘆」〔一〕。人過此，雖暑熱，即有風生。古崞縣，在州西十五里。遺址尚存。

【校勘記】

〔一〕張閎詳　川本同，滬本「閎」作「君」。

應州　龍灣山，在城南四十里，亦名南山。有龍池，禱雨多應。

山陰　佛宿山，在縣南三十五里。金王拱碑云：文殊大師經行留宿處〔一〕。磨笄石，在山陰縣夏屋山，即今佛宿山。府志。　黄花山，在縣北四十里。一名黄瓜堆。　又黄花嶺，在縣北四十里。疑是重出。金史載懷仁縣。

【校勘記】

〔一〕金王拱碑云文殊大師經行留宿處　底本「云」作「之」，「行」作「竹」，川本、滬本同；又「王拱」，底本作「玉拱」，川本同，滬本作「王拱」，並據明統志卷二一、萬曆山西通志卷五改。

朔州　契吴山，在州東北五十里。與洪濤山連。　玉屏山，在州西北六十里，西接襄山。金李純甫居此，自號玉屏山主。　居延川，在州北雲内州境，一名居延澤。漢蘇武常困於此。

蔚州　倒剌山，在州東七十里。一名雪山。　麻田山，在州東南七十里。内有王喜兒仙人洞，不知何代人。　乾河，在州東南三十里。源出太白山，流二里，出口四散，灌溉民田數十頃。入壺流河。

消。

靈丘　太白巍山，在縣南二十里。山極高峻，道路崎嶇，廻繞十八盤。冬初雪積，春暮不消。　大勝甸，在縣東六十里。元兵嘗勝金人於此。

平虜衛　紅山，在城北三十里，土石色紅。　磨兒山，在城西北五十里。山形險峻，周環如磨之狀〔一〕。昔單于把秃王與漢兵轉戰數日〔二〕，斬於此山之下，死者萬騎。今建廟，旁有碧峯，古洞幽邃，人莫敢入。　東勝州。君子津，在府西北五百里古東勝州界。

【校勘記】

〔一〕周環如磨之狀　川本同，滬本無「之狀」二字。

〔二〕昔單于把秃王與漢兵轉戰數日　川本同，滬本無「昔」字，「轉戰」作「持戰」。

大同地方廣袤數百里，僻州山縣，士農之家，人尚勤儉，有古之遺風。其郡城内，藩府有常禄之供，將士有世禄之養；商旅輻輳，貨物踊貴；雖曰窮邊絶徼，殆與内郡富庶無異，而奢靡過之。

弘治辛酉大同重修大邊碑，周經撰：城廣一丈五尺，高一丈三尺，起西陽河，接偏頭關，凡九百八十里。吳寬重建北嶽廟碑：舜典所載有四嶽，然於東嶽特著岱宗，餘無所指。至周禮始有五嶽。爾雅指泰、華、霍、恒、嵩而言。議者謂周都豐、鎬，詩之崧高不得爲中嶽；堯都冀州，禹貢之太嶽當爲中嶽。又謂秦以岍爲西嶽，漢武徙衡山之神於霍山，而衡、霍俱爲南嶽，獨泰與恒無所議，而近世復疑恒祭非其地者。予竊論之：四嶽之名起於舜，舜以一歲而巡四嶽，使乘輿必至其山，勢能徧歷之乎？雖所謂兵衛少而徵求寡，無亦不勝驅馳之勞乎？蓋古之紀事者言其大約而已。故天子入其地，特覲諸侯於此。若山川之遠者〔二〕，則望而祭之，故曰「望秩于山川」。其見於書者如此，又何必曲取不經之説以爲證耶！疑者又以其地之偏，如前之説者。蓋五嶽所峙有定位，天子所居無定都，秦、漢不必論也，如以堯、周所居以求嶽之所在，必無能合者。恒山之神，自古祭於曲陽。若山西渾源州之南二十里，有山特高大，世以爲恒。山之東十里，有峯峭拔，其下有廟，蓋亦古矣。或以曲陽之山不能大於渾源，遂疑之。不知山川相距雖千百里，在天壤間特咫尺之近耳。況其地皆在河北，山於此而望祭於彼，又何較其區區彼此之疆界乎？戰國策：昔趙王以其姊爲代王妻，欲并代，約與代王遇於句注之塞。乃令工人作爲金斗，長其尾，令之可以擊人。與代王飲，而陰告廚人曰：「即酒酣樂進熱歠，即因反斗擊之。」於是酒酣樂進取熱歠，廚人進斟羹，因反斗而擊代王殺之，王腦塗地。其姊聞之，摩笄以自刺也。故至今有摩笄之山。史記正義：摩笄山，在蔚州飛狐縣東北百五十里。趙武靈王諭公子成曰：吾國東有河、薄洛之水，與齊、中山共之，而無舟楫之用；自恒山至代、上黨，東有燕、東胡之境，西有樓煩、秦、韓之邊，而無騎射之備。故寡人聚舟楫之用，求水居之民，以守河、薄洛之水；變服騎射，以備秦、樓煩之邊〔二〕。昔簡子不塞晉陽以及上黨，而襄主兼戎取代以攘諸胡〔三〕。今寧武雁門偏頭三關，即武靈所掠定三胡之地。趙武靈王北破林胡、樓煩，自代並陰山，至高闕爲塞〔四〕，置雲中、雁門、代郡。西北略胡地，欲從雲中、九原直南襲秦。酈食其謂漢王曰：足下急進兵，收取滎陽，據敖倉之粟，塞成皋之險，距飛狐之口，守白馬之津，以示諸侯效實形制之勢。蓋飛狐之口距，則常山之險全；常山之險全，則鉅鹿之形壯，而楚、漢之權即有分矣。漢光武命王霸、杜茂治飛狐道，堆布土石，築起亭障，自代至平城三百餘里，欲便轉輸，以謀困盧芳。唐唐休璟曰〔五〕：豐州控河遏寇，號爲襟帶，土田良美，宜耕牧；廢之，則河旁地復爲賊有，靈、夏不足自安矣〔六〕。張仁愿知朔方軍，與突厥以河爲界。見突厥每犯邊，必先禱北厓一拂雲祠。仁愿乃於河北築三受降城：以拂雲爲中城，南直朔方，西城南直靈武，東城南直榆林〔七〕，三壘相距各四百餘里。安禄山城雄武，扼飛狐塞。王忠嗣上言禄山且亂，此忠嗣之先識也。時禄山以薊爲巢穴，恐河東之勁兵擣之，飛狐塞，則兵無從入已。後唐末帝詔應州修茹越口，忻州堙石嶺關左右道路〔八〕，將以偏師擣契丹也。宋歐陽修曰：山西道路有三十餘處，皆可行兵，其險要控扼在軍城、銀坊等路；今輕易委虜，一旦虜以大兵渡易水，而以奇兵自飛狐出西山諸口，則我腹背受敵矣。蓋宣、大入中原，惟有二門，居庸直其後，紫荆當其前，由後必於鷄鳴，由前必於飛狐。飛狐，今之黑石嶺也。郡縣志：石銘陘嶺在代州靈丘縣西北八十里〔九〕，上有石銘，題言「冀州北界」，故謂之石銘陘。水經注：天井水出東陘山西南，北有長嶺，嶺上東西有通道〔一〇〕，即鈃隥也。穆天子傳：至於鈃山之隊，東升三道之隥。

大同未立州縣：白登縣，宣寧縣，平地縣，定安縣，弘州，武州，東勝州，雲内州。洪武五年，置山西行都指揮使司。七年，改大同路爲大同府〔一一〕，隸山西布政使司，領四州，七縣。十年，城蔚州。二十五年，置大同、東勝諸衛，鎮城五衛，東勝六衛。城定邊鎮朔衛。三十一年，城陽和天城衛。宣德元年，更蔚州衛屬萬全都司。正統三年，置威遠衛。北倚遠邊，南接朔州，最爲要害。十四年，棄東勝。時乘輿北狩，諸衛什伍虚耗，虜寇擁逼，遂徙衛於内，棄東勝地。天順二年，城聚落、高山。成化十七年，城平虜衛。二十一年，築長城，起大同中路，至偏頭關界六百里。城井坪。總督尚書余子俊言：威遠至朔州七百里，寇入，兵力不相救；此山西轉運必經之路，宜於適中處所築城以通警急。詔從之。嘉靖三年，城紅寺五堡。十八年，城弘賜五堡。總督毛伯温以鎮北不立屬堡，斥堠鮮施，乃出塞規視，相地險易，立鎮邊、鎮川、鎮河、弘賜、鎮虜五堡。三月而工就，號曰「北路」。二十二年，鏨長塹，總督尚書翟鵬上言〔一二〕：大同五堡既立，北邊少事，溝壘之險，獨不施於五堡之東西乎？

乃自鎮邊堡東至陽和，自鎮河堡西至老營堡，鑿爲長塹，遂於塹内城滅虜、靖虜、破虜、威虜、寧虜五堡。後復城滅胡、破胡、殘胡〔一三〕、敗胡諸堡，布列塹内。二十四年，城鎮羌四堡。巡撫詹榮又於弘賜諸堡之北添設，以相犄角，共築鎮羌、拒牆、拒門、助馬〔一四〕，所謂塞外四堡。二十五年，築長城，補故創新，凡三百餘里。二十六年，築長城。自丫角山以東至陽和靖虜堡，舊長城不足據者，重增修如式。二十八年，城外塞。塞如偃月形，東西皆附於舊塞，暗門敵樓如制。

大同府疆域：趙爲雲中、九原〔一五〕、代三郡。東至燕上谷界，西至秦界，南至雁門界，北至長城。漢爲五原、雲中、定襄、代四郡，平城一縣。東至上谷郡界，西至朔方郡界，南至雁門郡陰館縣界，北至長城。五原郡，治五原縣，屬城十五：曰九原，曰固陵，曰稒陽，曰臨沃，曰文國，曰河陰，曰蒱澤〔一六〕，曰南興，曰武都，曰宜梁，曰曼柏，曰成宜，曰莫䵸，曰西安陽，曰河目〔一七〕。雲中郡，治雲中縣，屬城十：曰咸陽，曰陶林，曰楨陵，曰犢和，曰沙陵，曰原陽，曰沙南，曰北輿，曰武泉，曰陽壽〔一八〕。定襄郡，治成樂縣，屬城十一：曰桐過，曰都武〔一九〕，曰武進，曰襄陰，曰武皋，曰駱，曰安陶，曰武城，曰武要，曰定襄，曰復陸。代郡，治代縣，屬城十七：曰桑乾，曰道人，曰當城，曰高柳，曰馬城，曰班氏，曰延陵，曰狋氏，曰且如，曰平邑，曰陽原，曰東安陽，曰參合，曰平舒，曰靈丘，曰廣昌，曰鹵城。平城縣，別屬雁門郡。此漢之四郡也。今四郡之地，惟代郡、定襄麗在版圖〔二〇〕，雲中即所棄東勝地，五原即豐州地，唐居突厥於舊部，已非復趙、漢之疆。　晉爲新興、代二郡，平城、馬邑二縣。四至與漢同。　後魏爲恒州，代析爲十九郡。東、西、南至與漢同，北至大磧。　隋爲五原、馬邑、定襄三郡，靈丘、飛狐二縣。東至涿郡懷戎縣界，西至樓煩郡界，南至雁門郡界，北至長城。　五原郡治九原縣。　馬邑郡治善陽縣。　定襄郡治大利縣。　唐爲雲中、馬邑、興唐、九原四郡，單于、瀚海二都護府。　東至嬀川郡界〔二一〕，西至樓煩郡界，南至雁門郡界，北至長城。　後唐爲雲、朔、蔚、應、寰五州，天德軍。東至嬀州界，西至嵐州界，南至代州界，北至契丹。　遼爲西京大同府，豐、雲內、蔚、應、朔、武、東勝七州，天德一軍。西至河，東至奉聖州界，南至宋分水嶺，北至長城。　元爲大同路，録事司，渾源、應、朔、豐、東勝、雲內、蔚七州。東至保安州界，西至武州，南至代州，北至大磧。　録事司治大同縣，屬城四：曰白登，曰宣寧，曰平地，曰懷仁。　渾源州，治渾源縣。　應州，治彰國軍〔二二〕，屬城二：曰金城，曰山陰。　朔州，治唐馬邑，屬城一，曰鄯陽。　豐州，治天德軍〔二三〕，屬城一，曰富民。　東勝州，治唐所徙東受降新城，屬城一，曰東勝縣。　雲內州，治中受降城。　蔚州，治忠順軍〔二四〕，屬城五：曰靈仙，曰靈丘，曰飛狐，曰定安，曰廣靈。　國朝爲大同府。東至保安州深井界三百六十里，西至右衛黃土山墩二百五十里，南至雁門關界二百九十里，北至長城一百二十里。

大同之山，脈自太行而來。由雁門入應州，更東至渾源，乃突兀而起，爲恒山。逶迤而西、而南，爲廣靈、蔚州之留老山、倒刺山；而六稜雄於廣靈，源於應州之龍首；盤巖雄於西城，源於陽和之白登。又伏鹿而西，爲陽和之斷頭山。更西爲鎮城之方山，南垂爲採掠、白登山。歷右衛馬頭、丫角，以入偏頭，而漸達於牛灣、黃河。此則山之大勢也。　盧朐山，在五原。見漢書。　緣胡山，在楨陵縣。見漢志。　焦山，在城東一百八十里。　朝那山，即牛頭山，唐張仁愿受降城所置堠處〔二五〕。　朝那一名牟那。　呼延谷，有歸唐栅車路。　青坡山。遼志：在長青縣。梁元帝横吹曲云：朝跋青坡，暮上白登。即此。　白登單于臺，按白登，因漢高之被圍冒頓，漢武之自將待邊，後世遂三處皆名白登：一在陽和，一在城東七里，一在城北百餘里。大都城北者，漢高、武之古迹。　拂雲堆、古磧口，在豐州，有王昭君青塚。　奚望山、鬭雞臺，在大同。見金志。　紅山，在平虜衛城北三十里。土石皆紅。　磨兒山，在城西北五十里。山形險峻，周環如磨。　大峪山，在懷仁縣西南四十里〔二六〕。南通雁門等關，西通左、右衛諸城堡。向議築城，未就。　小峪山，在縣西南四十里。

雲中，天下之脊，地形極高，故多上脈而少末流。東則爲御河，源自境外，從東北入口，經得勝堡而南，由府東門外折而南三十里，與十里河水會，注桑乾河。西南爲十里河，自西北四十里，繞府城南三十里與御河合，并入桑乾。其遠而與海通者，則奄遏下水海。黃河，經金城、故北地，入五原、雲中，歷東勝、武川州〔二七〕，而南流平陽、河東之西界。若馬邑則有桑乾河，東經山陰、應州，至大同縣界，又東歷宣府之順聖西城、保安州，入居庸以達盧溝入海。在廣靈有滋水，東經蔚州，北繞襄山東麓，至宣府順聖東城，合流桑乾。又有嘔夷河，與渾源滱水東南入倒馬。廣昌有拒馬河，東南入紫荆。此則水之大略也。　桑乾河，源出馬邑縣北洪濤山下。經山陰、應州、大同縣界，東南入盧溝河。又按水經：其河源自太原汾陽北下之天池，伏流至朔州馬邑縣雷山之陽，匯爲七泉：曰上源，曰玉泉，曰三泉，曰司馬洪濤，曰金龍池，曰小盧，曰小浦。七泉合而爲一，是爲桑乾河。

銅、石像，在府城含和坊〔二八〕。遼建華嚴寺，奉安諸帝石像、銅像。計石像五，銅像六，内一銅像衮冕垂足而坐，餘皆常服。　木塔，在應州治西佛宫寺内，遼清寧二年，田和尚奉敕募建。高三十六丈，圍半之，六簷六角，上下皆巨石，爲三層，如樓閣。瓏玲弘敞，浮圖之麗，甲於宇内。元順帝時，地大震七日，塔旁舍宇盡皆傾頹，惟塔屹然不動。

秦始皇帝三十三年，大築長城，命蒙恬率數十萬衆擊單于，頭曼北徙，盡收河南地爲縣。三十五年，除直道，塹山堙谷，自九原直抵雲陽。雲陽在西安府涇陽縣西北，自九原抵此一千八百里，即趙武靈王窺秦，欲下甲雲中、九原以襲咸陽者也。　漢高帝與楚相持，匈奴冒頓復渡河，收秦所奪地，與漢關故河南塞。　武帝太初三年，遣光禄勳徐自爲自五原塞外築城，列亭障，至盧朐，號光禄塞。　光武建武十三年，遣驃騎將軍杜茂治飛狐道〔二九〕，築亭堠，修烽燧。晉武帝命烏桓校尉唐彬開斥舊境，復築秦長城，分兵屯守，烽堠相望。魏道武通直道，自望都鐵關鑿恒嶺至代五百餘里。以柔然犯界，築長城於五原，南起赤城，延袤二千餘里。隋煬帝大業三年，發丁男百餘萬築長城[三〇]，西距榆林，東至紫河，一旬罷。唐中宗景龍二年，築三受降城，三城俱在大同西北四百餘里。東城，漢雲中郡地，中西城，五原郡地。時張仁愿爲朔方總管，行營要害，謀守邊之長策，見三城之地，外可以扼虜之吭，内以藩衛河南[三一]，而且省邊戍。值突厥默啜悉兵西擊突騎施，乃上言請乘虚取漠南地[三二]，於河北築三受降城，絶虜南寇路。唐休璟以爲：兩漢以來，皆守河南，築城虜腹中，終爲所有，不便。仁愿固請，詔從之。留歲滿戍卒助工，六旬而三城就。以拂雲爲中城[三三]，東西城相距各四百餘里，置烽堠千八百所。自是突厥不敢度山獵牧，減鎮兵數萬。玄宗天寶三載，王忠嗣爲朔方節度使，築大同、靜邊二城，徙清塞、横野軍實之，是後虜不敢盜塞。尚書王瓊曰：大同右衛兔毛河口最爲要衝。按兔毛之水，派流平衍，中難爲竇，旁難爲墩，惟兩岸築高墉，與長城等，隨水曲折，長數里，乘墉者以大石下擊之，庶乎其可守矣。總督余子俊曰：大同中路，西至偏頭關六百餘里，地勢平坦，無險可據，不可忽之。偏頭相去雖六百里，而中猶有雁門、寧武二關總之，仰重於大同。尚書王瓊曰：威寧海子在大同、宣府之間，虜駐此，必南牧，然亦多由大小白陽口。大同雖蔽太原，然虜自馬邑入，則勢不能援。都御史劉源清曰：漢塞飛狐，此天下形勢[三四]。

今廣昌黑石嶺，南通紫荆、倒馬，而入大同，故戒備於兩關，不若致謹於飛狐。黑石嶺城始諸此。尚書毛伯温曰：大同北境，東抵陽和，西盡高山，川原廣衍，昔高皇帝迅掃腥羶，即建大同，以爲倒馬、紫荆之扞。然以一城孤懸天外，虜騎充斥，爲備甚難。此五堡由置〔三五〕。總督翟鵬曰：自五堡以至老營堡，大虜必由之路，於斯設險，必難飛越。總督翁萬達曰：大同川原平衍，易於長驅，且與保定、山西相爲唇齒，大同不靖，則諸關亦遂騷然。又曰：虜入陽和，則白登村爲屯兵之所，足以南逼順聖之驅〔三六〕，西接天城之急。又萬全左、懷安衛屯兵，則虜不敢東，而大同鎮兵自西出塞外邀擊之，固一奇也。按虜寇之犯蔚州，必於陽和，蓋鐵裹門、鵓鴿峪、瓦窑溝、水峪口、陽和後口諸處爲大衝云。嚴諸口之戍，則虜不得至陽和、天城；謹白登之屯，則虜不得至順聖東西川；設蔚州之伏，則虜不至廣昌、廣靈，而紫荆、倒馬安枕矣。又曰：宣、大，山西外邊地，有險夷，有迂直，合而言之，則大同最稱難守者北路也，次中路，次西路、東路。

【校勘記】

〔一〕若山川之遠者　「若」，川本同，滬本作「蓋」。

〔二〕以備秦樓煩之邊　川本、滬本同。戰國策趙策二武靈王平晝閒居作「以備其參胡、樓煩、秦、韓之邊」，鮑彪本「其」作「燕」。又史記趙世家作「以備燕、三胡、秦、韓之邊」，此疑脱「燕」、「三胡」、「韓」諸字。

〔三〕昔簡子不塞晉陽以及上黨而襄主兼戎取代以攘諸胡　「簡子」，川本、滬本同，戰國策趙策二武靈王平晝閒居作

「簡主」。「襄主」，底本作「襄王」，川本同，據滬本及戰國策趙策二、史記趙世家改。

〔四〕自代並陰山至高闕爲塞　底本無「代」字，川本同，滬本有。又「高闕」，各本皆作「高闕」，據水經河水注補改。

〔五〕唐休璟　底本作「唐景休」，川本同，據滬本及新唐書唐休璟傳改。

〔六〕靈夏　「靈」，底本作「雲」，川本、滬本同，據新唐書唐休璟傳改。

〔七〕榆林　底本作「翰林」，川本同，據滬本及新唐書張仁愿傳改。

〔八〕石嶺關　「石」，底本作「右」，川本、滬本同。按萬曆山西通志卷二四：「石嶺關，陽曲縣東北一百里，忻州南四十里，乃并、代、雲、朔要衝之路。」據改。

〔九〕代州靈丘縣　川本、滬本同。按元和志，靈丘屬蔚州，此條所録即元和志卷一四蔚州靈丘縣石銘陘嶺下原文。據此，「代州」疑當作「蔚州」。

〔一〇〕嶺上東西有通道　底本脱「上」字，川本同，據滬本及水經汾水注補。

〔一一〕七年改大同路爲大同府　「七年」，川本、滬本同，明史地理志作「二年」。

〔一二〕翟鵬　「翟」，底本作「瞿」，據川本、滬本及明史翟鵬傳改。下同。

〔一三〕殘胡　底本脱「胡」字，川本同，據本書上下文、滬本補。利病書卷四九「胡」作「敵」。

〔一四〕助馬　「馬」，底本作「焉」，川本同，據滬本及紀要卷四四改。

〔一五〕九原　川本、滬本同。水經河水注：「秦始皇置九原郡。」則戰國趙無九原郡。史記匈奴列傳：趙武靈王築長城，「置雲中、雁門、代郡」。此「九原」爲「雁門」之誤。

〔一六〕蒲澤　「蒲」，底本作「蒲」，川本、滬本同，據漢書地理志改。

〔一七〕曰西安陽曰河目　底本作「曰西安曰河陽」，川本、滬本作「曰西安曰陽河」，據漢書地理志改補。

〔一八〕屬城十至曰陽壽　「十」，川本、滬本作「九」。按漢書地理志雲中郡除雲中縣外尚有十縣，此處只列有九縣，「陶林」下缺「楨陵」，據漢志補。

〔一九〕都武　底本作「武都」，川本、滬本同，據漢書地理志乙正。

〔二〇〕麗在版圖　「麗」，川本同，滬本作「歷」。

〔二一〕嬀川郡　「川」，底本作「州」，川本、滬本同。舊唐書地理志：嬀州，「天寶元年，改名嬀川郡」。新唐書地理志：「嬀州嬀川郡。」此以郡記述，應是嬀川郡，「州」爲「川」字之誤，據改。

〔二二〕應州治彰國軍　川本、滬本同。元史地理志：應州，「後唐升彰國軍，元初仍爲應州」。金城縣，「州治所。」則五代後唐應州爲彰國軍，元代應州治金城縣。遼史地理志：應州彰國軍。此「治」爲衍字，或爲「遼」字之誤。

〔二三〕豐州治天德軍　川本、滬本同。元史地理志：豐州，「金爲天德軍，元復爲豐州。舊有録事司幷富民縣，元至元四年省入州」。則金代豐州爲天德軍，至元初豐州治富民縣。此「治」爲衍字，或爲「金」字之誤。

〔二四〕蔚州治忠順軍　川本、滬本同。元史地理志：蔚州，「遼爲忠順軍。金仍爲蔚州。元至元二年，省州爲靈仙縣，隸弘州。其年，復改爲蔚州」。首縣靈仙，即爲蔚州治。此「治」爲衍字，或爲「遼」字之誤。

〔二五〕朝那山即牛頭山唐張仁愿受降城所置堠處　底本「牛頭山」上、下各空缺「即」字、「唐」字，川本同，滬本有此二字。按舊唐書張仁愿傳云：「於牛頭朝那山之北置烽候一千百八所。」「牛頭朝那」爲一山，據補。

〔二六〕在懷仁縣西南四十里　「四」，底本脱，川本、滬本同，據萬曆山西通志卷五、圖書集成職方典卷三四三補。

〔二七〕武川州　川本、滬本同。元史地理志大同路領有武州，此「川」字疑衍。
〔二八〕含和坊　川本、滬本同。按寰宇通志卷八一、明統志卷二一作「舍利坊」。
〔二九〕驃騎將軍　「驃」，底本作「標」，川本同，據滬本改。後漢書杜茂傳作「驃騎大將軍」。
〔三〇〕百餘萬　底本「百」上衍「五」字，據川本、滬本及隋書煬帝紀刪。
〔三一〕河南　「南」，底本作「内」，據川本、滬本改。
〔三二〕漠南地　「漠」，底本作「幕」，川本、滬本同，據兩唐書張仁愿傳改。
〔三三〕以拂雲爲中城　「雲」，底本作「靈」，川本同，據滬本及舊唐書張仁愿傳改。
〔三四〕此天下形勢　「此」，川本同，滬本作「示」。
〔三五〕此五堡由置　「由」，川本同，滬本作「同」。
〔三六〕足以南逼順聖之驅　「逼」，川本同，滬本作「過」。

蔚州　東至保安州一百八十里，由美峪關、桑乾河；南至廣昌縣一百三十里，由北口峪、黑石嶺；西至廣靈縣六十里，由暖泉；北至東城一百里，由神仙嶺；東南至易州三百里，由廣昌浮圖峪、紫荆關；西南至靈丘縣一百三十里，由石門峪；東北至宣府二百五十里〔一〕，由渡口、深井；西北至陽和一百八十里〔二〕，由五岔嶺、西城、白登；至大同府二百五十里，一由廣靈縣，一由五岔嶺渡桑乾河；西南至山西省城七百五十里，由廣靈、渾源、應州、山陰，歷雁門關、代州、崞縣、忻州，一由靈丘、繁峙達雁門關；東入京師五百里，一由廣昌紫荆關，一由懷來居庸關；西南至寧武關五百里，由石梯嶺、亂嶺關，歷朔州，入陽方口；西至偏頭關六百六十里，由朔州入大水口，歷神池、八角；東南至倒馬關四百里〔三〕，由飛狐口。　五臺山，在城東八十里，一名小五臺山。下有金河寺，今廢。遼史：在五臺縣下〔四〕。　石門峪，一名隘門關，在州西南四十里石門口內。兩山對峙，中通一線。舊設巡檢，今廢。路通靈丘縣。　黑石嶺，在州南七十里。通廣昌縣。設防守官駐劄捕盜。　唐山口，在州西南七十里。通靈丘縣。　長寧鎮，在州東七十里。地雖平坦，係諸關襟喉，設巡檢，今廢。　美峪關，在州東一百二十里。路通保安州。　神通溝，在州東南一百里。通廣昌。萬曆三十九年，設巡檢司。　直峪口，在州南六十里。　神仙嶺，〔旁注〕以下山川。在州北四十里。通東城。　黑石嶺。見上。　五岔嶺，在州西北四十里。通西城、大同。近設把總守禦詰盜。　退胡嶺〔五〕，在州西南七十里。通靈丘縣。　賈兒嶺，在城東一百一十里。通保安州。　直峪，在州西南五十里〔六〕。通靈丘縣。　九宮口，在州東南四十里。舊設巡檢司。　鴛鴦口，在州東北七十里。兩山相對，通宣府，設軍站。今廢。　美峪口，在州東北一百二十里。見上。　林關口，在州西南一百里。通王莊驛及平刑關。　桑乾河，在州北七十里。源發朔州馬邑縣金龍池。　金河，在州東八十里。發源太白山下。　壺流河，在州北半里。發源廣靈縣西三十里〔旁注〕州西五十里。　莎泉，東注，合壺川山下水名神泉。二水合流，其形如壺，故名。自西南曲環城北，復折東南，由定安縣西界匯入桑乾。美良川，按王幼學綱目集覽曰：在蔚州廣靈縣南。或曰在蔚州西。史記秦王世民討劉武周〔七〕，使殷開山等邀擊於美良川，大破之。即此地也。今訛稱米糧川。楊嗣昌記：北至蔚、南至廣昌百四十里間，古飛狐道也。近蔚三十里名北口者，即蜚狐口也。

【校勘記】

〔一〕宣府　「府」，底本作「州」，川本、滬本同。圖書集成職方典卷三四三：蔚州，「東北至宣府界二百五十里。」明史地理志：萬全都指揮使司領有宣府左、右、前衛，所云「宣府」，即指此。此「州」爲「府」字之誤，據改。

〔二〕東至保安州一百八十里至西北至陽和一百八十里　川本、滬本同。圖書集成職方典卷三四三載保安州、廣昌縣、廣靈縣、東城、易州、靈丘縣、宣府、陽和下並有「界」字，此蓋脱。

〔三〕四百里　底本脱「百」字，據川本、滬本補。

〔四〕遼史在五臺縣下　川本、滬本同。按五臺縣屬北宋境，宋史地理志代州領五臺縣，故遼史地理志不載此縣。此誤。

〔五〕退胡嶺　「胡」，川本、滬本同，圖書集成職方典卷三四五作「虎」。

〔六〕五十里　川本同，滬本作「七十里」，圖書集成職方典卷三四五作「六十里」。

〔七〕史記　川本、滬本同，滬本眉批：「史記當作唐書。」按秦王世民討劉武周事見舊唐書高祖本紀。此云「史記」，或係泛指史書記載而言。

廣昌　廣昌接壤紫荆，倒馬兩關，三口、四塞爲固。北有蔚州南山一帶，巍險難行，僅北口與石門峪、九宫、永寧、松子等口山峽可通往來。西與靈丘亦界連山險，惟銀釵嶺、湯河峪、搶鷹嶺，一旅可扼其吭，實爲關隘外防。　尹耕曰：〔旁注〕淮南子：北至飛狐、陽原。注：陽原蓋在太原。或曰：代郡廣昌東五阮關是也。　按漢志，代郡有五阮、常山鐵關〔一〕，即蜚狐級也。　唐志曰：蔚州有靈丘關、直峪、孔嶺鐵門〔二〕。　直峪、孔嶺即北口也。　靈丘關即石門峪也。　常山鐵門南通真定，靈丘關、直峪、孔嶺，則常山之北户也。　又云：恒嶺即恒山級，古蜚狐口。　淶水，在縣東一里。　發源北崖古塔下，通拒馬河，經紫荆關，流入易州淶水縣界。一源發於關内東南，亦名淶水泉，從牆下水口流於拒馬河。　周禮：并州，其浸曰淶、易。　即此。　拒馬河，在縣南半里。　源出自七山下，少東與淶水合流〔三〕。　湯河，在縣南六十里。水勢澎湃，昔行筏，今廢。源出靈丘縣湯頭鋪，流入直隸唐縣界。　俗名唐河。　黑石嶺，在縣北六十里。　浮圖峪，在縣東二十五里。　景泰二年建城，設守備。　北口峪，在浮圖峪西〔四〕。　白石山，在縣南，路通真、保定。　嘉靖三十年築城，設守備。　狼牙口，在縣西南八十里。　宋將楊業爲王侁逼戰，援兵不至，敗死於此。　寧靜庵口〔五〕，在縣東三十里。　路通易州五虎嶺〔六〕。　景泰三年築城。　九宫口，在縣東北。　松子口，在縣東北。　沙坡口〔七〕。　大炭口〔八〕。　永寧口。　三澗口。　直峪口。　大金國志：天會十三年，興燕、雲、兩河夫四十萬之蔚州交牙山，采木爲筏，由唐河及創開河道，運至雄州之北虎州〔九〕，造戰船，欲由海道入侵江南。以百姓大困，嘯聚蠭起，其事中輟。

【校勘記】

〔一〕漢志代郡有五阮常山鐵關　川本、滬本同。按漢書地理志：代郡，「有五原關、常山關。」漢書成帝紀：陽朔二年，「關東大水，流民欲入函谷、天井、壺口、五阮關者，勿苛留」。按五阮疑即五原，見王先謙漢書補注，惟漢志作「五原」，不作「五阮」。

〔二〕蔚州有靈丘關直峪孔嶺鐵門　川本、滬本同。按新唐書地理志：蔚州靈丘縣，「有直谷關，其北有孔嶺關」。此誤「靈丘縣」爲「靈丘關」。下文作「靈丘關」者皆誤。

〔三〕少東與淶水合流　底本缺「少」字，川本同，據滬本補。萬曆山西通志卷五作「即淶水之源也」，圖書集成職方典三四四同，此疑誤。

〔四〕在浮圖峪西　「浮圖」，底本作「北口」，川本同，據滬本改。

〔五〕寧靜庵口　川本、滬本同，萬曆山西通志卷二四、紀要卷四四、圖書集成職方典卷三四五作「寧淨口」。

〔六〕五虎嶺　「虎」，底本作「灰」，川本、滬本同。萬曆山西通志卷二四：寧淨口，「路通易州五虎嶺」。圖書集成職方典卷三四五同。紀要卷一二：易州五迴山，「俗又訛爲五虎嶺」。此「灰」爲「虎」字之誤，據改。

〔七〕沙坡口　川本、滬本同，圖書集成職方典卷三四五作「紅沙坡口」。

〔八〕大炭口　川本同，滬本此下有「唐山口」。

〔九〕雄州之北虎州　「北」，底本作「白」，川本同，滬本作「北」；「州」，底本作「城」，川本、滬本同，並據大金國志卷九改。

馬文升疏曰：虞書：肇十有二州。蓋每州表山之高大者以爲鎮，而恒山爲北嶽，在今大同渾源州，歷秦、漢、隋、唐，俱於山所致祭。五代河北失據，宋承石晉割賂之後，以白溝爲界，遂祭恒山於真定曲陽縣，文之曰「地有飛來石」。不經甚矣。然宋都汴，而真定爲其北邊，是亦不得已權宜之道也。追我太祖高皇帝建都金陵〔一〕，視真定爲遠，因循未曾釐正。文皇帝遷都北平，真定反在都南，當時禮官不能建明，尚循舊陋，禮官罪也。夫周禮曰：恒山爲并州鎮，在正北。一統志曰：恒山在渾源州南二十里。又渾源廟址猶存。故老傳説，的的不虛。乞行禮部再加詳考。如臣言是，行令山西並大同巡撫官員，斟酌工費，於渾源州恒山廟舊址，增修如制，以祀北嶽，撰文勒石，昭示將來。

【校勘記】

〔一〕追我太祖高皇帝建都金陵　「追」，川本同，滬本作「迄」。

渾源州　自州南十里入磁窰峽〔二〕，又五里，至嶽廟山門，又十里，陟山巔。巔高入天際，松風若濤，羣山羅列拱衛，其得名者曰大茂山。一名神尖山。嶺則有天風嶺、一作天峯嶺。望仙嶺、果老嶺。峯則有白虎峯。嶂則有碧峯嶂。巖則有夕陽巖。洞則有總真洞、一名金龍洞。還元洞。石則有石脂圖。窟則有飛石窟。口則有虎風口。峪則有紫芝峪。谷則有通玄谷。臺則有琴棋臺、聚仙臺。泉則有潛龍泉。　順治十七年七月，改祀北嶽於此。

【校勘記】

〔一〕磁窑峽　川本同，滬本作「磁窑峪峽」。按本書上文及紀要卷四四稱「磁窑口」。

應州　桑乾河，在州西二十里。　渾河，在州東二十里。出自渾源州神頭村，西流至安邊鎮，折而北流，合於桑乾河，東流入海。　黄水河，在州西南八里。出自山陰縣西南龍灣峪，經流西北八里，入桑乾河。澇則泛，旱則涸。　黄花岡，在州西四十里。其勢東西延長。通鑑：周赧王八年，趙武靈王略地，北至無窮，登黄華岡〔一〕。

【校勘記】

〔一〕通鑑至登黄華岡　川本、滬本同。按通鑑卷三：「趙武靈王北略中山之地……北至無窮，西至河，登黄華之上。」胡三省注引史記趙世家正義曰：「黄華，蓋黄河側之山名。」蓋「北至無窮」下脱「西至河」三字。

山陰　黄水河，源出朔之三泉，流經辛村、元英，稍散亂，復聚於黑屹塔，經縣南，會流桑乾。近自上河西奔潰北徙，奔流城西，反折北行。知縣劉以守疏而復之。王珍記曰：桑乾由馬邑繞山陰北，自西而東，其性不遷。黄水由朔流縣南，數折而東，與桑乾合。

懷仁　玉龍山，在縣西北四十里。上有七峯。其脊有青石盤旋至巔，遠視如龍狀，故名。壁有洞口，名玉龍洞。陳家峪山，在縣西北二十里。相傳宋楊業敗兵處，未知是否？錦屏山，在縣西二十五里。舊有瓷窑及鐵冶。鎮子海，在縣東南一十五里。周迴四十五里。今涸。西安橋，在縣東南三十里〔一〕。跨桑乾河。雲中縣，在縣南五十里〔二〕。今曰中城堡，南秦時所築，遺址尚存。

【校勘記】

〔一〕在縣東南三十里　川本及萬曆山西通志卷五同，滬本「東」下無「南」字，明統志卷二一亦云：「在懷仁縣東。」

〔二〕在縣南五十里　底本「縣」下脱「南」字，川本同，據滬本補。按明統志卷二一：「雲中城，在大同府城北郭外。」萬曆山西通志卷一四、圖書集成職方典卷三四八同。紀要卷四四：雲中城，大同府「西北四百餘里」。二者記載城址雖異，但皆不載懷仁縣有雲中縣，疑有誤。

馬邑　桑乾河，源自洪濤山，金龍池二水合流，喇河復注，經流縣西、南、東三面，至鄯河，東抵山陰。　灰河，〔旁注〕見朔州。在縣南五里。東流至莊頭村，入桑乾河。　黄水河，在縣南二十里。　鄯河，在縣東三十里。　長城，西達朔州神池口，相傳爲秦始皇所築。

舊唐書盧坦傳：元和八年〔一〕，西受降城爲河徙浸毁，宰相李吉甫請移兵於天德故城。坦與李絳叶議，以爲：西城，張仁愿所築，制匈奴上策。城當磧口，居虜要衝，美水豐草，邊防所利。今河流之決，不過退就二、三里，奈何捨萬代永安之策，徇一時省費之謀？況天德故城僻處确瘠，其北枕山，與河絶遠，烽候警備，不相統接，虜之唐突，勢無由知，是無故而蹙國二百里，非所利也。及城使周懷義奏利害，與坦議同，事既不行。　賈島送陳判官赴天德詩：絲竹豐州有，春來祇欠花。　盧綸送餞從叔辭〔二〕：豐州聞説似涼州〔三〕，沙塞晴明部落稠。　史記秦始皇本紀：三十六年，遷北河榆中三萬家〔四〕。正義曰：謂北河勝州也，榆中即今勝州榆林縣也。

【校勘記】

〔一〕元和　底本作「元初」，川本、滬本同，據舊唐書盧坦傳改。

〔二〕送餞從叔辭　「送」，底本作「選」，川本同；「餞」，滬本作「錢」，並據全唐詩卷二七六盧綸詩改。原詩題爲送餞從叔辭豐州幕歸嵩陽舊居。

〔三〕豐州聞說似涼州　「聞」，底本作「間」，川本同，據滬本及全唐詩卷二七六改。

〔四〕北河榆中　「北河」，底本倒作「河北」，據川本、滬本及史記秦始皇本紀乙正。

山西行都指揮使司

隸後軍督府。治大同。

大同前衛　左、右、前、中、後五所。

大同後衛　左、右、中、前、後五所。

大同左衛　在府西八十里白羊城。　左、右、中、前、後五所。

雲川衛〔一〕　附左衛城。　左、右、中、前、後五所。　洪武二十五年，設鎮朔衛築，後衛革。永樂七年，設大同左衛築完，周十里一百二十〔旁注〕十二。步。宣德元年，調建雲川衛。　白羊站，在城内。

大同右衛　在府西北一百六十里定邊城。　左、右、中、前、後五所。

玉林衛　附右衛城。　左、右、中、前、後五所。　洪武二年，設定邊衛築，後衛革。永樂七年，設大同右衛，城周九里一十三步。宣德元年，調遣玉林衛。　南關站。

陽和衛　在府東北一百二十里〔二〕。即古白登之地，西北半舍陽和城。　左、右、中、前、後五所。

高山衛　附陽和衛城。　左、右、中、前、後五所。　洪武三十一年，建陽和衛，城周九里三十步。宣德元年，調建高山衛。

天城衛　在府東北一百八十里。　左、右、中、前、後五所。

鎮虜衛　附天城衛城。　左、右、中、前、後五所。　洪武三十一年，建天城衛。城周八里二十四步。宣德元年，調建鎮虜衛。

威遠衛　在府西一百九十里。　正統三年建。城周四里五步。威遠站。

平虜衛　在府西二百三十里〔三〕。　左、右、中、前、後五所。　成化七年建，城周一千八十四丈。六里三分。北面阻山〔四〕。

井坪守禦千户所　在府西南二百六十里。成化二十二〔旁注〕一。年建。城周六百六十六丈。

順聖川城，在蔚州東北九十里。天順四年築。周四里一十三步。弘州城，在蔚州西北一百八十里。天順四年築。周四里一十三步。

【校勘記】

〔一〕雲川衛　「雲」，底本作「靈」，川本、滬本同，據明統志卷二一、萬曆山西通志卷二四、明史地理志改。下同。

〔二〕在府東北一百二十里　「府」，底本作「城」，川本漫漶，據滬本及明統志卷二一、明史地理志改。

〔三〕在府西二百三十里　「里」，底本作「步」，川本、滬本同，據萬曆山西通志卷二五改。明史地理志：平虜衛，「東北距行都司二百四十里。」與此萬曆志相近。

〔四〕北面阻山　「面」，底本作「向」，川本漫漶，據滬本及紀要卷四四改。

宋史張耆傳：帝以耆歷河東，稔邊事〔一〕，詔耆至宣和閣，問地里險易狀〔二〕。耆因言：雲、應、蔚、朔四郡〔三〕，間遣人以文移至并、代間，非覘邊虛實，即欲熟道路。宜密諭代州，使自雲、應、蔚至者，由大石谷入；自朔至者，由土墱入；餘間道皆塞之，以示險。楊偕傳：偕以樞密直學士知并州。元昊大掠河北，詔修寧遠砦。偕言：寧遠砦在河外，介麟、豐二州之間，無水泉可守。請建新麟州於嵐州〔四〕。有白塔地，可建砦屯兵。帝曰：麟州，古郡也〔五〕。咸平中，嘗經寇兵攻圍，非不可守。今欲棄之，是退而以河爲界也。諭偕修復寧遠以援麟州。

元史：至元元年，選善水者一人，沿黄河計水程，達東勝，可通漕運，馳驛以聞。

通鑑：魏葬昭太后於鳴鷄山。注：魏土地記曰：下洛城東北三十里〔六〕，有延河東流，北有鳴鷄山。史記：趙襄子殺代王於夏屋。其姊爲代王夫人，襄子迎之，至此，曰：代已亡矣，吾將安歸乎？遂磨笄於山而自殺。代人憐之，爲立祠焉。因名爲磨笄山。每夜，有野鷄羣鳴於祠屋上〔七〕，故亦謂之鳴鷄山。杜佑曰：嬀州治懷戎縣，有鳴鷄山，本名磨笄山〔八〕。

後漢書明帝紀：永平八年〔九〕，初置度遼將軍，屯五原、曼柏〔一〇〕。注：曼柏縣在今勝州。安帝紀：延光二年，鮮卑敗南匈奴於曼柏。後漢書順帝紀：陽嘉四年，烏桓寇雲中，圍度遼將軍耿曄於蘭池〔一一〕。注：續漢志曰：雲中郡沙南縣有蘭池城。

地理通釋：按正義，雲中、九原二郡並在勝州。雲中故城在榆林縣趙雲中城，秦雲中郡也。東北四十里。九原在榆林縣西。漢武帝改爲五原郡。郡縣志：五原謂龍游原、乞地千原〔一二〕、青嶺原、岢嵐正原〔一三〕、横槽原。括地志：勝州連谷縣，本秦九原郡。按匈奴傳，趙武靈王置雲中。趙世家云：地西至雲中、九原。郡縣志：敬本古城，在中受降城北四十里。賈耽古今述曰：以地理求之，前代九原郡城也。

元史英宗紀：至治三年二月己巳，治野狐、桑乾嶺道。三年七月乙丑，發兵修野狐、色澤、桑乾三嶺道〔一四〕。順帝紀：至正十四年五月〔一五〕，詔修砌北巡所經色澤嶺、黑石頭、河西沿山道路，創建龍門等處石橋〔一六〕。

金史：桓州，縣一，曰清塞。曷里滸東川〔一七〕，更名金蓮川〔一八〕。世宗曰：蓮者連，取其金枝玉葉相連之義。景明宮，避暑宮也，在涼陘，有殿揚武殿，皆大定二十年命名。有查沙。有白濼〔一九〕，國言曰勺赤勒。世宗紀：大定六年六月丙戌，發西京。庚子，獵於銀山。七月辛酉，次三叉口。八月辛未朔，次涼陘。庚辰，獵於望雲之南山。九月辛丑朔，至自西京。八年五月乙丑，上如涼陘。庚寅，改旺國崖曰靜寧山，曷里滸東川曰金蓮川。七月甲戌，秋獵。己卯，次三叉口。八月乙卯，至自涼陘。十二年六月甲寅，如金蓮川。二十年四月庚戌〔二〇〕，如金蓮川。元史郝經傳：世祖以皇弟開邸金蓮川〔二一〕。撫州，有旺國崖，大定八年五月，更名靜寧山。有麻達葛山，大定二十九年，更名胡土白山。有冰井。縣四：其一曰柔遠，倚。大定十年置於燕子城，隸宣德州，明昌三年來屬。有燕子城，國言曰吉甫魯灣城〔二二〕，北羊城國言火唵榷塌〔二三〕，查剌嶺，沔山〔二四〕，大漁濼行宮有樞光殿〔二五〕。有雙山，七里河，石井，蝦蟇山，昂吉濼又名鴛鴦濼，得勝口舊名北望淀〔二六〕，大定二十年更。世宗紀：大定八年五月甲子，北望淀大震、風、雨雹，廣十里，長六十里。金史世宗紀：大定十六年五月庚申，遣使禱雨靜寧山神。

【校勘記】

〔一〕稔邊事　「稔」，底本作「總」，川本漫漶，滬本作「驗」，據宋史張耆傳改。

〔二〕問地里險易狀　「里」，底本作「理」，川本同，據滬本及宋史張耆傳改。

〔三〕雲應蔚朔四郡　底本脱「朔」字，川本漫漶，滬本作「雲、應、朔、蔚四郡」，據宋史張耆傳「蔚」下補「朔」字。

〔四〕新麟州　「麟」，底本作「寧」，川本漫漶，據本書下文、滬本及宋史楊偕傳改。

〔五〕古郡也　「古」，底本作「大」，川本漫漶，據滬本及宋史楊偕傳改。

〔六〕下洛城　「洛」，底本作「落」，據本書下文、川本、滬本及通鑑卷一一二九胡三省注改。

〔七〕有野鷄羣鳴於祠屋上　「祠」，底本、川本作「洞」，滬本脱此字，據通鑑卷一一二九胡三省注改。

〔八〕本名磨笄山　底本脱「名」字，據川本、滬本及通鑑卷一二九胡三省注補。
〔九〕永平八年　「八」，底本作「七」，川本、滬本同，據後漢書明帝紀改。
〔一〇〕曼柏　「柏」，底本作「伯」，川本、滬本同，據後漢書明帝紀改。下同。
〔一一〕耿曄　「曄」，底本作「瞱」，川本同，據滬本及後漢書順帝紀改。
〔一二〕乞地千原　「千」，底本作「於」，川本漫漶，滬本作「于」，據元和志卷四改。
〔一三〕岢嵐正原　川本漫漶，滬本同，元和志卷四作「可嵐貞原」。
〔一四〕三年七月乙丑發兵修野狐色澤桑乾三嶺道　川本漫漶，滬本同。按此節所録爲元史泰定帝紀泰定三年事，非英宗朝事，「三年」上當有「泰定帝紀泰定」六字。
〔一五〕至正十四年五月　底本脱「至正」二字，「五月」誤爲「四月」，川本、滬本同，據元史順帝紀改補。
〔一六〕創建龍門等處石橋　底本脱「建」字，川本、滬本同，據元史順帝紀補。
〔一七〕曷里滸東川　「滸」，底本作「許」，川本漫漶，據本書下文、滬本及金史地理志改。
〔一八〕金蓮川　「川」，底本作「州」，川本同，據本書下文、滬本及金史地理志改。
〔一九〕白濼　「白」，底本作「由」，川本、滬本同，據金史地理志改。
〔二〇〕二十年　底本「二十」下衍「四」字，川本同，據滬本及金史世宗紀删。
〔二一〕世祖以皇弟開邸金蓮川　「弟」，底本作「第」，川本漫漶，滬本同，據元史郝經傳改。
〔二二〕吉甫魯灣城　「城」，底本作「苑」，川本漫漶，滬本同，據金史地理志改。
〔二三〕北羊城　「北」，底本作「比」，川本漫漶，滬本同，據金史地理志改。

〔二四〕沔山 「沔」，底本作「沔」，川本漫漶，滬本作「沔」；底本、滬本均脱「山」字，據金史地理志改補。

〔二五〕大漁濼 「漁濼」，底本作「源瀝」，川本漫漶，滬本同，據金史地理志改。

〔二六〕舊名北望淀 底本脱「名」字，川本漫漶，據滬本及金史地理志補。

遼史：西京大同府，陶唐冀州之域。虞分并州。夏復屬冀州。周職方：正北曰并州。戰國屬趙，武靈王始置雲中郡。秦屬代王國，後爲平城縣。魏屬新興郡。晉仍屬雁門。劉琨表封猗盧爲代王，都平城。元魏道武於此遂建都邑。孝文帝改爲司州牧，置代尹，遷都洛邑，改萬年，又置恒州〔一〕。高齊文宣帝廢州爲恒安鎮〔二〕，今謂之東城，尋復恒州。周復爲恒安鎮，改朔州。隋仍爲鎮。唐武德四年，置北恒州，七年廢。貞觀十四年，移雲中定襄縣於此。永淳元年，默啜爲民患，移民朔州。開元十八年，置雲中州。天寶元年，改雲中郡。乾元元年，曰雲州。乾符三年，大同軍節度使李國昌子克用爲雲中守捉使，殺防禦使，據州以聞〔三〕。僖宗赦克用，以國昌爲大同軍防禦使，不受命。廣明元年，李琢攻國昌〔四〕，國昌軍敗，與克用奔北地。黄巢入京師，詔發代北軍〔五〕。尋赦國昌，使討賊。克用率三萬五千騎而南，收京師，功第一，國昌封隴西郡王。國昌卒，克用取雲中。既而所向失利，乃卑詞厚禮，與太祖會於雲州之東城，謀大舉兵攻梁。不果。克用子存勗滅梁，是爲唐莊宗。同光三年，復以雲州爲大同軍節度使。晉高祖代唐，以契丹有援立功，割山前、代北地爲賂，大同來屬，因建西京。敵樓、棚櫓具。廣袤二十里。門，東曰迎春，南曰朝陽，西曰定西，北曰拱極。元魏宫垣占城之北面，雙闕尚在。遼既建都，用爲重地，非親王不得主之。清寧八年，建華嚴寺，奉安諸帝石像、銅像。又有天王寺、留守司衙。南曰西省。北門之東曰大同府，北門之西曰大同驛。初爲大同軍節度使。重熙十三年，升爲西京，府曰大同。統州二，縣七：大同縣，本大同川地〔六〕。重熙十七年，西夏犯邊，析雲中縣置。雲中縣，趙置。天成縣，本極塞之地。魏道武帝置廣牧縣。唐武德五年，置定襄縣。遼析雲中置。在京北一百八十里。長青縣，本白登臺地。冒頓單于縱精騎三十餘萬，圍漢高帝於白登七日，即此。遼始置縣。有青陂。梁元帝横吹曲云：朝陟青陂，暮上白登。在京東北一百一十里。奉義縣，本漢陶林縣地。後唐武皇與太祖會此。遼析雲中置。懷仁縣，本漢沙南縣。元魏葛榮亂，縣廢。隋開皇二年，移雲内於此。大業二年，置大利縣，屬雲州，改屬定襄郡。隋末，陷突厥。李克用敗赫連鐸，駐兵於此。遼改懷仁。在京南六十里。懷安縣，本漢夷輿縣地〔七〕。歷魏至隋，爲突厥所據。唐克頡利，縣遂廢爲懷荒鎮。高勳鎮燕，奏分歸化州文德縣置。初隸奉聖州，後來屬。在州西北二百八十里。弘州，博寧軍，下，刺史。東魏静帝置北靈丘縣。唐初，地陷突厥。開元中，置横野軍安邊縣。天寶亂廢，後爲襄陰村。統和中，以寰州近邊〔八〕，爲宋將潘美所破，廢之，乃於此置弘州。初軍曰永寧。有桑乾河、白道泉，白登山亦曰火燒山。有火井。統縣二：永寧縣。　順聖縣，本魏安塞軍〔九〕。五代兵廢。高勳鎮幽州，奏景宗分永興縣置〔一〇〕。初隸奉聖州。在州西北二百八十里。　德州，下，刺史。唐會昌中，以西德店置德州〔一一〕。開泰八年，以漢户復置。有步落泉、金河山〔一二〕、野狐嶺、白道坂〔一三〕。縣一，宣德縣，本漢桐過縣地，屬雲中郡，後隸定襄郡，漢末廢。高齊置紫阿鎮〔一四〕。唐會昌中，置縣。　豐州，天德軍，節度使。秦爲上郡北境。漢屬五原郡〔一五〕。地磧鹵，少田疇。自晉永嘉之亂〔一六〕，屬赫連勃勃。後周置永豐鎮。隋開皇中，永豐縣改豐州〔一七〕。大業七年，爲五原郡。義寧元年，太守張遜奏改歸順郡。唐武德元年，爲豐州總管府。六年省，遷民於白馬縣，遂廢。貞觀四年，分靈州境置豐州都督府，領蕃户。天寶初，改九原郡。乾元元年〔一八〕，復豐州，後入回鶻。會昌中克之。後唐改天德軍。太祖神册五年攻下，更名應天軍，復爲州。有大鹽濼、九十九泉、没越濼、古磧口、青塚。青塚即王昭君墓。統縣二：富民縣。本屬漢臨戎縣，遼改今名。　振武縣，本漢定襄郡盛樂縣。背負陰山，前帶黄河。元魏嘗都盛樂，即此。唐武德四年，克突厥，建雲中都督府；麟德三年，改單于大都督府；聖曆元年，又改安北都督。開元七年，割隸東受降城。八年，置振武軍節度使。會昌五年，爲安北都護府。後唐莊宗以兄嗣本爲振武節度使。太祖神册元年，伐吐渾還，攻之，盡俘其民以東，惟存鄉兵三百人防戍。後更爲縣。　雲内州，開遠軍，下，節度，本中受降城地。遼初，置代北雲朔招討司，改雲内州。清寧初升。有威塞軍、古可敦城、大同州、天安軍、永濟栅、安樂戍、拂雲堆。縣二：柔服縣。寧人縣。天德軍，本中受降城。唐開元中，廢横塞軍，置天安軍於大同川。乾元中，改天德軍，移永濟栅，今治是也。太祖平党項，遂破天德，盡掠吏民以東。後置招討司，漸成井邑〔一九〕，乃以國族爲天德軍節度使。有黄河、黑山峪、盧城、威塞軍、秦長城、唐長城，又有牟那山，鉗耳觜城在其北。寧邊州，鎮西軍，下，刺史。本唐隆鎮，遼置。奉聖州，武定軍，上，節度。本唐新州。後唐置團練使，總山後八軍。莊宗以弟存矩爲之。軍亂，殺存矩於祁州，擁大將盧文進亡歸。太祖克新州，莊宗遣李嗣源復取之。同光二年，升威塞軍。石晉高祖割獻，太宗改升。有兩河會、温泉、龍門山、涿鹿山。東南至南京三百里，西北至西京四百四十里。統州三〔二〇〕，縣四：永興縣，本漢涿鹿縣地。黄帝與蚩尤戰於此。礬山縣，本漢軍都縣。山出白緑礬〔二一〕，故名。有礬山、桑乾河。在州南六十里。龍門縣，有龍門山〔二二〕。對峙石壁，高數百丈〔二三〕，望之若門。徼外諸河及沙漠潦水，皆於此趨海。雨則俄頃水逾千仞〔二四〕，晴則清淺可涉，實塞北控扼之衝要也。在州東北二百八十里。望雲縣，本望雲川地。景宗於此建潛邸，因而成井肆。穆宗崩，景宗入紹國統，號御莊，後置望雲縣，直隸章愍宫〔二五〕，附庸於此。在州東北二百六十里。歸化州，雄武軍，上，刺史。本漢下洛縣。元魏改文德縣。唐升武州，僖宗改毅州。後唐太祖復武州，明宗又爲毅州，潞王仍爲武州。晉高祖割獻於遼，改今名。有桑乾河、會河川、愛陽川。炭山，又謂之陘頭，有涼殿，承天皇后納涼於此；山東北三十里有新涼殿，景宗納涼於此，惟松棚數陘而已。斷雲嶺，極高峻，故名。州西北至西京四百五十里。統縣一，金史世宗紀：大定六年三月甲寅，上如西京。庚申，次歸化州。戊辰，至西京。文德縣。本漢女祁縣地。元魏置。可汗州，清平軍，下，刺史。本漢潘縣。元魏置〔二六〕。北齊置北燕郡，改懷戎縣。隋廢郡，屬涿郡。唐武德中，復置北燕州，縣仍舊。貞觀八年，改嬀州。五代時，奚王去諸以數千帳欲嬀州〔二七〕，自別爲西奚，號可汗州。太祖因之。有嬀泉在城中，相傳舜嬪二女於此。又有温泉、版泉、磨笄山、鷄鳴山、喬山、歷山。統縣一，懷來縣，本懷戎縣。太祖改。儒州，縉陽軍，中，刺史。唐置。後唐同光二年，隸新州。太宗改奉聖州，仍屬。有南溪河、沽河、宋王峪、桃峪口。統縣一，縉山縣〔二八〕，本漢廣寧縣地。唐天寶中，割嬀川縣置〔二九〕。蔚州，忠順軍，上，節度。周職方：并州，川曰嘔夷。在州境飛狐縣。趙襄子滅代；武靈王置代郡；項羽徙趙歇爲代王；歇還趙，立陳餘王代；漢韓信斬餘，復置代郡；文帝初封代；皆此地。周宣帝始置蔚州，隋開皇中廢。唐武德四年，復置。至德二年，改興唐縣。乾元元年，仍舊。大中後，朱邪執宜爲刺史，有功，賜姓名李國昌〔三〇〕，子克用乞爲留後，僖宗不許。廣明初，攻敗國昌，代北無備，太祖來攻，克之，俘掠居民而去。石晉獻地，升忠順軍，後更武安軍。統和四年入宋，尋復之，降刺史，隸奉聖州，升觀察，復忠順軍節度。統縣五，靈仙縣，唐置興唐縣。梁改隆化縣。後唐同光初，復置。晉改今名。　定安縣，本漢東安陽縣地〔三一〕，久廢。後唐太祖伐劉仁恭，次蔚州，晨霧晦冥，占，不利深入，會雷電大作，燕軍解去，即此。遼置定安縣。西北至州六十里。　飛狐縣，後周大象二年，置廣昌縣於五龍城，即此。隋仁壽元年，改名飛狐。相傳有狐於紫荆嶺食五粒松子，成飛仙，故云。西北至州一百四十里。　靈丘縣，漢置。後漢省。東魏復置，屬靈丘郡。隋開皇中，罷郡來屬。大業初，改隸代州。唐武德六年，仍舊。東北至州一百八十里。　廣陵縣，本漢延陵縣。隋、唐爲鎮州。後唐同光初，分興唐縣置。石晉割屬遼。東南至州四十里。　應州，彰國軍，上，節度。唐武德中，置金城縣，後改應州。後唐明宗，州人也。天成元年，升彰國軍節度〔三二〕，興唐軍、寰州隸焉。遼因之。北龍首山，南雁門。統縣三：　金城縣，本漢陰館縣地。漢末，廢爲陰館城。大業末，陷突厥。唐始置金城縣。遼因之。　渾源縣，唐置。有渾源川。在州東南一百五十里。　河陰縣，本漢陰館縣地。初隸朔州，清寧中來屬。　朔州，順義軍，下，節度。本漢馬邑縣地。元魏孝文帝始置朔州，在今州北三百八十里定襄故城。葛榮亂，廢。高齊天保六年復置〔三三〕，在今州南四十七里新城。八年，徙馬邑，即今城。武成帝置北道行臺。周武帝置朔州總管府。隋大業三年，改馬邑郡。唐武德四年，復朔州。遼升順義軍節度〔三四〕。　統州一，縣三：　鄯陽縣，本漢定襄縣地。建安中，置新興郡。元魏置桑乾郡。高齊置招遠縣，郡仍舊〔三五〕。　隋開皇三年，罷郡，隸朔州。大業元年，初名鄯陽縣。遼因之。寧遠縣，齊天保六年，於朔州西置招遠縣。唐乾元元年，改今名。遼因之。有寧遠鎮。東至朔州八十里。馬邑縣，漢置，屬雁門郡。唐開元五年，析鄯陽縣東三十里置大同軍，倚郭置馬邑縣。南至朔州四十里。武州，宣威軍，下，刺史。趙惠王置武川塞。魏置神武縣。唐末置武州。後唐改毅州〔三六〕。重熙九年，復武州，號宣威軍。統縣一，神武縣，魏置。晉改新城。後唐太祖生神武川之新城，即此。初隸朔州，後置州，并寧遠爲一縣來屬。東勝州，武興軍，下，刺史。隋開皇七年，置勝州。大業五年，改榆林郡。唐貞觀五年，於南河地置決勝州，故謂此爲東勝州。天寶七年，又爲榆林郡。乾元元年，復爲勝州。太祖神册元年，破振武軍〔三七〕，勝州之民皆趨河東，州廢。晉割代北來獻，復置。統縣二：榆林縣。河濱縣。金肅州，重熙十二年伐西夏置〔三八〕。割燕民三百户，防秋軍一千實之。河清軍，西夏歸遼，開直路以趨上京。重熙十二年建城，號河清軍。徙民五百户〔三九〕、防秋兵一千人實之。

【校勘記】

〔一〕恒州　「恒」，底本作「桓」，川本、滬本同，據遼史地理志改。下同。

〔二〕恒安鎮　「恒」，底本作「桓」，川本、滬本同，據遼史地理志改。下同。

〔三〕據州以聞　「據」，底本作「豫」，川本漫漶，據滬本及遼史地理志改。

〔四〕李琢　底本作「李珍」，川本漫漶，據滬本及遼史地理志改。

〔五〕詔發代北軍　「發」，底本作「廢」，據川本、滬本及遼史地理志改。
〔六〕大同川　「川」，底本作「州」，川本、滬本同，據本書下文及新唐書地理志、遼史地理志改。下同。
〔七〕夷輿縣　「輿」，底本作「興」，川本漫漶，據滬本及遼史地理志改。
〔八〕寰州　「寰」，底本作「襄」，川本漫漶，滬本同，據遼史地理志改。
〔九〕安塞軍　「塞」，底本作「寨」，據川本、滬本及遼史地理志改。
〔一〇〕景宗　川本漫漶，滬本同。按遼史地理志五中華書局點校本校勘記〔六〕：「據紀應曆十三年正月、卷八五高勳傳及金史地理志，景宗應作穆宗。」
〔一一〕德州　底本脱「德」字，川本同，據滬本及遼史地理志補。
〔一二〕金河山　底本倒作「金山河」，川本同，據滬本及遼史地理志乙正。
〔一三〕白道坂　「坂」，底本作「阪」，川本漫漶，據滬本及遼史地理志改。
〔一四〕紫阿鎮　「阿」，底本作「河」，川本同，據滬本及遼史地理志改。
〔一五〕五原郡　「五」，底本作「武」，川本、滬本同，據遼史地理志改。
〔一六〕永嘉　底本作「永康」，川本、滬本同，據遼史地理志改。
〔一七〕永豐縣改豐州　川本漫漶，滬本同，遼史地理志「永豐」上有「升」字。
〔一八〕乾元　底本作「乾道」，川本、滬本同，據遼史地理志改。
〔一九〕漸成井邑　底本「井」下衍「田」字，川本同，據滬本及遼史地理志删。
〔二〇〕統州三　「統」，底本作「總」，川本漫漶，據滬本及遼史地理志改。

〔二一〕山出白緑礬　「出」，底本作「有」，川本漫漶，滬本作「在」，據遼史地理志改。

〔二二〕有龍門山　「有」，底本作「在」，川本漫漶，滬本同，據遼史地理志改。

〔二三〕高數百丈　川本漫漶，滬本同，遼史地理志「丈」作「尺」。

〔二四〕雨則俄頃水逾千仞　「千」，川本漫漶，滬本同，遼史地理志作「十」。

〔二五〕直隸章愍宮　底本脱「隸」字，川本、滬本同，據遼史地理志補。「章」，川本、滬本同，遼史地理志作「彰」。

〔二六〕元魏置　川本、滬本同，「置」，遼史地理志作「廢」。

〔二七〕奚王去諸以數千帳欲嬀州　「欲」，川本、滬本同。遼史地理志五中華書局點校本改作「徙」，校勘記〔一六〕云：「徙，原誤『欲』，據新五代史附録改。」「州」，底本、川本作「川」，據滬本、本書上下文及遼史地理志改。

〔二八〕縉山縣　「縉」，底本作「溍」，川本漫漶，滬本同，據遼史地理志改。

〔二九〕嬀川縣　「川」，底本作「州」，川本、滬本同，據遼史地理志改。

〔三〇〕李國昌　底本作「李德昌」，川本、滬本同，據新唐書沙陀傳、遼史地理志改。

〔三一〕本漢東安陽縣地　「漢」，底本作「唐」，川本同，據滬本及遼史地理志改。

〔三二〕彰國軍　底本脱「軍」字，川本漫漶，滬本同，據遼史地理志補。

〔三三〕高齊天保六年　「保」，底本作「寶」，據川本、滬本及遼史地理志改。下同。

〔三四〕順義軍　底本倒作「義順軍」，川本、滬本同，據本書上文及遼史地理志乙正。

〔三五〕高齊置招遠縣郡仍舊　底本脱「仍舊」二字，川本同，滬本並脱「縣」、「仍舊」，據遼史地理志補。

〔三六〕後唐　底本脱「後」字，川本漫漶，據滬本及遼史地理志五中華書局點校本校勘記〔二〇〕補。

〔三七〕振武軍　「振」，底本作「勝」，川本、滬本同，據遼史地理志改。

〔三八〕重熙十二年伐西夏置　底本脱「年」字，「伐」作「代」，川本同，滬本無「伐」字，據遼史地理志改補。

〔三九〕徙民五百户　「五百户」，底本作「五百民」，川本同，據滬本及遼史地理志改。

實録〔一〕：洪武六年十月丙子，上以山西弘州、蔚州、定安〔二〕、武、朔、天城、白登、東勝、豐州、雲内等州縣北邊沙漠，屢爲胡寇虜掠，乃命指揮江文徙其民居於中立府，凡八千二百三十八户，計口三萬九千三百四十九。永樂十一年十月己酉，山西緣邊煙墩成。先是，從江陰侯吴高請，於緣邊修築煙墩。至是，東路自天成衛至榆林口，直抵西朔州衛煖會口，西路自忙牛嶺直抵東勝路，至黄河西對岸灰溝村，煙墩皆成。高五尺有奇，四圍城高一丈五尺，外開壕塹、弔橋、門道，上置水櫃，煖月盛水，寒月積冰。墩置官軍三十一人守瞭〔三〕，以繩梯上下。皆上所規畫也。

洪熙元年閏七月，朔州衛軍士白榮言：大同、蔚、朔，古雲中之地，西北皆沙漠，國朝設行都司於大同〔四〕，又設東勝、高山等十衛，緣邊守禦。建文中，諸衛皆入内地，惟留安東中屯一衛於朔州。乞以高山等十衛仍舊守邊，則虜寇不敢窺伺。上謂行在兵部臣曰：天下無事，邊防正當嚴飭，況西北尤爲切要；但軍士安居既久，一日遽遷，恐人情不便。其會五府、六部官計議以聞。正統元年九月戊午，大同鎮都督方正言：臣等比奉敕計議邊事，竊惟大同境外，溝多山少，三面受敵，設立馬營，難爲經久。惟半嶺及紅寺兒之地，舊有廢營，可以修築，就遣原選官軍都指揮孫智等分領馬隊〔五〕，往來巡備〔六〕，哨探賊情，振耀兵威，有警并力追剿，無事閉營耕種。如是則士馬休而能以逸待勞矣。從之。　十一月乙未，徙大同煖會堡於淨水坪。　三年三月丙戌，設大同威遠衛。先是，行在刑部尚書魏源、總兵官左都督陳懷等言：大同淨水坪係達賊出没要地，宜設軍衛。事下行在兵部議行，適巡按監察御史陳毅奏：平定州、蒲州二守禦所，軍有全伍，今又增寄操軍千四百四十餘人〔七〕，宜調補他處。兵部遂請以二所多餘軍調淨水坪，立威遠衛。從之。　九月癸未，山西安東中屯衛百户周諒言：故東勝州廢城，西瀕黄河，東接大同，南抵偏頭關，北連太山、榆陽等口。其中有赤兒山，東西坦平一百餘里，其外連亘官山等山，實胡虜出没往來必經之地。臣愚以爲若屯軍此城〔八〕，則大同右衛、淨水坪、偏頭關、水泉堡四處營堡皆在其内，可以不勞戍守。每遇冬月，就命將統領四處守備官軍〔九〕，於此駐劄備禦，待春乃回，既不重勞軍馬，又不虚費糧儲，非惟藉以捍蔽太原、大同，而延安、綏德亦得以保障矣。事下兵部，請敕大同總兵等官陳懷等議以聞。從之。　九年八月壬辰〔一〇〕，巡撫大同、宣府僉都御史羅亨信言：大同新立威遠衛，城壁不堅，操備軍士僅三百人，又多遠方遣發者〔一一〕，未經戰陣。萬一虜寇越淨水坪，直犯威遠，何以支持？臣愚以爲宜於淨水坪復立馬營〔一二〕，仍舊摘撥馬步官軍千人，於此守備，則虜人不敢突入，而大同亦得以保障矣。事下兵部，請命總兵官計議以聞。從之。

【校勘記】

〔一〕實録　底本作「寶録」，據川本、滬本及明實録改。
〔二〕定安　底本倒作「安定」，據川本、滬本及明太祖實録卷八五乙正。
〔三〕墩置官軍三十一人守瞭　底本脱「置」字，川本、滬本同，據明成祖實録卷九〇補。
〔四〕行都司　「司」，底本作「使」，川本同，據滬本及明宣宗實録卷五改。
〔五〕都指揮　「都」，底本作「督」，川本、滬本同，據明英宗實録卷二二一改。
〔六〕往來巡備　「備」，底本作「捕」，川本、滬本同，據明英宗實録卷二二一改。
〔七〕千四百四十餘人　川本、滬本同，明英宗實録卷二二一「四十」作「六十」。
〔八〕若屯軍此城　川本、滬本同，明英宗實録卷四六「城」作「地」。
〔九〕就命將統領四處守備官軍　底本「就命」下衍「就」字，川本同，滬本無下一「就」字，但加空缺號，據明英宗實録卷四六删。又「命」，實録作「令」。
〔一〇〕九年八月壬辰　「壬辰」，底本作「戊辰」，川本、滬本同，據明英宗實録卷一二〇改。
〔一一〕又多遠方遣發者　「遣」，底本作「編」，川本、滬本同，據明英宗實録卷一二〇改。
〔一二〕臣愚以爲宜於淨水坪復立馬營　「以爲宜」，底本作「宜以爲」，據川本、滬本及明英宗實録卷一二〇乙正。

金史：西京路，大定五年，建宫室，名其殿曰保安。其門，南曰奉天，東曰宣仁，西曰阜成。天會三年，建太祖原廟。大同府。縣七：大同，倚。遼析雲中置，金因之。有牛皮關、武周山、方山、奚望山、盛樂城、御河、鬬鷄臺、平城外郭鹽場、如渾水〔一〕、桑乾河、紇真山。有遼帝后像，在華嚴寺。鎮一，奉義。雲中，晉舊縣名。宣寧，遼德州昭聖軍宣德縣，大定八年更名。有官山、彌陀山、石緑山。産碾玉沙。鎮一，窟龍城。懷安，晉故縣名。天成，遼析雲中置。白登，本名長清。大定七年更。有白登臺、採掠山。懷仁，遼析雲中置。貞祐二年，升爲雲州。有黄花嶺、錦屏山、清涼山、金龍山〔二〕、早起城、日中城。鎮一，安七疃。

豐州。秦爲上郡北境。晉屬新興郡，後爲赫連勃勃所據。元魏屬雲中郡。後周置永豐鎮。隋開皇三年，改永豐縣，五年，升爲州。大業七年〔三〕，罷爲五原郡。義寧元年，改爲歸順郡。唐武德元年，罷郡〔四〕，復爲豐州，置總管，六年省。貞觀四年，分靈州之境，置豐州都督府，十一年，罷入靈州，二十三年〔五〕，又置。天寶元年，改爲九原郡〔六〕。乾元元年，復爲豐州。遼於此置富民縣，爲豐州治所。金爲天德軍節度，又爲置招討司〔七〕。元爲豐州，屬西京路〔八〕，後省富民縣入州，屬大同路。本朝未立。大同左衛城。東距大同府一百二十里，西至威遠界祁家河二十里，南至懷仁縣界六十里，北至大邊牆虜穴三十里。大同右衛城。東距大同府一百九十里，西至西圍山十里，南至大南山十里，北至馬頭山亦十里。威遠城。東距大同府一百八十里，西至大邊四十里，南至王岔堡五十里，北至蒲州營二十五里。左衛，大同兵備道、協鎮副總兵、西路管糧廳、本城守備駐劄。破胡、殺胡、鐵山三堡，俱守備駐劄。馬堡、殘胡、牛心、雲陽、紅土、黄土六堡，俱操守駐劄。三屯、馬營二堡，俱防守駐劄。以上中路十三城堡〔九〕。助馬堡，參將、守備駐劄。拒門、滅虜、威虜、寧虜四堡，俱守備駐劄。保安、破虜、雲西、雲岡四堡，俱操守駐劄。以上北、西路九堡。威遠城，參將、守備駐劄。雲石、威胡二堡，俱守備駐劄。威平、祁家河二堡，俱操守駐劄。以上威遠路五城堡〔一〇〕。蘇武城、豐州、雲内州、寧邊城、東勝州、五原郡、宣寧縣、居延澤，俱在虜地。九十九泉，在豐州官山之麓，乃黑河發源之處。

舊唐書：憲宗元和八年十月壬寅，振武奏：回紇千騎至鸊鵜泉〔一一〕。十一月丙寅，以鹽州隸夏州。自夏州至豐州，初置八驛。敬宗寶曆元年十月丁巳，振武節度使張惟清以東受降城濱河，歲久雉堞摧壞，乃移置於綏遠烽南〔一二〕。及是功成。

史記絳侯世家正義引括地志云：雲中故城，在勝州榆林縣東北四十里，秦雲中郡。

後漢書光武紀：建武十年〔一三〕，省定襄郡。注：定襄，今勝州界。

册府元龜：德宗建中元年正月，浚豐州之陵陽渠。李景略貞元中爲豐州刺史、西受降城使，鑿感應、永清二渠，溉田數百頃，公私利焉。憲宗元和九年五月，豐州奏：中受降城與靈州城接界，請置關。從之。又曰：武德初，以豐州絶境遠〔一四〕，先屬突厥，交相往來，吏不能禁隱。太子議廢之，虚其城郭，權徙百姓寄居於靈州，割幷五原、榆平之地。於是突厥遣處羅之子都射設所部萬餘家入處河南之地，以靈州爲境。

元史世祖紀：至元元年十二月戊辰，命選善水者一人，沿黄河計水程達東勝，可通漕運，馳驛以聞。四年七月丙戌朔，敕自中興路至西京之東勝置水驛十。

正統七年二月庚戌，大同參將都指揮石亨奏：大同右衛屯堡皆臨極邊〔一五〕。耕穫之時，軍士散處，莫爲保障。看得忙牛嶺外有玉林故城，去右衛五十里，與東勝單于城相接〔一六〕。其地有險可據，又水草便利。乞撥官軍築立烽墩哨瞭；仍於故城擇取一隅，修爲營壘，以駐往來哨馬；既得以保障邊方，亦可以防護屯種。從之。

【校勘記】

〔一〕如渾水　底本「水」下衍「河」字，川本同，據滬本及金史地理志删。

〔二〕金龍山　「龍」，底本作「涼」，川本、滬本同，據金史地理志改。

〔三〕大業七年　底本「年」上空缺「七」字，川本、滬本同，據寰宇記卷三九、遼史地理志補。

〔四〕罷郡　底本脱「罷」字，川本同，滬本作「省郡」。按寰宇記卷三九豐州下云：「武德元年，罷郡，復爲豐州。」據補。

〔五〕二十三年　底本「十三」上空缺「二」字，川本同，滬本未空格，亦無「二」字，據舊唐書地理志、寰宇記卷三九補。

〔六〕九原郡　「郡」，底本作「縣」，川本、滬本同，據舊唐書地理志、寰宇記卷三九改。

〔七〕招討司　「招討」下，底本空缺「司」字，川本同，滬本作「招討使」，據金史地理志補。

〔八〕西京路　川本、滬本同。按元史地理志：大同路，遼爲西京大同府，金改總管府，元「至元二十五年，改西京爲大同路」。此「路」字衍。

〔九〕破胡殺胡鐵山三堡至以上中路十三城堡　川本同，滬本脱「馬堡、殘胡、牛心、雲陽、紅土、黄土六堡，俱操守駐劄」。按底本云中路十三城堡，所列僅十一，疑有脱誤。

〔一〇〕雲石威胡二堡至以上威遠路五城堡　川本、滬本同。按所云威遠路五城堡，所列僅四，疑有脱誤。

〔一一〕舊唐書憲宗元和八年十月壬寅振武奏回紇千騎至鸊鵜泉　「壬寅」，底本作「壬辰」，川本、滬本同。舊唐書憲宗紀：元和八年十月「壬辰，汴州韓弘進所撰聖朝萬歲樂譜，共三百首。己巳……壬辰，振武奏迴紇千騎至鸊鵜泉」。一月之中，前後兩次以壬辰繫事，必有一誤。通鑑卷二三九：「壬寅，振武、天德軍奏回鶻數千騎至鸊鵜泉。」十月壬辰爲該月十三日，壬寅爲二十三日，通鑑是，據改。又「鵜」，底本作「鶙」，川本、滬本同，據舊唐書憲宗紀、通鑑改。

〔一二〕綏遠烽　「烽」，底本作「峰」，川本、滬本同，據舊唐書敬宗紀改。

〔一三〕建武十年　「武」，底本作「延」，川本同，據滬本及後漢書光武帝紀改。

〔一四〕以豐州絶境遠　川本、滬本同，滬本眉批：「絶境，當作境絶。」

〔一五〕皆臨極邊　「極」，底本、川本作「及」，據滬本及明正統實録卷八八改。

〔一六〕單于城　底本脱「城」字，川本同，據滬本及明正統實録卷八八補。

長治　五龍山，在府城東南二十五里。十六國春秋：慕容永時，五色雲見於此，遇旱禱雨輒應，因置祠以祭五方之神。遍山松柏參霄，望之鬱葱，爲郡形勝。唐書：上黨有五龍山。黎侯嶺，在府西南三十里〔一〕。上有黎侯亭。雄山，在府城東南六十里。其下淘水出焉。八諫山，在府南六十里。下有八諫水。縣志：流入淘水，注於濁漳。鷄鳴山，在府城東南八十里。下有泉，名鷄鳴水，流入八諫水。故城水，在府城西南一十六里。北流二里，合石子河，西流入濁漳水。出潞之故城，北流會黎水，入濁漳。黎水，在府城西南三十五里黎侯嶺下〔二〕。流經州西，合故城水，注濁漳。俗名黑水河，與石子河合，西入漳。縣志：經郡爲石子河，入濁漳。鷄鳴水，出鷄鳴山下，流入八諫水。會雄山東南隅之水，北流與淘水合。淘水，在府城東南八十里。源出雄山，流與八諫水合。下流與淘清河合，入漳。西至長子界，會於濁漳。八諫水，在府城南六十里。入於淘水。出八諫山，會雄山西南隅之水，北流與淘水合。縣志：石子河抱城西北，下皆亂石，漲則洪濤怒擊，聲聞數里。　上黨廢縣，在府城。本漢壺關縣地。隋析置此縣。國朝省入府。郡中舊有子城〔三〕，隋開皇三年築。周三里一十步。今改爲府治，府治内尚有遺址。石子河，自壺關北界來，凡五龍山東及壺關東北雨集溝澗之水，皆會於此河。經城北，至西北隅，與黎水合。淘清河，自壺關南界來，凡長治東南山外及壺關南界之水，皆會於此河。西流至雄山北麓，與淘水合。

【校勘記】

〔一〕三十里　川本、滬本及圖書集成職方典卷三三一同，本書下文作「三十五里」，萬曆山西通志卷五、紀要卷四二同。

〔二〕在府城西南三十五里黎侯嶺下　底本無「西南」二字，川本、滬本同，據本書上文及紀要卷四二補。

〔三〕郡中舊有子城　底本「子城」作「石子城」，川本、滬本同。按本書下叙長治縣作「子城」。萬曆山西通志卷一四：潞安府，「其境有子城，隋開皇三年築。周圍三里一十步。今改爲府治」。圖書集成職方典卷三三五：潞安府，「舊子城，在城西北隅，隋開皇三年築」。紀要卷四二：長治縣，「今城内有子城」。此「石」字衍，據删。

長子　堯水，在縣西南一十三里堯廟。東北經故城南，入濁漳。　濁漳水，源出縣西五十里發鳩山〔一〕，流經縣南五里，東北經府西南三十里，名濁漳；又經屯留，至潞城西一十五里交漳村，與絳水合流，名漳水；至襄垣西南十里甘村，合沁州所出漳河；又至縣東北三十五里，合武鄉漳河；西流經黎城縣西南二十餘里，入河南林縣地界，與清漳水合。書禹貢：漳水二〔二〕，一出上黨長子縣鹿谷山，即發鳩山，名爲濁漳。酈道元謂之衡水，又謂之横水〔三〕。東至鄴，合清漳。漢書地理志：濁漳水出鹿谷山，東至鄴，入清漳。通志略：濁漳水出潞安府長子縣鹿谷，一云發鳩山，東過壺關縣，又東至武安縣，東合於清漳。　傘蓋水，源出傘蓋山下，東北流五十里，入漳水。　秦河，源出縣西方山，流經沁水縣東，經端氏鎮，合沁水。　樂陽城，在縣西三十里。後魏置縣，北齊廢。今名樂陽村。後魏改漢猗氏爲寄氏。隋初，即此置寄氏縣，尋復稱長子。

應城，在縣東南四十里。後魏書：長子縣有應城。今名應城村。

古傾城，魏書載，周六里許。在縣東南二十一里。猗氏城，魏書載，寄氏有猗氏城。今屬長子。尉斗臺，在治北。相傳丹朱所築。上有神農廟。

【校勘記】

〔一〕發鳩山　底本「發」下衍「源」字，川本同，據滬本及水經濁漳水注、明統志卷二一刪。

〔二〕書禹貢漳水二　「書禹貢」，川本同，滬本無此三字，但有「案」字。按尚書禹貢：「覃懷底績，至于衡漳。」與下述「漳水二」不合，滬本是。

〔三〕又謂之横水　川本、滬本同。按水經濁漳水注：「尚書所謂覃懷底績，至于衡漳者也。孔安國曰：衡，横也，言漳水横流也。」則濁漳水無「横水」之稱，此誤。

屯留　積石水，在縣東北二十五里南許莊〔一〕。〔旁注〕石聚山下。東流三十里，入潞城縣界，合濁漳水。高麗水。晉地理志曰〔二〕：在屯留縣西七十三里。出沁源縣高麗村，東流入絳水。蒲谷水，在縣西三十里。東流八里，入絳水。絳水，源出盤秀山之陰，流經縣北，東流至潞城縣界，入漳水，曰交漳〔三〕，合濁漳。三嵕水。通考云：在屯留。發源三嵕山下，流入絳水。在縣西北三十五里。文獻通考：屯留有三嵕水。陳水。水經注曰：漳水又東，陳水注之〔四〕。東經屯留縣故城北。藍水，源出盤秀山之陽，東流經長子縣北，入漳水。東北一十九里，府城西南二十里，入沁源〔五〕。余吾城，在縣西北十八里。本春秋余吾邑。今爲余吾驛。嘉靖二十二年，復築爲堡，城周二里。漢爲縣，後省入屯留縣。東南十里又有故縣城，因移今治而廢。

【校勘記】

〔一〕南許莊　「許」，川本、滬本及萬曆山西通志卷五同。光緒山西通志卷四二校勘記引光緒屯留縣志卷一作「滸」，云：「『許』當『滸』之舛。」按今山西省地圖册仍稱南滸莊，所云是也。

〔二〕晉地理志曰　川本、滬本同。晉書地理志屯留縣不載「高麗水」，圖書集成職方典卷三三一、紀要卷四二皆記高麗水源流，而不引此書，疑此五字舛誤。

〔三〕交漳　底本作「交潭」，川本同，據滬本及明統志卷二一改。

〔四〕陳水　川本、滬本同。王先謙合校水經注濁漳水作「涑水」，云：「官本曰：按『涑』，原本及近刻並訛作『陳』，下同，今據説文改正。」

〔五〕東北一十九里至入沁源　川本同，滬本無此十六字。紀要卷四二：藍水在長子縣東北十九里，「又東北經長治縣（按即本書所謂府城）西南二十里，而入於漳水，志云藍水下流入於沁源縣，誤也」。

襄垣　雍子水，在縣西南四十里。源出縣南四十里雍子村，東流二十里，入漳水。濁漳水，一在長子縣發鳩山，一出沁州漳源村〔一〕，俱入縣南一十里，環流東北。嘉靖中，水勢漸薄城下。萬曆初，知縣田子堅浚水築堤。　下谷水，源出縣西十五里李谷村，東南流十三里，入漳水。　甘羅水，在縣西北三十里。〔旁注〕二十五。有泉湧出，東流至縣東北一里，合濁漳水。　史水，源出縣西北六十里三史村，東流，曲窟五十里〔二〕，至邯鄲里入臨水〔三〕。　銅鞮水。水經注：出石磴山。　專池水。水經注：出八特山，東北入銅鞮水。　女諫水、葦池水、公主水、榆交水、皇后水。水經注曰：銅鞮水又東南，經女諫水〔四〕，北則葦池水與公主水合而右注之〔五〕，南則榆交水與皇后水合而左入焉〔六〕，亂流東南，注於銅鞮。按水經以上七水俱在襄垣界。　韓城，在縣北半里甘水之陽。趙襄子築。後周置韓州於此。唐貞觀中廢。　安仁〔旁注〕民。府志。城，在縣北十里。舊經：石勒攻上黨安仁城，即此。　寧城，在縣北二十七里。舊經：趙簡子寧，初以爲城，是也。　石勒城，在縣北五十里城底村。　臨川城，魏書載。

【校勘記】

〔一〕沁州　「沁」，底本作「泌」，據川本、滬本及明統志卷二一、紀要卷四三改。

〔二〕曲窟五十里　川本、滬本同。按紀要卷四二：史水，「曲折東流，入於涅水。」此處「窟」疑當作「屈」。

〔三〕至邯鄲里　川本同，滬本「至」下有「水碾村」三字。按清統志卷一四二史水下云：「東至縣東北水碾村。」

〔四〕銅鞮水又東南經女諫水　「經」，川本、滬本同。王先謙合校水經注濁漳水作「合」，云：「官本曰：案『合』近刻訛作『逕』，按朱（謀㙔）、趙（一清）作『逕』。」

〔五〕北則葦池水與公主水合而右注之　「右」，底本作「又」，川本、滬本同，據水經濁漳水注改。

〔六〕榆交水　底本脱「水」字，據川本、滬本及水經濁漳水注補。

黎城　潞祠山，在縣東南一十五里。上有潞子祠。隴阜山，在縣西北一百里。有昭澤王洞，唐焦仙修真地也。今稱焦龍神洞。入十尋，有池四，深各三尺。入稍遠，有方池，深不可測，旁有石牛二，若戲水狀。入更遠，有三池，水光閃爍，人不可逼。旱則禱者接踵，稱靈境焉〔一〕。白巖山，在縣北十五里。水經注：張譚巖〔二〕，世傳巖赤則有兵，故惡之，恒圬以石粉令白。玉泉水，在縣西北五十里，山下有三石竅，水湧出合流，至涉縣界合清漳水。石城，在縣南八十里。舊傳石勒作此以貯粟。

【校勘記】

〔一〕稱靈境焉　「稱」，底本作「種」，川本同，滬本作「鍾」，據圖書集成職方典卷三三一改。

〔二〕張譚巖　川本、滬本同。「譚」，朱謀㙔水經注箋濁漳水同。武英殿水經注作「譂」，楊守敬水經注疏：「朱『譂』訛作『譚』，箋曰：詳下文，當作『譂』。戴、趙改。」

長子　舊志，一云：其城帝堯長子丹朱所築，故名，長從上聲。一云：潞之長狄酆舒所據，長從平聲。今按書傳大全引漢志云：堯處子朱於丹淵，爲諸侯。丹，朱之國名也。今考縣境内無丹淵。又按通志略，在夏爲防風氏，在商爲汪芒氏，皆長狄國也。赤狄潞氏，出於防風氏。傳曰：一子居晉。公羊、穀梁傳亦曰：長狄兄弟三人，一者之晉。是也。故前漢書顔師古注：音長短之長，非長幼之長。長字從平聲爲是。　發鳩山，在縣西五十里。漳水出其下。按書禹貢注，濁漳水出上黨長子縣鹿谷山〔一〕，即今發鳩山也。漢書地理志：鹿谷山，濁漳水所出〔二〕。後漢書郡國志：長子有發鳩山，漳水出焉〔三〕。蓋鹿谷即發鳩别名也。今考山海經云：發鳩之山，其上多柘木。有鳥，其狀如烏，文首、白喙、赤足〔四〕，名曰精衛，其鳴自詨〔五〕。是炎帝之女，名曰女娃，游於東海，溺而不返，化爲精衛，常銜西山之木石以填東海。此涉怪誕，不可信也。今山下有泉，蓋漳水源也。東流注於河。土人旱禱輒應，故曰靈湫。或以爲炎帝女爲神於此，則亦誣矣。　羊頭山，在縣東南五十里。有石狀如羊頭，因名羊頭山。按玉海：唐玄宗别駕潞州時，景龍二年，有童謡云：羊頭山北作朝堂。文獻通考亦云：其山産秬黍。嘉靖十四年，朝廷取之，以定樂律。　雍水，在縣北三里〔六〕。源出縣西二十五里白佛頭山，東流三十里，入潞安府境，合濁漳水。　梁水，在縣東南二十里。發源梁山下，東北流一十五里，入潞安府境，合濁漳水。　五龍泉，在縣西一十六里〔七〕。方一丈三尺，深七尺，流一十五里，入濁漳。

後魏壺關縣有五龍祠，即此。　舊城，周二十里，未詳始於何代。〔旁注〕在今城西。慕容永據以爲都。金天會九年，昭義軍節度使楊天吉病其寬廣，於城東南角別建一小城，即今城。新志：縣故城在今城外，周圍二十里。傳稱長子，近□城厚完者也〔八〕。或謂丹朱所築者，非。括地志：丹朱故城〔九〕，在鄧州內鄉縣西南百三十里。

【校勘記】

〔一〕濁漳水出上黨長子縣　底本脱「出」字，川本同，據滬本及尚書禹貢孔穎達疏補。

〔二〕濁漳水　「濁」，底本脱，川本、滬本同，據漢書地理志補。

〔三〕後漢書郡國志至漳水出焉　川本、滬本同。按「發鳩山，漳水出焉」爲續漢書郡國志劉昭注引山海經説，非續漢志原文。

〔四〕文首白喙赤足　「喙」，底本、川本作「啄」，據滬本及山海經北山經改。

〔五〕其鳴自詨　「鳴」，底本作「名」，川本、滬本同，據山海經北山經改。

〔六〕在縣北三里　「三」，川本、滬本同，康熙長子縣志卷二作「一」。

〔七〕在縣西一十六里　「西」，川本、滬本同。康熙長子縣志卷二、圖書集成職方典卷三三一作「南」。乾隆長子縣志卷二：「五龍泉，出縣南潛山之東北。」又：「潛山，在縣西南十三里。」則此「西」應作「西南」方合。

〔八〕近□城厚完者也　底本、川本「近」下空格，滬本連書。

〔九〕丹朱故城　川本、滬本同。按史記五帝本紀正義引括地志作「丹水故城」。

屯留　春秋宣公十六年：晉人滅赤狄甲氏、留吁。赤狄别種。志引胡氏注：留吁乃赤狄之殘邑，即屯留。路史：留吁故城南，即故留吁國也。趙肅侯元年，徙晉君於屯留。按地志云〔一〕：屯留故城在潞州長子縣東北三十里。秦惠王伐韓，張儀曰：潞當屯留之道。唐武德五年，自故城移治霍壁村，即今縣。疑山，在縣西南九里。按玉海：後魏孝文帝幸潞州，見此山有伏龍勢，疑而不進，遂斷山東麓以厭之，因名疑山。後唐玄宗自潞入，是其應也。寺底鎮，在縣東北二十里。今改爲常村。金史：屯留有寺底鎮。

【校勘記】

〔一〕按地志云　川本同，滬本作「按地理志」。

襄垣　龍洞山，在縣東北七十里。其洞深百里餘，入遼州之境。韓王山，在縣北一十五里〔二〕。上有韓王廟。趙王山，在縣東北四十里。上有趙王廟，俗傳趙襄子曾寓於此。又謂後趙石勒屯兵於此。紫巖山，在縣西五十五里，去虒亭不遠。其山色紫，雪霽輝映尤麗。昔人謂山下有寶，因名寶峯。上有寺。五巑關，在縣西南七十里。見上。井谷關，在縣東三十里。按山西通志，在天井谷内，深邃如井，故名之。魏初置關，周建德六年廢。故關在縣東二十里。唐書：襄垣縣井谷故關〔二〕。　舊城，在甘水之北。唐武德初，漳水北侵，築韓州新城於甘水之南。金天會間，知州韓俊增築水南外城，即今城。

【校勘記】

〔一〕在縣北一十五里　底本脱「北」字，川本同，據滬本及圖書集成職方典卷三三一、清統志卷一四二補。

〔二〕井谷故關　「井」，底本作「汫」，川本、滬本同，據新唐書地理志改。

困學紀聞：西伯戡黎，祖伊恐。商都朝歌，黎在上黨壺關，乃河朔險要之地，朝歌之西境，密邇王畿，黎亡則商震矣。故武王渡孟津，莫之能禦。周以商墟封衛，狄人迫逐黎侯，衛爲方伯連率，不能救，而式微、旄丘之詩作。唇亡齒寒，衛終爲狄所滅。衛之亡，猶商之亡也。秦拔上黨而韓、趙危，唐平澤、潞而三鎮服〔一〕，形勢其可忽哉！　地理沿革表云：黎有二：一在河東潞州，有黎城；一在河西濬州，魏置朝歌郡，北魏改黎州。

【校勘記】

〔一〕唐平澤潞而三鎮服　「澤」，底本作「危」，川本、滬本同，據困學紀聞卷二下改。

壺關　紫團山，在縣東南一百六十里。常有紫氣見山頂，團團如蓋。旁有紫團洞，有參園，今廢爲隴畝。金史：壺關有紫團山。舊産人參。今廢。抱犢山。金史：壺關有抱犢山。四圍陡絶。山頂有二泉。牛不能上，有隱者抱犢登山，長而耕犂。或曰：後魏葛榮之亂，百姓抱犢上山，因以名之。非也。王烈入抱犢山，已稱是名矣。南有穴，行三百里，出美陽縣西七十里，名洞口。今在陵川縣界。蓋陵川後建，曾割壺關地也。壺水，出縣西山下，合各山澗之水，北流，又折而西，至府城北，爲石子河。清流水，出縣西南山下，東流，五龍山東之水，折而北入壺水。唐析上黨縣，復置壺關。自潁陽岡遷高望堡〔一〕，始定於清流川〔二〕，爲今治。潁陽、高望二城，志雖載，俱失其處。壺關，在郡東僅三十里。山川相錯，地形如壺，因名焉。秦建縣，嘗爲上黨郡治。後雖一遷長治，兩遷安民城，尋皆還治。考其昔日山川，有黎亭、壺關口、五龍山、微子嶺、魯班門，實有今長治、平順、黎、潞之地，稱巨邑，故久爲郡治。隋廢，以其地置上黨縣。唐初復置，僅得故地之半。嘉靖中，置平順，又割其東北隅，縣遂弱。

【校勘記】

〔一〕潁陽岡　「潁」，底本作「穎」，川本同，據滬本及寰宇記卷四五改。下同。

〔二〕清流川　底本作「清光川」，川本、滬本同。按明統志卷二一：「唐初，復置壺關於高望堡。貞觀中又移治清流川，即今治。」清統志卷一四二作「進流川」。紀要卷四二：進流川，「亦曰清流川」。本書下文壺關内亦作「清流川」。據改。

長治　始郡治壺關，或長治，或襄垣之安民城，皆偏在一隅。隋廢壺關，置上黨縣，而後郡治定。國朝省入州。嘉靖七年，州升府，復置縣，更今名。上黨縣。縣志：本漢壺關地。隋析置此縣，後廢入州。廢城，本古壺關縣城。在郡東南壺口山下。郡治壺關時，即此。後廢壺關，置上黨縣，遂爲上黨縣城。自縣附郭，城遂廢。今其地猶稱故縣云。夾寨故城，五代史夾城，非夾寨也。在城西十三里。五代梁築以絶晉之聲援，竟爲唐莊宗所破。今其村稱北寨、南寨。五代梁太祖遣李思安將兵十萬，攻潞不下，築夾城以圍之。晉王李克用遣周德威救潞，軍於亂柳。節度使李嗣昭嚴城拒守，德威與梁軍相持日久。既而晉王病，召德威還。梁兵懈，嗣昭合兵攻夾城，破之，圍遂解。今遺址爲夾寨村。亂柳在沁州之東。興唐宫，在府南六十里羊頭山下，玄宗幸潞之行宫也。先是，童謡：羊頭山北作朝堂。至是果應。

襄垣　秦、漢、晉皆屬上黨郡。境内有安民城，曾兩爲郡治。魏割屬鄉郡，尋析銅鞮置五原，析屯留置建義，改潞縣爲刈陵，合四縣置襄垣郡。北齊廢郡，後周置韓州。隋廢州復縣，仍來屬。唐武德初，復置韓州，以銅鞮、黎城、涉爲屬縣〔一〕。貞觀中，廢州復縣，仍來屬。臨水，一名小漳水。源出榆社縣八賦嶺，經武鄉入縣界，東北三十五里與漳水合。西漳水，俗名付璧河。發自沁州之滑山、伏牛山，二源異出，至州合流，南入虒亭，折而東，與漳水合。涅水，源出武鄉之護甲山，東流入縣界，與小漳水合。

【校勘記】

〔一〕以銅鞮黎城涉爲屬縣　「城」，底本脱，川本、滬本同，據本書下文及舊唐書地理志、新唐書地理志補。「涉」，底本作「陟」，川本同，據本書下文、滬本及舊唐書地理志、寰宇記卷四五改。

潞城　秦、漢、晉皆名潞縣〔一〕，爲郡屬。考其在昔山川，有積布山、涉城、涉水，嘗有黎、涉地也。元魏改刈陵，割屬襄垣郡〔二〕。後周幷入襄垣縣。隋復置縣，改今名，仍來屬。唐天祐初，更名潞子，尋復今名。潞水，源出微子嶺，西流與漳水合，爲冀州浸，即漳水也。然潞自有源，即與漳水合耳，合後稱潞。至山外，與清漳合，又稱漳。

【校勘記】

〔一〕秦漢晉皆名潞縣　川本、滬本同。按潞縣，漢置，載於漢書地理志。元和志卷一五：潞城縣，「本漢潞縣」。史無載秦置縣，此云「秦縣」，誤。

〔二〕襄垣郡　「垣」，底本無，川本、滬本同。魏書地形志：「襄垣郡，建義元年置，治襄垣城。」本書前文襄垣縣記北魏置襄垣郡，此脱「垣」字，據補。

黎城　黎侯城，在縣北十八里。後魏太武初，城始廢。黎城舊城，魏初置潞城被誅遺民

之處。宋遷今治，故城遂廢。縣本壺關、潞城地。魏以潞縣被誅遺民遷此。隋始置縣，稱今

名。唐天祐二年，更名黎亭。宋天聖中，徙置涉縣之白馬驛，即今治。元至元二年，幷涉縣之

偏城十三村入焉。

平順　桃花水，在縣東南一百里。出太行山麓花園村。水石相激，潺湲有聲。東流入林縣

界。漳水。水經曰：漳水有二：一出上黨沾縣大黽谷〔一〕，爲清漳；一出長子鹿谷山，爲濁

漳。今清漳割爲遼州，不在境内。濁漳自鹿谷發源，東流經縣治南，又東入長治界；折而北，經

屯留、潞城界，入襄垣，至縣治東北隅；又折而東，入黎城界，掠潞城之北，東入平順界，出太行，

達河南彰德府界，始與清漳合。書稱衡漳，指此。雖名濁漳，而泉源實清。洹水。水經注：

洹水出上黨洹氏洹山〔二〕。山在長子縣。考之上黨，從來無洹氏縣，長子亦無洹山、洹水。惟

是秦、漢時有泫氏縣〔三〕，即今高平是也。有泫水出丹朱嶺下，即丹水是也。丹水南行，由澤州下懷慶，入沁河。所謂洹水，則發源於林慮，經丹陽入衛，此酈道元注水之誤。　崞口。唐李萼說顏真卿曰：程千里將精兵十萬，欲出崞口〔四〕，賊據險，不得出。取魏之後，分兵開崞口，出千里之師。田悦攻臨洺〔五〕，問計於曹俊。俊曰：兵法十圍五攻，尚書以逆犯順，勢更不侔。今頓兵堅城之下，糧竭卒盡，自亡之道。不若置萬兵於崞口〔六〕，以遏西師，則河北二十四州，皆爲尚書有矣。合觀之，則崞口乃上黨出山東路也，以爲太原崞縣口，則與此二事不相干矣。

【校勘記】

〔一〕大黽谷　「黽」，底本作「澠」，川本同，滬本作「繩」，按本書上文樂平縣及水經清漳水注朱謀㙔本作「大黽谷」，據改。水經注戴震校本改作「大要谷」。

〔二〕洹氏　川本、滬本同。按水經洹水：「洹水出上黨泫氏縣。」不作「洹氏」，此引誤。

〔三〕秦漢時有泫氏縣　川本、滬本同。按泫氏縣，漢置，載於漢書地理志。元和志卷一五：高平縣，「本漢泫氏縣，屬上黨郡。」史無載秦置縣，此云「秦縣」，誤。

〔四〕崞口　川本、滬本同，兩唐書顏真卿傳作「⿰山鄉口」。下同。

〔五〕田悦　底本脫「田」字，川本同，據滬本及舊唐書田悦傳補。

〔六〕崞口　川本、滬本同，兩唐書田悦傳作「嶂口」。

長治　子城，在城西北隅。周迴三里一十步〔一〕。隋開皇三年築。今府治在其内。飛龍宫，在子城内府治之西，唐玄宗故宅也。開元十一年，如潞州，幸其第，改爲飛龍宫。留宴故僚，賜高年粟帛，赦囚，給復五年。聖瑞閣，在飛龍宫西。玄宗初以衛尉少卿兼潞州别駕，州中現瑞者前後十有九焉。景龍四年朝京，留之，遂平韋后亂，登天子位。潞州獻瑞應圖，建閣，賜名聖瑞。今閣雖廢，而高臺百尺，巋然獨存〔二〕。

【校勘記】

〔一〕一十步　底本作「十三步」，川本、滬本同，據本書前文長治縣子城及萬曆山西通志卷一四改。

〔二〕巋然獨存　川本漫漶，滬本「巋」作「巍」。

壺關　本黎侯國。春秋哀公四年〔一〕：齊伐晉，取八邑，壺關其一也。漢吕后元年，立孝惠子武爲壺關侯。地有羊腸坂。王莽命尉睦侯王嘉曰：「羊頭之阸，北當燕、趙，女作五威後關將軍，壺口捶扼，尉睦于後。」師古曰：羊頭山，在上黨壺關縣。漢末，嘗移上黨郡治此。後魏移縣治於潁陽岡〔二〕，仍屬上黨。隋初廢，開皇中，復分置上黨縣〔三〕。唐武德四年，析上黨置壺關縣高望堡〔四〕。貞觀中，又移治於清流川，即今治。東山，在縣境。後漢書地理志引上黨記曰〔五〕：東山，在城東南。晉太子申生所伐，今名平睾〔六〕。赤壤山，在壺關縣。按金史，壺關縣有赤壤山。壺水，自壺關縣西北二里壺關山下發源〔七〕，北流，經府城西北，注濁漳。沾水〔八〕，在縣境。漢書地理志：壺關有沾水，東至朝歌入淇。黎亭。漢書：壺關，古黎侯國也。今黎亭是。後漢書：壺關有黎亭，故黎國。左傳哀四年：齊國夏伐晉，取壺口。注：潞縣東有壺關〔九〕。

【校勘記】

〔一〕春秋哀公四年　底本「春秋」下脱「哀公」二字，「四」上衍「十」字，川本、滬本同。按齊國夏伐晉，取邢、任、欒、鄗、逆時、陰人、盂、壺口八邑，事見左傳哀公四年，與本縣下文所載合。據删補。

〔二〕潁陽岡　「潁」，底本作「潁」，川本同，據滬本及寰宇記卷四五改。

〔三〕隋初廢開皇中復分置上黨縣　川本、滬本同。元和志卷一五：壺關縣，「隋開皇十六年，分壺關置上黨縣，大業二年，省壺關并入上黨」。寰宇記卷四五同。此誤。

〔四〕壺關縣高望堡　川本、滬本同。舊唐書地理志：壺關縣，「武德四年，分上黨置，治於高望堡。」此「壺關縣」下當脱「治於」或「治」字。

〔五〕後漢書地理志　川本、滬本同。按後漢書無「地理志」，以下引文出自續漢書郡國志。

〔六〕平睾　底本作「無睾」，川本、滬本同，據續漢書郡國志改。
〔七〕自壺關縣西北二里壺關山下發源　「山」，底本作「上」，川本、滬本同，據萬曆山西通志卷五、紀要卷四二改。
〔八〕沾水　底本作「沔水」，川本、滬本同，據漢書地理志、萬曆山西通志卷五改。下同。
〔九〕注潞縣東有壺關　川本、滬本同。左傳哀公四年杜預注：「路縣東有壺口關。」

汾陽　麻窟水，在府城西一十五里〔一〕。平地湧出，民引以溉田。東南入於汾。　清溝水，在府城西南十里。一名董師河。水出尉陵溪谷〔二〕，流注會石家莊水泉〔三〕，逕流城南，入喬東諸村〔四〕。民引以溉田。　向陽水，在府城西三十里。一名懸泉水。源出金鎖關峽，流經澗河，合壺溪水，東南流入於汾。今涸。　靈浮泉，源出府城西南四十里趙景王村，東流，與三泉水合，注於田同河。民引以溉田。　馬跑泉，〔旁注〕見下。本原公水，又名壺溪水。源出府城西北三十里白彪山麓。相傳後魏賀虜將軍駐師於此山，馬跑地得泉，故名。其水邊山南注，至谷口轉折而東，歷城東北數十村，溉田萬畝。東南與文湖水合，雨澤豐澍，則漲流而入於汾，以故東方多沃壤焉。而園林廣茂，樹木繁息，水磑山亭，雷隱雲連，則谷中爲勝。　八門城，在府城北二十里羅城村。相傳晉劉淵遣喬嵩攻西河所築，城有八門。　茲氏城，在府城南十五里鞏村。漢縣。舊傳魏文帝幽殺甄夫人於此，又名甄子城。遺址尚存。　史記：夏侯嬰益食茲氏。魏武帝制郡胡爲五部，左部居太原茲氏。　偏城，在府城西南五十里廣城村。後趙離石侯重築此城，以防西北諸胡。其城北占山阜，南臨古澗，有欹側之狀，故名。西河廢縣，在府治東十五里。漢兹氏縣地。晉改曰隰城。唐改西河。國朝省入州。縣志：水經載：魏黄初二年，西河恭王子盛碑文云：西河舊處山林，漢末擾攘，百姓失所。魏興，更開疆宇，分割太原四縣以爲邦邑，其郡帶山側塞矣。似即故兹氏地。然又謂文湖處所〔五〕，世謂西河，在縣直東，有瀦城焉。則廢縣在此者或是。

【校勘記】

〔一〕在府城西一十五里　「一十五」，川本、滬本同，萬曆山西通志卷五作「一十」，圖書集成職方典卷三三七同，此「五」字衍。

〔二〕尉陵溪谷　底本「尉」下衍「後」字，川本、滬本同，據萬曆山西通志卷五、圖書集成職方典卷三三七删。

〔三〕石家莊　川本、滬本均作「賈家莊」，川本「賈」字旁注「石」，滬本「賈」字下注「一作石」。萬曆山西通志卷五、紀要卷四二作「賈家莊」，圖書集成職方典卷三三七、清統志卷一四四作「石家莊」。

〔四〕喬東諸村　「喬」，川本作「橋」，旁注「喬」，滬本作「橋」，萬曆山西通志卷五、圖書集成職方典卷三三七同滬本，清統志卷一四四作「喬」。

〔五〕文湖　「湖」，底本作「淵」，川本同，據滬本及水經文水注改。

孝義　土京水，〔旁注〕一名西陽水。水經注：西陽水出西陽谷。即此。源出縣西南一十五里土京谷，合勝水，入汾。縣西二十里有吐京村。舊志：西河有土軍縣。後魏太平真君九年，改爲吐京郡。元魏初，吐京胡疑居此地。見齊明帝建武元年。義河，一名行春川。源出孝義縣狐岐山之麓東流，至縣北十五里田同村之南，入汾州境普惠、董家諸村，分爲五渠溉田，至鹽鍋頭村入於汾。板峪水，在縣西北二十八里。東流入元象泊〔一〕。泊在縣西一十里六壁村。團城，在縣西北十八里田同村。舊經：魏孝昌三年築，置軍以防胡。隋開皇九年廢。六壁城，在縣西八里勝水南原上。後魏太平真君五年，討胡於六壁城，即此城也。水經注：後魏於狐岐山置六壁〔二〕，防離石諸胡，因爲大鎮。謂之六壁者，世傳今縣所轄辛壁、賈壁、白壁、許壁、柳壁並六壁爲六也。唐置以居府兵，名六壁府。比干臺，在縣東三十里〔旁注〕二十。汾河之上。世傳紂遣比干於騶虞山築臺避暑〔三〕。枯桑原，在王家里。有村。庾信枯樹賦：西河有枯桑之社。茲氏城，在縣西北二十五里鞏村。

【校勘記】

〔一〕元象泊　底本、川本脱「象」字，據滬本及明統志卷二一、萬曆山西通志卷五補。

〔二〕狐岐山　「狐」，底本作「胡」，川本、滬本同，據本書上文及水經文水注、紀要卷四二改。

〔三〕世傳紂遣比干於騶虞山築臺避暑　底本脱「於」字，川本、滬本同，據萬曆山西通志卷一四、紀要卷四二補。

介休　謝谷水，在縣西南一十里。源出谷南磨子溝，平地湧泉，大小十數眼。流入本谷，經十餘村，至小宋，曲北入汾。三道河，在縣東北六里。源出宋貼村後，平地湧泉。既流，分三派，因名，三河至下站村北入汾。洪山水，一名石洞水。在縣東南三十里洪山山腰，有泉數竅，四時不竭。宋文潞公分爲三渠，溉田九十餘頃，東北流，入於汾。文潞公引勝水作東渠、西渠、中渠。連山水，在縣東南四十里。舊經：水出連山〔一〕。拔戳泉，在縣東北二十里段同村。唐尉遲恭、單雄信戰此，以戳插地，拔之泉湧，故名。懸泉，在縣東南四十里東洪谷南山之上〔二〕。四面山圍，中有石巖，高空數仞，周廣三里〔三〕。巖頂有泉，倒流巖中，若瀑布然。武城，在縣東四十五里。秦遣武安君伐趙經此，因名。後魏徙鄔城縣人居之。北齊入平遥，遂廢。

【校勘記】

〔一〕水出連山　底本脱「山」字，川本、滬本同，據寰宇通志卷八二、明統志卷二一補。

〔二〕東洪谷　底本無「東」字，川本、滬本同，萬曆山西通志卷五作「東洪谷」。圖書集成職方典卷三三七介休縣：「東洪谷，在縣東南四十里山上。」「西洪谷，在縣東南三十里。」東洪谷正合所載，此脱「東」字，據補。

〔三〕周廣三里　「三」，川本、滬本同，萬曆山西通志卷五作「二」。

永寧州　東川河，源出州東北一百里穀積山下，流經州城西北，合北川河，入黄河。北川河，源出州北一百八十里赤堅嶺下，流經州城西，合東川河。赤堅嶺在州北二百里。嶺溝之險，北背山梁，南面河水，東阻峻阪，西帶深溝。獨東北自嵐縣而來，有大路一條，接壤本州以及本鎮。此隆慶丁卯虜賊出没之故道也。扼要設防，最爲吃緊。文水，源出州之方山，流入交城縣界榆城龍門山，至文水縣西北，合汾谷河，流經汾州、文州府城南〔一〕，爲二湖，一名真禬，一名玄象。又名萬谷河，東入汾。赤洪水，源出方山廢縣，東南流，經州界，西入黄河。盧城，在州北六十里。晉并州刺史劉琨所築，以攻劉曜。遺址尚存。孟門城，即定胡城。在州西一百二十里。隋置孟門關〔二〕。其地險固。宋時爲縣。元幷入離石，置巡檢司。國朝洪武三年，仍設孟門巡檢司。其城垣尚存。方山城，在州北一百四十里。宋時爲縣。元革入倚郭離石。城址見存。萬曆二十五年，巡撫魏元貞奏：方山乃三晉要害之地，爲縣不接之所。復築城池。因掘太和八年縣印一顆，解赴布政司寄庫。

【校勘記】

〔一〕流經汾州文州府城南　川本、滬本同。紀要卷四二：汾州府汾陽縣：文水「至府東十五里，謂之西河泊，亦謂之文湖」。按「文州」，未聞，本書下文云文水爲二湖，蓋即西河泊之湖，此「文州」二字疑衍。

〔二〕孟門關　「門」，底本無，川本、滬本同。寰宇記卷四二：定胡縣，周大象元年，於此置定胡縣，「隋以其地阨險，因置孟門關」。此脱「門」字，據補。

汾州志：汾河。水經云：汾水出太原汾陽縣北管涔山；西南流，過大陵縣；又南過平陶縣東，文水從西來注；又南過冠爵津〔一〕，又南入河東界，又南過永安縣西。大陵即汾之東界，文水即文谷河水，冠爵津即介休西南之雀鼠谷，河東界即靈石，永安即孝義也。文谷河，一名萬谷河，在城東北五十里。通名文水。水經云：文水出大陵縣西山文谷；逕縣故城西而南流，會隱泉水；逕茲氏縣故城，與文湖水合。茲氏故城即西河縣，大陵之西山即我之東北山。

隱泉，在城北四十里。出謁泉山頂〔二〕。水經云：頂上平地一十許頃，沙門釋僧光表建二刹，泉發於兩寺之間，東流瀝石，沿注山下〔三〕，又東，津渠隱没，而不恒流，故有隱泉之名矣。

馬跑泉，本原公水。自白彪山逕流東南，沿原紆谷，濡田灌園，民溥利之。通名葫蘆谷水。水經載：原公水出茲氏縣西羊頭山，東過其縣北，又東入於汾。今考原委，正原公水耳。豈馬跑乃別出一泉，遂沿俗而獨顯耶？葫蘆云者，以形似名也。原公水初不知原公爲誰。考水經注：晉智伯瑶攻趙襄子，襄子奔保晉陽。原過後至，遇三人於王澤，自帶以下不見，持竹書與原過曰：「爲我遺無恤。」原過受之，以告襄子。襄子齋三日，親自剖竹，有朱書曰：「余霍太山山陽侯天使也。三月丙戌，余將使汝反滅智氏，汝亦祠我於百邑也。」襄子拜受三神之命，遂滅智氏，祠三神於百邑，使原過主之。世謂其處爲觀阜也。又洞過水注言〔四〕：洞渦與原過水合〔五〕，水西阜上有原過祠。以彼揆此，則茲氏趙邑，水阜之間，或亦有原過之祠焉，故亦取名爲原公水也。其水邊山南注，至谷口，轉折而東，歷數十村，行田得宜，可溉萬畝，東南與文谷水合〔六〕，雨澤豐澍，則漲流而入於汾。文湖，在城東十五里。一名猪城濼。滙原公、澗河、文谷諸水而成，故名文湖。〔旁注〕今涸。水經云：東西一十五里，南北三十里，世謂之西河〔七〕。在縣直東一十里，湖之西側，臨湖又有一城，謂之猪城。水澤所聚謂之豬，亦曰猪〔八〕，蓋即水以名城也。以是考之，則古西河縣治在此矣。隋、唐間，湖盛，比之江陂。故隋煬帝命建行宮，唐令狐楚有碑紀之。後縣廢，湖寖没爲民田，但存水濼而已，故俗謂之猪城濼焉。遺址有臨汾宮、文湖神祠，在義安里中，有金同知汾陽軍節度使雷志文記。

【校勘記】

〔一〕冠爵津　「冠」，底本作「寇」，川本同，據滬本及水經汾水改。下同。

〔二〕謁泉山　「謁」，底本作「渴」，川本、滬本同，據水經文水注、元和志卷一三、明統志卷二一改。

〔三〕沿注山下　「注」，底本原作「注」，復改作「柱」；川本、滬本作「柱」，據水經文水注改。

〔四〕洞過水　「過」，底本作「庭」，川本漫漶，據滬本及水經洞過水注改。

〔五〕洞渦　「渦」，川本同，滬本作「過」。水經注疏洞渦水楊守敬云：「殘宋本經、注並作過，大典本、黃本過、渦錯出，吳本盡改渦而朱沿之。蓋本作過，傳鈔或變爲渦也。」

〔六〕文谷水　川本、滬本作「文湖水」。

〔七〕西河 川本、滬本同。水經注疏文水作「西河泊」，楊守敬云：朱脱「泊」字，全、趙以寰宇記校增「泊」字。熊會貞按：「元和志，文湖，一名西河泊，多蒲魚之利。寰宇記同。方輿紀要，文水至汾州府東十五里，謂之西河泊。俱當有『泊』字之確證。」

〔八〕水澤所聚謂之豬亦曰猪 川本、滬本同。按水經文水注「豬」作「都」，「猪」作「豬」。

孝義 狐岐山，按禹貢注：岐山在今汾州介休縣〔一〕。意蔡文定時〔二〕，介休尚屬孝義，故二縣山川多有重名。狐岐，今盤村原是也。其山橫亘南北，爲汾、隰、永寧、寧鄉山民往來通衢。盜據此山，可以遠望捕者，急不能跋。舊有官軍守禦，今尚有城堡遺迹。孝河，一名勝水。源出狐岐山，自縣西二十里，南北二川合流，至縣八里六壁原下，又合左水諸溪，經縣南幾一里，又東十五里，入於汾。民引以灌田。左水，在縣西二十里，一名賈願。有賈願谷。合勝水，會爲孝河。

【校勘記】

〔一〕汾州介休縣 「汾州」，底本作「汶陽」，據川本、滬本及蔡沈書集傳卷二、圖書集成職方典卷三三七改。

〔二〕蔡文定 川本、滬本及圖書集成職方典卷三三七同。按蔡沈於明代追謚「文正」，此云「文定」，疑誤。

臨縣在鳳凰山之東麓，臨湫水河，故名。又云：湫水一名臨川河，故以名縣。路史云：趙稷奔臨，弦陁隨之〔一〕，晉邑有臨氏。則臨之爲臨舊矣。左漢高，右黄河，紫金奠其北〔二〕，孟門縈其前，表裏山河。昔在太原，則一手之垂也；今在西河，則全臂之用也。赤紅山，在縣東北七十里。紫金山，在縣西北四十里〔三〕。屹然獨峙，爲諸山之望。連枝山，在縣東七十里〔四〕。枝脈蔓延，連接羣山，故名。漢高山，在縣東南五十里〔五〕。按史記：高帝大破匈奴於晉陽，追至離石，復攻之，匈奴復聚兵樓煩西北，帝令車騎乘勝追至此。後人以漢高曾駐師，建廟祀之，因名焉。湫水，源出興縣合查山。山在縣川北八十里〔六〕。側有湫水古刹。發源興縣湫水寺，南行八十里，經縣城東南，受榆林、甘泉諸水；南行五十里，至三交鎮；西行五十里，由大同磧口入黄河〔七〕。説文云：湫水，蛟魚蟄處〔八〕。其水順流百里，經本縣東門外，南流六十里，經三交鋪前，西流，又六十里，入大同磧口黄河中。自發源至入河二百餘里。黄河，在縣西一百一十八〔旁注〕八十。里。自興縣西南、本縣西北、正西而南一帶流入永寧州界。臨泉縣廢城，在縣北四十里。俗呼吳城。金大定二十四年所築。元已卯，乃遷今治。

【校勘記】

〔一〕弦陁隨之　「隨」，川本同，滬本作「隋」。按路史國名紀卷己四作「隳」。

〔二〕紫金奠其北　「北」，底本作「地」，川本同，據滬本改。明統志卷一九：「紫金山，在臨縣西北三十里。」是也。

〔三〕在縣西北四十里　「四十里」，川本、滬本作「五十里」，川本於「五」字旁注「四」，滬本於「五」字下夾注「一作四」。明統志卷一九作「三十里」，圖書集成職方典卷三三七同。

〔四〕在縣東七十里　川本及萬曆山西通志卷五、紀要卷四二同，滬本於「七」下夾注「一作六」，圖書集成職方典卷三三七作「六十」。

〔五〕在縣東南五十里　「五」，川本、滬本及圖書集成職方典卷三三七同，萬曆山西通志卷五作「四」。

〔六〕山在縣川北八十里　川本同，滬本「川北」作「西北」。明統志卷一九作「在興縣南八十里」，紀要卷四〇興縣下作「在縣東南八十里」。

〔七〕磧口　底本作「磧石」，川本同，據本書下文、滬本及清統志卷一四四改。

〔八〕説文云湫水蛟魚蟄處　川本、滬本同。按説文水部湫水下無「蛟魚蟄處」，疑誤。

介休　始自魏靜帝遷朔州軍備禦胡虜，築此城鎮守。隋末，尉遲敬德爲劉武周居守此城〔一〕，又重修之。唐兵三匝，卒不能攻。綿山，在縣東南四十五里。因介之推隱此，又名介山，有廟在焉。其山南跨靈石，東南跨沁源，東南行三十里有猪窩巷嶺，西北四十里有横嶺，俱路通遥嶺。下有横連溝水，西南流入靈石縣，注於汾。板橋城〔二〕，在縣西北十八里韓板村〔三〕。按郡國志，劉淵擊琨於此。六壁城，在縣東二十里狐岐山之側洪山村〔四〕。後魏時建城於此。秦王塔，在縣西南一十三里西靳同南原上。唐武德二年，劉武周固守雀鼠谷，秦王兵不得進，遂登南原，與之戰，大敗武周於此。後人因建塔以記之。史記：文公奔狄，其後反國，賞從亡，未及介子推。子推欲隱，從者憐之，乃懸書宮門曰：「龍欲上天，五蛇爲輔，龍已升雲〔五〕，四蛇各入其宇，一蛇獨怨，終不見處所。」文公出見之，曰：此介子推也。使人召之，亡入綿上山中。於是文公環綿上山而封之，以爲介推田，號曰介山。按此歌見於呂氏春秋、劉向新序，各不同，而説苑則以爲舟之僑事〔六〕。

【校勘記】

〔一〕尉遲敬德　底本脱「敬」字，川本、滬本同。按新唐書尉遲敬德傳：「敬德合餘衆守介休。」據補。

〔二〕板橋城　「城」，底本無，川本、滬本同。寰宇記卷四二：介休縣，「板橋城，郡國志云：劉淵擊劉琨於此。」萬曆山西通志卷一四、圖書集成職方典卷三四一亦作「板橋城」，此脱「城」字，據補。

〔三〕在縣西北十八里韓板村　「十」，底本脱，川本、滬本同，據萬曆山西通志卷一四、紀要卷四二補。

〔四〕在縣東二十里狐岐山之側洪山村　川本、滬本同，圖書集成職方典卷三四一略同。萬曆山西通志卷一四：「六壁城，孝義縣西八里。」與此異。

〔五〕龍已升雲　「龍」，底本作「從」，川本、滬本同，據史記晉世家改。

〔六〕舟之僑　「舟」，底本作「周」，據川本、滬本及左傳閔公二年改。

靈石　本介休縣地。隋開皇十年，文帝駕幸太原，傍汾河開道，獲一石，有文曰：「大道永吉。」因以爲瑞，遂於其地置縣，割介休西南地以益之。　綿山，在縣東三十五里。以介之推隱此，又名介山。北跨介休，東南接沁源。　石膏山，與尖陽山相對，以石膏得名。其山有上、中、下三巖，爲靈石勝地。　蛤蝻嶺，在縣西南五十里。以狀似名。即古賈胡堡。唐兵取霍邑，駐此。俗呼蚰子嶺。　汾河，在縣西。出靜樂縣管涔山下，流經縣境冷泉、兩渡、索州〔一〕，直逼縣城之北，接小水河。環繞縣西，復轉而東，抵翠峯山下。折而西南，過夏門，歷臨汾、稷山、滎河縣，入於黄河。　小水河，在縣北門外。源出綿山興地峪及柏溝、曲買峪〔二〕，流經靜介等里，至縣，流入汾河。夏秋水瀑漲，汹湧迅急，勢如建瓴，縣處下流，數被其患。　仁義河，在縣南四十里。源出沁源縣，經流尖陽、石膏諸山之南，過仁義鎮，至南關鎮入汾。　石門峪河，在縣西四十里，源出汾陽州孝義舒江等山峪〔三〕，諸水會流，經金莊、文學等里，至夏門鎮入汾。即所謂西河也。　新水峪河，在縣西南六十里。源出隰州回龍〔四〕、印馬峪，而孝義柏枝峪諸水復自北來會之，流經雙白等里，至秦王嶺南入汾。　冷泉關，唐李商隱有寒食行次冷泉驛詩。在縣北四十五里。即古川口也。關外迤北皆平原曠野，而入關則左山右河〔五〕，中惟一線，實南北咽喉重地也。　郭家溝，在縣南二十五里。〔旁注〕韓信嶺〔六〕、常家山下。　兩山高峙，中界深溝。嘉靖己酉，平陽知府聶公豹築臺起樓於溝南，題名「天險」，並建官廳三楹及窑洞數十空，以爲防禦官軍止宿之所。陰地關，在縣西南五十里。即南關鎮。唐、宋以來，雄關橫亘，唐太宗取霍邑〔七〕，曾駐兵於此。今關廢，遺址猶存〔八〕。俗稱南關者，因冷泉關在北〔九〕，故曰南以别之也。舊志載仁義鎮爲陰地關者誤。魚兒川，在縣東一百二十里綿山之内。與沁源相界，路通霍州、岳陽、武鄉、趙城諸處。山川險惡，林木茂密，流寇據爲淵藪。萬曆四年，當道議修堡塞，並置巡檢司於内，未果。索州堡，在縣北二十里索州鎮東山上。冷泉堡，在縣北四十里冷泉關東山上。桑平堡，在縣北五十里桑平峪村南山上。靜昇堡〔一〇〕，在縣東二十里靜昇村北山上。此地通介休，路極平坦，虜易長驅。今足以遏其衝云。仁義堡，在縣南四十里仁義鎮北山上。即劉武周修築屯兵以拒唐兵之處。四面嶄削〔一一〕，山崖壁立峭拔，若天成者，極爲完固。上村堡，在縣東三里上村北山上。馬迹崖寨，在縣東三十五里綿山上。勢極陡峻，其中巖穴窟洞，足容數千人。四面俱無路，惟一石梯攀緣可登，極高。又有一石門，據之，雖萬夫莫敢仰視。遠近人家聞有警，皆奔趨以避虜患。送飯子寨，在縣東三十里牛鼻山巖下。三清寨，在縣東四十里綿山上。曲買峪寨，在縣東四十里。禪房巖寨，在綿山内。四圍險阻，中僅一路可通。神山上有一石洞，深入百尺。内一泉，深止二、三尺，四時旱亦不涸，潦亦不溢，人以爲神。神林，在縣東三十五里綿山之下。有介之推墓。晉介之推與母隱此，文公縱火焚之，不出，同母抱樹而死。其樹名黄蘆，惟此山獨有，大小俱半枯半榮，後人即其地立廟祀之。廟中有牡丹數本，枝幹碩大，不知何時所種。每開時，花皆紅色，惟白花一朵，開無定處。土人密識其枝，明歲即另易他本，人以爲神，不敢輕折。春時花開，四方觀者不遠數百里，且彌月相續不絕云。天旱禱雨多應。宋神宗封爲潔惠侯。近林人家，清明節三日不敢舉火。西河，在縣西四十里。今名西河底村。子夏爲魏文侯師，退居西河設教，此其遊寓之地。後人立廟於此。韓信嶺，在縣南二十里。元歸暘廟記曰〔一二〕：靈石之有廟，何也？侯所經也。周書武帝紀：齊主遣其丞相高阿那肱守高壁〔一三〕。帝麾軍直進，那肱望風退散。瑞石，在北門外。高六、七尺，玲瓏嶢峋，類太湖石。相傳即隋文帝所獲之石。今其文不復可辨。又傳留此以鎮城北之水患者。

【校勘記】

〔一〕冷泉兩渡索州　「冷」，底本作「泠」，川本漫漶，據滬本及寰宇通志卷七九、紀要卷四一改。下文「冷泉關」、「冷泉驛」、「冷泉堡」改同，此三處川本不誤。「州」，川本同，滬本作「洲」，按本書下文作「索州堡」，圖書集成職方典卷三一二作「索洲堡」。

〔二〕曲買峪　「買」，川本、滬本同。康熙平陽府志卷五、圖書集成職方典卷三〇八、光緒山西通志卷四〇引靈石縣志作「美」，民國靈石縣志卷一同，此「買」爲「美」字之誤。下文「曲買峪寨」同。

〔三〕源出汾陽州孝義舒江等山峪　川本同，滬本「汾陽」下無「州」字，「孝義」誤作「孝武」。圖書集成職方典卷三〇八、民國靈石縣志卷一皆無「汾陽州」三字。疑「汾陽州」有誤，或衍。

〔四〕隰州　「隰」，底本作「濕」，據川本、滬本及圖書集成職方典卷三〇八改。

〔五〕而入關則左山右河　「左山右河」，底本作「在山石河」，川本、滬本作「在山右河」。按圖書集成職方典卷三一三云：「關外迤北皆平原曠野，入此則左山右河。」與此相合，據改。

〔六〕韓信嶺　「信」，川本、滬本及本書下文同。康熙平陽府志卷五、圖書集成職方典卷三〇八靈石縣：「郭家溝河，韓侯嶺、常家山之中。」二書同卷：「韓侯嶺，縣南二十里。」作「侯」，不作「信」。

〔七〕唐太宗　「唐」，底本脱，川本、滬本同，據舊唐書太宗紀、康熙平陽府志卷六補。

〔八〕遺址猶存　底本、川本無「遺」字，據滬本及康熙平陽府志卷六、圖書集成職方典卷三一三補。

〔九〕因冷泉關在北　「關」，底本脱，川本、滬本同，據康熙平陽府志卷五、圖書集成職方典卷三一三補。「北」，底本作「此」，據川本、滬本及康熙平陽府志、圖書集成職方典卷三一三改。

〔一〇〕靜昇堡　「昇」，底本作「界」，川本、滬本同。按圖書集成職方典卷三一二、清統志卷一五三、光緒山西通志卷三均作「昇」，今地名作「升」。據改。下「靜昇村」改同。

〔一一〕四面嶄削　「嶄」，川本、滬本作「斬」，圖書集成職方典卷三一二同，清統志卷一五三作「塹」。

〔一二〕元歸暘廟記　底本脱「暘」字，川本、滬本空缺，據圖書集成職方典卷三一一、清統志卷一五三補。

〔一三〕齊主　「主」，底本作「王」，川本、滬本同，據周書武帝紀改。

汾陽　萬户山，一名西岡。有唐刺史同司户諸僚登眺詩碣，今漫滅不可考。謁泉山〔一〕，相傳爲子夏退老之居。山之陽爲卜山，陰爲陶山。有湯泉出其上，又名湯泉山。俗通呼子夏山。水經注：雨暘愆期，是謁是禱，故名。其山石險壁立，有一石室，去地可五十丈許〔二〕，惟西側得歷階升，頂上平地十許頃。水經注：文水出大陵縣西山文谷〔三〕，東到其縣，屈南到平陶縣東北，東入於汾。南逕茲氏縣故城東，爲文湖。東西一十五里，南北三十里，謂之西河云云。見上。即水以名城也。文湖又東逕中陽縣故城東。按晉書地道記、太康地記，西河有中陽縣〔四〕，舊縣也。今孝義亦稱中陽。又東南流，與勝水合。水出西狐岐山，東逕六壁城南。魏朝舊置六壁於其下，防離石諸胡，因爲大鎮。太和中，罷鎮，仍置西河郡焉。

【校勘記】

〔一〕謁泉山　「泉」，底本作「傳」，據本書上文、川本、滬本及明統志卷二一改。
〔二〕去地可五十丈許　「去」，底本作「其」，據川本、滬本及水經文水注改。
〔三〕水經注文水出大陵縣西山文谷　「西山」，底本作「南西」，川本、滬本同，據水經文水改。「水經注」當作「水經」。
〔四〕中陽縣　「中」，底本作「經」，據本書下文、川本、滬本及水經文水注改。

平遥　原公水，一名賀魯水。出自白彪山，湧注東北流灌田。嬰澗水，在縣東三十里。水經注云：謁戾之山，嬰澗之水出於其陰〔一〕。魯澗水〔二〕，在縣東二十五里。由朱坑村西注灌田，合嬰澗水，入長壽河。汾水，在縣西北三十五里。長壽河，在縣北十五里。出自縣南超山，南經南關、祁縣，入本境，西注，合汾水。一名沙河。中都城，在縣西北二十里。按晉陽志云：漢高祖十一年，遣太尉周勃定代地〔三〕，遂取山陽太原之地亦屬代〔四〕，立子恒爲代王，都晉陽，後都中都。魏時廢爲縣，屬平陶〔五〕。又按漢書，今在文水縣南、本縣北。

【校勘記】

〔一〕嬰澗之水　川本、滬本及明統志卷二一、圖書集成職方典卷三三七引水經注皆同。按水經汾水注：「謁戾之山，嬰侯之水出於其陰。」諸本及明統志等引作「嬰澗之水」，則誤。光緒山西通志卷四〇云：嬰澗水，「水經注所謂嬰侯之水也」。是也。

〔二〕魯澗水　「魯」，川本、滬本同，萬曆山西通志卷五、紀要卷四二作「鹵」。

〔三〕遣太尉周勃定代地　底本脱「勃」字，川本、滬本同，據史記高祖本紀補。

〔四〕遂取山陽太原之地亦屬代　「代」，底本作「地」，川本、滬本同。漢書高帝紀：「頗取山南太原之地益屬代。」圖書集成職方典卷三四一作「遂取山陽太原之區以屬代」。此「地」爲「代」字之誤，據改。

〔五〕魏時廢爲縣屬平陶　川本、滬本同。按魏書地形志：鄔縣有中都。則北魏廢中都縣入鄔縣，此誤。

石樓　黄雲山，在縣東六十里。南至牛心山，與石樓山相連，綿亘七十餘里。中有天開石洞，生成關隘，往來必由。嶔崎危峻，風氣寒冽。黄河，在縣西九十里。由寧鄉縣境奔流南入永和縣界。河西爲綏德州清澗縣。賊乘間竊發。設守備一員、官兵三百人防守。屈產泉，在縣東南四里。從山下石眼噴出。春秋晉時，有馬飲此泉而產龍駒，石上馬蹄至今存焉。昔晉人以屈產之乘，假道於虞以伐虢，是也。永寧關，在縣西二十五里〔一〕。西臨黃河，道通陝西綏德州清澗縣。洪武初年，置巡司。今革。窟龍關，在縣東北六十里。林深路僻，東接汾州府孝義縣，南連平陽府隰州，北抵永寧州寧鄉縣。盜賊出没無常。洪武初，置巡檢司。今革。上平關，在縣西北九十里。臨黃河岸，路通陝西綏德州。洪武十三年，置巡檢司。今革。

【校勘記】

〔一〕在縣西二十五里　川本、滬本同。紀要卷四二石樓縣：「永寧關，縣西北九十里，下臨黃河。」按永寧關西臨黃河，不止二十五里，紀要是，此誤。

永寧州　唐石州，領縣六：曰離石，曰臨泉，曰平夷，曰方山，曰定胡，曰溫泉〔一〕。臨泉今爲臨縣。平夷今爲寧鄉。方山在州北赤紅水源〔二〕，今爲方山鎮。居民掘有方山縣尉之印一顆，貯庫，今失。定胡，在州西，隋置孟門關〔三〕。〔旁注〕後因置定胡郡。今爲孟門都，亦稱孟門縣。

温泉在州南二百里，今屬隰州。本朝洪武三年，更離石縣爲石州，轄寧鄉一縣，屬太原府。離石縣，今新東關東北隅遺址可稽，其孟門、方山、温泉俱廢。隆慶元年，虜陷州城，改今名。萬曆二十三年，改屬汾州府。

孝文山，在州東北一百四十里。高四十里。上無林木，堅冰盛夏不解。有魏孝文廟碑一通，字迹剥落不可辨。

仙童山，在州西三十里白霜鋪〔旁注〕村。有石洞，口闊丈餘，深入之，橫有一孔，僅容身；又入之，地却寬敞，一石牀，一泉，水極清洌。昔年洪軍作亂，民入避難。

離石山，在州北二百里，即赤堅嶺。舊設巡檢司。山前有離石水，離石得名以此。

黄河，在州西一百二十里。由孟門折而南注。隋設孟門關。

東河。見上。

北河。見上〔四〕。

南河，出寧鄉，北流入交口村，與衆水合。永寧三川受害〔五〕。山高水猛，故地多衝没焉。

劉王嶂山〔六〕，在州東一百里。上有潭，名飲馬池。有峻壁，名飛人崖。劉淵都離石時據此，故名。

鳳凰山，一名白馬仙洞，在州東五十里。上有一洞，時吐雲霧。入洞里許，有獨木橋；又進，則寬敞如屋，有石鐘、石鼓，白黑二龍池、蓮花池，頂上石乳垂滴如雨；又進，分九穴，名九鳳山，深不可測〔七〕。晉天福改元，以禱雨有應，詔封淵濟仙洞，敕樞密使桑維翰書額。

【校勘記】

〔一〕領縣六至曰温泉　川本、滬本同。按兩唐書地理志載石州領縣五，温泉縣屬隰州，曾於武德二(三)年於縣置北温州，貞觀元年廢州，縣屬隰州，未改屬石州，元和志卷一二同，此誤。

〔二〕赤紅水　「紅」，川本、滬本同，元和志卷一四、明統志卷一九、紀要卷四二作「洪」。

〔三〕孟門關　底本作「孟關」，川本、滬本同。寰宇記卷四二：定胡縣，「隋以其地阨險，因置孟門關。」本書下文亦作「孟門關」，此脱「門」字，據補。

〔四〕東河見上北河見上　川本、滬本同。按永寧州上文未載東河、北河，圖書集成職方典卷三三七永寧州：「東河，出骨節山，西流入河。北河，出赤堅嶺，南流入河。」此疑脱。

〔五〕永寧三川受害　「川」，底本作「州」，川本、滬本同。此於文意不符，圖書集成職方典卷三三七作「川」，即指東河、北河、南河三河，是也，據改。

〔六〕劉王嶂山　「山」，底本脱，川本、滬本同，據本書上文太原府交城縣記載補。「嶂」，紀要卷四〇同，萬曆山西通志卷五、圖書集成職方典卷三三七作「暈」。

〔七〕深不可測　底本脱「可」字，「測」作「側」，據川本、滬本及圖書集成職方典卷三三七、方輿考證卷二三補改。

寧鄉　黃河，在縣西一百五十里。自保德、岢嵐〔一〕、興縣流入縣境，南經石樓、永和、大寧、吉州〔二〕、河津、滎河，至蒲州，東歷芮城、平陸、垣曲，入河南界。　清水河，在縣治南。　東會蕉山，西會泉子山諸泉，北流入永寧州。　泉子山，在縣西南四十里。下有車轍泉，北流入河。　青龍鎮，在縣西九十里。與永寧相參。　寧鄉鎮關〔三〕，在縣南五十里。係平陽府北道咽喉。　隆慶元年，寇陷石州，設此以防虜騎南下。

【校勘記】

〔一〕旹嵐　「旹」，底本作「苛」，川本、滬本同，據本書上文旹嵐州及明統志卷一九、明史地理志改。

〔二〕吉州　「吉」，底本作「去」，川本同，據滬本及明統志卷二〇改。

〔三〕寧鄉鎮關　「寧」，川本、滬本同，清統志卷一四四作「安」，未知孰是。

澤州

晉城，在州東三十里。韓、魏、趙三分晉地，置晉公於此奉祀，故名。今名高都村。高都城，在州東三十里。秦、漢置縣。後魏建興郡治此。北齊爲高都郡，後廢爲村。丹川廢縣，在州治。本後周高都縣。隋改丹川縣，爲澤州治。唐省入晉城。宣聖回車轍，在州南四十五里。天井關在上。孔子適晉，聞趙簡子殺竇鳴犢、舜華，至此回車。轍遺迹見存，深尺許，長百餘步。後人因立廟道左。州志：陽阿廢縣，在州北大陽鎮。

高平　羊頭山，在縣東北三十里。相傳神農嘗五穀於此。建武五年，侍御史任尚擊羌於羊頭山，破之。今有黍二畔，其南陰地黍白，其北陽地黍紅，因之以定黄鍾。韓王山，在縣北十五里〔一〕。乃縣之主山也。其山獨高，上有平地數畝，登眺四面，諸山如培塿。世傳秦圍韓王於此。走馬嶺，在縣西北十里。出鐵鑛。益國鐵冶，舊在縣西十里王降村。元大德間置，至正間廢〔二〕。國朝洪武間，徙置縣北二十里。永樂中廢。今治見存。史記趙世家：廉頗將軍軍長平。正義曰：括地志云：長平故城在澤州高平縣西二十一里。省冤谷，在縣西北二十里。即秦坑趙卒處，舊名殺谷。唐玄宗幸潞過此，改名。

【校勘記】

〔一〕在縣北十五里　底本脱「北」字，川本同，據滬本及紀要卷四三、圖書集成職方典卷三五七補。

〔二〕至正間廢　底本「正」下衍「德」字，川本同，據滬本及紀要卷四三、清統志卷一四五删。

太行山，在澤州南三十里。迤邐東北，跨陵川〔一〕、壺關、潞城、黎城、遼、和順、武鄉諸州、縣。禹貢：太行、恒山。山海經曰：北次三經之首曰太行之山。列子曰：太行山在冀州之南，河陽之北。語曰：太行九陘，雁門居一。十三州記曰：太行山或曰孟門。戰國策曰：北塹太行之路，則上黨之兵不下。文獻通考曰：上黨太行山，兩河之民多保聚焉。朱子曰：太行山極高，晉州蒲坂，山之盡頭。太行自崑崙北支入中國，西南行，歷并、冀、三晉，抵河東，復與河會。太行，中原望鎮也，州南三十里，巖岫峭嶙，即其處。天井關、横望鎮，太行巔也。稍下，碗子城、羊腸坂也。西距龍門，聯綿析城、王屋，北抵恒山，拱京師，爲右臂。

寧山衛。洪武四年，建守禦千户所。左、右、中、前、後、中中六千户所。隸潞州衛。十一年，徙大梁官軍，始改爲衛，隸河南都司。永樂七年，改隸後軍都督府。

金史必蘭阿魯帶傳[二]：澤州，舊隸昭義軍，近年改隸孟州。阿魯帶奏：澤州城郭堅完，器械具備，若屯兵數千，臣能保守之。今聞議遷於青蓮寺山寨，距州既遠，地形狹隘，所容無幾，一旦有急，所保者少，所遺者多，徒棄名城，以失太行之險，則沁南、昭義不通問。詔澤州復隸昭義軍。

州名澤者，緣漢河東郡有濩澤焉。隋開皇初，改建爲澤州。蒙濩澤舊名，故云。

寶山，在州西南五里，産鐵鑛並炭。龍門峽，在州東三十五里。浮山在北，磨山在南，兩山對峙如門，丹河水口經流，故名。黑石嶺，在州南八十里太行山絶頂，登其巔，可以俯瞰中原。

源漳水，發源州東北三十里可寒山，東流入丹水。漢書地理志云：高都縣有莞谷，丹水所出，東南入泫水[三]。即此。天井溪，在州南四十五里。水經云：聖井關北有泉[四]，謂之北流泉，注白水。乾河，在州東南八里。白水至此伏流，故名。按唐書李德裕請令陳、許過乾河立寨，即此。碾子谷，在州南二十里。宋太宗遣石守信破李筠處。馬牢川，在州南二十里。五代李讜圍城，李筠追擊處。羊腸坂，在州南三十里。即魏伐趙，斷羊腸坂，拔閼與處。

天井關，在州南四十里。戰國策曰：桀居天井，即天門〔五〕。漢光武建武二年，遣司空王梁北守天井關〔六〕，擊赤眉別校。章帝北登太行山，至天井關，即此。陽朔二年秋，關東大水，詔流民欲入天井關者，勿苛留。唐武宗會昌三年，攻討使王宰克天井關，進擊澤州，破之。

城北十五里碧落山，有碧落寺，唐韓王元嘉建，爲妣妃祈福，磨崖刻文〔七〕，字用古篆，人罕識之。郡儒劉羲叟爲編修〔八〕，因宋祁始盡通曉。弘治元年，寺火碑毁。

陳斐孔子迴車廟解曰〔九〕：孔子之車，未嘗登太行也。按史記世家：孔子不得用於衛，將西行見趙簡子，至於河，聞竇鳴犢、舜華之死，臨河嘆曰：「美哉水，洋洋乎！某之不濟此，命也！」乃還，息乎陬鄉，作陬操以哀之，而返乎衛。所謂河者，黄河也。禹貢：導河，東過洛汭，至于大伾，北過降水，至于大陸。括地志曰：大伾山〔一〇〕，今黎陽東山。索隱則曰：大陸在鉅鹿。及入我朝，黎陽即直隸濬縣，而鉅鹿之大陸澤，則寧晉境也。是古之黄河，過洛汭即東北流，而衛國在其東南，故自衛之晉，必過河而後太行，過太行而後晉境。孔子當時既臨河而返，是未濟河也。既未濟河，是未詣太行之下也。其太行之巔有迴車轍者，妄矣。其立廟之由，則水經注曰：野王西北有故邘城，當太行南路，邘水又東南逕孔子廟東。廟庭有碑。魏太和元年，孔靈度等以舊宇毁落，上求修復。野王令范衆愛、河中太守元真〔一一〕、刺史咸陽公高允表聞，立碑於廟。且云：按諸子書、史籍之文，並言仲尼臨河而嘆，是非太行迴轅之言也。魯國孔氏官於洛陽〔一二〕，因居廟下，以奉烝嘗，斯言至矣。蓋孔因遷山下〔一三〕，追思聖祖〔一四〕，故立廟存饗耳。其猶劉累遷魯，立堯祠於山矣〔一五〕。水經之言，明可考見如此。若夫車轍石迹，則好事者因迴轅之名而爲之。若非夫子之事可以附會，則後人亦必指爲仙靈之迹矣，胡可信耶？

傅淑訓曰：丹水蓋有二〔一六〕：一出上洛冢嶺山〔一七〕，合於汋〔一八〕；逕郡中東南者〔一九〕，則劉琨扶風歌所謂丹水者也。道元謂徑二石，歷西巖，巖下大泉湧發，洪源巨輪，淵深不測，蘋藻冬芹，竟川含緑。此必珏、石間者。珏山在州東南四十里。余讀山海經：謁戾之山，沁水出焉。其東有林，名曰丹林，丹林之水出焉。經既屬西山，乃曰沁水東，爲郡之丹也無疑。余因此亦足證山海經之非誕書也。

【校勘記】

〔一〕陵川　「陵」，底本作「臨」，川本、滬本同，據萬曆山西通志卷五、圖書集成職方典卷三五七改。按陵川爲澤州屬縣。

〔二〕必蘭阿魯帶傳　「必」，底本作「公」，據川本、滬本及金史必蘭阿魯帶傳改。

〔三〕泫水　底本作「絶水」，川本、滬本同，據漢書地理志改。

〔四〕聖井關北有泉　川本、滬本同。按水經沁水注：天井溪水，「出天井關，北流注白水，世謂之北流泉」。則此「聖井關」應作「天井關」，才合酈道元書。圖書集成職方典卷三五七：「天井溪，在澤州南四十五里天井關，水經謂北流泉。又云聖井關」。是也。

〔五〕戰國策曰桀居天井即天門　川本、滬本同。按今本戰國策無此文。續漢書郡國志上黨郡高都劉昭注：「戰國策曰：桀居天井，即天門也。」

〔六〕天井關　川本、滬本同。後漢書王梁傳：「建武二年，光武帝命梁「北守箕關，擊赤眉別校。」此「天井關」爲「箕關」之誤。

〔七〕磨崖刻文　「崖」，底本作「座」，據川本、滬本及光緒山西通志卷三三改。

〔八〕劉羲叟　「羲」，底本作「義」，川本、滬本同，據宋史劉羲叟傳改。

〔九〕陳斐　川本同，滬本作「陳棐」。

〔一〇〕大伾山　「伾」，川本同，滬本作「坯」。史記夏本紀正義引括地志云：「大邳山，今名黎陽東山。」

〔一一〕河中太守元真　「河中」，川本、滬本同。王先謙合校水經注、楊守敬水經注疏沁水作「河内」。楊守敬疏：「朱謀㙔「内」訛作「中」，戴震、趙一清改，按唐始有河中府，酈氏所不及知，「則河中之誤無疑」。

〔一二〕魯國孔氏官於洛陽　川本、滬本同。按水經沁水注，此句上有「碑云」二字。

〔一三〕蓋孔因遷山下　川本同，滬本「因」字旁注「氏」。按水經沁水注戴震校本「因」改作「氏」，注云：「案氏，近刻訛作因。」

〔一四〕追思聖祖　底本脱「祖」字，川本同，滬本作「聖人」，據水經沁水注補。

〔一五〕立堯祠於山矣　底本「山」下衍「東」字，川本、滬本同，據水經沁水注删。

〔一六〕丹水　「丹」，底本作「州」，據川本、滬本及水經沁水注、紀要卷四三改。

〔一七〕冢嶺山　「嶺」，川本、滬本同，漢書地理志作「領」。

〔一八〕汮　川本、滬本同。按王先謙合校水經注、楊守敬水經注疏丹水作「均」，楊守敬疏：朱謀㙔訛作「汮」，趙一清改「汮」，戴震改「均」。

〔一九〕逕郡中東南者　川本同，滬本「逕」上有「其」字，另有眉批：「中字衍。」

高平　米山，在縣北十里〔一〕。俗呼大糧山。下有米山鎮。　丹朱嶺，在縣北四十里長子縣界。堯封丹朱於此，故名。　丹河，舊名泫水。在縣西北。出發鳩山之陽，流繞縣城，自西北而東入澤州，合白水，穿太行山，瀉於沁。唐貞元七年〔二〕，屯留令平原明濟假領高平軍，瀦流疏渠，穿街達户，彙植菱芡芙蕖，花光掩映，宛如錦城。復於漳側建水神祠。御史中丞武少儀爲文記之，碑尚存。　長河，在縣東北。南流入丹水。夏秋之交，衆溪交流，勢如江海，至冬始涸。

【校勘記】

〔一〕在縣北十里　「北」，底本作「東」，川本、滬本同，據萬曆山西通志卷五、紀要卷四三改。

〔二〕唐貞元七年　「唐」，底本作「自」，據川本、滬本及紀要卷四三改。

陽城　析城山，在縣西南七十里。山峯四面如城，高大而峻，迥出諸山，林木叢茂。相傳成湯禱雨於此，上有成湯廟。前有二龍湫，亢旱不竭。水經注曰：析城山在濩澤南。山甚高峻，上平坦。下有二泉〔一〕，東濁西清，左右不生草木，數十步外多細竹。今山形突兀廣大，其上周原濯濯，約四十里。四崖林木叢茂。云云。　王屋山。本志：在縣西南百二十里。西跨垣曲，南瞰濟源，巀業秀麗，以其極高，故名天壇山。山半四面懸崖〔二〕，俗爲南天等門，人至此，魚貫攀繩而上。其巔有「天下第一洞天」。　底柱山，在縣西南五十里〔三〕。山有三峯，中峯高大，最秀。其下惟土起峯，起峯處惟石，若石柱然，故名底柱。登其巔，俯視黃河如練。上有玉帝廟，覆以鐵瓦。東有華嚴觀〔四〕，西有青蘿宮，俱廢。禹貢底柱、析城，即此。禹貢：底柱、析城，至于王屋。今此山西南三十里爲析城，析城西南五十里爲王屋。三山距河皆百餘里，禹貢所稱，蓋指此也。今平陸縣底柱山在河中流，距此三山六、七百里，恐非。　望莽山〔五〕，在縣東南七〔旁注〕四。十里。俗名王莽山。雄亘盤礴，峯巒峻秀。其北嶺高處曰北立門；由此而下，如入淵井，行數十里〔六〕，至山脚，有紅峪水〔七〕；復轉而上，如登梯磴〔八〕，又十里至嶺首，曰南立門；旁一峯壁立，俗名繫馬樁。有試劍山，兩崖對峙，紅峪水出其中，潺湲有聲。　沁河，源出沁源縣，由郭壁村入縣，歷屯城，經潤城〔九〕，迤邐而南，至公娥澗，出山口，建瓴下注覃懷，會丹河，入於河。　大河，在縣南四十里。發源析城山，東流入沁。　濩澤，在縣北十里。在嶕嶢山下〔一〇〕，瀦水一泓，深闊僅丈餘，澄清不竭。縣名濩澤以此。或云：莊子謂舜漁於雷澤，即此。荆子隘，在縣南八十里。

【校勘記】

〔一〕下有二泉　「下」，底本作「中」，川本、滬本同，據水經沁水注改。

〔二〕山半四面懸崖　底本脱「半」，滬本脱「山」，據川本補。

〔三〕在縣西南五十里　川本、滬本及清統志卷一四五無「西」字，圖書集成職方典卷三五七作「東」。

〔四〕華嚴觀　「嚴」，川本、滬本同，圖書集成職方典卷三五七作「嶽」，疑此「嚴」爲「嶽」字之誤。

〔五〕望莽山　川本同，滬本及圖書集成職方典卷三五七、清統志卷一四五作「望漭山」。

〔六〕行數十里　川本、滬本同，圖書集成職方典卷三五七作「行十餘里」，此疑誤。

〔七〕紅峪水　川本、滬本及圖書集成職方典卷三五七同，清統志卷一四五作「洪峪水」。下同。

〔八〕如登梯磴　川本同，滬本「磴」作「磴」，圖書集成職方典卷三五七同。

〔九〕經潤城　「城」，底本作「地」，川本同，滬本作「池」。按本書下文陽城沁河下云：「經潤城沁渡。」圖書集成職方典卷三五七：沁河，「經潤城」。清統志卷一四五沁水下云：「至郭壁鎮，入陽城縣界，經潤城東。」光緒山西通志卷四二：「陽城縣志：沁水，至蔚池入縣東北之屯城里，又南流，經潤城鎮西。」據改。

〔一〇〕在嶕嶢山下　底本脱「嶢」字，川本同，滬本「嶕」上無「在」字，據本書下文陽城、滬本及寰宇記卷四四、紀要卷四三補。

陵川　聖宮山〔一〕，在縣北二十里。西南有水流合丹河〔二〕，曰蒲水〔三〕。佛子山，在縣東四十里太行絶頂〔四〕。東南距黄河二百餘里〔五〕，目睫可望。馬武寨，在縣南八十里。據太行絶頂，周圍百里，四壁峭直，漢馬武屯兵於此。五度關，在縣南八十里。

【校勘記】

〔一〕聖宫山　「宫」，底本作「公」，據川本、滬本及萬曆山西通志卷五、圖書集成職方典卷三五七改。

〔二〕西南有水流合丹河　底本脱「有」字，川本同，據滬本及明史地理志補。

〔三〕蒲水　「蒲」，底本作「浦」，川本、滬本同，據明統志卷二一、明史地理志改。

〔四〕太行絶頂　「太行」上，底本有「在」字，川本同，據滬本及圖書集成職方典卷三五七、清統志卷一四五删。

〔五〕二百餘里　川本同，滬本作「一百餘里」。

沁水　歷山，在縣西南九十里。相傳舜耕於此。西南有舜廟，廟旁有瀉泗泉〔一〕。北有大洪池、小洪池。東烏嶺，在縣西四十里。按地志云黑嶺，因避宇文周諱，改名烏嶺。兩山並峙，故别名曰東烏、西烏。穆天子傳云鈃隥〔二〕，即此二山名也。唐武宗三年，石雄代李彦佐之明日〔三〕，即領兵逾烏嶺，破五寨，殺獲千計。即此。西烏嶺，在縣西北四十里。空倉嶺，在縣東一百四十里。與高平界。因地僻藪盜，萬曆二十四年，知州賀盛瑞議立關守之。關去高平縣三十里，去沁水縣六十里。與前里數異。沁河，在縣東五十里。源出沁源縣綿山，經岳陽縣東而來，自大匠村入沁水縣界〔四〕，西南流五十里，至鄭莊，又東南流五十里，至端氏，又南流二十餘里，至武安，入陽城。蘆河，在縣西南十里。發源鹿臺山，經陽城入沁。

【校勘記】

〔一〕濩泗泉　川本、滬本同，圖書集成職方典卷三五七作「濩汭二泉」，此疑誤。

〔二〕鉼隥　「隥」，底本作「鐙」，川本、滬本同，據穆天子傳卷四改。

〔三〕石雄代李彥佐之明日　底本「石雄」作「石信」，「李彥佐」作「李產祖」，川本同，滬本作「李彥祖」，餘同。據新唐書武宗紀、石雄傳改。本書下文記此事作「李彥佐」，不誤。

〔四〕大匠村　「匠」，川本、滬本同。本書下文沁水縣及圖書集成職方典卷三五七、光緒山西通志卷四二引沁水縣志作「將」，此「匠」疑爲「將」字之誤。

金貞祐元年，蒙古主命其子朮赤、察合台、窩闊台爲右軍，自碗子城南下，大掠澤、潞。

國朝洪武元年，右副將軍馮勝帥師由河南進征山西，至太行山碗子城，破其關。元守兵潰，進取澤州。

武鄉　春秋時蔡皋狼地。漢爲涅氏縣，屬上黨郡。考漢成帝曾封劉慶爲武鄉侯。據舊志又云：晉始置武鄉縣，屬樂平郡。後趙石勒分上黨涅、今榆社。沾，今和順。升武鄉郡，古榆社、黎城縣屬焉。後魏去武，改爲鄉郡，領陽城、襄垣、鄉、銅鞮四縣。太和十五年〔一〕，自故涅城徙治於南亭川，即今治。隋開皇初，郡廢，縣治如故。仍析置榆社縣，屬韓州。唐貞觀中，州廢，仍名武鄉縣，屬潞州。宋太平興國二年，割隸威勝軍。金改軍爲沁州，縣仍屬之。元幷入銅鞮縣〔二〕，即沁州。未幾，復立武鄉，屬沁州。洪武初因之。萬曆二十四年，汾州改府，割屬府。三十二年，復還屬沁。　太行山，在縣東一百二十里。南北延亘八百餘里，巋然爲一方屏蔽。　爛柯山，在縣西五十里。上有爛神廟〔三〕。二人對弈〔四〕，其一旁觀，謂爲王質云。按爛柯山當在浙江衢州府〔五〕。　馬鞍山，在縣西七十里。南北俱昂，中低，形似馬鞍。上有太子、狐突廟。胡甲山，在縣西北一百里。一名護甲，又名侯甲。見班固北征賦。其山有口，即分水嶺，涅水出焉。　麓臺山，在縣西北一百二十里。與沁源、靈石二縣相接。　武山、長山、隱室山，俱見水經注。今迷其處。按方擬之，約在故城、權店間。　漳水，源出武鄉嶺大黽谷，自榆社來，至縣西五里，與涅水合〔六〕，流入襄垣界。經曰：清漳水出上黨沾縣西北少山大黽谷，南過縣西，復從縣南屈。又南得梁榆水口，東北逕梁榆城，梁榆城南，即閼與故城也。司馬彪、袁松郡國志並言涅縣有閼與聚。盧諶征艱賦曰：訪梁榆之虛郭，弔閼與之舊都〔七〕。桓亦云〔八〕：閼與，今梁榆城是也。涅水，一名甲水。源出縣西九十里胡甲嶺之南，流經縣西五里東段村，入漳河。清谷水〔九〕。水經曰：清水出武鄉西，轘軨、白壁二水與此合〔一〇〕。西湯水。水經：出涅縣西山湯谷〔一一〕。縣東，離城六十里。黃崖水。水經：出遼山縣西黃岡〔一二〕。今縣東百里黃巖，即古黃崖山，黃崖水出焉。昂車關，在縣北十五里。唐武宗時，劉稹拒命〔一三〕，令都將康良佺守武鄉，屯鼓腰嶺。武宗命河東節度使劉沔屯兵榆社〔一四〕，步騎二千守昂車關。又詔沔自將取關，以臨賊境。南亭川，即今縣南大川。後魏太和十五年，徙涅縣舊治於此。皋狼城，在縣西五十里。〔旁注〕州志。智伯求蔡皋狼之地於趙襄子。南北關，在縣西北一百二十里。宋靖康元年，金將粘没喝攻太原，悉破諸縣，獨城中以張孝純固守不下，遂分兵而南。既逾南北關，仰而嘆曰：「關險如此，而使我過之，南朝可謂無人矣。」遂至隆德軍〔一五〕。城中素無備，一日而陷。陰辿〔一六〕，在縣西一百三十里南關鎮北。兩峯對峙，高出雲表，唯山腰一道，僅通往來。流出潺潺〔一七〕，繞出其下。昔人建立南關，故壘猶存。金將粘没喝領兵至隆德軍。六月，李綱督兵救太原，遣范瓊屯南北關，解潛屯威勝軍，並戰於南關。龍舟洞，在縣西一百里護甲鎮。其洞水一源分爲二派：其一北流龍舟；其一南流，由權店驛至縣，與漳水合，即涅水也。晉書：石勒居武鄉北原山下，草木皆有鐵騎之象。家園中生人參，花葉盛茂，悉成人狀。

【校勘記】

〔一〕太和十五年　「和」，底本作「平」，川本、滬本同，據寰宇記卷五〇改。

〔二〕元幷入銅鞮縣　「縣」，底本作「郡」，川本、滬本同。元史地理志：沁州銅鞮縣，至元三年，省「武鄉縣入焉」。此「郡」乃「縣」字之誤，且元志名沁州，不稱「銅鞮郡」，故據改。

〔三〕爛神廟　川本同，滬本作「爛柯山神廟」。

〔四〕二人對弈　川本同，滬本「二人」作「二石人」。

〔五〕浙江　底本作「淛江」，川本同，據滬本及清統志卷一五八改。

〔六〕至縣西五里與涅水合　「西」、「合」，底本脱，川本、滬本同。紀要卷四三：武鄉縣，漳水「至縣西五里合涅水」。圖書集成職方典卷三五一：漳河，「至武鄉縣西五里，合涅水」。據補。

〔七〕舊都　「都」，底本作「平」，川本同，據滬本及水經清漳水注改。

〔八〕桓　川本同，滬本作「鬬駟」，同水經清漳水注戴震校改。楊守敬水經注疏：「朱箋曰：桓字誤，似是松字，謂袁松也。全云：非也。蓋是袁豹。戴作鬬駟亦臆斷，不如存疑爲是。」

〔九〕清谷水　「清」，底本作「青」，川本、滬本同，據水經濁漳水注改。

〔一〇〕韗軨白壁　「韗軨」，底本作「鞞輅」，川本、滬本同。王先謙合校水經注濁漳水作「韗軨、白壁」，曰：「近刻軨訛作輅，壁訛作璧。案朱謀瑋作軨、壁，趙一清改輅、璧。」楊守敬水經注疏作「韗軨、白壁」，曰：「趙一清據黃本改軨作輅，改壁作璧；戴震又改輅作軨，改璧作壁。熊會貞按：『惟大典本、明抄本作輅，軨乃輅之省。且黃作壁不作璧，或趙以璧字義長而意訂。韗軨見左傳，蓋戴所本。作璧亦襲趙也。』」此「鞞輅」爲「韗軨」之誤，據改。

〔一一〕西山湯谷　底本脱「湯」字，川本、滬本同，據水經濁漳水注補。

〔一二〕黄崖水水經出遼山縣黄岡　川本、滬本同。按水經濁漳水注「黄崖水」作「黄水」，云：「黄水三源，同注一壑，東南流與隱室水合。」初學記卷八黄巖引水經注曰：「黄嵒水源出遼山縣西黄岡下。」乃抄自水經注而文變，此「崖」爲「巖」字之誤。

〔一三〕劉稹　「稹」，底本、滬本作「楨」，川本作「稹」，據舊唐書武宗紀、劉稹傳改。

〔一四〕榆社　底本作「榆林社」，川本、滬本同。新唐書劉沔傳：「劉稹阻命，詔沔南討，屯榆社。」通鑑卷二四七：唐會昌三年，「河東節度使劉沔步騎二千守芒車關，步兵一千五百軍榆社」。兩唐書地理志遼州領榆社縣，即是。此「林」字衍，據删。

〔一五〕隆德軍　川本、滬本同。三朝北盟會編甲集靖康中帙十四：靖康元年二月，金人圍太原，「入南北關，陷隆德府。」宋史地理志：隆德府，「本潞州，建中靖國元年，改爲軍。崇寧三年，升爲府」。此「軍」爲「府」字之誤。

〔一六〕陰辿　「辿」，底本作「迪」，川本同，滬本作「陰迪山」，據圖書集成職方典卷三五一、方輿考證卷二六改。

〔一七〕流出潺潺　川本、滬本同，滬本眉批：「流出，當作流水。」是。

陽城　今縣治古陽陵驛也，縣名蓋以此。縣西三十里澤城村，故濩澤遺址存焉。以濩澤水出濩澤城西白澗嶺下〔一〕。應劭曰〔二〕：澤在縣西北，又東逕濩澤縣故城南〔三〕，蓋以「澤」氏縣也。考竹書紀年：梁惠成王十九年，晉取玄武、濩澤。則縣之受名，其由來舊矣。太行山，按城南三十里横望口天井關，即太行巔也。其下碗子城，即羊腸坂也。陽邑底柱、析城、王屋，皆其起峯也。　沁河。山海經曰：謁戾之山，沁水出焉。水經注曰：沁水即泪水也〔四〕。出穀遠縣羊頭山世靡谷，三源奇注，逕瀉一隍，今沁源縣是也。由沁水縣郭壁鎮入縣東北屯城里，經潤城沁渡〔五〕，迤邐而南，至公娥潤，出山口，建瓴下注覃懷，會丹水，入於河。　濩澤，在嶕嶢山下。水經注曰：濩澤水出濩澤城白潤嶺下，東繞濩澤城。墨子曰：舜漁於濩澤。即此。其源瀦一泓，深闊僅丈，澄清不竭，縣名濩澤以此，州名澤亦以此。　澤河，在縣南郭外，即濩澤水也。水經注曰：其水際城東注，又東合清淵水〔六〕。蓋清淵水自表山而來，入於澤水，由縣西臨潤里，至縣南坪頭村，折而西北，繞南郭外，轉折而東，復繞東郭，折而北，至東郭盡，北轉而東南，由石門流入於沁。故水經注曰：沁水又南與濩澤水合。蓋縣之朝水也。　蘆河，古陽泉水也。水經注曰：陽泉水口出鹿臺山〔七〕。山上有水，淵而不流。蓋自沁水縣樓子坡經縣西北諸鄉，入於沁，可溉田。　桑林河，又名大河，古上潤水也。在縣南四十里。源出析城山。水經注曰：上潤水歷析城山北，自山陰東入濩澤水，又東南注於沁。即此水也。其地多山，名曰桑林，蓋成湯禱雨處。今有成湯廟，廟前瀦水一泓，清澈不竭，遇旱禱雨多應。　盤亭河，古沇水也。水經曰：水出河東王屋山，爲沇水。孔安國曰：泉源爲沇，流出爲濟。今其源亦出析城山麓，注於西南，經盤亭山側，兩岸石田，可資灌溉。南流繞王屋，度邵原關，迅流而下，瀑布垂巖，縣流注壑，雷樸之聲，震動山谷。比入濟源境，則水利興焉。

【校勘記】

〔一〕濩澤水出濩澤城西白澗嶺下　底本「濩澤城」作「澤城」，下無「西」字，川本、滬本同。水經沁水注：濩澤水「出濩澤城西白澗嶺下」。楊守敬水經注疏：朱謀㙔脱濩字，趙一清同，戴震增。此脱「濩」、「西」二字，據補。下文「澤城」同補「濩」字。

〔二〕應劭　「劭」，底本、川本作「邵」，據滬本及水經沁水注改。

〔三〕又東逕濩澤縣故城南　「南」，底本脱，川本、滬本同，據水經沁水注補。

〔四〕沁水即泊水也　川本、滬本同。「泊水」，楊守敬水經注疏沁水改作「少水」，云：朱謀㙔「少」作「泊」，趙一清改「涅」，泊字固誤，改爲涅亦非。注此篇下文，於沁水過沁水縣北云，春秋之少水也，京相璠曰晉地矣。又云，少水，今沁水也。則此處之「泊水」，爲少水之誤無疑。

〔五〕沁渡　「渡」，底本作「度」，據川本、滬本及圖書集成職方典卷三五七改。

〔六〕其水際城東注又東合清淵水　底本上「東」字下脱「注」字，「又」下脱「東」字，川本、滬本同，據水經沁水注補。

〔七〕陽泉水口出鹿臺山　川本、滬本同。楊守敬水經注疏沁水作澤水「得陽泉水口，水出鹿臺山」，云：朱謀㙔無「出」上「水」字，戴震移「口」上「水」字於此，趙一清增「出」上「水」字。

和順　春秋晉大夫梁餘子食邑。漢爲上黨郡沾縣地。北齊爲梁榆縣〔一〕。隋改曰和順。

宋熙寧中，省入遼山縣，隸平定軍〔二〕，元祐初復置，屬遼州。漳河有二，一出縣西一百里八賦嶺，名小漳水〔三〕，流經榆社縣，合黄花嶺水〔四〕，至武鄉縣西五里，合涅水，至襄垣縣東北，合濁漳。水深〔旁注〕當作神。水〔五〕，在縣東七十里原上有龍王廟。涉河峪，北流，經樂平縣東南八十里水神谷，會沾水。武鄉水，源出縣西孫臏坡，經流榆社、武鄉界。平城廢縣，在縣西百里儀城鎮〔六〕。隋置。今廢。

【校勘記】

〔一〕梁榆縣　「榆」，底本作「餘」，川本、滬本同。水經清漳水注：梁榆水「出梁榆城西大嵰山」。隋書地理志：和順縣，「舊曰梁榆，開皇十年改」。此「餘」爲「榆」字之誤，據改。

〔二〕隸平定軍　「隸」，底本脱，川本、滬本同，據九域志卷四、宋史地理志補。

〔三〕名小漳水　「名」，底本脱，川本、滬本同，據萬曆山西通志卷五、圖書集成職方典卷三六五補。

〔四〕黄花嶺水　底本脱「黄」字，川本、滬本同，據萬曆山西通志卷五、紀要卷四三、圖書集成職方典卷三六五補。

〔五〕水深神水　川本、滬本同。萬曆山西通志卷五作「水神水」，圖書集成職方典卷三六五：水深水，「一作水神水」。

〔六〕在縣西百里　底本「百」上衍「四」字，川本同，據滬本及圖書集成職方典卷三六七、清統志卷一五九删。

沁水　舊志：周文王第六子封原，即此地。考左傳晉文公伐原事，在沁水西北，故舊志云爾。今按國語及淮南子諸書云：周襄王以陽、樊、温、原畿内四邑賜晉文公。其後温與原叛，文公伐之，三日不降。文公命班師，左右曰：「今原不降而班師，何也？」文公曰：「吾與諸大夫期三日，今三日不克，吾寧失原，不可失信於諸大夫。」原人聞之，乃降。温人聞之，亦降。則原與温固接壤。按温即今温縣，樊、陽皆在濟源，俱屬河南懷慶府，而原安得獨在此地乎？蓋沁水南流入河，亦經懷慶，所云沁水西北者，固指彼處而言也。大尖山，在縣東北二十里。其東數里，一岡横亘，綿延不絶，北跨岳陽、浮山二縣，長五十餘里，名曰横嶺。鶴鳴老人圖記云長城是也。鹿臺山，在縣南二十五里。高峯峻絶[一]，巖岫陰森，雖夏日猶有積雪。山海經謂此山有鳥，狀如雄鷄，人面，名曰鳧徯。山頂常聞仙樂聲。東烏嶺，在縣西北四十里，與西烏嶺兩山對峙。西烏嶺爲翼城縣地。穆天子傳云鈃隥[二]，即此二山。周穆王乘八駿，遊天下所歷處也。唐武宗時，石雄代李彦佐之明日[三]，即領兵逾烏嶺，破五寨，斬獲數千，即此嶺也。爲河東通衢，設巡檢司。阜山，在縣西四十里。隋書曰輔山。磕山[四]，在縣東九十里。萬柏參雲，千松翳日，蓋沁邑之最勝處。上有大雲寺，佛殿前有白松三株，圍一丈五尺，高數丈。宇峻山，在縣東北一百里。隋書云巨峻嶺[五]。老馬嶺，在縣東一百五十里。商旅通衢，山巖窵僻。上設防兵。鵬黄嶺，在縣東一百六十里。與長子縣接界。秋谷嶺，在縣東一百七十里。與高平縣接界。沁河，在縣東五十里。流出沁源縣綿山，經岳陽縣東而來，自大將村入沁水縣界；西南流五十餘里而至鄭莊村，又東南流五十里而至端氏，又南流五十而至武安，入陽城界；西南流百五十里而至河南濟源境，復轉而東，經河内武陟入黄河〔六〕。縣東四十里有西城，即古端氏聚，非今端氏鎮也。端氏鎮，隋時置縣。唐初，徙澤州治於此，復徙晉城，乃爲端氏縣。元并入沁水。國初有巡檢司，後革。武安城，即今武安村。白起侵趙，屯兵於此。有白起廟，故壘尚存。漢初，置沁水縣，屬河内郡。後魏、晉因之。後魏莊帝置廣寧郡〔七〕，以沁水爲永安縣〔八〕。北齊郡罷，改永寧縣。後周因之，屬高平郡。隋復爲沁水縣，屬澤州，又屬長平郡。唐初屬澤州，又屬高平郡〔九〕。武德八年，移澤州治於端氏。貞觀初，復自端氏移於晉城。元并端氏入沁水，而以屬晉寧路。國初屬平陽府〔一〇〕，二年，以澤州直隸山西行省，屬澤州。

【校勘記】

〔一〕高峯峻絶　「峯」，川本、滬本作「聳」，圖書集成職方典卷三五七同，當是。

〔二〕釿隥　底本、川本作「釿鏗」，滬本作「釿鐙」，據本書上文及穆天子傳卷四改。

〔三〕唐武宗時石雄代李彦佐之明日　「武宗」，底本、川本作「玄宗」，滬本作「武宗」；「石雄」，底本作「石信」，川本、滬本同，並據新唐書武宗紀、石雄傳改。

〔四〕磕山　「磕」，底本作「榼」，川本、滬本同，據明統志卷二一、紀要卷四三改。

〔五〕巨峻嶺　川本、滬本同。按隋書地理志作「巨峻山」，紀要卷四三引隋志同。

〔六〕武陟　底本作「武涉」，川本同，據滬本及明史地理志三改。

〔七〕後魏莊帝　底本「魏」上脱「後」字，川本、滬本同，據元和志卷一五、寰宇記卷四四、明統志卷二一補。

〔八〕以沁水爲永安縣　川本、滬本同。按魏書地形志：泰寧郡，「孝昌中置，及縣」，領東永安縣。元和志卷一五：沁水縣，「後魏孝莊帝於此置泰寧郡及東永安縣。」張駒賢考證：「『莊』宜『明』。」寰宇記卷四四與元和志引文同。按「莊帝」應作「明帝」，則此「永安縣」應作「東永安縣」。

〔九〕又屬高平郡　「高平郡」，底本作「高平」，川本、滬本同。舊唐書地理志：澤州，「天寶元年，改爲高平郡。」新唐書地理志：澤州高平郡，本長平郡，「天寶元年更郡名。」此脱「郡」字，據補。

〔一〇〕平陽府　「府」，底本脱，川本、滬本同，據明統志卷二〇、明史地理志補。

澤州

有後唐明宗賜千峯禪院僧洪密敕。天成二年〔一〕。

【校勘記】

〔一〕天成　底本作「大成」，據川本、滬本及新五代史唐明宗紀改。

絳州　有宋孫冲重刊絳守居園池記，有序，並書二道。咸平六年。

沁　州

史記趙奢傳：秦伐韓，軍於閼與。王翦傳：攻趙閼與，破之。淮陰侯傳：破代兵，禽夏説閼與。郡國志：上黨涅縣有閼與聚。括地志：閼與聚城，今名烏蘇城，在潞州銅鞮縣西北二十里。

方輿崖略〔一〕：晉俗儉樸，有古唐、虞、夏之風。百金之家，夏無布帽；千金之家，冬無長衣；萬金之家，食無兼味。飯以棗，故其齒多黄；食用羊，故其體多肉。朔風高厲，故其色多黑，而少紅顔白皙之人。水泉深厚，故其力多勁，而少濕鬱微腫之疾。地有洞，故虜至可避。商有伴，故居積能饒。惟五、六月間熇暑焦灼之時〔二〕，日則捉扇而摇，夜仍燒炕而睡〔三〕，此不可以理語也〔四〕。

山西地高燥，人家蓋藏多以土窖，穀粟入窖，經年如新。蓋土厚水深，不若江南過夕即浥爛〔五〕。惟隔歲開窖，避其窖頭氣〔六〕，一時刻卒然遇之，多殺人。其窖地非但藏粟，亦以避虜。

虜人遇窖不敢入，惟積草熏之。然多其歧竇，即熏煙，有他窖出，不爲害。第家家穿地道，又穿之每每長里餘，嘗與他家穿處相遇。江南洞在地上，皆天生；塞北洞在地下，皆人造。

平陽、澤、潞豪商大賈甲天下，非數十萬不稱富。其居室之法善也。其人以行止相高。其合夥而商者名曰夥計，一人出本，衆夥共而商之，雖不誓而無私藏。祖、父或以子母息丐貸於人而道亡〔七〕，貸者業捨之數十年矣，子孫生而有知，更焦勞强作以還其貸；則他有大居積者，爭欲得之以爲夥計，謂其不忘死背生也〔八〕。則斯人輸小息於前，而獲大利於後，故有本無本者咸得以爲生。且富者蓄藏不於家，而盡散之爲夥計。估人產者，但數其大小夥計若干，則數十百萬產可屈指矣。故富者不能遽貧，貧者可以立富，其居室善而行止勝也。

蒲、解皆平陽名郡，論州治則解不及蒲，論屬邑則蒲不及解。

河曲之義，取黃河一曲而名〔九〕。宋時爲火山軍，以其地有火山，巖石隙縫處煙氣迸出，投之竹皮木屑則焦，架之鬲釜水米則熟。其下似一團純火，而山仍有草木根株不灼，事理之甚奇者。

沁水出沁州沁源綿山之東谷，流經岳陽、澤州，穿太行，出覃懷，入黃河。狐首諸經云，界水則止。太行綿亘龐厚，非一水所能界，故桑乾、滹沱、清濁漳皆穿太行而東。當黃、淮泛濫時，當事者欲引沁水入衛，以分河勢；不知河入中國，受涇、渭、澠、洛、汴、泗諸水，非沁一水之能分其勢也。且沁出太行而南，皆山麓險阻，不能引而之衛，若沁可入衛，則河復禹故道不難矣〔一〇〕。此皆不識時務之談，實不可用也〔一一〕。

成祖三犂虜庭，以三月出塞，四月至長清，南望北斗，名威虜鎮。五月至斡難河，乃元人所起之地，名殺胡鎮。已出萬里，皆直東勝、受降之地，正在山西之外。其後失守東勝，縮地而南，亦自山西始。最後石州之破，虜反深入山西内地，搶掠旬日，人馬困憊不能行，至割氈裘下截棄去。使平日有備，即不能遏其深入，能擊其惰歸，亦可以得志也。

三受降城，唐張仁愿所築，以受北虜之降者也。元爲州縣。今三城不守矣，而丘富、趙全等乃道俺答爲板升，以受中國之降人據之。板升衆可十餘萬，中國百工技藝無所不有。趙全已爲俺答造宫殿，乃入住之日，忽梁折，虜生疑，不敢入，仍舊守水草住牧。全雖服上刑，他日邊塞之禍，終潰於此。蓋南有香山，北有板升，此虜寇之所必資也。嘉隆聞見紀：大同右衛邊外，由王城舊城而北，經二黑河，一灰河，歷三百里。其地曰豐州，崇山環合，水草豐美。叛人丘富、趙全等居之，築城，建宫殿，開良田數千頃，接東勝川，號曰板升。板升者，華言城也。

互市之舉，起於宣、大〔一二〕，蓋老酋不忍其孽孫之愛，乃以趙全輩易把漢那吉歸而成也。二十年來，亡論邊民省殺僇奔竄之禍，即中國夜不收命，每歲每塞所省若干人。然此事非王少保崇古在外擔之，新鄭相在内主之，中外安得享數十年太平？新鄭險詐恣横，然膽略當爲蓋世才子，而互市一斷，實有功於國家。王少保後以躬揖之淺，臺省紛言逐之，然豈知其當時塞上舍家舍命擔當之事？蓋少保之爲馬市議，非泛泛憑臆比者〔一三〕，前有兩覆車在。當仇咸寧鸞之以馬市媚虜，而俺答屢犯宣、大，後慮機泄，禍且及，密疏止之，乃罷市，逐史道。於壬子歲三月，世宗命復言開馬市者論死，著之絜令。使少保言而内臺執此令，少保之肉有幾耶？又丁巳，虜有逃婦桃松債來歸〔一四〕，總督楊順納之，上其狀以爲功。後俺答索之急，順懼，上言虜情叵測，欲脅朝庭歸之。未及決，俺答子黄台吉詐言，以我叛人丘富易桃松債，順信之，予以松債，而丘富竟不得。順懼，以五千金賂巡按路楷弗言。後吳給事發其事，逮繫削籍。把漢之事與松債何異？使當時把漢去而趙全不歸，少保又何以自解？犯此兩鑑而慨然不以身家爲念，真俠烈丈夫也。少保嘗自言：「我視一家百口皆鬼，而以此頸自懸空中，方敢把擔上肩。今臺省少年談何容易！」良然。

山西初守東勝，東勝失而後退守偏關，其後又退守寧武。不知三關者，偏、老爲邊，而寧爲腹也。大同居東北爲左臂，偏頭、老營居西北爲右臂，此山西之極邊也，外户也。大同以内爲寧武、雁門二關並峙，而寧、雁以内爲省會，故寧、雁重門也。外户以屯重兵，進與之戰；重門以嚴扼塞，退爲之守：此乃國初之畫也。今總撫春居省會〔一五〕，秋出代州，以防雁門，則東路之防備矣。何獨於西路，則大將舍偏關而守寧武，若是之疏乎？昔者石州之敗，虜欺偏、老無備，以斷其後耳。使當時駐以大將，虜安得深入重地？是當移寧武大將以駐偏關。余於省垣條陳之，而時總戎畏遠出，設爲二關並峙〔一六〕、大將當居中調度之説，以惑本兵，議遂寢。

互市始於宣、大，故王少保自議，宣、大市費最多〔一七〕，惟陝西年例不足用。宣、大既每年積漸多〔一八〕，難以花銷，則奏報爲節省，二、三年即省十餘萬。邊烽不警，惟以節省爲功。督、撫晉司馬，司、道晉開府，皆此物也。不但兩鎮軍民，至今兩鎮官咸藉少保之餘惠。惟是承平既久，武備漸弛，往時偏、老内外多勇烈士〔一九〕，彼椎埋屠猪之輩〔二〇〕，囊無金錢，則相率而搗巢偷馬，得功徼賞，則叫呼飲博於妓館中。詰之，則云：「吾朝酗酒而夕報警，置杯騎馬而出，知吾爲人歸，爲鬼歸，不樂何以也？」所謂勇士不忘喪元者〔二一〕。及虜市而此輩無所用〔二二〕，老者死而壯者散爲商賈，皆拘束於禮法尺寸之中。俗非不美，而邊徼緩急，無所賴藉。衛尉材官舍介胄、釋弓矢，而學以伊吾相高，非其業也。即如夜不收輩，往者宿草地，結胡婦，負囊卧雪中，遇兵則死焉〔二三〕，故得虜情最真。今則遥望而道聽，漫答應一時則已，並其道路不識者有之矣。目前幸虜無大志〔二四〕，設吉囊、俺答輩復生，何以待之？魏司馬學曾不深自思，惟遽大言，一旦絶虜市，是張空拳以待敵也〔二五〕。舉朝皆眯目而是之〔二六〕，脱市絶而釁起，不知其袖手何以策應！余故不待逮繫而決其寧夏之無成也〔二七〕。

山西互市時，查核近日北虜支派：俺答四子，一、黄台吉，一、野兒鄧台吉，一、賓禿台吉，一、不他失里。

四孫，皆黄台吉子，一、撦力掯，一、那木兔，一、跛兒啞都，一、小把都兒。四侄，俱兀兒慎子，一、著里兔台吉，一、滿堯賽台吉，一、旭胡弄台吉，一、褚叱把都台吉。吉囊四子，一、吉能台吉，一、銀定把都兒台吉，一、打兒漢台吉，一、筆寫契黄台吉。九孫，内吉能子二人，一、長把都黄台吉，一、綽庫兒台吉。吉能侄七人，一、賓兔台吉，一、撦力兔台吉，一、大家阿不害，一、合手計黄台吉〔二八〕，一、切盡黄台吉，一、秃退阿不害，一、朵兒見台吉。以上吉囊部，俱西牧。老把都五子，一、把都黄台吉，一、青把都台吉，一、來三兀兒台吉，一、滿兀四台吉，一、滿兀帶台吉。以上老把都部，俱東牧。又哆囉土蠻四枝，一、哆囉土蠻把都黄台吉，一、麥力銀台吉，一、著刀兔台吉，一、秃鄧台吉。永卲卜三枝，一、歹成那吉，一、把都兒谷阿不害，一、阿落氣把都台吉。哈喇慎二枝，一、打喇名啞台吉，一、把都兒台吉。以上俱老把都侄。又歹成那言二子〔二九〕，一、長子阿不害，二、次子挨四不害。又兀慎打兒漢台吉，又擺腰小把都兒台吉，共四十六枝。大者衆萬人，次者數千，小者或千人、數百人，俱俺答親枝。其俺答帳下恰台吉、打兒漢諸女婿，他不浪十餘枝，大都北虜各部落，惟土蠻爲小王子之裔〔三〇〕，駐遼、薊東北，衆十餘萬。其控弦帶甲者，不滿數萬耳。虜種雖衆，兵未精强，故難獨逞。俺答、故兄吉囊並其弟老把都三人，原係土蠻臣屬，分駐宣、大迤北雲州、青山、河套内外、河西大小松山，連年搶掠番、漢，器械既多，益以板升姦逆，教虜爲兵，終成後患也。此見隆慶五年王崇古題稿中。近題又有丙兔，有卜失兔，有阿不害，有大成台吉諸名目，切盡黄台吉在寧鎮，卜失兔、阿不害在延鎮。大約萬曆間，虜王、虜官計有八道：順義王乞慶哈一枝，龍虎將軍扯力掯台吉一枝，今襲王，青把都台吉、自洪大等一枝，永邵、大成台吉並合羅氣把都台吉等一枝，兀慎台吉等一枝，擺腰台吉等一枝，河西套虜卜失兔、阿不害等一枝，切盡黄台吉等一枝。

晉俗勤儉，善殖利於外〔二〕，即牧畜亦藉之外省。余令朗時〔三〕，見羊羣過者〔三〕，羣動以千計，止二三人執箠隨之，或二三羣一時相值，皆各認其羣而不相亂，夜則以一木架令跳而數之。妓婦與肩酒殽者日隨行，剪毛以酬。問之，則皆山以西人。冬日草枯，則麾羊而南，隨地就牧，直至楚中洞庭諸湖左右澤藪度歲，春深而回。每百羊息羔若干，剪毛若干，餘則牧者自得之。

【校勘記】

〔一〕方輿崖略　川本、滬本同。按方輿崖略係明王士性廣志繹卷一篇名，以下諸條皆録自廣志繹卷三江北四省。其中部分與明沈思孝晉録相同，疑王又録自沈文。

〔二〕惟五六月間熇暑焦灼之時　「熇」，川本、滬本同，晉録、廣志繹卷三作「歊」。「焦灼」，川本、滬本同，晉録、廣志繹卷三作「炎爍」。

〔三〕夜仍燒炕而睡　川本、滬本及晉録同，廣志繹「仍」作「乃」。

〔四〕此不可以理語也　底本「此」下有「仍」字，川本、滬本同，據晉録、廣志繹卷三删。又「語」字，晉録、廣志繹作「詰」。

〔五〕不若江南過夕即浥爛　「即」，底本作「則」，據川本、滬本及晉録、廣志繹卷三改。

〔六〕避其窨頭氣　「氣」，底本作「風」，據川本、滬本及晉録、廣志繹卷三改。

〔七〕祖父或以子母息丐貸於人而道亡　「貸」，底本作「貨」，川本、滬本同，據晉録、廣志繹卷三改。下同。

〔八〕謂其不忘死背生也　「忘」，底本作「亡」，據川本、滬本及晉録、廣志繹卷三改。又「背生」上晉録、廣志繹卷三有「肯」字。

〔九〕河曲之義取黄河一曲而名　川本、滬本同，廣志繹卷三作「河曲之地，取義黄河一曲而名」。

〔一〇〕則河復禹故道不難矣　川本漫漶，滬本同，晉録、廣志繹卷三「不難」上有「當」字。

〔一一〕此皆不識時務之談實不可用也　川本、滬本同，晉録、廣志繹卷三此二句作：「諸葛孔明曰：識時務者在俊傑。」

〔一二〕起於宣大　川本、滬本同，廣志繹卷三「宣大」下有「塞」字。

〔一三〕非泛泛憑臆比者　底本無「憑臆」二字，川本、滬本同，據廣志繹卷三補。

〔一四〕桃松債　「債」，川本、滬本及廣志繹卷三同，明史韃靼傳作「寨」。下同。

〔一五〕今總撫春居省會　「總撫」，川本、滬本同，廣志繹卷三作「巡撫」。

〔一六〕二關並峙　「二」，底本原作「三」，旁注「二」，川本同，滬本徑作「二」；「峙」，底本作「列」，川本原作「列」，旁注「峙」，滬本徑作「峙」，並據滬本及廣志繹卷三改。

〔一七〕宣大市費最多　川本、滬本同，廣志繹卷三無「市」字。

〔一八〕宣大既每年積漸多　「漸」，川本、滬本同，廣志繹卷三作「羡」。

〔一九〕往時偏老内外多勇烈士　川本、滬本同，廣志繹卷三「多」上有「極」字。

〔二〇〕彼椎埋屠猪之輩　「猪」，川本、滬本同，廣志繹卷三作「狗」。

〔二一〕所謂勇士不忘喪元者　底本無「忘」字，川本、滬本同，據廣志繹卷三補。又廣志繹無「勇士」二字。

〔二二〕及虜市而此輩無所用　川本、滬本同，廣志繹「及虜市」三字作「互市」二字。

〔二三〕遇兵則死焉　川本、滬本同，廣志繹卷三「兵」下有「刃」字。

〔二四〕目前幸虜無大志　川本、滬本同，廣志繹卷三作「眼底虜幸亦無大志」。

〔二五〕是張空拳以待敵也　川本同，滬本「空」作「弓」。此句廣志繹卷三作「是張空拳爲無米之炊也」。

〔二六〕舉朝皆眯目而是之　「眯」，底本作「昧」，川本同，據滬本及廣志繹卷三改。

〔二七〕余故不待逮繫而決其寧夏之無成也　「故」，底本作「過」，川本、滬本同，據廣志繹卷三改。又「決」，廣志繹作「必知」。

〔二八〕合手計黄台吉　「合」，川本、滬本同，晉録作「拿」。

〔二九〕歹成那言　川本、滬本同，滬本眉批：「言，當作吉。」

〔三〇〕小王子　底本無「子」字，川本同，據滬本及明史韃靼傳補。

〔三一〕善殖利於外　底本「善」作「嘉」，「利」作「列」，川本、滬本同，據晉録、廣志繹卷三改。

〔三二〕余令朗時　川本、滬本、廣志繹卷三同，晉録作「余過朗陵」。

〔三三〕見羊羣過者　「羣」，底本作「郡」，川本同，據滬本及晉録、廣志繹卷三改。下同。

河南

開封府

古豫州也。其延津、封丘、原武、陽武四縣在河北，屬兗州。鄭、陳二國之地。魏都此，曰大梁。郡西古城，惠王所築也。梁王城，在西北二里。秦始皇二十二年〔一〕，攻魏，引河水灌城而拔之。漢以下爲陳留郡。五代、宋、金並爲帝都。〔旁注〕元汴梁路，立河南行省。本朝建北京開府，洪武九年，立周王府〔二〕。置河南布政司。〔眉批〕水陸都會。唐李勉傳。八方所輳，爲天下樞。張洎封事。自古受命之君，惟梁都於宣武〔三〕，號爲東都。後周因之，乃命爲京。宋周邦彦汴都賦。太祖初，駐蹕於汴，升爲京，設十六衛以守之。後降爲省，置王府三司，調十五衛云。

黄河，舊在府城北四十里。〔旁注〕通志：府北十五里。自西北汜水縣入境，東至虞城縣，下達山東濟寧州界。洪武二十四年，決原武縣黑陽山下，東經府城北五里，又東南至項城縣，經潁州潁上〔四〕，東至壽州正陽鎮出境入淮，而故道遂淤。永樂八年，復疏入正道，自是河分爲二。

正統十三年，又決滎陽縣，東過府城西南，經朱仙鎮，又東南經陳留，入渦口，又經蒙城，至懷遠，東北入淮，而城北之新河遂淤。於是開封府城在河之北，而有南北河之名矣。〔眉批〕祥符志云：河初去城四十里；決黑洋山，去城五里；決滎澤，而城則北矣。弘治間，復東流〔五〕，凡三入城，三迫城下。岌岌至今，民魚其憂。

領州四，縣三十。　屬大梁道。〔旁注〕大梁驛，在府東北。　三同，一判。〔旁注〕小黄城，在縣東北。漢置縣，屬陳留郡。北齊廢。　新里城，在縣西南。隋置縣，復省入陳留。　夷門，古大梁之東門。侯嬴爲夷門監。　省會之區，水陸衝煩，地饒俗侈，常有河患。

汴京之名，本因水而立。舊志：汴水舊出滎陽縣大周山〔六〕，東經府城内〔七〕，又東合蔡河，名莨菪渠，又名通濟渠〔八〕。東注泗州，下入於淮。累因河決，其蔡河湮没無迹，而汴水自府西中牟縣入黄河矣。洪武三十年，蔡河南徙，入陳州。

【校勘記】

〔一〕秦始皇二十二年　後「二」，底本作「三」，川本、滬本同，據史記秦始皇本紀、魏世家改。

〔二〕洪武九年立周王府　川本、滬本同。明統志卷二六：開封府，周王府「洪武十一年即宋故宫遺址建」。明史周定王橚傳：洪武十一年改封周王，「十四年就藩開封，即宋故宫地爲府」。此「九年」誤。

〔三〕惟梁都於宣武　「宣武」，底本作「武宣」，據川本、滬本及明統志卷二六、紀要卷四七乙正。

〔四〕經潁州潁上　二「潁」字，底本作「穎」，川本、滬本同，據明史河渠志改。下同。

〔五〕復東流　「東」，川本、滬本同，順治祥符縣志卷一作「北」，此「東」疑爲「北」字之誤。

〔六〕大周山　「周」，底本作「同」，川本同，據滬本及明統志卷二六、圖書集成職方典卷三七一、清統志卷一八六改。

〔七〕東經府城内　「内」，川本及紀要卷四七同，滬本及清統志卷一八六作「南」。

〔八〕通濟渠　「渠」，底本作「郡」，川本同，據滬本及明統志卷二六改。

祥符縣　漢浚儀縣。〔眉批〕城周二十里一百九十步。門五：東曰麗景，南曰南薰，西曰大梁，北曰安遠，東北曰仁和。今省城，即宋之舊裏城。　陳橋驛，在東北四十五里。宋太祖爲軍士擁立於此。　全設。二丞，二簿。　煩，劇，衝，疲，軍衛雜處，難治。　周府並羣王五十二同城。　開封縣，本朝并入祥符。　分守大梁道駐劄。　宣武衛、河南中衛護衛。　遞運所，在縣東。　會典云：舊有大梁驛，革。　祥符遞運所，革。　俱府□。〔眉批〕臨蔡關，在府城東南三十里。周顯德中，浚閘河入蔡河，命水軍駕戰船沿潁入淮，以伐南唐，置關於此。今廢，土人仍呼此爲關頭。　通津關，在府城東北四十里埽頭〔一〕。周顯德四年，疏汴水入五丈河，以通齊、魯舟楫，置關於此。今淤。　伯俞河，在府西二、三十里。　金明池，在府城西鄭門外西北，周迴九里餘。周世宗顯德四年，欲伐南唐，鑿池習水戰。宋太平興國七年，太宗幸其池，閱水軍。徽宗政和中，於池内建臨水殿、仙橋、寶津樓。車駕臨幸，觀騎射百戲於此〔二〕。後毀於金兵。　牟駝岡〔三〕，在府西北十五里。宋天駟監牧養御馬之所〔四〕。靖康元年，金人犯京師，兵屯牟駝岡。今爲黄河衝決平夷矣。

【校勘記】

〔一〕在府城東北四十里埽頭　底本「北」錯簡於「里」下，「頭」上脱「埽」字，川本、滬本同，並據順治祥符縣志卷一、清統志卷一八七改補。

〔二〕觀騎射百戲於此　「騎」，底本作「橋」，川本、滬本同，據順治河南通志、周城宋東京考卷一〇改。

〔三〕牟駝岡　川本、滬本及順治祥符縣志卷一同，紀要卷四七、清統志卷一八六作「駝牟岡」。下同。

〔四〕宋天駟監牧養御馬之所　「駟」，底本作「駛」，川本同，據滬本及順治祥符縣志卷一、紀要卷四七改。

陳留縣　府東五十里。編户四十八里。城周七里三十步。古有莘國。鄭邑。秦縣。〔眉批〕陳留，天下之衝，四通五達之郊。史記酈食其傳。平丘，在西北九十里。春秋昭十三年：同盟于平丘。〔旁注〕入封丘〔一〕。漢高帝兵敗，母死，招魂葬於此，號昭靈后。其處曰小黄園。後漢書章帝紀：遣使者祀昭靈后於小黄園。鐵裏河〔二〕，在縣南。流至杞縣西南五十里入太康，東北合黄河。泛則流，落則涸。水在縣東四十里，東入睢州，又名隄河。合小黄河，東流經杞、睢、寧陵，達於徐。無簿。次衝，民淳。設莘城馬驛，會典無馬字。在縣南。〔旁注〕漢舊郡，在北二十里。斗城，在縣南三十五里〔三〕。子産葬伯有於此。老丘，在縣北四十五里〔四〕。左傳：

鄭罕達敗宋師于老丘。

【校勘記】

〔一〕入封丘　川本同。滬本改叙入下文封丘縣。

〔二〕鐵裏河　底本「鐵」上有「睢」字，川本同，據滬本及明統志卷二六删。

〔三〕斗城在縣南三十五里　底本脱「縣」字，川本同，據滬本及紀要卷四七補。

〔四〕老丘在縣北四十五里　底本脱「縣」字，川本同，據滬本及紀要卷四七補。

杞縣　府東南一百里。　編户一百二十二里。　城周九里三分。〔眉批〕地平衍而多川。本志。

古杞國。漢雍丘縣。隋杞州〔一〕，尋廢州。金大定初〔二〕，改杞縣。〔眉批〕元太宗六年，河決於杞，俗名三叉口。遂分爲三。癸卯年，張柔鎮杞，於故城北二里築新城置縣。壬子，復修完故城，號南杞縣。　漢圉縣，在縣南五、六十里圉鎮〔三〕。〔旁注〕城周九里三分。左傳昭公五年：晉韓起如楚送女〔四〕，過鄭，鄭伯勞諸圉。即此。漢爲圉縣，北齊省，唐武德初復置，貞觀中省入〔五〕。　外黄城〔六〕。左傳：惠公敗宋師于黄。即此。漢置縣，屬陳留郡。　雍丘，在縣東北六十里。齊桓公會諸侯於葵丘，即此〔七〕。東晉初，祖逖鎮於此。　無簿。　頗衝，事煩，地饒，民淳。　設雍丘驛。治東北。　鐵裏河，在縣西南三十五里。水自陳留經縣境，流五十里入太康縣界。今塞。　巴河，在縣東北三十五里。水自蘭陽縣經縣境，流東北一百里入寧陵縣界。今塞。高陽城，在縣西南二十五里。顓頊高陽氏佐少昊，封於此。梁孝王傳：西至高陽。

【校勘記】

〔一〕隋杞州　底本空缺「隋」字，川本同，據滬本補。又，底本「杞」上有「南」字，川本、滬本同。隋書地理志：雍丘縣，「開皇十六年置杞州，大業初廢」。寰宇記卷一：雍丘縣，「開皇十七年置杞州，大業三年罷」。此「南」乃衍字，據刪。

〔二〕金大定初　川本、滬本同。金史地理志：杞縣，宋雍丘縣，「正隆後更今名」。此誤。

〔三〕在縣南五六十里圉鎮　底本脱「南」字，川本同，據滬本及明統志卷二六、紀要卷四七補。「圉鎮」，川本同，滬本作「南圉鎮」，紀要云：「今亦曰南圉鎮。」作「南圉鎮」爲是。

〔四〕如楚送女　「送」，底本作「逆」，川本同，滬本似改「送」，據左傳昭公五年改。

〔五〕唐武德初復置貞觀中省入　川本、滬本同。隋書地理志：「圉城，舊曰圉，後齊廢。開皇六年復置，曰圉城。」舊唐書地理志：雍丘縣，武德四年，於縣置杞州，領雍丘、陳留、圉城、襄邑、外黄、濟陽六縣，「貞觀元年，廢杞州及濟陽、圉城、外黄三縣」。新唐書地理志同。則圉縣(即圉城縣)復置於隋開皇六年，唐武德四年屬杞州，貞觀元年省，此記置省時代誤。

〔六〕外黄城　底本脱，川本、滬本同，據明統志卷二六、圖書集成職方典卷三八〇補。

〔七〕雍丘至即此　川本、滬本同。明統志卷二六：「葵丘，在考城縣治東。春秋：諸侯盟于葵丘，即此。」紀要卷五

○：考城縣，「葵丘亭，在縣治東。左傳僖公九年：齊桓公會諸侯于葵丘。杜預曰：在外黄東」。則此「雍丘」爲「葵丘」之誤，其地屬考城縣，此誤。

通許縣　府東南九十里〔一〕。　編户二十四里。　城周九里三十三步。　本陳留地。宋咸平縣。　無簿。　邑小，糧輕，訟。　舊有雙溝水驛，革。　雙溝河，在縣北。分爲兩道，縣西匯而爲一〔二〕，下入扶溝，即宋、元通江、淮之漕河也。

【校勘記】

〔一〕府東南九十里　底本「九」上有「八」字，川本同，據滬本及明統志卷二六、紀要卷四七删。

〔二〕縣西匯而爲一　底本缺「匯」字，川本同，據滬本及紀要卷四七補。

太康縣　府東南二百一十里。　編户三十五里。　城周九里三十三步。　漢陽夏縣。　扶樂故城，在西北三、四十里。漢於此置縣〔一〕。　舊有義安水驛，革。　在縣西南三十五里〔二〕。　無丞。　僻，饒，俗奢，甲於通省。　清河，在縣南。　青陵閘，在西南三十五里，計自前代〔三〕。　洪武十四年，河淤，革。　昔黄河在境内，今北徙。　鐵底河，在縣東北二十里。　蔡河，在縣西南十二里。　五子臺，在縣西高陵鄉，即書所謂「厥弟五人，御其母以從，徯于洛之汭。

五子咸怨，述大禹之戒以作歌」者也。後人因名爲五子臺。　小扶城，在西三十里。舊置縣。

【校勘記】

〔一〕漢於此置縣　「縣」，底本作「郡」，川本同，據滬本及明統志卷二六、紀要卷四七改。

〔二〕在縣西南三十五里　底本脱「縣」字，川本同，據滬本及紀要卷四七補。

〔三〕計自前代　「計」，川本同，滬本作「置」，疑是。

尉氏縣　府南九十里。　城周七里二百八十三步。臨康溝河。　鄭大夫尉氏采邑，秦縣。　無簿。　次衝，地瘠，民貧。　設尉氏馬驛。　向城，在西南五十里。左傳：諸侯伐鄭〔一〕，會于北林，師于向。　菟氏城，在縣西北四十里〔二〕。左昭五年：鄭伯勞楚屈生于菟氏〔三〕。在縣西北康牆保。

【校勘記】

〔一〕諸侯伐鄭　「諸」，底本作「讚」，川本同，據滬本及左傳襄公十一年改。

〔二〕在縣西北四十里　底本脱「縣」字，川本同，據滬本及紀要卷四七補。

〔三〕鄭伯勞楚屈生于菟氏　底本空缺「生」字，川本同，據滬本及左傳昭公五年、紀要卷四七補。

洧川縣　府西南一百五十里。編户二十八里。城周九里四十步。鄭之曲洧。金縣。無丞。稍衝，事簡。設洧川馬驛，治西。雙洎河〔一〕，在縣南，即溱洧二水合流處。城舊在縣南十里，即唐廢州基址。洪武初，以水患遷築於此。周九里四十步。金史哀宗紀：天興元年，鑿洧川漕渠，尋罷之。

【校勘記】

〔一〕雙洎河　「洎」，底本作「泊」，川本同，據滬本及明統志卷二六改。

鄢陵縣　府南一百六十里。編户二十九里。城周六里九十步。鄭伯克段于鄢，即此。漢縣。無丞。簡，僻，民淳，易治。鄢陵城〔一〕，在縣西北。春秋成十六年：晉侯及楚子、鄭伯戰于鄢陵〔二〕。

【校勘記】

〔一〕鄢陵城　底本脱「陵」字，川本同，據滬本及紀要卷四七補。

〔二〕春秋成十六年晉侯及楚子鄭伯戰于鄢陵　底本脱「六」字、「陵」字，川本同，據滬本及春秋成公十六年、紀要卷四七補。

中牟縣　府西七十里。　編户三十七里。　城周六里三十步。　鄭邑。漢縣。　趙獻侯自耿徙此。又趙襄子時，佛肸以中牟叛，即此。北十二里有中牟臺，即官渡城，一名曹公臺。曹公與袁紹相持於官渡口，即此。〔眉批〕後漢書獻帝紀：曹操與袁紹戰於官渡。注：裴松之北征記曰：中牟臺下臨汴水，是爲官渡。袁紹、曹操壘尚存焉。在今鄭州中牟縣北〔一〕。　圃田澤，在西北七里。周職方：豫州，澤藪曰圃田〔二〕。其澤東西五十里，南北二十六里，西限長城，東極官渡。高者可耕，低者成匯。今爲澤者八，爲陂者三十有六，其實一圃田澤也。　原圃。左傳「鄭之有原圃」，即此。　無簿。　次衝，事簡，地瘠，民貧。　設圃田驛，治東。　馬陵岡，在縣西南。綿亘五十餘里。　有孫子、龐涓廟。　舊有中牟遞運所，革。　金史哀宗紀：天興元年，合喜屯杏花營，又益兵五千人，始進屯中牟故城。

【校勘記】

〔一〕後漢書獻帝紀至在今鄭州中牟縣北　川本同，滬本無此眉批。兩處「官渡」，後漢書皆作「官度」。

〔二〕澤藪曰圃田　「澤」，底本脱，川本、滬本同，據周禮夏官職方氏補。

扶溝縣　府南二百里〔一〕。　編户二十九里。　城周九里三十步〔二〕。府志：七里。　漢縣。漢新汲縣故城在西，固城在西南。裁減。僻，淳。桐丘，在縣西二十里。左傳：楚伐鄭，鄭人將奔桐丘。舊有崔橋水驛，革。崔橋遞運所，革。

【校勘記】

〔一〕府南二百里　「南二百里」，底本作「西北九十里」，川本、滬本同，據明統志卷二六、紀要卷四七改。

〔二〕城周九里三十步　「九里三十」，底本作「九十三」，川本同，滬本作「九里三十步」，又於「九」下注「一作十三」，與圖書集成職方典卷三七三載同，據改。

陽武縣　府西北九十里。編户五十一里。城周九里十三步〔一〕。府志：七里。秦縣。博浪沙，在東南三里〔二〕，〔旁注〕本志：在東門内。張良擊秦始皇之地。官渡，在縣東南十里。漢末，袁紹與曹公相拒處。渦河，北通淮南〔三〕，由祥符之銅瓦廂以達陽武，距衛河止隔陸路七十里，可通運至衛輝。全設。地廣，多盜，健訟。黑洋山，在縣西北二十里。黄河，原在縣東北二十里。明洪武二十四年，河決縣之西南。正統十三年，河溢，復循故道。弘治三年，又決於滎澤縣界北，陽武縣界南，歷封丘東南諸縣，入於淮。今在縣南十五里，遷徙無常。沁河，舊自武陟縣東，歷黑洋山南而下。今淤爲平地。古延州，在縣東北二十五里〔四〕。今爲延州鎮。

【校勘記】

〔一〕九里十三步　底本作「九十三里三十步」，川本、滬本同，據康熙陽武縣志卷二、圖書集成職方典卷三七三改。
〔二〕博浪沙在東南三里　「三」，川本及康熙陽武縣志卷三同，滬本及紀要卷四七作「五」。
〔三〕北通淮南　「北」，川本同，滬本作「南」，當是。
〔四〕在縣東北二十五里　川本、滬本同。康熙陽武縣志卷三：「古延州，在縣東北二十五里。金置。」此疑脱「金置」二字。

原武縣　府西北一百二十里。編户五十一里。通志：五十。城周四里九十八步。府志：五里。漢縣。

漢卷縣，在西北，屬河南郡。無丞。僻，簡，近河。黑洋山，在縣東南二十里。連陽武縣界，黄河經其下。

安城，在縣東南安城里。戰國秦拔魏安城，即此。洪武初，置安城驛。正統末，徙滎澤縣，名廣武驛。

封丘縣　府北七十里。編户二十三里。城周五里一百八十步。古封父國。漢縣。

〔眉批〕地界兖、豫，爲汴北屏。縣志：梁北之咽喉。　村多樓居。

黄池，在縣南一十里〔一〕。春秋哀公十三

年，吳子夫差會諸侯之地。今崞峪是也。　黑山，在縣北三里〔二〕。曹公斷袁紹糧道處。袁術自長垣來寇封丘，操兵斷其糧道。　全設。　衝，河，民貧。　舊有新莊遞運驛，革。在縣東南二十五里。　中欒驛〔三〕、中欒巡司，在縣西南二十五里。

【校勘記】

〔一〕在縣南一十里　底本脱「縣」字，川本同，據滬本及明統志卷二六補。

〔二〕黑山在縣北三里　底本脱「在縣」二字，川本同，據滬本及明統志卷二六、紀要卷四七補。

〔三〕中欒驛　「欒」，底本作「灤」，川本同，據滬本及紀要卷四七改。下「中欒巡司」改同。

延津縣　府西北九十里。　編户二十七里。　元大德間徙治，城周七里三十步。　鄭廩延邑。　漢酸棗縣。〔眉批〕南衿大河，北負衛水。大梁之咽喉，中州之要地。當梁、衛之間，介南北而綰轂其中。　東北有延津，袁紹渡處。　今志：在縣南一里。　袁紹築壁以拒曹公處。東南立壁以拒曹公，紹將淳于瓊宿烏巢，在縣東，爲曹公所襲，破之於此。　酸棗山，在縣西南十五里。今名土山。〔眉批〕張儀説魏王曰：秦下兵攻河外，據卷、衍、酸棗，劫衛〔一〕，取陽晉，則趙不南，梁不北，而從道絶矣。注：酸棗在黄河南岸，故云河外。　黄河故道，在縣北二十八里。天順年，遷於于家店淤没〔二〕，地土沙鹻。　金隄，按一統志：自開封府滎陽縣東至千乘海口，皆築堤以禦河患，通謂之金隄。自城西北，連延城南迤東堤防，即金隄也。　畀村堤，在縣西。　裁減。　衝，小，民疲，地多沙鹻。　設廩延馬驛，治東南。　廩延遞運所，治西。　香臺巡檢司，在縣北三十里東沙門鎮。　縣治舊在今縣西北會安鎮，金泰和年，移於縣西二十里延州店。今屬陽武縣。元泰定四年，遷於通郭村，季世兵燹。洪武初，改於史迴店，復建今治。　廩延故墟，在縣北塔兒店。

【校勘記】

〔一〕劫衛　「衛」，底本作「魏」，川本、滬本同，據戰國策魏策一、史記張儀列傳改。

〔二〕遷於于家店滓没　底本脱「于」字，川本同，據滬本及雍正河南通志卷八補。

蘭陽縣　府東北九十里。　編户三十八里。　城周五里。　漢東昏縣地。宋東明縣。　東昏城，在東北二十五里。即蘭陽縣故城。　金析東明六鄉爲縣，取其首鄉曰蘭陽以名之。　黄河，經縣東流，横歷賈魯故河，入山東濟寧府。　無簿。　儀城，在縣西北二十里〔一〕。　即儀封人請見孔子處。　簡，衝，北有河患。

【校勘記】

〔一〕儀城在縣西北二十里　底本脱「縣」字，川本同，據滬本及明統志卷二六補。

新鄭縣　府西南一百七十里。　編户二十八里。　城周六里餘。　春秋時本鄶國〔一〕。周平王東遷，鄭武公取鄶而遷國焉。　至韓哀侯滅鄭，徙都之。　漢縣。　舊隸鈞州，隆慶五年改屬府。〔眉批〕析屬禹州。縉紳。　新鄭，祝融之墟。　黄帝都於有熊，亦在此。　東周以前本鄶國，鄭桓公始寄孥於此。　溱、洧二水，俱縣境入西華。　洧水，在縣南門外。　原出密縣，至新鄭會溱水〔二〕，爲雙洎河。　至西華入黄河。　溱水，在縣西北十里。　一名澮水。　源出鷄洛塢〔三〕，今自密縣流至新鄭，入於洧。　無丞。　衝，煩，地沙薄，糧多逋，民貧難治。　永新馬驛，治西。〔旁注〕郭店驛，隆慶四年添設。　新鄭遞運所，治西。　大隗山，一名具茨。　具茨山，在縣西南四十里。又名大隗山，山海經謂之大騩山〔四〕。　莊子：黄帝登具茨之山。　即此。　潩水，出大隗山東南。一名魯姑河〔五〕，一名清流河〔六〕。　經長葛縣西，又東至臨潁縣入潁水。　陘山，在縣西南三十里。　史記：魏襄王六年，敗楚師於陘山。　即此。　梅山，在縣北四十里。　左傳：楚子伐鄭，右回梅山。　馬陵岡，在縣東三十里。　史記：韓懿侯二年，魏敗我馬陵。　黄崖，在縣北十里。左傳：伯有廷勞於黄崖〔七〕。　鄭故城，在縣治北。　後周太祖陵，在西韓堡。

【校勘記】

〔一〕鄶國　「鄶」，底本作「鄫」，川本同，據滬本及明統志卷二六、紀要卷四七改。下同。

〔二〕新鄭　「新」，底本脱，川本、滬本同，據順治新鄭縣志卷一、圖書集成職方典卷三七一補。
〔三〕鷄洛塢　川本及康熙新鄭縣志卷一同，滬本作「鷄絡塢」，同水經溱水注。
〔四〕大騩山　「騩」，底本作「隗」，川本同，據滬本及山海經中山經改。
〔五〕魯姑河　「姑」，川本、滬本及順治新鄭縣志卷一同，明史地理志、明統志卷二六作「固」。
〔六〕清流河　「流」，底本作「涼」，川本同，據滬本及明統志卷二六改。
〔七〕伯有迋勞於黄崖　底本「勞」下衍「公」字，川本同，據滬本及左傳襄公三十年删。

儀封縣　府東北一百十五里。　編户二十一里。　城周八里六十步。　漢東昏縣地。元縣，屬睢州。本朝屬開封府。　黄河，自縣境北折，經黄陵、蔡家口、梁靖口，出徐州小浮橋。　舊城在縣東北十七里。金始築以置縣。洪武中，圮於河，徙今治。　全設。　地僻，民淳，賦輕，訟少。　黄陵岡，在縣東北五十里，接山東曹縣界。三國魏武立虚冢於此。　黄渡湖〔一〕，在縣北堌陽鄉，周圍六十里。

【校勘記】

〔一〕黄渡湖　「湖」，底本作「河」，川本、滬本同，據紀要卷四七、圖書集成職方典卷三七一改。

陳州　府東南三百五十里。　編户六十二里。　城周七里三十步。　古伏羲氏所都。周封舜後爲陳國，楚滅爲縣，頃襄王徙都之。　漢爲淮陽國。　固陵，在州西北三十里。　漢王追項羽處。　焦夷，在州東明化鄉。　周襄王十五年〔一〕，楚伐陳，取焦、夷。　爾雅：陳有宛丘。注：今在陳郡陳縣。詩：子之湯兮，宛丘之上兮。又：宛丘之栩。　漢新平縣，在東北。八卦壇，在北一里。伏羲畫卦於此。　領縣四。　無同。　舊有宛丘水驛，革。　軍民雜處，地饒，頗刁，有水患。　瞧陳兵備道、按察司駐劄，僉事一，轄歸德府及陳州宛丘縣。　陳州衛，本朝并入陳州。

【校勘記】

〔一〕周襄王十五年　「十五」，底本作「三十五」，川本、滬本同。左傳僖公二十三年：楚伐陳，「遂取焦、夷，城頓而還。」按僖公二十三年時當周襄王十五年，此「三」字衍，據删。

商水縣　州西九十里。　編户一十四里。　城周四里有奇。　漢濦强縣〔一〕。　隋溵水縣。　裁減。　地僻，民貧，多水患。　穀河，源出縣西召陵岡，流經項城縣入淮。　北池湖，在縣北十五里。聚穀、濟、棗子、雙溝五河之水，方四十里。東流入陳州境，達於淮。　山陵考：商高宗陵，在縣長平鄉。

【校勘記】

〔一〕漢灈强縣 「强」，底本作「溼」，川本同，據滬本及漢書地理志改。

西華縣 州西北九十里。 編户二十六里。 城周五里有奇。 漢縣。〔眉批〕後漢書靈帝紀：皇甫嵩、朱儁大破汝南黄巾於西華。 漢長平縣〔一〕，在東北十八里，屬汝南郡。晉屬潁川郡〔二〕。北齊省入西華。 無丞。 地僻，健訟。 有常社巡檢司〔三〕，在縣西南六十里清水鎮。

【校勘記】

〔一〕漢長平縣 「縣」，底本作「鄉」，川本、滬本同，據漢書地理志、續漢書郡國志改。

〔二〕晉屬潁川郡 「潁川郡」，底本作「梁國」，川本同，據滬本及晉書地理志改。

〔三〕有常社巡檢司 底本空缺「常」字，川本同，滬本作「營」。按本書下文西華沙河條有「常社鎮」，明史地理志西華有「常社鎮巡檢司」，據補。

項城縣 州東南九十里。 通志：一百一十。 編户十七里。 城周七里有奇。 古項子國。漢縣。　裁減。　舊在槐坊店古黄河之濱，去今縣東北六十里〔一〕。國初，河流衝圮。宣德三年，遷今治。　僻，浮，賦輕。　舊設有武丘水驛，革。　南頓巡檢司，在縣北五十里。　南頓城，在縣之穀河北忠順鄉。春秋時頓子國。後迫於陳，徙之南，故曰南頓。光武父欽爲南頓令，即此。　舊會典有香臺巡檢司，今無。今沈丘縣南二里。廢。

【校勘記】

〔一〕去今縣東北六十里　底本無「縣」字，川本同，滬本有。圖書集成職方典卷三七三：項城縣城，「舊在縣東北六十里……明洪武末，圮於河，宣德三年，始遷今治」。此脱「縣」字，據補。

沈丘縣　州東南一十五里〔一〕。　編户一十三里。　城周三里有奇。〔眉批〕陳、潁之交，兩河衿帶。本志。　漢平輿縣地。弘治十年，分陳州、項城及潁州地置。元沈丘縣，本朝未立。　裁減。　僻，饒，民淳。　設界首巡檢司，舊屬陳州。在縣東北五十里。

【校勘記】

〔一〕州東南一十五里　底本作「州西南一十五里」，川本、滬本同，紀要卷四七作「州東南一百十里」，明史地理志陳州沈丘縣：「州東南。」按明陳州治今淮陽縣，沈丘縣在今縣東南舊沈丘，位於陳州東南，此「西」爲「東」字之誤，據改。「二十五」當爲「一百十」之誤。

許州　府西南二百二十里。　編户四十八里。〔眉批〕城周九里一百三十九步。城相傳曹操所築〔一〕。古許國。秦以下爲潁川郡。漢獻帝移都於此。魏文帝受禪，改曰許昌。通志：潩水，源出大隗山，名魯固河〔二〕，一名清流河。東南經長葛縣西，又東至臨潁縣入潁水，與上清流河合。〔眉批〕清流河，源出州東秋湖，流經鄢陵、西華二縣界，入淮。　秋湖，在州東二十五里。　西湖，在西南九里。　潁水，在州西四十里。　潩水，在州北二里。出禹州西北邢山，東流經州，入於蔡，長葛水〔三〕，達於淮。　石梁河，在州西七里。出禹州郭連里〔四〕，東流經本州、臨潁，入於蔡〔五〕，達於淮。〔眉批〕繁城，在州西南四十里。有魏文帝受禪臺，今碑尚存。　城在今縣西北十五里，舊治固廂城，周五里二百二十一步。　舊治固廂，隋大業中圮於水，徙今治。　領縣四。　全設。　次衝，民饒。　許州馬驛，在州治西南。　元屬河南府路。本朝改屬開封府。　高陽里，在州城内。漢荀淑子所居。舊名西豪。潁陰令苑康以爲高陽氏有才子八人，荀氏亦有八子，改其里曰高陽。　許田鎮，在州東五十里。宋舊縣。　石固鎮，在西北五十里。

【校勘記】

〔一〕城相傳曹操所築　「城」，底本作「里」，川本同，滬本作「城」。圖書集成職方典卷三七三：許州城，「在州東三十里，相傳曹操所築」。滬本是，據改。

〔二〕魯固河　「固」，底本作「國」，川本、滬本同，據明史地理志、明統志卷二六改。

〔三〕入於蔡長葛水　川本、滬本同。宋史河渠志：蔡河，「溴水出鄭之大隗山，注臨潁，歷鄢陵、扶溝合於蔡」。按宋代蔡河至明初已堙絶，此云明溴水「入於蔡」，當誤。明統志卷二六：溴水，源出大隗山，「東南經長葛縣西，又東至臨潁縣入潁水」。與本書上文同，此「長葛水」云云當有脱誤。

〔四〕禹州　「州」，底本脱，川本、滬本同，據圖書集成職方典卷三七一補。

〔五〕入於蔡　川本、滬本同。按宋代蔡河至明初已堙絶。圖書集成職方典卷三七一：石梁河，在許州西七里，東流至禹州郭連里，「東至西華界入潁水」。此「蔡」爲「潁」字之誤。

臨潁縣〔一〕　州南六十里。編户二十二里。石梁河〔二〕，源出密縣山谷中，流至朝華寺前，匯爲黑白二龍潭，其深莫測。東流經臨潁縣北境，合洧河〔三〕，達於淮。漢縣〔四〕。石梁河，來自密縣，經縣北三十里，東南入黄河。潁水，東自河南登封縣〔五〕。通志：東經鄭州。東經禹州、許州，至襄城縣爲渚河。又東經臨潁縣西，合沙河，入淮。縣志：入於蔡，達於淮。無丞。次衝，民淳。設臨潁馬驛，在治西北。小商橋鎮，在縣南二十五里。宋楊再興死節處，即曹丕受禪所謂繁陽者也〔六〕。今有遺址。有受禪臺，周四里二百五十六步。講武臺，在縣東南十里。水四周，中爲高臺。本名尚書臺，蓋漢馬融講書之地。唐高宗顯慶二年，大閲兵於此，更今名。瑪瑙河，俗名泥河。在縣西南四十里。出襄城東北二十五里，流經本縣、郾城，入於乾勒河〔七〕。

【校勘記】

〔一〕臨潁縣　「潁」，底本作「穎」，川本同，據滬本及明統志卷二六、紀要卷四七改。下同。

〔二〕石粱河　底本缺字空格，川本、滬本同。圖書集成職方典卷三七一：「石粱河，在許州西七里，源出密縣山谷中。」此缺「石粱河」三字，據補。

〔三〕合洧河　川本、滬本同。圖書集成職方典卷三七一：石粱河，流入臨潁北境，「東至西華界入潁水」。此「洧河」疑爲「潁水」之誤。

〔四〕漢縣　底本脱「漢」字，川本同，據滬本及漢書地理志補。

〔五〕登封縣　底本空缺「登」字，川本同，據滬本及紀要卷四六補。

〔六〕即曹丕受禪所謂繁陽者也　底本空缺「謂」字，川本同，據滬本補。

〔七〕乾勒河　「乾勒」，底本脱，川本、滬本同，據本書下文襄城縣及圖書集成職方典卷三七一、清統志卷二一八補。

襄城縣　州西南九十里。編户三十三里。〔眉批〕城周六里三十九步。三十九，本志：八十九。漢縣。不羹城〔一〕，在縣東堯城保。楚靈王所築。首山，在南五里。自此以西，諸山迤邐，直接嵩、華，而實起於此，故名。史記：申公曰：天下名山八，而三在夷狄，五在中國，皆黄帝所嘗遊。首山其一也。汝河，在縣南，東流入黄河。無丞。次衡，民淳，可通舟楫〔二〕，間有盜。設新城、治北，馬驛。襄城治北。二遞運所。潁谷，在縣北四十里潁水之陽。考叔爲潁谷封人，即此。汝河，在縣南城下。出魯山，入盂山，經本縣東南，過郾城，入於淮。乾勒河〔三〕，又名土盧河〔四〕，在縣北二十里。瑪瑙河，源出縣東朱胡潭，流經臨潁、郾城，入乾勒河。唐太宗詔閻立德建離宮，控汝水，號曰襄城宮。凡役百餘萬人。宮成，煩燠不可居，尋廢。今遺址莫考。

【校勘記】

〔一〕不羹城　川本、滬本同。按漢書地理志：「襄城有西不羹。」紀要卷四七襄城縣下作「西不羹城」。此疑脱「西」字。

〔二〕可通舟楫　「可」，川本同，滬本作「不」。

〔三〕乾勒河　底本脱「勒」字，川本同，據本書下文瑪瑙河條、滬本及清統志卷二一八補。

〔四〕土盧河　「盧」，川本同，滬本及清統志卷二一八作「壚」。

郾城縣　州南一百二十里。編户二十五里。〔眉批〕城周九里三十步。古郾子國。漢縣。召陵岡，在東十五里。〔旁注〕州志作西南三十五。縣志作三。其旁有召陵城，齊桓公盟會地。隋置召陵縣，唐廢〔一〕。有堂谿。漢定陵故城在西北。西平故城，在南。古征羌城，在東南。縣志無。〔眉批〕古城，在縣東北三十里。古郾子國。道州城，在西南五里。唐武德四年置。貞觀元年廢。土蘆河，又名乾勒河，在縣北二十五里。即瑪瑙河之下流，至是而易名焉。東流入於河。有大小二溵水，大者在治南一里，小者在治北一里。裴城，在縣西五十里。唐裴晉公平淮西時〔二〕，以郾爲行蔡州，即此。無丞。地饒，民浮，訟簡。設郾城馬驛，治西北。㶏河，一名沙河，在南十里四十步。出魯山皂君山。流三里，會澧河。東流經本縣、商水、項城，入潁河。澧河，在南二里。出舞陽縣北。河東南經本縣東南會沙河〔三〕。溏河〔四〕，在南二十五里。出寶豐龜兒山。東北流經本縣南，會於澧河。洄曲河，在縣東南三十里。蓋澧河自縣東漯灣鎮渡在縣東五里。北流合沙河〔五〕，其東南流者，又名洄曲。唐吳元濟屯兵之所，唐史所謂蔡之精兵皆在洄曲〔六〕，李愬破之，即其地也。

【校勘記】

〔一〕隋置召陵縣唐廢　川本、滬本同。漢書地理志汝南郡領有召陵縣，則漢置召陵縣。隋書地理志：郾城縣，「有邵陵縣，大業初廢」。元和志卷九：郾城縣，「漢置邵陵縣，屬汝南郡，隋廢入郾城」。此云「隋置」、「唐廢」均誤。

〔二〕裴晉公平淮西時　「時」，底本作「縣」，川本同，據滬本及紀要卷四七改。

〔三〕河東南經本縣東南會沙河　下「東南」，底本作「于俞」，川本同，據滬本及清統志卷二一八澧水改。又「沙河」，圖書集成職方典卷三七一、清統志皆作「汝河」，此「沙」爲「汝」字之誤。

〔四〕溏河　「溏」，底本作「澮」，據川本、滬本及圖書集成職方典卷三七一改。

〔五〕漯灣鎮渡　「漯」，川本、滬本同，圖書集成職方典卷三七一作「螺」。

〔六〕唐史所謂蔡之精兵皆在洄曲　底本空缺「謂」字，川本同，據滬本及圖書集成職方典卷三七一補。

長葛縣　州北五十里。編户三十五里。〔眉批〕城周六里一百五十步。鄭邑。隋縣。〔眉批〕春秋隱公五年：宋人伐鄭，圍長葛。六年：宋人取長葛。桓公五年：諸侯從王伐鄭，鄭伯禦之，戰于繻葛。有長社城，西魏王思政守此，東魏軍圍之二百二日〔一〕，決水灌之，乃陷。小陘山，在縣西四十里。無丞。僻，簡。疑當入許州〔二〕。西魏王思政欲以長葛爲行臺治所〔三〕，〔旁注〕未知與滎陽是一是二。致書於崔猷。猷曰：襄城控帶京洛，當今要地，如其動靜，易相應接。潁川臨寇境，又無山川之險。莫若頓兵襄城，而遣良將守潁川，則表裏膠固，人心易安。縱有不虞，豈足爲患？宇文泰令依猷策。思政固請，且約：賊水攻期年〔四〕，陸攻三年之内，朝廷不煩赴救。已而陷於高澄，身爲俘虜。

【校勘記】

〔一〕東魏軍圍之二百二日　底本脱「東」字，川本同，據滬本及元和志卷八、紀要卷四七補。

〔二〕疑當入許州　川本同，滬本無此句。

〔三〕欲以長葛爲行臺治所　川本、滬本同。周書崔猷傳作「欲於潁川爲行臺治所」，北史崔猷傳同，此「長葛」爲「潁川」之誤。

〔四〕賊水攻期年　川本、滬本同。周書崔猷傳：「賊若水攻，乞一周爲斷。」北史崔猷傳同，此「期年」爲「一周」之誤。

禹州　府西南三百二十里。〔旁注〕通志：二百七十。　編户七十六里。　城周九里有奇。　禹所封地。春秋：鄭伯突入于櫟〔一〕。即此。後爲陽翟。韓自景侯、烈侯、文侯、哀侯，皆都陽翟。秦以下爲潁川郡。金改鈞州〔二〕。萬曆三年，避御名，改禹州。〔眉批〕潁川四戰之地，天下有變，常爲兵衝。漢書。陽翟富冠海内，居五諸侯之衢。漢書：新鄭。鹽鐵論〔三〕。　禹山，在州北門外潁水之南。下有禹廟，今廢。　荆山，在西北五十里。　鈞臺，在州北門外。左傳云：啓有鈞臺之饗。　具茨山，在州北四十里，一名大隗山。水經注，黄帝登此。　空同山〔四〕，在州西北五十里。有陽關聚。　領縣一。無同。　次衝，地薄，賦重。　徽府並郡王十三同城〔五〕。　大梁兵巡道駐劄。　設禹州守禦千户所，治東。　清潁馬驛，禹州遞運所，治北。　潁水，自登封縣發源，至石羊關入本州，繞州城東、西、北三面，東入許州。　褚河，在州東二十里。即潁水。　後漢高祖陵在州西〔六〕，隱帝陵在玉橋里。　陽翟縣倚郭，本朝并入州。

【校勘記】

〔一〕鄭伯突入于櫟　「入」，底本作「四」，川本同，據滬本及春秋桓公十五年改。

〔二〕金改鈞州　「金」，底本作「曾」，川本同，據滬本及金史地理志改。

〔三〕漢書新鄭鹽鐵論　川本同，滬本無「漢書新鄭」四字。

〔四〕空同山　川本、滬本同，圖書集成職方典卷三七一、清統志卷一八六作「崆峒山」。

〔五〕徽府並郡王十三同城　川本、滬本同。明統志卷二六：「徽王府，在禹州城内。太和王府、遂昌王府、景寧王府、建德王府、陽城王府、嘉定王府、新昌王府、慶雲王府、太康王府、陽夏王府、德平王府、滎陽王府、懷慶王府、咸平王府、延津王府，俱同城。」則十五王府同城，此「三」蓋爲「五」字之誤。

〔六〕後漢高祖陵在州西　底本「後漢」下有「書漢」二字，川本同，據滬本及明統志卷二六删。

密縣　州西北一百二十里。　編户二十七里。　城周七里。本志同。府志：五里十五步。州志同。　春秋僖公六年：伐鄭，圍新城。傳曰新密。古密國。漢縣。　洧水，出縣西陽城山，東至新鄭縣會溱水，爲雙洎河。至西華縣入黄河。　大隗山，在縣東南五十里。天啓二年十月，鳳凰集大隗山三日。　無丞。又裁減。〔旁注〕薄。　山僻地荒，民逃糧欠。　玉寨河，在縣東北五十里。南流四十里入洧水。

鄭州　城周九里三十步。府西一百四十里。編户三十六里。〔眉批〕右洛左沛〔一〕。漢書地理志。

管叔城，在州北二里。周管叔初封於此，鄭武公滅虢、鄶而遷國焉。韓滅鄭，又徙都之。東漢以下爲滎陽郡。梅山，在西南三十里。左傳襄十八年：右回梅山。楚蔿子馮帥師侵費滑還師。鄭水，出城東二十五里，東北至中牟縣，溉田千餘頃。其水下入於汴。金水河，在西南二十五里。本志：繞城外。古邲城，在州東六里。春秋荀林父帥師與楚子戰於邲敗處。僕射陂，在東南四里。後魏孝文帝以賜僕射李沖，因名。領縣四。全設。衝，煩，民疲。設管城馬驛，治西南。鄭州遞運所，城南。祭城，在東北一十五里。周公支子所封。武彊城〔二〕，在東三十里。曹參擊楚，攻武彊。有大小二回湖，在州東北三十里，東西相連。自祭城以入中牟縣〔三〕，迤邐達於河。莘城，在州東。國語：史伯對鄭桓公虢、鄶十邑〔四〕，而莘其一也。十邑，謂虢、鄶、鄢、蔽、補、丹、依、畮、歷、華也〔五〕。後周世宗慶陵，在州西曹堡。管城縣，本朝幷入鄭州。

【校勘記】

〔一〕右洛左沛　「右」、「左」，底本作「左」、「右」，川本、滬本同。漢書地理志：鄭國，「右雒左泲。」此倒誤，據以乙正。

〔二〕武彊城　「彊」，底本作「疆」，川本、滬本同，據史記曹相國世家、明統志卷二六改，下同。「城」，底本作「地」，川本同，據滬本及史記曹相國世家集解改。

〔三〕自祭城以入中牟縣　「城」，底本脱，川本同，據滬本及圖書集成職方典卷三七一補。

〔四〕史伯對鄭桓公虢鄶十邑　川本、滬本同。國語鄭語：「桓公問於史伯，史伯云云，「公説，乃東寄帑與賄，虢、鄶受之，十邑皆有寄地」。圖書集成職方典卷三八〇：莘城，「鄭桓公寄帑於虢，有十邑，莘其一也」。此處脱誤。

〔五〕虢鄶鄢蔽補丹依畩歷華　「鄢」，川本同，滬本作「鄔」，同明道本國語鄭語韋昭注。「丹」，底本作「毋」，川本同，據滬本及公序本國語鄭語韋昭注改，明道本作「舟」。「畩」，川本、滬本及公序本同，明道本作「柔」。「華」，底本作「莘」，川本、滬本同，據明道本、公序本改。

滎陽縣　州西七十里。編户一十五里。城周五里有奇。府志、本志同。大周山，在南三十五里。嵩渚山，在南二十五里。一名小陘山。萬山，在南二十里。古東虢國。漢縣。鄭京城，在縣東南二十里，莊公封弟叔段之所〔一〕。汴河，出大周山下，合京、索、須、鄭四水，東南流至中牟縣，北入黄河。自秦以來，歷代用之以通漕運。元時涸。京水〔二〕，在縣東五十里。源出嵩渚山，經鄭州西南十五里，東北入鄭水。索水，出嵩渚山，北流入京水。（眉批）索水，源出小陘山南聖水峪。北流至縣，環城東，又折而北，迤邐東流，會京、須而東。須水，在縣東四十里。源出萬山，北流入汴河，東流縣北境，合索水，達於河。漢文帝時，河決酸棗，東潰金隄、滎陽。歷代築之以禦河患，通謂之金隄。今屬滎澤。大索城，在縣西五十里；小索城，在大索城東北；即六國時二索也。漢韓信收兵與漢王會，復與楚戰滎陽京、索間，破之。金隄，自東至千乘海口千餘里。無簿。次衝，邑小，事簡，民淳。設索亭馬驛，治西。舊有滎陽遞運所，革。賈峪河，在縣東南五十里。源出賈峪山，流經縣東，入京水。五通河，在縣西南五里。源出五溝〔三〕，流經縣北，入索水。索水河，源出小陘山南聖水峪，至縣，環城東北，流入京水。〔眉批〕後漢郡國志：滎陽有長城〔四〕，經陽武到密。史記：蘇秦説襄王曰，大王之地，西有長城之界。鄭共叔段城，在縣東南十二里，所謂京城大叔也。金史哀宗紀：天興元年，虎顔思烈遇大元兵於京水，遂潰。

【校勘記】

〔一〕在縣東南二十里莊公封弟叔段之所　「南二十里，莊公封弟叔段之所」十二字，底本錯簡於下文「北入黃河」下，川本、滬本同，據紀要卷四七、圖書集成職方典卷三八〇乙正。

〔二〕京水　底本脱「京」字，川本同，據本書下文、滬本及紀要卷四七補。

〔三〕五溝　川本、滬本同，圖書集成職方典卷三七一作「土溝」。

〔四〕滎陽有長城　川本、滬本同。續漢書郡國志：「卷縣，有長城，經陽武到密」。此「滎陽」爲「卷」之誤。

滎澤縣　州北五十里。通志：四十。本志同。　編户一十六里。　成化十四年圮於水，徙築今城。周四里三百步。　春秋：狄入衛，戰于滎澤。楚潘黨逐魏錡，及滎澤。隋縣。　禹貢：濟水溢爲滎。即此地。濟水舊出河北，截河南流而爲滎澤。自王莽末〔一〕，濟入河，不復過河之南矣。　敫城。　史記：殷帝仲丁遷都于敫〔二〕。　索隱曰：敫亦作囂，並音敖。正義曰：括地志曰：即滎陽古城，在滎澤縣西南十七里。〔眉批〕後漢書安帝紀：調濱水縣穀輸敖倉。注〔三〕：詩曰「搏獸于敖」〔四〕，即此也。秦於此築太倉，亦曰敖庾，在今鄭州滎陽縣西北〔五〕。　衡雍、王宮城、踐土臺，在縣西北一十五里。左傳：晉文公敗楚師于城濮，遂至衡雍，作王宮于踐土。其地也。今故城西北有踐土臺，即諸侯會盟處。　無丞。　有河北三村在界内。　次衡，近河〔六〕，民刁。　設廣武驛，治西。　滎澤遞運所，治北。

【校勘記】

〔一〕自王莽末　「末」，底本作「來」，川本同，據滬本改。續漢書郡國志：温縣，「濟水出，王莽時大旱，遂枯絶」。水經濟水注：「濟水當王莽之世，川瀆枯竭，其後水流逕通，津渠勢改，尋梁脈水，不與昔同。」趙一清釋：「按後漢郡國志，濟水，王莽末因旱渠塞，不復截河南過。」滬本是也。

〔二〕殷帝仲丁遷都于敫　「都」，底本作「敖」，川本同，據滬本及史記殷本紀改。

〔三〕注　底本脱此字，據川本、滬本及後漢書安帝紀李賢注補。

〔四〕搏獸于敖　川本、滬本作「薄狩于敖」。後漢書安帝紀李賢注同川本、滬本。詩經小雅車攻及本書下文滎陽敖山條引詩經同底本。

〔五〕在今鄭州滎陽縣西北 「在」，底本作「即」，據川本、滬本及後漢書安帝紀李賢注改。又，底本脱「滎陽縣西北」五字，川本同，據滬本及後漢書安帝紀李賢注補。

〔六〕近河 底本空缺「近」字，川本同，據滬本補。

河陰縣 州西北五十里。編户一十一里。〔眉批〕舊城圮於河。洪武三年，徙築今所。城周四里六百一十步。府志：四里。 漢縣。 唐開元二十三年，徙治輸場之東渠口。其下有莨蕩渠。隋煬帝開引河、汴，以通南方漕運，名曰通濟渠。 裁減。 地僻，事簡。 三皇山、廣武山，俱在縣北一十二里。二山相連，其麓東跨滎澤，南跨汜水，連亘五十里。其上有東西廣武二城，各在一山頭，相去百步〔一〕，即楚、漢相距處。 敖山，在西二十里。左傳：晉師在敖、鄗之間〔二〕。秦時置倉。酈食其勸漢高祖據敖倉倉粟，遂自敖山築甬道，下汴水〔三〕。 鴻溝，在縣東，即楚、漢分界處。北接廣武山，與滎澤相連。〔眉批〕旃然河〔四〕，源出縣西南二十里，流經縣北五里廣武山麓，逶迤東流，經滎澤達於河。 牛口峪，在縣西北二十五里。即唐太宗擒竇建德之所。

【校勘記】

〔一〕各在一山頭相去百步 「一山頭」，底本作「山一頭」，川本同，據滬本及史記項羽本紀正義引戴延之西征記乙正。「百步」，底本作「二百餘步」，川本、滬本及紀要卷四七同，據上引史記改。

〔二〕晉師在敖鄗之間　「鄗」，底本作「郭」，川本同，據滬本及左傳宣公十二年改。

〔三〕下汴水　底本「汴水」下有「其麓東跨滎澤，南跨汜水，連亘五十里」十五字，據紀要卷四七、清統志卷一八六記，乃指廣武山而言，本書上文廣武山已載，此係重出，據删。

〔四〕旃然河　「旃」，底本作「曠」，川本、滬本同，據圖書集成職方典卷三七一改。

汜水縣　城周七里。　州西一百一十里。　編户一十四里。〔眉批〕左傳僖二十四年：王出適鄭，處于汜。注：鄭，南汜也。今襄城縣南汜城。成七年，楚伐鄭，師于汜。注同。僖三十年，秦軍汜南。注：此東汜也。今滎陽中牟縣南汜澤。汜並音凡。漢高帝紀：大司馬咎怒，渡兵汜水。注：如淳曰：汜音祀。左傳曰：鄙在鄭地汜。臣瓚曰：今成皋城東汜水是也。師古曰：鄙在鄭地汜，釋者云在襄城，則非此也〔一〕。此水舊讀音凡，今彼鄉人呼之音祀。宋庠國語補音：音凡者，左傳注鄭南汜也〔二〕，在襄城縣南。其音祀者，乃成皋汜水耳。

虎牢，一名北制。古東虢國地。鄭爲制邑。傳曰：制，巖邑也。即此。〔旁注〕古崤關，在縣西二里。本周穆王養虎之地，名曰虎牢。東漢謂之成皋關。皇明更曰古崤。春秋：成鄭虎牢〔三〕。漢成皋縣。宋毛德祖戍虎牢，後魏晝夜攻圍二百日方破。其外有廣武城。東魏武定中，陸子章又增築虎牢城。〔旁注〕南史。

方山，在南四十里，汜水出焉，東南入黃河。楚大司馬曹咎自剄其上。

無簿。

舊有成皋馬驛，革。

成皋遞運所，革。

古崤關巡檢司〔四〕，革。

次衝，事簡。

九曲山，在縣西二里。其山自下而上，有乾溝相間〔五〕。頂上有吕布城。張飛城，在縣西古𡻕關之南。汜水，在縣西一里。源出鞏縣玉仙山，北流經古𡻕關東，入黄河。謂之汜水者，取水決復入之義。史記：漢高祖即位於汜水之陽。是也。玉門，地在成皋。戰國策：武王有玉門之難。漢高帝與滕公逃出成皋玉門。

【校勘記】

〔一〕釋者云在襄城則非此也　「城」、「非」，底本作「地」、「必」，川本同，據滬本及漢書高帝紀顏師古注改。

〔二〕鄭南汜也　「也」，底本作「水」，川本、滬本同，據左傳僖公二十四年杜預注改。

〔三〕古𡻕關至成鄭虎牢　「𡻕」、「牢」，底本作「嶗」、「宇」，川本同，據春秋襄公十年、水經河水注、明史地理志改。下同。滬本無此文。

〔四〕古𡻕關　「𡻕」，底本作「堉」，川本同，據滬本及明史地理志改。

〔五〕有乾溝相間　底本脱「乾」字，川本同，據滬本及紀要卷四七補。

汴京故城。周四十八里二百二十三步，周顯德中所築。宋岳珂桯史云：開寶戊辰〔一〕，藝祖初修汴京，大其城址，曲而宛，如蚓詘焉。耆老相傳，趙中令鳩工奏圖，初取方直，四面皆有門，坊市經緯其間，井井繩列。上覽而怒，自取筆塗之。命以幅紙作大圈，紆曲縱斜。旁注云：依此修築。故城即當時遺迹也。時人罔測，多病其不宜於觀美。熙寧間，神宗屢欲改作，卒不敢更，第增陴而已。及政和間，蔡京當國，奏廣其規，以便宮室苑囿之奉。命宦侍董其役〔二〕，一撤而方之如矩。墉堞樓櫓，雖甚藻飾，而蕩然無復曩時之堅樸矣。靖康胡馬南牧，粘罕、斡離不揚鞭城下，有喜色曰：是易攻下。令植砲四隅，隨方而擊之。一砲所至，一壁皆不可立，竟以此失守，方知藝祖遠慮〔三〕。金史赤盞合喜傳：父老所傳周世宗築京城，取虎牢土爲之，堅密如鐵。受砲所擊，唯凹而已。移剌蒲阿傳：宣宗疾大漸〔四〕，太子自東宮扣門求見，令蒲阿衷甲聚兵，屯於艮嶽，以備非常。赤盞合喜傳：龍德宮造砲石，取宋太湖、靈壁假山爲之，小大各有斤重，其圓如燈毬之狀。

【校勘記】

〔一〕開寶戊辰　底本脱，川本同，據滬本及桯史卷一補。

〔二〕命宦侍董其役　「侍」，底本作「傅」，川本同，據滬本及桯史卷一改。

〔三〕方知藝祖遠慮　川本同，滬本據桯史卷一作「沉幾遠睹，至是始驗。宸筆所定圖，承平時藏秘閣，今不復存」。

〔四〕宣宗疾大漸　「疾」，底本無，川本、滬本同，據金史移剌蒲阿傳補。

杞　古杞國，姒姓，伯爵。武王克商，求夏禹之後，得東樓公，封杞以奉禹祀。史記項羽本紀：秦二世元年，沛公、項羽攻定陶，未下，去。西略地至雍丘，大破秦軍，斬李由。黄河，在縣南二十里。水自汴城南經縣境，流七十里，入柘城縣界。今故道淤塞，徙於縣北外黄城北。汴河，在縣北五里，俗名沙河。今縣城北臨汴河，春秋時杞國城也。左傳哀公九年：宋皇瑗帥師取鄭師于雍丘。齊氏北征記有吕禄臺，高七丈。在今縣西預備倉内。史記韓世家：景侯虔元年，伐鄭，取雍丘。曹參世家：以中尉圍取雍丘。令狐城，在縣西三里。唐天寶十五年，令狐潮攻張巡於雍丘，築城以絶糧援。婦姑城，在縣東北鄭村保。戴延之西征記云：梁之東百里，有婦人寡居，養姑孝謹，鄉人義之，爲築是城。空桑城，在縣西二十里。帝王世紀云：伊尹生於空桑。宋大中祥符七年，宋真宗幸伊尹廟，立石，御製序銘並書。圉城，見上。漢高帝使樊噲下之。翟義起兵，王莽遣孫建擊之於圉，義師大敗。汴河堤，在縣北五里。隋煬帝所築。西自祥符縣，東接睢州。外黄城。左傳：魯惠公季年〔一〕，惠公敗宋師於黄。簡王十一年，衛侯伐鄭，至於鳴雁。今縣西北三十里。注：在雍丘縣西北，今焦、刺等處〔二〕。漢獻帝興平二年，曹操圍張超於雍丘。唐天寶十四年，安禄山反，真源令張巡起兵雍丘。至德元年〔三〕，賊將令狐潮圍雍丘，張巡擊走之，移軍寧陵。

【校勘記】

〔一〕外黄城左傳魯惠公季年　底本作「乘平王末年」，川本同，滬本「乘」上有「洧」字，「平」上有「周」字。左傳隱公元年：「惠公之季年，敗宋師于黄。」杜預注：「黄，宋邑，陳留外黄縣東有黄城。」明統志卷二六：「外黄城，在杞縣東北。左傳：惠公敗宋師于黄。即此。」紀要卷四七：杞縣，「外黄城，縣東北六十里。左傳：魯惠公季年，敗宋師于黄」。此處舛誤，據以改正。

〔二〕今焦刺等處　「刺」，川本同，滬本作「剌」。寰宇記卷一：雍丘縣，「雁亭，在縣北四十里。左氏傳：衛侯伐鄭，至鳴雁。」紀要卷四七：杞縣，「鳴雁亭，在縣北四十里」。清統志卷一八七：「鳴雁亭，在杞縣北。」皆不載「今焦、刺等處」，疑誤。

〔三〕至德元年　「至」，底本作「元」，川本、滬本同，據通鑑卷二一八改。

困學紀聞：吴之通水有二。左氏傳哀九年：吴城邗，溝通江、淮。注云：今廣陵邗江。此自江入淮之道也。吴語：夫差起兵北征，闕爲深溝於商、魯之間〔一〕，北屬之沂，西屬之濟，以會晉公午於黄池。左傳注：陳留封丘縣南有黄池，近濟水。戰國策：梁之君臣欲得九鼎，謀之暉臺之下〔二〕，沙海之上。九域圖：開封有沙海。

【校勘記】

〔一〕闕爲深溝於商魯之間　「商」，底本作「齊」，川本、滬本同。國語吴語：「闕爲深溝，通於商、魯之間。」韋昭注：「商，宋也。」據改。

〔二〕謀之暉臺之下　「暉」，川本、滬本同，太平御覽卷七五六引戰國策作「渾」。

陳留　後漢書章帝紀：章和元年八月壬午，遣使者祠昭靈后於小黄園。注：小黄，縣，屬陳留郡，故城在今汴州陳留縣東北。漢舊儀曰：昭靈后，高祖母，起兵時死小黄北。後爲作園廟於小黄梆。陳留風俗傳曰：沛公起兵野戰，喪皇妣於黄鄉。天下平定，乃使使者以梓宫招魂幽野。於是丹蛇在水，自洒濯之，入於梓宫〔一〕。其浴處有遺髮，故謚曰昭靈夫人。

【校勘記】

〔一〕入於梓宫　「梓」，底本作「紫」，川本、滬本同，據後漢書章帝紀李賢注引陳留風俗傳改。

困學紀聞：唐天文志〔二〕：測景在浚儀岳臺。按宋次道東京記：宣德門前天街西第一岳臺坊，今祥符縣西九里有岳臺。圖經云：昔魏王遥事霍山神，築此臺，禱於其上，因以爲名。舊唐書食貨志：開元二年，河南尹李傑奏，汴州東有梁公堰破，江、淮漕運不通，發汴、鄭丁夫以浚之。省功速就，公私深以爲利。十五年正月，令將作大匠范安及檢行鄭州河口斗門。先是，洛陽人劉宗器上言，請塞汜水舊汴河口，於下流滎澤界開梁公堰，置斗門，以通淮、汴，擢拜左衛率府胄曹。至是，新漕塞，行舟不通，宗器坐貶。安及遂發河南府、懷、鄭、汴、滑三萬人疏決開舊河口〔二〕，旬日而畢。

玉堂嘉話：王黄華論汴河：前宋以洛河入汴，爲京西漕路〔三〕。其後黄河卧南，洛水舊道斷絶。今汴河名存，其實止是京、索、須三水，自滎澤南入汴河故道行流。

汴京故城，周四十八里二百二十三步，周顯德中所築。宋岳珂桯史云：開寶戊辰，藝祖初修汴京，大其城址，曲而宛，如蚓詘焉。耆老相傳，謂趙中令鳩工奏圖，初取方直，四面皆有門，坊市經緯其間，井井繩列。上覽而怒，自取筆塗之。命以幅紙作大圈，紆曲縱斜。旁注云：依此修築。故城即當時遺迹也。時人罔測，多病其不宜於觀美。熙寧間，神宗屢欲改作，卒不敢更，第增陴而已。及政和間，蔡京當國，奏廣其規，以便宫室苑囿之奉。命宦侍董其役，一撤而方之如矩。墉堞樓櫓，雖甚藻飾，而蕩然無復曩時之堅樸矣。靖康胡馬南牧，粘罕、斡離不揚鞭城下，有喜色曰：是易攻下。令植砲四隅，隨方而擊之。一砲所至，一壁皆不可立，竟以此失守。藝祖沉幾遠睹，至是始驗。宸筆所定圖，承平時藏秘閣，今不復存〔四〕。

汴河故道，即浚儀渠也。河舊出滎陽縣大周山，東經府城内。又東合蔡河，云云，下入於淮。

宋都大梁，諸水莫此爲重。元至元二十七年始淤塞。今府治南有汴渠故迹。

蔡河故道，始兼閔水、洧水、潩水，以通舟楫。閔水自尉氏歷祥符，合於蔡，是爲惠民河。洧水自許田、鄢陵，南歷扶溝，合於蔡。潩水自鄭之大隗山，注臨潁，歷鄢陵、扶溝，會於蔡。凡許、鄭諸水悉會焉。猶以其淺涸，故植木横棧，及設斗門以節水。建隆二年，詔發畿甸丁夫數萬浚蔡河，南入潁川。其自尉氏北流至汴戴樓門東，由廣利水門入城，名西蔡河，接閔水，繚繞城内。其從陳州門西普濟水門出城，流經通許，復接舊蔡河，名東蔡河，即所謂惠民河也。元至元二十七年，黄河決祥符之義唐灣，而西蔡河上源自是湮塞。洪武以來，河屢南徙，淤爲平地，惟府城南薰門内東西有河積水，不通舟楫矣。河上有東西二橋，尚存。元史李黼傳〔五〕：中書命黼巡視河渠，黼上言：蔡河源出京西，宋以轉輸之故，平地作堤。今河底填淤〔六〕，高出地面，秋霖一至，横潰爲災，宜按故迹修浚。他日東河或有不測之阻，江、淮運物，當由此分道達京，萬世之利也。不報。實録：洪武三十年十一月，蔡河漸徙入豫州衛，護城堤西南行。先是河道由城北向東行，至是以黄河南決，下流淤塞故也。六丈河，在府城北封丘門外。世傳宋時恐河水爲患，故開此河，以殺其勢。廣濟河，在府城安遠門外，初名五丈河。唐載初元年，引汴水入白溝，接注湛渠，以通曹、兖之賦。因其闊五丈，故名，即白溝之下流也。唐末湮廢。周世宗顯德四年修浚。至宋太宗，改名廣濟。元初淤塞。金水河，一名天源。本京水，導自滎陽黄堆山，其源曰祝龍泉。宋建隆二年，鑿渠引水過中牟縣，抵府城西，東匯五丈河。乾德二年，又引貫皇城，歷後苑。大中祥符初，甃以礲甓，植以芳木。復東引，由城下水竇入於濠焉。

【校勘記】

〔一〕唐天文志　「天文」，底本作「律曆」，川本同，據滬本及兩唐書天文志改。

〔二〕疏決開舊河口　「開」，底本作「兼」，川本、滬本同，據舊唐書食貨志、唐會要卷八七改。

〔三〕京西漕路　「京」，底本作「東」，川本同，據滬本及玉堂嘉話卷三改。

〔四〕汴京故城至今不復存　川本同，滬本無此文。按除「開寶戊辰」及「藝祖沉幾遠睹，至是始驗。宸筆所定圖，承平時藏秘閣，今不復存」外，與本書前文汴京故城重出。

〔五〕李黼傳　「李」，底本作「季」，川本、滬本同，據元史李黼傳改。

〔六〕今河底填淤　「淤」，底本作「塞」，川本同，據滬本及元史李黼傳改。

儀封　賈魯河，即沙溝河，在縣北七十里堌陽鄉。元時賈魯督修此河，以便漕運。

陳留　平丘城，在縣西北九十里。志云：即會于平丘之地〔一〕。按平丘，衛地，非此。下倉城，在縣西小城保，又名小城。周世宗伐南唐時所築，以貯軍餉。

【校勘記】

〔一〕志云即會于平丘之地　川本、滬本同。春秋昭公十三年：「公會劉子、晉侯、齊侯、宋公、衛侯、鄭伯、曹伯、莒子、郳子、滕子、薛伯、杞伯、小郳子于平丘。」左傳：晉「遂合諸侯于平丘」。此處脱誤。

宣德十年十一月甲申，浚治金龍口。初，巡按河南監察御史李懋言：河南開封府祥符縣金龍口舊河，西通黄河，東接張秋、臨清，近來淤塞。乞令所司疏浚，以通舟楫。事下行在工部覆奏：請於農隙時，量起附近居民，協力疏浚，仍以所在官員董役。從之。元甲午歲，遷治於河北村落中。甲寅歲，徙於古縣城北潘岡店。

石林詩話：許昌西湖與子城密相附，緣城而下〔一〕，可策杖往來，不涉城市。云是曲環作鎮時，取土築城，因以其地導潩水瀦之，略廣百餘畝，中爲横堤。宋莒公爲守時浚治之，始與西相通。其後韓持國作大亭水中，名曰展江。

東坡題跋：陳州柳湖旁有丘，俗謂之鐵墓，云陳胡公墓也〔二〕。城濠水注齧其趾，見有鐵錮之。又有寺曰厄臺，云孔子厄於陳、蔡所居者，其説荒唐不可信。或曰：東漢陳愍王寵教弩臺〔三〕，以控扼黄巾者，斯爲近之。

吹臺，在府城東南三里。劉昌曰：世言梁孝王臺，非也。孝王國在漢梁郡，今歸德府時尚爲州。睢陽、宋城之間。開封在漢爲陳留郡，非孝王封内，則吹臺安得爲孝王臺耶？以梅聖俞詩考之，乃戰國梁惠王作也。季濂曰：漢書，梁孝王築東苑三百餘里，疑自睢陽至開封，皆其國境也。然名曰東苑，則又安得在睢陽之西耶？杜甫詩：昔我遊宋中，惟梁孝王都。而下云登吹臺。李白梁園吟上云平臺，云梁園，而下又云蓬池〔四〕，云信陵墳，皆不可解。意汴、宋二州，皆二子同遊所歷也。後來文人踵誤不一。通鑑：高祖入大梁，或告幽州兵將爲變，盡殺之於繁臺之下。注：繁臺在大梁。丁度曰：繁臺本師曠吹臺，梁孝王增築曰繁臺。薛史曰：繁臺即梁王吹臺，其後有繁氏居其側，里人以姓呼之。蓬池，在城東，春秋宋之逢澤也。瀰漫遠闊，南入尉氏之境，其下有温泉焉。漢志引汲冢竹書云：梁惠王發蓬忌之藪以賜民，浚儀有蓬陂忌澤是也〔五〕。唐玄宗更名福源池。天寶初，士大夫禊飲於此。後累經黄河淤平，今不見其迹。左傳：宋景公使人告左師曰：逢澤有介麇焉〔六〕，與之田若何？史記：秦孝公使公子會諸侯於逢澤以朝王。戰國策：或爲六國説秦曰：魏伐邯鄲，因退爲逢澤之遇。通鑑：晉太興二年，蓬陂塢主陳川自稱陳留太守。艮嶽，在汴故城東北隅。宋史：徽宗命户部侍郎孟揆於上清寶籙宫之東築山，像餘杭之鳳凰山，號曰萬歲山。既成，更名艮嶽。周迴十餘里。黄河。大學衍義補十七卷。汴京遺迹五卷。汴河。祥符志〔旁注〕張洎論。云：自滎陽引河至浚儀西北，釃爲二渠：一經陽武中牟臺下，爲官渡水。一秦人疏鑿灌魏，即鴻溝。右合五池口，謂之莨蕩渠。漢明帝時，王景、王吳緣作渠，曰浚儀，而縣以渠名也。靈帝時，於敖城西北壘石，以遏渠口，故又曰石門〔七〕。又東合濟水，至敖山北，又兼邲之水〔八〕。渠水又東經滎陽北，旃然水自縣東流入。

鄭州滎陽縣西二十里三皇山上有二廣武城，相去百餘步，汴水自兩城間小澗中東流而出。晉桓温北伐，將通之，不果。劉裕西征，浚之而漕。隋大業時，起滎澤入淮千餘里，爲通濟渠。唐改爲廣濟渠。開元中，裴耀卿用以輸納江、淮租船。開元末，齊澣浚渠下流，尋亦停廢。宋漕四路，而汴河爲最重。元至元二十七年，河決祥符之義唐灣，自汴城迤東至陳留、杞縣，淤入蔡河。國朝洪武二十四年河徙，蔡河亦淤。今城中延慶觀前小塼橋，渠迹微存，俗名臭河兒。志曰：桑欽曰：汴水出陰溝，溝水出莨蕩渠，渠出滎陽北河東南，下引爲鴻溝者也。故莨蕩渠、陰溝、鴻溝、汴、浚，其實一水也。季濂曰：在今縣治南三十五步。源出滎陽縣大周山，合京、索、須、鄭四水。猶未悉其經緯也。汴京遺迹六卷。後漢書明帝紀：永平十二年，遣將作謁者王吳修汴渠，自滎陽至於千乘海口。注：汴渠，即莨蕩渠也，在滎陽山北一里。過汴以東，積石爲堤，亦號金堤，順帝陽嘉中所作也〔九〕。十三年夏四月，汴渠成。辛巳，行幸滎陽，巡行河渠。宋史李綱傳：率諸將出封丘門，與金人戰幕天坡〔一〇〕，以神臂弓射金人，却之。蔡河。汴京遺迹七卷。祥符志同。金水河。同上。五丈河。伯俞河。掣水河。白溝。隋堤。于家店渡，在城西北三十五里。劉獸醫口渡，在城正南四十里〔一一〕。爲河要害。張家灣渡，在城西北十五里。時和驛渡，在城北二十里。今廢。爲河要害。王家樓渡，在城東北三十里。濟渡要口。翟家口渡，在城西北二十五里。最要害。掃頭集，在城東四十里。招討營，在城東四十五里。太平堽集，在城東三十里。王家樓集，在城東四十五里。八角店集，在城西三十里。瓦子坡集，在城西三十五里。朱仙鎮集，在城南四十五里。宋岳飛敗金人處。赤倉集，在城南三十里。陳橋集，在城北四十里。黄陵集，在城北七十里。荆隆口集，在城西北四十里。東關，有二：一在麗景門外；一在仁和門外。路通南京、浙江、山東。南關，在南薰門外。路通川、廣、雲、貴諸省。西關，在大梁門外。路通京師、山、陝。北關，在安遠門外。渡黄河，通臨清，入京師之東路也。大梁地四衝，東接齊、魯，南走芒、碭、淮、泗，西鄰秦、晉，北抵韓、趙，南界蘄、黄、襄、郢。地勢平衍，無重岡複嶺爲界限。四方有變，禍未有不中於梁。陳所蘊修城碑。周府，在府城内正中，即宋大内遺址。

【校勘記】

〔一〕緣城而下　「下」，底本作「不」，川本、滬本同，據石林詩話卷上改。

〔二〕云陳胡公墓也　底本脱「胡」字，川本、滬本同，據東坡題跋卷一補。

〔三〕東漢陳愍王寵教弩臺　「愍」，底本作「思」，川本、滬本同。按後漢書陳敬王羨傳：「永寧元年，立敬王子安壽亭侯崇爲陳王，是爲頃王。立五年薨，子孝王承嗣。承薨，子愍王寵嗣。」又元和志卷八：「弩臺，在縣理古陳城南八十步。後漢陳敬王曾孫寵善弩射，十發皆同處，常於此臺教弩。」據改。

〔四〕蓬池　「蓬」，川本、滬本及李太白全集卷七梁園吟同。史記秦本紀及正義引括地志、漢書地理志及顔師古注臣瓚曰引汲郡古文、水經渠水注皆作「逢」，按作「逢」是。下「蓬忌」、「蓬陂忌澤」同。
〔五〕蓬陂忌澤　「陂」，底本作「坡」，川本、滬本同，據漢書地理志顏師古注引臣瓚曰改。
〔六〕逢澤有介麋焉　「麋」，底本作「糜」，川本同，滬本作「麋」，據左傳襄公十四年改。
〔七〕於敖城西北疊石以遏渠口故又曰石門　底本「疊石」下衍「門」字，「石門」下衍「渠」字，川本、滬本同，據宋史河渠志汴河刪。
〔八〕兼邲之水　底本「邲」上衍「丹」字，川本、滬本同，據宋史河渠志汴河刪。
〔九〕順帝陽嘉中所作也　「順帝」、「陽嘉」，底本作「成帝」、「陽慶」，川本同，滬本作「成帝」、「陽嘉」。後漢書明帝紀李賢注作「成帝」、「陽嘉」，水經河水注作「順帝」、「陽嘉」。按陽嘉爲順帝年號，水經注是，據改。
〔一〇〕幕天坡　「幕」，底本作「摹」，川本、滬本同，據宋史李綱傳改。
〔一一〕在城正南四十里　「南」，川本同，滬本作「西」，圖書集成職方典卷三七三作「西北十五里」。

尉氏　惠民河。宋史：蔡河貫京師，兼閔水、洧水、溵水以通舟。〔旁注〕今無考。閔水自尉氏，歷祥符、開封，合於蔡，是爲惠民河。今北自祥符朱仙鎮，東南迤邐至白家潭，東南五十里。始出尉氏境，南通江、淮。即此。史珪傳：督浚惠民河，自尉氏達京九十里，數旬而畢，俗名小黄河。不知是宋故漕之一。三十六陂，宋神宗熙寧六年，治白溝河。都水監丞侯叔獻請儲三十六陂及京索二水爲源〔一〕，仿其楚州開平河置牐，則四時可行舟，因廢汴渠。馮京曰：若白溝成，與汴、蔡皆通漕，爲利誠大，恐汴終不可廢。哲宗元祐中，李仲乞復置汴口〔二〕，罷去清汴牐口。四年，楊琰乞依元豐例，放洛水入京西界大白龍坑及三十六陂，充水匱，助汴河行運，依舊置洛斗門。此即尉氏西三十六陂也。白溝開而旋廢。政和中，仍舊通流，以通淮漕。康溝河，在縣南門外。水經注：沙水又東與康溝水合。水首受洧水於長社縣東，東北逕向岡，西有長明溝水注之。長明溝又東逕尉氏縣故城南。溝瀆自是三分：北分爲康溝；東逕平陸縣故城北；又東逕扶溝縣之白亭北。今自西南大陂東入白家潭河，白潭則邇扶溝矣。然河存而水俟陂漲也。蓬池温泉，在縣東北一里許。述征記曰：大梁西南九十里尉氏有蓬池，下有温泉。汪心曰：戰國策：魏伐邯鄲，因退爲逢澤之遇。注：開封東北有蓬池，或云宋之逢澤。蓋宋本曹國，復得陳留，而尉氏爲宋地也。水經注載淵水注汜，汜注渠，渠東南流經開封縣，睢、渙二水出焉，右則新溝水注之。溝出逢池，池上承役水於古苑陵縣，别爲魯溝水，東南逕開封縣故城北〔三〕，南際富城，東南入百尺陂，即古逢澤，東北注沙水。則蓬池、逢澤，居然爲二。乃以開封東北之逢澤，合西南尉氏之蓬池，中間隔九十里，可乎？又按魯溝在酢溝東北古開封縣西，則魯溝西南皆宛陵縣地也。魯溝過開封縣東，始入逢澤，爲尉氏地。漢書所謂逢澤在開封東北，良是。後人不知開封所在，以今之開封府城當之，而疑逢澤之有二，謬矣。蔡河。洧乘：范巳曰〔四〕：宋王應麟紀聞云：蔡水貫京師，兼閔水、洧水、溵水以通陳、潁之漕。鄢陵志云：蔡水自長葛東流至鄢陵，分爲二水：一經城西柏梁橋，東南流入西華，曰舊蔡河。一經城西乾明寺，入尉氏，北流六十里入都城，復出由許東南流，接舊蔡河。建隆三年所浚也。天聖二年，田承説獻議，重修許州合流鎮斗門，開減水河通漕。熙寧四年，詔楊琰增置上下壩牐，蓄水以備淺涸。又云：蔡水即沙水。沙字音蔡，許慎正作沙音。予按水經注，沙水即梁水，乃渠水枝流。其上源不由鄢陵北流，經尉氏入浚儀耳。其自鄢陵北流者，乃蔡澤陂水也。蔡澤陂上承長明溝水，積而爲陂，在鄢陵西北。其水東經匡城北，又東南經扶洛城北，又東南入於沙水，亦不北入浚儀。豈宋時因蔡澤故瀆而浚之以建都城乎[五]？然所謂兼閔水、洧水、溵水者，言此三水下流俱達於沙耳，非鑿渠横貫三水，引入都城也。今許田店北有遺迹，一支經縣西柏梁橋，迤邐東南杜郎村、馬欄鎮、河岡等處，入西華境。一支經縣西乾明寺前城東南隅[六]，入扶溝，曰河漕，是爲大蔡河。圃田。水經注云：在中牟縣西。西限長城，東極官渡，北佩渠水，東西四十許里，南北二百許里[七]。漢書引周禮職方之豫州，藪曰圃田。顔師古注曰：圃田在中牟。今按洧城抵中牟不百里。自洧城以北，直抵中牟之西，東連尉氏，西接新鄭，周圍三百餘里。中有沙岡二十餘道，上下陂澤七十餘處，各有名目，不可殫記。其澤阜之間，積沙彌望，灌莽極目[八]，爲狐兔之窟藪，此正圃田所在，古今田獵之區也。又按詩「甫草」傳，原圃萑苻之澤，皆圃田之異名。今洧川、中牟、尉氏各有其半。中牟什之四，洧川、尉氏各什之三。平陸縣。水經注：漢高后元年，封楚元王子禮爲侯國。建武元年，以户不滿三千，罷爲尉氏縣之陵樹鄉〔九〕。今故城不可考，當在邑西北鄉。　宛陵縣。續述征記云：成皋東南一百三十里有宛陵城〔一〇〕。唐武德四年，安撫使任瓌移宛陵城於尉氏縣界在縣南隗村保。古山氏城置縣。貞觀元年廢。按宛陵，鄭邑，在鄭東洧水北，鄭大夫射犬食邑也。後爲宛陵縣，即苑陵縣。康陰縣，唐武德四年，安撫使任瓌於古亭城置康陰縣〔一一〕，貞觀元年廢。今縣東南大齊保。向城。左傳杜注：在今長社縣東北界。在今縣西北高寺莊保〔一二〕。　宣公元年：會于棐林。杜注：苑陵縣東南有林鄉。水經注：棐林即北林亭。北林亭即林鄉。林鄉故城在苑陵故城東南五十餘里，又在新鄭東北七十餘里，當在今中牟、尉氏間。而苑陵故城又在新鄭東北一百餘里。　春秋成公十六年〔一三〕：諸侯遷制，是曰制田。杜注：苑陵縣東有制澤。水經注云：苑陵縣有二城，二城以東，悉皆陂澤，即古制澤〔一四〕。是制田又當在中牟、祥符間也。　山氏城。水經注：役水自陽丘亭東流，逕山氏城北，爲高榆淵。竹書紀年：梁惠成王十六年，秦公孫壯率師城安陵、山氏〔一五〕。今在苑陵城東北。安陵，今鄢陵。任瓌移苑陵於尉氏界〔一六〕，古山氏城是古尉氏北界。　蔡陂城，隋開皇十六年，分長葛、許昌、鄢陵三縣置。大業三年廢。在縣西南百堽保。柏岡。

【校勘記】

〔一〕京索二水爲源　「爲」，底本作「五」，川本同，據滬本及宋史河渠志改。

〔二〕李仲　「李」，底本作「季」，川本、滬本同，據宋史河渠志改。

〔三〕東南逕開封縣故城北　「故」，底本脱，川本、滬本同，據水經渠水注補。

〔四〕范巳　川本、滬本同。楊守敬水經注疏渠水熊會貞引范守己云云，四庫全書總目卷五四：肅皇外史，明范守己撰，守己，「洧川人」，此洧乘當即洧川縣志書，爲范氏所撰，「范巳」疑爲「范守己」之誤。

〔五〕豈宋時因蔡澤故瀆而浚之以建都城乎　「建」，川本同，滬本作「達」，以文意，作「達」是。

〔六〕前城東南隅　「南」，川本同，滬本作「北」。

〔七〕南北二百許里　「二百」，川本、滬本同。楊守敬水經注疏渠作「二十」，云：朱謀㙔作「二百」，趙一清同。熊會貞按：考元和志、寰宇記文並言東西五十里，南北二十六里，「足證此二百當作二十，故御覽七十二引此作二十，至全作二百則無據也」。

〔八〕灌莽極目　「灌」，底本作「滜」，川本同，據滬本改。

〔九〕陵樹鄉　「樹」，底本作「柳」，川本同，據滬本及水經渠水注改。

〔一〇〕續述征記云成皋東南一百三十里有宛陵城　「續」，底本脱，川本、滬本同，據寰宇記卷一引續述征記補。「成」，底本缺，川本同，據滬本及寰宇記卷一引續述征記補。「三」，底本作「四」，川本、滬本同，據上引書改。

〔一一〕古亭城　「古」，底本作「大」，川本同，滬本作「卞」。寰宇記卷一：尉氏縣，「廢康陰縣，在縣東南四十里。唐武德四年，綏撫使任瓌於古亭城置縣。貞觀元年廢」。此「大」爲「古」字之誤，據改。

〔一二〕高寺莊保　底本空缺「寺」字，川本同，據滬本及嘉靖尉氏縣志卷四補。
〔一三〕春秋成公十六年　川本、滬本同。左傳成公十六年：「諸侯還于制田。」此「春秋」應作「左傳」。
〔一四〕制澤　「澤」，底本作「田」，川本、滬本同，據水經渠水注改。
〔一五〕公孫壯　底本脱「壯」字，川本、滬本同，據古本竹書紀年輯證魏紀補。
〔一六〕任瓌　底本脱「任」字，「瓌」作「環」，川本同，據滬本及寰宇記卷一補改。

鄢陵　按溱水即鄶水。水經注云：鄶水注於灣，灣注於洧，詩所謂溱與洧者是也。洧水出潁川陽城山，山蓋馬嶺之總目。東過新鄭南，灣水注之，東南與龍淵水合。又東逕長葛及鄢陵故城南，謂之雙洎。今縣北二十里爲舊雙洎河。成化以前，逕彭祖店北二十里。東入小黄河。弘治九年，杜孟乾碑作正德七年。山水泛漲，決洧川栗家口，河始淤塞，水趨南與七里河七里河即雙洎支流。漫爲一陂，渰没鄢、扶等縣。嘉靖六年修之。無何，古城東復湮淤，自古城反折而北，東入於河，爲患益甚。三十八年，扶溝令林朝卿再修。溱水，源出密縣，即古溱、洧，入鄢爲雙洎河。三道河，在縣西南二十里，自許州東秋湖流入境内。河本二汊，中夾支流，並列三渠，渠各有橋，東南合清流河。清流河，在縣南五十里，即潩水之别名。源出新鄭大隗山，東南經長葛、許州，又東至臨潁縣入潁。水經注云：潁水東南，潩水入焉。是已。今入沙河者即此水，然在本境，惟隨水大小以爲盈涸，非通津也。潁河，在縣南六十里。上流亦潩水，自許州八里莊東逕縣南六十里麻粈橋，通上蔡，合潁。潁即臨潁之楮河。水經注謂三源奇發〔一〕，今不知果何源也。馬欄鎮，在縣南十里。宋都汴時，畿内設四鎮，皆重兵屯守，馬欄其一也。古鄢城，在縣西北一十八里。甘羅北保。縣志：西南十五。周九里一百六十步。春秋：鄭伯克段于鄢。成十六年〔二〕：晉、楚戰于鄢陵。即此。劉訒記：按水經，洧水、潁水，皆出陽城之陽乾山而源不同。潁水自少室經許昌，歷臨潁而溴水入焉。東南經沙、汴入淮。世久傳訛，名多失實。今之清流河至三道河而始匯，不知潁邪？溴邪？抑洧之别派邪？

【校勘記】

〔一〕水經注謂三源奇發　「三」，底本作「之」，川本、滬本同，據水經潁水注改。

〔二〕成十六年　底本脱「六」字，川本、滬本同，據左傳成公十六年補。

扶溝　惠民河，一名小黄河。源自鄭州京水河，逕白沙坡〔一〕、朱仙鎮，至白家潭西北四十里。入境。由縣北董家橋東北二十五里。至吕家潭入蔡河故道，直達西華。其後蔡河湮淤，泛溢爲患。成化中，知縣李增自吕家潭縣東北十八里。南，地名張單口，在吕家潭南二里。另疏新河。迤邐西南，至縣東五里許，仍復東南，至張會橋與雙洎合流出境。繞西華三面，下至周家口，入沙河，達潁州，及淮，及泗，遂至淮安。故江南商貨，皆由此通汴。每歲荒，江、淮之粟，藉以轉輸，百姓賴之。但河流淺狹，易至潰溢，昔猶賴蔡河分泄，近爲西華堵塞，議在大浚此河，深廣倍昔，庶免昏墊之菑。雙洎河，即溱、洧合流是也。溱水源出鷄洛塢，洧水源出陽城山，皆密縣之境。東流至超化寺，合而爲一，遂名雙洎。逕新鄭、長葛、洧川、鄢陵，由孟亭西北三十。入境。其道漸微，横潰旁徙。嘉靖初，鄢、扶之民詣闕陳請，奉部札疏河。由縣城東北一里許轉折南下，至王潁店南四十。出境，逕紅花集、西華西二十。黄土橋西華縣西南。會渚河，南入沙河。十三年，復壅淤，自縣北反流，潰溢如故。嘉靖四十年，知縣林朝卿議開疏，而憚功之難就，取捷徑東入惠民河。惠民河淺狹，不任衆水之匯，猶賴蔡分泄，而被西華堵塞。萬曆三十三年，知縣全良範復疏雙洎故道〔二〕，以分水勢。至境上，又爲華人所阻。乃復東引入惠民河，僅收一隅之利。若夫入沙會渚，爲萬世利，尚有俟於異日。蔡河，流逕扶溝之境，因黄河南徙，横流衝決，始亂其故道。其依然猶存不可湮滅者，張單口迤南是也。黄河故道，在縣東北五十里崔橋之西。先是，河出汴南，横流漫衍，境内盡爲魚鄉。弘治二年，河復北徙，遂爲墾田。初，于肅愍巡撫河南時，奏河徙無常，其地永不起科。後有投獻藩府，遂稱王莊。異日，河復南徙，而藩府之徵租無已，其害可勝道哉！渦河故道，按水經：陰溝始亂莨蕩渠，終别於沙，渦水出焉。又云：渦水受沙於扶溝，逕大扶城西而下，東流馬敞陂，由鹿邑東入亳縣半坡塚，至城西北合黄流，至懷遠入淮。

夫陰溝即莨蕩渠，一名通濟渠，皆汴水别名。在今祥符界者，即會衆水以通漕運者。爲渦，爲沙、蔡，皆自此别出。所稱逕大扶城，今柏子岡是也。其東尚有渦河之迹。洧水故道，按水經：洧水舊經桐丘之南。今雙洎流經縣北，而西南之故道已湮。或曰：縣西南屈岡之東，有大浪溝是。秦家岡，在縣西北四十里。萬曆七年，鄢陵陳尹欲鑿其岡泄水，扶人爭之，不果。吕家潭，在縣東北十八里。商賈叢集之所。扶溝故縣，即穀平鄉，在縣東北五十里。朱鮪封國。漢置縣於此。地有扶溝亭，又有洧水溝，故名扶溝。新汲故縣，即汲鄉，今離下是。桐丘，即天井陵。其南下有桐門橋。大扶城，即扶鄉，在縣東二十里，今柏子岡是也。許昌故縣，在西南三十五里，城址俱存。見水經。洧陽城，在縣南練寺保。魏封郭嘉於此。張單口，在吕家潭南二里許。田土以二百四十步爲一畝，買地賣地，准此上册。徵糧則以三畝七分六釐五毫爲一畝。

【校勘記】

〔一〕白沙坡　「坡」，川本、滬本同，光緒扶溝縣志卷三作「陂」。

〔二〕全良範　「全」，底本作「金」，川本、滬本同，據光緒扶溝縣志卷三改。同書卷五：知縣，「全良範，萬曆二十九年任」。

角、亢，鄭分，則開封之祥符、陳留、通許、扶溝、鄢陵、洧川、尉氏、中牟、蘭陽、原武、陽武、封丘、延津，陳州四縣，許州四縣，汝寧十四州縣，與南陽之桐柏是也。氐、房、心，宋分，則開封之杞縣、儀封，與歸德所屬之州縣是也。太康之境，東屬宋，西屬鄭，在界域之間。

封丘　黄河，在縣南三十里。河南北岸相去十里。　沁河，源出山西沁源縣，經武陟、新鄉、陽武，流入封丘于家店北，繞本縣南三里，穿桃陂河東注。弘治六年，黄河決于家店，趨封丘，吞沁河，岸流潰没，水去遂淤。復上流徑經武陟木欒店南，流入黄河。詳劉文靖記。　荆隆口，一曰金龍口，在縣西南二十里。舊志：弘治六年，河溢，築堤以荆埽塞之，豐隆四起，故名。歷代黄河決口，築堤數重以禦之，最爲河堧要害。張元禎荆隆口河瀆神祠碑記。　長堤，在縣南十三里。高可三丈。起荆隆口，迤邐東南，直抵徐州。弘治六年，都御史劉大夏、平江伯陳鋭、副使張鼐所築。荆隆口之東西各二百餘里，黄陵岡之東西各三百餘里。又以荆隆口、黄陵岡二處河口屢塞屢決，築堤三重以禦之。　黄池，在縣南神馬里。春秋哀公十三年〔一〕：公會晉侯及吴子于黄池。　蟲牢，在縣北。春秋成公五年：同盟于蟲牢。　平丘，在縣東四十里黄陵社，今平丘集是也。春秋昭公十三年：同盟于平丘縣。後封光禄大夫王遷爲平丘侯。　封父亭，在縣治安坊西北。夏后氏之世，封父爲諸侯，國於此。　中欒城，在縣西南二十五里。元末，達魯花赤黃漢臣築。太祖高皇帝命徐達、常遇春等北取中原，自中灤城渡河，取衛輝等郡。青陵臺，在縣東北青陵社。宋康王欲奪舍人韓憑妻，憑妻投臺下死。董家堤，在縣西二十里。障禦黑洋山水及霖潦之水西來，順堤北注入沁衛二河。按此即金堤也。

【校勘記】

〔一〕哀公十三年　「三」，底本作「四」，川本、滬本同，據春秋哀公十三年改。

蘭陽　黃河故道，在縣北二十里。弘治二年，河徙東北，過沁水，即巴河。溢流爲二。其一自祥符于家店至徐、邳入淮。自是河經縣治南三里。四年，河北徙，決縣城，在縣北十里。曹良口，在縣東北二十里。耿金口，在縣東北三十里。張禄口，即趙皮寨，在縣正北十六里〔一〕。銅瓦廂口，在縣西北二十五里。李景高河口，在縣北十里。按圖在東北，與儀封接界。舊長堤，在縣北三十里，上自銅瓦廂迤西接陳留縣界，下至儀封縣界新莊村止，長四十五里。東昏城，在縣東北二十五里。元至正十七年，圮於河。韓陵城，在縣東北五里。元至正十七年，遷縣治於此。洪武元年，因地狹，遷今治。巴河，在縣南六里，即沁水。弘治二年河決，沁水入黃河中。嘉靖七年，開趙皮寨河口，下達寧陵，至亳入渦，以分水勢。二十二年，開李景高河口，下達丁家道口，至徐入淮，以分水勢。

【校勘記】

〔一〕張禄口即趙皮寨在縣正北十六里　川本、滬本同。嘉靖蘭陽縣志卷一：「張禄口，在縣西北二十里。」又載：「趙皮寨口，即趙皮寨。」此誤「張禄口」、「趙皮寨」爲一，里距亦有差異。

儀封　黄陵岡，在縣東北六十里府志五十里。堌陽鄉。有土阜，高數丈，周數百步。世傳三國魏明帝葬此。爲黄河通塞要害之區。元順帝至正十一年，詔開黄河故道，命賈魯發河南、北兵民十七萬，自黄陵岡南至白茅，放於黄固、哈只等口。又自黄陵西至楊青村，合於故道，凡二百八十里有奇。大明弘治六年，詔都御史劉大夏等治黄陵岡，塞河口。詳碑文。黄河，在縣北十二里。由蘭陽李景高口東經考城張裕夫口，以達於徐、吕二洪。新河，在黄河南。新挑以分殺水勢，東西二十里有奇。南舊黄河，在縣西南三里。北舊黄河，在縣東北五十里。即黄陵岡河。巴河，在縣南八里。賈魯河，在縣東北，去黄陵岡二里。龐家口河，在縣北八里。右七河皆黄河轉徙故道，倏焉南北，穿縣境殆遍。今惟賈魯、巴河故道湮没，餘圈頭、龐家口二河形勢猶存，堤岸如故。黄陵岡尤勢闊源深，遂成匯澤。重以地下堤高，每淫雨逾時，積瀁無際，於黃河稱流亞焉。東昏城，即縣舊城，在沙溝河之南，距今縣一十五里。金、元邑於此。洪武初，改今治。于莊口堤，在縣北十五里。北自蘭陽回龍至考城崔家壩，長九十二里有奇。南自蘭陽油房寨至考城閻家集、王家樓，長一百有三里有奇。嘉靖二十四年築。

陳州　沙水，俗名小黃河。源出滎陽北河，東南過中牟縣之北，與汴同流，是曰莨蕩渠。東南至浚儀而分：一瀆東注爲汴；一瀆受新溝水，南流爲沙，逕朱仙鎮呂家潭，至扶溝縣東北，受溱、洧水，世謂之雙洎河。沙水又東南入西華縣境，至縣繞城之西、北、東三面。又東南逕李方口西。西華東南。又東南合潁、汝二水，入商水縣境，逕周家口。州西南五十里(一)。又其東受清水及柳社河水，爲白馬溝。其南爲潁岐口。潁岐店，州西南五十里。潁、汝東南流，沙東流，逕郡城南牛家口，州東南四十里。東受河水。又東逕新站南、州南四十里。王昶集北，又東受蔡水。又東逕故項城縣南，項城志：經南頓新橋下。又東逕新安集南，沈丘縣北三十五里。又東受枯河水。又東逕紙店南，沈丘東北四十里。又東逕界首集南，沈丘東北五十里。又東逕太和縣南，又東逕潁州北，後合潁水而注於淮。按此水自受新溝水南流爲沙，以上水經故道。自朱仙鎮以下，俱今日水道，與水經所載逕小扶城西，大扶城西，東華城西，長平故城北，及逕陳城北，又東而南屈，分爲二瀆，一注於潁，一入於淮者，其道不同。潁水，俗名沙河。源出陽城縣少室山，東流歷陽城、陽翟、潁陽、潁陰、臨潁諸縣。又東南逕澤城北，又東逕故濦强城南，又東入於西華縣西北。其右枝瀆，亦入於縣之西境，逕清水鎮北，後合流逕縣西南，分一瀆爲棗祇河。潁水又過縣東南，合汝水。又東南入商水縣境，合沙水，逕周家口，又東爲潁岐口。沙水東流，潁水東南流，逕南頓鎮。又東南逕今項城縣，北受溵水、汾水。又東入沈丘縣境，受虹河水。又東南逕今沈丘縣治南，又東南逕故沈丘縣北，又東逕潁州北，復與沙水合流。至正陽，注於淮。按此水自西華而上，俱水經故道。自西華而下，今水道與故稍不同。爾雅：潁出爲沙。則沙之稱名，有自來矣。黄河，宋太平興國十年，河決滎澤，始南徙，奪汴水之道，以注於淮。金明昌五年，河決新鄉，由太康經本州東南至潁州。元末，又自通許分一支自本州商水入南頓，混潁水，東流於項城。洪武二十四年，河決原武，經汴城東南至本州城西，又東南經項城下入淮。三十年，河南徙，入本州。永樂九年，浚入故道。正統十三年，又決滎陽，經本州至項城下入淮。弘治間，又北徙。蔡河，即惠民河。自汴城東南流，至州城西北五十里明馬集西入境。東流逕鞍子嶺北，州北二十五里。土人呼爲黑河。又東至臨蔡城北，又東逕戴家集南，州東三十里。東流入鹿邑縣境，注於剌河。五代周顯德六年，引河水入蔡，以通陳、潁之漕；又於近城鑿渠，築倉城，以便儲守。宋時，陳、蔡之粟自此入汴。國初猶置七閘以通舟楫。其渠自州城西北，逕太昊陵前，州西北三里。而東至護城堤東北隅，折而南，受七里河水。又南合於枯河，東南逕馮唐店西，又東南至魯臺集南，合黄河故道。又東南至故項城縣西，注潁，即大北關之河也。以上引蔡水，故亦名蔡河。今人以此爲蔡河，故呼北蔡河爲黑河以别之，然黑河即灌河也。州境之西北有清水河，南流逕上中坡至搬罾口。州西南三十里。西華縣境之東有柳社河，南流逕故清河驛，亦至搬罾口合流，是曰白馬溝，南入於沙，疑即水經穀水。枯河，即沙水故道。今涸。路史注云：今宛丘城北一里有伏羲廟、八卦壇。太昊陵，在州北三里。臨蔡城，在州東北二十里、三十里〔二〕。隋分宛丘置臨蔡縣。漢光武與王莽相距，築城臨蔡河，故名。新平城，在州東北。漢縣，屬淮陽國。長平城，在州西北七十里西華縣東北。漢縣，屬淮陽國。武平城，在州東北七十里鹿邑縣境。漢縣，屬淮陽國〔三〕。寰宇志：陳州南頓縣西南三十里舊有夏亭城。城北五里有株林〔四〕。辰亭。國名紀：鄖，古國。宛丘西南四十里有辰亭。潁陰城，在州西南平信鄉，即漢潁川郡，灌嬰封於此。陳胡公墓，在州北。城濠水嘗齧其趾，見有鐵錮之，謂之鐵墓。

【校勘記】

〔一〕州西南五十里　底本脱「里」字，川本同，據滬本補。

〔二〕二十里三十里　川本同，滬本作「三十里」，同紀要卷四七。

〔三〕漢縣屬淮陽國　川本、滬本同。續漢書郡國志：「陳國，高帝置爲淮陽，章和二年改。」領有武平縣，乃東漢置，西漢無此縣。此「漢」應作「東漢」或「後漢」。

〔四〕陳州南頓縣西南三十里舊有夏亭城城北五里有株林　川本、滬本同。寰宇記卷一〇：西華縣，「夏亭城，在縣西南三十里。按陳詩：『株林，刺靈公也。』『胡爲乎株林，從夏南。』注云：『夏南，夏徵舒也。』今城北五里有株林」。此「南頓」爲「西華」之誤，且錯簡於此，應改於後文西華縣方合。

西華　渚河，即潁水。源出登封之潁谷，經禹、臨潁入縣。有二口：一自西北入，一自正西入，至清水鎮合流，繞東南，入沙河。　沙河，在縣西南九十、南三十里。出汝州魯山縣吳大嶺，經舞陽、郾城，東北流入縣常社鎮，東流與潁水、小黄河合，達於淮、泗。界在商水、西華之間，爲二縣患。　小黄河，見陳州。嘉靖初，河決於扶溝民張善地，因名張善口。泄水流注邑田，積成巨壑。萬曆二十一年，決口愈闊，邑人訴於知府劉汝寵，塞之。　棗祇子河，在縣西十八里。一名棗子口，即渚河支流。三國魏棗祇所鑿。　柳社河，在縣東三十、西北六里。不通舟楫。　闕口鎮，在縣西北。前代嘗立巡司。　黑軍寨，在闕口鎮迤西。元時屯兵守禦之處。志：吉邑，爲殷箕子始封之地。今儒學後有箕子臺。舊志云：紂囚箕子處。

項城　黄河故道，在縣東北六十里，即槐房店南之沙水。西接汴水，東流至鳳陽府太和縣，合潁水入淮。今涸。　穀河，在縣北五十里。發源自商水縣召陵岡，流經本縣，東入淮。樓堤河，在縣北十二里。上接三岔口，自商水流經縣境，東入潁。虹河，相傳西漢漕河也。上爲包、爲沙，通郟、郾，流經城内。一支通虹河，流入淮、泗。沙河渡，東北六十里。潁河渡，南十二里。德勝城，在縣西三十里。唐末，晉王李克用屯兵所築。曹亨項城縣修復河防記云：城西北有黄河故道，上沿朱仙鎮，匯古汝水入境。經南頓新橋下，達潁州，入於淮。城西南有洪河，源出西平，逾上蔡入境。通韓劉橋、吴四橋，下達新蔡，匯汝河，亦入於淮。中間支河則爲包、爲虹、爲沙，而沙河上聯商水鄧澄口，趨廣陽坡，匯爲三岔口，亦達沈丘大河。五河者，實項之大襟帶云。連橋坡，在南頓鎮西南二十五里。萬曆中，曾爲賊巢。光武臺，在舊縣西北四十里。光武建武十九年，幸南陽，進幸南頓縣舍，置酒大會，復南頓一年田租〔一〕。

【校勘記】

〔一〕復南頓一年田租　「一」，底本作「二」，川本、滬本同。後漢書光武帝紀：「復南頓田租歲。」此「二」爲「一」字之誤，據改。

沈丘　古黄河，在縣北五十里槐坊店南。古黄河之支流。正統十二年淤塞，失故道。惟西華境一支，入潁河合流，下達於淮。潁河，在縣南關外。洪武初，黄河自通許之西，支分陳州、商水，入南頓混潁，東流項城趙家渡，入沈丘，東至潁州正陽入淮。宣德五年淤塞，呼爲小河。府志：南河，在縣南關前。係古黄河支流，上通朱仙鎮，下通黄河。疑即潁河。北河，在縣北五十里槐坊店南古黄河北崖，發源與潁河同。自新站集南潁河分流，經槐坊店、新安集、紙店、界首，至舊縣入潁河，下通淮安。小汝河，在縣東南三十里添子塚南。積乾柳樹集南溝洫之水成河。過雙溝水，四達處有古塚，名添子塚。水自北而南，至沈丘鎮入潁河。沈子國城，在縣東南三十里，即周聃季所封。容齋隨筆云：古有兩沈國：其一爲金天氏之裔，沈、姒、蓐、黄之沈，封於汾州，晉滅之。其一爲文王子聃季所封，定公四年，蔡滅之，即在汝南平輿縣者是也。鮦陽城，在縣西南三十五里。漢光武封陰慶爲鮦陽侯。

許州　潁河，在州西四十里。出登封潁谷山，東流經禹州、本州、襄城、臨潁，入於蔡，達於淮。郡名潁川以此。一名褚河，未詳其義。許州古城，在州東三十里。圍九里一百二十九步。相傳曹操所築，今存遺址。西湖，在州西北七里。今水涸，民田其中。秋湖，在州東二十五里。一名東湖。湖本二合爲一，濮水經其中。有魚、蝦、蚌、蛤、菱芡、蒲葦之利。許國，姜姓，男爵，堯太岳之後。武王時，文叔始受封。傳十一世至穆公，始著於春秋。穆公傳僖公，僖公傳昭公，皆在許。昭公傳靈公，遷於葉。靈公傳悼公，遷於夷，又遷於白羽，又遷於容城。

以後皆依於楚，而故國爲鄭有矣。受禪碑，在繁昌城〔一〕。魏篡漢時作，一載羣臣上尊號表〔二〕，皆鍾繇隸書。飛白碑，在州北城上。宋仁宗御書賜翰林侍讀李仁淑出守許州，爲飛白寶章記，摹石州廨。

【校勘記】

〔一〕繁昌城　底本作「繁城」，川本、滬本同。水經潁水注：「魏書國志曰：文帝以漢獻帝延康元年，行至曲蠡，登壇受禪於是地，改元黃初。其年，以潁陰之繁陽亭爲繁昌縣。城内有三臺，時人謂之繁昌臺。」寰宇記卷七：臨潁縣：「繁昌城。魏志：文帝行至曲蠡，乃爲壇於繁陽受禪，改元黃初，以潁陰之繁昌亭爲繁昌縣。」此脱「昌」字，據補。

〔二〕一載羣臣上尊號表　「一」，川本同，滬本作「上」。寰宇記卷七：臨潁縣繁昌城引魏志云：文帝爲壇，「壇前有二碑，一是百官勸進表，一是受禪碑，並鍾繇書於後。」此當脱「一是受禪碑」五字，滬本誤。

臨潁　長社縣，本朝并入許州〔一〕。棗祇河，在縣北二、三十里。潁河之支流也。三國魏棗祇募民屯田許下，引流灌溉，得穀百斛〔二〕，後人因以其名名河。今淤塞。五里河，在縣北五里。亦潁河之支流也。久涸，今始注水。艾城河，在縣東北三十里。魏鄧艾所引，故名焉。元史謂之鄧艾口。臨潁古城，在縣南二十五里南王上保。府志作西北十五里。漢時所築，名固廂城。省志同。固廂城，在縣西北十五里。周四里二百五十六步。即臨潁故城，漢時築。隋大業四年，圮於水。繁昌城，在縣西北。魏置縣。隋屬潁川郡。唐省入臨潁。

【校勘記】

〔一〕長社縣本朝幷入許州　川本、滬本同。明史地理志：「許州，洪武初，以州治長社縣省入。」此文係許州錯簡。

〔二〕得穀百斛　川本、滬本同。紀要卷四七作「得穀數百萬斛」，圖書集成職方典卷三七一作「得穀百餘萬斛」，此疑有誤。

襄城　鄭南氾地。周襄王避叔帶之難，出奔鄭，居此。汝水，發源伊陽之天息山，逕汝州，過郟，至本縣始大。薄城而行，屢被齕嚙。城南門下横以石橋，凡東南舟楫，抵橋而止。水自城東南收沙、澧〔一〕、湛阪，北帶潁、渚諸水，直逕潁州、正陽，合淮、泗而入於海。潁水，發源登封之潁谷，至鄭州合禹州之乾陽山水，逕禹至本縣之潁橋下，爲渚。引許之潩水，過臨潁，由趙老埠口入汝，達直隸潁州。渚河，在縣東北四十里。即潁橋河也，至此名爲渚，蓋隨地異名。氾水，即北七里河。由北折而南，至城東七里，入於汝，即東七里河，同一氾水也。新志：澮水在縣東北三十五里。由草寺北過化行南，轉東北入於渚。溏河，在縣北二十里閻寨迤東。水漫淺而不涸，過靈樹東南，縣北二十里。接乾勒河。乾勒河，在不羹城下，東接朱湖潭。此河最爲東方害，宜急挑浚。汜城，在縣南。春秋〔二〕：周襄王出居於汜。杜注：汜在襄城縣南。今其處迴於大河〔三〕，殆不可考。河堰，在縣東南四十里汝河南。疊石爲岸，長四、五里，甚陡峻。中作階級，浣汲者循之而下。不知始於何代。不羹城，楚别都也。左傳昭公十一年：楚子城陳、蔡、不羹。今考亳州西地有東不羹〔四〕，本縣東二十里有西不羹，今呼爲堯城。下臨土盧河，門垣舊址猶存。林堯叟注：不羹城有二，一在襄城東南。韋昭曰：襄城有西不羹城，在縣治東。今其地莫考。汾丘城。左傳襄公十八年：楚子庚帥師治兵於汾。杜注：襄城東北有汾丘城。今不詳其處。上棘城。左傳襄公十八年：楚師伐鄭，次於魚陵。右師城上棘，遂涉潁。此城當在潁橋之上。今不可考。金史哀宗紀：天興元年，元兵出唐州，元帥完顏兩婁室與戰襄城之汝墳〔五〕，敗績。

【校勘記】

〔一〕澧　底本作「灃」，川本同，滬本作「澧」。紀要卷五一：舞陽縣，「澧水在縣北，東至郾城縣界，入於汝水」。此「澧」爲「灃」字之誤，據改。

〔二〕春秋　川本、滬本同。左傳僖公二十四年：「王出適鄭，處地汜。」此「春秋」應作「左傳」。

〔三〕今其處迴於大河　「迴」，川本、滬本同，乾隆襄城縣志卷九作「迫」，當是。

〔四〕今考亳州西地有東不羹　「地」，川本同，滬本作「北」。紀要卷五一：舞陽縣，「東不羹城，在縣西北」。漢志：

「定陵有東不羹。」清統志卷二一一載同。此云「亳州西地」，當誤。

〔五〕元帥完顔兩婁室與戰襄城之汝墳　底本空缺「兩」字，川本、滬本同，據金史哀宗紀補。又「室」，底本作「寶」，川本同，據滬本及金史完顔婁室傳改。

郾城　溵河，一名沙河，在縣南四十步。出魯山皂君山，流二、三里，會澧河，東流經本縣、商水、項城，入潁河。唐元和十一年，初置淮潁水運使，揚子院米自淮陰入淮、入潁，至項城入溵，輸於郾城，以饋淮西行營，省汴運之費七十餘萬緡〔一〕，即此地也。澧河，在縣南三里。源出魯山縣，東南流經葉縣南，又流經舞陽、郾城，合沙河。溏河。土壚河。渚河，在縣北三十五里。一名小河。源出登封縣潁谷，東經鄭州，至襄城爲渚河。又東經臨潁而合沙河入淮。洄曲河。泥河，距縣五十里許，在宋岡上。自洪梁渡下流入土壚河，即瑪瑙河也。宋岡，縣西北四十五里。西向陽霍入郟、襄〔二〕，東過西華、長社者，必渡此水。陶汝弼乾勒橋記：此河發源於襄城朱湖潭曰泥河，經於潁曰瑪瑙河，流於郾則乾勒河也。沱溝。粉溝。紅溝。滚水溝。石界溝。已上即文獻通考之所謂五溝也。鄧襄城，在縣東南三十里。春秋桓公二年：蔡侯、鄭伯會于鄧。此其遺址。召陵城，在縣東三十五里。春秋僖公四年：齊桓公伐楚，盟于召陵。即其地也。青陵城，在縣西北宋岡側五十里，即烏重胤、曹華敗賊之地。 淩雲臺，在縣西北三十里。魏文帝所築。晉武帝嘗會百官於此，尚書令衛瓘侍宴佯醉而撫牀，即其地也。 陵雲栅，在縣西北三十五里，即吳元濟立栅之所。 郾城之水，經西平之境者，有沙河、澧河、溏河。三水泛溢，則東入飲馬溝，匯爲洄曲河，入沱溝、粉溝、紅溝，豬於塔橋陂，入滚水溝、石界溝而達於西平之洪河。自洪而入汝河，則入淮而東矣。 時曲栅，在縣西北四十里，即李光顏先敗賊毁其栅之所。 赫連城，在縣泥溝南。唐書：裴度築赫連城於沱口。

【校勘記】

〔一〕省汴運之費七十餘萬緡 「汴」，底本作「泝」，川本同，據滬本及舊唐書憲宗紀改。

〔二〕西向陽霍入郟襄 「陽霍」，川本、滬本同。按明史地理志，元鈞州治陽翟縣，明洪武初省陽翟縣入鈞州，萬曆三年改鈞州爲禹州。本書記郾城西向郟、襄，當經由元鈞州治陽翟縣。此「陽霍」疑爲「陽翟」之誤。

長葛 雙洎濟河，在縣北三里，即溱洧河。溱水源出密縣東北四十里鷄洛塢，洧水源出密縣東南十里超化寺。二水過新鄭縣南合流，經本縣北，東通洧川、鄢陵等處，達於河。州志：以溱、洧合流而名。溱水出滎陽澮城西北鷄洛塢下，東南入洧。洧水出滎陽、密縣西馬嶺山，東流經本縣洧川，達於河。 潩水，在縣西十五里。源出大隗山頂，過新鄭，經本縣西南流入許州，達於河。

禹州　高氏亭。左傳成公十七年：衛侵鄭，至高氏。杜注：在陽翟縣西南。　雍氏城。左傳襄公十八年：楚伐鄭，侵雍梁。杜注：在陽翟縣東北。史記：齊湣王十二年，攻魏，楚圍雍氏。　金史哀宗紀：天興元年，兩省軍與元兵戰於鈞州之三峯山。兩省軍大潰，合達、陳和尚、楊沃衍走鈞州。城破，皆死之。　移剌蒲阿傳：望鈞州，至沙河，北騎五千，待於河北，金軍奪橋以過。至黄榆店〔一〕，望鈞州二十五里，雨雪不能進。武仙率三十騎入竹林中，楊、樊等及高英殘兵共戰於柿林村。

【校勘記】

〔一〕黄榆店　「榆」，底本作「橋」，川本、滬本同，據金史移剌蒲阿傳改。

密縣　雙洎河，溱、洧源俱在縣南二十里。瀷水，一名魯姑河，一名清流河，出大隗山。　古城，在縣東七十里。密三、四遷，始治今邑。　卓太傅時治新密，乃大騩鎮也。　患水，復西徙矣。　後漢郡國志：新城有高都城〔二〕。　史記：蘇代説韓相國以高都與周。是也。　金史武仙傳：與鄧州行省思烈合兵入援，至密縣，遇蒙古將速不解兵過之〔三〕。仙即按軍眉山店，報思烈曰：阻澗結營，待仙至俱進。思烈急欲至汴，不聽。行至京水，蒙古兵乘之，不戰而潰。

【校勘記】

〔一〕新城有高都城　「新城」，底本作「密」，川本、滬本同。續漢書郡國志：「新城有高都城。」此「密」爲「新城」之誤，據改。

〔二〕速不䚡　「䚡」，底本作「解」，川本、滬本同，據金史武仙傳改。

鄭州　汴河，在州北三十里。今止有賈魯河，疑即汴河也。　京水河，在州西十五里。源出嵩渚山，經本州西南十五里，東流入鄭河。　金水河，在州西一里。　水利記：城北四十里有水，來自滎陽，合索、須、京、汴，以成其流，至雙橋村始大。相傳元賈魯所開，因名焉。昔由惠濟鎮楊家口入河甚便，商人稱小臨清。後議者慮妨運道，欲殺河勢，導之南行，遂積溱、圃、潁、汝諸水向朱仙鎮，過正陽，以達於淮，所謂裏河也。

滎陽　縣以滎名者，取禹貢濟水之義。蓋濟自温縣入河潛行，絶河，南溢爲滎，故曰滎陽。　敖山，在縣東五十里。商仲丁遷都於此。詩：搏獸于敖。左傳：晉師在敖、鄗之間。又士季帥七覆于敖前〔一〕。並此。　滎陽故城，在滎澤縣西南十二里，在今治東北五十里，遺址尚存。今治乃後元魏所遷。　宅陽城，在縣東南。　魏會趙攻秦，不利於宅陽。　魏世家：與韓會宅陽，城武堵，爲秦所敗。　索城，在縣北二里，索水繞焉。　漢韓信收兵，與漢王復戰楚滎陽南京、索間，破之。即此。　小索城，在大索城東北。二城相連，即六國時二索也。晉韓宣子如楚送女〔二〕，鄭子皮、子大叔勞於索氏。應劭曰：有大索小索亭。即此。　廣武城，在縣北三十里。有兩城相對，各據一山，相去僅百餘步。漢高帝與項羽臨廣武間語，即此。今屬河陰。索隱曰：應劭云：在滎陽東南二十里。　鴻溝，在縣北三十里，楚、漢分界處。秦始皇鑿引河水以灌大梁。一名廣武澗。今屬河陰。　敖倉，在縣東北五十里。本志：秦初敖氏築倉於上。酈食其勸漢高祖據敖倉之粟，即此。　制田，在滎陽西。諸侯伐鄭之師還屯於此。

【校勘記】

〔一〕帥七覆于敖前　「七覆」，底本作「士伏」，川本同，滬本作「師伏」，據左傳宣公十二年改。

〔二〕晉韓宣子如楚送女　「送」，底本作「逆」，川本、滬本同，據左傳昭公五年改。

滎澤

廣武山，在縣西十五里。列峯對峙，迤邐而南，直連滎陽古城。南引索、須，西與三皇山相接。上有東西廣武二城。　黃河，去縣北三里許。上自廣武山西北入境，歷舊縣官渡，距縣治北三里許，至孫家渡口出界。　汴河。史記正義曰：汴水從廣武澗中東南流，今涸。

河渠書曰：禹抑洪水，九川既疏，九澤既陂，諸夏艾安，功施于三代。自是之後，滎陽下引河東南爲鴻溝，以通宋、鄭、陳、蔡、曹、衛，與濟、汝、淮、泗會于楚〔一〕。張華云：一渠東流經浚儀，是始皇所鑿引河灌大梁，謂之鴻溝。故道在舊縣南，今陷於河。山堂考索云：世謂隋煬帝始通汴入泗，非也。須水，源出滎陽萬山，北流入境，至汊河合索水，繞滎陽故城南，東流過惠濟橋出境。至中牟，合京、鄭二水，同流至宿遷縣，入於黃河。一統志以此水爲汴河，謂發源於滎陽縣大周山，合京、索、須、鄭四水，東南至中牟縣北，入於黃河。未詳孰是。今名賈魯河者，非舊名也。莨蕩渠。見水經注〔二〕。宋史霍端友傳：知陳州，陳地汙下，久雨則積潦。時疏新河八百里，而去淮尚遠，水不時泄。端友請益開二百里，徹於淮，自是水患遂去。通鑑：唐德宗建中三年，李希烈與朱滔等反，由是東南轉輸者，皆不敢由汴渠，自蔡水而上。注：蔡河，古之琵琶溝，在浚儀縣。杜佑曰：漢運路出浚儀十里，路入琵琶溝，至陳州而合。宋白曰：建中初，杜佑改漕路，自浚儀西十里路，其南涯引流入琵琶溝，經蔡河，至陳州合潁，是秦、漢故道。自隋開汴河，利涉揚、楚，故官漕不復由此道，佑始開之。

金史烏古論慶壽傳：慶壽上書言：汝州襄城縣去汝州遠於許州兩舍，請割隸許州便〔三〕。尚書省議：汝州南有鵶路舊屯四千，其三千在襄城。今割襄隸許州，道里近便，仍食用解鹽。其屯軍三千，依舊汝州總押。從之〔四〕。

【校勘記】

〔一〕與濟汝淮泗會于楚　川本、滬本同。史記河渠書：「滎陽下引河東南爲鴻溝，以通宋、鄭、陳、蔡、曹、衛，與濟、汝、淮、泗會。於楚，西方則通渠漢水、雲夢之野，東方則通（鴻）溝江淮之間。」漢書高帝紀顏師古注引文穎曰：「於滎陽下引河東南爲鴻溝，以通宋、鄭、陳、蔡、曹、衛，與濟、汝、淮、泗會於楚。」此引文與史記異而與文穎說同。

〔二〕見水經注　「見」，底本脱，川本同，據滬本補。

〔三〕請割隸許州便　「便」，底本脱，川本、滬本同，據金史烏古論慶壽傳補。

〔四〕金史烏古論慶壽傳至從之　川本、滬本同。按此係錯簡，當叙列於本書前文襄城下。

新鄭　洧水，見上。左傳：龍鬭于時門之外洧淵。史記云：晉悼公伐鄭，兵於洧水。溱水，在縣西北十里。一名澮水，源出鷄洛塢。今自密縣流至新鄭，入於洧。孟子曰：子産以乘輿濟人於溱、洧。詩注云：鄶居溱、洧之間。黄水河，在縣北十里。自郭店西北三十里流至縣城東北，又七里入於洧。湨水，名魯固河，一名清流河，在縣南二十里。源出大隗山，東南經長葛，又東至臨潁，入於潁川。鄭故城，在縣治北。城垣及門址迹僅存。舊有門曰時、曰剸、曰純。春秋傳云：楚子伐鄭，入自純門，及逵市〔一〕。史記作皇門。曰師之梁，曰桔柣。春秋傳云：晉荀瑶伐鄭，入南里，門于桔柣之門。曰東、曰北、曰南。史記云：鄭内蛇與外蛇鬭於南門中。今第知其名，然莫辨矣。十二子城，在古城内，遺址尚在。惟曰倉城者有名焉，在縣東南一里，俗傳爲鄭積貯所。或曰公宫，未詳。宛陵城，在縣東北三十八里，蓋鄭舊邑。謝花城，在縣北四十里。報恩城，在縣西北二十五里。界城，一名分國城，在縣東一里。田王城，在縣東北二十五里，城垣尚存。並未詳。東里，在縣東二十里。論語：東里子産。南里城，在縣南五里，古鄭城桔柣門外，即荀瑶伐鄭入南里者是也。周太祖嵩陵，在縣北四十里。陵前舊有石刻，云：周天子平生好儉約，遺令用紙衣瓦棺，嗣天子不敢違也。世宗慶陵，在嵩陵西。世宗，五代賢君，載在祀典，春秋有司致祭，朝廷每三年一遣官祀之。恭帝陵，恭帝殂於房州，宋太祖命還葬慶陵側，號曰順陵。鄭大夫子産墓，在縣南三十里陘山之巔。穴口向東北，漢志謂其不忘本也。

【校勘記】

〔一〕及逵市　底本作「至于逵道」，川本、滬本同，據左傳莊公二十八年改。

滎陽　項羽臺，在縣東五十里，京水經流其下。羽築臺以望漢軍，俗呼霸王臺。陰司澗，在縣東南二十里京城南。深數丈，闊五、六丈，東西長五、六里。中有源泉，流入須水河。鄭莊公與母武姜穿隧以見之所。隋堤，在汴河故道，煬帝所築。古戰場，在縣北二十五里廣武山原。楚、漢戰於京、索間，即此。須水鎮，在縣東四十里。龍門鎮，在縣南四十里。賈峪鎮，在縣東南三十里。困學紀聞：齊、晉、楚之霸，皆先服鄭。范雎、李斯之謀，皆先攻韓。蓋虎牢之險，天下之樞也。在虢曰制，在鄭曰虎牢，在韓曰成皋。虢叔恃險，而鄭取之。鄭不能守，而韓滅之。韓又不監，而秦幷之。秦之亡也，漢、楚爭之。戰國策：三晉已破智氏，將分其地。段規謂韓王曰：分地必取成皋。韓王曰：成皋，石溜之地也，寡人無所用之。段規曰：不然。臣聞一里之厚，而動千里之權者，地利也。萬人之衆〔一〕，而破三軍者，不意也。王用臣言，則韓必取鄭矣。王曰：善。果取成皋。至韓之取鄭也，果從成皋始〔二〕。成四年，晉伐鄭，取氾、祭。注：成皋縣東有氾水。隋志：滎陽郡氾水，舊曰成皋，開皇十八年改名。通鑑注：氾音似。漢書高帝紀：羽乃與漢約，中分天下，割鴻溝以西爲漢，以東爲楚。應劭曰：鴻溝在滎陽東南二十里。文穎曰：於滎陽下引河東南爲鴻溝，以通宋、鄭、陳、蔡、曹、衛，與濟、汝、淮、泗會於楚。即今官渡水也。史記索隱曰：張華云：一渠東南流，經浚儀縣，是始皇所鑿，引河灌大梁，謂之鴻溝。一渠東經陽武縣南〔三〕，爲官渡水。北征記曰：中牟臺下臨汴水，是爲官渡水。

【校勘記】

〔一〕臣聞一里之厚至萬人之衆　「一」、「萬」，底本作「百」、「千」，川本、滬本同，據戰國策韓策一三晉已破智氏改。

〔二〕果從成皋始　底本「始」下衍「大」字，川本、滬本同，據戰國策韓策一三晉已破智氏删。

〔三〕一渠東南流至一渠東經陽武縣南　上「南」字，底本脱；「經」，底本作「至」，川本、滬本同，據史記高祖本紀索隱引張華云補改。

通許　黄河，洪武初，自汴西杏花營分流，經縣西三里，南達扶溝。永樂間，自陳留界入小城，歷山龍口，抵鳳形岡縣北一里。前〔一〕，折而南，經縣東門，入於太康。初營建北京，運輸咸由於此。時祝通政督運淮、浙等處木料，舍於鳳形岡之陽，乃建晏公廟以枕河流。復於岡南築臺數處，拽木倚臺，以辨字號。祝病卒，葬岡東，其臺與墓尚存。正統二年，河道淤塞，復由汴南百畝岡至縣西入扶溝舊河。成化九年以後，泛溢變徙無常。十八年，則自汴之唐村而決，由縣北李道岡直趨太康〔二〕。二十一年，分江、淮糧賑秦、晉，漕運者率由是而上焉。二十三年，河徙於汴之北，自朱仙鎮分流，經縣西四十里，復匯於扶溝。按元河渠志：延祐元年，河決開封縣小黄村，河南行中書省以聞。詔委太常丞郭奉政、都水監丞邊承務，上自河陰，下至陳州，與該州縣官沿河相視。小黄村河口測量，比舊淺減六尺。陳留、通許、太康舊有蒲葦之地，後因閉塞西河、塔河諸水口〔三〕，以便種蒔，故他處連年潰決。蓋黄河善遷徙，唯宜順下疏泄。今相視上自河陰〔四〕，下抵歸德，經夏水漲，以小黄村口分泄之，故無衝決。詳視陳州，最爲低窪，瀕河之地，今歲麥禾不收，民饑特甚。欲爲拯救，奈下流無可疏之處。若小黄村河口閉塞〔五〕，必移患鄰郡。決上流南岸，則汴梁被害。決下流北岸，則山東可憂。事難兩全，當遺小就大。如免陳州差税，賑其饑民，陳留、通許、太康被災之家，依例取勘賑恤。是後小黄村口仍舊通流，而下衝州縣，連年受害矣。觀此，則知通許故災於河。雙溝河，自汴之范村流於縣北，分爲兩道，下至縣西，復匯而爲一，下入扶溝，遂立閘於此，是謂蔡河。宋、元通江、淮之漕河也。山龍口，在縣北十里。蔡河決南岸，而堤堰不能制者也。上倉城，在縣西八里。周世宗所築以貯江、浙歲運者。遺址尚存。

【校勘記】

〔一〕鳳形岡　「形」，底本脱，川本、滬本同，據乾隆續修通許縣志卷一補。

〔二〕李道岡　「道」，底本作「大」，川本、滬本同，據乾隆續修通許縣志卷一改。

〔三〕西河塔河　底本作「西塔河」，川本、滬本同，據元史河渠志二改。

〔四〕上自河陰　「自」，底本作「至」，川本、滬本同，據元史河渠志二改。

〔五〕小黄村河口　「河口」，底本脱，川本、滬本同，據元史河渠志二補。

太康　渦河，自扶溝莨蕩渠入馬廠河。鐵裏河，自杞境入縣，東北合黃河。扶樂城，在縣西北三十五里。漢置郡〔一〕。小扶城，在縣西七十里。舊置縣，名扶城〔二〕。漢王城、霸王臺，在縣西北五里。高祖、項羽相拒地。夏太康陵，在縣東南二里。太康塚，或云漢梁孝王墓，或云晉何曾墓，皆恐非也。予向與吳教授會真定〔三〕，因及此。吳曰：此晉司馬文王陵也。曰：何據？吳曰：昔居太康時，塚前有廟晉文王祠，田夫野叟，皆以文王呼之。及發其龜璧，皆刻南征並壽之字。以史考之，文王南征數矣，豈其然與？見秋澗文集玉堂嘉話。周平王陵，在縣金堆鄉，一名平丘。

【校勘記】

〔一〕漢置郡　川本、滬本同。後漢書劉隆傳：建武時，「封爲扶樂鄉侯」。水經渠水注：後漢建武十七年，「封劉隆爲扶樂侯」。則後漢置扶樂縣，續漢書郡國志陳國領有扶樂縣，是也。此誤。

〔二〕舊置縣名扶城　川本、滬本同。水經渠水注：小扶城，「即扶溝縣之平周亭，東漢和帝永元中，封陳敬王子參爲侯國」。大扶城，「即扶樂故城也」。後漢書陳敬王羨傳：永元十二年，「封鈞六弟爲列侯」。李賢注引伏侯古今注：「參爲周亭侯。」按周亭侯即平周亭侯，據此，小扶城爲東漢參之封地，名平周亭，或名周亭，不名「扶城」。

〔三〕予向與吳教授會真定　底本脱「授會」二字，川本、滬本同，據秋澗文集卷九四玉堂嘉話卷二補。

扶溝　東有新開河，自鄭州金水河通白沙坡〔一〕、朱仙鎮、白家潭，流至城北響水口，與雙洎河合。通濟渠，導蔡水，自開封歷陳留入境。又名五丈河，即程明道引廣濟蔡河出境者是也。西有渦河，受莨蕩渠，東入淮。有白馬溝。北有雕陵，高三十餘丈，蟠十餘里。上有鄭莊公祠。有雙洎河，即溱、洧下流。西南有莨蕩渠。東北有黃河。國初，河自汲南旁流，溢入境內。江南漕運，自此達京。後河北徙，水涸。成化河決杞縣，分流者二：一入徐、泗，一入本縣。境內多水，有魚鱉、蒲葦、蓮藕之利。弘治河復北徙，地爲沃壤。蔡河，源出陽武，至浚儀與通濟渠合，下注西華，經陳州，入沙河。國初設閘以通漕運。後北徙，淤爲平地。

【校勘記】

〔一〕金水河　「金」，川本同，滬本作「京」。圖書集成職方典卷三七一：「金水河，一名天源，本京水。」

中牟　汴河，亦曰蔡河。自須水之滎澤〔二〕，帶繞縣北，經韓莊鎮，東流入祥符界安家口。因渰没田禾，正統六年，滎澤縣知縣李全永奏准閉塞〔三〕，改流黃河。今淤爲平地，其名稱存。黃河，在縣北。遷決無常。小清河，在縣北，歲久淤塞。每年賈魯河水漲，灌溢小清河，渰没民田。萬曆十一年，知縣喬壁星疏通。〔旁注〕小清河，西抵鄭州賈魯河。自滎陽縣索河、宿水河、梅山河，及鄭州東之水磨河、欒河，俱入賈魯河。圃田澤，在縣西。周禮職方：豫州澤藪曰圃田〔三〕。是也。源出鄭州八里河，流入中牟境，爲大澤。逸周書：梁惠王爲大溝于北郛，以行圃田之水，由浚儀分渠。秦、漢、唐、宋，累加疏通，而無壅遏。高阜者出而可耕，窊下者散而成匯〔四〕。今曰澤者八，陂者三十六，其實圃田一澤所分也。

【校勘記】

〔一〕滎澤　「滎」，底本作「熒」，川本、滬本同，據紀要卷四六改。下「滎澤縣」改同。

〔二〕李全永　「全」，川本同，滬本作「金」。

〔三〕澤藪曰圃田　「澤」，底本脱，川本、滬本同，據周禮夏官職方氏補。

〔四〕窊下者散而成匯　「窊」，底本作「宂」，川本同，滬本作「窪」。按說文穴部：「窊，污衺下也。」段玉裁注引司馬彪曰：「污邪，下地田也。」按凡下皆得謂之窊。」據改。

封丘　黄河，在縣南三十里。後徙汴梁南朱仙鎮。弘治二年，復徙本縣南，從故道吞沁河，東決漕運，壞民田廬。副使張鼒疏通，從本縣于家店南，復故道東流，仍築堤以防之。金大定六年，河溢，没縣城，遷於西南二十五里，曰新城。元甲午歲，新城又爲河決，僑治村落中。癸丑歲，因故城爲治。

西華　小黄河，即黄河支流。今上流已不通黄河，但引納鈞、鄭諸坡水〔一〕，委流而南，至扶溝縣北，迤東入本縣境，繞城西、北、東三門，東南流入沙河。一統志云：洧水會溱水爲雙洎河，至西華入黄河。所謂黄河，即指此也。潁川志云：黄河上流淤塞，今惟西華一支入潁水，合沙河，達於淮、泗。亦謂此也。　小窑關，在縣西。洪武初設巡檢司，尋革。撥陳州衛軍守把，商民不便。復革軍人，設常社巡檢司於沙河南岸盤詰。　小窑渡，即常社渡浮橋處也。　清水廢縣，在縣西十里，即今小窑店故址。按宋皇祐間，謂之合流鎮，蓋以南有沙河，北有渚河，皆會於此，故名之也。又不知何時立爲縣。按春秋鄭高克將清邑之兵，則縣名或昉於此。　北柳城，在縣北一十五里。　南柳城，在縣南三十里。三國魏鄧艾於此營田作陂，時柳舒爲陂長，因名。今廢。　夏亭城，在縣西。寰宇記云：西華縣迤西三十里有故夏亭城〔二〕，春秋時陳大夫夏御叔之封邑也。　高宗陵，在縣北長平鄉。廣千步，高百尺，林木鬱茂，歷代載諸祀典。元末，紅巾賊起，發陵東北角，内湧出蜂蠆蛇蝎，賊不敢近。國朝洪武三年，詔修陵，禁樵牧。以附近居民若干户承種附陵地若干畝，齎領銅牌一面，輪流看守。每歲有司春秋二祭，每三年朝廷遣使齎香帛上祭。或有大事，則命廷臣謁陵祭告。　媧城，在縣北二十里。相傳女媧氏所都。　鄧城，有二：一在商水縣北；一在西華縣北。俱鄧艾屯田時所築。

【校勘記】

〔一〕但引納鈞鄭諸坡水　「坡」，川本、滬本同。紀要卷四七：禹州有鈞臺陂。禹州即元鈞州。明統志卷二六：鄭州有僕射陂。此處指鈞州、鄭州地區諸陂水，疑「坡」爲「陂」字之誤。

〔二〕西華縣迤西三十里　川本、滬本同。寰宇記卷一〇：西華縣，「夏亭城，在縣西南三十里」。與此引有差異。

項城　大邸閣，在南頓城内。魏揚州刺史文欽與都督毌丘儉起兵討司馬師，渡淮至項，師與荆州刺史王基據南頓〔一〕。時有大邸閣，閣之内有糧，儉等往爭，弗克。今遺址尚存。晉王臺，在縣西三十三里，與德勝城相近。上有古井，四門空洞，乃唐李克用屯兵之所。古廟碑刻猶存。

【校勘記】

〔一〕王基　「基」，底本作「進」，川本、滬本同。三國志魏書王基傳：「毌丘儉、文欽作亂，以基爲行監軍、假節，統許昌軍，適與景王會於許昌。……遂輒進據南頓。」同書毌丘儉傳：大將軍司馬景王屯汝陽，「使監軍王基督前鋒諸軍據南頓以待之。」此「進」爲「基」字之誤，據改。

商水　沙河，發源襄城魯山，經流縣西北西陵灣，至南頓，會潁，入淮。通舟楫。潤河，在縣南十里〔一〕。水自郾城縣界，經縣南，東流三十里入沙河，達於淮。通舟楫。龍遙河，在縣西南十二里。出自上蔡洪河支派，經本縣東至項城縣界入沙河，達於淮。穀河，在城西二十里。出召陵岡，經本縣西北入沙河，達於淮。北湖〔二〕，在縣北十五里。聚穀河、濟河、沙河、棗子河、雙溝河五水，匯而爲湖，方三、四十里。東流經周家口入陳，五十里達於淮。汾湖，在縣西四十里。水自郾城經召陵岡至西華界，直抵商水縣南，向東轉至南頓，達於淮。焦城，在縣西北。宋焦光瓚屯軍處。乾谿、章華臺，並在縣北三里〔三〕。楚靈王所築。

【校勘記】

〔一〕潤河在縣南十里　底本「里」下空缺，川本同，滬本作「餘」。清統志卷一九一：「潤河，在商水縣南十里。」滬本非。

〔二〕北湖　川本、滬本同，紀要卷四七、圖書集成職方典卷三七一作「北池湖」，此蓋脱「池」字。

〔三〕並在縣北三里　底本脱「並」字，據川本、滬本補。

洧川　黄帝居軒轅丘，在今新鄭。洧爲近郊。至周，封太岳之後於許，洧土隸焉。穆天子傳云：天子見許男于洧上。是已。平王時，鄭武公滅鄶，有其地，號爲新鄭。春秋時，鄭日侵許，洧土遂歸鄭。及韓哀侯滅鄭，而魏惠王徙都大梁，洧土介韓、魏之間。秦滅韓、魏，以爲潁川、三川郡，洧土南隸潁川，北隸三川。漢興，改三川郡爲河南郡，以洧土之隸河南者置苑陵縣，實鄭之苑陵地，鄭大夫射犬食邑也。苑陵城，在今韓佐店西，而南境隸潁川者屬許縣。宣帝神爵三年，析許縣之汲鄉置新汲縣，實鄭之曲洧地也。建初四年，封執金吾馬光爲侯，國城在洧水南，北臨洧水，今張子店北臨河古城是。王莽時，改苑陵爲左亭。後漢改爲菀陵，屬司隸河南尹，而新汲仍舊屬潁川。晉廢扶溝縣，以其地入新汲，而復菀陵爲苑陵，省新鄭縣并入苑陵，屬司州部。劉宋以苑陵屬司州滎陽郡，復置新鄭，而以新汲屬南豫州南梁郡。元魏興安初，廢尉氏縣，以其地入苑陵。太安三年，復置尉氏。真君八年，廢開封縣，并入苑陵。景明元年，復置開封。開封縣故在苑陵東北，尉氏西北，非今之祥符地也。後魏復置扶溝縣，而省新鄭并入苑陵。東魏以苑陵屬北豫州廣武郡，以新汲屬鄭州許昌郡。齊復廢尉氏入苑陵。隋開皇六年，復置尉氏。十六年，復置新鄭，廢苑陵入之。是年，置洧州於鄢陵。大業初，州廢。唐武德四年，置洧州於尉氏，領尉氏、扶溝、鄢陵、康陰、新汲、苑陵、歸化七縣。貞觀元年，州廢，并省康陰、新汲、苑陵、歸化四縣，而洧土始屬尉氏、新鄭矣。宋因唐舊。金初，置宋樓、朱家曲二鎮，俱屬尉氏。貞祐二年，置惠民倉於宋樓鎮，今西倉是也。興定二年四月，以宋樓鎮爲洧川縣，屬開封府。元因之，屬汴梁路。國朝屬開封府。洧水，在縣城南。源出密縣西南馬領山，亦曰玉仙山。泉源湧出山阯，東北流，受綏水，又東受襄荷水，又東受瀝滴泉水，又東南受承、雲二水，又東受微水，又東逕密縣故城南，受璅泉水，又東受馬闞水，又東受武定水，又東受虎牘谿水，又東受赤澗水，又東南受潧水，即溱水也。源出密縣東南平地，東南流，受鄶水。又東南歷下田川，爲柳泉水。又南，懸流奔壑，積水成潭，廣四十許步，又南注於洧。二水合流，俗目爲雙洎河。洧水又東逕陰坂，又東逕新鄭縣城南，又東受黄水，又東南受南濮、北濮二水，又東南受龍淵水，又東南受稟水，又南逕長葛縣北，至於東郭，屈而北流二十里，入洧川界。復東南流，受清泉水，又東南逕洧城南，受大沼水，又東南二十里，逕新汲故城北，又東南十里，入鄢陵界，又東北入扶溝界，又東注於鄭水，又東南入於潁。凡過縣五，行五百餘里，洧邑得名以此。其流初逼洧城，而城中地最下，仰視河流，爲築堤捍其衝。每秋水暴至，齧堤立穿，水輒侵城，亟土其門而免。以故歲役丁夫數千人，修築河防，所費不貲。隆慶二年，知縣侯九臣改鑿新河，直其流，使遠郭門，城患乃息。而南岸平衍，水至輒溢，所汙民田尤多，縣南諸保復罹其患。其水常淺隘，多洲渚，不通舟楫，而岸善崩，水湍悍[一]，南北齧無常，歲没河堧地數百千畝。沙礫隨波上下，散棲畎畝，往往變沃壤爲斥鹵，小民失業。小清河，在縣西門外。首受大沼水，南導至城西南，東流注於洧水。大沼，在城西北三里許，縱廣二百餘頃。穆天子傳云：天子飲許男于洧上。癸亥，乘鳥舟龍卒，浮于大沼。庚午，天子飲洧上。所謂大沼，即此。今名爲楊家湖。白雁陂[二]。水經注云：在長社東北，林鄉西南。東西七里，南北十里。司馬彪郡國志曰：苑陵縣有林鄉亭、白雁陂。按此陂即穆天子傳所謂大沼，今之楊家湖是也。或謂即雁子陂，則去長社太遠矣，非是。　漸澤，在縣北二十里，縱廣數里。穆天子傳云：庚午，天子飲于洧上，乃遣祭父如圃鄭。辛未，天子北還，釣于漸澤，食魚于桑野。即此。今名爲指澤陂。　大隧山，在縣南十里。高二十餘仞，綿延起伏，北抵洧、汭，長七、八里。其中斷處爲大隧澗，兩崖壁立，巀嶪爭高，中有坦途，可容方軌，莊公與母相見處也，俗呼爲逢母岡。上有祠，祀潁考叔。徐齊民北征記曰：苑陵縣東南有大隧澗，鄭莊公所闕。　鴻臺岡，在縣西半里。高十餘仞，南北長十餘里。首踞洧城，爲邑巨鎮。上有鴻臺二，各高數丈，韓之鴻臺宮故址也。戰國策：張儀説韓王曰：鴻臺之宮，桑林之苑，非大王之有已。今建玉皇閣其上。　東里岡，在縣東十五里朱曲鎮東。高二十餘仞，南北長五、六里，爲邑東鎮。其中斷處，對峙如門，中有坦途，東通尉、汴。宋朱弁遊寓曲洧，曾家其旁，因名爲朱家曲。其地即鄭之東里，子產舊居也，鄧析亦家於此。　桑野。穆天子傳云云：食魚于桑野。按本縣北三、四里，地多陂澤，其岡阜之間，至今宜桑，蕃衍彌望，所謂桑野也，亦曰桑林。戰國策張儀所云桑林之苑，正指此地。蓋桑野爲圃田之邊際，故韓王以爲苑囿耳。湯禱雨於桑林之野，亦是此地。蓋林之南北俱是陂澤，水潦所聚，波浸瀰漫，似有靈物居其中者，故禱雨於此。或疑出亳迂遠，不知湯都西亳，今偃師也，去此不三百里。況古今所稱桑林，惟此一處，不聞偃師近郊，別有所謂桑林也。　圃田。穆天子傳云：天子里圃田之路，東至于房，西至于□丘，南至于桑野，北盡經林。東虞曰兔臺，西虞曰櫟丘，南虞曰富丘，北虞曰相。水經注云：圃田澤在中牟縣西。西限長城，東極官渡，北佩渠水。東西四十許里，南北二百許里〔三〕，中有沙岡，上下二十四浦。津流逕通〔四〕，淵潭相接，各有名焉。有大漸、小漸、大灰、小灰、義魯、練秋、大白楊、小白楊、散嚇、禹中、牟圈、大鵠、龍澤、⿱囟巴罷〔五〕、大哀、小哀、大長、小長、大縮、小縮、伯丘、大蓋、牛眠等浦。水盛則北注，渠溢則南播。漢書引周禮職方氏所掌云：豫州藪曰圃田。顏師古注曰：圃田在中牟。今按洧城抵中牟不百里。自洧城以北，直抵中牟之西，東連尉氏，西接新鄭，周回三百餘里。中有沙岡二十餘道，上下陂澤七十餘處，各有名目，不可殫記。其澤阜之間，積沙彌望，灌莽極目，爲狐兔之窟藪。此正圃田所在，古今畋獵之區也。穆天子傳以爲南至桑野，水經注以爲南北二百餘里，極得其詳。而後人弗究，以爲在中牟西河南，通志遂謂在中牟西北，東西五十里，南北二十六里，爲澤者八，爲陂者三十有六，亦小之乎其爲圃田矣。又名「甫草」。詩車攻云：東有「甫草」，駕言行狩。是已。又名藪。穆天子傳云：戊辰，天子次于軍丘，以畋于藪。鄭風云：叔在藪，火烈具舉。是已。又名原圃。左傳：皇武子辭秦云：鄭之有原圃，猶秦之有具囿也〔六〕。是已。又名萑苻之澤。左傳：盜，取人于萑苻之澤。是已。又名圃澤。列子：鄭之圃澤多賢。是已。今洧川、中牟、尉氏各有其半，中牟什之四，洧川、尉氏各什之三。曲洧。左傳成公十七年：公會尹武公、單襄公及諸侯伐鄭，自戲童至于曲洧。杜預注云：今新汲縣治曲洧城，臨洧水。棐林。春秋宣公元年：宋公、陳侯、衛侯、曹伯會晉師于棐林。注云：苑陵縣東南有林鄉〔七〕。水經注：林鄉故城在新鄭東北七十許里，苑陵故城東南五十許里。制田。左傳成公十六年：諸侯遷于制田。注云：苑陵縣東有制澤。水經注：苑陵縣有二城，二城以東，悉多陂澤，即古制澤也。宛、穰。戰國策：蘇秦説韓王曰，韓東有宛、穰、洧水，南有陘山。按苑即苑陵，鄭邑也。在鄭東洧水北，鄭大夫射犬之食邑也，後爲苑陵縣。穰地不知所在，想亦近宛，非南陽之宛、穰也。若南陽，不得言東矣。東里。列子曰：鄭之圃澤多賢，東里多才〔八〕。圃澤之役，有伯豐子者〔九〕，行過東里，過鄧析，鄧析顧其徒而笑。宋朱少張遊寓曲洧之朱家曲，自云予在東里。是東里在鄭之東鄙亡疑矣。左傳襄公二十六年：楚子伐鄭，入南里，墮其城。注云：南里，鄭邑。以此推之，則東里亦必鄭邑也。距鄭六十里，不亦宜乎？向城。左傳襄公十一年：諸侯伐鄭。六月，會于北林，師于向。杜預注云：向，地名，在長社縣東北。水經注云：長明溝東逕向城北，城側向岡。左傳：諸侯伐鄭，師于向。是也。又云：康溝水首受洧水於長社縣東，東北逕向岡西，即鄭之向鄉也。元人作高公惠政碑，謂考叔祠在向城南牛脾山上。以類推之，向城在大隧山北洧河之滸，今之上城是也，俗呼音訛耳。新汲故城。〔旁注〕以河内有汲縣，故加新也。水經注云：濩陂水上承洧水於新汲縣，南逕新汲故城東，又南積而爲陂。陂西面茅邑，世謂之茅岡。

按此新汲有新、故二城。故城在新汲城之南，茅岡東南，今不可考。新汲城在張子店北洧水南崖上，今淪於洧水，無復城迹，惟存西南一隅耳。苑陵東、西城。水經注云：長明溝水出苑陵縣故城西北。縣有二城，此則西城也。二城以東，悉多陂澤。今西城在韓佐店西二里，東城未詳。焦城。水經注云：役水逕苑陵縣故城北，東北流逕焦城東〔一〇〕，謂之焦溝水。竹書紀年：梁惠成王十六年，秦公孫壯伐鄭，圍焦城，不克。即此城也。俗謂之驛城。今在苑陵城東北。山氏城。水經注云：役水自陽丘亭東流，經山氏城北，爲高榆淵。竹書紀年：梁惠成王十六年，秦公孫壯率師城安陵山氏。即此。今在苑陵城東北。畢城。水經注：華水出畢城南岡，東逕棐城北。今在苑陵城北。棐城。水經注謂棐城即北林亭，北林亭即林鄉。故城在苑陵故城東南五十許里。華陽城。水經注云：紫光溝水出華陽城東北，東流，又東北注華水。又云：黄水出太山南，東南流，經華城西。其城當在苑陵城北，司馬彪以爲在密縣，誤矣。期城。水經注云：期水出期城西南，東北流經期城北，東會中牟清口水。升城、燭城。水經注云：七里溝水出隟侯亭東南，東注，屈而南流，逕升城東，又南歷燭城西，鄭大夫燭之武邑也。俱當在苑陵城南。汶倉城。水經注云：洧水逕許昌縣，所謂見許男於洧上者也〔一一〕。又東入汶倉城内，俗以是水爲汶水，故有汶倉之名，非也，蓋洧水之邸閣耳。今不知所在，疑即蓄糧城，在城南十五里舊河西岡上。桐丘城。水經注云：洧水逕桐丘城。其城西南去許昌故城可三十五里，俗名之曰隄。其城南即長隄，因洧水之北防也。西面桐丘，其城邪長而不方，蓋憑丘之稱〔一二〕，即城之名矣。洧水又東逕新汲縣故城北。按桐丘在新汲西，正洧地。鄢陵志謂桐丘在其城南，誤矣。匡城。左傳文公元年：衛孔達侵鄭，伐緜、訾及匡。注：新汲縣東北有匡城。水經注：洧水經匡城南。又云：蔡澤陂水出鄢陵西北，東逕匡城北。今不知所在。洧陽城。水經注：洧水逕洧陽城西南。漢建安中，封司空祭酒郭奉孝爲侯國。又云：庚溝水逕洧陽故城南〔一三〕。又東南爲鴨子陂，俗謂之復陽城〔一四〕，非也。今不知所在。茅城。水經注云：洧水逕茅城東北。又云：濩陂水上承洧水，新汲縣〔一五〕，南逕新汲故城東，又南積而爲陂。陂水東翼洧堤，西面茅邑，自城北門列築堤道，迄於此岡〔一六〕，世尚謂之茅岡。今縣東南三十里有茅家岡，疑即茅岡。其城應在岡南。思鄉城。水經注：洧水又南逕一故城西，世謂之思鄉城。西至洧十五里。今不知所在。長舍城。水經注：濩陂西北即長舍城。魏、隋書各云，新汲縣有長舍城。未知孰是，今不可考。臨春城、平侯城。魏書、隋書各云，新汲縣有臨春城、平侯城。今不知所在。三亭，在縣西北二十里三亭岡上。史記范雎傳：王稽謂張禄曰：先生待我於三亭之南。即此。瑣侯亭。左傳襄公十一年：諸侯伐鄭，次于瑣。注云：苑陵縣西有瑣侯亭。水經注云：役水出苑陵縣西隟侯亭東〔一七〕。按隟侯即瑣侯，一亭耳，今不知所在。

【校勘記】

〔一〕水湍悍　「悍」，底本作「浫」，據川本、滬本改。

〔二〕白雁陂　「陂」，底本作「坡」，據川本、滬本及水經渠水注改。下同。

〔三〕南北二百許里　「二百」，川本、滬本同。楊守敬水經注疏渠作「二十」，云：朱謀瑋作「二百」，趙一清同，全祖望改「二百」，戴震改「二十」。熊會貞按：考元和志、寰宇記文並言東西五十里，南北二十六里，「足證此二百當作二十，故御覽七十二引此作二十」。

〔四〕津流逕通　底本重「津」字，川本同，據滬本及水經渠水注删。

〔五〕禹中牟圈大鵠龍澤甽罷　川本、滬本同。「禹」，楊守敬水經注疏渠作「禺」，「牟」作「羊」，「大鵠」下有「小鵠」，「甽罷」作「密羅」，云：朱謀瑋「禺」作「禹」，水經注箋曰：御覽作「禺」，全祖望、趙一清、戴震改，「守敬按：名勝志作『禺』。」「羊」，朱訛作「牟」，水經注箋曰：御覽作「羊」，戴、趙改，「守敬按：名勝志作『羊』。」「朱脱小鵠二字，水經注箋曰：御覽有。戴、趙增。」「朱作甽罷，水經注箋曰：御覽作『密羅』。戴、趙改。」

〔六〕秦之有具囿　底本脱「有」字，「囿」，底本作「圃」，川本、滬本同，據左傳僖公三十三年補改。

〔七〕苑陵縣　「苑」，川本、滬本及漢書地理志、水經渠水注同，續漢書郡國志作「菀」，隋書地理志作「宛」。

〔八〕東里多才　「才」，底本作「材」，川本同，滬本作「林」，據列子仲尼改。

〔九〕伯豐子　「伯豐」，底本作「百豊」，川本同，滬本作「百豐」，據列子仲尼改。

〔一〇〕東北流逕焦城東　「北流」，底本倒作「流北」，川本、滬本同，據水經渠水注乙正。

〔一一〕所謂見許男於洧上者也　底本脱「見」字，川本同，據滬本及水經洧水注補。

〔一二〕蓋憑丘之稱　「憑」，底本作「平」，據川本、滬本及水經洧水注改。

〔一三〕庚溝水　川本、滬本同。楊守敬水經注疏洧水作「甲庚溝」，云：朱謀㙔脱甲字，庚訛作庚。趙一清增改云：「下言，餘波南入甲庚溝，此脱甲字，庚當作庚。」

〔一四〕復陽城　「復」，底本作「覆」，據川本、滬本及水經洧水注改。

〔一五〕濩陂水上承洧水新汲縣　川本、滬本同。楊守敬水經注疏洧水「洧水」下有「于」字，云：朱謀㙔脱「于」字。

〔一六〕自城北門列築堤道迄於此岡　「堤」，底本作「昆」；「此」，底本作「北」，川本、滬本同，據水經洧水注改。

〔一七〕隟侯亭　川本、滬本同。左傳襄公十一年：諸侯伐鄭，「次於瑣」。杜預注：「苑陵縣西有瑣侯亭。」續漢書郡國志苑陵縣「有瑣侯亭」。楊守敬水經注疏渠作「隟侯亭」，謂戴震「隟」作「隙」，引沈氏曰：「若隟是隙字，不與瑣通。考字書隟與璅通，或是璅字之誤文。守敬按：沈氏謂隟爲璅之誤，是也。」

河南府

古豫州。昔武王克殷，定鼎於郟鄏〔一〕。至成王營成周，卜澗水東、瀍水西，而宅洛邑，是爲王城。在今城之西。〔旁注〕本志：西北。又於瀍水東卜亦吉，遷殷頑民居之，爲下都。在今城東三十餘〔旁注〕本志：二十五。里。平王東遷而居洛邑，則王城也。晉人城成周而入敬王，則下都也。王赧立，東西周分理，又徙都西周，則王城也。漢光武及魏、晉及後魏孝文，並爲帝都。隋大業元年，始築今城。及唐、宋、金亦並建爲東都、西京、中京。隋東都城，東王故洛陽城十八里〔二〕，周回七十三里一百五十步。北倚邙山，東西出於瀍、澗，南跨洛水。宫城東西五里二百步，南北七里。城東、西、南各兩重，北三重。南臨洛水，曰端門。元河南府路。本朝爲河南府。〔眉批〕左據成皋，右阻黽池，前鄉嵩高，後介大河。漢書翼奉疏。民常安舒而不爲亂，故名其州曰豫。自秦、漢以還，天下亦嘗爲兵衝〔三〕，而其民不習攻战，大抵易爲戡定也。山堂考索。伊王封，嘉靖中以罪除。光陽王、方城王、西鄂王、濟源王、萬安王、福王封。

黄河，自潼關界來，入閿鄉縣境，經靈寶、陝州、新安、洛陽、孟津，入衛輝府界。

領州一，縣十三。分巡河南兼兵備道按察司僉事一，轄河南府及汝州。駐汝州。全設。地衝，事煩，商賈湊集，民頗悍，糧欠。水泉關，在縣東南偏橋保。泉流至此，則入伊河。今河南衛軍把守。龍門關，在縣南康家莊保。今河南衛軍把守。

唐長慶二年間，增置十門，唐末摧圮殆盡。〔眉批〕五代周世宗顯德元年，命留守武行德葺之。宋景祐間，王曾判府事，復加修繕，視舊減五之四。〔眉批〕宋景祐元年，以王曾判府，復加修築，即今之城池也。方之周都，縮五之四。擬之隋、唐，東南一隅耳。國朝洪武元年，因舊址重築，周八里三百四十五步。門四：東曰建春，南曰長夏，西曰麗景，北曰安喜。狄泉，在府城〔旁注〕縣治。內東北，太倉西南。左傳僖公二十九年：盟于狄泉〔四〕。晉時在東宫西北。帝王世紀曰：狄泉，殷之墓也。在成周西北。今城中有殷墓。即此。

【校勘記】

〔一〕武王克殷定鼎於郟鄏　川本、滬本同。左傳宣公三年：「成王定鼎于郟鄏。」元和志卷五：河南府，「周成王定鼎於郟鄏」。是也。

〔二〕東王故洛陽城十八里　川本同，滬本作「在故洛陽城西十八里」。顧炎武歷代宅京記卷九：隋東都城，「東去故都十八里」。此疑爲「東至(或去)故洛陽城十八里」。

〔三〕自秦漢以還天下亦嘗爲兵衝　「秦漢」，底本作「秦」，川本、滬本同。山堂考索卷五一：「自秦、漢以還，天下有變，常爲兵衝。」此脱「漢」字，據補。

〔四〕狄泉　川本、滬本同。左傳、穀梁傳作「翟泉」，公羊傳作「狄泉」。

洛陽縣　治。　編户八十六里。　前直伊闕，後據邙山，左瀍右澗，洛水貫其中。唐地理志。漢縣。　東麓接少室山，南麓跨古城，西北跨宜陽，北跨龍門鎮。　伊闕山，在縣西南二十五里、三十里〔二〕。一名龍門山。昔大禹疏以通水。兩山相對，伊水出其間，望之若闕。一名闕塞。左傳昭公二十六年：晉趙鞅納王，使女寬守闕塞。　北邙山，在北一十里。〔旁注〕本志：五里。其山西自新安，東接洛陽、偃師、孟津、鞏縣，綿亘四百餘里，當河、洛之間。古謂秦頭鞏尾，此正其尾也。土脈深厚，周、漢、唐、宋以來，陵墓多葬於此。　穀城山，在西北五十里，連孟津縣界。左傳定八年〔三〕：單子伐穀城。瀍水出其下，東流入於洛。　洛水，在府南五里。源出陜西洛南縣冢嶺山，東北流經盧氏、永寧、宜陽至府城，又東經偃師，至鞏縣，入於河。伊水，在府城南。源出盧氏縣悶頓嶺之陽〔三〕，北流經永寧、宜陽、嵩縣、洛陽、偃師縣楊村，入於洛。〔眉批〕瀍水，在府城東。源出穀城山，東南流二十里大陽保入縣界。至縣東南入於洛。澗水，出澠池縣，東流經新安、洛陽入於洛。〔眉批〕澗水，在府城西。其源有二：一出澠池縣白石山，經新安縣東南，至縣西南五里。一出盧氏縣香爐山，流至澗底。俱入洛。金水河，在府西二十里。自新安縣界經洛陽金水保入澗水。孝水，在府西南三十里。源出谷口山，東流入澗水。委粟山，在東南三十五里。魏明帝景初間，營爲圜丘，今形制尚存。穀城，在縣西北。北齊常山王演築此以拒周師。又築孝水戍，在縣西北。金墉城，在縣東二十五里。洛陽記曰：洛陽故城西北角有金墉城，魏明帝築，内有西宫。末帝禪位於晉王，出舍金墉。隋李密嘗據此城。全設。衡，煩，差多，賦重，難治。萬安山，在府東南四十里。一名大石山。南跨登封縣界。元魏末，散騎常侍裴寬避高歡之難，率家屬遁於大石嶺，即此。陽渠，在城南。漢建武二十四年，張純爲大司空，上言穿陽渠〔四〕，引洛水爲漕，百姓得其利〔五〕。伊渠，在府南二十五里龍門口，引伊水入渠溉田。洛渠，在府西南二十五里東侯保，引洛水入渠溉田。二渠肇自成周，歷漢、晉，水利大興。國朝宣德初，始湮塞〔六〕。弘治六年，巡撫徐培建議，朝命參政朱瑄總其事，一年渠成。又九年〔七〕，按察副史張鼐作壩閘以節水，旁作子堰、游渠，以均水利，於是二渠之利始復古。五龍渠。千金渠。九龍渠。通津渠。上陽陂。市橋渠。縣志載劉文靖伊洛二渠記，模糊不可辨，俟覓善本。伊、福二藩並伊府郡王四同城。分守河南道駐劄。設河南衛，左、右、中、前、後、中後七千户所〔八〕。周南馬驛，南門内。洛陽遞運所。天津橋，在府城西南。銅駞街，在府城東。漢鑄銅駞二〔九〕，置宫門南四會道頭，夾路相對，人謂之金馬門。夕陽亭，在府城西南。

【校勘記】

〔一〕在縣西南二十五里三十里　「二十五里、三十里」，川本同，滬本作「三十里，一云二十五」，明統志卷二九、紀要卷四八作「三十里」。

〔二〕定八年　「八」，底本作「六」，川本、滬本同，據左傳定公八年改。

〔三〕悶頓嶺　「悶」，底本作「間」，川本同，據明統志卷二九、紀要卷四八改。又「悶頓嶺」，滬本作「熊耳山」。

〔四〕漢建武二十四年張純爲大司空上言穿陽渠　「張純」，底本作「耿純」，川本、滬本同。按後漢書張純傳：「二十三年，代杜林爲大司空……明年，上言穿陽渠，引洛水爲漕。」據改。

〔五〕百姓得其利　底本脱「姓」字，川本、滬本同，據後漢書張純傳補。

〔六〕始湮塞　「湮」，底本作「涇」，川本同，滬本作「徑」，據本書後文洛陽下引劉建伊洛二渠記及圖書集成職方典卷四二九、清統志卷二〇五改。

〔七〕弘治六年至又九年　「六」、「九」，底本作「八」、「三」，川本、滬本同。圖書集成職方典卷四二九：伊渠，「弘治癸丑，巡撫徐恪以民屢困於旱，建議疏浚。」按弘治癸丑，即弘治六年。乾隆洛陽縣志卷三、清統志卷二〇五並云：弘治六年巡撫徐恪重疏，九年副使張鼒復疏一渠。此「八」、「三」爲「六」、「九」之誤，據改。

〔八〕設河南衛左右中前後中後七千户所　川本、滬本同。按紀要卷四八河南衛條：「轄五千户及中前、中後千户所七。」此處「中後」上疑脱「中前」二字。

〔九〕漢鑄銅駞二　「銅」，底本脱，川本同，據滬本及寰宇記卷三補。

偃師縣　府東七十里。　編户三十六里。　城周六里八十四步。　帝嚳所都之地。商有三亳，湯居西亳，此即一也。至盤庚，又自河北徙都於此，更號曰殷。漢縣。武王伐紂，息兵於此，因名偃師。成王營王城於洛，爲偃師、緱氏二邑。〔眉批〕偃師爲古亳地，高辛氏、殷湯氏相繼建都，淳龐之風，其來抑遠。昔成王營洛，實爲畿輔，首被王化。雖當周室衰微，而緱、偃與鞏、洛七邑，終春秋之世不叛，是可以觀化矣。嵩、邙之山，南北夾峙，伊、洛之水，合流於中。本志。洛水，至縣西南五里與伊水合流。伊水自伊闕流至縣西南五里，入洛水。景山，在縣南二十里。詩：景員維河。又：陟彼景山，松柏丸丸。首陽山，在縣西北二十五里。邙山之最高者，日出先照，故名。伯夷、叔齊叩馬諫武王，隱此。後漢書桓榮傳：賜冢塋於首山之陽〔一〕。晉阮籍詠懷詩：步出上東門，北望首陽岑。〔眉批〕後漢書和帝紀：永元十六年，行幸緱氏，登百坯山〔二〕。注：在洛州。百坯山在縣南五十里。再成曰坯。尸鄉亭，在縣西二十里。本志：尸氏在治西十里。左傳昭公二十六年：召伯逆王于尸。即此。一名尸鄉。左傳：劉人敗王城之師于尸氏。史記：田横至尸鄉廐置。皆此。〔旁注〕一名新寨，唐李密屯兵處。今爲鋪。緱氏山，在縣南四十里。孤山突出，相傳周靈王太子晉升仙之所。西南公路澗上有袁術固，四周絶澗，甚險。〔眉批〕北邙山，在縣北二里。一名郟山。山北嶺有磡，傳云宋時邊堡，金更名太平山。白雲山，在縣南二十里，即景山。西一帶白雲出即雨。浮丘洞，在縣南仙君保。天台道士浮丘公修道之處。浮山，在縣西南九十里。本志：南五十。山海經云：緱山之上，無草木，多金玉，原水出焉。上有飲鶴池。遺山詩注云：池在養龍巖下，一名覆金堆。〔眉批〕碾子河，在縣西南韓莊。北流入於洛。劉澗河，源出南山，在縣南五十里。劉康公食邑於此。劉子邑，在縣南緱氏保，周劉康公食邑。左傳注：緱氏西北有劉亭。漢緱氏縣，在縣南二十里，〔旁注〕西南二十五里。乃古滑國。左傳：殄滅我費滑。注：滑國都于費，在河南緱氏縣。滑城在府店北二里，春秋時滑伯國。城址尚存。無簿。次衝，刁悍。設首陽治西。馬驛。舊有偃師遞運所，革。楊村渡，在縣南韓莊保。即伊、洛會流之處。柏谷塢，在緱氏東北。〔眉批〕白虎堰，在縣北一里。元元統間，築以禦黑龍溝水。東西分流，環抱縣城，至許家莊合流入洛，亦可灌溉民田。

【校勘記】

〔一〕賜冢塋於首山之陽　底本脱「塋」字，川本同，據滬本及後漢書桓榮傳補。

〔二〕登百坯山　「坯」，川本、滬本同，後漢書和帝紀作「岯」，李賢注引東觀記作「坯」。

鞏縣　府東北一百三十里。　編户二十八里。　城周四里五十步。舊志：七里四十八步。周鞏伯邑。漢縣。〔眉批〕東距虎牢，西抵伊水，南陟嵩高，北跨河壖。　洛口渡，在縣東。周惠王封少子班於此爲東周君。又周卿士鞏簡公之甸。洛水至縣東北十里入河，名洛口，亦名洛汭。禹貢「東過洛汭」，五子之歌「徯于洛之汭」，是也。亦名什谷。史記：張儀説秦王下兵三川，塞什谷之口。是也。隋仁壽四年，自洛陽縣龍門東掘塹，長平、汲郡抵臨清關，渡河至浚儀、襄城，達於上洛，以置關防。　轘轅山，在西南七十里。其坂有十二曲道，將去復還，故名。隋李密屯兵據此。詳見登封。〔眉批〕後漢書光武帝紀：遣耿弇率强弩將軍陳俊軍五社津，備滎陽以東。注：水經注曰：鞏縣北有五社津。　小平津，在縣西北。漢靈帝曾濟此。〔眉批〕靈帝紀：張讓、段珪等劫少帝、陳留王走小平津〔一〕。　夏臺，在西南。　隋洛口倉，在縣西坊廓保。煬帝置倉於此，地穿三千餘窖。　無簿。　次衝，民淳，有河患。　設洛口馬驛，治東。　黑石渡，在西南二十五里。有浮橋，鐵柱四根立於河之兩岸。有巡檢司。　邙山，在縣北三里。山勢至此而盡，古號爲秦頭魏尾，此正其山之尾也。　虎頭山，在縣南一里。其西有駱駝嶺。山自此而斷，當出入之路，若虎口然。　大栗關〔二〕，在東南三十里。山峻路險。元置，今廢。　嵩嶺〔三〕，在縣西南七十里，接連嵩山。　昭二十二年，滎錡氏溪泉〔四〕。二十三年，鄩中、訾〔五〕。　舊有鞏縣遞運所，革。　金史納合蒲剌都傳：上言：鞏縣以北，黄河南岸及金鈎、弔橋、虎牢關、虢州崿嶺，凡斜徑僻路，俱當置兵防守。

【校勘記】

〔一〕段珪　「珪」，底本作「經」，川本、滬本同，據後漢書靈帝紀改。

〔二〕大栗關　底本「大栗」下衍「拊」字，川本同，滬本作「附」，據圖書集成職方典卷四三〇刪。

〔三〕嵩嶺　川本同，滬本及清統志卷二〇五作「五枝嶺」。圖書集成職方典卷四二八：「五枝嶺，在鞏縣西南七十里。嵩山至此分五枝。」滬本誤。

〔四〕昭二十二年榮錡氏溪泉　川本同，滬本作「昭公二十二年，崩于榮錡氏。注：鞏縣西有榮錡澗。」按左傳昭公二十二年：「乙丑，崩于榮錡氏。」杜預注：「河南鞏縣西有榮錡澗。」此處「榮錡氏溪泉」當即「榮錡澗」。

〔五〕鄩中訾　川本同，滬本作「單子取訾。注：訾在鞏縣西南。」按左傳昭公二十三年：「癸卯，郊、鄩潰。」杜預注：「河南鞏縣西南有地名鄩中。郊、鄩二邑，皆子朝所得。」又，「夏四月乙酉，單子取訾。」杜預注：「訾在河南鞏縣西南。」即此。

孟津縣　府東北。本志：四十五里。編户五十八里。舊志：在縣東二十五里。嘉靖十一年圮於水，十四年徙聖賢莊〔一〕，即今治。城周四里。〔眉批〕東連鞏、洛，西據穀城，邙山面其南，黄河枕其北。陜、蜀之通衢，蕃夷之貢道。設關於此，以禦暴焉。武王會諸侯之地。漢河陽縣。孟津，在縣東北。亦曰盟津，一名富平津。武王伐紂，大會於此。浮橋乃晉當陽侯杜預所立，與孟縣相對。魏築三城，詳見孟縣。書：導河積石，東至于底柱，又東至于孟津。書：惟十有三年春，大會于孟津。正義曰：在洛陽城北。都道所湊，武王渡之，呼爲武濟。水經云小平津，即其地也。隱十一年，王與司寇蘇忿生田十二邑，其一曰盟。注：今孟津。漢靈帝中平元年，置孟津關，關有都尉。晉武帝改名爲富平津。泰始十年九月，杜預請建河橋於富平津，即此。今孟津在舊縣東門外，西有淘渚，古遮馬堤。通志：在衛輝西南十三里。後魏爾朱榮殺朝士千三百餘人於此。首陽山，在縣東三十里。見偃師。邙山，在縣南二里。西自横水，東至扣馬灣，環百餘里，高下相半。古人多葬於此。穀城山，在縣西六十里。瀍水出其下。舊置穀城縣。左傳定公八年〔二〕：單子伐穀城。即此。柏崖山，在縣西五十里黄河南岸，今名佛兒崖。東魏侯景築城於上。唐開元初，建柏崖倉。會元間〔三〕，復置柏崖縣。基址尚存。〔眉批〕黄河，經新安縣鹽倉店流入縣界一百二十里，東流於鞏。瀍河，在縣西五十里蘇山下西一里。平地發源，東南流六十里，至洛陽東南入洛。水漸池，在舊縣南。古泉湮塞。積水成池。横水，出洛陽新安界。西南二溝，中分流三里始相合。又北流五里，入於河。後人因以名。金人疆域圖云：孟津有横水鎮。扣馬村，在縣東三十里。相傳爲伯夷、叔齊扣馬處。望馬臺，在縣北門外百步。魏孝武帝牧馬於河津之陽〔四〕，即此。東有官亭涼樓，舊址尚存。温川驛，在縣西白坡鎮〔五〕。今廢。古城〔六〕，在縣西牛莊。周四里餘。北面崩於河，止存南面。唐李光弼築此以禦史思明。沙河，在縣東郭外。黑水河，在縣西郭外。每歲久雨，山水驟泛，衝激城垣，今築堤以禦之。女几山，在縣西九十里。永安堤，唐武德於河陽、孟津兩岸所築石堤也。金、元徙縣治於堤上，即此。歷代漸損，在南岸者，止存三、二里，在北岸者盡決。漢光武原陵，在縣西。魏明帝高平陵，在舊河清城界。無丞。山僻，糧重，多逋。設孟津巡檢司，在縣東北二十五里。

【校勘記】

〔一〕十四年徙聖賢莊　「四」，底本作「七」，川本、滬本同，據明史地理志改。

〔二〕定公八年　「八」，底本作「六」，川本、滬本同，據左傳定公八年改。

〔三〕會元間　川本、滬本同。新唐書地理志：河清縣，咸亨四年，「置柏崖縣，尋省柏崖」。此「會元」當爲「咸亨」或「咸亨四年」之誤。

〔四〕魏孝武帝牧馬於河津之陽　「牧」，底本作「收」，川本同，據滬本及嘉慶孟津縣志卷二改。

〔五〕白坡鎮　「坡」，底本作「陂」，川本、滬本同，據康熙孟津縣志卷一改。

〔六〕古城　川本、滬本同。康熙孟津縣志卷一作「占城」。嘉慶孟津縣志卷二：河陽南城，「北魏置河陽三城：一爲北城，在河北岸。一爲中潬城，在夾灘中。一爲南城，在縣西牛庄堡，周圍四里餘，北面圮於河，南址」。又云：舊志作「占城」。則此「古」爲「占」字之誤。從嘉慶志所記，作「南城」爲是。

宜陽縣　府西南七十里。編户六十八里。城周四里。昌谷水，在西九十里。源出陝州界，東南流入洛，流經永寧、宜陽縣界。〔眉批〕戰國蘇秦説韓王勿事秦，事秦，秦必求宜陽。甘茂曰：宜陽，大縣也。漢縣。故韓城，在縣東。劉盆子降光武處。城東、南、北三面峭絶天險，崤、澠俱在揑扼之内。後周設重兵於此備齊。洛水，經縣北一里。後晉高祖顯陵，在縣西北。無丞。山僻，糧欠。趙保巡檢司，在縣西南三十五里。穆册巡檢司，在縣西南一百二十里。熊耳山，在縣西一百二十里。漢光武受赤眉降，積甲宜陽城，西與熊耳山齊。按熊耳有三〔一〕：一在盧氏，一在陜州東一百五十里。宜水，在縣西五十里。一名西渡。自永寧縣流經宜谷，西南入洛。

【校勘記】

〔一〕熊耳有三　「三」，川本同，滬本作「二」。明統志卷二九：熊耳山，「在盧氏縣西南五十里，山連永寧界」，「又宜陽縣亦有熊耳山」，「又陜州東熊耳山」。則滬本誤。

登封縣　府東一百四十里。通志：東南。本志同。編户四十四里。城周四里。漢陽城、崇高二縣。中嶽嵩山，在縣東八里。白虎通云：中央之嶽，獨加高者，以其居四方之中，極高，故曰嵩高山。戴延之西征記云：其山東曰太室，縣北十里。西曰少室，縣西二十五里。相去十七里，嵩其總名也。謂之室者，以其下各有石室。山東麓跨密縣，西麓跨洛陽，北麓跨鞏縣，綿亘百五十里。箕山，在東南三十里。孟子：益避禹之子於箕山之陰。史記：余登箕山，其上有許由冢。皆此。　陽乾山，在東二十五里。潁水一源出於此。　陽城山，在北三十八里。〔旁注〕通志：東北三十里。　一名車嶺山，洧水所出。　潁水，在縣西四十里。源出陽乾山東谷，流入禹州界。　案潁水有三源，此爲左源，出少室山爲中源，出少室南溪爲右源。〔眉批〕本志：潁水，源出潁谷之耿山水神里，東流經禹州，至襄城縣爲渚河。　又東經臨潁西，合沙河入淮。　五渡水，在東南二十五里。　源出嵩山東谷，自山頂下注，疏爲二十八浦，東南流入潁水。〔眉批〕五渡河水〔一〕，在縣東北十五里。其水縈紆廻旋者五，東南流入潁水。　鬼谷，在北五里。　周公測景臺，在東南三十里，實古陽城地。〔眉批〕測景臺〔二〕，在縣東南古告成縣内〔三〕。昔周公建此臺，立土圭測日景。所謂日至之景，尺有五寸，謂之地中者也。其石相傳爲龍起而裂。　觀星臺，在測景臺北。亦周公所築，甃以磨磚，磚多爲人竊，而臺半廢。　臺上相傳有銅壺滴漏等器，爲昔人所取。下有磨石三十六塊，每塊有二水路，今已失無〔四〕。　後又有亭，今亦廢，莫考其制度。　正德末，建周公祠在二臺之間。　漢綸氏縣故城，在西南。　即夏之綸國。　後漢書黄瓊傳：公車徵至綸氏，稱疾不進。　注：綸氏即夏之綸國，少康之邑也。　竹書紀年云：楚及秦伐鄭綸氏。　今洛州故嵩陽縣城是也。　石羊關，在治東南四十里石山崖下。　關口陡峻，道路狹隘，可容一車。　元置，今廢。　無丞。　山僻，糧欠。　轘轅山，在縣西北三十〔旁注〕本志：二十七。里。　接偃師三家店地界。　一名崿嶺。古有轘轅關。　左傳：欒盈過周，王使吏出諸轘轅。　今廢。　史記：蘇秦，洛陽人。　事師於齊，而習於鬼谷。　即此。　又張風龍岡縣亦有鬼谷〔五〕，恐非秦事師處。　大熊山，在縣東南五十里。山頂寬平，四圍陡峻，昔人多避兵於此。　石淙山，在縣東南三十五里。　峯巒疊聳，溪水繞流，爲邑奇觀。相傳則天后與羣臣會飲於此。中嶽廟，在縣東八里黄蓋峯下。

【校勘記】

〔一〕五渡河水　川本同，滬本「五」上有「本志」二字。

〔二〕測景臺　川本同，滬本「測」上有「本志」二字。

〔三〕告成縣　「成」，底本作「城」，據川本、滬本及元和志卷五、清統志卷二〇六改。

〔四〕今已失無　「無」，川本同，滬本作「其一」。

〔五〕張風　川本同，滬本作「叔風」。

永寧縣　府西南二百里。故縣鎮在西南一百里。編户八十、六十七里〔一〕。洛水，在縣南三里。城周四里一百七十步。西魏熊耳縣。崤山，在縣北六十里。春秋晉襄公敗秦師于殽，即此。此爲東崤，其西入陝州界爲西崤。自東崤至西崤，相去三十五里。云云。〔眉批〕東崤長坂數里，峻阜絶澗，車不得方軌。西崤全是石坂十二里，險絶不異東崤〔二〕。此二崤皆在秦關之東，漢關之西。回谿阪，在縣東北六十里。〔眉批〕後漢書馮異傳：異棄馬步走上回谿阪〔三〕。光武紀：大司徒鄧禹及馮異與赤眉戰於回谿，禹、異敗績。馮異與赤眉戰於崤底〔四〕，破之。陽虛山〔五〕，一名陽峪山，在縣西四十五里。玄滬水出焉，南流入洛。相傳神龜負書於此。金門山，在西南三十里。〔旁注〕府志：南三十五里。本志：南三十。其山産竹，可爲律管。俗名回坑，長四里，闊二丈，深二丈五尺。嶕嶢山，在西北三十五里。天壇山，在西四十五里。溪水，在西南三十里。源出金門山，北入洛。崤水，在北六十里。源出崤山，下流至韓城，南入洛。穀水，在北七十里。源出熊耳山，下過崤底，經韓城，南流入洛。國語：周靈王二十二年，穀、洛鬬。即馮異與赤眉戰敗處。自漢以前，道皆由此。建安間，曹操西討巴、漢，惡南路之險，更開北道，自後行旅率多從之。分水嶺，在縣西四十五里。嶺上有泉，左右分注於洛。鵶鶅關，在縣西鵶鶅山谷，今廢。有柏谷塢，南宋袁湛隨武帝軍至洛陽，屯此。河底關，在縣東北南河鎮。洪武二年，設巡檢司。今革。無丞。〔旁注〕守禦百户所，河南衛右千户所分出。　簡，僻，地饒，有礦徒。設高門關，在縣西一百二十里。有巡檢司。崇陽鎮，在縣西八十里。有巡檢司。

【校勘記】

〔一〕編户八十六十七里　「八十、六十七里」，川本同，滬本作「六十七里，一云八十里」。

〔二〕險絶不異東崤　「絶」，底本脱，川本、滬本同，據元和志卷五補。

〔三〕異棄馬步走　「棄」、「步」，底本作「乘」、「奔」，川本、滬本同，據後漢書馮異傳改。

〔四〕崤底　底本「崤底」下衍「山」字，川本、滬本同，據後漢書光武帝紀、紀要卷四八删。

〔五〕陽虚山　「虚」，底本作「屋」，川本、滬本同。明統志卷二九：「陽虚山，在永寧縣西五十里，一名陽峪。」紀要卷四八同。圖書集成職方典卷四二八：玄滬水，在永寧縣西五十里，「源出陽虛山」。此「屋」爲「虛」字之誤，據改。

新安縣　府西七十里。　編户一十六里。　城周三里三百一十步。本志：四里。負山面山〔一〕。東北負山〔二〕，南面水。〔眉批〕崤、函要衝之地。本志。東連洛邑，西鎖潼關，澗水帶其南，荆山環其北。漢縣。　項羽坑秦降卒於新安城南，即此。　漢函谷關，在縣東門外東一里。　白石山，在縣南五里〔三〕。　澗水出其下。〔眉批〕澗水，在縣南五里。自澠池白石山經本縣東南入洛陽縣界。　黄河，在縣北一百里。其南有荆子山、青要山，黄河經其下，東至孟津。　匡口渡，在縣北一百里黄河南岸，爲津渡處。　嘉靖二十二年，都御史李宗樞築城於此〔四〕。　穀川，在縣東北二十里。源自羊馬川，東流入於澗。唐穀州之名以此。　武帝元鼎三年，徙函谷關於新安。　應劭曰：時樓船將軍楊僕，數有大功，恥爲關外人，上書乞徙東關，以家財給其用度。　武帝意亦好廣闊，於是徙關於新安，去弘農三百里〔五〕。　今謂之函谷新關。後周改故函谷關城爲通洛防以備齊〔六〕。〔眉批〕後周書武帝紀：保定五年十月辛亥，改函谷關城爲通洛防。〔旁注〕尚有景初元年再移事。　郭緣生述征記云：新安縣，漢之函谷關，今猶謂之新關。　左爲鷄鳴臺，右爲望氣臺。　今遺址尚存。〔旁注〕後唐莊宗陵，在縣。　裁減。　衝，疲，糧欠。　設函關馬驛。〔旁注〕治西。　新安遞運所，在縣西七里。　今名七里站。　磁澗遞運所，在縣東三十里磁澗鎮。

【校勘記】

〔一〕負山面山　川本同，滬本眉批：「面山，疑當作面水。」

〔二〕東北負山　川本同，滬本「東」上有「本志」二字。

〔三〕白石山在縣南五里　川本、滬本同。明統志卷二九：「白石山，在澠池縣東北二十里，澗水出其下。」紀要卷四八略同，此疑誤。

〔四〕李崇樞　「崇」，川本同，滬本作「宗」。

〔五〕時樓船將軍楊僕至去弘農三百里　底本「時」下倒置「用度武帝意亦好廣闊於是徙關於新安去弘農三百里」等字於「樓船將軍」上，川本同，據滬本及漢書武帝紀乙正。

〔六〕爲通洛防以備齊　底本脱「防」字，川本同，據本書下文、滬本及周書武帝紀補。

澠池縣　府西一百六十里。　編户二十八里。　金改韶州。　城周八里五十步。　南距澠水。　舊志：六里有奇。〔眉批〕左據鐵門，右阻硤石，前向崤陵，後界大河。本志。　漢縣。　白石山，在東北三十〔旁注〕本志：二十三。里。　澗水所出。　澠水，在縣南。源出馬頭山，東流過千秋嶺，與潭水合。　馬頭山，在縣東北四十里。　澠水出其下，流注縣北高村保。　古東西俱利二城，在縣西。　即秦昭王與趙惠文王會處。　漢函谷關在此，與新安接界。　裁減。　衝，疲，糧欠。　設蠡城馬驛，治西。　澠池遞運所，治東。　義昌馬驛、義昌遞運所，俱在縣東四十里。　南村保巡檢司，在縣北九十里。路通山西垣曲縣，設舟以濟往來。元置利津縣，尋廢。今有南村。舊志：南村巡檢司，在縣北一百四十里。　崤底，在縣西北半舍，秦關之東，漢關之西。漢馮異大破赤眉於崤底。今爲崤底村。

嵩縣　府南一百六十里。通志：一百八十里。　編户七十二、五十九里〔一〕。　城周五里有奇。　元爲嵩州，屬南陽府。本朝爲嵩縣，屬河南府。（眉批）陝、洛、襄、鄧之處，西南之要害。有三山、九峪、七十二寨。本志。　古陸渾縣，在北三十里。　伊水，在縣東南一里。秦、晉遷陸渾之戎於伊川，即此。　三塗山，在西南一十里。伊水經其下。周武王南望三塗，即此。　陸渾山，在東北四十里。　分水嶺，在縣東五十里。汝水出縣之分水嶺，東南流入郟縣界。　白楊關，在縣東夏保。嵩縣守禦千户所撥軍把守。　漢陸渾縣，在北三十里。　無丞。　僻，饒，多礦盜，難治。　設守禦指揮一駐劄。設守禦千户所。　舊縣巡檢司，在縣西南七十里。　没大嶺巡檢司，在縣南一百里。

【校勘記】

〔一〕編户七十二五十九里　「七十二、五十九里」，川本同，滬本作「五十九里，一云七十二里」。

盧氏縣　府西南三百四十里。通志二百五十。　編户三十五、二十四里〔一〕。　城周四里一百八十步。　漢縣。元屬嵩州。　本朝改屬陝州。　初屬陝州，弘治四年改屬府〔二〕。　熊耳山，在縣東南〔旁注〕本志：西南。五十里，連永寧界。　峭拔峻極，兩峯相並如熊耳，故名。　禹貢：導洛自熊耳。即此。〔眉批〕宋書柳元景傳：束馬懸車，引軍上百丈崖，出温谷，以入盧氏。　悶頓嶺，在東南一百六十〔旁注〕通志：一百。本志同。里。　伊水所出。　鐵嶺，在縣北四十〔旁注〕通志：五十。本志：四十。里。　山極險隘，又名車箱谷。　山横截，石色如鐵，故名。　昔人鑿石通道，長廣如車箱谷〔三〕。　守禦百户所一。　邢公山，在縣北九十里。　唐盛彦師破李密、王伯當之所。　唐書李密傳：虢州盧氏山冶，近出瑟瑟〔四〕。〔眉批〕朱陽關〔五〕，在縣南朱陽社。路通襄陽府，有巡檢司。　白華關，在縣西。　路通陝西，今置戍。〔眉批〕白華關，在縣西上川社。重山之中，勢極險阻。路通陝西。今弘農衛軍把守。　青石關，在縣西沙窩社。路通陝西。元末設兵守隘，今廢。　輿地廣記：二崤山連入硤石界〔六〕。　湯水，在縣西南一百二十里。　源出惡峪嶺，南流入粉青江。　香爐山，在縣東北五十里，澗水所出。　無丞。　山僻，民悍，有礦徒。　設社館鎮〔七〕，縣北六十里；朱陽鎮，縣西南一百二十里；欒川鎮，縣東南二百里。三巡司。

【校勘記】

〔一〕編户三十五二十四里　「三十五、二十四里」，川本同，滬本作「二十四里，一云三十五里」。

〔二〕弘治四年改屬府　「弘治四年」，川本、滬本同，明史地理志、紀要卷四八作「萬曆初」，當是。

〔三〕長廣如車箱谷　川本同，滬本作「長廣如車箱，故名車箱谷」。
〔四〕唐書李密傳虢州盧氏山冶近出瑟瑟　川本、滬本同。按今本兩唐書李密傳無此文。疑誤。
〔五〕朱陽關　「朱」，底本作「宋」，川本、滬本同，據紀要卷四八、清統志卷二一二改。
〔六〕二崤山連入硤石界　「界」，底本脱，川本、滬本同，據輿地廣紀卷五永寧縣補。
〔七〕社管鎮　「社」，底本作「杜」，川本、滬本同。按金史地理志：「盧氏鎮二：社管、欒川。舊爲縣，海陵貞元二年廢爲鎮。」紀要卷四八：「社管鎮關在縣北六十里。又縣東有欒川鎮關。金志社管、欒川皆舊縣……今俱有巡司。」據改。

陝州　府西三百里。　編户三十五里。　城周九里一百三十步。　陝縣，本朝幷入州。　周公、召公分陝之地。又爲北虢國。漢陝縣。玉海云：陝原在州西南二十五里。周公分陝，不因其城，乃從原爲界也。〔眉批〕崔浩曰：陝州東自崤山，西至潼津，通名函谷，號曰天險。　砥柱，在州東四十〔旁注〕府志：五十。里。黄河中有三門，大禹所鑿以通河。禹貢：導河，東至于底柱。即此。石形似柱。〔眉批〕黄河自靈寶縣流入州界，至城西，環繞北東至於砥柱，入澠池縣界。　鐵牛，在州北門外，當河之中流。首向河南，尾在河北。　橐山，在東五十〔旁注〕府志：九十。里。橐水出其下，南流入河。　七里澗，一名曹陽澗，在州西南七里，今名石橋溝。發源半坡山下，北流入河。漢獻帝東還，李傕、郭汜追乘輿，戰於弘農東澗，天子幸曹陽墟。即此。　橐水，在州南門外，一名永定澗。源出橐山下，北流入河。　南曰鬼門，中曰神門，北曰人門。隋、唐間，運輸甚利。今舟楫不通，惟人門可通筏木耳。案史，隋開皇十五年，鑿砥柱。唐開元二十九年，陝州刺史李齊物鑿三門運渠。本志：南、中二門峻絶，舟楫不通，獨北門僅通筏木。其處有唐太宗撰銘，今不存。　茅津，在州北五〔旁注〕本志：東十。里，一名陝津。左傳：秦伯伐晉，自茅津濟，封殽尸而還。詳見山西平陸縣。　莘原，在州東南八十里，唐硤石舊縣西十五里〔一〕。左傳莊三十二年：有神降于莘。即此。〔眉批〕北岸城、南岸城，在硤石夾岸〔二〕。梁將吳明徹軍至硤口，克其北岸城，南岸守者棄城走，即此地。　古焦國，在州東北。武王封神農之後於此。　南北利人渠。　陝攻渠。　廣濟渠〔三〕。　高泉渠。　玉海。　大陽關，在州西。　雁翎關，在州東南朱家原社，通永寧。　硤石關，在州東七十里舊硤石縣，即古崤陵路。東通澠池，西通函谷。　有巡檢司。　領縣二。　無同。　衝，瘠，雜軍屯，難治。〔旁注〕左、右、中、前四千户所。　縣路險人稀，今置屯，隸弘農衛。　弘農衛。　甘棠馬驛，治南。　橫渠遞運所，城東。　張茅遞運所，在州東五十里張茅鎮。　七里店遞運所，在州東一百里七里鎮。　並在硤石鎮，州東七十里。　硤石馬驛、硤石遞運所、硤石巡檢司。　弘農澗，在縣西門外。北流入於河。　大陽渡，在州西，路通山西平陸縣。　漢獻帝北渡大陽津，即此。　分水嶺，在東六十里。　山泉流溢，分爲兩支：一流至陝州，一流至澠池。　州志：崤陵即硤石鎮。　左傳：殽有二陵焉：其南陵，夏后皋之墓也；其北陵，文王之所辟風雨也。

【校勘記】

〔一〕唐硤石舊縣西十五里　「唐」，底本作「三」，川本同，滬本作「唐」。按寰宇記卷五：「貞觀……十四年，改崤縣爲硤石縣。」滬本是，據改。又，底本脱「西」字，川本同，據滬本及紀要卷四八補。

〔二〕在硤石夾岸　底本「夾岸」下有「築西城」三字，川本同，滬本無。圖書集成職方典卷四三六：「北岸城、南岸城，在陝州硤石夾岸。」此三字衍，據删。

〔三〕廣濟渠　「濟」，底本作「清」，川本、滬本同。按玉海卷二二：「陝州陝縣……有廣濟渠，武德元年，陝東道行臺、金部郎中長孫操開，引水入城。」據改。

靈寶縣　州西六十里。編户五十九里。城周三里。漢弘農縣。〔眉批〕左有蛇頭嶺，右有龜頭原。乃龜蛇之形。　函谷天險。史記。　南薄山，北阻河。唐書。　黄河，在縣北三里。由閿鄉而東入陝州境。　稠桑河，源出夸父山〔一〕，經稠桑鎮，東入河。　浢津關，在縣北三里許。隋義寧中置〔二〕。唐貞觀初，廢關置津，今陌底渡是也。

故秦函谷關，在南一十里。老聃西度，田文東出，皆此關也。漢徙關於新安，以故關爲弘農縣。　門水，出縣西南。北流入弘農澗，會崤、澠諸水，北入於河。　桑田亭，在東北。號公敗戎處。　曹陽亭，在縣東十三里。漢獻帝曾露次於此。曹操改曰好陽，即今好陽鋪是。　全設。　地衝，民刁。　桃林馬驛，治西。　靈寶遞運所，城西。　號略鎮巡檢司，在縣西南一百里北朱陽鎮。　火燒關，在縣東北一百餘里，與永寧縣接界。　轆轤關，在縣西南董宅里，與洛南縣接界。其地南連星宿谷，北接金盆道，乃戰國疆界也。　函谷，在王垂里衡山嶺下，有洪溜澗水，即古函谷也。其水北流入河。山原壁立數仞，中僅容一車道，其形如函，故名。

【校勘記】

〔一〕夸父山　「夸」，底本作「夺」，川本、滬本同，據水經河水注、明統志卷二九、紀要卷四八改。下文闅鄉縣「夸父山」改同。

〔二〕隋義寧中置　川本、滬本同。新唐書地理志：「浢津，義寧元年置關。」此「中」爲「元年」之誤。

闅鄉縣　州西一百三十里。　編户二十五里。　城周四里。　城三面距山，一面阻河。　黃河，在縣北一里。　漢湖縣。〔眉批〕南距商、虢，北控大河。元王挺隘秦堂記：狀若伏牛。　荊山，在東南二十五〔旁注〕通志：三十。本志：三十五。里。　黃帝采首山之銅，鑄鼎於此，故曰鼎湖。〔眉批〕魏書：於恒農荊山造珉玉丈六像一，迎置洛濱之報德寺。　泉鳩水，在縣西南五十〔旁注〕三十五。里。　有戾太子冢，在水東。　宣帝以湖闅鄉爲戾園。〔眉批〕鄍水，在縣西二十里盤鄍鎮。自棗鄉山出，北流入於河。魏武以杜畿爲河東太守，畿詭道自鄍津渡，即此水之汭也。　曹公壘，在西二十里。　魏武征韓遂所築。　潼關，在西六十里，與陝西華陰縣分界。　據高岡，俯河流，爲陝東西咽喉，而萬户府則直隸大名。　大谷關，在縣西南秦山谷。　思子宫城，在東北二十里。　無簿。　次衝，民刁。　設鼎湖馬驛，治東。閿鄉遞運所，城西。　夸父山，在縣東南二十五里。東接靈寶界。山有桃林，武王放牛之所。中多野馬，造父得驊騮、騄耳以獻穆王。又相傳夸父追日，卒於此，遂名其山。　董杜原〔一〕，在縣西四十五里。隋楊玄感與宇文述戰於此〔二〕。又名皇天原。　黄卷坂〔三〕，在縣西北二十五里，即潼關路也。水經注：河水自潼關東北流〔四〕，水側有長坂，謂之黄卷坂。東出道，謂之函谷關，岸車不得方軌。魏武征韓遂、馬超，連兵此地。　湖水，在西門外。源出秦山，北流入河。　方相渠，在縣西四十五里。漢太尉楊震校書於董杜原，鑿渠引水，繞原東而北而西，溉田十餘頃〔五〕。天順六年復疏。

【校勘記】

〔一〕董杜原　「杜」，底本作「社」，川本、滬本同，據隋書楊玄感傳、紀要卷四八改。下同。

〔二〕楊玄感　「楊玄」，底本作「陽去」，川本、滬本作「楊去」，據隋書楊玄感傳、紀要卷四八改。

〔三〕黄卷坂　「卷」，川本、滬本同。王先謙合校水經注作「巷」，云：「案『巷』近刻訛作『卷』，下同。案朱訛，趙改。」

「坂」，底本作「坡」，川本、滬本同，據水經河水注改。下同。

〔四〕河水自潼關東北流　「東北流」，川本、滬本同。楊守敬水經注疏河水作「北，東流」，云：「朱謀㙔『北』字訛在「東」字下，趙一清、戴震同，「守敬按：西征記作『北東』，謂自潼關之北東流也，今乙。」

〔五〕方相渠至溉田十餘頃　「方相」，川本、滬本同；「十」，川本同，滬本作「千」。圖書集成職方典卷四二九：閿鄉縣，「方庠渠，在縣西四十五里。按關西楊氏族譜：方，向也，庠，學也，取向學之義。楊震校書於原之北麓，自原之陽鑿池，引玉溪之水附原而東北折復西，迤邐幾二十里，以注於校書堂前爲池」。此「相」疑爲「庠」字之誤，「十」蓋爲「千」字之誤。

南陽府

元南陽府，本朝因之。　城周六里二十七步。　古豫州，本夏禹之國。周爲申伯、鄧侯二國。秦以下爲南陽郡。光武起兵舂陵，更始立淯水，皆此地。秦取韓地，於漢水之北，洛陽、潁川之南，置南陽郡，治宛。漢王莽末，立更始於淯水之上，入都於宛，即此地。　府城即古宛城。唐移郡於鄧，改宛縣爲南陽縣〔一〕，城遂縮小，止據西南一隅。〔眉批〕北距成皋，西通武關，南臨荆、襄，東控淮、蔡。山川盤互，孔明以爲用武之國。　西通武關，東受淮、蔡。史記。　西撫商於，東臨懸瓠，滄浪爲隍，方城爲墉，用武之國。又山川盤紆，丘原漫衍，舟車輻輳，漕輓通達。宋李綱陳恢復之計，力勸高宗居之。

淯水，在府東三里。一名白河。源出嵩縣雙鷄嶺，東南流經南陽、新野，會梅溪，洱、灌、湍水，留山黄渠，栗、鴉、泗、潦、刁等水，與泌水合流，南至襄陽，入漢江。水經：淯水出弘農盧氏縣攻離山，東南過南陽西、鄂縣西北，又東過宛縣南，又南過新野縣西，西過鄧縣，東南入於沔。府志：城南。縣志：流縣西北，至東南。此水去縣城二里而近，齧東南郭大半。萬曆初，分守李廷龍委知縣程遜伐石築堤，水患始息。

領州二，縣十一。分巡汝南兼兵備道按察司副使一，轄南陽、汝寧二府。二判。地衝，事煩，民淳，近有山盜。

紫山，在縣西北三十里。漢末龐士元隱居之所。今爲唐府寢園。豐山〔二〕，在東北三十里。山海經云：有九鍾，霜降則鳴。一名精山。漢朱儁破孫夏於此。百重山，在北七十里。〔眉批〕百重山，在縣北七十里。峯巒重複，所可記者，鹿鳴、武陽、亂石、柘禽、鯉魚五山，總曰百重。通典云：向城北有百重山。即此。雉衡山，在北七十五里。〔旁注〕府志無。丹霞山，在東北一百五十里三鴉路中。〔旁注〕南召。分水嶺，在北七十里。有水自嶺上南北分流，謂之鴉河。栗河，在府東南十里。源出馬渡堰，分流至新野縣東界，入淯水。

【校勘記】

〔一〕唐移郡於鄧改宛縣爲南陽縣　川本、滬本同。元和志卷二一：南陽縣，漢置宛縣，「至隋改爲南陽縣」。此云唐改，乃誤。

〔二〕豐山　「豐」，底本作「豊」，川本同，據滬本及山海經中山經改。

南陽縣　治。編户二十二里。古申國。秦宛縣。三鴉路嶺，在南召縣西北四十里。分二路，東北帶西而行者，謂之三鴉路，即行人來往趨西洛之便路也。石川爲第一鴉路口，分水嶺爲第二鴉路口，在汝州界者，第三鴉路口也。漢淯陽故城〔一〕，在府城中淯水之陽。小長安，在南三十七里。光武與甄阜、梁丘賜戰處。〔眉批〕後漢書光武帝紀：與王莽前隊大夫甄阜、屬正梁丘賜戰於小長安。漢軍大敗。注：小長安聚，今南陽縣南〔二〕。瓜里津，在北四十里。津上有三梁，鄧奉拒光武於此。漢雉縣，在北八十里。博望縣，在東北七十里。安衆縣，在西南三十里。朝陽縣，在縣界。臥龍岡，在西南七里。起自嵩山之南，綿亘數百里，至此截然而住，回旋如巢。諸葛孔明草廬在其内，今即其地爲祠。〔眉批〕金史武仙傳：走南陽留山，收潰軍得十萬人，屯留山及威遠寨。魯陽關，在府城北。上石堰，在縣北四十六〔旁注〕東北四十。里。引淯河水南注於斗門〔三〕、黄池等陂，柜柳等堰，達於唐、新野二縣。溉田千餘頃。謝城，在府城東。周申伯所封。無丞。地衝，民貧，軍民雜處。唐府並郡王六同城。分守汝南道駐劄。設南陽衛、〔旁注〕左、中、後三千户所。前、右二所調守鄧州、唐縣。南陽中護四所、衛。宛城，城東。博望，縣東北六十里。林水〔旁注〕縣東六十里〔四〕。俗名瓦店。三馬驛。宛城、博望、林水三遞運所。

【校勘記】

〔一〕漢淯陽故城「淯」，川本、滬本同，漢書地理志、續漢書郡國志作「育」。

〔二〕注小長安聚今南陽縣南　「注」，底本作「住」，川本同；下「南」字，底本脱，川本同，並據滬本及後漢書光武帝紀李賢注改補。

〔三〕湞河　「湞」，底本作「清」，川本、滬本同，據圖書集成職方典卷四四九、光緒南陽縣志卷九改。

〔四〕縣東六十里　「東」，川本同，滬本作「南」。

泌陽縣　府東二百二十里。通志：二百。舊府志同。洪武十四年，析唐縣東北毘陽鎮置〔一〕。　編户四十里。　城周五里。　元幷入唐州，本朝復立。　漢比陽縣。　大復山，一名銅山，在東四十里。淮水出桐柏山北支岡，潛流三十里，出大復山，南至陽口入河。　其地有分水處，東流爲淮，西流爲泌。〔眉批〕舊府志：銅山即太胡山，在縣東。水經云：比水出沘陽東北太胡山〔二〕，東南流過其縣南。後人既誤以銅名山，以比爲泌，復引陳風爲證。蓋牽合附會之説，其謬甚明。謹按水經正之。　泌河，在縣南，近城。源出太胡山，南與湞水合，入漢水。　光武紀：漢軍復與甄阜、梁丘賜戰於沘水西，大破之。斬阜、賜。　藍鄉，在縣境。光武與兄齊武王縯襲甄阜、梁丘賜處。　無丞。　簡，僻，頗饒。　設象河巡檢司，在縣東北一百二十里象河保。　馬仁陂，在縣西北七十里。上有九十九岔水〔三〕，悉注陂中。周圍五十餘里，四面山圍如壁，惟西南隅頗下，泄水。漢太守召信臣始築堤蓄水，使不泛出。復作水門，以時啓閉。分流碌磁等二十四堰，灌溉民田萬餘頃。

唐縣　府東南一百二十里。編户二十里。城周六里三百三十八步。元唐州。本朝改爲縣。隋顯州〔一〕。唐泌州。桐柏山，〔旁注〕入桐柏縣。在東南一百八十里。東南接隨州界，西接棗陽界。其支岡有水泉，潛流三十里，東出大復山，爲淮水。經汝寧信陽州東會沂、泗，入於海。中陽山，在東七十里。一名慈丘山。隋因此山置慈丘縣。蓼山，在南九十里。蓋古蓼國之地。唐子山，在南一百里。漢高鳳隱居處。縣因此山得名。一名西唐山。天封山，在縣東。一名太胡，比水出焉。匯爲澤，在縣北，一名馬仁陂。南都賦：天封太胡〔二〕，列仙之陬。高老山，在東一百九十里。清水河，在縣南三十五里。源出石柱山，流入唐河。泌水，即沘水，在泌陽縣南門外。源出銅山，西流經唐縣北三里，轉西而南，下流會清水、三家、八疊、牡丹、昆江、桐溪等河〔三〕，至新野界，與淯水合，入漢江。唐河，即泌水，在縣西關下。因縣得名。石夾口關，在縣東北坊。古謝國，漢棘陽縣，皆在縣界。漢舞陰

【校勘記】

〔一〕昆陽鎮　「昆」，底本作「昆」，川本、滬本同。道光泌陽縣志卷一：「昆陽保，附郭。」圖書集成職方典卷四四八：「昆河，在泌陽縣西北。」昆河與昆陽同名「昆」，正合，此「昆」爲「昆」字之誤，據改。

〔二〕比水　「比」，底本作「沘」，川本、滬本同，據水經比水改。

〔三〕上有九十九岔水　「水」，底本脫，川本、滬本同，據道光泌陽縣志卷二補。

縣〔四〕，在東北。　平氏縣，在東南平氏保。　比陽縣，在東。　湖陽縣，在南八十里廂保。鑿石爲山道，北臨河，南負山，僅通車馬。前代於此置關。國初，南陽衛撥軍守把。　無丞。　地僻，民淳。　守備駐劄。　有守禦右千户所。　高公陂〔五〕，在縣凡四十四處。　宋治平初，知州高賦所作。　召堰，在縣。　漢召信臣守南陽時，爲民障水溉田，世賴其利，因名堤曰召堰。　唐刺史盧庠委郡從事李徹之修其故迹，一歲增良田四萬頃。　趙渠，在縣。　宋郡守趙尚寬修復召信臣故迹三大陂、一大渠溉田，因名。

【校勘記】

〔一〕隋顯州　川本、滬本同。舊唐書地理志：唐州，「隋淮安郡，武德四年，改爲顯州」，貞觀九年，「改顯州爲唐州」。此云「隋顯州」，誤。

〔二〕天封太胡　川本、滬本同。按文選南都賦作「天封大狐」。李善注：「天封，未詳，或曰山名也。南郡圖經曰：大胡山，故縣縣南十里。」

〔三〕毘江桐溪　「毘」，底本作「昆」，川本、滬本同，據圖書集成職方典卷四四八、乾隆唐縣志卷一改。「桐溪」，川本、滬本同，圖書集成作「桐浚」，此「溪」蓋爲「浚」字之誤。

〔四〕舞陰縣　底本脱「陰」字，川本同，據漢書地理志補，滬本作「陽」，誤。

〔五〕高公陂　「陂」，底本作「坡」，川本、滬本同，據紀要卷五一、清統志卷二一〇改。

桐柏縣　府東南三百里。　編户十八里。　城周四里六百三十五步。府志：一百八十步。本志無零。　成化十二年，析唐縣之桐柏鎮置。　桐柏山，在縣東一里。　淮水所出。禹貢：導淮自桐柏。上有玉女、卧龍、紫霄、翠微、蓮花諸峯。　以山名縣。　胎簪山，在縣西三十里。水經謂淮水發源胎簪〔一〕，即此。　一名大復山。　裁減。　山僻，多礦賊。　設桐柏鎮巡檢司，在縣東九十里。　淮水，在縣西二十五里。　源出胎簪山，流經信陽、確山、真陽、息縣、固始，會泗、沂，東入於海。　桐柏關，在縣東。　縣本桐柏鎮巡檢司，成化十二年改鎮爲縣，徙巡檢司於毛家集。

【校勘記】

〔一〕水經謂淮水發源胎簪　「水經」，底本作「禹貢」，川本同，滬本作「水經」。按禹貢：「導淮自桐柏。」孔穎達疏：「水經云出胎簪山，東北過桐柏山。胎簪蓋桐柏之傍小山。」水經淮水注：「淮水出南陽平氏縣胎簪山，東北過桐柏山。」滬本是，據改。

鎮平縣　府西七十里。　編户十七里。　城周五里一百三十步。即安衆縣故城。　漢安衆縣。〔眉批〕穰之西北，亂山屏開。東距嵩嶽，西接商於，亘千餘里。宋石雄騎立山龍堂記。　裁減。　簡，小，民淳。　遮山，在東三十里。　騎立山，在北七十里。　一名五朵。　爲一邑巨鎮。　潦河，在縣東四十里。源出南陽縣馬峙坪，西流經杏花山〔一〕，南流至新野縣界，與淯水合。南北朝廢。金正大五年，始爲鎮平縣。國朝洪武二年，省入南陽。十四年，復置〔二〕。

【校勘記】

〔一〕西流經杏花山　「西」，底本作「南」，據川本、滬本及紀要卷五一改。

〔二〕南北朝廢至十四年復置　川本同。滬本移置上文「漢安衆縣」下，並接有「魏改曰安陽，晉省」七字，疑是。又「正大」，底本作「大正」，川本同，滬本作「正大」。按金無「大正」年號，而有「正大」年號，據滬本乙正。

南召縣　府通志：北一百四十里。編户一十里。城周三里四十步。成化十二年，析南陽縣之鵶路鎮置〔一〕。〔眉批〕山川險塞，爲南陽之最。府志。裁減。〔眉批〕花牙砦，在縣西北五十里。白石突起，草木不生。四面陡峻，西北一小路可登。昔人曾避兵於此。縣境與嵩縣伏牛山相連。河北强賊，多取道入裕、葉劫掠。設鵶路鎮巡檢司，在縣北五十里。關在縣東北。府志：西七十里李清店。

【校勘記】

〔一〕析南陽縣之鵶路鎮置　川本、滬本同。明史地理志：「以南陽縣南召堡置。」紀要卷五一：南召縣，「明初爲南召店巡司，成化十二年置今縣」。又圖書集成職方典卷四五〇：「鵶路鎮關，今李清店，舊設巡檢司。」考清統志卷二二二：「李青店巡司，在南召縣北。」與本書下文云鴉路鎮「在縣北五十里」合，則鴉路鎮非南召縣所在，疑此「鴉路鎮」爲「南召堡」之誤。

鄧州　府西南一百二十里。　編户五十九里。　内外二城：内城周四里三十七步，外城周十五里七分。州志。　鄧國。　漢穰縣。〔眉批〕六山障列，七水環流，舟車會通，地稱陸海。鄧爲襄、漢之藩籬，古形勝之國也。宋虞允文奏議。　紫金山，在西南。　岡阜孤起，因爲城角。　湍河，在州北三里。　源出盧氏縣熊耳山鎗竿嶺〔一〕，東南流經内鄉，繞州北，轉東南，會趙沐、沙溝、黄水等河，至新野合淯水。　府志：州西北七里，一名七里河。　鉗盧陂，在南六十里。　府志：州東南五十里。源接唐堵堰〔二〕，引刁河諸水入陂。内有東、西、中三渠，漢召信臣所築。　析隈山，在南七十里。　左傳：秦人過析隈〔三〕。　即此。　刁河，在州南一十里。源出蕭山云云。　漢湼陽縣，在東六十里。　冠軍、棘陽二縣，皆在州界。　穰縣，在東南二里。　後魏馬圈鎮，在州北。　南齊大夫陳顯達攻圍四十餘日不下，敗歸〔四〕。　領縣三。　無判。　地僻，饒，易治，多四方流移。　設守禦前千户所戍守〔五〕。　内鄉三關。　楚堰，在州西北六十里。引湍水溉田千餘頃。　堨河關，在州南來威鄉。　國初，南陽衛撥軍守把。　白河橋，在東北三十里。不載白河〔六〕。　穰縣，倚郭，本朝并入州。

【校勘記】

〔一〕鎗竿嶺　「鎗」，川本、滬本及明統志卷三〇同，紀要卷五一、清統志卷二一〇作「槍」。「竿」，底本作「竽」，川本同，據滬本及明統志、紀要改。

〔二〕唐堵堰　「唐」，底本作「塘」，川本、滬本同，據圖書集成職方典卷四四九、清統志卷二一〇改。

〔三〕秦人過析限　底本脱「人」字；「過」，作「遇」，川本同，據滬本及左傳僖公二十五年補改。

〔四〕後魏馬圈鎮至敗歸　川本、滬本同。按南齊書陳顯達傳：「永元元年，顯達督平北將軍崔慧景衆軍四萬，圍南鄉界馬圈城，去襄陽三百里，攻之四十日，虜食盡，噉死人肉及樹皮，外圍既急，虜突走，斬獲千計。官軍競取城中絹，不復窮追。」則顯達攻圍馬圈四十日而城下。通鑑卷一四二同。後顯達又渡水據鷹子山築城，方爲魏孝文帝軍所敗。此誤。

〔五〕設守禦前千户所戍守　底本脱「户」字，川本同，據滬本補。

〔六〕不載白河　川本同，滬本無。

新野縣　州東七十里。通志：五十。編户二十二里。城周四里。漢縣。〔眉批〕四野平夷，無岡巒之險。水陸要衝，南北孔道。府志。樊陂，在西南。無丞。次衝，民淳，事簡。設湍陽馬驛，治東南〔一〕。新野遞運所，治北。

【校勘記】

〔一〕治東南　「東南」，底本作「事」，川本同，滬本作「東」。圖書集成職方典卷四五八：新野縣，湍陽驛，「舊在城東南玉皇朝故址，今改置縣治西」。又清統志卷二一二：「湍陽馬驛在新野縣治西，舊在城東南。」「舊」當指明，「今改置」乃清初，底本、川本誤，滬本「東」下脱「南」字，據以改補。

淅川縣　州南六十五里。舊府志：西北。通志：西一百二十。編户四十里。城周四里二百四十步。成化七年，析内鄉縣之西南境置。〔眉批〕險阻亞於南召。府志。岵山，在縣東二十里。其山環繞若藩垣。宋孟珙大破金武仙〔一〕，駐兵於此。太白山，在縣東南八十里。峯巒高峻，下臨丹河。舊爲順陽、淅川二縣分界處。丹崖山，在縣北五十里。其石悉赤。本漢之析縣〔二〕。裁減。地僻，事簡。設花園頭巡檢司。有關，在縣西北二百里。滔河，在西三十里。東南流合淅水。石穴砦，在縣之石門山。金將武仙所置，其砦甚險。金史武仙傳：徙淅川之石穴。

【校勘記】

〔一〕孟珙　底本作「孟洪」，川本、滬本同，據宋史孟珙傳改。

〔二〕漢之析縣　「析」，底本作「淅」，川本、滬本同。按漢書地理志、續漢書郡國志作「析」。元和志卷二一：内鄉縣，本楚之析邑，「漢以爲縣，屬弘農郡，後漢屬南陽郡。後魏於此置析陽郡，廢帝改爲中鄉縣。」此「淅」爲「析」字之誤，據改。

內鄉縣　州西北一百二十里。編户三十四里。府志：城周九里七分。州志同〔一〕。　秦中鄉縣〔二〕。　本楚之析邑。春秋：許遷于白羽。即此。　漢丹水縣，在西南一百里。　南酈、北酈二城，在東。　有於村〔三〕，即張儀所言商於地。　丹淅二水，各自陝西商縣界東流，至縣南，合而入漢。　熊耳山，在東十二里，連盧氏界。　太白山〔四〕，在南一百二十里。　舊爲淅川、順陽二縣分界處。　岩嶺山，在西北三百里。　蕭山，在東二十五里。　刁河出焉，東南流過鄧州，至新野縣，東南入於淯水。〔眉批〕湍河，在縣東北八十里。　黃水河，在縣西五里〔五〕。源出丹水，流入湍河。　湯河，在縣北四百里〔六〕。源出熊耳山，流入漢水。　盧氏志：出惡谷嶺。　三渡河，在縣北一百二十里。源出熊耳山，流入淅江。南流於內鄉保河婆城，西流經扳橋〔七〕。俱府志。　三户城，在西南。晉執戎蠻子畀楚師于三户，即此。　菊潭，在縣西北。源出析谷東石澗山。一云出石馬峯。水味極甘，其旁居者多壽。　唐置縣〔八〕。　西北西峽口〔九〕，縣西荆子口，縣西南黨子口，淅川東南一百十里。凡四關，與商、洛相接。　深山礦洞，幾千餘里。　置戍。　無丞。　簡，僻，民野。　設西峽口巡檢司，在縣西北內鄉保古城內，在西北一百二十里。即古內鄉縣舊城西峽口鋪。〔眉批〕西峽口，在內鄉保，即古內鄉縣舊地。險阻多盜，設巡檢司。　鬼門關，在西峽口西。山路險阻，舊置關，今廢。　黨子口關，在內鄉、淅川之南，與均州接境。近年南陽衛撥軍守把。

舊有金斗山巡檢司，在縣東北一百一十里。革。　金斗關，在縣東北。　漢博山縣，在順陽保。　馬尾關，在縣北。即秦、漢沮陽故城也。後魏馬圈云云。

沐河，在縣東北五十里。源出馬山，南流合湍水。府志：源出鎮平聖朵山。聖朵即五朵山之一也。

【校勘記】

〔一〕州志　「州」，川本同，滬本作「本」。

〔二〕秦中鄉縣　川本、滬本同。按秦無「中鄉縣」。元和志卷二一：內鄉縣，本楚之析邑，「漢以爲縣，屬弘農郡，後漢屬南陽郡。後魏於此置析陽郡，廢帝改爲中鄉縣。隋開皇三年，以避廟諱，改爲內鄉」。寰宇記卷一四二記載略同，則西魏置中鄉縣，此云「秦」，誤。

〔三〕有於村　「有」，川本同，滬本作「商」。通典卷一七七：內鄉縣，「按荆州圖則云今縣東七里於村，蓋昔所言商於地也」。紀要卷五一：商於城，「今爲商於保。」清統志卷二一一：商於城，在淅川縣西，「縣志，今內鄉縣南有商於保」。則唐代名其地爲於村，明、清時名商於保。

〔四〕太白山　「太」，底本作「天」，川本、滬本同，據明統志卷三〇、紀要卷五一改。

〔五〕在縣西五里　底本「五」下衍「百」字，川本同，據滬本及康熙內鄉縣志卷一、清統志卷二一〇刪。

〔六〕在縣北四百里　川本、滬本同。康熙內鄉縣志卷一：「湯河，在縣北一百二十里。」圖書集成職方典卷四四八載同，此「四百」蓋爲「一百二十」之誤。

〔七〕扳橋　「扳」，川本同，滬本作「板」。

〔八〕唐置縣　川本、滬本同。舊唐書地理志：内鄉縣，漢淅（析）縣地，「後周改爲中鄉，隋改爲内鄉」。此云「唐置」，誤。

〔九〕西峽口　「西」，底本作「兩」，川本同，據本書下文、滬本及紀要卷五一改。

裕州　府東北一百二十里。編户三十六里。後魏方城縣，本朝省入州。城周七里三十步〔一〕。府志：一百九十步。漢堵陽、葉二縣。〔眉批〕大乘崎其南，方城鎮其後。近被二水之津，遠據七峯之險。唐、鄧、宛、葉之通途，汴、洛、荆、襄之門户。府志。方城山，在州北四十里。〔旁注〕府志：五十。左傳：方城以爲城。杜云：在葉縣南。七峯山，在北三十里。泉白山，在北四十里〔二〕。與七峯對峙。仙翁關，在州東北。漢堵陽縣，在東六里。潘河，在州東門外。源出温泉，下流合堵水。賈河，在東四十里。源出牛心山，下流合沙河，入潕水。州東北四十里。堵河，在西三里。源出白山，東流入唐河。方城縣，倚郭。本朝并入裕州。領縣二。無同。

衝，煩，地饒，近山，多盜。設堵陽馬驛，治西南。裕州遞運所。黄石山，在州東北四十里。高出諸山之上。酈山，在州西北四十里。漢王臺，在州東南松陂保。世傳漢高祖所築。按漢史：漢王用轅生計，出兵宛、葉間，項羽聞之，引兵而南，王堅壁不與戰。疑即此地。

【校勘記】

〔一〕城周七里三十步　川本、滬本同。圖書集成職方典卷四五〇：裕州城池，「周圍九里一十三步」。清統志卷二一〇：「裕州城，周九里。」此「七」爲「九」字之誤，「三十」爲「一十三」之誤。

〔二〕在北四十里　川本同，滬本「里」字下有「通志」二字。

舞陽縣　州東北一百四十里。通志：一百七十。州志同。　編户四十四里。　城周六里三十七步。〔眉批〕本作潕，以在潕水之陽，故名。土壤沃衍，田野平夷。府志。　漢縣。　沙河，在縣北六十里。來自汝州魯山縣，經縣界，會澧水、灰、綿、封等，東達黄河。　十八盤山，在西南八十里。澧河，在縣北。東流合汝水。　澧河渡，葉縣南。　澧水橋，葉縣北。　灰河，即葉之昆水，在縣北五十里。下流至葉縣東合沙河。　汝河，在縣北六十里。　沙河渡，葉縣北二十里。　樊噲封舞陽侯，即此。　無丞。　僻，野，多盜，糧欠。

葉縣　州北一百二十里。通志：一百三十。舊府志同。東北，州志同。　編户三十一里。　城周一千二百八十五步。舊府志：一千二百八十五步。齊阜昌七年，徙治昆陽舊城。古應子國。　漢縣。〔眉批〕春秋成公十五年〔一〕：楚公子申遷許于葉。即此。後爲沈諸梁邑。漢葉、昆陽二縣。　荆河兩界，廣野通途。本志。　黄城山，在北十里。長沮、桀溺耕處。　青山，在縣西南六十里，即西唐山。水經云：澧水東過西唐。即此。見後。潕水，來自汝州魯山縣，至縣東入沙河。傳云：楚子上與晉陽處父夾泜而軍。即此。漢光武破王邑、王尋於昆陽，士卒溺死，潕水爲之不流。無丞。次衝，頗饒。設潕水馬驛，治北。葉縣遞運所，城東。保安馬驛、保安遞運所，俱在縣東南六十里。昆陽關，在縣南。即漢昆陽縣。今爲鎮，置戍。東陂、西陂〔二〕，俱在縣。春秋：楚大夫沈諸梁所鑿〔三〕。其水俱出方城山。

【校勘記】

〔一〕春秋成公十五年　「公」，底本作「王」，川本、滬本同，據左傳成公十五年改。又「春秋」當爲「左傳」。

〔二〕東陂西陂　「陂」，底本作「坡」，川本同，據滬本及紀要卷五一改。

〔三〕春秋楚大夫沈諸梁所鑿　川本、滬本同。按此文不見於今本春秋經傳集解。疑誤。

汝寧府

城周九里三十步。元以前，城方二十四里。〔眉批〕縣志：漢汝陽縣城。晉、宋郡城距懸瓠東北百餘里。宋、魏汝南郡治懸瓠鎮。汝水屈曲，形若垂瓠。水經。汝南，楚之界也。其俗急疾，有氣決。風俗通。古豫州。漢以下爲汝南郡。宋兼置豫州，常珍奇守之。元嘉末，魏太武率兵攻圍汝南，太守陳憲守拒四十餘日，魏人積尸與城齊，不拔而退。唐爲蔡州，李愬夜半入此擒吴元濟。北門外有鵝鴨池。金主守緒爲孟珙、元人所圍，亡於此。金史温敦昌孫傳：城西有積水曰練江。〔眉批〕府城舊名懸瓠，外有柴潭，在府城南。孟珙會元將嗊盞攻蔡，嗊盞決練江，珙決柴潭入汝，即此。懸瓠池，在府城北。唐李愬雪夜討吴元濟，擊鵝鴨以亂軍聲，即此。俗呼爲鵝鴨池。

汝水，出天息山，東流入境，經汝陽、上蔡、新蔡、西平入淮〔一〕。淮水，源出桐柏山北支岡，東流入境，經確山、信陽、息縣，入潁州界淮河渡，羅山縣北二十里〔二〕。洪河，在府東北七十里。源出西平縣周家陂〔三〕，流經上蔡、汝陽，至新蔡東三叉口，入汝河。洪河渡，新蔡北四里。荆河，在府東北二里。源出鵝鴨池，流經城北大堤外，東至射橋，入洪河。沙河，在府南十八里。源出桐柏山，東北流經確山沙河橋、遂平縣南門外〔四〕，至汝陽縣南二十里，改名溱濟河，入於汝河。

領州二，縣十二。屬汝南道。二判。民饒，事簡，易治。汝寧衛，隸中都留守司，在府治東南。

金史完顔賽不傳：宋將皇甫斌遣步騎數萬，由確山、褒信分路侵蔡，阻溱水，不敢進。平章僕散揆以騎七千往擊之，會溱水漲，宋兵扼橋以拒。賽不等謀潛師夜出，達吉不以騎涉水出其右，萬奴等出其左。賽不度其軍畢渡，乃率副統阿魯帶以精兵直趨橋，宋兵不能遏。比明，大潰。萬奴以兵斷真陽路，諸軍邀擊至波澤〔五〕，斬首二萬級。

【校勘記】

〔一〕經汝陽上蔡新蔡西平入淮　川本、滬本同。圖書集成職方典卷四六八：「汝水，源出天息山，東南入西平縣界，流經上蔡、汝陽、新蔡、固始朱皋鎮合於淮。」此四縣名次倒誤，又缺固始縣。

〔二〕羅山縣北二十里　底本「山」下有「在」字，據川本、滬本及元和志卷九、清統志卷二一五删。

〔三〕周家陂　「陂」，底本作「渡」，川本、滬本同，據紀要卷五〇、清統志卷二一五引舊志改。

〔四〕遂平縣南門外　川本、滬本同。清統志卷二一五：「溱水，源出南陽府桐柏山，流入確山縣境，一名沙河，又名吴寨河，東北流至汝陽縣東南，入汝河。」考其逕流，即今確山、汝南兩縣南臻頭河，不逕「遂平縣南門外」，此誤。

〔五〕諸軍邀擊至波澤　「波」，川本同，滬本作「陂」，金史完顔賽不傳作「陳」。

汝陽縣　治。　編户三十三里。　漢縣。　天中山，在北三里。高丈餘。以其在天地之中，故名。自古考日景，測分數，莫正於此。宋劉敞嘗作記，所謂豫州在天地之中，而汝南又爲豫州之中者是也。　溱水，在南一十八里。出青衣山，入淮。〔旁注〕通志無溱水。　湞水，在府南六十里。東流入淮。　濦水，在府城南。　鴻郤陂，在東一十里。　葛陂，在西南三十里。〔眉批〕後漢書靈帝紀：汝南葛陂黄巾，攻没郡縣。　漢平輿縣，在府東汝水南。古沈國。　安城縣，在府東南汝水北。宜春縣，在府西南。陽城、富波二縣，皆在府界。無丞。軍民雜處，事煩，俗刁。崇王幷郡王二同城守備汝寧信陽等處。守備指揮一員駐劄。設汝陽馬驛北門内。及楊〔旁注〕會典作陽。埠鎮巡檢司。有關，在縣東九十里。

新蔡縣　府東五十里。通志：一百四十。編户一十二里。元屬息州，本朝改屬。城周三里。本志：二里二百七十五步。古呂國。春秋時，蔡平侯徙都此，故曰新蔡。〔眉批〕蔡初都上蔡，歷十八世。楚滅蔡，楚平王後封蔡世子廬爲侯，遷於此。又歷二世，至昭侯遷於州來。數年至侯齊，遂滅於楚。州來爲下蔡，今壽州下蔡鎮。漢縣。鮦水，在縣界。漢鮦陽縣在北。櫟亭，在縣北二十里野櫟店。左傳：吳伐楚，入櫟。即此。水經注：櫟城在新蔡故城西北，半淪水。齊建武三年，魏寇司州，櫟城戍主魏僧岷拒破之〔一〕。裁減。地饒，事簡，民淳。瓦店巡檢司，萬曆二十一年兵荒，知縣王一魁申請添設。因與潁州接壤不便，今移之化莊集。金丘，在縣東五十里棟村南。按宋書：淮南人周伯符説休祐〔二〕，求起義兵，休祐不許。固請，乃遣之。杖策單行，至安豐，收得八百餘人，於淮西爲遊兵，常珍奇所置。弋陽太守郭確遣將軍郭慈孫擊伯符於金丘。即此。

【校勘記】

〔一〕魏僧岷　「岷」，底本作「珉」，川本、滬本同，據南齊書魏虜傳改。

〔二〕淮南人周伯符　「淮」，底本作「汝」，川本、滬本同，據宋書殷琰傳改。

真陽縣　府南一百二十里。　編户一十五里。　城周八百丈。　漢慎陽縣。洪武四年省。舊爲汝陽縣之真陽鎮巡檢司。弘治十八年析置。在湞水之陽。梁白狗城戍在此。　裁減。　煩，衝，疲，多盜。

確山縣　〔旁注〕屬府。　府西南九十里。　編户二十二里。　城周六里三百五十步。　古道國。　漢朗山縣〔一〕。　確山，在南一十里。　朗陵山，在南四十里。下有漢朗陵城。　樂山，在縣西北三十里。〔旁注〕府志：四十。　舊名朗山，宋避諱改今名。　山麓有李愬平蔡時所築軍營石壘。〔眉批〕黄西河，在縣北三十里。源出樂山，東流經汝陽界，曰斷濟河。其下流曰練江，東流合於汝。　吴寨河，在縣南四十里。源出桐柏山，東流達於汝。一名淮河。　道城，在縣北二十里。春秋時道國。　漢朗陵縣，在西南三十五里。漢封臧宫，晉封何曾爲朗陵公，即此。　四望城，在縣東南。後魏王肅於四望陂南築之以禦梁。　裁減。　稍衝，地饒，民淳。　設竹溝、在縣西六十里。明港在縣南九十里。二巡司。

【校勘記】

〔一〕漢朗山縣　川本、滬本同。按漢無「朗山縣」，漢書地理志汝南郡領有朗陵縣，續漢書郡國志同。元和志卷九：朗山縣，本漢安昌縣地，東漢省，「後魏太平真君二年，於朗陵故城復置。隋開皇三年，移於今理，屬豫州，十六年改爲朗山縣」。則此「漢」爲「隋」字之誤，或「山」爲「陵」字之誤。

遂平縣　府西北九十里。　編户三十八里。　城周九里三十步。　古房國。　漢吴房縣。　唐書：元和十三年，敕改蔡州吴房縣爲遂平縣，移置於文城柵南新城内。　嵖岈山，在縣西七十里。中空有洞，可深入。唐節度使李觀及吴元濟戰嵖岈山〔一〕；李愬討吴元濟，拔道口柵，戰嵖岈山；元和中，山河十將馬少良下嵖岈山；又黄巢由潁、蔡退保嵖岈山；皆此。文城柵，在縣界。　張柴村，在柵東六十里，李愬擒李祐處。　裁減。　民刁，多盜。　石洋河，在縣北五里。源出縣西七十里嵢峯垛山下黑龍潭，東流合沙河，入於汝。　沙河，在縣南門外一里許。源出縣西九十里平頭垛、嵖岈諸山，合流入於汝。

【校勘記】

〔一〕唐節度使李觀及吴元濟戰嵖岈山　川本、滬本同。據新舊唐書李觀傳載：建中末，扈從奉天，興元初，擢涇原節度使，貞元四年卒。與此後元和中戰吴元濟事無關，此誤。

西平縣　府西北一百三十里。　編户二十七里。　城周五里六十步。　古柏國。　漢縣。吴敗楚師於柏舉，即此。漢舊縣，在西。　無簿。　稍衝，民刁，地瘠。　設西平馬驛，治南。　棠溪，在縣西，有村。蘇秦説韓王，謂劍戟皆出於棠溪。〔眉批〕其水洄曲，其地平舒。北史、圖經〔一〕。

【校勘記】

〔一〕其水洄曲至圖經　川本同，滬本無。

上蔡縣　府北七十里。　編户三十六里。　城周六里二百步。　古蔡國。　漢縣。　古蔡城，在縣西南。　洪河，自縣境東流，合戚橋河，入汝水。　汝水，在縣西十二里。　源出西平雲莊、諸石二山之間，流入境，至汝陽、新蔡、光州浦子口入淮。　無丞。　次衝，民饒，事簡，多盜。　設上蔡馬驛，治西。　朱馬河有二：一在縣東二十七里，一在縣西二十七里。　東流合戚橋等河，下至新蔡縣三汊口入於汝。　蔡溝，在縣東南三十里白龜廟旁，達於項城縣界。　水盈涸無源。　古有蔡河，疑即此。

光州　府東三百里。　通志：東南二百七十。　編户二十二里。　城周九里三十步。　府州志：十二。　古黃國。魏以下爲弋陽郡。元屬汝寧府。本朝屬鳳陽府，今屬汝寧府。　襟帶長、淮，控扼潁、蔡，爲一方巨屏。郡志。　潢水，源出黃土、白沙兩關之間，東流至州南，抱城而東，與淮水合流。府志既載小黃河，又載此潢水一段。州志無此。　領縣四。無同。　僻，饒，民狡，糧輕。　漢弋陽縣，在州界。　白露河，在州東四十里。一名得水。源出麻城縣分水嶺，東流經固始縣，合春河，入於淮。　白露河，在光山縣東三十里。　小潢河〔一〕，源出麻城縣分水嶺，經光山縣界，至州西北，流貫城中，東出會恨溝，入於淮。　按水經注：黃水出白沙山〔二〕，東北經柴亭，西與潭溪水合，又東經黃城西。故弋陽縣有二城，西即黃城也。又曰：黃水出黃武山，東北流，木陵關注之，水導木陵山，西北流注於黃水〔三〕。又東經光城南，即光郡治〔四〕，故弦國也。弋陽郡東有虞丘郭，南有子相廟〔五〕。黃水經此入淮，俗謂之黃口淮水。

【校勘記】

〔一〕小潢河　川本、滬本同。本書上文「府志既載小黃河」，紀要卷五〇潢水下云「俗呼小黃河」，清統志卷二二二黃水下云「潢河又曰小黃河」。

〔二〕黃水　川本、滬本同。水經淮水注：壑水「出白沙山，東北逕柴亭西，俗謂之柴水。」此「黃水」爲「壑水」之誤。

〔三〕木陵關注之水導木陵山西北流注於黃水　「注之水」、「流注於黃水」，底本脱，川本、滬本同，據水經淮水注補正。

〔四〕又東經光城南即光郡治　「南」，底本脱，川本、滬本同，據水經淮水注補。「光郡」，川本、滬本同，楊守敬水經注疏作「南光城郡」，云：「宋置光城縣，爲光城左郡治，齊因，後魏有北光城、南光城二郡。北光城領光城、樂安二縣，不言治所。南光城領光城、南樂安二縣，云郡治光城。據隋志新息縣下云，梁置北光城郡，由此知魏之北光城在新息，其南光城治光城，即此注所云也。」

〔五〕子相廟　川本、滬本同。楊守敬水經注疏淮水作「伍相廟」，云：朱謀瑋訛作「子相」，考寰宇記光山縣下引此作「伍相」，又證以後文江水祠，俗謂之伍相廟，「此則誤『伍』爲『子』」，是當改『子』作『伍』。

固始縣　州東一百四十里。　編户四十九里。　城周六里。　漢寢縣。　楚封孫叔敖之子於寢丘，即此。〔眉批〕南擁荆山，北縈淮水，分疆必爭之地。而張昂之蟠據，即今金剛臺；劉福通之倡亂，即今朱皋鎮也。　地曠民嚚，三面距他省，南北通六潁，多巨寇。　東抵霍，多俠族。　西屬州，多悍卒。期思城，在西北七十里。古蔣國。　史河，在縣東二里。　源出牛山，東北流，入於淮。　曲河，在縣西二十里。　源出斛山，東北流，入淮。　石漕河，在縣南一百五十里〔一〕。　源出大蘇山，北流合史河，五十里有淠水，皆北流入淮。〔眉批〕大灌水、小灌水，俱在縣西南四十里〔二〕。　俗呼澮水。　金漿澗水，在縣境。　源出大蘇山，本名淦水。　司馬陳順德以此水味如漿〔三〕，改今名。　茹陂，在東南四十里。　無簿。　地衝，民饒，好訟。　朱皋鎮巡檢司，在東北六十里。　元至正十一年，劉福通作亂，據朱皋。　定城關，在縣南一百二十里。　安陽山，在縣東南五十里。〔旁注〕新志：東四十。　一名大山，一名大陽。　唐兵平蔡，嘗屯其上。金剛臺山，在南一百里〔四〕。一名石額。宋張昂據爲寨。西南麓屬商城縣。青峯嶺，在縣南一百里，接商城界。其下出水，名梅山河，東流入淮。羣山皆金剛臺之支，而衆川皆淮之委。澮州城，在縣北。蓼城，在縣東北。丁蘭城，在縣北梁安灘。安陽縣城，去邑一百五十里。今析商城。

【校勘記】

〔一〕縣南一百五十里　「南」，底本脱，川本、滬本同，據明統志卷三一補。又，嘉靖固始縣志卷二、紀要卷五〇、圖書集成職方典卷四六八皆作「四十五里」，與本書及明統志異。

〔二〕俱在縣西南四十里　「西」，底本作「東」，川本、滬本同，據明統志卷三一、紀要卷五〇、圖書集成職方典卷四六八改。

〔三〕水味如漿　川本、滬本同。嘉靖固始縣志卷二作「味如白漿」，明統志卷三一作「水如白漿」，此蓋脱「白」字。

〔四〕在南一百里　川本同，滬本「里」下有「新志：一百二十里」七字。

商城縣　州東南一百二十里。編户二十六里。城周六里。漢新鄓縣。成化十一年析置。大蘇山，在縣東四十里。山下有蘇仙市，淦水出焉〔一〕。竹根山，在縣東南一百八十里。羣山列峙，高峻險隘。上有古寨，即徐壽輝竊據之所。〔旁注〕唐元和十一年，李文通奏，敗殷城之衆，拔六柵。　無簿。　僻，簡，民淳。　設金剛臺巡檢司，在縣南三十里。　馬頭山，在縣南一百五十里。上有古寨遺址。　觀石山，在固始南三百二十里。有遺寨址。　雩婁山，在固始西四十里。東有雩婁縣，屬霍丘。　金剛臺山，在縣東南三十里，延袤六十里。　舊名石額山。宋紹興初，張昂據爲寨。　嘉熙初，築石城於山之陽，爲光州寓治。元末，邑人余思銘據之。〔眉批〕五水關河，在縣西南七十里。有五關：一曰白沙，二曰土門，三曰斗木嶺，四曰黃土嶺，五曰修善嶺。自考溪十八道河旋轉紆迴〔二〕，五水相合。古有隘口，可以守禦。本志：成化十一年，分固始西南境置。固始志同。　金剛臺關。

【校勘記】

〔一〕淦水　「淦」，川本、滬本同，圖書集成職方典卷四六八作「塗」，未知孰是。

〔二〕考溪十八道河　「八」，底本作「六」，川本、滬本同，據紀要卷五〇、圖書集成職方典卷四六八、清統志卷二二二改。

光山縣　州西四十五里。州志：西南四十。　編户三十八里。　城周六里。本志：七里。　古弦國。　晉縣〔一〕。　弋陽山，〔旁注〕浮光。　在北八十里。一名浮弋山，俯映長淮。　石盤山，在南九十里。一名棋盤山，盤旋險峻。　巔處平衍若盤，可屯千人。　舊有寨。〔眉批〕天臺山，在縣西南一百五十里。　淮河，在北八十里。　官渡河，在南三里。源出分水嶺，流至光州爲小黃河。

北流合梅林河，入淮。　木陵關，在南一百三十里。齊置此關〔二〕。無丞。　地饒，民刁，健訟，多盜。　設牛山鎮巡檢司，在縣東一百里。舊有沙窩鎮巡檢司，革。　五關，在西南，曰：白沙、土門、斗木嶺、黄土嶺、修善嶺。宋紹興間，江州都督趙廞建。　其南接麻城界。　漢西陽縣，在西二十里。　臨仙河，在縣南二十里。合官渡河，北流入於淮。　高陌河，在縣南四十五里。源出縣南八十里白壓山，東流入臨仙河。　寨河，在縣北三十里寨河渡。西三十里合清流河，北入於淮。　紫水，在縣城外。源出仙居山。　雨施陂，在縣南。

【校勘記】

〔一〕晉縣　川本、滬本同。宋書州郡志：「文帝元嘉二十五年，以豫部蠻民立茹由、樂安、光城、雩婁、史水、開化、邊城七縣。」又云：光城左郡，「大明中分弋陽所立」，領光城縣。隋書地理志：光山縣，「舊置光城郡，開皇初郡廢，十八年置縣焉」。則南朝宋元嘉二十五年置光城縣，隋開皇十八年改置光山縣，此云「晉縣」，誤。

〔二〕齊置此關　「此」，底本作「北」，川本、滬本同。元和志卷九：光山縣，木陵故關，「齊置此關以爲禁防」。此「北」爲「此」字之誤，據改。

息縣　州西北九十里。　編户二十八里。　城周五里。本志：九里十八步。州志同。

古息國。漢縣。元息州。本朝改爲縣。　漢新息縣，在北三十里。　陽安縣，在西南一十里。

古江國。營河，在縣北一百里。源出汝河支流，東南入於淮。泥河，在縣東四十五里。源出萬安塘，東流達於淮。谷河〔一〕，在縣東四十里。源出豎斧堰，〔旁注〕北二十里。東達於淮。閭河，在縣東北九十里。源出確山縣高唐陂，東流入於淮。楊莊鎮關，在縣北九十里。白公城，在縣西南七里。無簿。次衝，頗饒。設固城倉巡檢司，在縣東北一百二十里。隆慶二年，以楊莊店巡檢司改設。

【校勘記】

〔一〕谷河　「河」，底本作「圩」，川本、滬本同，據明統志卷三一、紀要卷五〇、圖書集成職方典卷四六八改。

信陽州　府西南二百七十里。編户一十七里。城周九里三十步。古申國地。漢平氏縣。魏以下爲義陽郡。晉、宋爲邊鎮，有三關之隘。今州界有故平靖關，其武陽、黄峴二關在德安府應山縣界。梁天監二年，爲魏將元英所陷。平靖關在州東南九十里。一名冥阨塞，有大、小石門云云。與義陽山相接，有大、小石門，鑿山通道。淮南子：天下九寨，冥阨其一。史記：魏攻冥阨。即此。州志：又名恨這關。〔眉批〕元信陽州。本志：洪武二年改爲縣。四年省。七年復置信陽州。十五年復爲縣。北接陳、汝，控帶許、洛。寰宇記。義陽山，在治東北隅。賢首山，在西南七里。魏攻義陽，齊蕭衍救之，上賢首山。即此。峴山，在州東南七十里。梁曹景宗鑿峴以救義陽。金山，在南六十里。山勢連環，約二十餘里。魏辛祥夜襲梁將胡武城於金山，即此。天目山，在西北一百二十里。下有白龍潭，明河出焉。〔眉批〕明河，在州北九十里。源出天目山，東流入於淮。黃土河，在州東南一百一十里。三灣河，在州南五十里。源出應山縣界，東北流合溮水，入於淮。九曲河，在州南。源出鷄頭山。溮河，在州南四十里。源出隨州黃土山，流抱州城南，東入淮。鍾山，在州東南十八里。隋置鍾山縣，以此名。大埠關，在州東。平常關，在西北六十里。長臺關，在北。洪武十年，降爲縣。成化十一年，復升爲州。領縣一。無同。次衝，地饒。分巡汝南道兼兵備駐劄。信陽衛，左、右、中、前、後五所〔一〕。漢安昌縣，在西。鍾武縣，在西南。臧宮徇鍾武、竹里皆下之〔二〕。蔡陽縣在北。士雅山，在州南六里。下有魏元英故壘。

【校勘記】

〔一〕信陽衛左右中前後五所　底本脫，據川本、滬本補。

〔二〕竹里　「竹」，底本作「行」，川本同，據滬本及後漢書臧宮傳改。

羅山縣　州東一百二十里。編户二十一里。城周五里二百四十步。舊屬府，成化十一年改屬。府南二百四十里。漢鄳縣。羅山，在南一十里〔一〕。靈山，在西南一百二十里。牢山，在東南九十里。層巒疊嶂，勢極險峻。古謝城，在西北六十里淮水之陽。周申伯封國於此。無丞。僻，饒，頗刁。清平關，爲楚界之阨塞。又有大勝關，縣南一百四十里；九里關，縣南一百里。州志：西南一百二十里。本志：南一百二十里。二關俱設巡檢司。九里關，在西南一百二十里。即古之黄峴關。破關，在南一百二十里。竹竿河，在縣東三十里。源出竆壠山，北流自崌山，繞杏山，北入於淮。元屬信陽州，本朝屬汝寧州。

【校勘記】

〔一〕在南一十里「十」，底本作「百」，川本、滬本同，據明統志卷三一、紀要卷五〇、清統志卷二一五改。

歸德府

城周九里三百一十步。古豫州。北連兖州界。高辛氏子閼伯所居。武王以封微子爲宋國。漢以下爲梁國。唐張巡、許遠以兵六千八百人守此〔二〕，十月始陷。宋爲南京應天府。元歸德府。本朝改爲州，屬開封府。〔眉批〕南控江、淮，北臨大河。其地四達，控江、淮，連蕭、碭，袵河脅汴。漢梁孝以單國扞，吳、楚不得西。唐張、許以孤城遮，漁陽百萬之衆不得南。而海内安危以之，此其地豈不最重哉？唐書高承簡傳：宋州凡三城，李芥兵已陷南一城，承簡保北兩城以拒。

黄河，在府北三十里丁家道口。北達徐州。汴河，在府城南五里。或曰即莨蕩渠。今淤。沁河，在府城北三十五里。源出綿山，自武陟經本府，流合於徐。今爲黄河所幷。沙河，在府舊城南門外。源出汴，流入於亳。弘治壬戌，黄河由此決。城今涸〔二〕。睢水有二：一在睢州，一在夏邑縣。領州一，縣八。屬大梁道。參將駐劄。三判。商丘馬驛，在城西。土沃，俗淳，事簡，易治。舊爲州，屬開封府。嘉靖二十四年升。

【校勘記】

〔一〕唐張巡許遠以兵六千八百人守此　川本、滬本同。新唐書張巡傳：「巡始守睢陽，衆六萬。」通鑑卷二二〇：「巡初守睢陽時，卒僅萬人，城中居人亦且數萬。」此云兵數不知所據。

〔二〕城今涸　川本同，滬本無「城」字。按「城」字疑衍。

商丘縣　編户二十七里。元睢陽縣，本朝幷入歸德州，嘉靖二十四年添設。漢睢陽縣。〔眉批〕邑當孔道，供需獨繁。每河決，輒數歲無成。田東南多荒蕪，西北濱河，有數千畝之家闕口實者。遷史謂梁爲大國，居天下膏腴地。今綜其實，豈其然乎？梁園，在府東二十里。一名菟園，中有平臺。史記：梁孝王築東苑，方三百餘里。廣睢陽城七十里，大治宫室，爲複道。自宫室屬於平臺三十餘里。武津關，在城南，即昭關。漢龍亢縣，在西南三十里。穀丘，在南四十里。春秋桓十二年〔一〕：公會宋公、燕人盟于穀丘。　二簿。　次衙，軍民雜處，難治。　設歸德衛五千户所，隸中都留守司。　丁家道口巡檢司，在縣北三十里。　馬腸河，在府西南二十五里。　源出舊黄河，達於淮。　南湖，在府南五里。　小蒙城，在府南二十五里。　即莊周本邑。　又府北四十里有大蒙城。　漆園，在小蒙城内。　亳城，在東南四十五里。　契父帝嚳都亳，湯自商丘遷焉。鄭玄云云。〔眉批〕鄭玄云：亳，今河南偃師縣。漢書音義曰：濟陰亳縣。杜預曰：梁國蒙縣。　皇甫謐曰：孟子稱湯居亳，與葛爲鄰。　葛即今寧陵縣葛鄉，亳乃今穀熟縣也。　蒙爲北亳，即景亳〔二〕，湯受命之地。穀熟爲南亳，湯所都。　偃師爲西亳，即盤庚所徙。　書立政所謂三亳是也。〔眉批〕舊志：亳城在歸德府東南四十里。爲契父帝嚳所居，蓋相傳之誤。立政曰：商有三亳。解者曰：一在洛州偃師縣西十里，帝嚳都此，是曰西亳。一在宋州穀熟縣西南三十五里，湯都此，是曰南亳。其地與葛伯爲鄰，今寧陵之葛鄉，即其國也。一在宋州北五十里大蒙城，湯受命之處，是曰北亳。今據鄭玄、孔安國及括地志，俱稱湯自商丘而遷，蓋自南亳而徙西亳，書所謂從先王居是已。至於盤庚。　穀熟故縣，在府城東南四十三里。　元罷縣，置巡檢司。　洪武初，廢爲穀熟鎮。　或曰：考城爲北亳，穀熟爲南亳，偃師爲西亳。　未知孰是。　帝嚳陵，在府城東南四十五里。

【校勘記】

〔一〕春秋桓十二年　底本空缺「十二」二字，川本同，據滬本及春秋桓公十二年補。

〔二〕景亳　「景」，底本作「昊」，川本同，據滬本及紀要卷五〇改。

夏邑縣　府東一百二十里。　編户一十四里。　城周八里。本志：五里餘。　魏下邑。漢縣。〔眉批〕地本下下，歲多水患，地僻民嗇。　漢譙縣，在縣北三十里。晉祖逖屯淮陰，進據太丘，遂克譙城而居之。　睢水，在南二十里。〔旁注〕府通志作二里。　經永城縣，合沙白二水，達於宿州。裁減。　僻小，民勞。　設會亭馬驛，在縣南三十里。　白河，在縣南五里。源自歸德馬牧店，東分流於永城，達於小河口。　嘉靖七年開治〔一〕，以殺黄河水勢，未幾復淤。　柳河，在縣南三十里。　自汴河東流，入於永城界，經直隸清河口，達於淮。　睢河，在縣北一里許。　即漢高帝敗軍入穀、泗及睢水之處。　巴河，在縣北二十里。　今名曰黄河。　流入徐，達於淮、泗，以濟漕運。　時泛溢爲患。　嘉靖十年，知縣滑參於南岸築堤，東接蕭縣，西抵商丘。　志不載項王改下邑事，亦同長葛之失。

【校勘記】

〔一〕嘉靖七年開治　「開」，底本作「間」，川本、滬本同，據嘉靖夏邑縣志卷一改。

永城縣　府東南一百八十里。　編户二十四里。　城周四里有奇。　漢芒、太丘二縣。〔眉批〕孤縣譙、芒之間〔二〕，人性獷悍。往往匿亡命，椎古冢，至數千百人。捕之，輒拒捕者。然地廣賦輕，屬以水患，田賤售，他縣人多有占其田者。

虞山，在縣北九十里。一名漁山〔二〕，山之前有釣臺。碭山，在縣北八十里，連亘幾二十里。漢高帝隱於芒、碭山澤間，即此。漢酇、建平二縣，皆在西南。太丘縣，在西北三十里。漢置〔三〕。大睢城，在縣東北甫城鄉，即漢芒縣。全設。地饒，民殷，連接兩省，多盜。設太丘馬驛，治東。澮河，在縣南二十里。自亳州經縣流入蒙城，達於淮。泡河，在縣南五十里。東南合澮河，入淮。巴河，在縣北九十里。小河，在縣北二十里。

【校勘記】

〔一〕孤縣譙芒之間　「譙」，底本作「樵」，川本、滬本同，據紀要卷五〇改。

〔二〕一名漁山　「漁」，川本、滬本同。隋書地理志碭山縣：「有魚山。」紀要卷五〇：永城縣，虞山，「隋志謂之魚山」。清統志卷一九三：虞山，「一名魚山」。此「漁」應作「魚」。

〔三〕太丘縣至漢置　川本、滬本同。漢書地理志：敬丘縣，顔師古注引應劭曰：「明帝更名大丘。」則漢置敬丘縣，東漢明帝改名太丘縣。

鹿邑縣　府南一百二十里。編户三十四里。城周九里一十三步。東漢武平縣。

〔眉批〕二面距南直隸，兩省軍民雜處。譙、碭多盜，竊伺剽掠。細陽、山桑多俠，動輒搆訟。武平多悍卒，時肆侵侮。土河經其地，水患居多。左傳成公十六年：諸侯之師侵陳，至於鳴鹿。即此。漢苦縣，在東七十里。鄲縣，在西南七十五里鄲城集。武平縣，在西北四十里。黄河，在縣北二十里。南河，在縣南十里。渦河，在縣北四里。洺河，在南二十里。無丞。僻，簡，民野，糧輕。谷陽城，在縣東十里谷陽鎮。舊城在縣西六十里，即春秋鳴鹿。元初，淪於河水，徙而東，并衛真爲鹿邑，蓋居苦也。安平廢縣，在縣西北四十里。按水經：渦水東逕安平縣故城北。陳留風俗傳曰：大棘鄉，故安平縣也。元屬亳州，本朝改屬歸德州。

寧陵縣　府西六十里。編户七里。城周五里。古葛伯國。漢縣。〔眉批〕要衝與商丘同。距河稍遠，水患稍殺，地沙瘠。金大定二十二年，徙於汴河堤南，即今治。葛城，在縣北十五里。舊有桃源集巡檢司，革。魏信陵君封邑。大棘城，在縣西南七十里。本志：大棘，西北七里；沙隨，北七里。春秋：宋華元、鄭公子歸生帥師戰于大棘。沙隨城，在縣西北七十里。左傳：公會諸侯于沙隨。汴河，來自陳留，當縣之衝。下流抵徐州。黄河，自縣南入渦口，經亳州、蒙城、懷遠荆山口入淮。裁減。次衝，訟簡，民饒。設寧城馬驛，治北。漢已吾縣，在西南二十里。舊爲縣，北齊省入下邑。賈魯堤，在縣南七里。元賈魯築以障河。

虞城縣　州東北七十里。編户十四里。〔眉批〕舊治在縣南三里。嘉靖九年，圮於河，徙今所。城周四里一百五步。

漢虞縣。商均邑於此。綸城，在縣東南義原西鄉。巴河，在舊縣南十里。自考城下流入碭山界。汴渠，在縣北七里。入單之碭山。元屬濟寧路。本朝改屬歸德州。孟諸澤，在舊縣西北十里。禹貢：被孟諸。爾雅：宋有孟諸。左傳僖二十八年：賜汝孟諸之麋。昭二十一年：將田孟諸。即此。無丞。濱河，僻，簡。設石榴固馬驛，在縣南六十里。廣樂城，在縣西。光武紀云：建武二年，吳漢率七將軍與劉永將蘇茂戰於廣樂城，大破之。釋云：今宋州有長樂故城，蓋避煬帝諱改之。空桐澤，在縣南五里。睢水東南流經此澤。有空桐亭，其後有連中館。左傳哀二十六年：冬十月，宋景公游于空澤。辛巳，卒于連中。大尹奉公自空桐入于沃宫。鴻口亭，在縣西南五十里應善南鄉。左傳昭二十一年〔一〕：齊師、宋師敗吳師于鴻口。

【校勘記】

〔一〕昭二十一年　「二」，底本作「三」，川本、滬本同，據左傳昭公二十一年改。

睢州　府西一百二十里。編户四十里。〔眉批〕城周十里三百步。秦襄邑縣。〔眉批〕俯徐、淮而扼汴、洛，控譙、亳而距大河。爲睢陽之西藩，陳留之左輔。當汴、宋間，地坦曠難守，衝要視寧陵。城中饒積水，民不堪居，居城之南郭者十六、七。今因城之，稍固矣。　睢水，自開封府杞縣界來，經州北十里，府志：七里〔一〕。至寧陵縣入泗州界。　黄河，在州東十八里。　野雞岡〔二〕，在州北五十里。　襄邑縣，本朝并入睢州。　領縣二。　舊屬開封，嘉靖中改。　二判，無同。　軍民雜處，民饒，頗刁。　設睢陽衛。〔旁注〕五千户所。　葵丘驛，在南關西門内。　匡城，在西三十里。文十一年：會于承匡〔三〕。即此。　恒山，在州西北十二里。　汴河，在睢南六里。隋大業中，疏通濟渠，引黄河達淮。唐、宋皆以此爲運道。　巴河，在汴之北六十里。源出覃懷，歷黑陽，過考城，下通徐州漕運。　元將湯節築新城，舊南關也。横長五、六里。省、府通衢，時有盜警，巡撫章某築〔四〕。又故鄫城，在州東南。左傳襄元年：仲孫蔑會齊崔杼、曹人、邾人、杞人次于鄫〔五〕。　首止城，在州南。春秋僖五年：諸侯會于首止。　洪武二十二年，指揮吴仲重築護城堤。　正統十年，舊堤築南堤一面。　西湖，在州西四十里。

【校勘記】

〔一〕府志七里　底本脱此四字，川本作旁注，滬本作夾注，據補。

〔二〕野雞岡　「岡」，底本作「闗」，川本同，據滬本及圖書集成職方典卷三九一改。

〔三〕會于承匡　「匡」，底本作「筐」，川本、滬本同，據春秋文公十一年改。

〔四〕章某 「某」，底本缺，川本、滬本同。圖書集成職方典卷三九二：睢州城池，「巡撫章某觀風過睢，因南郭築新城焉」。據補「某」字。

〔五〕左傳襄元年仲孫蔑會齊崔杼曹人邾人杞人次于鄫 「左傳」，川本、滬本同。按事載春秋襄公元年，此「左傳」應作「春秋」。

柘城縣　州東南九十里。編户九里。上古朱襄氏都。陳株野地。漢柘縣。〔眉批〕邑最小，地鹻瘠少收，多煮鹽自活。非其土著者雜居境内，易起訟，生盜。黄河，一在縣南三里，一在縣東二十五里。渦河，在縣南關外。裁減。僻野，人頑。接壤山東，多盜。廓山〔一〕，在東門外。有霸王岡，蓋固陵相持時，爲羽駐兵之地。城周四里。

【校勘記】

〔一〕廓山 「廓」，底本作「郭」，川本、滬本同，據圖書集成職方典卷三九一、清統志卷一九三改。

考城縣　州東北九十里。編户一十一里。〔眉批〕舊治在縣東南五里許，正統中徙今所。城周五里十三步。古戴國，城在縣東南。秦甾縣。有北亳，湯都也。案三亳：穀熟爲南亳，偃師爲西亳，蒙爲北亳，即此。漢縣。元省入夏邑〔一〕。有郜城。春秋：取郜大鼎。即此。〔眉批〕居睢之北，通曹、濮路。民性巧僞，喜鬬訐。 葵丘，在縣東三十里。齊桓公會諸侯，盟於葵丘。其東南有盟臺。 蒙澤，在縣東三十里。宋萬弒閔公於蒙澤。 無丞。 添設管河通判、水利主簿。賦薄，簡，淳，常有河患。 有于公道，于肅愍公謙巡撫時築以備水，民甚賴之。 黃河故道，在城南史村鋪。白河徙城北〔二〕，百姓復業者纔十餘載，然終防水患，未敢定爲樂土也。〔眉批〕府志：西沙河，在縣西三里。沁河，在縣南三里。長堤，在縣北十八里黃河南。正德間，總理河道、工部侍郎趙璜修。 城周五里有奇。弘治七年，知縣劉麒築護城堤二道。

【校勘記】

〔一〕元省入夏邑　川本、滬本同。元史地理志：睢州領有考城縣。明統志卷二六：考城縣，金屬睢州，「元仍舊」。此誤。

〔二〕白河徙城北　川本、滬本同，滬本眉批：「白，疑自字之訛。」疑是。

汝州

編户五十四里。 城周九里有奇。 古豫州。在周爲王畿。春秋戎蠻子之邑。後爲韓地。隋伊州。金史姬汝作傳：汝州南通鄧州，西接洛陽，東則汴京，使傳所出，供億三面。州治本漢梁縣，戰國時謂之南梁，以別大梁、少梁也。又有霍陽山，在東南二十里，即傳哀公四年，楚爲一昔之期而襲梁及霍也。漢立霍山縣，因山而名。有蠻中聚，即戎蠻子國，在州城西南。又漢封姬常爲周承休公，在州東。又有陽人聚故城在西。秦滅東周，徙其君於陽人聚，即此。後漢書獻帝紀：袁術遣將孫堅與董卓將胡軫戰於陽人，軫軍大敗。又孫堅大破董卓之所。又有漢霍陽縣，因山爲名，亦在西南。齊置汝北郡以備周。〔眉批〕右轡三塗，左概嵩岳，面據衡陰，背箕王屋〔一〕。浸以波、滍〔二〕，演以滎、洛。面環汝水，背負嵩山，左控襄、許之饒，右聯伊、洛之秀。州志。

汝水，在州南五里。源出天息山，經伊陽，過州境汝河橋，郟縣東南十里，東流合扈澗水，達於淮〔三〕。洗耳河，在州西門外。源出登封縣箕山。箕山，在州北五十里。黃澗河，在州東三十里。一名趙落河。源出左村之北〔四〕，南流合於汝河。魚齒山，在州東南五十里。左傳：楚伐鄭，次於魚陵，涉於魚齒之下。即此山。下有涉泉〔五〕。鳴皋山，在西南六十里〔六〕。山南舊有唐貞觀中所建清暑宮。〔眉批〕升庵集：元魏西郢羣蠻反，斷三鵶路。按三鵶在汝州古繞角城，春秋傳繞角之役是也。向城縣爲第一鵶〔七〕，分嶺山是爲第二鵶，汝州爲第三鵶也。後周書太祖紀：大統六年，東魏將侯景出三鵶，將侵荆州。郭賢傳：王思政遣賢先出三鵶，鎮於魯陽。風穴山，在東北二十里。上有風穴，相傳風將作而穴中先有聲。崆峒山，在州西六十里。相傳廣成子隱此，有墓存焉。按地理志：崆峒有四：一在安定，一在臨洮，一在涼。莊子述黃帝問道於崆峒，遂言遊襄城，登具茨〔八〕，訪大隗，皆與此山接壤。汝水，自山東出硤，謂之汝阸。湛水，出州東南馬跑泉，流經葉縣橋，在葉北三十里入汝水。左傳：楚公子格與晉戰于湛阪。即此。漢父城縣，在東南父城保。

舊屬南陽府。成化六年〔九〕，〔旁注〕南陽志：十年。改直隸布政司。屬汝南道。領縣四。梁縣本朝并入汝州。全設。僻，煩，民淳，俗儉。分巡河南道駐劄。設汝州衛。

【校勘記】

〔一〕背箕王屋　「背箕」，底本作「箕背」，川本、滬本同，據紀要卷五一乙正。

〔二〕浸以波溠　「波」，底本作「陂」，川本同，據滬本及紀要卷五一改。

〔三〕達於淮　「淮」，底本作「河」，川本、滬本同，據正德汝州志卷二、紀要卷四六改。

〔四〕源出左村之北　「之」，底本作「村」，川本同，據滬本及正德汝州志卷二改。

〔五〕涉泉　「泉」，底本作「水」，川本、滬本同，據正德汝州志卷二、圖書集成職方典卷四八一改。

〔六〕在西南六十里　「西南」，川本、滬本及紀要卷五一同，正德汝州志卷二作「西北」，圖書集成職方典卷四八一同，疑此「南」爲「北」字之誤。

〔七〕向城縣　「向」，底本作「項」，川本、滬本同。通鑑卷一五〇梁普通六年胡三省注：「百里山在鄧州向城縣北，是三鵶之第一鵶；又北分嶺山北，即三鵶之第二鵶；其第三鵶入汝州魯山縣界。」紀要卷四六三鵶，「今三鵶路自南陽府北六十里之故向城」。此「項」爲「向」字之誤，據改。

〔八〕具茨　「具」，底本作「興」，川本同，據滬本及紀要卷五一改。

〔九〕成化六年　「六」，川本、滬本同，明統志卷三一、明史地理志作「十二」。

郟縣　州東南九十里。通志：東。編户四十五里。城周十三里。州志：八里有奇。本志：十里有奇。漢縣。汝水，來自嵩縣，入縣境會扈澗、長橋等水，東入於淮。無丞。地饒，民淳。長橋河，在縣東三十里。源出禹州，南流入於汝河。扈澗橋，在縣西十里。水源出縣之扈陽山，南入汝河。

寶豐縣　州東南八十里。本志：九十里。編户三十八里。城周五里。唐龍興縣。成化十一年，析汝州置。無丞。地瘠，多礦盜。香山，在縣東二十〔旁注〕東南二十五。里。舊名火珠山〔一〕。上有二峯，東曰大龍山，西曰小龍山。唐白居易結社香山，即此。龍門關，在父城保大龍山下。元立巡檢司。洪武初革。

【校勘記】

〔一〕舊名火珠山　「火」，底本作「大」，川本、滬本同，據明統志卷三〇、正德汝州志卷二改。

魯山縣　州西南一百三十里。通志：南百二十。本志：西南一百三十。　編户四十六里。　城周五里。　漢魯陽縣。劉累遷於魯縣，即此。　堯山，在縣西十五里。滍水出焉，流入南陽府葉縣界。　大盂山，在西南五十里。山頂低窊，四圍若城，俗呼爲大團城山。　沙河，出縣之没大嶺〔一〕，流入舞陽縣界。〔眉批〕沙河，在縣南五里。源出没大嶺，縣西一百五十里，東流會於汝水。　穰河〔二〕，在縣西南十五里。源出分水嶺，流入九宅村，達於沙河。　本志：滍河，在縣南三十里。源出裕州鯉魚山，北流經本縣，合於沙河。與堯山不同。州舊志：縣東南三十里。　魯山，在東十八里。其山孤聳，爲一邑之鎮。　古繞角城、漢犨縣，皆在東南。　後周置三鵶鎮，在西南一十九里。本志：東十八里。亦名平高城，以禦齊。齊於縣東北一十七里置魯城以禦周。　全設。　山僻，簡，多礦盗。設歇馬嶺巡檢司，在縣西北九十里。有關。本志：西北八十里。

【校勘記】

〔一〕没大嶺　「没」，底本作「吳」，川本同，據滬本、本書下文及正德汝州志卷二改。

〔二〕穰河　「河」，底本作「汙」，川本同，據滬本及正德汝州志卷二改。

伊陽縣　州西南九十里。　編户三十一里。　城周四里有奇。　唐陸渾縣。　成化十一年，州志：十一年。本志：十二年。析嵩縣東四保十二里、汝州西六里復置〔二〕。　天息山，在縣西。汝水出焉。分水嶺，在縣西四十里。有水自嶺上南北分流。上店鎮關，在西南三十里。雲夢山，在縣東南七里。裁減。山僻，民饒，糧多逋欠。設上店鎮巡檢司，在縣西南三十里。

【校勘記】

〔一〕成化十一年析嵩縣東四保十二里汝州西六里復置　「析嵩縣東四保十二里、汝州西六里」，底本爲眉批，川本同，滬本作正文。按乾隆重修伊陽縣志卷一：「成化十二年，析嵩縣東四保十二里，並析汝州之西南隅，復置伊陽縣。」正與本書合，據以改正。

彰德府

古名魏郡、相州。城周九里一百一十三步。古冀州。商河亶甲居相，即此。魏武王建都於鄴，後趙石虎、前燕慕容儁並都之。東魏靜帝遷都於此，北齊又都焉。後周以下爲相州〔二〕，移治安陽。元爲彰德路。本朝改爲府，屬河南布政司。〔眉批〕西上黨，東内黄，南汲郡，北邯鄲。其地平廣，爲天下要。其地平廣闊大，挾上黨，撫襄國，蹠澶掖衛，常爲天下要。相臺志序。

漳水有二：一出山西潞安府長子縣發鳩山，一作鹿谷山，名濁漳，自林縣西北入境；一出山西平定州樂平縣南少山，名清漳，自涉縣西入境。俱東至林縣，合流經安陽、磁州、臨漳、館陶縣界，入衛河。　漳河渡，府北四十里。　洹水，一名安陽河。源自故洹水縣東〔二〕，〔旁注〕通志：源出洹山。　至林縣，屢伏屢見。流經安陽縣永和鎮入衛河。　安陽橋，府北四里。跨洹水。

領州一，縣六。　鄴城馬驛，府西南。　屬河北道。　路衝，民淳，軍衛雜處，事簡易治。　全設。

愁思岡，在府南十五里。魏陳思王植不爲文帝所容，登岡望鄴，輒動悲吟，後因以名。上有防城。府志：後魏文帝遷士庶人於洛陽，登岡望鄴中，莫不愁思。　萬金渠〔三〕，在縣西北二十里。源出寶山，經府城西，分注東南溉田。　廣遂渠，在縣西南四十里。　戲陽城，在府城東二十五里。左傳昭九年：晉荀盈如齊逆女，還，卒于戲陽。入内黄。〔眉批〕元史五行志：至正二十八年六月壬寅，彰德路天寧寺塔忽變紅色。自頂至踵，表裏透徹，如煅鐵初出於爐，頂上有光焰迸發。自二更至五更乃止。癸卯、甲辰亦如之。先是，河北有童謡云：塔兒黑，北人作主南人客。塔兒紅，朱衣人作主人公。

【校勘記】

〔一〕後周以下爲相州　底本脱「周」字，川本同，據滬本及紀要卷四九補。

〔二〕源自故洹水縣東　「洹水」，川本、滬本同。嘉靖彰德府志卷一引水經注曰：「洹水出上黨洹氏縣洹山。」圖書集成職方典卷四〇一云：「源出上黨故洹氏縣。」考水經洹水：「洹水出上黨泫氏縣。」注：「水出洹山。」則此「洹水」爲「泫氏」之誤，作「洹氏」亦誤。

〔三〕萬金渠　「金」，底本作「全」，川本同，據滬本及嘉靖彰德府志卷一改。

安陽縣　治。　編户八十四里。　古羛陽地，晉縣。　河亶甲城，在府城西北洹水南岸。一名纖城。　項羽、章邯盟於殷虚，即此。　舊有回龍水驛，在縣東九十里。　安陽遞運所，城南。嘉靖四十五年革。〔眉批〕韓陵山，在東北一十七里。東魏高歡破爾朱天光等兵於此，乃立定國寺以旌其功，温子昇爲碑文。周回十里。　龍山，在西四十里。〔眉批〕左太沖魏都賦：虎澗、龍山。山東南有村曰善應，洹水伏流出焉。　西河，在縣境内。卜子夏、田子方、段干木所遊之地。以魏、趙多儒，在鄴、魯之西，故稱爲西河，非龍門西河也。府志：今西河屬湯陰，在羑水南。　防水，在西南二十二里。出西山馬頭澗，東經防城，又東合陽水。　有丹朱陵。　羛陽聚故城，在東。光武大破五校於此。　高平渠，在東南二十里。唐開元間刺史李景所鑿〔一〕。　引安陽水，東流溉田。　水冶，在縣西四十里。後魏時，引水鼓爐，名水冶。僕射高隆之監造。東北流十里，入於洹。有水磨數十，溉田數百頃。　全設。　衝，煩，民疲，糧欠。　趙府並郡王十一同城。　設彰德衛四千户所。中千户所出守林縣。

【校勘記】

〔一〕唐開元間刺史李景所鑿　川本、滬本同。新唐書地理志：高平渠，「刺史李景引安陽水東流溉田，入廣潤陂，咸亨三年開。」此「開元」爲「咸亨」之誤。

湯陰縣　府南四十五里。　編户四十三里。　城周二里一百八十步。府志：六里二百四十步。漢縣。　晉惠帝討成都王穎，敗績於此。　牟山，在西南四十里。湯水一名蕩水，出其下。流經縣東五十里，過内黄縣，入衛河。　鶴山，在西四十五里。羑水出其下，流至羑城北，水積成淵。東至内黄，會防水，入湯水。　羑里城，在北九里。〔旁注〕府志：五里。一名牖城，又名防城。北臨羑水，文王演易於此。　淇水，源出林縣南七十五里，東北流經縣界，至淇縣北入衛河。　無丞。　衝，煩，民貧頑。　設宜溝馬驛，在縣南二十五里。　宜溝遞運所，在縣南二十五里。　舊有堨河遞運所，在縣東五十里。　隆慶元年革。

林縣　府西一百二十里。通志：西南。　編户三十五里。　石城周三里三百二十步。元爲林州，本朝改爲縣。　漢隆慮縣。　西二十里即太行山。　隆慮山，一名林慮山，在西北二十五〔旁注〕通志：西二十。里。　南負太行，北接恒嶽。　黄華山，在林慮山西二十里〔一〕。　淅水，一名三陽河。　源出澤州陵川縣淅水村，經縣南，與洹水合。〔眉批〕三擁水，源出山西壺關縣，東北流，經縣西三十里，過淇陽城，入淇水。　滄溪，在縣西北四十里。　源出林慮山，過蟠陽城，合漳水，入衛河。　倚陽山，在縣西北四十里。上有蟻尖寨，四面險阻，中平坦可居，昔人常避兵於此。無丞。山僻，民刁野。設守禦林縣中千户所。十八盤路，在天平山。

【校勘記】

〔一〕黃華山在林慮山西二十里　底本後「山」字下有「内」字，川本同，據滬本及明統志卷二八刪。明統志：「黃華山，在林縣西二十里。」圖書集成職方典卷四〇一、清統志卷一九六同，此「林慮山」爲「林縣」之誤。

臨漳縣　府東北七十里。編户三十九里。城周四里。府志、本志皆四里。〔眉批〕洪武十八年，漳水墊民居，移治於東北十八里理王村〔二〕，即今治。漢鄴縣。〔眉批〕河亶甲故都，在縣西南五十里。今孫陶集故址。鄴城，在西二十里，今鄴鎮是也。有南、北二城。漢郡治，魏武帝都，並是北城。鄴中記云：高歡以北城窄隘，令僕射高隆之更築南城。掘得神龜，大踰方丈，其堵堞之狀，咸以龜象焉。以漳水近城，起長堤爲防。又鑿渠引漳水，周流城郭，以造水碾磑云。有銅雀金虎冰井三臺，魏武帝所築，相去各六十步，其上複道樓閣相通。晉史：石勒議欲都鄴，將攻三臺。張賓進曰：三臺險固，攻之未可卒下。於是進據襄國。西門渠，在縣西二十里。西門豹爲鄴令所鑿。引漳水溉田。〔眉批〕後漢書安帝紀：元初二年，修理西門豹所分漳水爲支渠，以溉民田。北齊書文宣紀：天保九年夏，大旱。帝以祈雨不應，毁西門豹祠，掘其冢。　無丞。　僻，饒，民淳。　菊花渠，在縣南。自鄴引天平渠溉田，屈曲經三十里。有利物渠，亦引天平渠水以溉田。唐咸亨中開。百陽渠，在縣西南。自天平渠引漳水十五里，南入安陽橋。本名安陽渠。　金鳳渠，在縣西南。自天平渠引漳水東注，經金鳳臺側，故名。　天井堰，在縣南紫陌橋下。西門豹爲鄴令，造十二渠以溉民田。其後史起修之，民歌其利。故魏都賦曰：西門溉其前，史起灌其後。墱流十二，同源異口。石虎修西門舊迹，亦分十二墱，相去三百步，互相灌注。其流二十餘里，世號天井堰云。　紫陌宫，在縣西北五里。石虎建，齊文宣因修爲濟口，巡幸往來，百官祖餞，皆至於此。

【校勘記】

〔一〕理王村　「王」，底本作「玉」，川本、滬本同，據圖書集成職方典卷四〇二、清統志卷一九七改。

磁州　府北七十里。　編户四十一里。　城周八里二十六步。　元屬廣平路，本朝改屬。　後魏臨水縣。　神麕山，在西北四十里。滏水出其下，湧沸如湯。出滏山〔二〕，東流至臨漳縣，入漳河。　水在南門外。　無同。　領縣二。　衝，苦，多盜，糧欠。　分巡河北道駐劄。　設守禦千户所，隸山西潞安衛。　及滏陽馬驛，在治東北〔三〕。　磁州遞運所，在治西〔三〕。車騎關巡檢司，在州北三十里岡上。元滏陽縣，倚郭。本朝省入州。滏陽河，其源有二：一出鼓山，合衆泉流，至滏水亭下〔四〕；一出神麕山黑龍洞，東流合漳水，入衛河。其水湧沸，如湯在釜，雖隆冬不冰，故名。泥河，在州西北二十里。東流合滏陽河。五瓜渠，在州西十里。引滏水入焉〔五〕。

【校勘記】

〔一〕出滏山　「滏」，底本作「釜」，川本、滬本同，據本書下文武安縣「滏山」及紀要卷四九改。

〔二〕及滏陽馬驛在治東北　「及」，川本同，滬本無。「在」，底本脱，川本同，據滬本補。

〔三〕在治西　「在」，底本脱，川本同，據滬本補。

〔四〕逢水亭　「逢」，川本、滬本同。按本書下文載：五瓜渠，「引滏水入焉。」「滏」原誤爲「逢」。磁州多以「滏」名者，滏山、滏水、滏陽是也，此「逢」蓋爲「滏」字之誤。

〔五〕五瓜渠至引滏水入焉　「瓜」，川本、滬本及紀要卷四九、圖書集成職方典卷四〇一同，嘉靖彰德府志卷二作「爪」，疑「瓜」爲「爪」字之誤。「滏」，底本作「逢」，川本、滬本同，據嘉靖彰德府志、紀要改。

武安縣　州北一百二十里。編户三十四里。城周三里二百七十步。土人云：縣去州九十里，去府一百六十里。鼓山，在縣南三十里。宿五級，可遊鼓山。漢縣。趙奢救闕，與秦人勒兵武安，屋瓦盡震。即此。〔眉批〕紫金山，在縣東北二十里。紫泉出焉，泉色玄黑，山色返照則赤。生九節菖蒲暨烏石〔一〕。山有劉太保秉忠隱室。礦山，在縣西北二十五里。山有青鐵礦，故名。白雲山，一名白臺腦，在縣西北七十里。絶壁獨徑，可避兵火。鼓山，在縣南三十里。府志：南八里。州志同。一名滏山。有二石如鼓，南北相當。冀州圖經：鄴城西有石鼓，鳴則兵起。磁山在西南三十里。產磁石，州名取此。高齊末年，此鼓嘗鳴，而齊遂滅。隋末又鳴，聲聞數百里，而隋亡。通鑑：東魏大將軍高澄虚葬齊獻武王歡於漳水之西，而潛鑿鼓山石窟佛寺之旁爲穴，納其柩而塞之，殺羣匠以滅口。及齊亡，一匠之子知之，發石取金而逃〔二〕。即此。〔眉批〕齊高歡避暑宫，在鼓山之麓。洺河，源出山西遼州太行山，至縣西柏林里伏流，至洺縣南遠里復出。東經鉅鹿縣界，入滹沱河。儒教河，源出太行山麓，流經縣之沙窩里，伏流至儒教里〔旁注〕縣北。復出，東流入洺河。響水河，出沙河縣趙村，流經縣境，入洺河。通利渠，在縣西一里許。成化中，知縣柰永昂開〔三〕，泄水入洺河。無丞。山僻，民淳。有固鎮巡檢司，在縣西五十里。地據太行，險阨特甚，道出上黨、遼、沁諸州。

【校勘記】

〔一〕生九節菖蒲暨烏石　「烏」，底本作「馬」，川本、滬本同，據明統志卷二八、嘉靖彰德府志卷二改。

〔二〕發石取金而逃　「發」，底本作「廢」，川本、滬本同，據通鑑卷一六〇改。

〔三〕柰永昂　「柰」，川本及嘉靖彰德府志卷五同，滬本及圖書集成職方典卷四〇一作「李」。按嘉靖彰德府志卷三：武安縣預備倉，「柰永昂修」。同書卷五列有柰永昂傳，作「柰」是。

涉縣　州西二百里。通志：二百四十。編户二十八里。元屬真定路，本朝改屬。石城周三里九十五步。古沙侯國。漢縣。〔眉批〕南臨漳水，北枕龍山。次南有吾兒峪〔一〕，即壺關口。裁減。地僻，民疲，有盜。設偏店關巡檢司。先在縣北三十里，遷縣西二十里吾兒峪。符山，在縣西北四十里。龍山，在縣北。設守備一，以都指揮體統行事，指揮領之，駐劄本縣。嘉靖十九年，虜犯山西，議於界上築牆守隘。乃五里〔二〕。

【校勘記】

〔一〕次南有吾兒峪　川本同，滬本無此句。按本書下文「遷縣西二十里吾兒峪」，清統志卷一九七「吾兒峪在涉縣西南二十餘里」，此處「次」，疑當作「西」。

〔二〕乃五里　「乃」，川本同，滬本作「長」。

衛輝府

古名汲郡、衛州。〔眉批〕城周六里一百三十步。萬曆十三年，建潞王府第，拓城前三面，共周八里七十步。汝安王，憲宗第八子。弘治四年封，十四年之國，嘉靖三十七年薨，無嗣。潞簡王，穆宗第四子〔一〕。元爲衛輝路，直隸中書省。本朝改爲府，屬河南布政司。南控大河，西壓上黨。宋地理志。左孟門，右太行。大河經其南，常山跨其北。史記。

古冀州。殷之舊都。周封康叔於衛，居河、淇之間，故商墟也。晉以下爲汲郡。殷武乙徙朝歌，至紂居之。周武王克殷，分其地，北爲邶〔二〕，南爲鄘，東爲衛，以封康叔爲衛君，居河、淇之間。春秋時，邶、鄘皆入之。後狄滅衛，戴公東徙，渡河，野處漕邑。文公又徙居楚丘。至成侯，屬三晉。

太行山，在輝縣西北五十里。西南跨懷慶，北接彰德，綿亘數千里。黄河，來自河南府，至新鄉縣西南敦留村入境，東南流經胙城縣，入開封府原武縣界，至大名府濬縣大伾山，北入海。即禹貢導河「東過洛、汭，至于大伾」處。漢文帝十二年，河決酸棗，水經所謂「東至酸棗，又過南燕縣故城北」，是也。

領縣六。　全設。　屬河北道。　衛源馬驛。隆慶元年，水驛革。　河平遞運所。舊有北關閘遞運所，革。俱府西關衛河南。八省要衝，地饒，俗淳。

黄河故道，自新鄉縣西南敦留村入界，北行與胙城縣相接，至大名云云。金明昌五年，河犯武城堤，泛及金山。明年，鑿新河，修石岸十四里有奇，以塞其舊。元時，自原武縣決而東南流，經陽武、封丘，兹河遂絶。沁河故道，自新鄉縣西入界，東北行，與汲縣相接。又云：故道在漢堤西，從新鄉界入，北抵清河。又云：上自獲嘉縣西南入武陟縣境，下接新鄉縣。府志：嘉靖二十三年，河決入衛，渰没田舍民畜甚衆。下至大名、曹縣，咸被衝没。

【校勘記】

〔一〕穆宗第四子　底本空缺「四」字，川本、滬本同，據明史諸王傳補。

〔二〕北爲邶　「邶」，底本作「邮」，川本同，據滬本及毛詩正義卷二、紀要卷四九改。下同。

汲縣　〔旁注〕治。　編户四十里。　本殷牧野地。周爲鄘，後並以封衛。漢縣。〔眉批〕汲冢，在縣西二十里。魏安釐王所葬。晉太康二年，盜發冢，得竹書數十車。世號汲冢周書。

霖落山，在縣西三十五里〔一〕。蒼山，在西北四十里。一名蒼峪山。蒼水，源出縣北一百里管家井，東南流經蒼峪口，潛入地中。自彰德府林縣界，流入蒼峪口，東南流，潛行地下。又東南復出，至道光村入清水〔二〕。延津關，在東南二十五里。有古延津城，曹公遣于禁渡河守延津，即此。牧野，在府城南陵西社。胙城，在東北一百里。一云在河南。鄘城，在東北一十里。一云在新鄉縣西南三十二里。漢汲縣，在西南二十五里。無簿。衝，煩，民淳。潞府同城。設衛輝守禦千户所〔三〕，自懷慶衛調此。遮馬陂，在縣西南十三里。相傳後魏爾朱榮戮朝士於此。

衛故城，在府城東北六十里。周武王克殷，分畿内地。自紂城以北謂之邶，以封武庚；以南謂之鄘，使管叔尹之；以東謂之衛，以封康叔。後並以邶、鄘益之。此即其建國處也。〔眉批〕路史：邶，武庚之封，霍叔尹之。鄘，管叔尹之。文獻通考：封康叔於衛，而以邶、鄘封同姓之國。其後衛子孫稍幷邶、鄘二國，故邶、鄘之詩皆言衛事。山堂考索：自紂城北謂之邶，以封紂子武庚；南謂之鄘，以管叔尹之；東謂之衛，以蔡叔尹之。

延津城，在府城南。左傳：太叔侵鄭，至于廩延。又曹操遣于禁渡河守延津，即此。延津關，在府東南二十五里，接延津縣界。

【校勘記】

〔一〕在縣西三十五里　「西」，川本、滬本同。萬曆衛輝府志卷一作「西北」，圖書集成職方典卷四〇七同，此「西」下脱「北」字。

〔二〕道光村　「光」，川本、滬本及圖書集成職方典卷四〇七同，明統志卷二八作「元」。

〔三〕設衛輝守禦千户所　川本同，滬本「千户所」上有「前」字，明會典卷一二四作「衛輝前千户所」，萬曆衛輝府志卷三作「衛輝府守禦千户所」。

胙城縣　府東南三十五里。　編户二十五里。　城周五里有奇。　古胙國。後爲南燕國。漢南燕縣。　裁減。　地沙，事簡，民淳。　南燕城，在縣東三十五里龐固社。春秋時南燕國，漢以下爲南燕縣，乃舊胙城也。古胙亭在其内，周公别子胙伯所封。　新州城，在縣西南二十里。金正大間，以河患徙縣於此，更名新州。〔眉批〕漢堤，一在獲嘉縣南四十里，下接新鄉縣。一自新鄉縣西南入境，東北至胙城縣，又北入汲縣。一自胙城縣西南〔一〕，上接新鄉縣，西北接汲縣。一自汲縣東北入濬縣。金河平軍節度使奥敦修以障黄河。河久南徙，堤址尚存。　護城堤，一在府城西關外德勝橋迤南，折環而東，至城隅稍北止。一在德勝橋起，北環城外。又自護國塔前起，至城北相合，直抵淇門鎮，名新堤。一在胙城縣，東南接延津，北抵滑縣，以防水患。一在獲嘉縣城南，以障沁水。　槐村堤，在新鄉縣西北二十里。洪武間，知縣胡南溟築〔二〕，以防衛河。　賈橋堤，在縣西北，以防沁、衛水患。

【校勘記】

〔一〕又北入汲縣一自胙城縣西南　底本脱「又北入汲縣，一自胙城縣」十字，川本同，據滬本及萬曆衛輝府志卷三補。

〔二〕在新鄉縣西北二十里洪武間知縣胡南溟築　「新鄉」，底本脱，川本、滬本同；底本「西北」下衍「長」字，「二十里」下衍「許」字，川本同，滬本無；「間」，底本作「中」，川本、滬本同；「胡」，底本作「吳」，川本、滬本同，並據萬曆衛輝府志卷三、清統志卷二〇〇補删改。按此應列入下文新鄉縣才合。

新鄉縣　府西五十里。通志：西南。　編户五十里。　城周五里二百四十二步。　周鄘國地。後並以封衛。隋縣。　衛河，在縣北門外城下。　臨清關，在縣東二十里。　前代設置以控扼衛河之險，今廢。有臨清店。　唐書地理志云：新鄉東北有故臨清關。即此。　漢獲嘉縣，在新鄉縣西南一十二里。北齊移治共城。隋開皇中，徙今治。　唐於治北置臨清關〔一〕。　無簿。　地衝，事簡，民饒。　設新中驛、新鄉遞運所，俱城東關。

【校勘記】

〔一〕臨清關　「清」，底本作「洺」，川本、滬本同。新唐書地理志：新鄉縣，「東北有故臨清關」。萬曆衛輝府志卷三：「臨清關，在新鄉縣東，唐時置。」此「洺」爲「清」字之誤，據改。

獲嘉縣　府西北一百里。通志：九十。　編户一十八里。　城周三里一十三步。　周鄘國地。後並以封衛。　漢縣。　同盟山，在縣東北五里。　舊傳武王伐紂，與諸侯同盟於此。　無簿。　次衝，煩，疲，雜軍屯，難治。　設崇寧驛，治東南。　獲嘉遞運所，在北門外。　亢村驛、亢村遞運所，俱在縣南三十里亢村集。　本志：三十五里。〔眉批〕清水河，在縣北十五里。源出輝縣西南七十里山陽鎮，東南流，經本縣北境，分爲二派：一東流入輝縣河合村，與衛河合流，名清水河；一西入三橋陂，接太白陂，復逆流東入清水，名泥河。太白陂，一名吴澤陂，即今三橋陂，在縣西北十五里。自修武縣入境，下流入清水河。左傳：魏獻子田於大陸。即此。小清河，在縣北十五里。源出太行山麓，東流入衛河。沁河，在縣南四十里。源出沁州綿山，穿太行，達濟源，自武陟縣小蕃村流經本縣界，東南接新鄉縣界，流至開封府境入黄河。隋殷州城，在縣西南三十里羊家莊。周三里。址存。

輝縣　府西六十里。編户五十二里。城周四里四十八步。元輝州，本朝改爲縣。

古共伯國。漢共縣。周初爲鄘地，後並封於衛。至僖侯世子采其地，卒謚曰共，國稱共伯國，後仍入於衛。蘇門山，在西北七里。一名百門山，即太行之支山也。百泉出焉，經輝縣南六里，經新鄉縣北，由衛入淇。晉孫登隱此，有嘯臺。宋邵康節卜居，有安樂窩。詩：泉源在左，淇水在右。即此。一名衛源。衛河，〔旁注〕宜入府下。出蘇門山，南經新鄉，東繞府城，北會淇水。東北流經府城西門外，至淇縣界北合淇水。東入大名府濬縣界，達臨清，至天津入海。太行山，在西五十里。西南連懷慶府界，北接彰德。清水，出縣西南七十里山陽鎮，東南流經獲嘉縣，又東北入淇縣界，合淇水。山陽鎮，在縣西南七十里。元省山陽縣入輝州，改縣爲鎮。古凡城，在西南二十里。周公子凡伯國。王莽城，在西北八十里。三城如鼎足。王莽所築。無丞。僻，煩，民淳，多水利。設侯趙川巡檢司，在縣西北七十里。鴨子口巡檢司，在縣西五十里。通志：白鹿山，在縣西北五十里。長泉水出於此。陽河，一名斮脛河。出縣界，東流經淇縣，入衛河。府志：出淇縣西北五里，東南流入衛河。三渡河，在縣西四里，百泉之支流也。南入衛河。峪河，在縣西南五十里。源發太行山麓，南流經新鄉縣界，入衛河。清水，在縣西南七十里山陽鎮。東南流經獲嘉縣界，入衛河。〔眉批〕金史地理志：衛州河平軍節度治汲縣。大定二十六年，避河患，徙於共城。二十八年，復舊治。貞祐二年七月，城宜村。三年五月，徙治於宜村新城，以胙城爲倚郭。五行志：正大七年十二月，新衛州北三里許〔一〕，有影在沙上，如舊衛州城狀，寺塔宛然，數日乃滅。康元弼傳：先是，衛城爲河所壞，增築蘇門，以寓州治。水既退，民不樂遷，欲復歸衛。於是遣元弼按視，還言治故城便〔二〕，遂復其舊。高霖傳：請城宜村爲衛州，以護北門。侯摯傳：遣祭河神於宜村。侯趙川關，在縣西北六十里。登十八盤，逾石硤嶺，連山四障，儼如城郭，北接林慮，西瞰陵川，即宋岳飛戰處。鴨子口關，在縣西五十里。山路險阻，西通陵川，爲兩省襟喉。雁翅坡，在侯趙川之西。連山跨水，關門天險，遇警則設兵以守之。古共城，在今縣城外。周圍十里。相傳衛世子共伯所建。信陵君曰〔三〕：通韓上黨於共、寧。齊世家：住建共〔四〕。山陽故城，在縣西南六十里。周九里，四門。今名鄴城。魏奉漢獻帝爲山陽公，即此。

【校勘記】

〔一〕新衛州北三里許　底本脱「衛」字，川本同，據滬本及金史五行志補。

〔二〕還言治故城便　「言」，底本作「舍」；「便」，底本作「使」，川本、滬本同，據金史康元弼傳改。

〔三〕信陵君曰　「信」，底本作「佁」；「曰」，底本作「書」，川本同，據滬本及史記魏世家改。

〔四〕齊世家住建共　川本、滬本同。按此語出於史記田敬仲完世家。

淇縣　府北五十里。　編户二十六里。　城周八里三百步。本志：二百。　元淇州，本朝改爲縣。　漢朝歌縣。　淇水，出彰德府林縣西大號山〔一〕，流經縣西北三十里合清水，東南流入衛河。　枋頭城，在南八里衛河北，即淇水口也。魏志：建安中，曹公於淇水口下大枋木以成堰，遏淇水東入白溝以通漕，時人名曰枋頭。晉桓温北伐至此，爲慕容垂所敗。後魏嘗徙汲郡治枋頭城。　朝歌邑，在縣北關西社，即殷舊都。漢置縣。　古紂都〔二〕，在縣北關西社。　鉅橋，在縣東北十五里吴里社。　鹿臺，在縣西五十里南陽社。　淇園，在縣西北禮河社〔三〕。史記：武帝塞瓠子河，下淇園之竹以爲楗。又寇恂伐淇園之竹，爲矢百餘萬。　無簿。　衝，簡，地饒，多盗。　設淇門馬驛，治西南。　淇縣遞運所。〔旁注〕治西北。　青巖山，在縣西北十里。本志：西南三十里。　崇山列嶂，巖壑清邃。　唐甄濟嘗居此。　衛縣故城，在縣東二十里。即康叔建國處，置縣於此。　淇水，源出林縣西南七十五里。闊五步，深二尺。東南流入衛河。水經注曰：淇水出河南林慮縣西大號山。山海經曰：淇水出沮洳山。疑大號、沮洳，一山異名云。衛河，在縣南二十里。靈山，在縣西北二十里。有黑龍泉，又有千佛洞。隋開皇四年，滎陽鄭元伯鐫石造佛像八萬四千軀，遺迹尚存。薛村口，在縣東南三十五里。淇水至此合衛。〔眉批〕金史白撒傳〔四〕：蒙古兵破衛州，宣宗南遷，移州治於宜村渡，築新城於河北岸，去河不數步〔五〕，惟北面受敵，而以石包之，歲屯重兵於此。蒙古兵屢至，不能近。至是棄之，隨爲蒙古兵所據。

【校勘記】

〔一〕大號山　「號」，底本作「虢」，川本、滬本同，據水經淇水改。下同。

〔二〕古紂都　底本空缺「紂」字，川本同，據滬本及明統志卷六、紀要卷四九補。

〔三〕禮河社　「禮」，川本、滬本同。萬曆衛輝府志卷一作「里」，圖書集成職方典卷四一三同。

〔四〕金史白撒傳　「金史」，底本脱，川本同，據滬本及金史白撒傳補。

〔五〕去河不數步　「去」，底本作「王」，川本、滬本同，據金史白撒傳改。

懷慶府

古名河内、懷州。元爲懷孟路。本朝改懷慶府，屬河南布政司。古冀州覃懷之地。周爲畿内及衛、邘、雍三國。襄王賜晉文公陽樊、温、原、欑茅之田〔一〕，晉於是始啓南陽。又云：武王克商，蘇忿生以温爲司寇，其田有隤、懷，是也。秦滅衛，其君角徙居野王，阻其山保之。漢以下爲河内郡。〔眉批〕太行北峙，沁水東流，近帶黄河，遠挹伊、洛。舟車都會，號稱陸海。郡志。帶河爲固，北通上黨〔二〕，南迫洛陽。後漢書寇恂傳。

黄河，自山西垣曲縣東流，經本府濟源、孟、温三縣境，入河南府鞏縣界。沁河，源出山西沁州綿山，穿太行，達濟源，經府城北二里，至武陟，入黄河。分一支北至衛輝府，入衛河。城外有東西二堤，以防沁水。太行山，在府城北二十里。山勢綿亘數千里。其山西自濟源，東北接河内、修武、輝縣、林縣，至磁州界，綿亘數千里，爲中州巨鎮。其間峯谷巖洞，景物萬狀。雖各因地立名，其實皆太行也。禹貢「太行、恒山，至于碣石」，亦相聯屬之意。

領縣六。分巡河北兼兵備道按察司僉事一。轄彰德、衛輝、懷慶三府。二判。地衝，事煩，民淳，土廣。

【校勘記】

〔一〕欑茅　「欑」，底本作「攢」，川本、滬本同，據左傳僖公二十五年改。本書下文修武縣「古欑城」、「欑茅」改同。

〔二〕北通上黨　「通」，底本作「連」，川本、滬本同，據後漢書寇恂傳改。

河内縣治。　編户一百十六里。　城周九里一百四十八步。　漢野王縣。　丹河，在東北十五里。本志：十里。源出澤州界内，穿太行，名曰丹口。南流三十里入沁河。　碗子城，在北五十里太行山頂。其路羊腸百折，中有平地僅一畝。唐初築城，以控懷慶、澤州之衝。其城圓而小，故名。　大斛關，在城北太行山上。唐置。　古邘國，在縣西北二十里邘臺村。　古隰城，在西三十里覆背村。　古絺城，在西南三十里。　漢平皋縣，在東。左傳：赤狄伐晉，圍邢丘。注云：河内平皋縣。是也。　安昌縣，在東南六十里。漢封張禹爲安昌侯。　全設。　衝，煩，土饒，糧重。　鄭府並郡王四同城。　分守河北道駐劄。　河内志：分巡駐磁州，分守駐懷慶。　設懷慶衛。〔眉批〕原設左、右、前、後四千户所。洪武二十二年，調前千户所守禦衛輝府。　覃懷驛，城東。　萬善馬驛，在縣北三十里。　河内遞運所，城東。　舊有萬善遞運所。革。　武德城，在東南四十里。後魏置武德郡。隋廢郡，改縣曰邢丘。唐改曰武德〔一〕。宋廢。今爲武德鎮。　太行城，在東北四十里，唐縣。　紫陵城，在西北三十里。唐縣。　今呼紫陵村。　忠義城，在西南三十里，唐縣。　今爲崇義鎮。　清化鎮，在東北四十里。有城。唐書：温造爲河陽懷節度觀察等使〔二〕，奏開浚懷州古秦渠枋口堰，役功四萬，溉濟源、河内、温、武陟四縣田五千餘頃。

【校勘記】

〔一〕隋廢郡改縣曰邢丘唐改曰武德　川本、滬本同。隋書地理志：安昌縣，「舊曰州縣，置武德郡。開皇初郡廢，十八年，縣改爲邢丘。大業初，改名安昌」。元和志卷一六：武德縣，漢爲州縣，隋開皇十六年，改爲邢丘縣，大業二年，改爲安昌縣，「武德二年，改爲武德縣」。此上「改」字下脱「州」字，「邢丘」下脱「大業初，改名安昌」七字。

〔二〕温造　「造」，底本作「超」，川本、滬本同，據舊唐書温造傳改。

修武縣　府東一百二十里。通志：東北。　編户六十一里。　城周四里。　古寧邑。武王伐紂，勒兵於此，因名修武。　漢縣。　温峪山，在北五十里。上有石硤，峭壁千仞，懸瀑下注，匯而爲潭，即黑白二龍潭也。　吴澤陂，在北十里。左傳：魏獻子田於大陸。即此。　小修武城，在縣東南十五里宣陽驛東。史記：漢王軍小修武。　古欑城，在北二十里大陸村。古南陽城，在北三十里。左傳：晉啓南陽。即此。　唐韓愈世家焉。左傳：王賜晉侯陽樊、温、原、欑茅之田，晉於是啓南陽。四邑在晉山南河北，故曰南陽。　隤城，在縣。左傳隱公十一年：以隤與鄭。　無簿。　頗衝，民淳，糧重。　設武安驛，治西關外。　修武遞運所，治東。　預河，在南五里。東流至獲嘉縣，入衛河。本志：舊在縣南五里，嘉靖間，河自流縣北爲三里河。萬曆十三年，知縣朱政改流縣南，附城而東，達衛水。其源自清化東楊義河轉折至此。　濁鹿城，在縣西北六十里。唐武德二年〔二〕，河内民李厚德以濁鹿來降。府志云：一名山陽城。恐非。後漢書獻帝紀：奉帝爲山陽公，都山陽之濁鹿城。注：濁鹿一名濁城，亦名清陽城，在今懷州修武縣西北〔二〕。獻帝禪陵，在縣北。〔眉批〕山陽城，又名雍城〔三〕。在縣西北三十五里。周封文王十三子雍伯於此。漢立山陽郡，領修武。魏曹丕篡漢，封獻帝爲山陽公居之。後廢郡爲縣，屬河内。又廢，復以地入修武。李固城，在縣東北二十里。史記：趙李固却秦兵，趙封其父李侯於此。按史作李同。

【校勘記】

〔一〕武德二年　「二」，底本作「四」，川本、滬本同，據新舊唐書地理志改。

〔二〕在今懷州修武縣西北　底本脱「修武縣西北」五字，川本、滬本同，據後漢書獻帝紀李賢注補。

〔三〕山陽城又名雍城　川本、滬本同。續漢書郡國志：「山陽邑，有雍城。」水經清水注：「京相璠曰：今河内山陽西有故雍城。」此誤二城爲一城。

武陟縣　府東一百里。編户七十四里。城周四里七十七步。〔眉批〕負太行，揖黄河，沁水流其中。

漢懷縣。懷城，在縣西十一里。左傳：赤狄伐晉，圍懷。史記：魏敗趙師于懷。又：秦伐魏，拔懷。魏公子無忌書：秦固有懷、茅、邢丘。光武即帝位於鄗，幸懷，遣諸將圍洛陽。即此。古鄇人亭，在縣西南十五里。左傳：郤至與周爭鄇田。無簿。糧逋，訟煩，有河患。設寧郭馬驛，寧郭遞運所，俱在縣西北二十里。本志：三十五里。黄河，在縣南三十里。　沁河，自河内縣界來，繞縣城北，由東而南，入黄河。

温縣　府東南五十里。　本志：四十五里。　編户三十三里。　黄河在城南。　元屬孟州，本朝改屬。　城周五里三十步。　漢縣。　晋文公圍太叔帶于温，即此。　裁減。　地僻，民刁，糧欠，多水患。　澇河，在縣北二十里。東流合溴水〔一〕，入黄河。

【校勘記】

〔一〕溴水　「溴」，川本、滬本同。爾雅釋地：「梁莫大于湨梁。」春秋襄公十六年：「公會晋侯、宋公、衛侯、鄭伯……于湨梁。」杜預注：「湨水出河内軹縣，東南至温入河。」水經濟水注：「其一水枝津南流，注於湨。湨水出原城西北原山勳掌谷。」諸書皆作「湨」，不作「溴」。

孟縣　府南六十里。　編户三十一里。　城周九里三十步。　漢河陽縣。〔眉批〕春秋：天王狩于河陽。即此。戰國屬魏，爲河雍。　下孟鎮，在縣南十八里。即下孟州。當天下之衝，據津梁之要。元尚企賢重建孟州記。〔眉批〕黄河，在縣南二十里。　溴河，在縣東北五里。自濟源縣舊軹城，經本縣東南，過温縣，入黄河。　沇水，在縣東二十五里沇水鎮。自濟源縣來，歷虢公臺，西南入黄河。　紫金山，在縣西八里，蓋太行山之麓也。唐太宗嘗獵於此。　南臨河與孟津縣對。　古河陽三城，在今縣西南三十里：北城，今下孟州是；

南城，今孟津縣是；中潬城，今夾灘是。北、南二城，後魏孝文太和中所築。其中潬城，東魏所築。仍置河陽關。莊帝時，梁將陳慶之來伐，克洛陽，渡河，守北中府城，北海王顥自守南城。齊神武使潘樂守北城，高永樂守南城，以備西魏。李光弼令李抱玉守南城，自將屯中潬，並此。金大定二十七年，北城爲河水所害，築今城，徙治焉，土人謂之上孟州。興定三年，復治故城，土人謂之下孟州。元初復治今城。西有河清故城、柏崖倉。元初猶治下孟州。戊午歲，復治上孟州。本朝降爲縣。容齋隨筆：河中一洲，名曰中潬，上有河伯祠。水環四周，喬木蔚然。嘉祐八年秋，大水馮襄，了無遺迹，中潬由此遂廢。〔眉批〕通鑑：齊永橋大都督太安傅伏自永橋夜入中潬城。周人既克南城，圍中潬二旬不下。注：永橋地近三城。按懷縣有永橋鎮。懷縣，隋、唐爲懷州武德縣。宋白曰：隋大業十一年，移修武縣於永橋，即今武陟縣。富平津，泰始中，有河陽浮橋，今廢，止渡以舟。北則河陽驛，南則孟津也。今渡在縣西南四十里。　無丞。　次衝，民淳，訟簡。　設河陽驛，縣南。　下孟州、孟縣遞運所，俱在縣南十里下孟州。舊志：下孟鎮在縣南十八里，即河陽古關。　黄河關，在下孟州黄河北岸。　舊撥軍把隘，今廢。　河陽縣，本朝并入孟縣。

濟源縣　府西七十里。　編户七十六里。　元屬孟州，本朝改屬。　城周五里二百五十步。　秦軹縣。　王屋山，在西北一百里。山形如屋，故名。禹貢：底柱、析城，至于王屋。

其絶頂曰天壇山，濟水所出。〔眉批〕黄河，在縣南四十里。自山西垣曲縣，經本縣流入孟津界。　沁水，在縣東北三十里。　浝水，府志作瀧。在縣西二十里發源，經城北，東會濟水支流，與溴水合入於河。　沇水，在縣西北三里。源出天壇山之太乙池，伏流於此，復出爲濟。有二源：東源周迴七百步，其深莫測；西源周迴六百八十五步，其深一丈。與東源合流，至温縣南入黄河。其水性下且勁。過河，南溢而爲滎。往東，若斷若續，或見或伏，而入於海。　盤谷，在縣北二十里。唐李愿隱居於此。　府志：濟水發源於王屋山頂五斗峯下之太乙池，乃伏流地中，東行九十里。復見於濟源縣西三里，匯爲二池，所謂濟源池，是也。　溴水，有三源：一出縣西北一十里琮山，俗名白澗水。春秋襄十六年：公會諸侯于溴梁〔一〕。即此。一出縣西二十里曲陽城西南山。一出陽城南溪。俱東南流，與浝水合，又東南至温縣入河。　天壇山，在西一百二十里王屋山北。　猴嶺山，在西北五十里。北接太行。　浝水，出縣西四里，東南流，合溴水，入於河。　沁口，在縣東北三十里。兩山之間，沁水經焉。舊以枋木爲門，因名枋口水。晉司馬孚壘石爲之。〔眉批〕千工堰，在東北五里堰頭里。唐河陽節度使温造置。引濟池、龍潭二水溉田。　枋口堰，在東北二十五里王寨里。唐大和五年，河陽節度使温造因秦人舊堰修之，堰沁水以溉温、濟源〔二〕、河内、武陟四縣之田。　千倉渠，在城北三里。唐温造築，引濟水溉田。　沁水城，在縣東北沁水南，沁臺西。今呼王寨城〔三〕。　柏崖城，在縣西。　唐初，王世充以懷州僑治此城。　西濟州，在縣西北，今城北里。唐武德二年置，四年廢。　跨城東垣稍北，乃唐以來濟源縣城也。　王屋縣，在縣西八十里，即今王屋里。周召康公之采邑。後周置縣。唐武德元年，更名邵伯縣，隸邵州〔四〕。貞觀元年，廢州，隸懷州。顯慶二年，復隸河南。宋熙寧改隸孟州。元至元三年，省入濟源縣。　古向城，在縣西南。周時蘇忿生所屬邑。左傳：桓王取向以與鄭。　古原城，在縣西北一十五里。晉文公伐原。今名原鄉。　陽樊城，在縣東南三十八里。左傳：王以陽樊賜晉。今名皮子城。　曲陽城，在縣西南十五里。史記：秦拔我新垣、曲陽之城。　漢軹縣，在縣南一十三里。府志：東南〔五〕。史記：秦昭王伐魏，取軹。漢薄昭爲軹侯。今名軹村，即今軹城里。　軹關、狐嶺關，皆在縣西。〔眉批〕軹關，在縣西。兩山相夾，勢頗險阻。戰國置。本志：在西八十里王屋里，西通狐嶺道。北齊城之以捍西魏。　狐嶺關，在石村里。　柏崖鎮，即柏城之故址，在白地里。黄君漢以柏崖降唐。　軹關鎮，在軹城里。後周建德四年，李穆攻拔軹關、柏崖二鎮〔六〕。　東二十里齊子嶺，周、齊分境處。　無丞。　簡，僻，民淳，土沃，有土寇。　設邵原鎮巡檢司〔七〕，在縣西七十里。

【校勘記】

〔一〕溴梁　「溴」，川本、滬本同。春秋襄公十六年作「湨」，水經濟水注同。

〔二〕濟源　「源」，底本脱，川本、滬本同，據新唐書地理志補。

〔三〕王寨城　底本「寨」下有「里」字，川本同，據滬本及明統志卷二八、紀要卷四九删。

〔四〕更名邵伯縣隸邵州　「邵伯縣」、「邵州」，底本作「召縣」、「召州」，川本、滬本同，據新唐書地理志改補。

〔五〕府志東南　底本脱此四字，川本作旁注，滬本作夾注，據補。

〔六〕李穆攻拔軹關柏崖二鎮　川本、滬本同。周書李穆傳：建德四年，「高祖東征，令穆率兵三萬，別攻軹關及河北諸縣，並破之」。不及「柏崖」。

〔七〕邵原鎮　「原」，底本作「源」，川本、滬本同，據明史地理志、紀要卷四九改。

尉氏　雙洎河，在縣西南四十里。源出密縣黑龍潭，經流洧水，東達鄢陵，入黄河。一名雙洎河。即溱洧二水之下流。水經注：潧出鄶城西北雞絡塢，南注於洧。洧水出密縣西南馬嶺山。詩所謂「溱與洧」者，是也。今舊河在縣南三十五里蔡家莊南，上通洧川，下達鄢陵彭祖店。新河在南胥寺西南，入鄢陵古城。康溝河，在南門外。自西南大陂東流入黄河。蔡河，在縣西二十里。南接洧川，北流六十里至祥符縣界。今淤塞。惠民河。宋史云：蔡河貫京師，兼閔水、洧水、潩水以通舟。閔水自尉氏，歷祥符、開封合於蔡，是爲惠民河。按仁宗天聖二年，田承説獻議重修許州合流鎮大河堰斗門，創開減水河，通漕，省迂路五百里。五年，王克基言：按舊制，蔡河斗門棧板依時啓閉，調停水勢。神宗熙寧四年，詔楊琰增置上、下壩牐〔二〕，蓄水以備淺涸。徽宗政和元年，詔視蔡河堤防。今尉氏東南大齊保居民掘地得石碣，云西韓閘云。

【校勘記】

〔一〕按舊制至置上下壩牐　「按」，底本脱；「牐」，底本作「師」，川本、滬本同，據宋史河渠志補改。

固始　淮河，在縣北七十里。源出南陽桐柏縣，自邑張莊入境，納白露河、曲河、史河，水至朱皋出境。　史河，在縣東二里。源出商城縣，三河東流入縣，北流臨水，入淮。内上一支於上閘店東〔一〕，爲清河。　置均濟等閘，至管新塘還史。中一支於張馬岡北〔二〕，東泄爲沙河，至沙河鋪北還史。下一支於蔣家埠東，泄爲堪河，置溥惠、均利二閘〔三〕，亦入淮。　曲河，在縣西十五里。源出上斛山，東北流至東曲里，入史河，達於淮。　淠河，在縣西五十里。源出黄武山分水嶺，東流光州，南會春河，至期思店入淮。　圖經謂之白露河。　大灌水、小灌水，俗呼澮水。水經注：灌水導源廬江金蘭縣，由大蘇山經蓼縣故城注決。　決水，經蓼縣故城東。

【校勘記】

〔一〕上閘店　「上」，底本脱，川本、滬本同，據嘉靖固始縣志卷二補。

〔二〕張馬岡　「張」，底本脱，川本、滬本同，據嘉靖固始縣志卷二補。

〔三〕均利　「均」，川本、滬本同，嘉靖固始縣志卷二作「勻」。

彰德府

崔銑鄴兵議曰：初，薊盜之起，劉七等八人耳，後至二十六人。辛未歲，掠水冶不利，乃又西至史泉，去府二舍，四面山環。七等各喜得僻地，乃散馬弛弓，刀槊挂壁間，縱酒歌呼，夜召倡女酣寢。民兵偵知之，告指揮某往襲之。夜至史泉東三里止，賊皆熟睡，是時人持挺，可盡殲矣。而民兵爲甲者利其貲，謂指揮曰：此屬坐而擒矣，而吾輩無利；逐去之而俘其餘，何如？指揮許諾。遲明發砲，賊大驚，乃乘酒力，躍馬持矛矢來，兵皆走，獨百户張世禄與戰死。賊自是逾恣肆，溢爲數萬人，大師而後克之。

洛陽伽藍記：太和十七年，後魏高祖遷都洛陽，詔司空公穆亮營造宫室。洛陽城門依魏、晉舊門名。東面有三門：北頭第一曰建春門。漢曰上東門，阮籍詩曰：步出上東門。是也。魏、晉曰建春門，高祖因而不改。次南曰東陽門。漢曰東中門，魏、晉曰東陽門，高祖因而不改。次南曰青陽門。漢曰望京門，魏、晉曰清明門，高祖改爲清陽門。南面有四門〔一〕：東頭第一曰開陽門。初，漢光武遷都洛陽，作此門始成，未有名。忽夜中有柱自來在樓上。後琅邪開陽縣上言：縣南城門一柱飛去。使來視之，則是也〔二〕。因以開陽爲名〔三〕。漢光武所名，魏、晉及高祖因而不改。次西曰平昌門。漢曰平門，魏、晉曰平昌門，高祖因而不改。次西曰宣陽門。漢曰津陽門，魏、晉曰宣陽門，高祖因而不改〔四〕。西面有四門：南頭第一門曰西明門。漢曰廣陽門，魏、晉因而不改，高祖改爲西明門。次北曰西陽門。漢曰雍門，魏、晉曰西明門，高祖改爲西陽門。次北曰閶闔門。漢曰上西門，上有銅璇璣玉衡，以齊七政。魏、晉曰閶闔門，高祖因而不改。次北曰承明門，高祖所立。金墉城前東西大道，遷京之始，宮闕未就，高祖住在金墉城。城西有王南寺〔五〕，高祖數詣寺沙門論義，故通此門，而未有名，世人謂之新門。時王公卿士當迎駕於新門，高祖謂御史中尉李彪曰：曹植詩云「謁帝承明廬」，此門宜以承明爲稱。遂名之。北有二門：西頭曰大夏門。漢曰夏門，魏、晉曰大夏門。高祖、世宗造三層樓，去地二十丈。洛陽城門，樓皆兩重，去地百尺，唯大夏門甍棟干雲。東頭曰廣莫門。漢曰穀門，魏、晉曰廣莫門，高祖因而不改。自廣莫門以西至於大夏門，宮觀相連，被諸城上也。一門有三道，所謂九逵。

城内：永寧寺，熙平元年靈太后胡氏所立也。在宮前閶闔門南一里御道西。其寺東有太尉府，西對永康里，南界昭玄曹〔六〕，北鄰御史臺。閶闔門前御道東有左衛府，府南有司徒府，司徒府南有國子學堂，國子南有宗正寺〔七〕，寺南有太廟，廟南有護軍府〔八〕，府南有衣冠里。御道西有右衛府，府南有太尉府，府南有將作曹，曹南有九級府〔九〕，府南有太社。社南有淩陰里，即四朝時藏冰處也。中有九層浮圖一所。建義元年，太原王爾朱榮總士馬於此寺。永安二年五月，北海王顥入洛，在此寺聚兵。三年，逆賊爾朱兆囚莊帝於寺。永熙三年二月，浮圖爲火所燒。其年十月，京師遷鄴。建中寺，普泰元年尚書令樂平王爾朱世隆所立也。本是閹官司空劉騰宅，在西陽門内御道北延年里。宅東有太僕寺，寺東有乘黄署，署東有武庫署，即魏相國司馬文王府，武庫東至閶闔門是也。西陽門内御道有永康里〔一〇〕，内復有領軍將軍元叉宅。孝昌元年，太后誅叉等，没騰田宅。普泰元年〔一一〕，世隆爲榮追福，題以爲寺。長秋寺，劉騰所立也。西陽門内御道北一里，亦在延年里，即是晉中朝時金市處。寺北有濛汜池。瑶光寺，世宗宣武皇帝所立。在閶闔門御道北〔一二〕，東去千秋門二里。千秋門内道北有西遊園，中有淩雲臺，是魏文帝所築者。臺上有八角井，高祖於井北造涼風觀，登之望遠，目極洛川。臺下有碧海曲池，臺東有宣慈觀。觀東有靈芝釣臺，累木爲之，出於海中。釣臺南有宣光殿，北有嘉福殿，西有九龍殿。凡四殿，皆有飛閣，向靈芝臺往來。三伏之月，皇帝在靈芝臺以避暑。寺北有承明門，有金墉城，即魏氏所築。晉永康中，惠帝幽於金墉城。東有洛陽小城，永嘉中所築。城東北角有魏文帝百尺樓。高祖在城内作光極殿，因名金墉城門爲光極門。景樂寺，太傅清河文獻王懌所立也。閶闔南御道，西望永寧寺正相當〔一三〕。寺西有司徒府，東有大將軍高肇宅，北連義井里。昭儀尼寺，閹官等所立也。在東陽門内一里御道南。東陽門内道北，太倉、導官二署。東南治粟里，倉司官屬住其内。寺有池，京師學徒謂之翟泉。衒之按杜預注春秋云：翟泉在晉太倉西南。按晉太倉在建春門内，今太倉在東陽門内，此地在今太倉西南，明非翟泉也。後隱士趙逸云：此地是晉侍中石崇家池，池南有緑珠樓。於是學徒始寤。修梵寺，在清陽門内御道北。寺北有永和里，漢太師董卓之宅〔一四〕。建春門内御道南有句盾、典農、籍田三署。籍田南有司農寺。御道北有空地，擬作東宫，晉中朝時太倉處也。太倉南有翟泉，周迴三里，即春秋所謂王子虎、晉狐偃盟於翟泉也。高祖於泉北置河南尹，晉中朝時步廣里也。泉西有華林園，高祖以泉在園東，因名蒼龍海。華林園中有大海，即漢天淵池〔一五〕。池中猶有文帝九華臺。高祖於臺上造清涼殿，世宗在海内作蓬萊山。山上有仙人館，山有釣臺殿，並作虹蜺閣，乘虚來往。至於三月禊日，季秋良辰，皇帝駕龍舟鷁首，遊於其山。海西有藏冰室，六月出冰以給百官。海西南有景山殿。東有羲和嶺，嶺上有温風室。山西有姮娥峯，峯上有寒露館，並飛閣相通，凌山跨谷。山北有玄武池。山南有清暑殿，殿東有臨澗亭，殿西有臨危臺〔一六〕、景陽觀。山南有百果園，園有奈林。〔旁注〕奈林南有石碑一所，魏明帝所立也，題云苗茨之碑。高祖於碑北作苗茨堂。奈林西有都堂，有流觴池。堂東有扶桑海。凡此諸海，皆有石竇流於地下，西通穀水，東連陽渠，亦與翟泉相連。

城東：明懸尼寺，彭城武宣王勰所立也。在建春門外石橋南〔一七〕。穀水周迴，繞城至建春門外，東入陽渠石橋，有四柱在道南，銘云：漢陽嘉四年將作大匠馬憲造。孝昌三年，大雨頹柱埋没。道北二柱，至今猶存。寺東有中朝時常滿倉〔一八〕，高祖令爲租場，天下貢賦所聚蓄也。龍華寺，宿衛羽林虎賁所立也。在建春門外陽渠南。寺南有租場。陽渠北有建陽里，里有土臺，高三丈，上作二精舍。趙逸云：此臺是中朝旗亭也。上有二層樓，懸鼓擊之以罷市。出建春門外一里餘至東石橋南北而行，晉太康元年造。橋南即中朝牛馬市〔一九〕，刑嵇康之所也。橋北大道西有建陽里，大道東有綏民里，里内有洛陽縣，臨渠水。綏民里東有崇義里，里東有七里橋，以石爲之，中朝杜預之荆州出頓之所也。七里橋東一里，郭門開三道，號爲三門。離别者多云相送三門外。京師士子送去迎歸，常在此處也。莊嚴寺，在東陽門外一里御道北，所謂東安里也。北爲租場里。秦太上君寺，胡太后所立也。在東陽門御道北〔二〇〕，所謂暉文里。當時太后正號崇訓，母天下〔二一〕，號父爲秦太上公，母爲秦太上君。爲母追福，因以名焉。正始寺，百官等所立也。正始中立，因以爲名。在東陽門外御道南，所謂敬義里也。里内有典虞。敬義里南有招德里。平等寺，廣平武穆捨宅所立〔二二〕。在清陽門外二里御道北，所謂孝敬里也。景寧寺，太保司徒公楊椿所立也。在清陽門外三里御道南，所謂景寧里也。道北有孝義里，里西北角有蘇秦冢，冢旁有寶明寺。孝義里東即是洛陽小市，市北有殖貨里。

城南：　景明寺，宣武皇帝所立。景明年中立，因以爲名。在宣陽門外一里御道東。其寺東西南北，方五百步。前望嵩山、少室，却負帝城。正光年中〔二三〕，太后造七層浮圖一所。大統寺，在景明寺西〔二四〕，所謂利民里。東有秦太上公二寺，在景明南一里。西寺，太后所立；東寺，黄姨所造〔二五〕，並爲父追福，因以名之。時人號爲雙女寺〔二六〕，並門俱鄰洛水。寺東有靈臺一所，基址雖頹，猶高五丈餘，是漢光武所立。靈臺東辟雍〔二七〕，是魏武所立。至正光中，造明堂於辟雍之西南，上圓下方，八窗四闥。汝南王復造磚浮圖於靈臺之上。報德寺，高祖孝文皇帝所立也，爲馮太后追福。在開陽門外三里。開陽門御道東有漢國子學堂〔二八〕，堂前有三種字石經二十五碑，表裏刻之，寫春秋、尚書二部，作篆、科斗、隸三種字，漢右中郎蔡邕筆之遺迹也。猶有十八碑，餘皆殘毀。復有石碑四十八枚，亦表裏隸書，寫周易、尚書、公羊、禮記四部，又讚學碑一所，並在堂前。魏文帝作典論六碑，至太和十七年猶有四。高祖題爲勸學里。里有大覺、三寶、寧遠三寺〔二九〕。武定四年，大將軍遷石經於鄴。洛陽記：太學在洛陽城南開陽門外。講堂長十丈，廣二丈。堂前四部本碑，凡四十六枚。西行，尚書、周易、公羊傳十六碑存，十二碑毀。南行，禮記十五碑悉崩壞。東行，論語三碑，二碑毀。禮記碑上有諫議大夫馬日磾、議郎蔡邕名。勸學里東有延賢里，里内有正覺寺，尚書令王肅所立也。宣陽門外四里至洛水上作浮橋，所謂永橋也。神龜中，常景爲勒銘。南北兩岸有華表，舉高二十丈。華表上作鳳凰，似欲沖天勢。永橋以南，圜丘以北，伊、洛之間，夾御道有四夷館。道東有四館：一名金陵，二名燕然，三名扶桑，四名崦嵫。道西有四館：一曰歸正，二曰歸德，三曰慕化，四曰慕義。吳人投國者處金陵館，三年以後，賜宅慕義里〔三〇〕。是以附化之民，萬有餘家。天下難得之貨，咸悉在焉。别立市於洛水南，號曰四通市。永橋南道東，有白象、獅子二坊。高陽王寺，高陽王雍之宅也〔三一〕。在津陽門外三里御道西。寺北有甘里〔三二〕。崇虚寺，在城西，即漢之躍龍園也〔三三〕。延熹九年，桓帝祠老子於躍龍園，設華蓋之坐，用郊天之樂，即其地也。

城西：白馬寺，漢明帝所立也。在西陽門外三里御道南。帝夢金人長丈六，項皆日月光明〔三四〕，胡神號曰佛。遣使向西域求之，乃得經像焉。時白馬負經而來，因以爲名。明帝崩，起祇洹於陵上，自此以後，百姓冢上，或作浮圖焉。光寶寺，在西陽門外御道北。園中有一海，號咸池。普泰末，雍州刺史隴西王爾朱天光總士馬於此寺〔三五〕，寺門無何都崩，天光惡之。其年戰敗，斬於東市。出西陽門外四里，御道南有洛陽大市，周迴八里。市東有皇女臺〔三六〕，漢大將軍梁冀所造，猶高五尺餘。景明中，比丘道恒立靈仙寺於其上〔三七〕。臺西有河陽縣。市西北有土山、魚池，亦冀之所造。即漢書所謂「採土築山，十里九坂，以像二崤」者〔三八〕。市東有通商、達貨二里，里内之人，盡皆工巧，屠販爲生，資財巨萬。市南有調音、樂肆二里，里内之人，絲竹謳歌，天下妙伎出焉。市西有退酤、治觴二里，里内之人，多醞酒爲業。市北慈孝、奉終二里〔三九〕，里内之人，以賣棺槨爲業。别有準財、金肆二里〔四〇〕，富人在焉。凡此十里，多諸工商貨殖之民，千金比屋，層樓對出，重門啓扇，閣道交通，疊相臨望。自退酤以西，張方溝水東，南臨洛水，北達芒山，其間東西二里，南北十五里，並名爲壽丘里，皇宗所立也，民間號爲王子坊。經河陰之役，諸元殲盡，王侯第宅，多題爲寺，壽丘里閭〔四一〕，列刹相望。出閶闔門城外七里長分橋，即漢之夕陽亭也。中朝時，以穀水迅急〔四二〕，注於城下，多壞民家，立石橋以限之，長則分流入洛，故名曰長分橋。或云：晉河間王在長安，遣張方征長沙王，營軍於此，因號張方橋也。未知孰是。今民間語訛，號爲張夫人橋。朝士送迎，多在此處。長分橋西有千金堰，計其水利，日益千金，因以爲名。昔都水使者陳勰所造。令備夫一千，歲恒修之。

城北：禪虚寺，在大夏門御道西。寺前有閲武場，歲終農隙，甲士習戰，千乘萬騎，常在於此。中朝時，宣武場在大夏門東北，今爲光風園，苜蓿在焉〔四三〕。凝玄寺，閹官濟州刺史賈粲所立也〔四四〕。在廣莫門外一里御道東，所謂永平里也。城東北有上高里〔四五〕，殷之頑民所居處也。高祖名聞義里。遷京之始，朝士住其中，疊相譏刺，竟皆去之。唯有造瓦者止其内，京師瓦器出焉。京師東西二十里，南北十五里，户十萬六千餘。廟社、宫室、府曹以外，方三百步爲一里〔四六〕。里開四門，門置里正二人，吏四人，門士八人。合有二百二十里。寺有一千三百六十七所。天平元年，遷都鄴城，洛陽餘寺四百二十一所〔四七〕。

【校勘記】

〔一〕南面有四門　「四」，川本同，滬本作「三」。按洛陽伽藍記原序漢魏叢書本原作「四」，而文中所述僅三門，滬本改作「三」。范祥雍洛陽伽藍記校注：「張宗祥合校本亦作四，按四字是。」

〔二〕使來視之則是也　「之」，底本作「視」，川本同，據滬本及洛陽伽藍記原序改。

〔三〕初漢光武遷都洛陽至因以開陽爲名　底本此文錯簡於上文「高祖改爲清陽門」句後，據滬本及洛陽伽藍記原序乙正。

〔四〕漢曰津陽門至高祖因而不改　川本、滬本同。洛陽伽藍記校注：當爲「漢曰宣陽門，魏、晉因而不改，高祖亦然，次西曰津陽門」之誤脱。

〔五〕城西有王南寺　「城」，底本作「之」，川本同，滬本無，據洛陽伽藍記原序改。

〔六〕南界昭玄曹　「玄」，底本作「立」，川本、滬本同。按洛陽伽藍記城内作「𢆯」，説文玄部：「𢆯，古文玄。」據改。

〔七〕宗正寺　「宗」，底本作「崇」，川本同，據滬本及洛陽伽藍記城内改。

〔八〕廟南有護軍府　底本脱「南」，川本、滬本同，據洛陽伽藍記城内補。

〔九〕曹南有九級府　「級」，底本作「紉」，川本同，據滬本及洛陽伽藍記城内改。

〔一〇〕西陽門内御道有永康里　川本、滬本同。洛陽伽藍記校注「御道」下補「南」字，云：緑君亭本、真意堂本作「南」，「按元河南志三：『永康里在西陽門御道南。』則南字是，今據補。」

〔一一〕普泰元年　川本、滬本同。洛陽伽藍記校注以如隱堂爲底本作「建義元年」，改「義」爲「明」，云：「吳若準集證云：『義當作明。』按建義是莊帝第一年號，時爾朱榮尚未死，決非。建明爲東海王曄年號，考下文相合，吳說是也。今從之。」

〔一二〕閶闔門　川本、滬本同。洛陽伽藍記校注作「閶闔城門」，云：「吳若準集證云：『按此言城門，所以別宮前之閶闔門也。各本俱脱去城字，誤也。』」

〔一三〕閶闔南御道西望永寧寺正相當　「閶闔南御道」，川本、滬本同。洛陽伽藍記校注於「御道」下校增「東」字，云：「按閶闔門前御道東有左衛府，府南有司徒府，此寺西有司徒府，則寺當御道東，唐晏鉤沈本『在西上補東字，西字屬下讀』。今從之。」又「相」，底本作「朝」，川本同，據滬本及洛陽伽藍記城内改。

〔一四〕漢太師董卓之宅　「師」，底本作「史」，川本同，據滬本及洛陽伽藍記城内改。

〔一五〕漢天淵池　川本、滬本同。洛陽伽藍記校注：按天淵池爲三國魏所鑿，「漢東京無天淵池，此漢字不合，疑是魏字之誤。」

〔一六〕臨危臺　「危」，底本作「尾」，川本同，據滬本及洛陽伽藍記城内改。

〔一七〕建春門外石樓南　「樓」，川本、滬本同。洛陽伽藍記校注：改「樓」爲「橋」，云：「吳若準集證云：『樓當作橋，各本俱誤。』按水經注穀水『逕建春門石橋下』。據此，吳説當是。今從之。」

〔一八〕寺東有中朝時常滿倉　「中」，底本作「東」，川本同，據滬本及洛陽伽藍記城東改。

〔一九〕即中朝牛馬市　川本、滬本同。按洛陽伽藍記校注引水經穀水注：「(陽渠)水南即馬市，舊洛陽有三市，斯其一也。亦嵇叔夜爲司馬昭所害處也。」並校改此句爲「有魏朝時馬市」。

〔二〇〕在東陽門御道北　川本、滬本同。洛陽伽藍記校注「東陽門」下增補「外」字，云：「吳集證本門下有外字，按元河南志三亦有外字，今據補。」

〔二一〕母天下　川本、滬本同。洛陽伽藍記校注「母」下增補「儀」字，云：「緑君亭本、真意堂本母下有儀字。按説郛亦有儀字，今補。」

〔二二〕廣平武穆捨宅所立　底本空缺「平」字，川本同，據滬本及洛陽伽藍記城東補。

〔二三〕正光年中　「正光」，底本作「正元」，川本、滬本同。按「正元」係三國魏高貴鄉公年號，「正光」爲北魏孝明帝年號，洛陽伽藍記校注改爲「正光」，據改。

〔二四〕在景明寺西　底本脱「寺」字，川本同，據滬本及洛陽伽藍記城南補。

〔二五〕黄姨　川本、滬本同。范祥雍洛陽伽藍記校注以如隱堂本爲底本作「皇姨」，校曰：「吴琯本、漢魏叢書本、真意堂本皇訛作黄。」

〔二六〕雙女寺　「女」，底本作「母」，川本同，據滬本及洛陽伽藍記城南改。

〔二七〕靈臺東辟雍　底本脱「東」字，川本、滬本同，據洛陽伽藍記城南補。

〔二八〕開陽門　「陽」，底本作「道」，川本、滬本同，據洛陽伽藍記校注改。

〔二九〕里有大覺三寶寧遠三寺　「寶」，底本作「室」，川本同，據滬本及洛陽伽藍記城南改。

〔三〇〕吴人投國者處金陵館三年以後賜宅慕義里　川本、滬本同。按洛陽伽藍記城南：「吴人投國者處金陵館，三年已後，賜宅歸正里。」「西夷來附者處崦嵫館，賜宅慕義里」。此處有脱誤。

〔三一〕高陽王雍之宅也　「高陽王雍」，底本作「曲陽一淮」，川本同，據滬本及洛陽伽藍記城南改。

〔三二〕甘里　川本、滬本同，洛陽伽藍記城南作「中甘里」。

〔三三〕躍龍園　川本、滬本同。洛陽伽藍記校注作「濯龍園」，云：「按張衡東京賦、後漢書桓帝紀及明德馬皇后紀、元河南志二皆作『濯龍園』，則『躍』當作『濯』，各本皆誤，今據正。」下同。

〔三四〕項皆日月光明　「皆」，川本、滬本同。洛陽伽藍記校注作「背」，云：「吳琯本、漢魏本背作皆，當是形近而訛。」

〔三五〕隴西王　「王」，底本作「主」，川本、滬本同，據洛陽伽藍記城西、魏書爾朱天光傳改。

〔三六〕市東有皇女臺　「東」，川本、滬本同。洛陽伽藍記校注以如隱堂本爲底本作「南」，元河南志三作「東南」。「女」，底本作「母」，川本同，據滬本及洛陽伽藍記城西改。

〔三七〕靈仙寺　底本無「寺」字，川本、滬本同，據洛陽伽藍記校注補。

〔三八〕即漢書所謂採土築山十里九坂以像二崤者　川本、滬本同。按「採土築山」以下語出後漢書梁冀傳，此云「漢書」，誤。

〔三九〕市北慈孝奉終二里　「奉」，底本作「章」，川本同，據滬本及洛陽伽藍記城西改。

〔四〇〕別有準財金肆二里　底本脱「肆」字，據川本、滬本及洛陽伽藍記城西補。

〔四一〕壽丘里閭　「閭」，底本作「間」，川本、滬本同，據洛陽伽藍記校注改。

〔四二〕以穀水迅急　「急」，底本作「隱」，據川本、滬本及洛陽伽藍記城西改。又「迅急」，洛陽伽藍記作「浚急」。

〔四三〕苜蓿在焉　「在」，川本、滬本同，洛陽伽藍記校注作「生」，此「在」爲「生」字之誤。

〔四四〕閹官濟州刺史賈粲　「粲」，底本作「燦」，川本、滬本同，據魏書閹官傳、北史恩幸傳改。

〔四五〕上高里　川本、滬本同。洛陽伽藍記校注改爲「上商里」，云：「按漢魏四朝洛陽宮城圖後魏京城東北廣莫門外作上商里。考後漢書二十九鮑永傳云：『賜永洛陽商里宅。』李賢注：『東觀記曰：賜洛陽上商里宅。陸機洛陽記曰：上商里在洛陽東北，本殷頑人所居。故曰上商里宅也。』元河南志二亦作上商里。則此高字以與商字形相似而誤，各本皆然，下同，今並正。」

〔四六〕方二百步爲一里　「二百」，川本、滬本同，洛陽伽藍記城北作「三百」。

〔四七〕洛陽餘寺四百二十一所　「所」，底本作「里」，川本同，據滬本及洛陽伽藍記城北改。

後漢書光武帝紀：車駕入洛陽，幸南宮却非殿，遂定都焉。注：蔡質漢典職儀曰：南宮至北宮〔一〕，中央作大屋，複道，三道行。天子從中道，從官夾左右，十步一衛。兩宮相去七里。

宋史宋昪傳：爲京西都轉運使，涖葺西宮。方是時，徽宗議謁諸陵，有司預爲西幸之備。昪治宮城，廣袤十六里〔二〕，創廊屋四百四十間。

後漢書靈帝紀：中平元年，黄巾反，以河南尹何進爲大將軍，置八關都尉官。注：八關謂函谷、廣城、伊闕、太谷、轘轅、旋門、小平津、孟津也。皇甫嵩傳：自函谷、太谷、廣城、伊闕、轘轅、旋門、孟津、小平津諸關〔三〕，並置都尉。通鑑：漢靈帝中平元年，置函谷、太谷、廣城、伊闕、轘轅、旋門、孟津、小平津八關都尉。注：函谷關在河南穀城縣。賢曰：太谷，在洛陽東。廣城，在河南新城縣。京相璠曰〔四〕：伊闕，在洛陽西南五十里〔五〕。轘轅關，在緱氏縣東南。水經注曰：旋門坂，在成臯縣西南十里。孟津，在河南河陽縣南。小平津，在河南平縣北。賢曰：在今鞏縣西北。杜佑曰：洛州新安縣東北有漢八關城。周靈王陵，在府城西南西周山上。　景王陵，在府城西北隅。　威烈王陵，在府城東北隅。　陸機洛陽記曰：洛陽有四關：東城皋，南伊闕，北孟津，西函谷。

隋大業二年，置洛口倉於鞏東南原上，築倉城，周回二十餘里〔六〕，穿三千窖，窖容八千石以還。置監官並鎮兵千人〔七〕。置回洛倉於洛陽北七里，倉城周回十里〔八〕，穿三百窖。唐玄宗開元二十二年，上以裴耀卿爲江淮河南轉運使〔九〕，於河口置輸場。八月壬寅，於輸場東置河陰倉，西置柏崖倉〔一〇〕，三門東置集津倉，西置鹽倉。鑿漕渠十八里，以避三門之險。注：參考新、舊志，乃是鑿山開車路十八里，非漕渠也。先是，舟運江、淮之米至東都含嘉倉〔一一〕，僦車陸運，三百里至陝，率兩斛用千錢〔一二〕。耀卿令江、淮舟運，悉輸河陰倉，更用河舟運至含嘉倉及太原倉，自太原倉入渭，輸關中。凡三歲，運米七百萬斛，省僦車錢三十萬緡〔一三〕。　德宗貞元二年，李泌奏：自集津至三門，注：集津倉在三門東，三門倉在三門西。鑿山開車道十八里，以避底柱之險。注：底柱兩山屹立河中，河水分流，包山而過，謂之三門。車道者，陸運之道，捨舟而車運也。

【校勘記】

〔一〕南宮至北宮　「北」，底本作「此」，川本同，據滬本及後漢書光武帝紀李賢注改。

〔二〕昇治宮城廣袤十六里　「宮」，底本作「多」，川本同，滬本作「都」，據宋史宋昇傳改。「袤」，底本作「表」，川本同，據滬本及宋史宋昇傳改。

〔三〕諸關　「諸」，底本作「注」，川本同，據滬本及後漢書皇甫嵩傳改。

〔四〕京相璠曰　「京」，底本作「東」，川本同，據滬本及通鑑卷五八胡三省注改。

〔五〕洛陽西南五十里　底本脱「十」字，川本同，據滬本及通鑑卷五八胡三省注補。

〔六〕周回二十餘里　「回二」，底本作「四」，川本、滬本同，據通鑑卷一八〇改。

〔七〕並鎮兵千人　底本「並」上有「而」字，據川本、滬本及通鑑卷一八〇删。

〔八〕倉城周回十里　「回」，底本作「四」，川本同，滬本缺字空格，據通鑑卷一八〇改。

〔九〕裴耀卿　「耀」，底本作「燿」，川本、滬本同，據舊唐書食貨志、通鑑卷二一四改。下同。

〔一〇〕柏崖倉　底本脱「倉」字，川本同，據滬本及舊唐書食貨志、通鑑卷二一四補。

〔一一〕含嘉倉　「含」，底本作「舍」，川本同，據滬本及通鑑卷二一四改。下同。

〔一二〕率兩斛用千錢　「千」，底本作「十」，川本、滬本同，據通鑑卷二一四嚴衍補改。

〔一三〕先是舟運江淮之米至東都含嘉倉至省僦車錢三十萬緡　底本、川本、滬本皆作小字夾注，按此爲通鑑卷二一四正文，非胡三省注文。

永寧　魏書韓延之傳：延之嘗往來柏谷塢，省魯宗之墓，有終焉之志。因謂子孫云：河、洛三代所都，必有治於此者〔一〕，我死不勞向北代葬也。及卒，子從其言，葬於宗之墓次。延之死後五十餘年，而高祖徙都，其孫即居於墓北柏谷塢。金史宣宗紀：元光二年，詔石壕店〔二〕、沔池、永寧縣各屯兵千人。舊唐書宋璟傳：駕幸東都，次永寧之崤谷。馳道隘狹，車騎停擁。

【校勘記】

〔一〕必有治於此者　「治」，底本作「至」，據川本、滬本及魏書韓延之傳改。

〔二〕石壕店　底本脫「店」字，據川本、滬本及金史宣宗紀補。

後漢書桓帝紀：梁太后徵帝到夏門亭。注：洛陽城北面西頭門也。門外有萬壽亭。靈帝紀：建寧元年春正月己亥〔一〕，帝到夏門亭。使竇武持節，以王青蓋車迎入殿中〔二〕。桓帝紀：延熹八年，德陽殿西閤、黃門北寺火，延及廣義、神虎門，燒殺人。注：廣義、神虎，洛陽宮西門也。在金商門外。　靈帝紀〔三〕：熹平六年〔四〕，南宮平城門及武庫東垣屋自壞〔五〕。注：蔡邕曰：平城門，正陽之門，與宮連。郊祀法駕所從出〔六〕，門之最尊者。武庫，禁兵所藏。東垣，庫之外障。　光和三年，作罼圭、靈昆苑。注：罼圭苑有二：東罼圭苑，周一千五百步，中有魚梁臺；西罼圭苑，周三千三百步。並在洛陽宣平門外。　中平五年，帝自稱無上將軍，燿兵於平樂觀。注：平樂觀在洛陽城西。　獻帝紀：董卓自留屯罼圭苑。　百官志：洛陽城十二門：其正南一門曰平城門。其餘上西門〔七〕、雍門、廣陽門、津門、小苑門、開陽門、秏門〔八〕、中東門、上東門、穀門、夏門，凡十二門。鴻池，在洛陽東二十里。南園，在洛水南。濯龍園，近北宮。直里園，在洛陽城西南角。五行志：順帝陽嘉二年，洛陽宣德亭地坼，長八十五丈。劉玄傳：更始自洛陽而西〔九〕，初發，李松奉引〔一〇〕。馬驚，奔觸北宮鐵柱門，三馬皆死。丁鴻傳：肅宗詔鴻與廣平王羨及諸儒樓望、成封、桓郁、賈逵等，論定五經同異於北宮白虎觀。魏志辛毗傳：明帝欲平北芒，令於其上作臺觀〔一一〕，望見孟津。毗諫曰：天地之性，高高下下，今而反之，既非其理；加以損費人功，民不堪役。且若九河盈溢，洪水爲害，而丘陵皆夷，何以禦之？帝乃止。集古録：後漢袁良碑〔一二〕：帝御九龍殿，引對飲晏。九龍殿名，惟見於此。説文：周景王作洛陽誃臺〔一三〕。漢書諸侯王表：逃責之臺。服虔曰：周赧王負責，無以歸之。主迫責急，乃逃於此臺，後人因以名之。劉德曰：洛陽南宮誃臺是也〔一四〕。伽藍記：普泰初，爲太原王爾朱榮立廟於芒嶺首陽上。舊有周公廟，世隆欲以太原王功比周公，故立此廟。廟成，爲火所災。有一柱焚之不盡，後三日雷雨，震電霹靂，擊爲數段。柱下石及廟瓦，皆碎於山下。魏書：世宗正始元年六月戊戌，詔立周旦、夷齊廟於首陽山。伊闕關，今龍門口。水經注曰：伊闕東巖西嶺〔一五〕，並鐫石開軒，高甍架峯。西側靈巖下泉流東注，入於伊水。成皋關，今屬汜水。函谷關。孟津關，今孟津縣也。北阻大河，南據邙阪，洛都東北要害。大谷關，今水泉口。兩岸陡絶，山徑崎嶇。設戍於此，外阻窺關，内防土寇。轘轅關，即寡嶺口也。其坂有十二曲道，將去復還，故名。今屬登封。旋門關，在成臯西南十數里。坂形周屈，故名。今屬汜水。小平津關，今白波渡，在縣北五十里。今屬孟津。廣城關，漢有廣成苑，在新城。水經注曰：新城西南有廣成津。以地形想之，當在白沙之南也。以上八關。靈帝中平元年，以河南尹何進爲大將軍，將兵屯都亭，置八關都尉，以進統之。本志狄泉下引水經注而論之曰：按今城東北隅元有蓮花池，相傳爲古狄泉，後湮閼不流。郡志所載狄泉，蓋指蓮花池而言也。不知周敬王所都者王城，乃周公所卜瀍西澗東者，即今城其舊址也，蓮花池在其内矣。至於子朝作亂，晉定公使魏舒率諸侯大夫會於狄泉，其地在成周之域，不在王城也明矣。即舊志所載「或曰狄泉在城外城，成周乃繞之」，則狄泉之在成周，不更皎然乎？且曰：敬王避子朝之難，潛居於此。夫避難潛居，同在一城之内，能相容邪？所以然者，皆泥於杜元凱「城内太倉西南池」一語耳。不知元凱所注者，晉之太倉，非今之太倉也。晉之太倉在銅駝巷以東，南臨洛水，以便委輸，水經注可考。誤認爲今之太倉，無惑乎前後矛盾也。夫酈道元生當後魏，考信已無的據，作驗非之三證以辯之，況今欲知其地，不亦迂哉？通津渠，在河南縣南三里。隋大業元年，分洛水西北，名千金磧渠，東北流入洛。通濟渠，自洛西苑引達於河。唐開元二十四年，李適之爲河南尹。玄宗患穀、洛歲暴溢，耗徭力，詔適之以禁錢作三大防，曰上陽、積翠、月陂。自是水不能爲患，刻石著功，詔永王璘書，王太子瑛書額。九域志曰：月陂形如偃月。其三陂在積善坊。

【校勘記】

〔一〕建寧元年春正月己亥　底本脱「月」字，川本同，據滬本及後漢書靈帝紀補。

〔二〕以王青蓋車迎入殿中　「迎」，底本作「近」，川本同，據滬本及後漢書靈帝紀改。

〔三〕靈帝紀　「靈」，底本作「皇」，川本同，據滬本及後漢書靈帝紀改。

〔四〕熹平六年　底本「六」上有「十」字，川本同，據滬本及後漢書靈帝紀删。

〔五〕南宫平城門　底本脱「平」字，川本同，據滬本及後漢書靈帝紀補。

〔六〕郊祀法駕所從出　底本脱「所」字，「出」作「北」，川本同，據滬本及後漢書靈帝紀李賢注引蔡邕曰補改。

〔七〕上西門　底本「西」下有「四」字，川本、滬本同，據續漢書百官志删。

〔八〕秏門　「秏」，底本作「耗」，川本、滬本同，據續漢書百官志改。

〔九〕更始自洛陽而西　「西」，底本作「正」，川本、滬本同，據後漢書劉玄傳改。

〔一〇〕李松奉引　「奉」，底本作「章」，川本、滬本同，據後漢書劉玄傳改。

〔一一〕令於其上作臺觀　「令」，底本作「今」，川本同，滬本作「合」，據三國志魏書辛毗傳改。

〔一二〕後漢袁良碑　底本「漢」下有「書」字，據川本、滬本及集古録跋尾卷二删。

〔一三〕洛陽誃臺　「誃」，底本脱，川本同，滬本有。説文言部：「周景王作洛陽誃臺。」「誃」同「誃」，據補。

〔一四〕誃臺　底本空缺「誃」字，川本同，據滬本及漢書諸侯王表序補。

〔一五〕伊闕東巖西嶺　底本脱「巖」字，川本同，據滬本及水經伊水注補。

洛陽　東城金墉〔一〕，金墉城，魏明帝時築。内有西宮，魏主奂禪位於晉王炎，出舍金墉，即此。東去縣治二十五里。南控臨汝，臨汝，地名，屬汝州。南去縣治七十里。西接函谷，函谷關，秦時在靈寶縣。漢武帝時，移新安縣東一里。北枕大河。北去縣治四十里。以縣在邙山之南，洛水之北，故曰洛陽。其地陰陽和，風雨會，四方正，道路均，天下之土中也。古無所考。周自武王克商，西都鎬京，東遷九鼎於郟鄏。郟山，古爲郟鄏地。有郟鄏陌。及武庚既畔，成王乃命周公營洛邑。西曰王城，博物記：王城在澗水東、瀍水西，方一千七百二十丈，郛圍十七里。南繫洛水，北至郟山，東有鼎門，北有乾祭門。遷商九鼎而居之。卜世三十，卜年七百。乃建明堂，朝會諸侯。朝畢，復還鎬京，致政於成王。是爲東都。以鎬京爲宗周，西都；洛陽爲王城，東都。東曰成周。〔旁注〕在瀍水東。至考王〔二〕，乃封其弟揭於王城，以續周公之官職，是爲周桓公。桓公生威公，威公生惠公。至惠公之少子班，又别封於鞏以奉王〔三〕，是爲東周惠公。自此以王城爲西周，鞏爲東周。東、西之名繫於公，不繫於王也。至赧王，仍遷於王城。吴澄東西周辨云：周三十六王，前十有二王都鎬京，中十有三王都王城，季十王都城周，赧一王都王城。秦入寇，遷二公，周亡。赧王五十九年，秦入寇，王入秦，盡獻其邑。秦受其獻，遷東周公於陽人聚，遷西周公於憚狐聚。徐廣曰：二聚相去甚近，俱在洛陽南一百五十里梁、新城之間。秦置三川郡，三川，河、洛、伊也。治洛陽。維時二城相距四十里，俱在洛水之陽，通謂之洛陽，而縣治則在成周也。漢興，隸河南郡。至光武建都，仍曰東都，亦曰東京，尋改雒陽。師古曰：以火德忌水，故去水加隹〔四〕。魏、晉並因都之。後魏孝文帝自平城遷都於此。隋隸豫州，徙縣治於道光坊，在古王城之中。瀍水西。始去成周。煬帝大業五年，建東都。唐太宗平王世充，廢東都，並置河南、洛陽二縣。武德四年，復洛州，置河南縣，在洛水南五里故漢城之中，而洛陽縣仍舊。永隆初，省河南入洛陽〔五〕。武后都此，號曰神都。永昌元年，改合宮縣〔六〕。天授三年，置來庭縣〔七〕。神龍元年，復河南縣。二年，改永昌縣〔八〕。俱屬洛州。開元初，仍置河南、洛陽二縣。開元元年，升河南府〔九〕。五代梁、唐因之。宋爲西京河南府洛陽、河南二縣。熙寧中，省洛陽。元祐初復置。金屬中京金昌府，元屬河南路，而洛陽皆附郭焉。國朝因之，屬河南府。

秦山，在縣西南四十五里。其上三峯鼎峙，亦名三山。相傳周之三王陵也。山下出水，名沙溝泉。南流五里，潛地復出，名水泉〔一〇〕。流至新店南，入於洛。萬安山，在縣東南四十里。一名大石山。東接少室山。漢時名石林。馬融廣成苑賦云：金山、石林〔一一〕，殷起乎其中。山高二百丈，危峯邃谷，冠於洛陽。下有唐姚崇及宋范仲淹墓焉。少室山，〔旁注〕屬登封。西接萬安闕塞山，半入洛陽界。谷口山，在縣西南三十里。谷水所出。晉王祥葬此山下，名孝水，流入於澗。白司馬坂，在縣東二十里白馬市西。唐垂拱中，詔白司馬坂營大像，糜費巨萬。石梁塢，在縣北。揚威將軍河南尹魏浚屯軍處。伊水云云，經洛陽南二十里。左傳：辛有適伊川，見被髮而祭于野者，曰：不及百年，此其戎乎？後秦、晉遷陸渾之戎于伊川。集古録：龍門山，山夾伊水，俗謂其東曰香山，其西曰龍門。龍門山壁間鑿石爲佛像，大小數百，多後魏及唐時所造。本志：伊闕山〔一二〕，兩崖間之。魏胡太后崇信浮屠，琢爲佛像，大小不可計數。金水河，在縣西二十里。水自新安縣界經金水保入澗。隋都洛，改繞望城，故名。沙河，在縣西南四十里。舊名河泉〔一三〕。源出秦山南五十里，水漫流入於洛。甄官井，在縣南。漢時孫堅破董卓，於此得傳國璽。鴻池，在縣東二十里。東西千步，南北千一百步。漢質帝幸此〔一四〕。張衡東京賦：東則鴻池清蘌，緑水澹澹〔一五〕。魏王池，在縣南。唐貞觀中以賜魏王泰，故名。金谷，在城西八里。上有園，爲石崇別墅。水經注：金谷水出太白原，流歷金谷，謂之金谷澗〔一六〕。石崇金谷詩序曰：有別廬在河南縣界金谷澗中。或高或下，有清泉茂林，衆果、竹、柏、藥草之屬，莫不畢備。又有水碓、魚池、土窟。石渠。陽渠。水經注曰：城之西面有陽渠〔一七〕，周公制之。後漢書張純傳：建武中，曾引洛水至建春門外，以通漕運，上下得利〔一八〕。〔旁注〕今引穀水，蓋純之制也。亦謂之九曲瀆。水經注：漢何敞，章帝朝爲河南守。修理洛陽四渠，墾田增三萬餘頃。五龍渠、千金渠、九龍渠，即大陽三渠。在河南縣城東十五里〔一九〕，有千金堨。洛陽記曰：千金堨，舊堰穀水，魏修此堰而謂之千金堨。積石爲堨，而開溝渠五，謂之五龍渠。時太和五年二月八日庚戌，蓋魏文帝修王、張故迹也〔二〇〕。水經注曰：堨是都水使者陳協所造也。語林曰：晉文王欲修九龍堰，阮步兵舉協，掘地得古承水銅龍六枚，堰遂成。水歷堨東注，謂之千金渠。逮至晉世〔二一〕，大水暴溢，溝瀆泄壞，又廣功焉。石人東脅下文云：太始七年六月二十三日，大水蕩壞二堨〔二二〕，故爲今堨。更於西開泄，名曰代龍渠，即九龍渠也。晉書李矩傳：永嘉初，使矩與汝南太守袁孚率衆修千金堨〔二三〕，以利漕運。後張方入洛，破千金堨，石砌殆盡。見水經注。元魏太和中，仍修復故堨。通津渠，在故河南縣。隋名千步磧渠〔二四〕。渠自洛陽西苑引穀洛水，達之於河。市橋渠，宋開寶九年，上幸西京，發卒五千，自洛陽城菜市橋至漕口二十五里〔二五〕，以便餽運。石渠，在銅駝坊西，入宋潞公文彦博宅。内有三渠，名存渠廢。新渠。伊、洛二渠。見上。大明渠，在縣西南二十里東俣保青陽屯大明寺西。分洛水灌田。新興渠，在縣西南四十里西俣保李王屯。築石壩斷乾河水〔二六〕，引以灌田。二渠俱弘治十一年按察司副使張鼎造〔二七〕。天門街，在洛水之南天津橋前，古周王城正南之門也〔二八〕。夾馬營，在東關。宋太祖母杜氏於後唐天成二年生太祖於洛陽夾馬營。隋唐城，今城即隋、唐東南一隅耳。初，隋煬帝作東都，元無外城，僅短垣而已。至唐武后長壽中，鳳閣侍郎李昭德始築之。穀城，在縣西北五十里。今屬孟津，即瀍水發源處，古周邑也。左傳定公八年〔二九〕：單子伐穀城。回洛倉城，在縣北七十里。周迴十里〔三〇〕，中穿三百餘窖以貯粟。寶城，在洛陽城羅郭内。王世充使其兄偉守此城〔三一〕。偃月城，城臨洛水，與倉城相近。王世充敗李密，密餘衆走偃月城，即此。伐惡城，在縣西南。承聖三年〔三二〕，齊主使常山王演、上黨王渙、清河王岳、平原王段韶，率衆於洛陽，築此四城，以居四王。中州城，唐僖宗光啓三年，張全義尹洛，麾下百餘人保中州。以城在二城之中〔三三〕，故名。戎城，在縣南三十里。杜預曰：縣東南有圉鄉，西南有戎城，處伊洛之戎。今龍門南五里有戎址。避暑城，在縣西北上店保翠雲山。唐武后避暑之所。光武城，在縣南洛水之陰〔三四〕，即秦南宮。後光武建都。津城，光武建武七年六月，洛水溢，至津城，傷稼及民舍。曜儀城，唐城，在東都東城之東。皇城，唐城，在東都東城之西北隅。東城，在皇城之內。皇宮，在皇城之北。以地望準之，南城蓋在皇城之南，端門之外。含嘉城，在東都北門外。按舊書王世充傳：含嘉，倉城也。太微，唐皇城也。紫微城，唐宮城也。二城本隋宮城，唐武后定都洛陽居此。昭宗天祐元年，朱全忠遷唐都洛陽，亦居於此。周四千九百一十一步。高都城，在洛州伊闕縣北。古程國城，在縣南。甘城，在縣西南，故甘國城。世謂周之監城，又在甘水東十里。按左傳昭公九年〔三五〕：周甘人與晉閻嘉爭田。二十四年：南宮嚚以甘桓公見王子朝。則甘氏世爲王卿士，此其采邑耳，監城非。樊濯聚，在縣北。上程聚，故程國。史記曰：重黎之後，伯休父之國也〔三六〕。帝王世紀曰：文王居程，徙都豐，故此加爲上程。白馬寺阪，在北邙山上。武后稅天下僧尼，作大像於此。上陽陂、積翠陂、月陂。

右三陂，唐開元間，玄宗患穀、洛水暴溢，詔河南尹李適之作此三陂，水不能爲患。九域志：月陂形如偃月，俱在積善。漢明帝顯節陵、章帝敬陵、和帝慎陵、恭帝恭陵，俱在府城東南。順帝順陵，在府城東北。冲帝懷陵、質帝靜陵，在府城東南。桓帝宣陵〔三七〕、靈帝文陵，俱在府城東北。後梁太祖宣陵，在府城東南。後唐莊宗同光元年，欲發梁太祖墓，斲棺焚尸。張全義言：朱温雖國之深仇，然其人已死，刑無可加。屠滅其家，足以爲報，乞免焚斲，以存聖恩。唐主從之，但鏟其闕室，削其封樹而已。後唐明宗徽陵，在府城東北。

【校勘記】

〔一〕東城金墉　「城」，底本作「域」，川本同，據滬本及紀要卷四八改。

〔二〕至考王　底本作「帝孝王」，川本、滬本同，據史記周本紀改。

〔三〕又別封於鞏以奉王　「奉」，底本作「章」，川本同，據滬本及史記周本紀改。

〔四〕故去水加隹　「隹」，底本作「淮」，川本、滬本同，據漢書地理志改。

〔五〕永隆初省河南入洛陽　川本、滬本同。舊唐書地理志：河南縣，武德四年，權治司隸臺。貞觀元年，移治於大理寺。貞觀二年，徙理金墉城。六年，移治都内之毓德坊。永昌元年，改河南爲合宮縣。神龍元年，復爲河南縣，「三年，復爲合宮縣。景龍元年，復爲河南縣」。不載永隆廢省事，新唐書地理志、元和志卷五、寰宇記卷三並不載，此誤。

〔六〕永昌元年改合宮縣　「永昌元年」，底本作「垂拱三年」；「宮」，底本作「官」，川本、滬本同，並據新舊唐書地理志、元和志卷五、寰宇記卷三、唐會要卷七〇改。

〔七〕置來庭縣　「置」、「來」，底本作「改」、「禾」，川本、滬本同。舊唐書地理志：洛陽縣，「天授三年，又分置來庭縣。」新唐書地理志：洛陽縣，「天授三年，析洛陽、永昌置來庭縣」。唐會要卷七〇：「來庭縣，天授三年三月九日置。」此「改」、「禾」爲「置」、「來」之誤，據改。

〔八〕二年改永昌縣　「二」，底本作「三」，川本、滬本同。舊唐書地理志：洛陽縣，神龍二年，「改洛陽爲永昌縣。唐隆元年七月，復爲洛陽」。新唐書地理志、寰宇記卷三、唐會要卷七〇同。此「三」爲「二」字之誤，據改。「縣」下疑脱「唐隆元年，復爲洛陽」八字。

〔九〕開元元年升河南府　「開元」，底本作「龍紀」，川本、滬本同。舊唐書地理志：「開元元年，改洛州爲河南府。」新唐書地理志、元和志卷五、寰宇記卷三、唐會要卷六八同，此「龍紀」爲「開元」之誤，據改。

〔一〇〕名水泉　川本、滬本同，滬本眉批：「據下沙河條，水泉當作河泉。」疑是。

〔一一〕金山石林　「山」，底本作「門」，川本、滬本同，據後漢書馬融傳廣成頌改。

〔一二〕伊闕山　「闕」，底本作「間」，川本、滬本同，據紀要卷四八改。

〔一三〕舊名河泉　底本空缺「河」字，川本同，據滬本補。

〔一四〕漢質帝幸此　川本、滬本同。後漢書桓帝紀：永興元年，「幸鴻池」。此「質帝」疑爲「桓帝」之誤。

〔一五〕鴻池清蘌綠水澹澹　川本同，滬本「蘌」作「籞」。按文選張衡東京賦作「洪池清籞，淥水澹澹」。

〔一六〕金谷水出太白原至謂之金谷澗　「原」，底本作「源」，川本、滬本同，據水經穀水注改。「澗」，川本、滬本及通鑑卷一八二胡三省注引水經注同，水經注作「水」。

〔一七〕城之西面有陽渠　「面」，底本作「南」，川本、滬本同，據水經穀水注改。楊守敬水經注疏「西」作「四」，云：朱謀𡋯訛作「西」，證以御覽七十五引戴延之西征記，洛陽城外四面有陽渠水，寰宇記引輿地志，洛陽城外四面有陽渠水，「洛陽伽藍記，穀水周迴，繞城至建春門外，東入陽渠。則此西面爲四面之誤無疑」。

〔一八〕後漢書張純傳至上下得利　川本、滬本同。按後漢書張純傳作「明年（建武二十四年），上穿陽渠，引洛水爲漕，百姓得其利」。

〔一九〕在河南縣城東十五里　底本脱「南」字，據川本、滬本及紀要卷四八補。

〔二〇〕魏修此堰而謂之千金堨至蓋魏文帝修王張故迹也　上「魏」字下底本衍「文帝」二字，川本、滬本同，據水經穀水注刪。「魏文帝」，川本、滬本同，楊守敬水經注疏作「魏明帝」，云：「朱（謀𡋯）明訛作文，何氏曰：亭林云，文當作明。全云：太和是明帝年號，亭林之言是也。」

〔二一〕逮至晉世　底本「晉世」二字錯簡於下文「又廣功焉」上，川本、滬本同，據水經穀水注乙正。

〔二二〕大水蕩壞二堰　「二」，底本空缺，川本、滬本同，據水經穀水注補。

〔二三〕晉書李矩傳永嘉初使矩與汝南太守袁孚率衆修千金堨　「李矩傳」，底本作「邵續」；「使矩與」，底本作「始」，川本、滬本同，據晉書李矩傳改。

〔二四〕隋名千步磧渠　「磧渠」，底本作「集」，川本、滬本同，據元和志卷五、寰宇記卷三改。

〔二五〕市橋渠至自洛陽城菜市橋至漕口二十五里　「九年」，底本作「初」；「菜市橋」，底本作「市橋渠」，川本、滬本同。宋會要方域一七之一：開寶九年，「發卒五千，自洛城菜市橋鑿渠抵漕口二十五里，餽運便之」。續資治通鑑長編卷一七略同，此「初」爲「九年」，「市橋渠」爲「菜市橋」之誤，據改。

〔二六〕築石壩斷乾河水　川本、滬本同。圖書集成職方典卷四二九：「築石壩繼甘水河，引以灌田。」此「斷乾河水」疑爲「繼甘水河」之誤。

〔二七〕張鼒　「鼒」，底本作「鼎」，川本同，據滬本及圖書集成職方典卷四二九改。

〔二八〕古周王城　底本脱「王」字，據川本、滬本補。

〔二九〕定公八年　「八」，底本作「六」，川本、滬本同，據左傳定公八年改。

〔三〇〕周迴十里　底本空缺「迴」字，川本同，據滬本及紀要卷四八補。

〔三一〕王世充使其兄偉　「兄」，底本作「弟」，川本、滬本同，據隋書王充傳改。

〔三二〕承聖三年　底本作「永聖二年」，川本、滬本同。按北齊書文宣帝紀：天保五年，八月「詔常山王演、上黨王渙、清河王岳、平原王段韶等率衆於洛陽西南築伐惡城、新城、嚴城、河南城」。通鑑卷一六五梁元帝承聖三年所記同。則「永聖二年」爲「承聖三年」之誤，據改。

〔三三〕城在二城之中　「二」，底本作「三」，川本、滬本同。通鑑卷二五七：光啓三年，張全義爲河南尹，「麾下纔百餘人，相與保中州城」。胡三省注：「城在二城之中間，故謂之中州城。」此「三」爲「二」字之誤，據改。

〔三四〕在縣南洛水之陰　「陰」，川本、滬本同，圖書集成職方典卷四三六作「陽」。

〔三五〕昭公九年　「九」，底本作「八」，川本、滬本同，據左傳昭公九年改。

〔三六〕史記曰重黎之後伯休父之國也　川本、滬本同。按史記太史公自序：「紹重黎之後……其在周，程伯休甫其後也。」集解引應劭曰：「封爲程國伯，休甫，字也。」詩大雅常武作「程伯休父」。

〔三七〕桓帝宣陵　「宣」，底本作「桓」，川本、滬本同，據明統志卷二九、圖書集成職方典卷四三九改。

翟　虎頭山，在縣南門之東。僅接城垣，以形似名。正德七年，流賊據其山以攻城，遂陷之。賊退，因斷其山頸，增修垛口，以備不虞。

青龍山，在縣南四十里。其山高聳，宋太祖及諸陵寢所在。以其在陵東，故云。

趙封山，在縣南四十里。宋時種茶株於此，封其山，禁樵采，故名。

窑嶺，在縣西南八十里。宋置鐵冶於此。

鹿耳寨，在縣東南趙封保。其峯峻絶，上有泓水。四面壁立，止有小徑，可以避兵。

雞翎寨，在縣南羅口保。元初，臺百户立寨於此。

天堂寨，在縣東南趙封保。元人郝義避兵於此。

孟良寨，在縣東南洛口保。宋將孟良立。

劉備寨，在縣西南原良保。昔先主襲□闕伐吕布〔一〕，屯兵於此。

瞿子峪，在縣東二十五里〔二〕。唐莊宗遇嗣源，還至瞿子峪，即此。

蓼子峪，在縣東三十里〔三〕，接汜水縣界。

裴家峪，在縣西北二十里。蹊狹溝深，臨黄河，通温、孟二縣往來。多匿盜賊，議建守備，未果。

永安陵，在縣西南堤東保。宋太祖父宣祖昭皇帝所葬。北有明憲杜太后陵。

永昌陵，在縣西南堤東保。太祖所葬。西有孝明皇后王氏洎孝章皇后宋氏葬〔四〕。

永熙陵，在縣西南堤東保。宋太宗皇帝洎明德皇后李氏所葬。在太祖陵西一里許。

永定陵，在蔡家莊。宋真宗皇帝洎莊惠皇后楊氏所葬。在太祖陵北十里許。

永昭陵，在縣西南孝義保。

宋仁宗皇帝洎慈聖光獻皇后曹氏所葬〔五〕。在永定陵西北五里許。永厚陵，在縣西南孝義保。宋英宗皇帝洎宣仁聖烈皇后高氏所葬。在永昭陵西一里許。永裕陵，在縣西南堤東保。宋神宗皇帝洎靖和皇后王氏所葬。在永昭陵西三里許。永泰陵，在縣西南堤東保。宋哲宗皇帝洎昭懷皇后劉氏所葬。在太祖陵西三里許。永祐陵，在縣西南。宋徽宗爲金人虜去，同欽宗梓宫奉還，葬於此。永祐陵在會稽，此誤。紹興三十一年，金人以欽宗訃聞。遥上陵名曰永獻。乾道中，朝廷遣使求陵寢地，金人乃以禮陪葬之鞏縣。永獻陵，宋欽宗陵。考史。

【校勘記】

〔一〕昔先主襲□關伐吕布　川本、滬本同。圖書集成職方典卷四三六：「劉備寨，「劉關張三人伐吕布，屯兵於此」。此處舛誤。

〔二〕在縣東二十五里　「東」，底本脱，川本同，滬本缺，據圖書集成職方典卷四二八、清統志卷二〇五補。

〔三〕在縣東三十里　底本「縣」下有「南」字，據川本、滬本及圖書集成職方典卷四二八删。

〔四〕孝明皇后王氏　「孝明」，底本作「明孝」，川本、滬本同，據宋史后妃傳乙正。

〔五〕慈聖光獻皇后曹氏　「獻」，底本作「憲」；「曹」，底本作「唐」，川本、滬本同，並據宋史后妃傳改。

登封　嵩山，古名外方山。其山高且大，故曰嵩。在天地之中，故曰中。東跨密縣，西跨洛陽，北跨鞏縣，綿亘百五十里，即太室、少室之總名也。謂之室者，以其下各有石室焉。太室山，在縣北十里。望之遠近齊一，無低昂態。其峯二十有四，曰：青童、黄蓋、浮丘、三鶴、遇聖、萬歲、漢武帝聞山呼於此。玉鏡、獅子、虎頭、起雲、鳳凰、金壺、華蓋、玄龜、卧龍、會仙、子晉、玉柱、老翁、上有石，形類人，高五十丈。玉人、玉女、峯北有玉女，上有大篆七字，人莫能識。獨秀、積翠、太白。少室山，在縣西二十五里。與太室並峙。唐李渤嘗隱於此。潘岳記曰：少室山有一十八疊，周圍一百里。其峯有三十六，曰：朝嶽、望洛、太陽、少陽、石笋、檀香、丹砂、鉢盂、香爐、連天、紫霄、羅漢、七佛、靈隱、來仙、清凉、寶勝、瑞應、瓊壁、紫蓋、翠華〔二〕、紫薇、藥堂、白道、天德、卓劍、白雲、金牛、明月、凝碧、迎霞、玉華、寶柱、繫馬、白鹿、石城。陽乾山〔三〕，在縣西南三十五里。耿山，在縣西四十五里。潁水之源出此。啓母石，在縣北五里嵩山之麓，崇福宫之左。事見淮南子。潁水，源出潁谷之耿山水神里。東流經禹州，至襄城縣爲渚河〔三〕。又東經臨潁西，合沙河，入淮。石淙，源出嶽頂，下流會潁。唐武后遊此，羣臣侍從，應制賦詩。殘碑尚存。五渡水〔四〕，在縣東南二十五里。云云。山下大潭中有立石，高廣平整。其水縈紆迴流者五，故名。其下産九節菖蒲。測景臺，在古告城縣周公祠前。云云。觀星臺，在測景臺北。高五丈，寬二丈。舊有銅壺滴漏。下有石三百六十塊，蓋注水測晷者。相傳周公所築，今臺石尚存。周昭王陵，在縣西北。少室谷，在少室山陽城西谷。山陵考。五代漢高祖陵，在崇德保東。睿陵，在縣東南。少林寺，在縣西少室山北麓五乳峯。按大藏弘明集及唐碑云：後魏孝文帝爲高僧跋陀建。周武帝時廢。隋文帝初復興，改名陟岵。唐復名少林。太宗因寺僧曇宗等擒王世充侄，曾賜以書，給柏谷屯地一百頃〔五〕。今碑石尚在，御諱世民二字，其親筆也。高宗與武后嘗幸其地。云云。裴漼寺碑云：僧志操、惠瑒、曇宗等率衆以拒僞師，抗表以明大順，執充侄仁則以歸本朝〔六〕。太宗嘉其義烈，頻降璽書宣慰。既奉優教，兼承寵錫，賜地四十頃，水碾一具，柏谷莊是也。倫文叙測景臺碑記云：登封城東南三十里許，實古陽城地。有石一區，方可仞餘，聳立盈丈，上植石表八尺。刻其右方曰周公測景臺。距北二十餘步，則爲觀星臺，亦時漏刻以求景者，遺址尤廣峻。按周禮疏曰：周公欲求土中，營王城，乃立五表，以土圭測日景。潁川陽城爲中表。隋志亦曰：周公測景於陽城。以參考曆記，則臺建於周公無疑。但當時皆置臬，今則非是。據地理志：唐開元中，曾詔太史監南宮説刻石表焉。意或然也。

【校勘記】

〔一〕翠華　底本脱，川本、滬本作「翠蓋」，據田雯嵩嶽考、朱雲錦嵩山説補。

〔二〕陽乾山　「陽乾」，底本作「乾陽」，川本、滬本同，據明統志卷二九、紀要卷四八乙正。

〔三〕渚河　「渚」，底本作「諸」，川本同，據滬本及紀要卷四六改。

〔四〕五渡水　「水」，底本作「河」，川本同，據滬本及紀要卷四八改。

〔五〕給柏谷屯地一百頃　底本空缺「柏」字，川本同，據滬本及圖書集成職方典卷四三四補。

〔六〕執充侄仁則以歸本朝　底本空缺「侄」字，川本同，據滬本及圖書集成職方典卷四三四補。

盧氏　虢山，在縣東北半里。俗傳虢王建都於此。上有虢王廟。說文：汝水，出弘農盧氏還歸山，東入淮。　觀音山，在縣西四十里。山麓有觀音寺，因名。山陽有水出焉，南流由沙窩社三十里入於洛。　塔子山，在縣東北五十里。勢極崇險，陟其巔，則陝州、黃河宛如眼界。上有太平寨，四壁陡絶，有東、西二門，內一眢井，唯小徑可通，蓋金、元以來避兵之所。舊有塔，今廢。　抱犢山，在縣東南九十里，一名抱犢寨。四圍絶陡，而頂平坦，約百餘畝，頗宜耕藝。俗傳耕種者唯犢可抱上，候壯而耕，故名。　小青山，在縣西四十里。上產青碌，永樂中，嘗采取以供營造之用。　老君山，在縣南二百五十里。南跨魯山，東接嵩縣，周圍不知幾許。突嶠懸崖，隱見雲表。昔老子修煉於此。上有老君洞，丹竈、丹井，遺迹俱存，人莫能至。傳聞陟其頂，則襄、漢諸山，可以指數。　香爐山，在縣東北五十里。其上有三峯鼎峙，故名。山之東，澗水出焉。至澗底，入於洛。　廣衮嶺，在縣東南五十里。　洛水，在縣南二里。　伊水，在縣東南一百二十里。按山海經曰：熊耳之山，伊水出焉〔一〕。今觀熊耳雖稱有伊源之名，而無流衍之迹。其實出於悶頓嶺之陽，北流過嵩縣、洛陽，東至偃師，入於洛。湯河〔二〕，在縣南一百二十里熊耳山之西。其水雖隆冬亦熱，可以澡浴。欒川鎮，在縣東南二百里。南朱陽鎮，在縣西南一百八十里。雞距關，在縣北蔣曲社。舊廢。鐵嶺關，在縣北五十里。舊廢。銀洞之名有三十，不具。盧古王寨，在縣東北東黃社。火焰寨，在縣東東黃社〔三〕。太平寨，在縣東北蔣曲社。夏副樞寨，在縣東北坊廊社。抱犢寨，在縣東南九十里。沙窩寨，在縣西三十里。

【校勘記】

〔一〕山海經曰熊耳之山伊水出焉　川本、滬本同。按今本山海經無此語。水經伊水注：「山海經曰：蔓渠之山，伊水出焉。……地理志曰：出熊耳山。即麓大同，陵巒互别耳。伊水自熊耳東北，逕鸞川亭北。」疑「山海經」爲「水經注」之誤。

〔二〕湯河　「河」，川本、滬本同。圖書集成職方典卷四二九：「湯池，在縣南一百里熊耳山之西，其水雖隆冬亦熱，可以沐浴。」光緒盧氏縣志卷三亦作「湯池」，此「河」疑爲「池」字之誤。

〔三〕在縣東東黃社　川本、滬本同。按上文「盧古王寨」條，「東黃社」在縣東北。

汝州

風穴山，在州東北二十里。上有風穴，世傳風將發，其穴中先有聲，而知來日之風大作也。其山峯巒起伏，四面環抱，檜柏蓊鬱。唐時貞禪師傳燈之所，因建寺焉。崆峒山，在州西六十里。上有丹霞院，即廣成子修道之處，今有墓存。山下有洞，舊傳洞中白犬往往外遊，故號小冢爲玉狗峯。上有廣成廟及崆峒觀。下鶴山有廣成城〔一〕。西湖，在州西北五里。一名龍塘陂。其泉水灌溉田禾〔二〕，民得其利。上有龍王祠。汝窑創始無考。元至元間，以定州白磁有芒，不堪用，遂命汝州造青磁，最美。窑已久廢，但居民間於地中掘得，頗以爲珍玩焉。集古録：汝州有三十六陂，黄陂最大。溉田千頃，始作於隋。記云〔三〕：至貞元七年，刺史盧虔始復之。

【校勘記】

〔一〕下鶴山有廣成城　「下」，底本脱，川本、滬本同，據正德汝州志卷二補。

〔二〕其泉水灌溉田禾　「泉」，底本無，川本、滬本同，據正德汝州志卷二補。

〔三〕溉田千頃始作於隋記云 底本缺「溉田千頃」四字，「頃」下衍「喜」，「始」上衍「陂」字，「記云」錯簡於「喜」下，川本、滬本同，並據集古録卷八補改。

魯山 魯陽城，在縣治南。古魯縣，夏時劉累遷此。漢爲魯陽縣。大古城，在縣治城外西北，乃舊縣城也。小古城，在城外西南。應城，在縣東南三十餘里。地里志云〔一〕：古應子國，在魯山縣。今俗呼爲犨城，即漢犨縣故城。今有月城遺址。唐太宗貞觀十四年八月庚午，作襄城宫。初，帝將幸洛陽，遣將作大匠閻立德行可清暑之地，以建離宫。於汝州西山前，臨汝水旁，通廣成澤，以置宫焉。役工一百九十餘萬〔二〕，雜費稱是。十五年三月，幸襄城宫。及至，暑熱，又多毒虺。帝大怒，免立德官，而罷其宫，分賜百姓。

【校勘記】

〔一〕地里志 「里」，底本脱，川本、滬本同，據正德汝州志卷二、嘉靖魯山縣志卷八補。

〔二〕役工一百九十餘萬 川本、滬本同。新唐書閻立德傳：「役凡百餘萬。」此不知何據。

河南府

周王城，在今府城西五里。武王定鼎於郟鄏。周公相成王，營洛邑於澗水東、瀍水西，以爲朝會之地。博物記：王城方七百二十丈，郛圍一十里。南望洛水，北至郟山。即邙山。東有鼎門，北有乾祭門，有郟鄏陌。又營瀍水之東，以處殷頑民，謂之成周，又謂之下都。自平王東遷，居王城。至敬王，以子朝之難，避居下都。尋使富辛、石張如晉，請城成周而居之。後十世至赧王，復還於王城。而周亡，秦遂以下都爲三川郡治，東漢、魏、晉、元魏並因之〔一〕，即今洛陽故城，在今府城東三十里。至隋煬帝大業元年，詔營建東京。南直伊闕，北倚邙山，東越瀍水，西出澗水，跨洛爲天津，宫城周四千九百三十步。蓋在故王城之界。唐、宋因之，今爲府治。唐穆宗長慶二年，又增築之，建以十門：東曰建春、永通、上東，西曰麗京、宣耀，南曰定鼎、長夏、厚載，北曰安喜、徽安。金墉城，在故府東二十五里。偃月城，在府城北，臨洛水。王世充敗李密之衆，走偃月城。回洛倉城，在縣北七里。寶城，在府城西，隋時所築。唐太宗攻之，王世充使其兄世偉守之〔二〕。懸瓠城，在洛城西，宋文帝置司州時築。伊闕縣，在縣南三十里。穀城縣，在縣西北五十里。古周邑也。有瀍亭，即瀍水發源處。左傳定公八年〔三〕：單子伐穀城。河南縣，在洛水南故漢城内。平陰縣，在縣北五十里。水經注曰：即晉之陰地，故陰戎所居。文帝改曰河陰。金海陵正隆六年，改北邙山爲太平山。稱舊名者，以違制論。

【校勘記】

〔一〕東漢魏晉元魏並因之　川本、滬本同。紀要卷四八：河南府，「秦置三川郡，漢置河南郡。東漢都於此，改爲河南尹，兼置司隸。魏、晉相繼都之，並置司州。劉宋初，亦置司州。魏改爲洛州，太和十七年，自代徙都之。」此「因」蓋爲「都」字之誤。

〔二〕王世充使其兄世偉　「兄」，底本作「弟」，川本、滬本同，據隋書王充傳改。

〔三〕定公八年　「八」，底本作「六」，川本、滬本同，據左傳定公八年改。

偃師　舊寨城，在縣西二十里石橋保。李密屯兵處。　滑王城，在縣東南仙居保，周□食邑。　綸城，在縣東南。即古綸國。　成湯陵，在縣東北山上。　田橫墓，在縣西。

鞏　鄩城，在縣西南羅口保。　鞏王城，在縣西二十五里孝義堡。周惠公封少子班於鞏，即此。　東訾城，在縣西南四十里。〔旁注〕羅口保，今爲訾店。左傳昭二十三年〔二〕：單子取訾。晉時亦爲縣。石勒攻趙，出於鞏、訾之間。今爲訾店。　洛口城，在縣北十里，即隋洛口倉。李密增廣周四十里，以居其衆。　永安縣，在縣西南四十里洛口保。舊爲鎮，宋景德四年〔三〕，以陵寢在此，升爲縣。金改芝田縣。元并入鞏縣。今爲芝田集。元史文宗紀：天曆元年，陝西兵至鞏縣黑石渡，遂據虎牢。

【校勘記】

〔一〕昭二十三年　「三」，底本作「二」，川本、滬本同，據左傳昭公二十三年改。

〔二〕宋景德四年　「德」，底本作「祐」，川本、滬本同，據九域志卷一、宋史地理志改。

孟津　穀水縣，在縣西九十里相留保。　柏崖縣城，在縣西六十里。郡縣志：河清縣西二里有柏崖故城，東魏侯景所築。唐咸亨四年置柏崖縣。　河清縣，在縣西四十里白坡〔一〕，唐置。宋開寶初，東移三十里白鶴鎮〔二〕，又東一十里於孟津渡改名孟津縣是也〔三〕。　東南三十里白坡鎮，金徙治於古渡口桃花店西一里柳林，濱河，改名孟津縣。元因之。後以瀦水浸城，徙治於西二里永安堤。　北枕黃河，南臨澌池，無城郭〔四〕。　元魏南城，高永樂所守。高敖曹單騎走投南城，不及啓門，被害，即此。　景叛歸西魏，乃築此城以防東魏。　及齊文宣與周人相距，仍築此置兵防周。　唐武德二年，欲通漕於關中，遂廢柏崖城，復置河清縣，隸懷州。　又築堤於河陽、孟津之兩岸，高五丈，闊如之，堤名永安，延六、七十里。　玄宗開元二十一年，京兆尹裴耀卿請罷陝、洛陸運〔五〕，於河清縣置柏崖倉、大基倉、巖倉一帶〔六〕，以轉輸江南諸道之運。　大基在河之南岸，今東河清店是也。

【校勘記】

〔一〕在縣西四十里白坡　底本空缺「西」字，川本同。嘉慶孟津縣志卷二：「河清縣，在治西十八里白坡鎮。」滬本作「西」，是，據補。

〔二〕東移三十里白鶴鎮　底本空缺「東」字，川本同，據滬本補。宋史地理志：河清縣，「開寶元年，移治白波鎮。」此「鶴」爲「波」字之誤。

〔三〕又東一十里於孟津渡改名孟津縣是也　川本、滬本同。明統志卷二九：唐初置河清縣，「金徙治孟津渡，改爲孟津縣」。紀要卷四八同。此「又」上當脱「金」字。

〔四〕東南三十里白坡鎮至無城郭　此文底本錯簡於下文宜陽縣「齊築統關、豐化二城」下，川本、滬本同。嘉慶孟津縣志卷一：「宋太祖開寶元年，移河清縣於東南三十里白坡鎮」，「金於古渡口桃花店西一里柳林濱河，改爲孟津縣」，「元以瀦水浸城，徙治於柳林之西二里永安堤，北枕黄河，南臨漸池，無城郭。」與本書相符，據以乙正。又「東南三十里白坡鎮」與本書上文「東移三十里白鶴（波或坡）鎮」重出而稍異。又，本書前文孟津縣眉批：「温川驛，在縣西白坡鎮。」圖書集成職方典卷四三八同，則白坡在孟津縣西，不在東南。

〔五〕京兆尹裴耀卿請罷陝洛陸運　川本、滬本同。新唐書食貨志：裴耀卿「請罷陝陸運」，無「洛」字。後同。

〔六〕於河清縣置柏崖倉大基倉巖倉一帶　川本、滬本同。新唐書食貨志三：「於河陰置河陰倉，河清置柏崖倉；三門東置集津倉，西置鹽倉。」此「一帶」二字蓋衍。「巖倉」疑爲「鹽倉」。

宜陽　周築崇德等五城，齊築統關、豐化二城。金塢城，在縣魏王城，即古福昌也。城東、南、北三面峭絶天險，後周駐重兵於此以備高齊。韋孝寛曰：宜陽一城之地，兩國爭之。即此也。福昌城，在縣西坊廓保。唐武德元年，置熊州於此。福昌縣，後唐改福慶縣。宋初復舊名。元廢。九曲城，在縣東南洎頭保。高齊置以備周。舊志：熊州壽安縣，義寧元年移治九曲城。韓城，在縣西。乃韓昭侯所築。漢宜陽縣治此。後魏改爲郡。隋開皇五年廢。壽安縣，在縣西坊廓保。本後魏甘棠縣。隋開皇元年置〔一〕。後廢。興泰縣，在縣西南趙村保。唐長安四年置，神龍元年廢。陽州，在縣西坊廓保。東魏改宜陽郡爲陽州。後周改爲熊州。隋初改穀州〔二〕，後廢。義寧初，復爲宜陽郡。唐武德元年，復置熊州，貞觀元年廢。

【校勘記】

〔一〕隋開皇元年置　川本、滬本同。隋書地理志：壽安縣，「後魏置縣曰甘棠，仁壽四年改焉。」元和志卷五同。此誤。

〔二〕隋初改穀州　川本、滬本同。隋書地理志：宜陽縣，後魏置宜陽郡，東魏置陽州，後周改曰熊州，開皇初郡廢，「大業初廢熊州。」不載「隋初改穀州」，此誤。

登封　古城，〔旁注〕本志：即漢所置陽城。在縣北一里。漢武帝置崇高縣以奉太室山。唐乾封元年，改爲登封縣〔一〕。後廢。　郜城，在縣東南二十八里曲河保。唐萬歲登封元年，置爲縣〔二〕。周顯德間，省入登封。今廢爲鎮。按郜，子爵。春秋僖二十年：來朝〔三〕。路史云：是爲南郜。太原有郜城，所謂北郜也。　陽城縣，漢屬潁川郡，晉屬河南尹。魏孝昌二年置陽城郡，屬洛州。隋廢郡爲陽城縣。唐萬歲登封元年，有事嵩山，改爲告城。元屬西京。　潁陽縣，在縣西南。〔旁注〕西七十里。漢、唐皆嘗爲縣，今爲鎮。　萬歲縣。　嵩高縣。漢書武帝紀：元封元年〔四〕，幸緱氏，至於中嶽。令祠官加增太室祠，以山下户三百爲之奉邑，名曰崇高〔五〕。後漢書靈帝紀：熹平五年，復崇高山名爲嵩高山。　金史哀宗紀〔六〕：天興元年，都尉烏林答胡土一軍，自潼關入援。至偃師，聞元兵渡河，遂走登封少室山。烏林答胡土傳：入援至偃師，聞北兵已渡白坡，遂趨少室，夜至少林寺。時登封縣官民已遷太平頂御寨。武仙傳：仙從四十餘騎走密縣〔七〕，趨御寨，而都尉烏林答胡土不納。乃捨騎，步登嵩山絶頂清涼寺。

【校勘記】

〔一〕唐乾封元年改爲登封縣　「乾封」，川本、滬本同。舊唐書地理志：登封縣，隋嵩陽縣，貞觀十七年省，永淳元年復置，二年又廢，光宅元年又置，登封元年改爲登封縣。新唐書地理志同，「登封」作「萬歲登封」，元和志卷五同。則此「乾封」當爲「萬歲登封」之誤。

〔二〕郜城至置爲縣　「郜」，川本、滬本同，本書下文作「告」。「萬歲登封」，底本作「光寧」，川本、滬本同。舊唐書地理志：告成縣，隋陽城縣，「登封元年，將有事嵩山，改爲告成縣。」新唐書地理志、元和志卷五同，惟「登封」作「萬歲登封」，據此，「部」應作「告」，唐無「光寧」年號，改爲「萬歲登封」，下文記「乾封元年，有事嵩山，改爲告城」之「乾封」改同。又此云「置爲縣」乃「改陽城縣爲告成縣」之舛誤。

〔三〕按部子爵春秋僖二十年來朝　川本、滬本同。春秋隱公十年：「取部。」僖公二十年：「部子來朝。」春秋隱公十年杜預注：「濟陰城武縣東南有部城。」即在山東城武縣東南，不在河南登封縣，此二誤合爲一。

〔四〕元封元年　底本脱「年」字，川本同，據滬本及漢書武帝紀補。

〔五〕爲之奉邑名曰崇高　「奉」，底本作「章」；「崇」，底本作「嵩」，川本同，據滬本及漢書武帝紀改。

〔六〕金史哀宗紀　「哀」，底本作「元」，川本、滬本同，據金史哀宗紀、烏林答胡土傳改。

〔七〕仙從四十餘騎走密縣　底本脱「走」字，據川本、滬本及金史武仙傳補。

永寧　同軌縣，在縣西故縣鎮，後周置。　永固城，在縣固符里。　黄櫨故城，在縣西管西保。　函州城，在縣北馬村保。唐武德四年築，八年廢。　長水城，在縣西馮東保。後魏置，周廢爲鎮。　永昌城，在長水鎮。　長水縣，在縣西四十里龍頭山下。唐、宋皆置縣，今廢爲長水鎮。　孔甲陵，在縣東北三崤山。　府志載伊洛二渠之利甚博，其在永寧縣名永寧川，東西長六十里。在洛陽南一里，名洛水川。又南十里，舊引爲一渠，後分三渠：南曰莽渠，至建春保入伊河；中曰中渠；北曰青渠；合名曰太陽。三陽俱在水南保〔一〕，仍入洛。又自縣南二十五里引伊洛水至午橋，名單渠，與莽渠交會，至碑樓保，亦入洛。在宜陽縣東高橋保洛水聚處，下有赤土，名胭脂潭，而引其水爲渠。宜陽又有宣利渠，縣西五十里。宣德渠，縣西六十里。又自張村保引至冀莊保，俱名宣利渠。永寧西南三里。又自張村保引至吴村保，永寧西二里。名新興渠。府西南四十里亦有新興渠，二十里有大明渠。至冀莊保，名萬箱渠。永寧西一里。又自長水鎮引至張村保，名龍頭渠。永寧西四十五里。俱溉田，仍入洛。伊水則自嵩縣東十里萬安保引至陸渾故縣，名伊陽渠。嵩縣東北六十里。自鳴皋保引至新店保[二]，名鳴皋渠。東南五十里。自和樂保（旁注）東七十里。一道引至常浴保，一名順陽渠，嵩縣東六十里。一名濟名渠。東五十里。自寺莊上保（旁注）南十里。引至和樂保，名永定渠。縣南。俱溉田，仍入伊河。其在洛陽，唐河南尹裴迴又自龍門山東抵天津，置石堰以堰水。嵩志古渠凡八，尚有永順、永昌、永通。姜寶伊洛水田議[三]，在三百八十三卷六葉。

【校勘記】

[一] 三陽俱在水南保　「三陽」，川本、滬本同。圖書集成職方典卷四二九：莽渠、清渠、單渠，「凡三渠，俱入洛」。此「陽」疑爲「渠」字之誤。

[二] 新店保　「新」，川本、滬本作「辛」。

[三] 姜寶伊洛水田議　「寶」，底本作「室」，川本同，據滬本及皇明經世文編改。「伊洛水田議」，川本、滬本同。按文載皇明經世文編卷三八三，題名：議興伊洛水田。

新安　古圈城，在縣東四十里孝水鋪，周圍五里。元至正三年，義軍劉拳屯營於此。内有小城，故址尚存。斗城，在縣北一里。慕容垂屯兵之地。慕容山，在縣北城外，相傳慕容垂屯兵於此。東垣縣、西垣縣，洛州新安郡有東垣縣。注云：二漢、晉屬河東，後屬陝。參考漢、晉志，河東郡有垣縣。晉太元十一年，馮該擊斬苻丕於東垣。此時已有東垣、西垣二縣。新唐書地理志：河南新安縣，武德初析置東垣縣。則知東垣在新安縣界也。新安郡，隋義寧二年置，唐武德元年廢。穀城，在縣東北界二十里村保。唐武德元年置，貞觀元年廢。河清廢縣，在縣北一百里黄河南岸，即今長泉村。唐高宗咸亨四年，析河南、洛陽、王屋、新安、濟源、河陽六縣，置河清縣。玄宗開元二十一年，京兆尹裴耀卿請罷陝、洛陸運〔一〕，於河清縣置柏崖倉。金史哀宗紀：天興元年，元兵定河中，由河清縣白坡渡河。烏林答胡土傳〔二〕：北兵以河中一軍由洛陽東四十里白坡渡河。白坡故河清縣。河有石底，歲旱，水不能尋丈。國初以三千騎由此路趨汴。是後縣廢爲鎮。宣宗南遷，河防上下千里，常以此路爲憂〔三〕。每冬日〔四〕，命洛陽一軍戍之〔五〕。河中破，則有言此路可徒涉者，已而果然。

【校勘記】

〔一〕京兆尹裴耀卿請罷陝洛陸運　「罷」，底本作「置」，川本、滬本同。新唐書食貨志：裴耀卿「請罷陝陸運」。此

「置」爲「罷」字之誤，據改。「洛」字無。

〔二〕烏林答胡土傳　「答」，底本作「谷」，川本、滬本同，據金史烏林答胡土傳改。

〔三〕常以此路爲憂　底本「常」上有「而」字，「常」下脱「以」字，據川本、滬本及金史烏林答胡土傳刪補。

〔四〕每冬日　底本脱「日」字，川本、滬本同，據金史烏林答胡土傳補。

〔五〕命洛陽一軍戍之　「一」，底本作「以」，據川本、滬本及金史烏林答胡土傳改。

嵩　伏流城，在伊川郡治所。隋改南陸渾曰伏流城〔一〕。順州，在縣東百餘里。宋紹興元年置，今廢。今伊陽縣是也。北荆縣〔二〕，即陸渾縣東北故城是也。東魏置。伊州，在縣。唐置。先天元年廢。伊陽縣，即陸渾故治。唐先天元年〔三〕，改置伊陽縣。宋廢。伊闕縣，在縣北九十里。

【校勘記】

〔一〕伏流城在伊川郡治所隋改南陸渾曰伏流城　二「流」字，底本作「洛」，川本、滬本同。隋書地理志：陸渾縣，「東魏置伊川郡，領南陸渾縣。開皇初廢郡，改縣曰伏流。大業初改曰陸渾」。元和志卷五：陸渾縣，「後魏改爲伏流縣，隋大業元年省伏流縣，移陸渾縣於今理」。紀要卷四八亦作「伏流城」，此「洛」爲「流」字之誤，據改。

〔二〕北荆縣　川本、滬本同。魏書地形志：「北荆州，武定二年置。伊陽郡，武定二年置。治伏流城。」隋書地理志：陸渾縣，「東魏北荆州，後周改曰和州」。此「縣」爲「州」字之誤。

〔三〕唐先天元年　「元」，底本作「七」，川本、瀘本同。按唐先天無七年，新唐書地理志伊陽下云：「先天元年析陸渾置。」據改。

陝州　開城、方城，宋文帝元嘉中北伐，克弘農開方二城。　曲沃城，在縣東十三里。左傳：晉侯使詹嘉守桃林之塞，處此以備秦師。以曲沃之官守之，故名。唐至德二年，廣平王俶與郭子儀收西京，安慶緒將張通儒走保陝。追至曲沃，又破賊於新店〔一〕，遂入陝城。此即李泌所宿之曲沃也。本志：曲沃鎮，在州三十里。　崤縣，在州北。魏太和十一年置，屬恒農郡。　長淵縣，在州東。宋白曰：東漢盧氏縣地〔二〕。後魏延昌二年，分盧氏東境軍谷、河渠谷以東爲南陝，以西爲北陝。廢帝改爲長淵縣，以縣有洛水長淵爲名。唐改長水。九域志云：在府西二百四十里。　唐陝州運使李泌奏：自集津□□門〔三〕，鑿山開車道十八里，以避砥柱之險。貞元二年二月道成。　隋煬帝大業七年，底柱山崩，壅水不流，河道至孟津遂涸。　魏恒農郡，後周置陝州及崤郡，戍兵於此備齊。隋置弘農宫，爲大都督府。唐爲陝州，天祐元年爲興唐府〔四〕。梁改鎮國軍。後唐復陝州。宋改保平軍。靖康二年，没於金。建炎二年，石壕尉李彦仙舉兵收復，與金拒，逾年復失。紹興十一年，吴璘下陝；三十二年，王庶復陝，旋皆失之。東阻崤陵，西接函谷，南距乾山，北帶黄河。秦、蜀之咽喉，河、洛之保障。

【校勘記】

〔一〕又破賊於新店　底本空缺「又」字，川本、滬本同，據紀要卷四八補。

〔二〕東漢盧氏縣地　「縣」，底本作「孫」，據川本、滬本及紀要卷四八改。

〔三〕自集津□□門　川本、滬本同。按新唐書李泌傳：「貞元元年，拜陝虢觀察使。泌始鑿山開車道，至三門，以便饟漕。」此處空缺，疑係「至三」二字。

〔四〕興唐府　川本、滬本同，舊唐書地理志、寰宇記卷六作「興德府」。

靈寶　挾山跨河，中函大路。張紞公廨記。西原，在縣西南五十里。唐天寶十五載，哥舒翰與安禄山戰敗於此。唐書：翰出關，次靈寶西原。由關門七十里，道險隘，其南薄山，北阻河。賊以數千人先伏險〔一〕，翰浮舟中流觀兵，謂賊易耳，促士卒進，道岨無行列〔二〕。賊乘高頹石下擊，殺士甚衆〔三〕。遂敗績。　函谷，在縣南十二里。兩崖懸壁，車不方軌，號稱天險。　柏谷，在縣西南一百里。中無迴車地，夾以高原，柏林蔭靄，窮日幽暗，殆弗睹陽。漢武帝微行至此。　弘農澗，在縣西一里。源出朱陽鎮藏牛谷魚塘寺石窟中，北流漸大，至縣西北入河〔四〕。　好陽澗，在縣東十三里。源出峴頭山，北流入河。　桃林塞，在縣西原上。自此至潼關，皆古桃林也，一曰桃丘聚。稠桑，在縣西二十里。春秋：虢公敗戎於桑田〔五〕。唐屈突通與劉文靜相距〔六〕，即此地也。弘農故城，在函谷關東。沙城，在縣西北五里許。三面距河，南有深塹，乃唐武后東幸洛陽而渠也〔七〕。其内有翠微宫。虢州城，在縣西南四十里。武王封虢仲於陝縣西南之虢城。晉人假道伐虢，即此。漢爲虢縣。元魏置西恒農郡。隋改弘農郡，又稱鳳林郡。唐爲虢州，亦稱虢郡。五代、宋、金因之。元降爲虢略縣，尋廢爲鎮。宋太祖置周恭帝於此。翠微宫，在縣北黄河南岸店，則天東幸駐蹕之所。今城址猶存，俗爲沙城〔八〕。漢書高帝紀函谷關注：師古曰：今桃林縣南有洪溜澗水，即古所謂函谷也。其水北流入河。夾河之岸，尚有舊關遺迹焉〔九〕。朱陽縣，在縣西南一百里。元魏置朱陽郡，統朱陽縣。元廢入靈寶縣〔一〇〕。金史徒單兀典傳：張翼軍叛往朱陽，入鹿盧關。蒙古追兵及，降之。桃林縣，在縣南。隋開皇中析置，屬陝州。後屬虢州，今廢爲鎮。玉城縣，在縣東南八十里。元魏置石城郡，統玉城縣〔一一〕。宋省入虢略縣。元廢。務鄉〔一二〕，在縣南二十五里。赤眉破李松處，即今高務里也。稠桑驛，在縣西二十五里。唐詔李密招撫黎陽，至稠桑驛，有詔止之。密乃衣婦人衣，入桃林傳舍，據城以叛。今其地猶呼東西故驛云。晉王斜，在稠桑西原上。先是，行旅遇暑，人多暍死。館驛使中丞宋渾乃開新路〔一三〕，自稠桑由晉王斜靈寶之途〔一四〕，小則岡阜，大則山原，皆中通一徑以行，如舌在口中然。説文云：函，舌也。函谷之名，蓋本諸此。矧東束以淄水、好陽二河，中阻以弘農之澗，西環以稠桑之水，憑高爲城，臨水爲池，一夫荷戈，千萬之衆，未易過也。若夫據朱陽之險，則襄、鄧之門户以塞；守王城之隘，則盧、永之險道莫入，誠古今之要害也。金史徒單兀典傳：靈寶北河夾灘，義軍張信、侯三集壯士三百餘，保老幼，立水柵。北兵乘淺攻之，不能克。會抹撚速也以船八十往運潼關、閿鄉糧，遇北兵，即降。北兵得此船，遂破夾灘，殺戮殆盡。靈寶爲川、陝之衝，且西引商、洛，南接盧、永，北控蒲、解，入關、輔，下襄、鄧，正間之途會焉。後漢書獻帝紀：幸曹陽，露次田中。注：曹陽澗，在陝州西南七里。俗謂之七里澗。

【校勘記】

〔一〕賊以數千人先伏險　「千」，底本作「十」，川本、滬本同，據新唐書哥舒翰傳改。

〔二〕道岨無行列　「岨」，底本作「險」，川本同，據滬本及新唐書哥舒翰傳改。

〔三〕殺士甚衆　「士」，底本作「大」，川本、滬本同，據新唐書哥舒翰傳改。

〔四〕至縣西北入河　「河」，底本作「海」，川本同，據滬本及紀要卷四八改。

〔五〕春秋虢公敗戎於桑田　按「虢公敗戎於桑田」事載於左傳僖公二年，此「春秋」應作「左傳」。

〔六〕唐屈突通與劉文靜相距　川本、滬本同，滬本眉批：「唐當作隋，時屈突通猶未降也。」

〔七〕乃唐武后東幸洛陽而渠也　川本、滬本同。按清統志卷二二〇沙城下云：「相傳唐武后幸洛陽時築。」此處

「渠」，疑當作「築」。

〔八〕俗爲沙城　川本同，滬本眉批：「俗下奪呼字。」疑是。

〔九〕尚有舊關遺迹焉　底本「遺」下有「路」字，據川本、滬本及漢書高帝紀顏師古注删。

〔一〇〕靈寶縣　底本空缺「寶」字，川本同，據滬本及元史地理志、紀要卷四八補。

〔一一〕元魏置石城郡統玉城縣　川本、滬本同。魏書地形志：「石城郡，正始二年置縣，後改。領縣一：同堤。」則先置石城縣，後改置石城郡。元和志卷六：玉城縣，「後魏正始二年，分立石城縣，廢帝改爲玉城縣」。此云石城郡「統玉城縣」，誤。

〔一二〕務鄉　「鄉」，底本作「卿」，川本同，據滬本及紀要卷四八改。又「務」，紀要作「蕂」。

〔一三〕宋渾　川本同，滬本作「宋洋」。

〔一四〕自稠桑由晉王斜靈寶之途　川本同，滬本「由」上有「西」字。

閿鄉　湖城，在閿鄉故城東四十里。即古湖城縣，因玉娘湖得名。隋開皇十八年〔一〕，省湖城入閿鄉，義寧元年復置。元省。以境内有閿山，故名。一統志云：山□□曰閿，閿鄉故城在縣西四十里閿底鎮。鼎州，即湖城，今縣治湖城縣，唐貞觀初置。唐書五行志：天寶十一載〔二〕，虢州閿鄉黄河中女媧墓，因大雨晦冥，失其所在。女媧陵，在河側。唐天寶末，失其所在，乾元初復湧出。見下。金史哀宗紀：正大七年，移刺蒲阿權參知政事〔三〕，同合達行省事於閿鄉，以備潼關。金史蒲察世傑傳：大定初，世傑復取陝州，敗宋兵石壕鎮，復敗宋援兵三千人，遂圍陝州。宋兵二千自潼關來，世傑以兵二百四十迎擊之，射殺十餘人，宋兵敗走。復敗之於土壕山，生擒一將。復以兵三百至斗門城，遇宋兵萬餘。宋將三人挺槍來刺，世傑以刀斷其槍，宋兵乃退。復敗之於土華〔四〕，復圍陝州。完顏伯嘉傳：蒲察阿里不孫爲右副元帥，備禦潼關、陝州。次澠池土濠村〔五〕，兵不戰而潰。納合蒲刺都傳：上言：鞏縣以北，黄河南岸，及金鈎、弔橋、虎牢關、虢州崿嶺，凡斜徑僻路，俱當置兵防守。說文：閿，低目視也。從旻，門聲。弘農湖縣有閿鄉，汝南西平有閿亭。

【校勘記】

〔一〕隋開皇十八年　「八」，川本、滬本同。寰宇記卷六：湖城縣，「隋開皇十六年廢，義寧元年於上陽宮再立」。此「八」爲「六」字之誤。

〔二〕天寶十一載　「一」，川本、滬本同。舊唐書五行志：乾元二年，「虢州閿鄉縣黄河内女媧墓，天寶十三載因大雨晦冥，失其所在」。此「一」爲「三」字之誤。

〔三〕正大七年移刺蒲阿權參知政事　底本空缺「大」字，川本、滬本同，據金史哀宗紀補。「阿」，底本作「河」，川本同，據滬本及金史哀宗紀改。

〔四〕土華　「土」，底本作「上」，川本、滬本同，據金史蒲察世傑傳改。

〔五〕澠池土濠村　「澠」，底本作「沔」，川本、滬本同。金史地理志中河南府沔池縣之「沔」，中華書局點校本改爲「澠」，校勘記〔一九〕云：「本書中有兩種寫法：一、『澠』，如本條下澠河，卷九六李愈傳『調河南澠池主簿』，卷一一四白華傳『金軍自閿鄉屯至澠池』，這是正確的。二、寫作『沔』，這是簡寫字，散見各卷，今皆改作『澠』。」今據改。「濠」，底本、川本、滬本作「壕」，據金史完顏伯嘉傳改。

陝州　舊城一十三里一百二十步。東南有壕，西北迫近黄河。崖高十餘丈，漢時所築。國朝洪武二年，千户劉全截其城東三分之一爲城，周九里一百三十步。　崤山，在州東七十里。一名嶔崟山。　柏谷山，在弘農西。水出其下，名柏谷水。有亭，名柏谷亭。今廢。　公主河，在州東北四十里三門北。唐開元鑿河通漕，以避三門之險。　馬鬃渠，即白陽渠，在州東二十里交口村。堰水越澗，蜿蜒入城，注召公池、瑞蓮池。唐武德間，長孫操創名廣濟渠。金大定中，耶律翼民復鑿。國朝屢經疏治。　譙水，在州西南三里。水出常永山谷，西入河。　古焦國，在陝縣東北百步。因焦水名。武王克商，而封神農之後於焦。左傳襄二十九年：虞、虢、焦、滑、霍、揚、韓、魏，皆姬姓也，晉是以大。則焦蓋周同姓國也。僖三十年：許君焦、瑕，朝濟而夕設版焉。注：焦、瑕，晉河外五城之二邑。史記秦本紀：惠文君九年，圍焦，降之〔二〕。正義引括地志云：焦城在陝州城内東北百步，因焦水爲名。宣二年：秦師伐晉，遂圍焦。陝縣，在西門外。漢武帝元鼎四年建。元末縣廢〔三〕，址存。　故硤石縣，在州東七十里。唐天祐元年置〔三〕。宋熙寧六年〔四〕，省爲石壕鎮。唐杜甫有石壕吏詩。今名硤石驛。徽伯壘，在州南二里古焦城。北魏高歡使李徽伯伐陝時築。石柱。集古録云：州有石柱，相傳爲周、召分陝所立，以别地理。唐人作銘於上。太原倉，在州西南六里。隋置以儲三門水運。今廢。草堂，在州東三里。宋魏野居此，手植竹木，清泉環繞，旁對雲山，景趣幽絶。宋真宗祀汾陰，遣陝令王希召見，野不至，命圖其居。避暑宫，在朱家原社。唐武后建。望仙臺，在崔村社。漢文帝謁河上公講道德經畢，公乘雲升，帝築臺以望。太陽橋，在州西一里。唐貞觀十一年，太宗幸陝，遣將軍丘行恭造。今廢爲太陽渡。陝昔稱沃野，今爲敝郡，良由東十二里有以坐困之也。蓋陝僻居西疆，距山西平陸縣止一河之隔，而東抵澠池縣界百四十餘里，東南抵永寧縣界百九十餘里，南抵内鄉縣界二百七十餘里，其曠遠可概見矣。顧治内朱家原等十二里，率皆迤邐東南，幽匿山谷，雖夏秋兩税，視若私租，逋負抗頑，競爾成風。兼以礦寇竊發，時爲治蠹，所以然者，窵遠難治故也。況東南敕使送迎，數日方可往返，其勞費財力，又當何如耶？今議以硤石離州七十餘里古石壕鎮地，革去巡司，創立縣治，仍以驛所屬以東十二里隸之。俾地邇易治，國無逋賦，送往迎來，途無遥費，民安身業，礦無竊發，則弭盗安民，省財節力，莫此爲便矣。唐肅砥柱賦序曰：砥柱在大河中流。禹導河自積石，至于龍門，南至于華陰，東至于砥柱，然後至孟津，過洛、汭，而復北折焉。蓋河自龍門既決以來，奔騰迅快，勢不可遏，至是而齟齬之，仍分爲四流，貫于三門之下，然後力殺而行緩，故酈氏水經注謂砥柱與龍門，皆禹所疏鑿也。晉書武帝紀：泰始十年，鑿陝南山，決河東注洛以通運漕。

【校勘記】

〔一〕惠文君九年圍焦降之　「惠文君」，底本作「孝公」，川本、滬本同，據史記秦本紀改。

〔二〕元末縣廢　川本、滬本同。元史地理志：陝州治陝縣。明史地理志：陝州，洪武元年，「以州治陝縣省入」。此誤。

〔三〕唐天祐元年置　川本、滬本同。新唐書地理志：峽石縣，本崤縣，「貞觀十四年，移治峽石塢，因更名」。此載置年誤。

〔四〕熙寧六年　「六」，底本作「元」，川本、滬本同。九域志卷三：陝州，「熙寧六年，省硤石縣爲鎮入陝縣」。宋史地理志：陝縣，「熙寧六年，省硤石縣爲石壕鎮入焉」。此「元」爲「六」字之誤，據改。

閿鄉　東抵函谷，南接秦山，西連潼關，北控黄河。閿山，在縣西南七十里，即秦山。數峯特出〔一〕，形勢嵯峨。縣之得名於此。秦山，在縣南三十五里。大湖峪、小湖峪，俱在縣南四十五里。湖水出焉。石姥峪，在縣西南四十里。斷崖絶壁，上下怪石，懸流濺沫，冰靈怒鬬。見韓文。棗鄉峪，在縣西南二十五里。産麩金。閿峪洞，在縣南六十里。産銀砂。今湮塞。鑄鼎原，按通鑑，在縣東南十里。黄帝采首山之銅鑄鼎於此，鼎成，騎龍升天，人抱遺弓而號。漢武帝建宫。唐刺史王顔爲賦。縣令王億立碑〔二〕。湖水，出秦山，迤邐而西折，抱城而流，北入於河。閿峪水，在縣西南五十里。會玉溪澗，北入於河。玉溪澗〔三〕，在縣西五十里。源出秦山，其色清冷如玉。經文底鎮，北入於河。金沙澗，在縣西南三十里。産麩金。玉娘湖，在皇天原南。見唐詩。阿對泉，在縣西五十里皇天原麓，二泉相對。楊震家僮阿對引灌於校書堂前，故名。原上居民，皆下汲之以供炊，至今倚以爲利〔四〕。九龍泉，在縣南十五里。有泉九淵，淵不竭。唐開元間，敕封躍泉侯。廟在泉側，歲旱禱雨有應。方庠渠，在縣西四十五里。漢楊震校書於原之北麓，自原之陽鑿渠，引玉溪水附原而東，北折復西，迤邐幾二十里，以注於校書堂之前，匯而爲池，蓄魚，植芙蓉。俗呼楊夫子硯水池，雀銜三鱣者是也。經大張、雙橋、下莊，抵原北四村，灌田數十頃。歷代通塞不常。天順元年，鴻臚寺署丞陳源疏復。風陵渡，在縣西六十里。北岸有風后陵，故名。豆津渡，在縣西二十里。女媧陵，世傳在西黄河側。唐天寶末失其處，乾元中復湧出。風陵渡以此得名。今據省志云：在山西趙城縣，歷代祀典碑刻具存。未知孰是。軒轅陵，在縣東南十里鑄鼎原麓。戾太子冢，在縣西三十里泉鳩水東。史皇孫冢，在戾太子冢側。望思臺，在縣西南三十里。漢武帝築歸來望思之臺於湖。鼎湖宫，漢武帝築〔五〕。三輔黄圖云：在湖城。草堂，在縣西四十里皇天原北，即校書堂也。楊震寓此，築以校書。唐改爲寺，以僧主其香火。按秦山、黄河，夾道中馳，間數十里，車不得方軌，馬不得成列。然西南一徑，由大峪通商、洛，非設關隘不可。西北則三津徑渡，直衝胸腹，尤不可不慮。

【校勘記】

〔一〕數峯特出　底本空缺「特」字，川本同，據滬本及圖書集成職方典卷四二八補。

〔二〕縣令王億立碑　「王」、「立」，底本空缺；「億」，底本作「澺」，川本、滬本同，並據圖書集成職方典卷四二九補改。

〔三〕玉溪澗　底本空缺「玉」字，川本同，據滬本及圖書集成職方典卷四二九補。

〔四〕皆下汲之以供炊至今倚以爲利　底本「下」作「不」，空缺「以供炊」、「今」四字，川本、滬本同，並據圖書集成職方典卷四二九改補。

〔五〕漢武帝築　「築」，底本脱，川本同，滬本空缺，據圖書集成職方典卷四三八補。

偃師　皇覽曰：縣北有皋繇祠，又有湯亭、湯祠。亳坂，在尸鄉南。晉太康地記：尸鄉南有亳坂，東有城，太甲所放處。今無考。鄔聚。左傳隱公十一年：王取鄔、劉。注：緱氏西南有鄔聚〔一〕。今治西南六十里有南鄔，疑即此。轘轅關〔二〕，在縣東南五十五里崿嶺口界。左傳：晉欒盈過周，王使候出諸轘轅。注：古關名。闞駰十三州志曰：轘轅道，凡十二曲也。成湯陵，在縣東北山上。或云葬亳北濟陰。唐敬宗陵。通考：在景山上，號恭陵。有高宗御製叡德紀御書碑。俗名太子陵。案此唐高宗太子弘，追謚孝敬皇帝，廟號義宗，非敬宗也。昭宗陵，〔旁注〕又見曹縣。名和陵，在縣南。首陽陵，在縣西首陽山。魏文帝葬於此。周敬王四年，王次於滑。漢武帝元封元年正月，上行幸緱氏，禮祭中嶽太室。光武建武九年夏六月丙戌，幸緱氏，登轘轅。明帝永平十五年春二月庚子，東巡狩。辛丑，幸偃師。章帝建初七年九月甲戌，幸偃師，東涉卷津。和帝永元十六年十一月己丑，幸緱氏，登百岯山〔三〕。唐則天后聖曆二年，幸緱氏。周桓王取鄔、劉、蔿、邘之田于鄭〔四〕，而與鄭人蘇忿生之田。莊公二十年秋，王及鄭伯入于鄔。僖公二十年，鄭人入滑。三十三年，秦人入滑。二十四年，鄭公子士、洩堵俞彌帥師伐滑，王使伯服、游孫伯如鄭請滑。襄公十一年，公會晉侯、宋公、衛侯、曹伯、齊世子光、莒子、邾子、滕子、薛伯、杞伯、小邾子伐鄭。秋七月己未，同盟于亳城北。劉績注：亳即偃師。昭公二十二年七月，劉子如劉。十二月，晉荀躒帥師軍于緱氏。二十四年春正月戊午，王子朝入于鄔。二十三年六月庚寅，單子、劉子、樊齊以王敬。如劉。二十六年五月戊午，劉人敗王城子朝。之師于尸氏〔五〕。七月己巳，劉子以王出。去劉邑。辛巳，王次于滑。冬十月丙申，王起師于滑。辛丑，在郊，遂次于尸。召伯逆王于尸。定公六年，鄭伐滑。允姓之戎遷於滑、汭，東及轘轅。文獻通考。沛公戰洛陽，不利，南出轘轅。王彌入自轘轅，敗官軍於伊北。王世充圍偃師，守將鄭𨗫之兵士劫叛以城降〔六〕。李密引精兵就偃師，北阻邙山。王君廓攻拔世充之轘轅〔七〕，東徇地，至管城而還。少林寺東北八里曰嵦嶺口〔八〕。在五乳峯東。其北即轘轅道一十二曲。

【校勘記】

〔一〕緱氏西南有鄔聚　底本空缺「緱」字，川本同，據滬本及左傳隱公十一年杜預注補。

〔二〕轘轅關　「轘」，底本作「軒」，川本同，據本書下文、滬本及紀要卷四八改。

〔三〕百岯山　「岯」，底本作「嚷」，川本同，據滬本及後漢書和帝紀改。

〔四〕邘　底本作「邢」，川本、滬本同，據左傳隱公十一年改。

〔五〕劉人敗王城之師于尸氏　底本「師」下有「入」字，川本同，據滬本及左傳昭公二十六年删。

〔六〕鄭𨗫　川本、滬本同。通鑑卷一八六：「唐武德元年，王世充破偃師，『獲李密將佐裴仁基、鄭頲、祖君彦等數十人』。此「𨗫」疑爲「頲」字之誤。

〔七〕轘轅　底本作「轘轅縣」，川本、滬本同。按此據舊唐書王世充傳，但新舊唐書地理志無「轘轅縣」記載。新唐書王世充傳：「武德三年，『九月，王君廓進拔轘轅，徇地至管城』。」通鑑卷一八八：「秦王世民遣右武衛將軍王君廓攻轘轅，拔之。」此「縣」字衍，據删。

〔八〕嵦嶺口　底本空缺「嵦」字，川本、滬本同，據本書上文補。

澠池　韶山，在縣北三十里。有金烏、玉兔二峯。金改縣爲韶州〔一〕，因名韶山云。　廣陽山，在縣東北三十里。一名澠池山。北溪水出焉。　熊耳山，界屬陝州東百二十里。其麓綿跨澠池西境。　穀水河，出崤東馬頭山谷。漢景帝因崤、澠之池以田，即此。　澗水，在縣東二十里。源出白石山，東流經新安，至洛陽入洛。　澠水。酈道元云：熊耳山際有澠池水，東南流。水側有一池，世謂之澠池。　桂芳宫〔二〕，唐儀鳳二年，築桂芳宫於縣西五里。調露二年，改曰避暑。永淳元年，改曰桂芳宫。　紫桂宫，在縣西五里。唐儀鳳二年置。　會盟臺，在縣西一里。赧王三十六年，秦昭王築臺與趙惠文王會盟於上。史記澠池之會，秦王爲趙王擊缶，即此臺也。　石壕，在縣西二十五里。唐杜甫有石壕吏詩。　回谿，在縣北。漢馮異先與赤眉戰失利處。　小龍門，在縣百里。兩岸石壁峭立，一水中流湍激，有怪石墮澗中，似垂手援物狀。旁有石室，可容數十人。

【校勘記】

〔一〕金改縣爲韶州　「金」，底本作「今」，據川本、滬本及紀要卷四八改。

〔二〕桂芳宫　川本、滬本同。按新唐書地理志澠池下云：「西五里有紫桂宫，儀鳳二年置。調露二年曰避暑宫，永淳元年曰芳桂宫，弘道元年廢。」此處疑有誤。

新安　青龍山，在縣西三十里。鳳凰山，在縣西三十里。與青龍山相對如闕，澗水中流，世謂之缺門，俗稱鐵門。青要山〔一〕，在縣西北一百里黄河南岸。其山壁立數仞。山海經稱爲帝之密都。北望河曲，是多駕鳥〔二〕；南望瞻渚，轅水出焉〔三〕。有草黄華赤實，服之益人色。今石寺南山亦名青要山。夫人纏，在縣北一百里，即青要山陡險處。自長泉寺至回龍寺，東西亘五里，石磴參差，俯瞰河流。山畔一路如線，内有怯山橋，通斷崖往來處。荆子山〔四〕，在縣西北一百二十里黄河南岸，爲境内諸山之最高者。密山，在縣南十五里，豪水之源出於此。爛柯山，在縣西南二十五里，中有王喬洞。羣山聳秀，佳木繁密，有清溪泄於山硤之間。其石如爛木。巖下有數洞，深邃莫測。内有一洞，而俗傳樵子王喬伐木於此山〔五〕，見二人弈，觀之。一局未終，弈者曰：汝胡不歸？汝視汝斧柯在與？喬顧腰間，斧柯已爛矣。歸而訪其故鄉，則坊郭變遷，人物换移，遂修煉於此洞而登仙。磁澗，在縣東三十里。隋志：河南郡壽安縣有磁澗。水經注：新安有孝水，孝水西十里有水，世謂之磁澗〔六〕。孝水，在縣東四十里。五代志：孝水在新安縣。水經注：孝水出廆山之陰，北流注於穀。相傳晉王祥卧冰於此，故名。豪水，在縣南十五里。源出密山，南流，歷九曲，入於洛。觀音磧，在縣北一百里黄河灘。有巉石，自南岸入河數十步。壅遏水勢，驚濤曲折，舟行多危。九坂。穆天子傳：天子西征，升九阿。郭璞注：疑今新安縣十里九坂〔七〕。楚坑。史記：項羽坑秦降卒四十萬人於新安城南。即此。括地志：新安故城，在沔池縣東二十里。師古曰：今穀城縣。穀川，在縣東北二十里。源自羊馬川，東流入於澗。唐韓愈送石洪處士序：先生居嵩、邙、瀍、穀之間。即此。歷代改縣爲穀州，亦以此名。今洛陽界有穀水鎮。後唐莊宗陵，在縣北七十里鄭駙馬墳西。有冢高二、三丈，俗傳天子墓，無碑可考。天成元年十月丙子，葬光聖神明孝皇帝於雍陵，即此。宋徽宗政和二年，新安有蟾蜍，背生芝草，長三寸許，凡十五葉。樹碑慕容山下。光武建武二年，三輔大饑，城郭皆空，遺民往往聚爲營保，各堅壁清野。赤眉虜掠無所得，乃引而東，衆尚二十餘萬。帝遣侯進屯新安，耿弇屯宜陽，敕曰：賊若東走，可引宜陽兵會新安；南走，可引新安兵會宜陽。馮異與赤眉遇於華陰，戰數十合，降五千餘人。

【校勘記】

〔一〕青要山　「要」，底本作「鳳」，川本同，據滬本及山海經中次三經、明統志卷二九改。下同。

〔二〕是多駕鳥　「駕」，底本作「鴽」，川本、滬本同，據山海經中次三經郭璞注、明統志卷二九改。

〔三〕南望瞻渚輮水出焉　「出」，底本作「在」，川本同，據滬本及明統志卷二九改。又「瞻渚」，川本、滬本同，山海經中次三經作「墠渚」，明統志卷二九作「禪渚」；「輮水」，川本、滬本同，山海經中次三經作「畛水」。

〔四〕荆子山　「子」，川本、滬本同，圖書集成職方典卷四二九作「紫」，清統志卷二〇五同。

〔五〕巖下有數洞深邃莫測内有一洞而俗傳樵子王喬伐木於此山　川本、滬本俱云：「巖下有數洞，内一洞深邃莫測，俗傳樵子王喬伐木於此山。」疑是。

〔六〕孝水西十里有水世謂之磁澗　川本、滬本同。水經穀水注：少水「東流注於穀，世謂之慈澗也」；穀水又東，俞隨之水注之，「世謂之孝水也」。則慈澗在孝水之東，此云「西」，誤也。

〔七〕天子西征升九阿郭璞注疑今新安縣十里九坂　「征」，底本脱；「阿」，底本作「河」；「疑」，底本脱；「九坂」，底本上衍「有」字，川本、滬本皆同，據穆天子傳卷五補改刪。

集古録：後漢穀阮君神祠碑在鄭縣。穀阮，所以蓄泄水患。據碑文云，自亡新以來廢之。則前漢時已有之矣。光和中，裴曅爲鄭縣令，始修復之。事見水經及華州圖經。穀阮君祠，今謂之五部神廟。其像有石堤、西戍樹谷、五樓先生、東臺御史、王翦將軍，皆莫曉其義。此條當入華州。

釋名：嵩或爲崧，山大而高曰嵩。國語曰：夏之興也，祝融降於崇山。韋昭注曰：崇、嵩字古通用。夏都陽城，嵩山在焉。白虎通曰：中央之嶽，獨加嵩高字者何？中央居四方之中而高，故曰嵩高山。

晉書杜預傳：預以孟津渡險，有覆没之患，請建河橋於富平津。議者以爲殷、周所都，歷聖賢而不作者，必不可立故也。預曰：造舟爲梁，則河橋之謂也。及橋成，帝從百僚臨會，舉觴屬預曰：非君，此橋不立也。對曰：非陛下之明，臣亦不得施其微巧。

洛陽　戎城，在縣南三十里。杜預曰：縣東南有園鄉，西南有戎城，處伊洛之戎。　高都城，在洛州伊闕縣北。　程國城，在縣南。古程黎之國。　甘城，在縣西南。故甘國城。　天津橋，在縣南洛水上。隋煬帝使宇文愷營東都成，用大纜以鐵鎖鈎連，南北夾路，對起四橋〔一〕，爲日月表曆之象，以像天河，故曰天津。唐貞觀十四年，更令石工築方石爲脚。宋建隆二年四月，西京留守向拱〔二〕，重修天津橋成〔三〕，甃石爲脚，高數丈，鋭其前以疏水勢，石以鐵絡之。西苑，隋大業元年建。距上陽宫七里，苑牆周迴一百二十六里〔四〕。北距邙山，西至孝水，南帶洛水支渠，穀洛二水會於其間。自苑引之爲渠，以達於河。　劉建伊洛二渠記曰：伊洛二水，鑿渠以溉田，肇自唐時。洛渠起郡治西南東侯保，分洛水而東曰莽渠。莽渠之北，又分三支：曰清渠，曰單渠，曰太陽渠，凡四渠。末流仍入洛及伊。伊渠起郡南伊闕口之北，分伊水北行，至午橋莊，與洛渠交而出。其交並二支，亦名莽渠、清渠、單渠，但以東別之，凡三渠，皆入洛。二水之大可勝舟，冬夏不涸，百里内皆仰溉焉。國朝宣德初，始湮塞。弘治癸丑，都憲海虞徐公恪巡撫河南，委官浚之，已而復塞。歲丙辰，河南按察副使濟南張公鼐復之，又於洛渠之南大明寺復創鑿一渠，東行出午橋之上〔五〕，洛渠蓋並前爲五渠。　舊唐書食貨志：大足元年六月〔六〕，於東都立德坊南穿新潭，安置諸州租船。　唐書：裴度治第東都集賢里，別作墅於午橋。具燠館涼臺，號緑野堂〔七〕。激波其下，沼石林叢，岑繚幽勝。　舊唐書裴度傳：東都立第於集賢里，築山穿池，竹木叢萃〔八〕，有風亭水榭，梯橋架閣，島嶼迴環，極都城之勝概。又於午橋創別墅，花木萬株，中起涼臺暑館，名曰緑野堂。引甘水貫其中，釃引脈分，映帶左右。度視事之暇，與詩人白居易、劉禹錫酣晏終日，高歌放言，以詩酒琴書自樂〔九〕。

【校勘記】

〔一〕對起四橋　川本、滬本同。明統志卷二九：天津橋，「南北夾起四樓」。紀要卷四八同。清統志卷二〇七：「南北夾路，對起四樓。」此「橋」爲「樓」字之誤。

〔二〕西京留守向拱　底本空缺「拱」字，川本、滬本同，據宋史河渠志補。

〔三〕重修天津橋成　底本脱「重修」二字，川本、滬本同，據宋史河渠志補。又「成」，底本作「咸」，川本、滬本同，據宋史河渠志改。

〔四〕距上陽宫七里苑牆周迴一百二十六里　「距」，底本作「渠」；「一百」，底本脱，川本、滬本同，據通鑑卷一八〇隋大業元年胡三省注改補。

〔五〕午橋　「午」，底本作「五」，川本、滬本同，據本書上下文及圖書集成職方典卷四二九改。

〔六〕大足元年六月　「大」，底本作「天」，川本、滬本同。按唐無「天足」年號，據新唐書食貨志改。

〔七〕具燠館涼臺號緑野堂　「燠」，底本作「煐」；「堂」，底本作「臺」，川本同，據滬本及新唐書裴度傳改。

〔八〕竹木叢萃　「萃」，底本作「卉」，川本同，據滬本及舊唐書裴度傳改。

〔九〕以詩酒琴書自樂　底本「酒」下有「瑟」字，據川本、滬本及舊唐書裴度傳删。

鞏縣　河、洛、伊三川，伊於鞏西南入洛。洛於鞏東入河，獨聯絡三川之派。禹貢紀導洛曰：「東會于伊，又東北入于河。」曰「伊、洛、瀍、澗，既入于河」者，蓋總上流瀍、澗而紀之也。按瀍、澗入洛在上流，伊入洛在鞏西南界。　洛口，河在縣東北二十里，即洛入河之口。小異。舊志同。又曰：洛水在縣西北四里，至洛口，入於黃河。　洛水，在縣東北四里。至洛口，入於河。　滎錡澗。杜預云：鞏縣西。　夏臺，在邙山南洛汭。湯有景、亳之命，景山在鞏南，亳社在鞏北。　桑林社，在魯莊村。成湯禱雨之處。　富平津，北山盡處爲河津，曰富平。　宋史郭諮傳：諮嘗謂，作汴乘索河三十六陂之流危京師，請自鞏西山七里店孤株嶺下〔一〕，鑿七十里，導洛入汴，可以四時行運。詔都水監楊佐同往計度。

【校勘記】

〔一〕孤株嶺　底本空缺「孤」字，川本、滬本同。又「株」，底本作「拖」，川本、滬本同，據宋史郭諮傳補改。

登封　戒壇寺，在縣西十里。後魏孝文帝避暑之宮，隋開皇中爲寺，賜名會善。內有受戒石壇，唐、宋間，天下僧尼受戒於此。　崇福觀，在縣北五里萬歲峯下嵩山之陽。漢武帝創，名萬歲觀。唐改曰太乙。宋於觀建真宗元辰、本命二殿及真宗御容殿，設提舉、管勾以祝釐。范文忠、呂獻可皆嘗奉祠〔一〕，司馬温公及子康、程明道皆任斯職。嵩陽宫，在縣北五里。唐天寶初建，名天封觀。元至元中，改名嵩陽宫。今皆没於民。惟漢書將軍柏三株〔二〕、唐李林甫頌德碑尚存。太室山二十四峯，少室山三十六峯。洛陽爲天下中，今測景臺在登封東南三十里，此必洛陽舊地，古之中國也。至劉舍人史通則又謂荆州爲天下中。山海經云：崑崙爲天下中〔三〕。吕氏春秋曰：建水之下，日中無影。皆不可辨者。然今之臺，非古之臺，而日影亦多於尺之五寸矣，此又天象之移晷也。縣西少林寺有面壁石，相傳爲達摩面壁九年〔四〕，其形見於石。嘉靖七年，提學副使魏校疑其妄，命石匠磨石驗，果非真，行文削志，以破千古之惑。寺北少林寺，在縣西少室山北麓。後魏孝文帝建。唐高宗與武后嘗幸其地，武后有詩刻石。寺北里餘有初祖庵，嶺上有初祖面壁洞。寺之西有甘露臺，寺之南有五品封槐。碑刻甚多。

【校勘記】

〔一〕范文忠吕獻可皆嘗奉祠　底本空缺「祠」字，川本同，據滬本補。

〔二〕惟漢書將軍柏三株　川本同，「書」，滬本作「封」，疑是。

〔三〕山海經云崑崙爲天下中　川本、滬本同。按今本山海經無此文，疑誤。

〔四〕達摩　「摩」，底本作「磨」，川本、滬本同，據少室山房集卷二八改。

澠池　三國魏徙治蠡城。宋王鎮惡進軍澠池，遣將毛德祖襲北師尹雅於蠡吾城，即此。隋徙治大塢城。　古稱殽、函天險，縣境由新安東入，皆天澗深溝，陡不可測。臨縣治二十里爲石河，塊石崚嶒，如兵家設詐，幾五、七里許，馬崎嶇不可行。脱有緩急，雖城，湫隘不可守。縣北二十里外如楊廣溝、梁少村，百里外陽滸村、黛眉寨之類，有田有水，足以避兵。況西邇潼關，兵卒臨之，謂之入套，有識者之所謂深避也〔一〕。　熊耳山，在縣三十里。與陝州交界，其麓連跨澠池西境。　黄河，上自三門、集津，下訖鈞兒嘴，奔流迅激，舟筏多覆。惟南村、垣曲接岸者稍平夷，爲刊津古渡云。　穀水河，出馬頭山穀陽谷，東北流，歷黽池川〔二〕，或謂之澠水。見水經注。　澠水。酈道元云：熊耳山際有水池，東南流。水側有池，世謂之澠池。　括地志：新安故城，在洛州澠池東二十里。　周桓王陵，在縣北桓王山上。　魏文帝首陽陵，在縣首陽山南。

【校勘記】

〔一〕有識者之所謂深避也　川本、滬本無「謂」字，疑衍。

〔二〕黽池川　「黽」，底本作「澠」，川本、滬本同，據水經穀水注改。

嵩縣　山川道路險夷考：東發伊陽，則汝、豐、襄、郟之途通焉。棗坪扼上店之吭，蔡居拊内埠之背，疾馳之騎，則一日可至矣。南走南陽，則南召、内鄉之境在焉。白水泛滄浪之津，伏牛當船坪之路，山水實險，則舟車鮮通矣。西北一帶，則遠當虞、虢之交，近接殽、澠之會，厥惟三路：黑峪〔旁注〕西北八十里。出其南，青嶺出其北，而黄松嶺之路，則界乎二路之間也。戍黄松，守青嶺，必能制甘茂師老於宜陽；塹魚窟，屯龍窩，可以與晉人中分乎虢土。東北一路，徑達汴、洛、京、索之間，紆引禹、鄭、覃、懷之際。然伊闕有成皋之險，陸渾猶井陘之塞，車軌難方，馬行無列。即使中原鼎沸，羽書交馳，若能升高而作斥堠，依險而結營壘，鹿角布其衝，枹石伏其隘，有沙可囊，有水可決，譬之城者閉關，户者下鍵，雖衆無所用之也。馬槽堡，在縣西二百里。大青堡，在縣南三百里。每堡以百户一員領民壯守之。三塗山，蓋神禹導伊所鑿。兩山壁峙，伊水中流。一爲伊闕，一爲陸渾，并此爲三塗。今縣西十里山上有三塗山神祠。俗呼爲崖口，又曰木門云。陸渾山有二，俱在縣東北。一距縣四十里，在伊水之西，秤鈎灣之北，又名爲方山。春秋時，則有陸渾戎居焉。秦因其地置陸渾縣，今呼爲古城者是也。一距縣二十五里，晉、魏、隋、唐所置陸渾縣城，在山之北，樊水南，遺址猶存，今尚呼爲陸渾嶺云。文獻通考謂之南陸渾。九皋山，在縣東北四十里。其南爲鶴山，二山相向，伊水經其下。七峯山，在縣南三十里。一山連聳七峯，高插雲漢。思遠山，在縣北四十里。仙人山，在縣東南七十里。山頂坦平約數畝，四圍壁立萬仞，一徑盤曲而上，僅容一人。元參政牛時中於此作砦駐兵，今爲嵩與伊陽之界。伏牛山，在縣西南三百里。山方三百餘里，爲嵩與內鄉、南召之界。白龍山，在縣東南十里。山高百丈，其頂平坦約數十畝，有泉可飲。周迴山澗險阻，世傳爲元左丞張伯玉立砦屯兵之處，城址猶存。其下偏西一里許地名左丞衙，蓋是其公署云。鳳牛山，在縣北二十里。宋建炎中，安撫使翟興曾於此立砦屯兵，以拒金人。城址猶存。露寶山，在縣西北七十里。山產銀、錫之礦。元末，萬户李興曾於此立砦屯兵，今爲嵩與宜陽之界。大礦山，在縣西北一百里，高都之水出焉。山產金、銀、錫三品，水中亦產黃金。今爲嵩與永寧之界。鵶石山，在縣西一百五十里。下即古樓子關，伊水所經，今爲嵩與盧氏之界。紫荆山，在縣北九十里。山中爲梁二帝陵。直北嵩與洛陽之界。伊水，出盧氏悶頓山，西過熊耳入嵩境，東南至於三塗，又東北過陸渾，達於伊闕，凡三百里，始會於洛。汝水，出伏牛山，東北過天息，凡二百餘里，始入伊陽縣界。高都水，出大礦山，南至青山，東過高都，入於伊。樊水，出露寶山，東會源頭活水，入於伊。郝王城，古罴狐聚，秦遷西周公於此，唐、晉於此建伊闕縣〔一〕。在府南六十三里。高都城，即今邑城是也。北爲高都川，古韓地。韓襄子獻高都於秦，秦置新城縣，即此。魏、隋、唐伊州〔二〕。宋順州。金、元嵩州。今爲嵩縣。海內郡邑名義，雖各有所取，以山川得名爲多。嵩治，伊水在南城之下，唐、宋稱名伊陽，於水北之義相協，及金始更爲嵩。按嵩山下邑爲登封，東抵嵩縣在一百里外，以彼名此，則昔人之誤矣。國朝成化中，復割嵩州之地爲邑〔三〕，乃取伊陽舊名名之，城在伊水南一百餘里，義均未妥。事尚有待於復古者云。

【校勘記】

〔一〕唐晉於此建伊闕縣　川本、滬本同。隋書地理志：伊闕縣，舊曰新城，「開皇十八年縣改名焉」。元和志卷五：伊闕縣，漢新成縣，隋開皇十八年，「改爲伊闕縣。」此誤。

〔二〕魏隋唐伊州　川本、滬本同。隋書地理志：陸渾縣，「東魏北荆州，後周改曰和州。開皇初又改曰伊州」。此云「魏伊州」，誤。

〔三〕復割嵩州之地爲邑　「州」，川本同，滬本作「汝」。按明史地理志：嵩縣，元嵩州，「洪武二年四月降爲縣」。此文有誤。

南陽　十二里河，在縣西一十二里。出紫山，循魯家川，南入淯。黃渠河，在縣北二十五里。出紫山，入淯。雝兒河，在縣東北八里。合黃渠河入淯。三里河，在縣北三里。合黃渠河入淯。栗河，在縣東南十里。出馬渡堰，至新野入淯。潦河，在縣西南三十里。其源有二：一自馬峙坪來，一自曹峯山來，至大莊合爲一。至新野，散流無所歸。舊志云入淯，誤矣。向城有二：一在縣東北，臨向渠。春秋時許國向邑之人遷此，今爲村聚。一在城北六十里，魏舊縣。　西鄂城，在縣北五十里石橋保。〔旁注〕漢縣。晉因之，後省。後漢書注云：有精山。朱儁破孫夏處。　應劭曰：江夏有鄂，故加西云。　安衆城，在縣西南三十里。　漢縣，劉崇封邑。今爲鋪。故宛西鄉，曹操破劉表、張繡處。　淯陽城，在縣南瓦店保。〔旁注〕南七十五里淯水西。府東淯水之陽。漢縣。　南筮聚在東北，又有小長安城在內。漢軍爲甄阜所破處。　南鄉城，在縣南一百里。東漢縣，晉屬順陽郡，隋淅州，即此。　南鄉、朝陽二城，在鄧州川者爲是。　朝陽城，在縣南朝水之陽。漢縣。今俗呼刁城。　博望城，在縣東北七十里。漢縣，張騫封邑。

鎮平　騎立山，一名五朵，在縣北七十里。本志：九十。狀若立騎。其山五峯並峙，又名五朵山，曰聖朵山，曰禪春朵，曰磨雲朵〔一〕，曰嬌女朵，曰啞女朵。又其狀若騎立，故兩稱之。上有三龍湫，俗呼爲上中下三潭。山勢險峻，爲一邑之巨鎮。　金史武仙傳：思烈承制受宣差總領黄摑、三合、五朵山一帶行元帥府事。□三合峯於蒙古夾擊〔二〕，敗仙於柳河，仙跳走聖朵寨。　杏花山，在縣西北五十里。本志：北十。與騎立山相接。上有小龍潭，溢流入趙河。　潦河，在縣東四十里。源有二：一出南陽縣馬峙坪〔三〕，一出南陽縣曹峯山。〔旁注〕南陽縣西北八十里。至太莊，合爲一，南流七十里，至南陽縣塚頭，入淯水。　趙河，在縣西十五里。源出騎立山龍湫，南流九十里，入鄧州湍水。　又東南至新野七里河，匯淯水，達於漢江。　安國城，在縣東北三里。漢王陵封安國侯，疑即此地。今有安國寺。

【校勘記】

〔一〕曰禪春朵曰磨雲朵　川本、滬本同。「春」，圖書集成職方典卷四四八作「巷」，清統志卷二一〇作「庵」，未知孰是。「磨」，圖書集成、清統志皆作「摩」，此「磨」蓋爲「摩」字之誤。

〔二〕三合峯於蒙古夾擊　底本「三」上缺字空格，川本、滬本同。按金史武仙傳作「三合乃報大元大將，遣兵夾擊」。此處疑有脱誤。

〔三〕馬峙坪　「坪」，底本脱，川本、滬本同，據本書上文南陽縣及圖書集成職方典卷四四八補。

唐縣　三家河，在縣南五十里。〔旁注〕舊志：東南八十。出桐柏杓鋪山，入泌河。　沘河〔一〕，在縣東六十里。源出泌陽馬仁陂，經縣東南入三家河。　昆河〔二〕，本在縣東北三十里〔三〕。源出馬仁陂，流經縣北入沘河。　清水河，在縣南三十五里。源出石柱山，流經縣西南，入唐河。　趙河，在縣北五十里。源出裕州酈山，經縣北，南流入沘河。　桐河，在縣西北八十里。源自喬子頭，有泉仰出，溢而南流，至縣西北二里入唐河。　淍河，在縣西五十里。源出南陽縣周人坡，至縣西南七十里入唐河。　比陽城，在縣東。　漢縣。元省入唐州〔四〕。　平氏城，在縣東南七十里平氏保，即漢平氏縣，屬南陽郡。　湖陽城，在縣南八十里湖陽保，古蓼國也。漢爲湖陽縣。光武封姊爲湖陽公主，即此。晉省入棘陽。魏復置。西魏於此置湖州，後州廢。唐以縣屬唐州。元廢。謝城，在縣南湖陽城北。周申伯之郡。詩：于邑于謝。注：棘陽東北有謝城。即此。東漢封樊重少子丹爲謝陽侯。慈丘城，在縣東七十里。後魏江夏縣地。隋置慈丘縣，屬顯州。唐屬唐州。五代周省入比陽。唐元和十年〔五〕，招討使嚴綬敗於慈丘。青臺城，在縣北七十里桐河保。元平章劉祥所築，駐兵以圖襄陽。

【校勘記】

〔一〕泚河　「泚」，底本作「江」，川本同，據本書下文、滬本及紀要卷五一改。

〔二〕昆河　「昆」，底本作「昆」，據川本、滬本及明統志卷三〇改。

〔三〕本在縣東北三十里　川本、滬本無「本」字。按「本」字疑衍。

〔四〕元省入唐州　「州」，底本作「河」，川本、滬本同。元史地理志：唐州，至元三年，「廢湖陽、比陽、桐柏三縣」。此「河」爲「州」字之誤，據改。

〔五〕唐元和十年　「十」，底本作「十一」，川本、滬本同。按舊唐書憲宗紀、通鑑卷二三九記於唐元和十年，此「一」乃衍字，據刪。

泌陽　太湖山，〔旁注〕水經作太胡。在縣東北七十餘里。廣圓五十六里。泚水出焉。上平衍，有池泉，大旱不竭。〔旁注〕張衡南都賦所謂天封太胡者也。銅山，在縣東六十餘里。有銅。盤石山，在縣南四十里。蔡水所出，今訛爲盤古山〔一〕。〔旁注〕水經注作盤石。中陽山，水經曰上界山。郭璞曰箴山，在故潕陰城東，瀙水出焉。下三山，舊府志俱無。中陽、慈丘是一山，見唐縣。慈丘山，水經注作茈丘，瀙水出焉。在縣西北五十里。今呼爲三山。扶予山，水經曰在潕陰縣西北。酈道元謂潕陰故城在山之陽。蔡水，出盤古山，西北流，注於沘〔二〕。今呼曰市河。瀙水，源出虎頭山東北九十里。今訛爲涼河。昆河，在縣西北五十里。合馬仁陂水，同入沘水，即水經所謂舊沘水也。八疊河，在縣西北七十里。其水縈曲有八，與泌水合流。鄧莊河，源出銅山，經鄧莊鎮，西流入於沘。牡丹河，在縣東四十里，下流入汝河。舊志自昆河以下皆同，惟無牡丹河。瀙水，出中陽山，東過上蔡縣，入汝。潕水，出扶予山，舞陰縣在其南。水東流過上蔡，入汝。舞即潕字。城陽郡城，後魏置。隋廢。同光縣城，本昭越縣，隋改。真昌郡城，本西郢州，魏改爲鴻州，後周改爲真昌郡。隋廢。顯岡縣城，唐廢。臨舞城，東魏置期城郡。隋廢。東舞陽城，隋改爲昆水縣，尋廢。舞陰城，在羊栅南五里。〔旁注〕在縣西北七十里。光武封岑彭以爲侯國。漢爲陽山縣〔三〕。魏武與張繡戰於宛〔四〕，公傷右臂，引還舞陰，即此。慈丘城，在縣北五十里慈丘山西，即嚴綬敗於吳元濟處。宜秋聚，漢伯升至宜秋，説下江兵與之合從，夜襲藍鄉，即此。斬甄阜、梁丘賜於沘水之上。比陽舊城，在今縣北。蓋歷代置州、郡、總管、都督府，駐重臣，屯師旅，故其遺址廣大。今訛呼黄巢城。縣自秦、漢而設，至後魏，始置東荆州於此，故曰治泌陽舊城。西魏置兵以爲重鎮。唐討淮、蔡，重臣重兵，皆駐於此，故城不容不廣，今縣北迤東古城是也。朱全忠遷州於泌陽，此爲支邑。殘破之餘，人稀城曠，不可以守，故裁西南一隅以爲城。今之城，乃五代以後泌陽縣城也。

【校勘記】

〔一〕盤古山　底本作「中市河」，川本同，據滬本及明統志卷三〇、紀要卷五一改。

〔二〕注於沘　「沘」，底本作「泚」，川本同，據本書上下文、滬本及紀要卷五一改。下同。

〔三〕漢爲陽山縣　川本、滬本同。按漢無「陽山縣」，漢書地理志：南陽郡領比陽縣、舞陰縣。比陽縣，即明、清泌陽縣，舞陰縣在泌陽縣西北。此「陽山」疑爲「比陽」之誤，從本文所記，當是「漢爲縣」之舛誤，「陽山」二字衍。

〔四〕魏武與張繡戰於宛　「繡」，底本作「秀」，川本、滬本同，據三國志魏書張繡傳、紀要卷五一改。

南召　鹿鳴山，在縣北三里。　五朵山，在縣西南一百五十里，與鎮平界。　野牛嶺，在縣西一百四十里。　金斗山〔一〕，在縣西南一百六十里。　丹霞山，一名留山。　掛鼓山，在縣北二百里。　白河，在縣南四十里，即淯水。　黄洋河，在縣西六十五里。發源鑽天嶺，入淯水。　留山河，在縣西北四十里。南至羅漢店，左入淯水。　小淄水〔二〕，在縣東北七十里神林川，東入滍河。鴉河，原名魯陽關水。據水經，源出分水嶺，南流經魯陽關，歷雉衡山，西南經皇后城西，西南流，經雉縣故城南，屈而東南流，注於淯。今名鴉河。鷄河，亦名魯陽關水，自西來，繞縣治，南合鴉河。穰河，由魯山經本縣，入唐縣。秦魏冉封穰侯，即此。魯陽關，在縣南。兩山壁立，中有流水。蓋魯山縣南出之關。北召廢縣，在縣東北十五里。西岐州城，即今壽樂鄉西七十里，俗名李清。東岐州城，在縣治内東北。李清堡，每三月，府委衛官一員、官軍一百二十名守把。

【校勘記】

〔一〕金斗山　「斗」，底本作「牛」，據川本、滬本及圖書集成職方典卷四四八改。

〔二〕小滍水　「滍」，底本作「淹」，川本、滬本同，據本書上文及明統志卷三〇、圖書集成職方典卷四四八改。下同。

桐柏　石門山，在縣東一百里。兩山對峙如門，下有小嶺横亘若限，大路貫於中，儼如石門，故名。淮水，在縣西北二十五里。發源胎簪山，伏流數里，湧三泉，因浚浮流六、七里成河。東經汝寧，會於泗，達於海。月河，在縣東二十五里。一水如帶，旋繞山岑，入於淮。三家河，在縣西一百里。經唐縣，入於泚水。桐柏城，在縣西南。梁置淮安縣。隋改曰桐柏，屬淮州〔一〕。唐屬唐州。

【校勘記】

〔一〕屬淮州　川本、滬本同。隋書地理志：淮安郡，西魏改爲淮州，領有桐柏縣，「開皇五年又改爲顯州」。則隋開皇五年，桐柏縣屬顯州。紀要卷五一：桐柏縣，隋開皇初「屬顯州」，是也。此「淮州」當爲「顯州」之誤。

鄧州　刁河，在州南十里。其源接滔河，至新野，入淯水。曲河，在州西三十里，入湍河。碑灘河，在州西南五十里。源出禹山，〔旁注〕西七十里。入淯水。趙河，在州東北四十里，入湍河。穰縣城，在州東南二里。冠軍城，在州西北五十里。漢武帝封霍去病爲冠軍侯，即此。竇憲亦封焉。棘陽城，即古謝國地。漢置縣。居棘水之陽〔一〕，故名。後周省入新野〔二〕。元志云：棘陽有鎮，界於新野、湖陽二縣之間。據此，則棘陽當在新野之東。俟考。涅陽城，在州東六十里涅水之陽。漢縣，屬南陽郡。隋改曰課陽。俗呼爲赤眉城。朝陽城，在州南八十里。漢縣。北屬鄧州，南屬襄陽。俗呼爲朝王城。臨湍城，在州西北六十里。西魏舊縣，隋改曰新城，唐復名臨湍。古村城，在州南七十里。世傳即漢山都縣故城。

【校勘記】

〔一〕居棘水之陽　底本脱「水」字，據川本、滬本及漢書地理志顔師古注引應劭曰補。

〔二〕後周省入新野　底本「入」下有「於」字，據川本、滬本及明統志卷三〇删。

內鄉　羅王城，古羅國。　順陽城，在縣西南七十里。〔旁注〕順陽保。漢博山縣，明帝改順陽。魏改南鄉郡。晉復爲順陽郡。入元魏爲南鄉郡。東晉孝武時南附，復爲順陽郡。自後得失不一。隋降爲順陽縣，屬淅陽郡〔一〕。唐廢縣爲臨湍鄉，屬穰縣〔二〕。宋復置縣〔三〕。元廢。〔眉批〕按堡南保隸內鄉。順陽保已入淅川。　酈城，有南酈、北酈二城，俱在縣東北屯頭保。漢屬南陽，晉因之，隋改爲菊潭縣。唐初爲朱粲所居，民遂凋落。故址尚存。　菊潭城，唐初酈城之菊潭，即爲朱粲所居〔四〕。開元二十四年，乃割新城北鄙三千户，復置菊潭縣。若欲求古之菊潭，當於南酈；後之菊潭，則新城之北境也。　舊縣城周迴七里許。春秋〔五〕：楚平王遷許於析，實白羽。即此地。至金始還今治。　臨湍城，在長慶保。元魏割冠軍縣北境置新城縣。西魏改臨湍縣，隋復舊。唐武德二年，移治虎遥城，屬酈州。八年，廢酈州，縣屬鄧州。貞觀元年，移治臨湍聚。天寶元年，復改臨湍縣。宋廢入鄧州及內鄉縣。　丹水城，在縣西南一百二十里。漢縣，屬弘農郡。晉屬順陽郡。魏置丹川郡，後並廢。　默水縣，在縣東北四十里。俗呼北古城。

【校勘記】

〔一〕屬淅陽郡　川本、滬本同。按隋書地理志載，南陽郡統有順陽縣，而淅陽郡不載，則此「淅」爲「南」字之誤。

〔二〕唐廢縣爲臨湍鄉屬穰縣　川本、滬本同。舊唐書地理志：鄧州，武德六年，「省順陽入冠軍」。同書鄧州領臨湍縣，後魏置新城縣，「貞觀三年，移治故臨湍聚。天寶元年，改爲臨湍縣」。疑此以順陽、臨湍兩縣相混誤。

〔三〕宋復置縣　「宋」，底本作「今」，川本、滬本同。宋史地理志：順陽縣，「太平興國六年，升順陽鎮爲縣」。則唐廢順陽縣爲鎮，宋復升爲縣，此「今」乃「宋」字之誤，據改。

〔四〕即爲朱粲所屠　川本、滬本同，滬本眉批：「即，當爲既。」

〔五〕春秋　川本、滬本同。按下文所記「遷許於析，實白羽」，載於左傳昭公十八年，此「春秋」應作「左傳」。

新野　淯水，經縣西一里，南入漢水。　七里河，即湍河。經縣西，入淯水。　刁河，流經縣西南二十八里，入淯水。　栗河，流經縣東南十五里，入淯水。　淍河，經縣東北五十里，入泚水。　泚水，流經縣東四十里，入淯水。

淅川　靈老山，在縣西四十里，接鄖縣界。　淅江，源出商縣月兒崖，流經縣南，會湯〔一〕、滔、回車等河，南入漢江。　滔河，在縣西三十里。自鄖縣界流至馬蹬，入淅江。　馬蹬城，在縣東岵山之陽。　丹河，源出洛南縣，流經白亭，入淅江。　黨子口關，在縣南，與均州接境。

近年南陽衛撥軍守把。石穴砦，在馬蹬保石門山。宋理宗寶慶中，金將武仙屯兵順陽，爲宋孟珙所敗，奔馬蹬山，置大砦於石穴，以馬蹬、沙窩、岵山三砦蔽其前，又以離金、默里、板橋、王子山、鮎魚崖五砦翼其旁，爲砦殊險。丹水城，漢初置縣，屬弘農郡。東漢改屬南陽郡。晉屬順陽郡。後魏置丹水郡。後周郡廢，縣屬淅陽郡。唐廢。故址不存。括地志云：故丹城，在内鄉縣西南一百三十里，南去丹水二百步。所謂内鄉，實今西硤口。以道里推之，當在上白亭保。〔旁注〕縣西三十里。近日鮎魚崖側大水泛出漢靈帝時丹水縣丞陳宣功勳碑，此亦可驗。舊志以赤眉城爲丹水縣治〔二〕，或又以丹河在内鄉丹水保，皆非是。析縣，春秋楚析邑，後改爲白羽。楚平王遷許於析，實白羽。漢置析縣，屬弘農郡。魏、晉縣廢。括地志云：内鄉縣，析故地。今按當在淅川縣白亭、張陂〔旁注〕在縣西。二保間爲是。南鄉縣，漢屬弘農郡〔三〕。東漢改屬南陽。據水經當在淅川縣境内丹崖山南。〔旁注〕縣北五十里。隋志亦云：縣有石墨山，尤爲明證。興化故城，在縣西南三里。

【校勘記】

〔一〕湯　底本作「陽」，川本、滬本同。明統志卷三〇：淅水，流經内鄉縣，「南會湯、滔、回車等河，與丹水合流」。圖書集成職方典卷四四八：淅水，「東流會湯、滔、回車等河，與丹水合流」。此「陽」爲「湯」字之誤，據改。

〔二〕舊志以赤眉城爲丹水縣治　底本「眉」下衍「之」字，據川本、滬本删。

〔三〕漢屬弘農郡　川本、滬本同。按漢未置縣，故漢書地理志不載。東漢始置縣，後漢書順陽懷侯劉嘉傳：建武十五年，嘉卒，「子参嗣，有罪，削爲南鄉侯」。後遂改置爲縣，續漢書郡國志南陽郡領南鄉縣，是也，此云誤。

裕州　潘河，在州東，近城。發源當陽山下暖泉，南流入趙河。　賈河，在州東五十里。源出當陽山，東流經葉縣千江河，即潕水。　拐河，在州北六十里。源出七峯山麓，曲屈東入葉縣澧河。　趙河，在州西三十五里。源自酈山麓出，〔旁注〕州西北四十里。南合潘河。　大小關口，在州東黄石山西，當南陽、葉縣之要衝。國初置關，南陽衛撥軍守把。今革。　襄邑城，在州南二里。西魏置郡。隋廢郡爲方城縣。唐封神符爲襄邑王，即此。　堵陽城，在州東六里。漢縣，屬南陽郡。晉因之。後廢，徙今治〔一〕。　順陽城，在州北二里。

【校勘記】

〔一〕後廢徙今治　川本、滬本同。魏書地形志：襄城郡方城縣「有赭陽城」。隋書地理志：方城縣，「西魏置。」則西魏置方城縣，堵(赭)陽縣已廢，故魏志方城縣有赭城，既廢，何得「徙今治」。圖書集成職方典卷四五九：堵陽城，漢縣，「晉因之，後廢。俗呼爲堵陽堆」。此「徙今治」三字當衍。

舞陽　唐河，源出縣北五里，東流至郾城縣入澧〔一〕。　澧河，在縣北十八里。由葉縣流入境，東經郾城縣，入汝。　滚水河，在縣南二十里。源出蘇家寨山，縣南七十里，東至汝寧，達於淮。　三里河，在縣南三里。即潕水，俗名千江。由葉縣東南境東北流，過縣南，東流與港河合〔二〕。　昆水，由葉縣東流，至縣北北舞鎮，入汝。　港河，在縣南八十二里。源出馬鞍山，東流與滚水合。　定陵城，在縣北五十里北舞鎮西北。漢縣，屬潁川郡。晉屬襄城郡。元魏改北舞郡〔三〕，又爲縣。唐貞觀初廢〔四〕。左傳：楚築二不羹城。屯兵以逼中夏，此或東城也。杜注：在襄城〔五〕。　北舞鎮，在縣北蓮花池保，或以爲即隋北舞縣故地。據歷代史，北舞縣即定陵城，在今鎮西北數里。元初改鎮，設巡檢司，大德癸卯革去。

【校勘記】

〔一〕東流至郾城縣入澧　「澧」，底本作「灃」，川本同，據滬本及紀要卷五一改。下同。

〔二〕港河　「港」，底本作「淃」，川本、滬本同。圖書集成職方典卷四四八、清統志卷二一〇皆作「港河」，此「淃」爲「港」字之誤，據改。下同。

〔三〕元魏改北舞郡　川本、滬本同。魏書地形志：「定陵郡，永安中置。」治北舞陽縣，「皇興元年置」。此即北魏皇興初，定陵縣置北舞陽縣，永安中又於縣置定陵郡爲治。紀要卷五一：定陵城，「後魏改置北舞陽縣，爲定陵郡治」。是也。此「北舞郡」爲「北舞陽縣」之誤，或「定陵郡」之誤。

〔四〕唐貞觀初廢　川本、滬本同。隋書地理志：北舞縣，「舊置定陵郡，開皇初廢」。此云「唐貞觀初廢」，誤。

〔五〕左傳至在襄城　川本、滬本同。按左傳昭公十一年：「楚子城陳、蔡、不羹。」杜預注：「襄城縣東南有不羹城，定陵西北有不羹亭。」楊伯峻春秋左傳注：「不羹有二，據清一統志，在今河南襄城縣東南二十里者爲西不羹；在今舞陽縣北者，爲東不羹。」此云「或東城也」，不當引「杜注：在襄城」。當引「杜注：在定陵」。

葉縣　青山，在縣西南六十里，即西唐山。據水經，澧水出雉衡山，東過西唐山，東南流，繞葉縣故城北。又昆水出西唐山，而東流經昆陽故城南。考今水道，昆水實出山之西麓，澧水復經山之東麓，其爲西唐山明矣。　黄城山，在縣南四十里，即方城山〔一〕。左傳僖公四年：楚屈完所謂方城以爲城。杜預云：在葉縣南。即此山也。　昆水，在縣南關外。據水經，昆水出西唐山，流逕昆陽城南，又東流至北舞鎮入汝。舊以此爲滍水，今據水經正之。　滍河，〔旁注〕水。在縣北三、五里。據水經注：滍水出魯陽大盂山〔二〕，與汝水同源。東北流，經堯山嶺下，水流兩分。一水東逕堯山南，爲滍水，東流逕昆陽城北。光武破王尋兵，滍水爲之不流，即此水也。東北會汝。　湛河，在縣北三十里。源出犨縣北。春秋：楚公子格於晉師戰于湛阪〔三〕。即此。東經蒲城北。〔旁注〕蒲城店。縣北二十里。京相璠曰：昆陽縣北有蒲城，蒲城北有湛水。是也。又東，於汝水九曲北〔四〕，東入汝。　澧河，在縣南二十五里舊葉縣北。水經注：澧水出雉衡山，東流，歷西唐山下，東南與皋水合。又屈而東流，經葉縣故城北，又經其城東，與燒車水合。

又東逕葉公廟北，注葉陂，東經郾城南，左入汝。燒車河，在舊葉縣南三里。源出苦菜山〔五〕，東流入汝。舊傳漢兵燒王莽輜重於此〔六〕。千江河，在縣東南四十里，即潕水。水經注：出潕陰縣西北扶予山，東流入於滎。滎水上承赭水、西遼水、東遼水，又東北河水注之。又逕方城山東，又東北歷舞陽縣故城南，又東過西平縣北，又東過郾城縣南，又東過定潁縣北，東入汝。沙河渡，在縣北二十里。潕水澧河渡在北門外，是舊縣。〔旁注〕不合。舊縣城，在縣南二十五里。春秋楚邑。汝墳縣城，在縣北二十五里。北齊置縣，及置漢廣郡。隋廢郡，以縣屬許州。唐省入襄城。市城，在縣西北十五里。按魏書，此地有河山縣。今觀此城，負山向水，疑即河山縣也。古城，在縣北三十里河山保。又一古城，在縣東南六十里于江保，世傳項羽所築。據水經，苦菜、於東之間有小城，名方城，在潕水之西。今觀此城，蓋古之方城縣也。昆陽城，在縣南。漢屬潁川郡，晉屬襄城郡。輿地一覽云：葉黄城山，即長沮、桀溺耦耕之處。有水出黄城山，東流入汝水，即子路問津處。今其地俗呼爲問津村〔七〕。蒲城，在縣東北蒲城保。不知築於何時。漢、晉無此縣。水經止云湛水經蒲城北。水經作於北齊時〔八〕，其時已是廢縣，必五胡時所築也。潕陽縣城，據水經在芹溝、澧水之南。今其地有古城，蓋是城也。但兩漢已有潕陽縣，不應並設此縣，疑五胡時所築。

【校勘記】

〔一〕黄城山在縣南四十里即方城山　川本、滬本同。明統志卷三〇：「黄城山，在葉縣北一十里。」又「方城山，在裕州東北四十里」。紀要卷五一：黄城山，在葉縣北十里，「或以爲即方城山，非也」。圖書集成職方典卷四四八：黄柏山，「在縣（葉縣）北十里……黄柏山即黄城山」。此「黄城山」之「城」爲「柏」字之誤。

〔二〕大盂山　「盂」，底本作「孟」，川本、滬本同，據水經汝水注、紀要卷五一改。

〔三〕春秋楚公子格於晉師戰于湛阪　「春秋」，川本、滬本同。事見左傳襄公十六年：「楚公子格帥師及晉師戰于湛阪。」此處「春秋」應作「左傳」，「於」字疑爲「及」字之誤。

〔四〕又東於汝水九曲北　「於汝水」，底本作「又」，川本、滬本同，據水經汝水注改。

〔五〕苦菜山　「菜」，底本作「萊」，川本、滬本同，據水經汝水注改。下同。

〔六〕王莽　川本、滬本同。元和志卷六：葉縣，燒車水，「世祖破王尋，燒其輜重於此水濱，因以爲名」。寰宇記卷六同。疑此「王莽」爲「王尋」之誤。

〔七〕問津村　「津」，底本脱，川本、滬本同，據圖書集成職方典卷四四八補。

〔八〕水經作於北齊時　川本、滬本同。按水經作於三國時，北魏酈道元作注，名水經注，此云誤。

辨疑：舊志謂唐縣即漢泚陽縣〔一〕，縣東古城是其故治。然據唐縣，則城在泚水之陰。據泚陽，則城在泚水之陽。漢之泚陽，即今之泌陽無疑矣〔二〕。謂唐縣即漢泚陽，非也。隋志：淮安郡治泚陽。注謂後魏置東荆州，西魏改淮州，隋開皇五年改顯州。及考水經注，酈道元自叙：余以延昌四年，蒙除東荆州刺史，州治泚陽縣故城。城南有蔡水，出南盤石山〔三〕，西北流注於泚。與今泌陽山川縣治俱合。以是證隋志及注，所謂淮安郡、東荆州、淮州、顯州，皆指今泌陽，非今唐縣也。又考唐志：泌州淮安郡〔四〕，本昌州春陵郡，治棗陽。武德五年，以境内有唐城山，更名唐州。九年，徙治泌陽，仍蒙唐州之名。以是觀之，則武德九年徙治之地，即今泌陽明矣。復考舊唐書，武德四年置總管，五年又分置唐州，又似仍治泌陽〔五〕，分置唐州於今縣也。七年改都督府，州仍舊。貞觀元年罷都督，改顯州爲唐。又不知前所分置，罷於何時？天寶元年，復改淮安郡，乾元初，復爲唐州。再考杜氏通典，唐州治泚陽，别省泌爲屬縣。則舊志之訛，踵此説也。合衆説觀之，自五胡雲擾，泚陽之名，兩縣皆嘗稱之，故作志者，徒取述於紙上，未嘗身至其地。況志作於數百年之後，錯亂遺落，又何足怪！且當以兩漢志、水經爲據，以訂泚陽所在耳。其他不足深辯。但今之唐縣，自隋以前，竟不知爲何縣。竊疑兩漢南陽屬縣，今不知所在者三：曰樂成，曰江陽〔六〕，曰成都。意者今之唐縣，必居其一。姑存疑以俟多聞君子云。

舊志云：鎮平縣，本漢安衆縣。及考古迹，故安衆縣在南陽縣西南三十里，今安衆鋪即其地也。國朝洪武十四年，分南陽縣之西置鎮平縣，蓋安衆縣半耳。今正之。據内鄉志：東漢永平中，改博山縣爲順陽縣。建安二年，復改爲南鄉縣。魏改南鄉郡〔七〕。晉置順陽郡。南宋置順陽縣〔八〕。則順陽本内鄉地矣。及考裕州志云：東漢改爲順陽縣，晉因之。西魏置方城縣及襄邑郡。據史，唐太宗封叔祖神符爲襄邑王，治順陽，正在此地。今内鄉有順陽川，蓋光武幷省郡縣，以内鄉、裕州幷爲順陽，而實則順陽在今内鄉界内也。

【校勘記】

〔一〕沘陽縣　「沘」，川本、滬本同。漢書地理志、續漢書郡國志、晉書地理志、宋書州郡志、隋書地理志、新舊唐書地理志、宋史地理志、元史地理志皆作「比」，清統志卷二一〇：泌陽縣，漢置比陽縣，「明洪武十四年，改置泌陽縣於故比陽縣」。是也。

〔二〕泌陽　「泌」，底本作「沘」，川本、滬本同，據明統志卷三〇、明史地理志、清統志卷二一〇改。

〔三〕南盤石山　「盤」，川本、滬本同，水經比水注作「磐」。楊守敬水經注疏引清統志云：蔡水，「出盤古山，即磐石山」。

〔四〕泌州　「泌」，底本作「沘」，川本、滬本同，據新唐書地理志改。

〔五〕又似仍治泌陽　「泌」，川本、滬本同。舊唐書地理志：唐州治比陽縣，比陽縣，「今縣，州所治也」。此「泌」爲「比」字之誤。

〔六〕江陽　川本、滬本同。漢書地理志南陽郡無「江陽縣」，續漢書郡國志同，此誤。

〔七〕魏改南鄉郡　川本、滬本同。按魏書地形志無南鄉郡，隋書地理志：南鄉縣，「舊置南鄉郡」。蓋西魏置南鄉郡，非魏置。

〔八〕南宋置順陽縣　川本、滬本同。宋史地理志：順陽縣，「太平興國六年，升順陽鎮爲縣」。此云「南宋置」，誤。

汝州

金史海陵紀：正隆六年，幸汝州温湯〔一〕。詔汝州百五十里内州縣，量遣商賈赴温湯置市。温泉，在州西南四十里。泉如圓箕，熱如鼎沸，冬夏不異。其源有九眼，東南流入廣成澤。按輿地志云：梁縣西南有湯泉，可以熟米。又東坡所記温泉七，其一汝水，即此。黄澗河，在州東三十里。俗呼趙落河。發源嵩谿，委折而南，匯成巨津，爲秦、晉、楚、吳孔道。發源於左村之北，南流合於汝河。汝州以水得名，汝水環焉。其源自天息山，至州匯諸澗水，流始大。東行合扈澗，經潁過蔡，入於淮。梁縣城，在州治西北古子城之東。本隋承休縣，在西南四十五里，屬本州。唐貞觀初，省梁縣，更承休曰梁。父城，在州東南。按父城保已隸寶豐。父城保本殷時應國。左傳：楚城父城。即此。漢置縣，屬潁川郡。汝北城，在州南。亦名王鳩城。高齊置郡，後改曰汝陰。後周廢。畀狐聚，在州西。秦遷西周公於畀狐之聚。陽人聚，在州西。秦滅東周，遷其君於陽人，即此。又漢孫堅大破董卓軍於此。蠻中聚，在州南北官莊保。通典云：即戎蠻子國。

【校勘記】

〔一〕温湯　「湯」，底本作「陽」，川本、滬本同，據金史海陵紀改。下同。

魯山　没大嶺，在縣西一百五十里。　繞角城，在太古城東南隅。　太古城，在縣西北一百五十步。左傳：繞角之役，晉將遁矣。　應城，在縣東南五十里。古應子國。　漢犨縣。金史移剌蒲阿傳：大軍發鄧州，趨京師。庚寅，頓安臯。辛卯，宿鴉路。　魯城，在縣東北十七里。北齊築此以禦周。　平臯城，在露山之東。通典云：後周築於三鵶鎮以禦齊。

郟縣　大劉山，在縣西北三十里。自中岳南來，綿亘起伏，至此突然高峙，爲郟之主山。扈陽山，在縣西北四十里。　紫雲山，在縣東南三十里。　汝河，在縣南十里。自西而東，其源出嵩縣分水嶺〔一〕。朱子詩傳云出汝州天息山，蓋會流也。經襄城、潁、蔡，入淮。　長橋河，在縣東三十里。水自禹州神后山來，過縣東南，入於汝。　扈澗河，在縣西五里。源出扈陽山，過縣西南，入於汝。

【校勘記】

〔一〕分水嶺　底本「嶺」上有「縣」字，川本同，據滬本及明統志卷三〇删。

寶豐　青條山，在縣西四十里。州舊志：青條嶺在縣東，淨陽河發源於此。其北出爲馬渡河，西出爲綿封河，又東北出爲達老河，俱經縣東南境上，合流入於汝。山在宋時産石青等寶貨，因又名爲青條嶺，立興寶鎮，而縣改名寶豐者以是耳。魚兒嶺，在縣東南四十里。而沙河之南，延袤數里，其形如魚，故名。左傳：楚伐鄭，次於魚陵。或此山也。汝河，在縣北二十里。沙河，在縣南四十里。發源魯山西一百里黿君山，徑流縣南境上，至葉縣東南合汝水，入淮。一名滍水。淨陽河，在縣北門外。發源青條山，自城西環繞而東如帶，經流東南境上，入汝。湛河，在縣東南四十里。宋村店，在縣東南二十五里。宋岳飛部將牛皋追敗金人於寶豐之宋村，即此。父城，在縣東四十里。今名父城保。左傳：楚城父城。漢爲縣，屬潁川郡。馮異在巾車鄉爲漢兵所獲，光武釋而用之，即其地也。滍陽城，在縣南三十里。唐滍陽縣。

伊陽　天息山，今在嵩、伊地界，雖稱汝水之源本，然亦無所考。十八盤山，在縣西南三十里。舊立巡檢司於山南，今移置上店鎮。伊河，在縣西北六十里境内，過伊闕入洛。汝河，在城南半里。伊雖蕞爾，實稱四塞。一日有警，選練土著，塞紫邏之口，扼大風之吭，斷諸曲徑，以防不虞，固萬夫莫窺者與！紫邏山，在縣東十里。大風口，在縣北二十里。順州故城，宋紹興元年置，今廢爲故縣保。故縣，在縣西北六十里，即陸渾故治。唐先天元年，改置伊陽縣，宋廢〔一〕。

【校勘記】

〔一〕宋廢　川本、滬本同。明統地卷二九：嵩縣，「五代時以陸渾省入伊陽」。清統志卷二〇六載同。此云「宋廢」，恐誤。

汝寧府

汝水，源出西平雲莊、諸石二山之間，流經上蔡、汝陽、真陽、新蔡，至光州浦子口入淮。舊志：汝水源出汝州天息山，東南至合水入西平縣界，流經上蔡、汝陽、新蔡、固始朱皋鎮，合於淮。元季因汝水泛溢，爲蔡州害，故自舞陽縣濄河截斷其流〔二〕，約水東注，其患稍寧，因升蔡州爲汝寧府。今之源止是舞陽諸山溪合流於汝。考詩傳，汝水出汝州天息山，經蔡、潁州入淮者，即今出汝州經郟縣、襄城、郾城、西華、南頓至潁州東南入淮者。後人因舊志之謬，遂以爲此河，誤矣。

【校勘記】

〔一〕渦河　「渦」，底本作「鍋」，川本、滬本同，據行水金鑑卷六九改。

汝陽　溴水，在府城南百餘里。下流入於淮。溴陽縣名以此。汶水，在府城南九十里。自青龍陂流於汝〔二〕。今稱汶口。練江，源出確山縣樂山，即黄酉河也。流經郡西十里外，曰斷濟河。至郡城西北三里，又名練江。入於汝。宋孟珙會元那顔倴盞攻金蔡州〔三〕，珙決柴潭，盞決練江，即此。古蔡國，在汝陽、上蔡二縣界，即叔度所封之地。沈國，在漢平輿縣。汝陽故城，在商水境。陽城廢縣，在漢汝陽東北。漢縣，屬汝南郡。東漢省入汝陽。平輿廢縣，在城東北六十里。府志：在城東汝水南。古沈子國。漢置縣，屬汝南郡，後省入汝陽。南朝移在城東南七十里。隋改新蔡縣〔三〕。唐王世充置輿州，武德七年廢。貞觀元年，省入新蔡。天授二年復置。宋、金如故。元省。安成廢縣，在城東南。漢縣，屬汝南郡。高陽氏封庭堅於安。史記：在蓼，或在潁、汝〔四〕。蓋蓼、潁之界。陽安廢縣，在確山東北二十里，或在汝陽西南六十里。再考。北宜春廢縣，在城西南九十里宜春店。漢宜春縣，而屬於汝南郡。晉改曰北宜春。灈陽廢縣，在於汝陽遂平界。齊爲汝陽郡治〔五〕。保城廢縣，在城南二十里溱水南。平陽廢縣，在城南六十里馬鄉店西。汝南廢縣，有二：一東魏置，在城東南一百二十里汝南埠；一唐置，在城西三十里，貞元中割汝陽置，在汝水南，元和中省入汝陽。臨河廢縣，劉宋失北臨汝而置。在汝陽、真陽界。滇陽故城，在城南八十里。漢永平五年，刻印誤作慎陽。武陵故城，在汝陽、上蔡界。葛陂，在汝陽新蔡，漢鮦陽縣故城西。石勒築壘造舟於此。府志：即費長房投杖處。東漢置葛陂縣〔六〕。靈帝中平五年，汝南葛陂黃巾攻没郡縣。石勒攻掠豫州諸郡，臨江而還，屯於葛陂。鴻郤陂，在府城東十里。本志：東南。漢成帝時，關東數水，陂溢爲害。翟方進奏罷陂，後因旱，郡人歸怨方進，謡曰：壞陂誰？翟子威。飯我豆食羹芋魁。反乎覆，陂當復〔七〕。誰云者？兩黃鵠。光武時，汝南太守鄧晨修陂，灌田千餘頃，而汝土以殷，魚稻之饒，利及它郡。今廢。富波故城，〔旁注〕縣志無。在府界。漢縣，屬汝南郡。王霸封富波侯。高黃陂，在汝陽南六十里真陽界。宋孟珙敗金人於此。

【校勘記】

〔一〕青龍陂　「陂」，底本作「坡」，川本、滬本同，據明統志卷三一、紀要卷五〇改。

〔二〕那顔侔盞　「侔」，底本作「奔」，川本、滬本同，據宋史孟珙傳改。

〔三〕隋改新蔡縣　川本、滬本同。隋書地理志：平輿縣，「舊廢，大業初改新蔡置焉」。元和志卷九：平輿縣，「高齊廢，隋大業二年重置」。則平輿縣廢於北齊，隋大業初復分新蔡縣重置。此説誤。

〔四〕史記在蓼或在潁汝　川本、滬本同。按今本史記無此文，疑誤。

〔五〕齊爲汝陽郡治　川本、滬本同。紀要卷五〇：灈陽城，漢置縣，「北齊廢」。此疑誤。

〔六〕東漢置葛陂縣　川本、滬本同。後漢書銚期傳：徙封銚期子丹葛陵侯。李賢注：「葛陵，縣名。」水經汝水注：鮦陽縣「有葛陵城，建武十五年，更封安成侯銚丹爲侯國」。則此「葛陂」應作「葛陵」。史記楚世家集解引皇覽曰鮦陽縣葛陂鄉城，下又記「漢永平中，葛陵城」云云，如此，則「葛陂」亦作「葛陵」。

〔七〕陂當復　「當」，底本作「發」，川本、滬本同，據漢書翟方進傳改。

上蔡　沙河，在縣西南三十里。源出遂平縣嵖岈山，流入縣境，合汝入淮。　洪河，在縣北二十里。出自郾城周家陂〔二〕，流入境，東南流入淮。見府志汝陽下。其不同者，以郾城爲西平，入淮爲入汝也。　蔡國古城，在今城外。周一十五里。　黄河古道，在縣東七十里。舊黄河東岸也。今名東岸鎮。

【校勘記】

〔一〕周家陂　「陂」，底本作「坡」，川本同，據滬本及清統志卷二一五改。

西平　諸石山，在縣西一百里。本志：九十里。勢極高峻。　雲莊山，在諸石山南。汝水源出二山之間。本志有氈山，西七十。圍山，西南八十九。女等山，西七十五。以上山俱在雲莊保地方，故人謂之雲莊山，非山之定名有所謂「雲莊」也。　汝河，在縣西北二里。源出本縣雲莊山諸山、遂平縣馬鞍等山溝壑間。細水下流，合而爲二，至新栅鎮總而爲一。縣西五十里即合水鎮。經縣城東十里，復分而爲二，一入上蔡縣朱馬河，一入新蔡縣洪河。此河雖名汝河，非古出天息山之汝水。　龍泉，出諸石山東北麓，流經冶爐城，匯爲棠谿。晉太康地記云〔一〕：汝南西平有龍泉水，用以淬刀劍，特堅利。蘇秦説韓惠王曰：韓之劍戟，皆出於棠谿。是也。　冶爐城，在縣西七十五里。龍泉貫其中，棠谿匯其側。晉於此置鐵官，今别領户。今城址尚存。　狄城，在縣西南八里。門垣高大，與縣城等，而加厚焉。考晉志，嘗改西平縣爲文城郡。李愬討吴元濟，攻馬鞍山，拔道口栅，而取冶爐城，入文城栅，引東六十里襲張柴，又行七十里至懸瓠。由馬鞍至蔡，而此城適當其衝，里如其數，疑即文城之誤也。

【校勘記】

〔一〕晉太康地記「地記」，底本作「地理記」，川本、滬本同，據史記蘇秦列傳索隱引太康地記刪「理」字。

遂平　馬鞍山，在縣西七十里。府志：六十。文城，在縣西南五十里。唐吳秀琳據之，爲元濟左臂。李愬取文城柵，即此。今名吳家集店。南一里有城墟。

確山　沙河，在縣南三十里。源出泌陽縣桐柏山下，東流至汝陽，所謂沙河即此。橫山，在縣東南六十里。征羌故城，在縣東。漢置縣。縣舊屬汝寧府。成化十二年，改屬信陽州。後十餘年，〔旁注〕無年分。知州丁璉具請旨下部，户部尚書李敏奏仍屬府。

真陽　橫山，在縣西四十里。即確山之橫山也。汝河，在縣東北七十里。淮河，在縣南九十里。源出桐柏山東南支岡，潛流三十里，東出大復山，入郡境。流經信陽、羅山、真陽、息縣，至光州合汝水，東注，至固始縣朱皋鎮出郡境。又東南納沂、泗，合渦水，入於海。滇水，源出縣西王家衝。經縣南一里，東入汝。漢以此名縣。汶水，在縣北三十里。自青龍陂流於汝，今稱汶口。慎陽廢縣，在縣北四十里。固城廢縣，在縣東北七十里。漢縣〔二〕。白狗堆，在縣東南。梁置白狗戍於此，爲重鎮。閭河，在縣南二十五里。源出確山縣高皇陂，東流，合撞陂港，東北三十里。經柳寨寺、東三十里。西嚴店，東七十里。入於淮。

【校勘記】

〔一〕固城廢縣在縣東北七十里漢縣　川本、滬本同。按明真陽縣地，兩漢時未置「固城縣」。紀要卷五〇：真陽縣，「固城，在縣東北七十里，建置未詳。」此云「漢縣」，誤。

光州　古黄國弋陽城，在廢定城縣西二里。漢爲國，魏爲郡，唐爲州。滑城，在州西北十五里。世傳光之舊城，後改今治，其遺址尚存。

光山　白沙關，在縣西南一百四十里。南史夏侯夔傳：爲司州刺史，出義陽道，攻魏平靜、穆陵、陰山三關，克之。土門關，在縣南九十里。墨斗關，在縣西南一百里。唐元和十二年，李道古引兵出穆陵關。注：黄州麻城縣西北有穆陵關，在穆陵山上。修善關、黄土嶺關、木陵關，俱在縣南一百二十里。軑廢縣，在廢仙居縣之北四十里。漢置。茹由城，在縣南六十里。晉置縣。黄川城，舊爲縣。梁廢。仙居廢縣，本梁宋安縣。隋廢。唐初復光山縣於中置，改名仙居。西陽廢縣，在縣西二十里。漢置，屬江夏郡。晉弋陽郡治此。

麻城爲南徼，過此則麻城矣。然非南北通衢，無使節往來，無夫馬供應。至正德中，始通此路。麻城士紳始由光山北上，後漸漸江西、兩廣、閩、川、雲、貴亦有由光山者。蓋諸省北上之路，由水則自大江過金陵，至徐州而北。由陸則兩廣、川、貴、江西，盡由應山、南陽而北；湖廣、麻城由商城而北。自此路一開，南北之道通矣。光距麻可二百四十里，山十之七，溪十之三，上下崎嶇，必再宿而後達。輶軒使者，往往僦居於民間，而夫馬既遠且疲，度不勝任，則中道而逸，甚在道斃，光人苦之。萬曆二十七年，巡撫曾公、巡按崔公疏請建驛，下兵部議，上報可，驛名與做長潭。楚人聞之，亦照光山例建驛王家樓。兩驛相望，賓至如歸，而光、黄之間，遂與許、潁、懷、孟埒矣。志載巡檢司在縣東一百里牛山鎮，洪武七年置，後改住劄長潭。萬曆二十九年，知縣李養正申改長潭驛。又於長潭鋪下注云改巡檢司，然無里數可考。

金史僕散安貞傳[一]：興定五年，伐宋，安貞出息州，軍於七里鎮。宋兵據淨居山，遣兵擊敗之。宋兵保山寺，縱火焚寺，乘勝追至洪門山。宋兵方浚濠立栅，安貞軍亟戰，奪其栅。宋黄統制團兵五千保黄土關[二]。關絶險，素有備，堅壁不出。安貞遣輕兵分爲左右軍潛登，别兵三千，直逼關門。翼日，左右軍會於山顛，俯瞰關内。宋人守關者望之，駭愕不能立。中軍急攻，宋兵潰，遂奪黄土關，遂入梅林關，拔麻城縣，抵大江，至黄州，克之。

【校勘記】

〔一〕金史僕散安貞傳　「散」,底本作「敬」,川本、滬本同,據金史僕散安貞傳改。

〔二〕黄統制　「統」,底本作「總」,川本、滬本同,據金史僕散安貞傳改。

固始　泉河,在縣東南四十里。納石梁堰、沿城澗等水,至臨水入淮。　春河,在縣西七十里。源出商城馬鞍山。縣西三十里,爲光州、固始之界。北流至白廟店,縣西七十里。西入白露河,達於淮。　東有建安鄉。北史曰:魏正光中,羣蠻出山,居邊城建安。按邊城郡治期思,則建安戍亦當相近,疑即朱臯鎮。一統志作揚州儀真縣迎鑾鎮,恐非。　期思城,在縣西北七十里。古蔣國。春秋爲弦子邑〔一〕。漢封賁赫爲期思侯,即此。陳置邊城郡。隋廢郡,爲期思縣。梁書:天監四年,置期思州。　澮州,在縣北。齊置北建州。後周改置澮州。隋廢。　蓼潭,在決、澮之間。宋明帝泰始二年,劉勔擊龐孟虯於此〔二〕。進至弋陽,劉勔迎擊於蓼潭。　蓼城岡,在縣北八十里。古蓼國。　宋泰始三年,太守常珍奇驅上蔡、安成、平興三縣民,屯於灌水。　唐昭宗乾寧四年,葛從周奔還,楊行密追之,及於淠水。

【校勘記】

〔一〕弦子邑　「弦」,底本作「絃」,川本、滬本同,據左傳僖公五年改。

〔二〕龐孟虯 「虯」，底本作「蚪」，川本、滬本同，據宋書殷琰傳、通鑑卷一三一改。

息縣 古息國，在縣北三十里。本志：西南七里。陽安故城，在縣西南一十里。漢所置縣。褒信廢縣，在縣東北七十里。即包信鎮。淮河，在縣南四里。汝河，在縣東北一百五十里。澺河，在縣北十里。下注東南爲葛陂。昔費長房投竹杖化龍處。

商城 高陽氏封子庭堅於安，今安城里乃其故址。縣西四十里。曾孫陸終封於黃城〔一〕。商城爲黃國地。國語：夫差北征，掘深溝於商、魯之間。斛山，在縣西南七十里。曲河源出其下，流經縣西北，爲龍潭。橫溪山，在縣西南一百八十里。夾水橫流。銅井山，在縣東北四十里。上有古井，以銅作口，其下出水，名考溪十八道河。大蘇山，在縣東四十里。世傳爲蘇真人升仙之處。山下有蘇仙市，塗水出焉，司馬順德更名曰金漿澗水。州志：又名石曹河，北流於史河。縣志：石漕河源出斛山〔二〕，流五十里會龍潭河。恐别是一水。竹根山，在縣東南一百八十里。羣山列峙，相連有招軍寨、躲軍寨、三官寨〔三〕、鉢盂寨、金家寨、銅鑼關、松子關、栗子關、蠻王洞，皆高峻險隘。世傳僞元徐壽輝曾竊據其地〔四〕。牛山河，在縣南。源出高牛山，縣南一百五十里。流六十里合固始縣史河，入於淮。考溪十八道河，源出銅井山，東流合五水關〔五〕，經光山南，會泊陂河，入於淮。史河，源出三河，三河鄉，在縣南百餘里。東流，經固始縣船枋河，入於淮。梅河，在縣東。源出青峯嶺，縣東五十里。流六十里，合於龍潭河。龍潭河，源出梅河，流八十里會曲河。龍潭，在縣北三十里。古城，在縣治西。宋置苞信縣〔六〕。隋改曰殷城。金剛臺巡檢司，舊在金剛臺山。元史：至元七年，都元帥也速帶兒等略地光州，敗宋兵於金剛臺。成化十一年，徙馬頭山。嘉靖二十七年，徙縣東一百里金家寨鎮。定城關，在縣南九十里。五水關，在縣西南六十里。

【校勘記】

〔一〕陸終　「終」，底本作「修」，川本同，據滬本及史記楚世家改。

〔二〕石漕河　「漕」，底本作「曹」，據川本、滬本及明統志卷三一改。

〔三〕三官寨　「三」，底本作「王」，川本、滬本同，據圖書集成職方典卷四六八、清統志卷二二二改。

〔四〕元徐壽輝　「元」，底本作「宋」，川本、滬本同，據明史陳友諒傳、圖書集成職方典卷四六八改。

〔五〕東流合五水關　川本、滬本同。清統志卷二二二：五水關河，流爲考溪十八道河，「西南流爲五溪，合流五水關下，入光山縣界。」此「合」下脱「流」，「關」下脱「下」字。

〔六〕苞信縣　「苞」，底本作「包」，川本、滬本同，據宋書州郡志、南齊書州郡志改。

信陽州　石城山，在州南七十里。晉書：石虎將夔安陷義陽，進圖石城〔一〕。水經注：澌水經石城〔二〕。　平昌關，在州西六十里。漢爲平氏縣，南齊爲平昌縣〔三〕，遺迹尚存。俗呼「平常」者非。　黄土關，在州西南六十里。東接三關，首尾相顧之地。今廢。　淮河，在州北四十五里。源出桐柏山，經信陽東北。水經云：淮水東逕義陽。又云：東得澌口水。　三灣河，在州南六十里。源出應山，西合黄土河，名兩頭河。東北合澌，入於淮。　黄土河，在州西南七十里。界連隨州應山，實澌源也。昔西關，蕭衍謂通西關以臨賊壘，指此。　明河，在州北九十里。源出天目山白龍潭，至杜家灣入淮。　武勝關，在州東南七十里。古之武陽，又名直轅。稍東南曰撞子冲、牛心山，有興安寨。　大埠關，在州東北三十五里。在喝牛村北。舊設巡檢司。　櫟城，在州北五十里。南齊書：建武二年，魏寇司州之櫟城，戍主魏僧岷拒破之〔四〕。即長臺關。　武城，在州東北二十五里。春秋時，武城黑所治〔五〕。　曹城，在州南七十里。梁曹景宗鑿峴口時所築。其地今名曹店。　安昌城，在州西七十里。張禹封安昌侯，即此。　下梁城，在州東南三十里。魏攻義陽，齊蕭衍與王廣之赴救，謂宜屯下梁城，即此。　淮源城，在州西北六十五里。北齊置慕化縣及淮安郡。隋廢郡，改縣曰淮源。　大隧、直轅、冥阨三關，自春秋暨三國、南北朝、南宋，諸名將往來攻守，俱以爲要害之地。按大隧即黄峴，今名九里關。直轅即武陽〔六〕，今名武勝關。冥阨即平靖，今名恨這關。冥阨，一作黽阨。　元史昂吉兒傳：上言：河南邊郡，與宋對境，宋兵時爲邊患。唐州東南皆大山，信陽在蔡州南，南直九里、武陽、平靖、五水等關，宋兵必經諸關以入，信陽實其咽喉，請城之以扼宋。得旨：令率河西軍一千三百人城之〔七〕。

【校勘記】

〔一〕進圖石城　「圖」，川本、滬本同。晉書成帝紀：咸康五年，石季龍將「夔安等進圍石城，竟陵太守李陽距戰，破之」。通鑑卷九六同，此「圖」爲「圍」字之誤。

〔二〕溮水經石城　「石城」，川本、滬本同。水經淮水注：溮水「東逕石城山北。」紀勝卷八〇信陽軍：「石城山在軍東南五十五里。」此「石城」下脱「山」字。

〔三〕漢爲平氏縣南齊爲平昌縣　川本、滬本同。南齊書州郡志：淮南郡領平氏縣。元和志卷二一：平氏縣，本漢舊縣，「晉屬義陽郡，其後爲北人侵掠，縣皆丘墟。後魏於平氏故城重置」。則南齊未嘗改爲平昌縣。又，清統志卷二一六：「平昌關，在信陽州西北七十里。」同書卷二一一：「平氏故城，在桐柏縣西。漢縣。」則平昌關與平氏縣非同一地，此又誤。

〔四〕魏僧岷　「岷」，底本作「珉」，川本、滬本同，據南齊書魏虜傳改。

〔五〕武城黑　「黑」，底本作「墨」，據川本、滬本及左傳定公四年改。

〔六〕直轅即武陽　底本「即」下有「於」字，據川本、滬本删。

〔七〕令率河西軍一千三百人城之　底本脱「三」字，川本、滬本同，據元史昂吉兒傳補。

羅山　靈山，在縣西南一百二十里。方輿勝覽云：此山比羣山最高。　羅山，在縣南一百里〔一〕，隋羅山縣治在其下。　淮河，在縣北二十里入境，流入息縣界。　澌河，在縣西北六十里。入淮。　小黄河，在南門外。發源靈山下，繞城南，東入竹竿河。　大隧，在縣西南一百二十里九里關，即古之黄峴關。左傳定公四年：蔡侯、吳子、唐侯伐楚，楚司馬戌曰：還塞大隧、直轅、冥阸。注：三者，漢東之隘道。直轅、冥阸，乃武陽、平靖也。武陽在大寨嶺，即大勝關。冥阸塞見下。石門有二：小石門，在縣西南八十里；又十里爲大石門。方輿勝覽曰：二門皆鑿石爲道，以通往來，荆、楚守隘之地也。世傳子路宿於石門，即其處云。子路山、子路河，並在縣西南五十里。　鄳城，在九里關西南靈山下。石基尚存。後漢鄧彪傳：父邯〔二〕，中興初，以功封鄳侯。　廢高安縣，在縣西南一百里。　廢南羅州，在黄神山下。唐置。西南一百二十、九十里。又云正西微南九十里。朱子詩傳揚之水、黍苗，以謝爲信陽，崧高以謝爲南陽。今羅山、唐縣，並有謝城。未知孰是。　謝城，在淮北澌河西北，去縣六十里。申伯所封之國。

【校勘記】

〔一〕羅山在縣南一百里　「一百」，川本、滬本同。明統志卷三一作「一十」，圖書集成職方典卷四六八：羅山縣，「羅山，在羅山縣南一百里。小羅山，在縣南十里」。紀要卷五〇：羅山，在羅山縣南十里，「又名小羅山，縣南百里又有大羅山」。

〔三〕父邯　「邯」，底本作「即」，川本作「郎」，據滬本及後漢書鄧彪傳改。

商丘　賈魯河，在縣北四十里。白河，在縣東三十五里。經夏邑、永城，達於小黃河。睢水。括地志云：睢水受莨蕩渠水，東入泗〔一〕。水經云：東南流，歷於竹圃〔二〕。當在城之南也。久淤。亳城，穀熟南五里有舊城，即湯所都。金史哀宗紀：天興元年，行省徒單益都率其將吏西走，至穀熟，遇元軍，死之。宋城，即今城南之舊城也。周封微子於此。睢陽故縣，在城南門外。楚丘，在縣北六十里。春秋時爲宋已氏之邑。漢置已氏縣，屬梁國。隋改爲楚丘縣，屬梁郡。唐屬宋州。金省入單縣〔三〕。元屬曹州〔四〕。今其地半在商丘境内。橫亭，在城南。左傳昭公二十一年：華、向入，樂大心禦諸橫。馬腸河，在縣西南二十五里。源出舊黃河，逾亳入淮。鳳池口，在縣西北二十二里，黃河經焉。

【校勘記】

〔一〕括地志云睢水受莨蕩渠水東入泗　川本、滬本同。按括地志不載此文。漢書地理志：浚儀縣，「睢水首受狼湯水，東至取慮入泗」。狼湯水即莨蕩渠，此「括地志」疑爲「漢書地理志」或「漢志」之誤。

〔二〕歷於竹圃　「圃」，底本作「園」，川本、滬本同，據水經睢水注改。

〔三〕金省入單縣 川本、滬本同。金史地理志：歸德府楚丘縣，「國初隸曹州，海陵後來屬，興定元年以限河不便，改隸單州」。此誤。

〔四〕元屬曹州 「州」，底本作「縣」，川本、滬本同，據元史地理志改。

寧陵 葛伯國。前漢地理志云〔一〕：葛在陳留之寧陵。一統志云：葛在寧陵縣北一十五里。左傳桓公十五年注云〔二〕：葛在梁國寧陵縣東北，古葛伯國。河南總志載鄢城、臨潁俱有葛伯城，而偃師爲西亳，且有景山。未詳孰是。 韋家河，在縣北十五里趙皮寨支河衝。 桃園河，在縣北三十里。 張公河，在縣南三十里趙皮寨支河衝。 八里屯河，在縣南八里趙皮寨支河衝。 陽驛河，在縣西二十里。與桃園、張公二河通。

【校勘記】

〔一〕前漢地理志 川本、滬本同。續漢書郡國志：梁國寧陵縣，「有葛鄉，故葛伯國」。此「前漢地理志」爲「續漢書郡國志」之誤。

〔二〕左傳 川本、滬本同。按此載於春秋桓公十五年杜預注，「左傳」應作「春秋」。

鹿邑 黃河，一自朱仙鎮鬧店，流經尉氏、通許、杞、太康、睢州、寧陵、柘城，至本縣馬丘村，合馬廠、渦河、亳州，經懷遠之荆山入淮。一自祥符白墓子岡，流經通許〔一〕、杞、太康之馬廠集，舊名馬廠河，過柘城，至本縣賈家灘，北二十里。東北合渦河，入亳州北關，達淮。今皆淤塞。嘉靖十一年，浚儀封新河殺水勢，流經睢州、寧陵、歸德飲馬池河，東南入淮。後漸南徙至縣北賈家灘故道，經亳入淮。每歲泛漲，渰没民田廬。至二十四年始北徙。洺河，在縣東南二十里。其水經歸德馬廠河入渦，逾亳半坡塚入淮。今塞。渦河，在縣北四里。其水自挾溝莨蕩渠合馬廠水入境。逾亳半坡塚入淮。今塞。刺河，在縣南六十里。自莨蕩渠經蔡河入境。有大、小二河，東逾半坡塚入淮。今塞。武平城，在縣西北四十里。漢曹操封武平侯，食邑苦縣。

【校勘記】

〔一〕流經通許　底本脱「通」字，川本同，據本書上文、滬本補。

永城　澮河，在縣南二十五里。西自亳州經流本縣，東南入蒙城界，達於淮。泡河，在縣南五十里。西自亳州經流本縣，東南與澮水合流，東入於淮。二河弘治間淤塞。小河，在縣北二十里。西自歸德、夏邑界，經流本縣甫城鄉，東入宿州界，達於淮。嘉靖十二年疏，經五載復於。巴河，在縣西北九十里，即黃河之支流。西接夏邑，經流縣境，東北入於徐州，達於淮。鄼縣城，在縣西南鄼縣鄉。漢置縣，屬沛郡。舊志以爲蕭何封國，非也。何封在南陽之鄼縣，音贊，此音嵯，字本作䣜，乃漢之湯沐邑也。建平城〔一〕，在縣西南鄼縣鄉。漢縣。

【校勘記】

〔一〕建平城　「建」，底本作「遇」，川本同，據滬本及漢書地理志、紀要卷五〇改。

虞城　古汳渠，在舊縣北一十里。西自宋城入單之碭山。按水經云：汳水又東經虞縣故城北。是也。黃河，在縣北十五里。萬曆二十六年，遣尚書楊一魁塞虞城黃堈口。

睢州　睢水，在州北六里。首受莨蕩渠，至此始大。東經取慮入泗。

考城〔二〕　東漢舊城，在今城南二十五里。元至元間，没於河。元統末，徙治賀丘。縣西南。本朝洪武二十三年，復因河患，徙江墓店。正統二年，又徙今城。周四里九十步有奇。黃河，成化中逼近城邑，居民震恐。弘治初，徙縣南五里許，又徙縣西南十二里江光禄墓下。正德五年，徙縣東北三十里，爲梁靖口。北十五里，爲范壽口。八年徙縣北，僅八里許。賈魯河，在縣北三十里。沙河，在縣南十三里。故城河，在縣南二十五里。嘉靖二十年，奉命浚之。今淤。芝麻莊，在縣西北，隔河二十里。見今收料捲掃做公所。

【校勘記】

〔一〕考城　底本作「老城」，川本同，據滬本及明史地理志改。

柘城　黄河雖在寧、睢、考諸境，而每一衝決，柘城輒被下流之患，故入志。渦河，自新閼城縣南八里。由舊南關下入磚橋，東南十五里。通於鹿、亳。會河，在胡廂集北〔一〕。東北三十五里。經旗竿廟、在周家店正東。馬立坡、北四十里。周家店北三里，西抵黄岡集。劉家河，在城東北四十里。接寧陵，東入會河。舊城周一十二里，圮於水。嘉靖三十三年，改柘南關而城之，是爲新城。周四里。

【校勘記】

〔一〕胡廂集　「廂」，川本、滬本同，圖書集成職方典卷三九一、清統志卷一九三作「襄」，未知孰是。

安陽　漳水，舊自安陽豐樂鎮北，東流過臨漳南，又東北至館陶縣南入衛。正德庚辰秋，水溢南決，自安陽顯王村南流，折而東，至崔家橋，又東過永和吕村入衛，袤百餘里。當水盛時，廣四十里。凡安陽上田，悉注汙潦，其患甚巨。續志：今自顯王村遷三宗廟、張村集、秤鈎灣、呼村營入衛河。洹水，在縣北四里。水經注：源自泫氏縣[一]。今在澤州高平縣，然無洹水、洹山。李宗諤圖經曰：洹水源出林慮西北，平地湧出，初甚微小。東流九十里至安陽界，泉脈漸大。又曲屈東北流六十里至州北，入洹水縣界。高平渠，源出縣西三十里，自高平村堰洹水入渠。東流至縣，西南流至官道七里，越道入廣潤陂。唐咸亨三年，刺史李景開。唐郭子儀、李光弼九節度兵圍安慶緒於相州，傳言引漳水灌城。今以地形水平法視之，漳水去州三十餘里，地卑水東，不能越洹南注，且無舊渠可浚，必自此引洹水也。宋至和中，忠獻韓公瀹渠入城，又於城西北隅傍壕制二水磑，歲命酒官造麯幾三千石，以紓民勞。後渠流歲小，至不能動磑。元祐二年，知州事侍御史杜純易作立輪，知州事李琮相地形，別開渠口納水，不用絶河横堰，而水自倍流，立輪不能支，遂作卧輪，以復舊法，分流入城，注滿州園池沼亦如舊。大明弘治間，渠猶溉田，有水磨十座。弘治末，水淤渠口，歲增月益，遂塞不行，然渠俱存。續志：弘治末，高平渠口淤塞，惟蜀村一水細流，經張登至西關入高平舊渠。每值夏旱，豪勢上流壅防專利；抵秋水漲，則行潦横溢，反傷民田矣。萬金渠，在縣西北二十里。鄴都故事曰：魏都鄴後，起石塞堰，自安陽南引洹水入鄴，自鄴入臨漳，東至洹水縣。當時溉田，有萬金利。宋元祐中，安陽自堰口至草橋十五里，水幾廢不流。自鄴縣東至臨漳西十五里，唯有小水涓涓入毛象陂。今廢。臨漳縣東北二十里。廣潤陂，在縣東二十二里。隋開皇八年，刺史梁士彦引湯、羑二水入陂溉田。今水不行，止注秋潦。續志：陂去府東南四十里。安、湯二縣界，地勢窪下，湯河及萬金渠水注焉。盈則入洹，以達於衛。後漳水南下，塞洹故道，陂水不能入洹，而洹水反泄於陂。陂日益廣，夏秋霖溢漫衍，没田數千畝，民甚病之。萬曆庚辰，郡守常存仁躬覽地形水勢，特爲疏治。由葛家莊鑿渠導湯水至高城河口入衛。自汪流橋至楊家莊補築舊堤，以障渠水。又自戴家溝疏浚淤塞，導陂水入洹。由是二水有歸而不爲患，陂多退壤可耕，給民徵賦，遂成永利矣。蜀渠，源出蜀村，北流過張登，東流至西鬬北石橋，入高平渠。水塞者幾十年。正德己卯，知府陳策開。相縣故城，在縣西十五里，隋開皇十年安陽縣治也。唐武德中廢。西南又有零泉縣故城。魏郡城，即漢以來魏郡治所〔二〕，在縣東北十里。俗名七里岡。永和故縣，在縣東四十里。洹水環其西南。堯城，在縣南二里。

【校勘記】

〔一〕泫氏縣　「泫」，底本作「洹」，川本、滬本同。水經洹水：「洹水出上黨泫氏縣。」此「洹」爲「泫」字之誤，據改。

〔二〕魏郡城即漢以來魏郡治所　二「魏」字，底本作「韓」，川本、滬本同。漢書地理志：「魏郡，高帝置。」寰宇記卷五：「安陽縣，「魏郡城，即漢以來爲郡之所，故城在今縣東北」。此「韓」爲「魏」字之誤，據改。

湯陰　蕩水，在縣北二里。水經注：蕩水出縣西石尚山，東流經縣故城南〔一〕，又東北至内黄縣，入於黄澤。唐貞觀元年，以水微温，改曰湯。縣志：今出平山下，石尚或其別名。東流經縣城北，又東北合黄澤，入於衛河。羑水，在縣北八里。水經注：羑水出縣西北四十里，經羑里城，東流十餘里，合防水，歷黄澤，入於蕩水。淇水，在縣西七十里。東流十一〔旁注〕餘。里入淇、魏縣界。詳林縣。衛水，在縣東南五十里。發源輝縣蘇門山，歷五陵、塌河百餘里爲小灘。兑運從此，以達京師。五陵鎮渡口，通濬縣東南五十里。萬曆二十四年，巡撫鍾仕民疏請改小灘鎮兑運米場在此，命下遣官勘驗。未幾，仕民卒於官，議竟寢。高堤鎮渡口，在縣東五十里。塌河鎮渡口，在縣東北五十五里。俱通内黄。邶城，在縣東南三十里。紂子武庚所封之地〔二〕。羑里城，在縣北五里許。蓋商獄名也，紂嘗囚文王焉。今高丘上有文王廟。

【校勘記】

〔一〕東流經縣故城南　「南」，底本作「北」，川本、滬本同，據水經蕩水注改。

〔二〕紂子武庚所封之地　「紂」，底本作「殷」，川本同，據滬本及史記周本紀正義改。

臨漳　汙水。水經注：汙水出武安山，東南經汙城北入漳。在鄴西。漢書地理志〔一〕：魏郡有大河，有滏，有汙。郡國志：鄴縣有汙城。以水名。項羽再與章邯戰，又擊之汙水上。即此。滏水，自磁州來，經流縣西一十五里。成化間，爲漳水所絶。鸕鷀陂，在縣東北四十里。洹漲入陂。高陵城，在縣東北二十里。漢書地理志曰：自高陵以東，盡河内，皆魏之分〔二〕。縣志作岡陵城，在縣東南三里。漢書云：樂毅聘魏〔三〕，封岡陵君於此。俗訛作高陵城。汙陽城，在縣西北二十五里。縣志：西南十五里。水經曰：漳水東經梁期城西北，又經汙陽城北〔四〕。鄴鎮，在府東北三十里。詳見崔文敏志，今采其略於此。宋熙寧七年，命天章閣待制曾孝寬察訪河北，奏廢縣爲鎮，自鎮之東隸臨漳，鎮之西隸安陽。本魏地，六國時，魏文侯以西門豹爲鄴令。漢爲鄴縣，魏郡治焉。董卓之亂，袁紹據之，南向與曹氏爭强。紹死，諸子爭國，爲操所并。建安九年，操自領冀州牧，居紹故地，始建三臺，營立宫室。及子丕篡立，以鄴爲本，建號北都，雖徙都洛陽，而七廟猶在鄴不廢。及晉篡魏，奉魏帝爲陳留王，館於鄴，使人守之。晉武建安北、平北、鎮北將軍之號，命高密、趙、成都三王爲都督。及諸王作亂，劉、石疊興，其後石虎卒取鄴而都之。冉閔作難，慕容儁自燕來都。苻秦滅燕，以其子丕守鄴，未幾爲燕所取。高歡破兆，挾帝東遷，起鄴南城。子洋竊號，二十餘年，爲周所滅。周患鄴中之强，乃以親信重臣尉遲迥守之。隋堅取迥，焚徹鄴宫，冠蓋士民，遷之西南，舊鄴孑然墟焉。自後周置相州，徙治安陽，改安陽曰鄴，鄴曰靈芝縣。隋開皇十年，復曰鄴。宋熙寧七年，廢縣爲鎮。今惟三臺存，舊基略無可見者。劉昫曰：楊堅令韋孝寬討尉遲迥，平之，燒焚鄴城，徙其居人，南遷四十五里，以安陽城爲相州理所，仍爲鄴縣。隋又改爲安陽縣。漢、魏郡城在縣西北七里。煬帝於鄴故都大慈寺置鄴縣。鄴都北城，在鎮東南一里。東西七里，南北五里。齊桓公所築。漢置魏郡。作都始於曹操。水經注曰：石虎城盡表飾以磚〔五〕，百步一樓，凡諸宫殿、門臺、隅雉，皆加觀榭，層甍反宇〔六〕，飛簷拂雲，圖以丹青，色以輕素。去鄴六、七十里，遠望之巍若仙居也。苻堅末，慕容垂欲取鄴都，乃攻堅子丕，拔其外郛。丕固守中城，垂壅漳水灌之。晉將劉牢之來救，遂徹鄴圍，丕亦棄鄴奔并州。垂將慕容農入鄴，以城廣難固，乃築鳳陽門大道東爲隔城。自是鄴都殘毀，高歡所以築南城也。通鑑：李孚至南圍，當章門。注：鄴城有七門，正南門曰章門，亦曰中陽門。凡七門：南面三門：正南曰永陽門，北直端門、文昌殿。東曰廣陽門，在永陽門之東，北直司馬門。西曰鳳陽門。在永陽門西，北直九華宫。東面一門，曰建春門。西面一門，曰金明門。北面二門：東曰廣德門，西曰廐門。皆曹魏所建。文昌殿，曹魏建。南直端門，天子朝會賓客，享羣臣，正大禮之殿也。太武殿。水經注曰：石虎於文昌故殿處造東、西太武二殿。今考晉書載記，虎燕享羣臣，遂僭即僞位，皆太武，蓋朝會正殿也。魏宫殿焚毀於汲桑，故石虎於文昌故殿處作太武殿，復於其後作東、西二殿，故有東堂、西堂，東閣、西閣，其皆宫寢便殿之名與？　內朝聽政殿，曹魏建，在文昌殿東。　鄴都故事曰：魏武帝遺命諸子曰：吾死之後，葬於鄴之西岡上，與西門豹祠相近。無藏金玉珠寶，餘者可分諸夫人，不命祭吾。妾與妓人皆著銅雀臺。臺上施六尺牀，下繐帳。朝晡上酒脯粻糒之屬。每月朔、十五，輒向帳前作伎。汝等時登臺望吾西陵墓田。　按銅雀臺，建安十五年築。其臺最高，上有屋一百二十間〔七〕，連接榱棟，侵徹雲漢。鑄大銅雀置於樓顛，舒翼奮尾，勢若飛動，因名爲銅雀臺。　銅雀園〔八〕，在文昌殿西。中有魚池、堂皇、蘭渚、石瀨，左右有馳道，西有三臺，並曹魏所築。　銅雀臺，在銅雀園西〔九〕。魏志：曹公建安十五年築。　金鳳臺〔一〇〕，在銅雀臺南。曹公建安十八年築。魏志本曰金虎臺，而鄴中記云：自魏至後趙、前燕及東魏、北齊，三臺每加修整，甚於魏武初建之時。又安金鳳於臺顛，故號曰金鳳。然則改虎爲鳳，豈後趙時避石虎諱故耶？　冰井臺，在銅雀臺北。建安十八年，曹操既築金虎臺，明年復築此臺。以有凌室，故曰冰井。　紫陌橋。水經注云：漳水又北逕祭陌西。石虎建武十一年，造浮橋於此，改名紫陌。慕容儁投石虎尸，及石虎爲佛圖澄作生墓處也。　紫陌宮。鄴中記云：在城西北五里。石虎建於紫陌橋側。及齊時，因修爲濟口。帝巡幸及往并州，百官相餞，莫不至此而訣。史載文宣西巡，百官辭於紫陌。又元黄顯乘紙鴟飛至紫陌乃墮。是也。　天井堰。縣志：在縣南看臺社，在紫陌橋下。鄴都故事云：西門豹爲鄴令，造十二渠以溉民田。其後史起修之，民歌其利。故魏都賦云：西門溉其前，史起灌其後。墱流十二，同源異口也。石虎修西門舊迹，亦分十二墱，相去三百步。今互相灌注，其流二十餘里，世號天井堰云。鄴都南城，在鎮東南三里。東魏天平元年十月，帝北遷於鄴。十一月庚寅，至鄴，居北城。改相州爲司州牧，以魏郡林慮、廣平、陽丘，汲郡黎陽、東濮、清河、廣宗等爲皇畿。於城東置臨漳縣，城西置鄴縣，城東北置成安縣。二年八月，發衆七萬八千營新宫。元象元年九月，發畿内十萬人城鄴，四十日罷。二年，帝徙御新宫，即南城也。鄴中記云：城東西六里，南北八里六十步。高歡以北城窄隘，令僕射高隆之更築此城。掘得神龜，大踰方丈〔一一〕，其堵堞之狀，咸以龜象焉。北史高隆之傳云：隆之領營構大將，以十萬夫徹洛陽宫殿，運於鄴。構營之制，皆委隆之。增築南城，周回二十五里。以漳水近城，起長堤爲防。又鑿渠引漳水，周流城郭，以造水碾磑云。十一門。南面三門：東曰啓夏門，中曰朱明門，西曰厚載門。東面四門：南曰仁壽門，次曰中陽門，次曰上春門，其北曰昭德門。西面四門：南曰上秋門，次曰西華門，次曰乾門，其北曰納義門。南城之北，即連北城。其城門以北城之南門爲之。太極殿。鄴中記云：止車門内次端門，端門之内次至閶闔門，閶闔門之内爲太極殿。昭陽殿，在太極殿後朱華門内。古梁期城，在鎮東北二十里。將城，項羽救趙，使蒲將軍渡三户，乃於鄴東北十九里作此城。梁期西南三里，三户也。三臺，在顯王社。縣西南四十五里。又載顯王集，縣西南三十里。魏都賦注曰：銅雀園西有三臺，中央曰銅雀臺，南有金鳳臺，北有冰井臺。三臺相去各六十步。其上複道樓閣相通。中央懸絶，鑄大銅雀，高一丈五尺，置之樓顛。操且死，遺令施繐帳於上，朝晡上酒及糗糒，使宫人歌吹帳中，望吾西陵。西陵，即高平陵也，在縣西南三十里。菊花渠，在縣東南四十里洹橋社。唐志：咸亨四年，縣令李仁綽開〔一二〕。自鄴縣引天平渠水溉田，曲屈縈流三十里。至秋，兩岸菊花盛開，因以名渠。今廢。利物渠，在縣南二十里看臺社。縣令李仁綽開。自磁滏陽綦連村入縣界，並取鄴天平渠以溉田。今廢。百陽渠，在縣西南顯王社〔一三〕。自天平渠引漳水十五里，南入安陽界，本爲安陽渠〔一四〕，訛爲百陽。金鳳渠，在縣西南顯王社。自天平渠引漳水東注，經金鳳臺側，因名。縣令李仁綽開。西門渠，在縣西南。西門豹爲鄴令時所鑿，引漳水以溉田。今並廢。

【校勘記】

〔一〕漢書地理志　川本、滬本同。續漢書郡國志：魏郡鄴縣，「有故大河，有滏水，有汙水」。此「漢書地理志」爲「續漢書郡國志」之誤。

〔二〕自高陵以東盡河内皆魏之分　川本、滬本同。漢書地理志：「魏地，……其界自高陵以東，盡河東、河内，……皆魏分也。」本書「河内」之上脱「河東」二字。

〔三〕樂毅聘魏　「魏」，底本作「衛」，川本同，據滬本及紀要卷四九改。

〔四〕漳水東經梁期城西北又經汙陽城北　川本、滬本同。水經濁漳水注：「漳水又東逕梁期城南，……又逕平陽城北。」此「西北」爲「南」之誤，「汙」爲「平」字之誤。

〔五〕石虎城盡表飾以磚　底本脱「城」字，據川本、滬本及水經濁漳水注補。

〔六〕凡諸宫殿門臺隅雉皆加觀榭層甍反宇　「諸」，底本作「誌」；「雉」，底本作「雖」；「反」，底本作「峻」，川本、滬本同，據水經濁漳水注改。

〔七〕按銅雀臺至屋一百二十間　「雀」，川本、滬本同，文選左思魏都賦李善注作「爵」；「二十」，川本、滬本及鄴中記同，魏都賦李善注作「一」。

〔八〕銅雀園　「雀」，川本、滬本作「爵」，同文選左思魏都賦李善注。

〔九〕銅雀臺在銅雀園西　川本、滬本同。文選左思魏都賦李善注：「銅爵園西有三臺，中央有銅爵臺。」二「雀」並作「爵」。

〔一〇〕金鳳臺　「臺」，底本作「樓」，川本同，據滬本及文選左思魏都賦李善注改。

〔一一〕大逾方丈　「逾」，底本作「喻」，川本、滬本同，據鄴中記改。

〔一二〕咸亨四年縣令李仁綽開　「亨」、「綽」，底本作「寧」、「緯」，川本、滬本同，並據新唐書地理志改。下「李仁綽」改同。

〔一三〕顯王社　「王」，底本作「五」，川本同，據本書上文、滬本及嘉靖彰德府志卷二改。下同。

〔一四〕本爲安陽渠　底本「渠」下有「界」字，據川本、滬本及紀要卷四九删。

林縣　胡汝嘉石城記：縣當太行之麓，在萬山中。因巖險，爲鄴西一保障地。隆慮山，在縣西。自北而南，有魯班門及黄華、天平、玉泉、澤陽、谼、棲霞諸谷。魯班門，在縣西北四十里。縣志：二十五里。二峯相去幾百步，其中缺然如門。野老云：峯勢峻巧，若班作也。水經注曰：雙泉出門東，其門雙闕昂藏，石壁霞舉，左右結石修防，崇基仍存〔一〕。黄華谷，在魯班門南二十里。自谷至縣亦二十里。野老云：歲晚滿谷黄花，故名。天平山吕谷，在黄華谷南二十里。東至縣十六里。縣志：二十六里。自山麓迤邐登陟，深澗峻嶺，泉石欹危，映帶林木，勢雄而景秀，最西山之勝地也。玉泉山玉泉谷，在天平山吕谷南五里。澤陽谷，在玉泉谷南七里。谼谷，在澤陽谷南八里。谷有十二峯，其景物與天平埒。紫團山，在谼谷西。山之西則河東上黨界。山産紫團參。棲霞谷，在谼谷南十里。自縣至谷四十里，二山相合，中有溪流，謂之合澗。泝溪而上六、七里，兩山對峙，中豁然平坦，有居民數百家，爲棲霞谷。自此谷而西南，亂山迤邐，與輝縣界相接云。大頭山，在魯班門西北。水經云：蒼溪水〔二〕，東北經魯班門。又西北至偏橋東，即林慮之嶠嶺，抱犢固也。山磴上五里餘，崖路中斷四、五丈，以木爲偏橋而行。自此而上，猶須攀蘿捫葛，則庾衮眩墜處也。倚陽山，在縣西北四十里。東向平川，西臨深澗，南抵魯班門，北至劉家梯，周圍八十里。其上平坦，水泉七十餘處。四面石崖三層，嵯峨險峻，不可尋丈。山巔一峯，突兀高聳，又名蟻尖寨〔三〕。東有路，可通人行。鷄冠砦，在縣西北四十五里。元至正十七年，僧洪泉來避兵，免於難。按林之山：

西曰黄華、曰天平、曰玉泉；西南曰絣谷、曰棲霞；西北曰魯班門、曰倚陽；總爲隆慮山，隨地而異名者也，皆太行之支山也。魯班門之西北曰室泉，又北曰大頭。玉泉之西南曰紫團，皆太行山也。縣東南北諸山，又隆慮山之支派也。漳水，在縣北八十里。來自潞城縣界，東逕葛公城，縣北七十里。至磻陽城，縣北八十里。北有蒼溪水入焉。水經注其説與今同，即所謂濁漳也。會清漳，東入安陽縣界。洹水，在縣西北五里。縣志：北八里。按水經，源出上黨泫氏縣洹山〔四〕。伏流，東過林慮西北，平地湧出，黄水注之。東南流至安陽縣，重源再發，俗名大河頭。黄水，在縣北五里。府志：西北二十里。按水經，源出黄華谷北崖下，俗名雞翅洪〔五〕。東至谷口，洑入地下，東北十里復出。北流與洹水合，俗名逆河頭。府志：東北十里復出，地名柳渚。渚周四、五里。又東，葦泉注之，俗曰陵陽水。又東入於洹，今曰柳渚。東接曲堤，名曰龍門。堤縈紆長數里，並水居民數百家，曰陵陽村。民呼水曰陵陽河。武平水，在縣東北三十里。府志無。源出武平寺後，穿寺東南流，亦入陵陽河。縣北凡六水，同爲陵陽河。東南出横水橋，在縣東横水村。葦泉，在縣西北十五里。府志：源出縣西北三十里川澤中，東南流，與洹水合。因其生葦特茂，故名。今葦無，人多植柳，今曰柳渚。又東接曲堤，名曰龍門。堤縈紆長數里，因名龍門岡。雙泉，在縣西北二十里。一名靈巖〔旁注〕零星。水。源出魯班門，東北流入葦泉，俗名埋子莊前河後河。淇水，在縣西南七十五里。自縣東北流，逕淇陽縣城、縣南三十里。隋開皇三年置，大業二年廢。俗名郎子城。縣志：七十二里。石城西北〔六〕。縣西南八十五里。城在原上〔七〕，帶澗枕淇。又東北，乃西流，有水注之。〔旁注〕縣志無此七字。逕石樓南，又東北逕馮都壘南。在縣南七十二里。至河頭村西南二里許，〔旁注〕府志無此二句，作入湯陰縣界。淅水注之。水經注曰：淇水出河内縣西大號山〔八〕。山海經曰：淇水出沮洳山。疑大號〔九〕、沮洳，一山異名。沮洳山今在輝縣西。三擁水，在縣西南三十里。地理志云：水出潞州壺關縣界，東北過淇陽城，入於淇水。今考此水在淇陽城西北，地理志誤。淅水，〔旁注〕府志無。在縣南三十里。源出澤州陵川縣界淅水村，經本縣合澗村東南流，俗稱三陽河。至河頭村西南里許與淇水合。蒼溪，源出縣西北四十里。水經注曰：蒼溪水北經魯班門西，北至偏橋東，又北合白木溪〔一〇〕。白木溪水出壺關縣白木川〔一一〕。過磻陽城，西北流，注於漳水。臨淇城，在縣南七十里。故衛邑城，隋臨淇縣也。磻陽城，在縣北八十里。宋端拱元年，以河北諸郡建城池、倉庫及制造兵器，材木歲辦於民間，乃於此城置採造務，淇水北置雙泉務。在縣南五十里。各置工六百人，歲給衣糧，復其門役，以使臣二員監督之。每自春二月至冬十月，磻陽務採木於林慮北山，浮於漳，入於洺，達於冀。雙泉務採木於林慮南山，浮於淇，達於雄、霸。未幾，廢雙泉務。今並廢。

臨清棧，在縣南八十五里。自縣抵陵川縣西南八十七里〔一二〕。隋大業七年廢。崇禎八年，本府通判署縣事趙崇賢，以縣雖有石城之固，而西距行山二十餘里，平原曠野，萬馬可容，東南逼近高山，賊易登瞰。乃於城外正西、西南、東南，各建石敵臺一座。利城，在縣東北二十五里。唐有鐵冶，宋因之。至和二年，韓魏公以其在官無益，勞民鼓鑄，奏罷之。

【校勘記】

〔一〕雙泉出門東至崇基仍存　「雙」、「基」，底本作「立」、「塞」；「仍存」，底本脱，並據水經濁漳水注改補。按本書所載同嘉靖彰德府志卷二。

〔二〕蒼溪水　川本、滬本同。寰宇記卷五五引水經注作「倉谷溪」，王先謙合校水經注同，楊守敬水經注疏濁漳水改作「倉石溪」，恐未確，此「蒼」下蓋脱「谷」字。後文「蒼水」改同「蒼溪水」。

〔三〕蟻尖寨　「尖」，底本作「光」，川本同，據滬本及嘉靖彰德府志卷二改。

〔四〕泫氏縣　「泫」，底本作「洹」，川本、滬本同，據水經洹水注改。

〔五〕雞翹洪　「翹」，底本作「翅」，川本、滬本同，據水經洹水注改。

〔六〕石城　「石」，底本作「在」，川本同，據滬本及水經淇水注改。

〔七〕城在原上　「原」，底本作「源」，川本、滬本同，據水經淇水注改。

〔八〕河内縣　「内」，底本作「南」，川本同，據滬本及水經淇水注改。又，水經淇水注：「淇水出河内隆慮縣西大號山。」

〔九〕大號　「大」，底本作「又」，據本書上文、川本、滬本改。

〔一〇〕白木溪　底本作「白溪水」，川本、滬本同，據水經濁漳水注改。下同。

〔一一〕白木川　底本作「白水川」，川本、滬本同，據水經濁漳水注改。

〔一二〕自縣抵陵川縣西南八十七里　「南」，底本脱，川本、滬本同，據嘉靖彰德府志卷二補。

磁州　賀蘭山，在州西北四十里。　漳河，在州南二十里。自林縣來，經州境，下流合衛河。渡口在州南講武城下。　滏水，在南關外。其源有二：一出西鼓山滏泉，一出神麕山下黑龍泉。環城流，東南入於漳。其水冬温夏寒，以其湧沸，如湯出釜，故名。善壞堤，民病之。成化十一年，州判張珵導水北流，自邯鄲東過廣平，通直沽河。十八年，知州張夢輔令民得隨方廣之以通舟。　開河，在州東北五里。即滏水下流東入漳河之處。今改滏水北流，是河淤塞。　賀蘭河，在州西北三十里。其水經賀蘭山出，東流入於滏河。〔旁注〕府志：入衛。　泥河，在州西北二十里。東流入於滏河。　五爪渠，在州西十里。續志：五爪渠發源滏水，東流經嚮水梁村，繞磁南關東下。洪武中，知州包宗達於嚮水梁村開渠五派溉田。宣德中，知州安理重修，歲久淤塞。隆慶中，因修石橋，復開前渠，導水北流。橋成，塞之不固，每秋山水泛漲，州北田禾渰没，官途淖滯。萬曆六年，知州趙範於州北二十里梁王橋疏渠一帶，長千三百餘丈，東通滏河，以泄其勢，農旅便之。洪武中，知州包宗達作渠，引滏入焉，溉田千頃。萬曆十一年，知州張夢麟重浚。　講武城，一在漳河北，一在舊滏陽縣，皆曹操築。　故縣，在州西臨水里。本隋臨水縣，屬魏郡。唐改昭義縣，屬磁州。宋省入滏陽縣。彭城，在州西滏源里。居民善陶，缶罌之屬，或繪以五采。浮於滏，達於衛，以售於他郡。國朝歲辦磁罎，皆出於此。

武安　磁山，在縣西南三十里。府志：南二十五。州志同。宋置滏陽，元以名州。産鐵暨磁石，石能引針不墜。天井峧〔一〕，在縣西八十里。適晉要途，削壁四圍如井狀。嘉靖二十一年，北虜入寇，知縣熊瑶築隘口以禦，繼爲山水衝齧。知縣唐交重加修葺，門樓雉堞，視昔益固。嚮水河，在縣東北四十五里。源出沙河縣趙村莊土溝。水注石崖，淙聞數里。儒教河，在縣北八里。金史五行志：泰和二年八月丙申，磁州武安縣鼓山石聖臺有大鳥十，集於臺上。其羽五色爛然，文多赤黄，赭冠鶏項，尾闊而修，狀若鯉魚尾而長，高可逾人。九子差小，侍旁，亦高四、五尺。禽鳥萬數，形容各異，或飛或蹲〔二〕，或步或立，皆成行列。首皆正向，如朝拱然。自東南來，留二日，西北去。縣官以爲鳳凰，圖上之。按視其處，糞迹數頃，其色各異。遺禽數千，累日不能去。所食皆巨鯉，大者丈餘，魚骨蔽地。章宗以其事告宗廟，詔中外。長平坂，在縣南三里，廣袤八十里。白起詐坑趙人於此。一曰長平在高平。陽邑故城，在縣西六十里。府志：南三里。隋開皇十年，析其地置陽邑縣。大業間，省入武安。十八盤。

【校勘記】

〔一〕天井皎　「皎」，川本、滬本同，圖書集成職方典卷四〇一作「嶠」，此疑誤。

〔二〕或飛或蹲　「蹲」，底本作「踴」，川本、滬本同，據金史五行志改。

涉　青頭山，在縣東南十五里。山峯青翠，如螺髻然。一曰崇山。金名涉曰崇州，以此山。青龍山，在縣北十五里。漳水，在縣南一里。名清漳。吾兒峪。香爐郊。童兒峪。羅家郊。鐵脚峪。甘土嶺。毛嶺口。魏家灣。嘉靖二十年，因北虜大入，至沁州、榆社諸處。兵部移文河南防守涉縣，始設吾兒峪等處隘口。各有垣牆門樓，臺墩屹然，若巨鎮矣。後漢志：沙，侯國。有龍山縣主，魏始作涉。建安九年四月〔一〕，曹公自將擊武安尹楷，破之。涉長梁岐舉縣降。

【校勘記】

〔一〕建安九年　「九」，底本作「元」，川本、滬本同，據三國志魏書武帝紀改。

新鄉　黃河，舊自縣西南敦留村入境。今經陽武，過汴東流。徙決不常。沁河，在縣西南武陟縣入黃河。嘉靖二十三年，河決入衛，渰没田舍民畜甚衆。下至大名、曹縣，並被其害。衛河，在城北門外。自輝縣蘇門山發源，即今運河。由小灘鎮抵張家灣，達京師。古堤，在縣東南。西連獲嘉，東北接汲縣。金衛州河平節度使奧敦築，以防黃、沁二水患。

獲嘉　漢書武帝紀：行幸至汲新中鄉，得呂嘉首，以爲獲嘉縣。師古曰：汲，河内縣。新中，其鄉名。同盟山，在縣東北五里。世傳武王伐紂，與諸侯同盟於此。黄河故道，舊在縣南四十里。天順六年，南徙於原武縣界。其地淤塞，舊迹猶存。沁河故道，上自獲嘉縣西南，入於武涉縣境，下接新鄉縣。見通志。鯉河，在縣西北。自太行山五峪口發源，由輝縣至本縣界南留村，東南至新鄉，約二十餘里入衛河。沙河，自太行山石門口發源，由輝縣界至本縣蔡旗營，北三十里。約五里入鯉河。

懷慶府

太行山。崔伯易感山賦曰：或主或臣，建功立業，尤顯聞於後世。則有若決羊腸之險，塹此山之道，攻滎陽伐韓，以威天下，應侯爲秦昭王之謀也。據敖倉之粟，杜中山之阨，使天下知所歸，酈食其爲漢高祖之謀也。逾此山入射犬，破青犢之衆，殺謝躬於鄴，以收復天下爲心者〔一〕，漢光武之謀也。濟河降射犬之衆，還軍敖倉，屬魏种以河北事，然後西向以爭天下者〔二〕，魏武帝之謀也。進據武牢，扼其襟要，俾竇建德不能逾山入上黨，收河東之地，而卒以并天下者，唐太宗之謀也。

【校勘記】

〔一〕以收復天下爲心者　「爲心」，底本脱，川本、滬本同，據宋文鑑卷六引崔伯易感山賦補。

〔二〕然後西向以爭天下者　「向」，底本作「南」，川本、滬本同，據宋文鑑卷六引崔伯易感山賦改。

武陟　隰城，在縣西南十五里又見河内。城子村。左傳：王取鄭隰城〔一〕。陟州城，在縣東南四十里。唐張瑀會盟於此。詳唐史。永橋城，即今虹橋鎮。後周韋孝寬討尉遲迥，隔沁水相持，即此地。王屋之東爲五龍口，口之北爲沁水出山處。沁之東三十里，微轉而南，旋而復北而東，東之三十里，折而南，其北爲故野王，其南爲今府城。南之而東七十里，微轉而北而轉東，其南爲故懷城。書所稱「覃懷底績」，即其地也。東二十里至木欒店，折而南十五里而入於河。其折之内即武陟城，城之東門去其南處僅百餘步。口之北爲濟水，合溴、瀧二水爲一〔二〕。而南漸而東，至古陽河之東四十里沇河村，爲沇水。書所稱「導沇水，東流爲濟，入于河，溢爲滎」，即其水也。沇河之東，至虢公臺而南而入於河。其入於河也，爲濟之再伏；其溢爲滎也，爲濟之再見。其由河而滎也，爲廣武之北，去武陟城十里而近。

【校勘記】

〔一〕王取鄭隰城　川本、滬本同。按左傳隱公十一年：「王取鄔、劉、蔿、邘之田于鄭，而與鄭人蘇忿生之田：温、原、絺、樊、隰郕、欑茅、向、盟、州、陘、隤、懷。」「隰郕」即「隰城」，此「取」爲「與」之誤。

〔二〕湨　川本、滬本同，左傳襄公十六年杜預注、水經濟水注皆作「湨」。後同。

温　温城，在河之涘，相去不數里。每遇泛漲，突至城下。水退而南，其灘漸可宜麥。温土在高處者最狹，沿灘一帶，温民半利賴焉。灘之近北岸者五區起稅，迤南率多沙薄，近亦有入租者。然河流遷變不常，退灘疆界易混，兼之軍民雜處，强弱相吞，故質成之民，殆無虛日，司土者亦以多事矣。　沇河，在縣西三十里上院村。發源爲沇，既東爲濟，至本縣歷虢公臺入於河。　小河，在縣南二里許。乾溝尚存。此河上接湨水。　湨水，出濟源縣崆山，流入孟縣，經城東而南至孟江口，曲繞而東二十五里至沇河鎮，與沇水合流，入温縣界。每遇秋潦，水勢衝突，決小金堤，縣西三十里。本名沇河堤。由楊家營、駝塢、五羊店、溝南、黄門、平皋，東入武陟界。又二十五里至南賈村，投沁水，下入黄河。自孟江口至入河之處，共計七十五里。一河爲害，三縣受其菑。近年河流經自孟江口趨入黃河，方八里耳。水勢便利，民害頓息，可無事於堤防矣。平皋陂，在縣東古平皋城南黃河北。温地枕河，裴家峪、神堤、汜水口、孤柏嘴〔旁注〕東南。四處，昔年河賊往來出没於此。今委指揮一員巡緝。平皋城，〔旁注〕又見河内。在縣東二十里。周文王子封，古邢國也。虢公臺，在縣西二十五里。即周封虢仲之地。晉宣帝過故邑，召温父老宴賀於此。

宜陽　靈山，在縣一。周靈王葬此，因名。西二十里。嶽頂山，在龍二。西八十里。萬山疊擁，一峯孤拔。且四面如城，一徑可通。上有東嶽祠。壽安山，在高二。東十五里。隋因之爲縣名。三塗山，在上三。西八十里。春秋：晉伐陸渾之戎，將有事於三塗。即此。一統志云：在嵩縣西南。未知孰是。白馬山，在龍二。漢末賊起，光武皇帝平之。熊耳山，在縣西北一百二十里。兩峯競秀，狀如熊耳。禹貢：導洛自熊耳。後漢書〔二〕：光武破赤眉，積甲宜陽城，西與熊耳山齊。即此。先代爲宜陽，今屬陝州。洛河，在縣治北。出弘農郡上洛縣冢嶺山，由馮莊入境。東流經洛陽，與伊水合流，至鞏縣入河。韓城，周時韓侯封國。城址存。北嶺有韓侯墓。韓城鎮，在縣西五十五里。福昌城，在福昌。唐武德元年，高祖幸築。福昌鎮，在縣西六十五里。赤眉城，在趙村保。〔旁注〕西南三十里。漢光武自征赤眉，於此築城。

把關城，在縣東北二十五里閑仇。魏時築。金塢城，在韓城東北。三面峭絶，後周屯兵備高齊。韋孝寬曰：宜陽一城，而兩國爭之。即此。九曲城，在洎頭。〔旁注〕東南三十里。北齊置以備周。水經注云：洛水自宜陽，東經九曲。九曲者，南十里有坂九曲。穆天子傳謂：天子西征，升于九曲〔二〕。是也。舊志：以熊州壽安，義寧元年移置九曲城。李密古城，在寺三。〔旁注〕南四十里。隋末李密築。陽州，在西坊廓保。〔旁注〕西七十里。東魏置。福昌縣，在西坊廓保。興泰縣，在趙村保。長安四年置，神龍四年廢〔三〕。福昌宮，在西坊廓保。隋煬帝建。連昌宮，在三鄉。三鄉鎮，在縣西八十五里。唐顯慶間建。二京往來，此爲行宮。後改爲玉陽宮。蘭昌宮，在上莊保。〔旁注〕西八十里。唐顯慶初建。

【校勘記】

〔一〕後漢書　底本作「漢書」，川本同，據滬本及後漢書劉盆子傳改。

〔二〕天子西征升于九曲　川本、滬本同。水經洛水注引穆天子傳：「天子西征，升于九阿。」此「九曲」蓋爲「九阿」之誤。

〔三〕神龍四年　川本、滬本同。通鑑卷二〇七胡三省注引考異按則天實録，「神龍」本爲武則天年號，唐中宗復辟後沿用，但僅用二年，即改「景龍」。此云「四年」，誤。

唐書姜師度傳：開元初，遷陝州刺史。州西太原倉，控兩京水陸二運，常自倉車載米至河際，然後登舟。師度遂鑿地道，自上注之，便至水次，所省萬計。

新唐書吕元膺傳：元膺爲東都留守，東畿西南通鄧、虢，川谷廣深，多麋鹿，人業射獵，而不事農。遷徙無常，皆趫悍善鬬，號曰「山棚」。權德輿居守，將羈縻之，未克。至是，元膺募爲山河子弟，使衛宫城。詔可。

金史孛朮魯定方傳：大定二年，宋人陷汝州，河南統軍使宗尹遣定方將兵四千往取之。汝州東南及北面皆山林險阻，不可以騎軍戰。是時，宋兵由鵶路出没，定方至襄城，得敵虚實，遂牒諭汝州屬縣曰：我率許州戍兵十二萬徑取汝州，爾等可備糧草二十萬，使人揚言欲據要路，絶宋兵往來。既而定方引兵趨鵶路，宋人聞之，果棄城遁去。定方至魯山境，知宋兵已去，遂遣輕騎二百追至布袴叉〔一〕，擊敗之，遂復汝州。

元史王思誠傳：出僉河南山西道肅政廉訪司事〔二〕。陝西行臺言欲疏鑿黄河三門，立水陸站，以達於關、陝。移牘思誠。會陝西、河南省憲臣及郡縣長吏視之，皆畏險阻，欲以虚辭復命。思誠怒曰：吾屬自欺，何以責人？何以待朝廷？諸君少留，吾當躬詣其地。衆惶恐，從之。河中灘磧百有餘里，巉石錯出。路窮，捨騎徒行，攀藤葛以進。衆憊喘汗，弗敢言。凡三十里，度其不可，乃作詩歷叙其險。執政采之，遂寢其議。

【校勘記】

〔一〕布袴叉　「叉」，底本作「又」，川本同，據滬本及金史孛术魯定方傳改。

〔二〕山西道肅政廉訪司事　「肅」，底本作「通」，川本、滬本同，據元史王思誠傳改。

唐　紫玉山，在縣南一百里。上有龍潭。　泗州塔，在城中菩提寺内。製造精巧，洞磴徹顛。考志，宋紹聖二年建。不知舊高幾何。今餘七層，尚高十餘丈。

鎮平　遮山，在縣東三十里。巒岫岧嶢，長亘十餘里。　沿嶺河〔一〕，在縣西五十里。發源騎立山嬌女朵，南流一百二十里入鄧州，是爲湍水。　十二里河〔二〕，在縣東十里。發源杏花山，南流入趙河。又名淇河。　沙溝河，在縣西五十五里。發源騎立山聖朵，南流九十里至鄧州，合爲湍水。

【校勘記】

〔一〕沿嶺河　「沿嶺」，川本、滬本同。圖書集成職方典卷四四八：「嚴陵河，「俗呼爲『沿嶺』，誤。」按本書下文鄧州作「嚴陵河」。

〔二〕十二里河　「二」，底本脱，川本、滬本同，據圖書集成職方典卷四四八補。

桐柏　尖山，在縣十五里。岔河出其下。高老山，在縣東北一百二十里。又名栲栳山。　關子嶺，在縣南四十里。接湖廣隨州界。　分水嶺，在縣北六十里。接泌陽縣界。　圍山，在縣北四十里。四圍皆山，出銀礦。舊志云：圍山界在泌陽，多出礦砂。泌陽民夏、秋二税等銀，多取辦於此。以故居民之豪强者，與鄰境州縣各方礦徒，屯聚窃掘，動相爭殺。當事者恐養成大變，嘉靖中，遂至上聞。下詔禁止，而私竊者自若。隆慶間，官府不勝忿怒，遂焚燒其聚廬，而土居老店，無以自存，勝地爲墟，生意亦窘矣。礦洞之利害若此。　岔河，在縣東三十里。　江河，在縣西一百二十里，接唐縣界。　吴城，在縣東三十里。　毛家集，在縣東九十里。　胡家店，在縣西四十里。　平氏店，在縣西九十里。　高店，在縣東北九十里。　岔河，在縣東北三十里。　圍山，在縣北五十里。各有公館。　案蕭何所封，先儒多以爲疑。地理志有兩酇，注曰：屬沛郡者音嵯，本作䣜〔一〕。屬南陽者音贊。臣瓚據茂陵書云〔二〕：蕭何封在南陽。以爲茂陵書去武帝崩日不遠，當得其真。又本志：南陽之酇，直云侯國，沛則不言。而高后封何小子延爲筑陽侯，筑陽距酇三十餘里，無可疑者。第諸家之辯，俱未知二音之誤，所以衆説相傳不一。案班固泗水亭高祖碑云：文昌四友，從有蕭何。序功第一，受封於䣜。以䣜叶何，則南陽之酇當作䣜，而音嵯。沛郡酇縣王莽改曰贊治，則沛之酇，當仍本字而音贊。二字互易，則明白而無疑矣。　困學紀聞：維申及甫，維周之翰。申、甫之地，爲形勢控扼之要。甫即吕也。吕刑一曰甫刑。史伯曰：當成周者，南有申、吕。左氏傳：楚子重請申、吕以爲賞田。申公巫臣曰：不可。此申、吕所以邑也，是以爲賦，以御北方。蓋楚得申、吕而始彊，兹所以爲周室之屏翰歟？漢地理志：南陽宛縣，申伯國。詩、書及左氏注不言吕國所在。史記正義引括地志云：故吕城在鄧州南陽縣西。徐廣云：吕在宛縣。水經注亦謂宛西吕城，四嶽受封。然則申、吕，漢之宛縣也。高帝入關，光武起兵，皆先取宛，其形勢可見。李忠定曰：天下形勢，關中爲上，襄、鄧次之。輿地廣記云：蔡州新蔡，古吕國。今按新蔡之地屬蔡，未嘗屬楚，子重不當請爲賞田。則吕國在宛明矣。

【校勘記】

〔一〕本作鄜　「鄜」，底本作「鄜」，川本同，滬本作「鄜」，據漢書地理志改。下同。

〔二〕屬南陽者音贊臣瓚據茂陵書云　底本脱「贊臣」二字，川本同，據滬本及漢書高帝紀下顔師古注引臣瓚曰補。

鄧州　〔旁注〕東萊吕氏曰：鄧爲入關間道，乃南北咽喉，在三國必爭之地。　西南城隅曰紫金山，岡阜特起。元初，都督史天澤築外城〔一〕，依山爲隅。〔旁注〕六十里曰禹山，有禹廟。七十里曰湯山，有湯廟。八十里曰石門，狀如門闔，爲光化縣界。一百〔旁注〕一百一十。里曰洞兒山，舊名曰杏兒山。其山連綿數十里，南抵孟橋，北抵三尖山〔二〕，西抵大河。有洞甚多，蓋土人避兵之地。又傳宋孟珙嘗屯兵於此。山下多煤炭，知州潘庭楠所開煤洞即此。其下有一堵泉。西三里曰鹿門堤，漢召信臣所築。宋知州謝絳復修。壅湍水注鉗盧陂溉田，兼障湍水泛溢之害，州人賴之。〔旁注〕宋史謝絳傳：絳知鄧州。距州一百二十里有美陽堰，引湍水溉公田，水來遠而少，利不及民。濱堰築新土爲防，俗謂之墩者，大小又十數。歲數壞，輒調民增築。姦人蓄薪茭以時其急〔三〕，往往盜決堰墩，百姓苦之。絳按召信臣六門堰故迹，距城三里，壅水注鉗盧陂，溉田至三萬頃。西北八十里曰覆釜山，狀如覆釜。其左爲先主山，上有先主廟。右爲鐵峯山。九十里曰永青山。西北屬内鄉，東南屬鄧州。下有煤洞二，州守于寬欲開未果。南七十里曰析隈山。左傳：秦人過析，隈於此〔四〕。北三里曰湍河。源出盧氏縣熊耳山鎗竿嶺，東南流經内鄉，繞鄧州北，轉東南會趙河，流新野，西會白河，達漢江。〔旁注〕兩漢南陽郡，湍河在鄧南，豈河流遷徙，抑郡治更置而莫之考耶？舊府志：湍河即七里河，在州西北七里，入淯水。四十里曰嚴陵河。源出鎮平五朵山，流百餘里至鄧境，由高梁下至白牛。東北三十里曰白牛河，即嚴陵河下流，東入於趙河。五十里曰趙河。源自鎮平五朵山，流至州東〔旁注〕東四十里。溼灘入湍河。舊穰城，在今外城東南隅〔五〕。漢置，屬南陽郡。隋爲鄧州。唐、宋、元仍舊。今廢。〔旁注〕周安王十三年，秦伐韓，取穰〔六〕。又秦昭王封魏冉爲穰侯〔七〕。穰東古城，在州東北和豐保。隋、唐故穰縣。一作在州東北六十里，今穰東鋪即其地。漢穰縣。冠軍城，在州西北四十里。漢武帝封霍去病於穰縣盧陽鄉，因置曰冠軍縣。今城東北有去病墓。湼陽城，在州東六十里湼水之陽。漢縣，屬南陽郡。晉因之。隋改曰課陽。俗呼赤眉城。朝陽城，在州南八十里。漢縣。城北屬鄧州，南屬襄陽。魏武城，在州西南五里。曹操攻張繡所築。樂鄉城，在州西南三十里，即漢樂城縣故城。東漢後廢。唐襄陽郡有樂鄉城，即此。〔旁注〕爾雅釋宮：三達謂之劇旁。注：今南陽冠軍、樂鄉，數道交錯，俗呼之五劇鄉。臨湍城，在州西北八十里。〔旁注〕一作在内鄉縣南十里長慶保。西魏舊縣。隋改曰新城。唐復名臨湍。今南古縣城即其地也。張村城，在州西北。與冠軍城相去十里。疑爲唐臨湍縣〔八〕。古村城，在州東南七十里。疑即漢山都縣故城。

【校勘記】

〔一〕史天澤築外城　「外」，底本脱，川本、滬本同，據順治鄧州志卷七、圖書集成職方典卷四四八補。

〔二〕北抵三尖山　「尖」，底本作「光」，川本、滬本同，據嘉靖鄧州志卷八、順治鄧州志卷七改。

〔三〕姦人蓄薪茭以時其急　「薪」，底本作「新」，川本、滬本同，據宋史謝絳傳改。

〔四〕秦人過析隈於此　「過」，底本作「遇」，川本、滬本同。按左傳僖公二十五年：「秦人過析，隈入而係輿人。」據改。

〔五〕在今外城東南隅　底本「外城」下衍「裏」字，川本、滬本同，據嘉靖鄧州志卷八、順治鄧州志卷七删。

〔六〕周安王十三年秦伐韓取穰　川本、滬本同。按史記六國年表：韓襄王十一年，「秦取我穰。」韓世家：韓襄王十一年，「秦伐我，取穰。」事當周赧王十四年，此云「周安王十三年」，疑誤。

〔七〕秦昭王封魏冉爲穰侯　「封」，底本作「奉」，川本同，據滬本及史記穰侯列傳改。

〔八〕疑爲唐臨湍縣　底本脱「臨」字，據川本、滬本及順治鄧州志卷七、乾隆鄧州志卷八補。

内鄉〔旁注〕背負秦嶺，遊帶湍、淅。入關孔道，扼楚咽喉。　西二十里曰花墓山。内産煤，民不知爨。至嘉靖癸亥，知州潘庭楠始開鑿，民甚利之。　南二、三十里曰靈山。山中松柏森鬱，下有泉流入鄧州。　北六十里曰夕陽山。百五十里秋林夏館山。山水泉石，頗爲佳麗。上有青龍巖，下有七潭，流水以次相遞而出。又有篩子朵洞，舊産青碌。洞有石竅千百，天光下燭〔一〕，宛如篩狀，故名。其地有銀湖洞，方百餘里。衆山之中有礦脈，今亦久絶。　東北二十里曰熊耳山，連亘數百里，北接盧氏縣。五十里曰麥子山。六十里曰馬山，與麥子山相連。其東北十數里有裴家洞。天順間，嵩、盧人争取搆患，因設金斗關巡檢以鎮之。今礦脈微細。　東三里曰湍河。　東北五十里曰沭河。源出馬山，入湍。　北四百里曰湯河。俗名五渡河，又名老鸛河。源出熊耳山之陽，流至西峽口〔旁注〕在内鄉保，去縣一百三十里。爲三渡河。經淅川爲馬蹬河。〔旁注〕淅州東三十里。入保南粉青江，直通漢江。　西五十里黄水河。源出丹水保諸山中，流繞縣南，入湍。　西南四十里曰刁河〔二〕。源出霄山，〔旁注〕西北一百里。流經鄧州、新野，入淯水。〔旁注〕唐德宗貞元十三年，吴少誠開刁溝。　百三十里曰丹江。源出陜西商洛縣竹山，流經淅川，與淅水合，至堡南小江口入漢江。近年泛溢無常，民受其苦。順陽城，在堡南保。本漢博山縣，後漢明帝永平中改名。羅國城，在縣境。酇縣，在屯頭保。漢置。〔旁注〕今内鄉境北十里酇城保，即其故址。菊潭縣，隋置。在縣北四十里丹水保。北古縣，在上北古保馬山之陽〔三〕。舊縣城，〔旁注〕在縣西北一百二十里西峽口。西魏置。周迴七里，城門見存。即西峽口巡檢司。其地通商、陝，界嵩、盧，控扼四百餘里，爲徑行便道，爲守禦要害。而今内鄉縣治在東南，或艱遥制，往年奏請立縣於此，憚分析者，竟寢其事。默水縣，在縣東二十里。唐置。

【校勘記】

〔一〕天光下燭　「天」，底本作「丈」，川本、滬本同，據嘉靖鄧州志卷八改。

〔二〕刁河　「刁」，底本作「刀」，川本、滬本同，據嘉靖鄧州志卷八、圖書集成職方典卷四四八改。

〔三〕上北古保　「上」，底本脱，川本、滬本同，據本書下文内鄉縣及嘉靖鄧州志卷八、圖書集成職方典卷四五九補。

新野　南北通衢，秦、楚襟帶。西一里曰白河，又名淯水。源出酈邑山中，流經縣西南，入漢江。三里曰湍河。西南二十八里曰刁河。西北三十里曰潦河。自南陽西南流，至縣境與白河合。東北五十里曰淵河。源出南陽東南周人陂，流至縣境，入白河。東四十里曰唐河，即泌水。自唐縣經流至縣境，東入淯。東南十五里曰栗河。源出南陽東南馬渡堰，分流至縣東南，入淯水。王莽地皇三年，劉秀起兵新野白水村〔一〕。建武二年，吳漢進兵擊新野，引兵南與秦豐戰黃郵水上，即今黃牛聚〔二〕。古城，在縣北二十五里。棘陽城，在新野、唐縣界。

【校勘記】

〔一〕劉秀起兵新野白水村　川本、滬本同。按後漢書光武帝紀：地皇三年，「避吏新野，因賣穀於宛。」十月，「起於宛」。則劉秀起兵於宛縣。又後漢書宗室劉祉傳記：劉秀族祖劉仁「徙封南陽之白水鄉」，後劉秀族叔劉敞起兵於此。疑本書因而訛誤。

〔二〕黃牛聚　川本、滬本同。後漢書吳漢傳李賢注：「南陽新野縣有黃郵水、黃郵聚也。」疑「牛」爲「郵」之訛。

淅川　左連武岵，右接粉青。三邊要地，重關險固。東二十里曰岵山。宋孟珙大破金武仙，駐兵於此。東南八十里曰太白山。峯巒高峻，下臨丹水。舊指爲順陽、淅川二縣分界處。百里曰白崖山，上有香嚴寺。西北九十里曰丹崖山。淅江，在縣治境外左右〔一〕。出商縣月兒崖，流本縣，淅江渡，在縣西二里。南會湯滔、回車河等河〔二〕，至粉青江，合流漢江。舟楫可通。西三十里曰滔河。源出鄖縣，流至白亭，入淅江。東五十里曰丹河。源出商州竹山，流至馬蹬入淅江。析縣，縣西三十里。在白亭張陂。春秋楚析邑。春秋昭公十八年〔三〕：許遷于析，實白羽。沛公伐秦，由南陽道，通析、酈以叩武關。馬蹬城，在縣東三十里馬蹬保岵山之陽，周迴一里。後魏置，尋改爲淅陽郡，即舊淅川縣。丹水城，在縣西上白亭保，近鮎魚崖側。縣西三十里。興化城，在縣西十餘里淅江之西。南鄉城，漢置縣。據水經在淅川縣境内丹崖山南。縣西北九十里。三户城，在縣西。春秋哀公四年〔四〕：晉執戎蠻子畀楚師于三户。即此。注云：三户即今丹水縣。按丹水即今淅川縣地。商於城，在縣西南。秦張儀許楚商於之地，即此。秦孝公封衛鞅十五邑於商於。正義曰：於邑在鄧州内鄉縣東七里〔五〕。即今於村保。博山縣，在今順陽保。張陂城，在縣西二十里下張陂保。石門，在馬蹬保。兩崖懸絶，形如門闕。

【校勘記】

〔一〕在縣治境外左右　「右」，底本作「石」，川本、滬本同，滬本眉批：「石字疑誤。」據嘉靖鄧州志卷八改。

〔二〕流本縣南會湯滔回車河等河　「流」、「南」，底本脱，川本、滬本同，據嘉靖鄧州志卷八補。

〔三〕春秋　川本、滬本同。按「許遷于析，實白羽」事載左傳昭公十八年，此「春秋」應作「左傳」。

〔四〕春秋　川本、滬本同。按「晉執戎蠻子畀楚師于三户」事載左傳哀公四年，此「春秋」應作「左傳」。

〔五〕於邑在鄧州内鄉縣東七里　「七」，底本作「七十」，川本、滬本同。史記越王句踐世家正義引括地志：「鄧州内鄉縣東七里於村，即於中地也。」史記商君列傳正義：「於商在鄧州内鄉縣東七里，古於邑也。」此「十」字衍，據删。

大勢：内、淅多山，新、鄧平原，其水率源於内、淅，而會於新野，以入襄江。李濂州志序：鄧之爲郡也，南控荆、襄，北連河、洛，西通巴、蜀，東際淮、海，實當天地之中，號稱陸海，蓋豫州之雄鎮。　鎮店：鄧穰東鎮，在州東北六十里。居民千餘家，商賈輳輻，爲鄧首鎮。而地當三界，鎮平護衛，軍民雜處〔一〕，刁頑健訟。　張村鎮，在州西北六十里。　湇灘店〔二〕，在州東四十里。西鄰湍河，爲陝、襄之衝。　程寬埠口店，在州西一百二十里。在丹江之東，近爲州縣之隅，遠界三省之間。舟車四通，商旅交至。稅歸淅川。　關堡：鄧構林堨河關，在州南四十里。舊南陽衛撥軍守把。今廢。　元史世祖紀：至元元年，敕鄧州沿邊增立茱萸、常平、建陵、季陽四堡。　順花營小千户寨，在州東北三十里。　韓百户寨，在州東义河口〔三〕。　鵪鶉寨，在州東五十里。　閻家寨，在州西五十里。　油李寨，在清涼寺前。

【校勘記】

〔一〕軍民雜處　「民」，底本作「力」，川本、滬本同，據嘉靖鄧州志卷八改。

〔二〕湇灘店　「湇」，川本、滬本作「濦」，嘉靖鄧州志卷八、順治鄧州志卷七作「湇」。

〔三〕义河口　底本作「三义口河」，川本、滬本同，據順治鄧州志卷七、乾隆鄧州志卷五改。

内鄉　西峽口關，在縣西北。設巡檢司。　内鄉保，即古内鄉縣舊城。　金斗關，在縣東北上北古保。設巡檢司。夏館關，在縣北。前所撥軍守把。黨子口關，在縣西南。榆關，在田下保。半川堡，在縣西北。前所撥軍守把。順陽堡，在縣西南。南陽撥軍守把。今廢。狄青寨，在縣西北十里。青屯兵於此。木塞，在内鄉堡。新野港口堡，在縣西北。湍河里堡，在縣西。土臼堡。石口堡〔一〕。安樂塞，在縣北。

淅川　花園關，在縣西北。北二百里。設巡檢司。前所撥軍守把。荆子口堡。缺。金史武仙傳：由荆子口會鄧州軍，仙自石穴趨淅川，泝流而上，山路險阻，霖雨旬日。水湍悍，老幼溺死者不可勝數，軍士亡者八、九。仙計無所出，乃由荆子口東還，自内鄉將入聖朵寨。至峽石左右八疊、秋林〔二〕，聞總領楊全已降宋〔三〕，留秋林十日，乃還大和。金斗、西峽、花園、荆子四關，咽喉商、洛，脈絡川、陝，以故兵禦先焉。若夫半川、夏館，則以其地産礦，有銀湖、裴家、耙齒數洞，土豪亡命，往往盤據其中，故戍守之不容已也。東漢永平中，改博山爲順陽縣。建安二年，改順陽爲南鄉縣〔三〕。按水經：南鄉縣在丹崖山南。又隋志云：縣有石墨山。則南鄉當

【校勘記】

〔一〕石口堡　底本空缺「口」字，川本同，據滬本補。

在今淅川縣境内。今漢改順陽爲南鄉，豈改而徙之耶？抑或後有別置者耶？姑闕以俟再考。又一統志云：南鄉，漢置縣。地名沙堰，在南陽縣一百里。隋於此置淅州，則又當在新野境内。未知孰是？按隋大業中，於南鄉城置淅州〔四〕，此當是淅川縣境内者。一統志云在沙堰，非是。

【校勘記】

〔一〕峽石　「石」，底本作「口」，川本、滬本同，據金史武仙傳改。

〔二〕聞總領楊全已降宋　「聞」，底本作「闕」，川本、滬本同，據金史武仙傳改。

〔三〕建安二年改順陽爲南鄉縣　川本、滬本同。晉書地理志：後漢建安十三年，魏武「分南陽西界立南鄉郡」，及晉武帝平吳，「改南鄉爲順陽郡」。宋書州郡志：順陽郡，「魏分南陽立曰南鄉，晉武帝更名。成帝咸康四年，復立南鄉，後復舊」。此紀年及改縣並誤。

〔四〕隋大業中於南鄉城置淅州　川本、滬本同。隋書地理志：淅陽郡，「西魏置淅州」。沿襲至隋開皇年間。隋書蘇孝慈傳：開皇十八年，「出爲淅州刺史」。此誤。

知州張僊鄧州志序：天下大郡大邑，設險以守，雖或有高城深池，凜不可犯，然未有内外重關，俱浚以濠，汪洋如鄧者。因求其故，則知在昔爲秦、楚、魏交爭之地。南宋有金難，李綱、胡寅欲於此駐蹕，岳飛鋭志恢復，先遣王貴克復之，誠爲襄、陝之咽喉。所謂有寬城平野，可以屯聚，不爲虚言，未可以中州遐郡略之也。嘉靖四十二年十一月，禁止馳驛人員由内鄉、商南路。先是，自京師、河南、川、陝、雲、貴往來馳驛人員，俱由潼關驛路。及後嫌其迂遲，乃由内鄉、商南，以取捷徑。内鄉、商南相距三百餘里，原無設立驛遞，往來迎送，疲苦已極，而夫馬廩給之費，歲亦不貲〔一〕。撫治都御史吴桂芳奏之，詔禁止。父老又云：太和山進貢，舊由均州達襄陽，皆循有驛之道。每驛六十里，往來將迎不難也。十年以前，有猾狡指使，不往襄陽，而改從光化、鄧州兩無驛之處，相距各一百二十里，然後達南陽。且每歲六、七貢，每貢幾百扛，光化、鄧州夫馬勞費，較之於驛，固加倍矣。及貢還鄧州，復不往光化，而改路徑抵均州二百四十里。鄧州勞費，較之光化，又加倍矣。復舊行有驛之道，蘇重苦無驛之民，是爲不可耶？

金史宣宗紀：興定五年，募民興南陽水田。

【校勘記】

〔一〕歲亦不貲　「貲」，底本作「資」，川本、滬本同，據嘉靖鄧州志卷二改。

泌陽　太胡山，在縣東北七十餘里。廣員五、六十里，泚水出焉。上平衍，有池泉，雖大旱不涸，堪輿家所謂天池也。嘗有雲物，禱雨輒應。張衡賦曰：天封太胡〔二〕，列仙之陬。銅山，按此與太胡爲二。在縣東六十餘里。一石而上下十里，危峯突兀，俯環羣山。盤石山，在縣南三十里。蔡水所出。後訛爲盤古山。中陽山，水經曰上界山，郭璞曰箴山，在故潕陰城東，瀙水出焉〔二〕。慈丘山，在縣西北五十里，藻水出焉。今呼爲三山。扶予山，水經云在潕陰縣西北。酈道元謂潕陰故城，在山之陽。蘇家寨山，在縣東北一百二十里。山有三峯，皆高險可據。相傳元末有蘇氏兄弟三人，各占一峯，明兵討平之。泚水。水經曰：泚水出泚陽東北太胡山，東南流，逕其縣南，蔡水從南來注之。泚水又西，藻水注之。泚水又西南，歷長岡月城北，舊泚水右會馬仁陂水〔三〕，又南逕會口，與緒水枝津合〔四〕，又南與澧水會。澧水，出桐柏山，與淮水同源而西流，故亦謂派水。西北流，逕平氏故城東北，又西北合溲水。水出湖陽北山，西流北屈，逕平氏城西北，入澧水。又西注泚水。泚水自下亦通謂之派水。光武破甄阜、梁丘賜於泚水西，斬之於斯水也。泚水又南，趙、澧二渠出焉。又西南，謝水注之。水出謝城，詩所謂「申伯番番，既入于謝」者也。謝水又東南逕新都縣〔五〕，左注泚水。泚水又西至新野縣，南入於淯。今人謂之泌水，蓋因縣誤而水亦誤耳。蔡水，水經謂之泄水。酈道元曰：泚陽無泄水，蓋誤引也。余以延昌四年，蒙除東荆州刺史，治泚陽故城。城南有蔡水，出南盤石山，故亦曰盤石川〔六〕。西北流注於泚，非泄水也。今人訛呼田市河。藻水，水經謂之澳水。酈道元曰：水出茈丘山〔七〕，東流，屈而南轉，又南入於泚水。按呂忱字林及難字、爾雅，並言藻水在泚陽。藻音藥〔八〕，今訛爲涼河。宋李鵬泚陽驛記曰：泚陽者，古唐州之郭下縣也。即所謂附郭、倚郭。自唐末廣明庚子之亂，巢寇一過，劫掠最甚。加以秦宗權據蔡，遣兵而西，欲並取唐，遂遷州於泌陽，今唐縣。而此反爲支邑。金史：唐州四縣：泌陽倚郭，有泌水、醴水〔九〕。比陽、有中陽山、比水，鎮曰羊棚〔一〇〕。湖陽、桐柏。元至元三年，以民力不及，州縣盡廢。九年，復置唐州及泌陽縣倚郭，以泚陽爲鎮，置巡檢司。明興，降唐州爲縣。洪武十四年，於泚陽置縣，而名曰泌陽。守靜曰：泌陽本湖陽地，故廢則入湖陽，復則割湖陽，於泚陽無與焉。杜氏通典漫云舞陰在泌陽北，文獻通考遂云泌陽改曰舞陰，皆無稽也。唐州之名昉於唐，終唐之世皆治比陽〔一一〕。五代而後，徙治泌陽〔一二〕。今唐縣。宋、金、元南北交爭，適當邊邑，人物凋殘，比陽與旁邑並廢，獨泌陽爲唐州倚郭而存，比陽之墟實隸之。故唐州爲縣，置縣比陽，而遂襲泌陽之名也。唐縣，本後魏石馬縣，後訛爲上馬縣。唐貞觀初，省入湖陽。開元十三年，復割湖陽置上馬縣。天寶元年，改爲泌陽縣。泌水在其縣南。按水經，湖陽之水無泌水，有溲水出湖陽北山，西北流入澧水。今唐縣南三家河是也。唐時呼爲泌水，而縣在其北。天祐三年，朱全忠徙州治泌陽，歷宋、金、元爲唐州。明興，降爲縣。

【校勘記】

〔一〕天封太胡　川本、滬本同。按文選南都賦云：「天封大狐。」李善注：「天封，未詳，或曰山名也。南郡圖經曰：

大胡山，故縣縣南十里。」

〔二〕溳水出焉　底本空缺「溳」字，川本同，據滬本及水經溳水注補。

〔三〕馬仁陂　「馬」，底本作「焉」，川本、滬本同，據水經比水注改。

〔四〕與緒水枝津合　「緒」，川本、滬本同。按水經比水注作「堵」，楊守敬水經注疏：朱謀㙔「堵」訛作「緒」，趙一清改，戴震改同，「此即淯水編所云堵水枝分東南至會口入比者也」。

〔五〕謝水又東南逕新都縣　「又」，底本作「自」，川本、滬本同，據水經比水注改。

〔六〕南盤石山故亦曰盤石川　兩「盤」字，川本、滬本同，水經比水注皆作「磐」。楊守敬水經注疏引清統志云：蔡水，「出盤古山，即磐石山」。

〔七〕茈丘山　「茈」，底本作「慈」，川本、滬本同，據水經比水注改。

〔八〕藻音藥　「藥」，底本作「樂」，川本、滬本同，據水經比水注改。

〔九〕醴水　「醴」，底本作「澧」，川本、滬本同，據金史地理志改。

〔一〇〕比陽有中陽山比水鎮曰羊棚　二「比」字，底本皆作「沘」；「棚」，底本作「栅」，川本、滬本同，並據金史地理志改。

〔一一〕比陽　「比」，底本作「沘」，川本、滬本同，據新舊唐書地理志、元和志卷二一改。下同。

〔一二〕五代而後徙治泌陽　川本、滬本同。新唐書地理志：泌州，武德九年，唐州徙治比陽，「天祐三年，朱全忠徙治泌陽，表更名」。廣記卷八：唐州泌陽縣，「天祐二年，州自比陽徙治於此，改爲泌州，後復故」。本書下文所記同新唐志，此記誤。

裕州　平頂山，在州東九十里。山頗大，而其巔獨平。西壁直下百仞，有水下注，匯爲龍潭，即沙河之源也。火星山，在州北四十里。其山有洞，出銀、銅、錫礦。分水嶺，在州西北五十里。

堵河，在州西三里，在南亦三里。發源泉白山，州北五十里。合北山諸水，南行三里，抱城東流，合於潘河。漢建堵陽，實在此水之北，在今治東南五里，微有遺迹。潘河，在城東門外。發源温泉，經城東行三里，合於堵河。又南行八十里，合於唐河。堵陽陂，在州東五里。始於漢，南築長堤，北蓄諸水，東西設斗門，廣三十餘頃，灌田數百頃。歲久湮塞。後知州郝世家悉佃於民，以地勢高而斗門下，不可修築故也。

堵陽城，在州東南五里。漢置縣，以其在堵水之北故也。今有遺址。順陽城，在州北二里。後漢置縣。晉置郡。今有遺址。霸王城，在州北牛心山。按水經注：苦菜、於東之間有小城，名方城，在潕水之西。今觀此城，恐是北方城。方城者，今之州城也。西魏始置。歷考諸書，遷徙不一。又置赭陽北方城。按水經注，苦菜、於東之間有小城，名方城。則今之方城，未必爲西魏之方城也。舊志順陽城在州北二里，而内鄉境内有博山縣，後漢改爲順陽縣，不爲無據。第不知西漢名堵陽，東漢名順陽，而堵陽之名不見於書，是堵陽之爲順陽明矣。府志據其説而詳書之，似也。然又不知順陽之名至唐而絶，内鄉之順陽，乃宋太平興國六年别置，不可執一而論也。光武封更始長子求爲襄邑侯，通志指爲今裕州。按雖有唐襄邑王神符之説，恐此襄邑乃睢州之襄邑也。闕之。

舞陽　蘇家寨山，在縣南七十里。高千餘丈，壁立峻絕。沙河，在縣北五十里。源出魯山吳大嶺，流經本縣，東會澧水。舞水泉〔一〕，在縣南三里河南厓。水出湧沸如舞，舞陽在其北，故以名縣。西舞陽、東舞陽廢縣，後魏置，領於期城郡。當在淅川界。

【校勘記】

〔一〕舞水泉　「水」，底本脱，川本、滬本同，據明統志卷三〇、圖書集成職方典卷四四八補。

葉　昆水三堰：上堰在縣西，中堰、下堰在縣東〔二〕，引昆水以溉田。今故址尚存。東西二陂〔三〕，東陂最大，東西十里，南北七里。水經注：西陂水出方城山，北流〔三〕，蓄之爲陂，方二里。陂水散流，逕葉縣東南，北注醴水。醴水又東注葉陂，即東陂。困學紀聞：水經注：方城西有黄城山，是長沮、桀溺耦耕之所。有東流水，則子路問津處。尸子曰：楚狂接輿，耕於方城。郡國志曰：葉縣有長山，曰方城〔四〕。石門山，在縣西南六十里青山東〔五〕。後漢高鳳隱處。〔旁注〕縣志補。尚書臺，一名講武臺，在縣東二十二里。後漢南郡太守馬融講尚書於此。唐顯慶二年十一月二十一日〔六〕，高宗講武於滍水之南，行三驅之禮。上設次於尚書臺以觀之。許州長史封道弘奏改爲講武臺，從之。

【校勘記】

〔一〕上堰在縣西中堰下堰在縣東　川本、滬本同。圖書集成職方典卷四四九：葉縣，昆水三堰，「上堰，縣西南，中堰、下堰，縣東南」。清統志卷二一二：「昆水三堰，在葉縣。上堰在縣西南，中堰在東，下堰在縣東南。」蓋此「縣西」、「縣東」下並脱「南」字。

〔二〕東西二陂　「陂」，底本作「坡」，川本、滬本同，據本書下文及紀要卷五一改。下同。

〔三〕北流　「北」，底本作「東」，川本、滬本同，據水經汝水注改。

〔四〕葉縣有長山曰方城　「山」，底本作「城」，川本、滬本同。按續漢書郡國志：「葉有長山，曰方城。」李賢注引杜預曰：方城山在縣南。據改。

〔五〕青山　「青」，底本作「春」，川本同，據滬本改。圖書集成職方典卷四四八：葉縣，「石門山在縣西唐山東」。又「青山，在縣西南六十里，即西唐山。」

〔六〕唐顯慶二年十一月二十一日　底本脱「慶」字，「二年」上有「十」字，川本同，據滬本及新唐書高宗紀補删。

固始　漢人作楚相孫叔敖碑云：封於潘鄉。即固始也。郡國志：固始侯國，故寢也，光武中興更名。有寢丘。注：史記曰：楚莊王封孫叔敖子。然則潘即潘寢丘，一鄉爾。

金史石盞女魯歡傳：蒙古兵來攻歸德，初患砲少。父老有言，北門之西一菜圃中，時得古砲，云是唐張巡所埋。掘之，得五千有奇，上有刻字，或「大吉」字者。蒙古兵晝夜攻城，駐營於南城外。其地勢稍高，相傳是安禄山將尹子奇於此攻巡、遠，得睢陽。時經歷冀禹錫及官屬王璧等〔一〕，極力守禦，城得不拔。方蒙古兵圍城，議決鳳池大橋水以護城。都水官言，去歲河決敖游堌時，曾以水平量之，其地與城中龍興塔平。果決此，則無城矣。及蒙古兵至，有獻決河之策者，主將從之。河既決，水從西北而下，至城西南，入故濉水道，城反以水爲固。求獻策者欲殺之，而不知所在。蒲蔡官奴傳：率忠孝軍自南門登舟，由東而北，夜殺外堤邏卒，襲蒙古軍於王家寺。三輔黄圖：曜華宫，梁孝王好營宫室、苑囿之樂，作曜華宫，築兔園。園中有百靈山，有膚寸石、落猿巖、棲龍岫；又有雁池，池間有鶴洲、鳧渚。其諸宫觀相連，延亘數十里，奇果、異樹、珍禽、怪獸畢有。王日與宫人賓客弋釣其中。

【校勘記】

〔一〕王璧　底本作「五璧」，川本同，滬本作「王璧」，據金史石盞女魯歡傳改。

新蔡　鮦陽城。漢書地理志：應劭曰：在鮦水之陽。史記：皇覽曰：縣有葛陂鄉〔二〕，城東北有楚王冢。後漢永平元年，封陰慶爲鮦陽侯〔三〕。後漢郡國志曰：鮦陽侯國。今屬鳳陽府潁州。楚武王戍，在縣東北七十里鮦陽城。齊豫州刺史裴叔業侵魏楚王戍，即此。蓋因其地有楚王墓，魏於此置戍，故稱楚王戍云。汝河，在縣南。汝水，國初時，出西平縣雲莊諸山及遂平縣馬鞍諸山各溪澗，細水兩派，各自爲河。至新栅鎮，合而爲一。經西平縣城東十餘里，復分爲二。其分流東南者，會留堰河之水，繞汝寧府北，經汝陽縣楊莊、寒東〔三〕、汝南埠，息縣之岳城，曲轉入新蔡之河埠〔四〕、官津、三岔口，受洪水，東流至潁州之方家集，固始之朱皋，入於淮。今嘉靖八、九年來，西平雲莊諸山之水塞，僅有遂平洪山一帶溪水，繞汝寧府城而東下〔五〕，爲汝之源。按汝水舊出汝州天息山，東南至河水鎮，入西平界，流入上蔡，至汝陽、新蔡、固始之朱皋，合於淮。元季，兩水泛溢，爲蔡州害，故自舞陽之鍋河截斷其流，約水東注，其患稍寧，因升蔡州爲汝寧府。然則今之汝河，本出汝州天息山。自元末斷其流，改入郟縣、襄城、郾城、西華、南頓，至沈丘、潁州入淮；而西遂平馬鞍諸山之水，灌集古渠者，仍稱汝水。是汝寧府本因汝州得名，今之汝河又因汝寧府得名。汝之名雖沿舊，而求其源，則非古之所謂出自天息山者矣。洪河，在縣城北。舊出西平周家坡〔六〕。今坡淤爲良田，而西平雲莊諸山溪水，仍集舊渠。東流西平城北，又東行三十里爲五澌營，歷西洪橋、東洪橋、上蔡之朱澌店，迤南傍項城小乾河，東南經汝陽縣之社橋、廟兒灣、楊埠，入新蔡之葛陵、李莊橋、孫招店、九里港、張六廟、三岔口，會合汝水，入於淮。今按周家坡在西平縣東北二十里，水則生魚，涸則生葦。成化辛丑，忽變而生麻。嘉靖初，爲汝水所淤，俱變爲良田。則是今之洪水，遡流而上，僅達西平河水鎮迤西南之雲莊地方，山溪間即不能行舟，而洪水之出，亦非昔之發源周家坡者矣。灊水，在城西鄉。其源未詳，今有故迹。北齊改新蔡爲灊水縣，以此。葛陂水，在縣北七十里鮦陽城。水經注：葛陂東出爲鮦水，俗謂之三丈陂。非今之縣西葛陂也。青陂。水經注：漢建寧三年，新蔡長李言上請復青陂。牆陂，在縣南。水經注：源起桐柏淮川，别流入於潺湲，逕新息牆陂〔七〕，衍於褒信界。官津，在縣南十里。孔子自楚反蔡問津之處。葛陵，在縣西北五十里，乃後漢銚丹之墓。丹封侯於此。四望城〔八〕，在縣東十八里。魏書云：新蔡郡治有四望城，俗傳爲項羽屯兵處。按漢時，吾邑所轄鮦陽城有葛陂，與今之縣西葛陂各爲一地。然息縣亦有地名葛陂者，史稱石勒遣兵距壽春，則知爲邑之葛陂云爾。宋元嘉二十九年，新蔡蠻二十餘人破大雷戍，略公私船舫，悉引入湖。按晉末新蔡人悉徙九江，至宋時，則蠻據之，故稱新蔡蠻。

【校勘記】

〔一〕縣有葛陂鄉 「陂」，底本、川本、滬本作「陵」。史記楚世家集解引皇覽曰：「楚武王冢在汝南郡鮦陽縣葛陂鄉城東北。」續漢書郡國志劉昭注引皇覽同。據改。

〔二〕陰慶　「陰」，底本作「投」，川本、滬本同，據後漢書陰識傳改。

〔三〕繞汝寧府北經汝陽縣楊莊寨東　「北」，底本脱；「東」，底本作「涷」，川本、滬本同，並據乾隆新蔡縣志卷一補改。

〔四〕河埠　「埠」，底本作「塢」，川本、滬本同，據乾隆新蔡縣志卷一改。

〔五〕繞汝寧府城而東下　「繞」，底本作「統」，川本、滬本同，據乾隆新蔡縣志卷一改。

〔六〕周家坡　「坡」，川本、滬本及乾隆新蔡縣志卷一同，圖書集成職方典卷四六八、清統志卷二一五作「陂」。下同。

〔七〕新息　「息」，底本作「蔡」，川本、滬本同，據水經汝水注改。

〔八〕四望城　「四」，底本脱，川本、滬本同，據圖書集成職方典卷四七五、乾隆新蔡縣志卷一補。

羅山　鵲山，在縣西南九十里。大乘山，在縣南一百七十里。山甚峻，虎狼多穴此。仙居山，在縣南二百三十里。小黄河，在縣南門外。源自靈山，繞縣城下流而流入竹竿河。色類黄河。有太祖高皇帝御製過此河柴橋詩。淮河，在縣北二十里。澌河，在縣西北六十里。源自隨州黄土山，東流入淮。冥阨塞，在縣西南一百二十里，即淮南子所謂九塞之一。史記云：秦不敢攻冥阨之塞。徐廣云：即鄳城也〔一〕。太平寨，在縣南一百二十里息山保。有四門、碓磑井竈之類。孫家寨，在縣南一百四十里華山保。二寨，元末邑民皆避兵，可容千百人。

【校勘記】

〔一〕史記云至即鄘城也　「史記」，底本作「漢書」，川本、滬本同，據史記魏世家改。又，魏世家集解引徐廣曰：冥阸之塞，「或以爲今江夏鄳縣。」

汲　邶國，武王既克殷，分其畿内地，自紂城以北謂之邶，南謂之鄘，初以封紂子武庚祿父，比於諸侯，以奉殷祀。武庚祿父作亂，周公以成王命，興師伐殷，殺武庚祿父，以殷餘民並其地益封衛康叔。今汲縣東北有邶城，是也。路史：邶，武庚之封，霍叔尹之。鄘，管叔尹之〔一〕。文獻通考：封康叔於衛，而以邶、鄘封同姓之國。其後衛子孫稍并邶、鄘二國，故邶、鄘之詩，皆言衛事。山堂考索：自紂城北謂之邶，以封紂子武庚；南謂之鄘，以管叔尹之；東謂之衛，以蔡叔尹之。按諸說不同，附注於此。鄘國。路史云：今衛之汲東北有故鄘城。今新鄉縣西南有古鄘國，是也。漢書功臣侯表：汲紹侯公上不害。霖落山，在縣西北三十五里。近郡諸山，獨此最稱幽勝。重巒絶巘，瑰特千狀，古木奇石，森立四圍。中有香泉寺。蒼峪山，一名蒼山，在縣西北四十里。山産蒼珉石。峪口有黑龍潭，深不可測。上建龍神廟，禱雨多應。爐頭山，在蒼峪山内。有鐵，似牛形。相傳元末兵亂，山寇造兵所遺。太公泉，在縣西北二十五里。流十餘里，伏流入地，在太公廟東。按水經：汲故城北三十里有太公泉。太公故居也，故名。汲冢，在縣西二十里。魏安釐王所葬。晉太康二年，汲人不準盜發得竹書數十車，世號汲冢周書。太康元年，汲縣人盜發魏王墓，或言安釐王冢，得竹書數十車，皆簡編科斗文字。束皙爲著作，隨宜分析，皆有冥證。古書有易卦，似連山歸藏，春秋似左傳。比干墓，在縣北十五里，即周武王所封。墓前有宣聖親筆「殷比干墓」石刻四字。廟旁有元時衛輝路教授王公悦臨摹周武王封比干墓銅盤銘。碑石殘斷，字畫失真。萬曆十五年，知府周思宸重摹汝帖，立石於墓前。銅盤銘，相傳唐開元中，偃師縣土人耕地得之，因以立墓。篆文甚奇古，其釋文云：左林右泉，後岡前道。萬世之藏，兹焉是寶。一作前岡後道。藏一作靈，一作寧。兹一作於。寶一作保。困學紀聞：杜子美詩「杏園度亦難」，杏園在衛州汲縣。郭子儀自杏園渡河，圍衛州，董秦爲濮州刺史，移鎮杏園。

【校勘記】

〔一〕鄘管叔尹之　底本脱此句，川本同，據滬本及路史國名紀丁補。

胙城　胙國，姬姓，伯爵，周公支子所封。後爲南燕國。南燕國，姞姓，伯爵，黃帝之後。其地即周公子胙伯之所封。春秋隱公五年〔二〕：衛以燕師伐鄭。莊公十九年〔三〕：衛師、燕師伐周，立子頹。以後無考。後漢燕侯樊儵〔三〕。黃河故道，原自今之陽武北新鄉西南，東北經延津、汲縣、胙城，至大名府濬縣大伾山北入海。即禹貢導河「東過洛、汭，至于大伾」處。胙之河，禹之舊迹也。周定王五年，河徙砱礫，胙流乃塞。漢文帝十二年〔四〕，河決酸棗，東南流，經流封丘，入大名長垣縣，至山東東昌府濮州張秋入海。是後河復過胙，水經所謂，東至酸棗，又過南燕縣故城北。是也。隋、唐以來，屢經決溢，胙不詳其有無。宋熙寧十年，河溢衛州，自王供埽至汲、懷州等處，北流遂絶。胙於是時，宜無河矣。縣圮於河，宜在熙寧之前也。金正大中，復以河患徙縣，當是二十年決衛州之時。但不知北流既絶，何時而復注也？既徙宜復湮矣。金明昌五年，河犯武城堤，泛及金山。明年，詔鑿新河，在今新鄉縣南，復經於胙。元自原武決而東南，流經陽武、封丘，茲流復絶。沙没新州，蓋其時也。元至國朝，遷徙不常，皆未去境内。正統十三年大溢，仍修陽武故道〔五〕，直抵張秋。景泰四年，又徙而南。百年以來，故道多積沙爲患。或謂河徙淤澱，夏則膠土肥腴，初秋則黃滅土，頗爲疏壤，深秋則白滅土，霜降後皆沙也。今其遺迹，自小店、伍疃社、新州城、棘針鋪、吳安屯、董國、班棗、丁家莊、林家莊等處，以至滑縣，廣狹不同，宛宛可見。其經縣南，乃決酸棗故道也。沁河故道，俗名孟姜女河。自武陟縣流經胙城境〔六〕，北行與汲縣相接。在漢堤西，今塞。

【校勘記】

〔一〕春秋　川本、滬本同。按「衛以燕師伐鄭」事見左傳隱公五年，此「春秋」應作「左傳」。

〔二〕莊公十九年　「十九」，底本作「二十」，川本、滬本同，據左傳莊公十九年改。

〔三〕燕侯樊噲　底本「燕」上衍「南」字，川本、滬本同，據後漢書樊噲傳删。

〔四〕漢文帝十二年　「二」，底本作「一」，川本同，據滬本及漢書文帝紀改。

〔五〕仍修陽武故道　「修」，川本同，滬本作「循」，以文意是。

〔六〕武陟縣　「陟」，底本作「陵」，川本同，據滬本及紀要卷四九、清統志卷一九九改。

新鄉　漢新鄉侯豹，清河剛王子，宣帝本始四年封。新鄉侯鰓，東平煬王子〔一〕，平帝元始元年封。

【校勘記】

〔一〕東平煬王子　「東」，底本作「樂」；「王」，底本作「五」，川本同，據滬本及漢書王子侯表改。

淇　鹿臺，在縣西五十里南陽社，即商紂積財處。周書：武王散鹿臺之財。是也。史記：厚賦税以實鹿臺之錢。按劉向新序：紂爲鹿臺，七年而成。其大三里，高千尺。今爲鹿臺寺。

濬縣西五十里亦有此臺。鉅橋，在縣東北十五里吴里社，即商紂積粟處。周書：發鉅橋之粟。是也。索隱曰：鉅，大。橋，器名也。服虔曰：鉅橋，倉名。濬縣西五十里亦有此橋〔一〕。酒池，在縣西北十五里靈山社。商紂貯酒之處。遺迹尚存。淇園，在縣西北里河社。淇水之澳，園古多竹。詩：瞻彼淇澳，菉竹猗猗。漢書：武帝塞瓠子河，取淇園之竹以爲揵〔二〕。又，寇恂伐淇園之竹，爲矢百餘萬。是也。

【校勘記】

〔一〕濬縣西五十里亦有此橋　「十」，底本脱，川本同，據滬本及萬曆衛輝府志卷一補。

〔二〕揵　底本作「楗」，川本、滬本同。按史記河渠書：「而下淇園之竹以爲楗。」集解引如淳曰作「楗」。漢書溝洫志：「而下淇園之竹以爲揵。」顔師古注引如淳曰作「揵」。「楗」、「揵」通。此處引漢書，據改。

輝　凡國，姬姓，伯爵。周公第二子爲周畿内諸侯，封於凡，世爲卿士。厲、幽之時，凡伯作板、瞻卬、召旻諸詩以刺之。魯隱公七年，王使凡伯聘魯還，戎伐之於楚丘以歸。今輝縣西南二十里有凡城，即其地也。本共城縣，金世宗改爲河平縣，又改爲蘇門。宣宗升爲輝州。因州之百泉有威惠王殿曰清輝，故名。漢書功臣表：共莊侯盧罷師〔一〕。共山，在縣東北九里。百門泉，源出蘇門山下。泉通百道，故名。詩：毖彼泉水。又曰：泉源在左，即此。一名衛源，以衛之河發源於此。其河即衛河。泉上有威惠王祠。共姜臺，在縣治内宅之東。臺高一丈五尺。即衛世子共伯妻共姜守節之所。或曰墓在其下。齊王建舊居，在縣西北七里蘇門山坡。秦兵擊齊，齊王聽相后勝計，不戰降。秦遷之共，處松柏之間，餓死。齊人歌之曰：松耶柏耶！住建共者客耶！疾建用客之不祥也。嘯臺，在蘇門山巔，即晉孫登隱居長嘯之所。阮籍往見登，與商略今古〔二〕，嘿然不應。籍退至半山，聞山巔有聲若鸞鳳，乃登嘯也。安樂窩，在蘇門山内西北百泉之上。宋邵康節所居之處。山陽鎮，在縣西南七十里〔三〕。元省山陽縣入輝州，改縣爲鎮。玉堂事記。枋口水，舊名古秦渠。魏末，司馬孚創修。至隋，盧賁復開治。唐大和間，河陽節度使大加疏導，溉河内、河陽、温、濟源、武陟五縣民田五千餘頃〔四〕。宋天聖初，枋堰始壞。元中統初重修。

【校勘記】

〔一〕漢書功臣表共莊侯盧罷師　川本、滬本同。按漢書高惠高后文功臣表作：共嚴侯旅罷師。疑此誤。

〔二〕與商略今古　「今」，川本、滬本同，萬曆衛輝府志卷一、圖書集成職方典卷四一三作「終」。疑此誤。

〔三〕在縣西南七十里　「南」，底本作「北」，川本、滬本同，據萬曆衛輝府志卷一、圖書集成職方典卷四一三改。

〔四〕溉河内河陽温濟源武陟五縣民田五千餘頃　「源」，底本脱，川本、滬本同。新唐書地理志：濟源縣，「有枋口堰，大和五年，節度使温造浚古渠，溉濟源、河内、温、武陟田五千頃」。紀要卷四九載同，此「濟」下脱「源」字，據補。新唐志、紀要記灌濟源等四縣，無「河陽縣」。

修武　太行山，距縣五十里。山自濟源綿亘迤邐，經河内，環縣之北，而東跨武安縣。青口山，在太行東。閻王鼻山，在青口山後。壁立萬仞。嘗有異人鑿石插木，可攀援而上。上平衍土沃，禽獸卉木皆奇絶。有僧建寺居之。新河，在縣北七里。故通舟楫，年久淤塞。知縣張甫疏之，東入衛水。南陽城，在縣北三十里。韓文公七世居之。有韓家莊營及湘子祠址〔一〕。禪陵，在縣北三十里。魏人葬漢獻帝於此。今猶復其守陵者二户云。

【校勘記】

〔一〕韓家莊營　「營」，川本同，滬本作「塋」。

濟源　溴陽縣，在縣東五里李莊里。唐置，尋省入濟源。邵原縣，在縣西一百六十里邵原里。唐置，尋廢。蒸川縣，在縣北二十里燕川里〔二〕。唐置，尋省入濟源。舊唐書迴紇傳：僕固懷恩平史朝義〔三〕，自相州西出嶂口路而西，可汗自河陽北出澤、潞，與懷恩會。濟瀆，在今縣西三里。有祠以祀大濟之神。其殿北復有北海神殿。北海之前有池，周七百步。其西一池，周與之等，而中通焉，即濟水所聚。其源自王屋山天壇之顛，伏流百里，至此復見。東流，合流至温縣，歷虢公臺，入於河。禹貢：導沇水，東流爲濟。是也。東池俗傳間能出物，以應人之求。率自三月至四月望而止，餘月則否。蓋春夏之交，泉脈騰沸，而濟尤勁疾。物隨沸而上，人或不取，須臾復沉。

【校勘記】

〔一〕蒸川縣在縣北二十里燕川里　「蒸」，底本作「燕」，川本、滬本同。舊唐書地理志：濟源縣，武德二年，「分置溴陽、蒸川、邵原三縣」。新唐書地理志及清統志卷二〇三同，此「燕」爲「蒸」字之誤，據改。

〔二〕史朝義　「義」，底本作「議」，川本、滬本同，據舊唐書迴紇傳、史朝義傳改。

方輿崖略〔一〕：河南諸水，以河爲經。附河諸郡水，濟、潁、睢、淝、溱、洧、伊、洛、瀍〔二〕、澗俱入焉。北以衛河爲輔，而漳於境外合之；南以淮河爲輔，而汝自境内合之，然多截流横渡而已。春夏水漲則堤岸爲魚，秋冬水涸則沙灘成地，無舟楫之利，無商賈之埠，無魚鼈之生，間或有之，亦不多也。惟南陽泌、淯諸水，皆南自入漢，若與中州無涉者。然舟楫商賈，反因以爲利。

中州山皆土壠，不生草木，亦不結鉗，局氣行於地而不行於山也。惟崧高土皮石骨，蒼翠相間，特出爲奇。其他則西南邊境處間有青山，山脈亦自西南而來，下終南，歷商洛、武關，東則一支循伊、洛、龍門而行去，爲嵩山；南則一支出魯山，經泌陽、桐柏去，爲荆山，直循淮、泗南行，爲正幹。

黄河故道，由大名趨河間，至直沽入海。自隋煬帝欲幸江都，龍舟四十丈〔三〕，汴水狹不能容，乃引河入汴。當時止一時渡舟計耳，不意河流迅急，一入不回，遂爲千百年之害。蓋河北地勢高，汴河身低，又河南土甚疏理，任其衝突奔潰，故一入不回。余見世廟時有欲求禹故道者，真迂儒之言也。

三門而下，石磧如山，連延百里。河過底柱，響聲如雷。漢時轉漕關中，皆由此路，不知何以挽舟而上？或謂古有月河，今石磧中皆無形影可求。

中州雖無山，然出美石，黑者如清油，白者如截肪，不若江南之粗理也。桐柏花石更佳〔四〕，不減大理。諸果品味勝，爲沙土所植。其田土甚寬，有二畝、三畝作一畝，名爲大畝，二百四十弓爲小畝。地廣人稀，真惰農也。

八郡惟睢、陳難治，以多盜故。光、羅山難治，以健訟故。盧氏、南召難治，以好逋故。洛中難治，以豪舉故。滎陽、滎澤難治，以衝疲故。

四瀆惟濟水奇，性喜伏流，流雖伏，然迅急與地上等。本穿黄河截流而過，又能不與河水混，及其千里出地爲趵突，高六、七尺。濟源初出之處，又能洄洑藏匿，所浮物至年餘而出，若用機者然。造物之奇如此。

河北三府，幅員不能當一開封，業已分封趙、鄭二府矣，近乃又改潞府於衛輝。衛輝城池既狹，人煙又稀，土田少沃，與衡陽相去遠甚。且通省建藩已至六國，尚有廢府諸郡，兩河民力，疲於禄米之輸甚矣，而諸藩供億尚爾不足。諸藩惟周府最稱蕃衍，郡王至四十八位，宗室幾五千人。以故貧無禄者，不得不雜爲賤役，或作爲非僻。稍食禄而無力以請名封者，至年六、七十，猶稱乳名終其身。故諸無禄庶人，八口之饑饉既不充，四民之生理又無望，雖生於皇家，適以囚禁之，反不如小民之得以自活也。將來生育愈繁，不知何以處之？

中州俗淳厚質直，有古風。雖一時好剛，而可義感。語言少有詭詐〔五〕，一斥破之，則愧汗而不敢强辯。其俗又有告助，有吃會。告助者，親朋或徵逋追負而貧不能辦，則爲草具，召諸友善者，各助以數十百而脱之。吃會者，每會約同志者十數人，朔望飲於社廟，各以餘錢百十交於會長蓄之，以爲會中人父母棺衾緩急之備，免借貸也。父死子繼，愈久愈蓄。此二者皆善俗也。

汴城在八郡中爲繁華，多妖姬麗童，其人亦狡猾足使。城外繁臺，土人念繁爲博，未審其義〔六〕。或云即梁孝王平臺，又云師曠吹臺。上有大禹廟，貌「河、洛思功」字〔七〕，然廟制狹〔八〕，不稱所以祠禹者。

周公測景臺，在登封五十里村中，舊郜縣也，對箕山許由冢。有所遺量天尺存。其所竪小石碑，果夏至日中無影。古云陽城天地之中，然宋時測景又近汴。唐顔魯公又於汝寧城北小阜立天中山碑，亦謂夏至無影。

周公卜洛時，未有堪輿家也，然聖人作事，已自先具後世堪輿之説。龍門作闕，伊水朝前，邙山環後，瀍、澗内裹。大洛西來，横繞於前，出自艮方。嵩高爲龍，左聳，秦山爲虎，右伏，黄河爲玄武，後纏。四山城郭，重重無空隙。余行天下都邑〔九〕，未見山水整齊於此者，獨南北略淺逼耳。

洛陽水土深厚，葬者至四、五丈而不及泉，轆轤汲綆有長十丈者。然葬雖如此其深，盜者尚能以鐵錐入而嗅之，有金、銀、銅、鐵之氣則發。周、秦、漢王侯將相多葬北邙。然古者冢墓大，隧道至長里餘者，明器多用金、銀、銅、鐵。今三吴所尚古董，皆出於洛陽。然大冢禁於有司，不得發，發者其差小者耳。古器惟鏡最多，秦圖平面，最小。漢圖多海馬、葡萄、飛燕，稍大。唐圖多車輪，其緣邊乃如劍脊。古者殮用水銀，此鏡以掩心，久之尸蝕而水銀不壞，則鏡收之。故硃砂、翡翠，以年代久近爲差。瓦羽觴不知其所始，冢大者得百千隻，以蠟色而香者爲佳。若氣帶泥微香而滲酒者〔一〇〕，皆贋爲之耳。郭公磚，長數尺，空其中，亦以甃冢壁，能使千載不還於土。俗傳其女能之，遂殺女以秘其法。今吴、越稱以琴磚，寶之，而洛陽巨細冢牆址無不有也。

洛陽住窑，非必皆貧也，亦非皆範磚合瓦之處。遇敗冢，穴其隧道門洞而居，亦稱窑。道旁穴土而居，亦稱窑。山麓穴山而棲，致挖土爲重樓，亦稱窑。謂冬燠夏涼，亦藏粟麥不壞，無南方霉濕故也。

陜州、靈寶二城，皆西北濱河，南阻山，東南通一線路。河崖高尋丈，故水不溢入城。陜州城無水，乃自交口引涓涓來四十里，穿城樓上過，滴召公池中。

自洛陽西行，左秦山，右邙山，皆綿亘數百里，直至函谷，中夾線路而已。邙山外則大河包之，秦山後則萬山叢出，故秦關百二，真天險也。新安縣在山上，東西可二里，南北僅百步。自新安上山，至義昌始下平坡。義昌，澠池所轄也。過澠池，至硤口又上山。大抵入秦之道皆仰行。孟津在邙山外，止轄河坡一帶，縱不過五里，横十之。與新安二縣，爲洛中最小而疲。

伏牛山在嵩縣，深谷大壑之中數百里。中原戰爭，兵燹所不及，故緇流衲子多居之。加以雲水遊僧，動輒千萬爲羣。至其山者如入佛國，唄聲梵響，别自一乾坤也。然其中戒律齊整，佛土莊嚴。打七降魔，開單展鉢，手持貝葉，口誦彌陀，六時工課，行坐不輟。良足以引遊方之目，感檀越之心，非他方刹宇可比。少林則方上遊僧至者守此戒，是稱禪林。本寺僧則啜酒啖肉，習武較藝，止識拳棍，不知棒喝。

南召、盧氏之間多有礦徒，長鎗大矢，裹足纏頭，專以鑿山爲業，殺人爲生，號「毛葫蘆」。其技最悍，其人千百爲羣，以角腦束之。角腦，即頭目之謂也。其開採在深山大谷之中，人迹不到，即今之官採亦不敢及。今所採者，咸近市井道路處也。聞此一時，貂璫以狐假虎〔一二〕，殺人而吮其血，撫按袖手而唯唯。宛、洛之間，初至，報富室以爲硐頭，非厚賂不免。維視礦脈，則於富人墳墓掘之，又非厚賂不免。其借歇公差，寄頓官物，必尋富人之莊，又非厚賂不免。貧人則自裹糧而執役，中産則計門攤以賠税，而奏官仲春等，踉蹌剥削，擅逞淫刑，亡論貧富，人皆坐諸湯火。藩司費萬金之出，内帑不能得萬金之入。昔人謂：「内帑之一金，府庫之十金，民屋之百金也。」良然。朝廷此舉，聽於仲春之一言，仲春之肉不足食，第恐中州禍亂，不知所究竟也。

汝寧郡治二門兩石臺，舊吴元濟牙臺也。此淮、蔡之地，古稱亂邦，險要之説，不可以時平而廢。府城正北突出爲半規，建府治其中，流汝水於下。今汝齧於城之足矣。決汝水逆於西門，則城浸；鑿河崖穴地道，則半規者壞而不守，非計也。汝屬惟信陽據險，城築於山岡之上，四面皆低。又瀰水在前，淮河在後，最易守。

汝寧惟光州所屬光、固、商、息爲南五縣，通淮河，稍集商旅，聚南貨，覺文物與諸縣差殊，人才亦輩出。光山一薦鄉書，則奴僕十百輩，皆帶田産而來，止聽差遣，不費衣食，可怪也。商城自固始分，當時草草，分民不分土。至今商城民住固始城中，田耕於固始村内。固始亦然。兩縣令常以逋逃拘集而成口語。

確山南多稻田，近楚俗，北乃旱地，漸見風塵。其城四里，曾經流賊入屠之。今城中民不

二、三百家，又多縉紳巨族，女牆埤堄七百餘，有城而誰與爲守？且貿易店鋪穀粟皆聚於東門之外，一燎則城中坐困矣。縣後與學後又皆空地，氣象蕭索。余故移一集於城中空處，使人煙喧鬧以招徠四方商賈〔一二〕。目下生氣且集〔一三〕，場既立，店舍漸興，則穀粟可以次入城，而此歸市之民即守城之衆，亦以默寓百年久遠之計。奈後來者不能深識余情而遽罷之。

汝寧稱殷，然煙火既稠，薪桂是急，雨雪連朝，即富室皆裂門壁以爨。朗陵近有煤山，然土嫩未成。余曾鑿燒之，無焰，想百餘年後用物耳。

汝寧本樂土，癸巳、甲午大荒，殺人以食，死尸横道，有骨無肉。汝、潁城中，明貨人肉以當屠肆。最可恨者，寶豐陽松家有祖、父〔一四〕，其祖餓甚，令松謀父烹之。松遂殺父，與祖共食，此亦天地之一大變也。故流賊四起，賊首確山、泌陽、桐柏間則陳金，汝寧則王商，汝、潁間則王自簡，皆號召千百人，張輿蓋，執干戈以叛。所幸浮、光、商、固五州縣豐稔，助亂者寡，不能成大事也。蓋荆山之北，汝寧之南，左有金剛臺，右有栲栳山，皆亂民所必資。金剛臺在商城，山高數十里，其上平原，周十餘里，立營置寨，足屯數千人。土沃可耕，路險阻不得上，與麻城天臺山相爲犄角〔一五〕。栲栳山在確山、桐柏間，山高與金剛臺同。其上則連大山，逶迤數百里不絶。吴元濟昔據之以得淮、蔡，城牆、臺基、闌干、石址俱存。俗又稱方城山，謂即楚方城。如草澤〔一六〕、風塵二處，皆當扼塞。

宛、洛、淮、汝、睢、陳、汴、衛，自古爲戎馬之場。勝國以來，殺戮殆盡，郡邑無二百年耆舊之家。除縉紳巨室外，民間俱不立祠堂，不置宗譜。爭嗣續者，止以歛葬時作佛超度所燒瘞紙姓名爲質〔一七〕。庶民服制外，同宗不相惇睦，惟以同户當差者爲親。同姓爲婚，多不避忌。同宗子姓，有力者畜之爲奴。此皆國初徙民實中州時，各帶其五方土俗而來故也。

閭閻不畜積，樂歲則盡數糶賣，以飾裘馬。凶年則持筐篋，攜妻子，逃徙趁食。俗又好賭，貧人得十文錢，不賭不休。賭盡勢必盜，故盜益多。且又不善盜，入其家則必殺人，乃所得皆重累易認之物。今日所劫衣履，明日即被服之，而爲人所獲。故每盜或十餘人駢首就戮，而計贓乃不值一金。余每心憐之，而無法以脱也。

中州僧從來不納僧牒，今日削髮則爲僧，明日長髮則爲民，任自爲之。故白蓮教一興，往往千百爲羣，隨入其中，官府無所查覈。爲盜者亦每每剪髮變形入比丘中〔一八〕，事息則回。無論僧行，即不飲酒食肉者〔一九〕，百無一人。

【校勘記】

〔一〕方輿崖略　川本、滬本同。按方輿崖略係明王士性廣志繹卷一篇名，以下諸條皆録自廣志繹卷三江北四省。

〔二〕灑　底本作「灑」，川本、滬本同，據廣志繹卷三改。下同。

〔三〕龍舟四十丈　「四十」，川本、滬本及廣志繹卷三並作「十四」。

〔四〕桐柏花石更佳　「佳」，底本作「盛」，川本同，據滬本及廣志繹卷三改。

〔五〕語言少有詭詐　「詭」，底本作「阸」，川本同，據滬本及廣志繹卷三改。

〔六〕未審其義　川本、滬本同。廣志繹卷三作「亦未審其義所自始」。

〔七〕上有大禹廟貌河洛思功字　底本脱「大」、「貌」二字，川本、滬本同，據廣志繹卷三補。

〔八〕然廟制狹　「制」，川本、滬本同，廣志繹卷三作「貌」。

〔九〕余行天下都邑　「都」，川本同，滬本作「郡」，廣志繹卷三同。

〔一〇〕若氣帶泥微香而滲酒者　「香」，川本、滬本同，廣志繹卷三作「青」。

〔一一〕貂璫以狐假虎　「虎」，底本作「威」，川本同，據滬本及廣志繹卷三改。

〔一二〕使人煙喧閙以招徠四方商賈　「四方商賈」，底本脱，川本、滬本同，據學海類編豫志補。

〔一三〕生氣且集　「生」，底本作「五」，川本同，滬本作「旺」，據廣志繹卷三改。

〔一四〕陽松　「陽」，底本作「楊」，川本、滬本同，據廣志繹卷三改。

〔一五〕犄角　「犄」，底本作「倚」，川本、滬本同，據廣志繹卷三改。

〔一六〕草澤　底本作「筆澤」，川本同，據滬本及廣志繹卷三改。

〔一七〕所燒瘗紙姓名爲質　「爲」，底本作「可」，川本同，據滬本及廣志繹卷三改。

〔一八〕爲盜者亦每每剪髪變形入比丘中　底本脱「者」字，川本同，據滬本及廣志繹卷三補。

〔一九〕即不飲酒食肉者　底本脱「者」字，川本同，據滬本及廣志繹卷三補。

河南布政使司　繁簡考：河南爲諸夏中區，向稱樂土。近以宗室日蕃，黄河歲徙，禄糧工役，勞費不貲，民始不堪命矣。開封、河南、懷慶、衛輝、彰德五郡，衝繁雖同，彰德間於趙、魏，軍民雜處，牽制尤甚。歸德地連數省，統轄非一，宿姦大猾，時發首難之端。南陽疲敝，且多礦盜。殷富則汝、蔡爲優，勁强則河、洛爲最。是故藩禄軍需，均當規算，第恐皮盡而毛無所附。方來之患，有難言者，保釐大臣，其蚤夜慎圖之哉！　渦河，在淮之南。商船自淮入渦，至河南祥符縣銅瓦廂以達陽武。陽武去衛河只六十里，此元人陸運之故道也。倘漕河中梗，河道未能遽復，而又不經黄河之險，此亦備急之一策也。